친족상속법

Family and Succession Law

조 은 희

정독
DEEP READING

머리말

오늘날 가족에 대한 가치관은 가부장적 가치관에서 양성평등 사상으로 가정의 공동체를 중시하던 것에서 개인을 존중하는 가치관으로 변화하고 있다. 또한 전형적인 가족의 형태로 인식되던 부부와 미혼자녀로 구성된 핵가족의 구성도 감소하고 있으며, 가족의 구성과 형성방식은 더욱 다양화되고 있다.

친족상속법은 이러한 사회변화에 따른 가족의 변화를 반영하여 새로운 제도를 도입하는 개정 작업을 계속적으로 이어 나아가고 있다. 지난 10년간의 개정작업을 돌이켜보면 2012년 2월 10일 양자법에 관하여 많은 개정이 있었다(2013. 7. 1. 시행). 그 주요 내용은 미성년자 입양에 대한 가정법원의 허가제도를 도입하였으며, 부모의 동의없이 양자가 될 수 있는 방안을 마련하였고, 친양자 입양의 가능성을 넓혀 연령을 미성년자로 완화하였다. 2014년 10월 15일에는 친권에 대하여 개정이 있었다. 그 주요 내용은 친권자의 동의를 갈음하는 법원의 재판제도의 도입, 친권의 일시정지, 친권의 일부제한 제도를 도입한 것이다. 2016년 12월 20일에는 후견인의 결격사유 규정이 약간 개정되었다. 2017년 10월 31일에는 민법 제844조의 표현이 수정되었고, 친생부인의 허가청구제와 인지의 허가청구제도가 신설되었다.

그러나 그 후 몇 년간 친족상속법은 지속적인 변화를 가져오지 못했다. 2021년 부모의 자녀에 대한 징계권(민법 제915조)이 삭제되었으며, 「양육비 이행확보 및 지원에 관한 법률」에서 양육비를 이행하지 않는 부모의 이행을 강화하기 위한 조항이 신설되었다. 그리고 현재 2022년 11월 상속법에서 미성년자녀가 부모의 빚을 대물림받지 않을 수 있도록 하는 법안이 국회를 통과하여 비로소 부모의 빚을 상속받은 미성년자는 성년이 된 후 3개월 내에 한정승인을 할 수 있게 되었다.

한편 그동안 개정논의는 계속되었으나 현재까지 제·개정에 이르지 못한 사안들은 다수에 이른다. 이들을 열거하면 민법 제779조의 가족개념의 삭제, 부양의무를 이행하지 않은 부모의 상속권을 제한하는 상속권상실제도(민법 제1004조의2 신설), 독신자 친양자제도의 도입, 유류분제도에서 형제자매의 유류분권자와 유류분규정 삭제(민법 제1112조), 배우자상속권의 강화에 따른 상속분증가 등이다. 앞으로 이러한 사안들이 활발한 논의를 거쳐 결실을 맺게 되기를 기대한다.

이 책은 2011년 출판된 친족상속법의 고 고정명 교수님과 조은희의 공동집필로 출판되었던 책을 근간으로 하였다. 10년이 넘은 세월 동안 법 개정과 많은 중요한 판례가 나왔으므로 새롭게 집필하는 마음으로 책을 준비하였다. 이에 책을 출판하기 위해 도와주신 도서출판 정독의 김중용 대표님과 심성보 편집이사님께도 감사드린다.

이번 출판하는 친족상속법은 개정된 법뿐만 아니라 새로운 판례를 빠짐없이 반영하고자 노력하였다. 이 책은 법학을 공부하는 학생뿐만 아니라 실무자 그리고 친족상속법을 알고자 하는 모든이에게 도움이 되기를 바란다.

2022년 12월

연구실에서 조은희

차 례

제 1 편 친족법

1장 친족법 일반

5장 후 견

제 1 편
친족법

친족상속법

1장

친족법 일반

Chapter 01

친족법 일반

1절 ≫ 서 론

Ⅰ. 친족상속법의 의의

시민생활에 관한 법률인 민법은 크게 재산법과 가족법으로 나뉜다. 가족법은 다시 친족법과 상속법으로 분류된다. 우리나라에서는 전통적으로 가족법에 친족법뿐만 아니라 상속법을 포함시켜 왔으며, 이를 다른 재산법과 구별되는 것으로 이해하고 있다. 그러나 상속법을 가족법의 일부로 다루는 데는 의문의 여지가 있다. 친족법은 친족 간의 생활관계를 규율하는 법률로써 친족관계에서 발생한 분쟁을 해소하는데 그 기준을 정하는 것이다. 상속법은 사람이 사망한 경우 그의 재산상의 지위가 법률규정에 의하여 타인에게 포괄적으로 승계되는 것을 말한다.

이런 의미에서 친족편을 친족법으로 그리고 상속편을 상속법으로 분류하는 것이 가장 자연스러울 것이다. 한편 오늘날 서구에서는 우리의 친족법이 핵가족 중심으로 규율되고 있기 때문에 이를 가족법이라고 칭하는 것이 일반적이다(family law(영어), Familienrecht(독일어), Droit Famille(프랑스어)).

재산법은 물권, 채권이라는 2대 사권(私權)을 중심으로 한 법률관계를 다룬다. 민법에 있어서 재산법은 매우 중요한 분야이지만, 친족법과 상속법 역시 이에 못지않게 중요하며, 현대 사회에서 이 영역의 중요성은 날로 더해 가고 있다.

인간은 태어나면서 혼인, 출산, 이혼, 상속 등 인생에서 커다란 사건을 맞이하게 되는데, 여기서 파생될 수 있는 어려움을 해결하기 위해서 법률은 이에 대한 해결기준을 제시하고 있다. 친족법과 상속법은 인간의 인생과 관련되기 때문에 헌법의 개인 존중의 이념에 아주 밀접한 관련이 있다(헌법 제36조). 이에 친족법과 상속법은 재산법과는 다른 특색을 가지고 있으므로, 이 분야의 문제를 처리할 경우에는 이러한 특성을 고려해야 한다.

Ⅱ. 친족법의 규정범위

친족법은 민법의 제4편에 구성되어 있다. 이것은 민법 제767조~제979조에 달한다. 이는 다음과 같이 분류되어 있다: 1장 총칙(제767조~제777조), 2장 가족의 범위와 자녀의 성과 본(제779조~제781조), 3장 혼인(제800조~제843조), 4장 부모와 자녀(제844조~제927조의2), 5장 후견(제928조~제959조의20), 6장(친족회 삭제), 7장 부양(제974조~제979조).

친족법은 주로 혼인과 친자관계를 의미하며, 그 외 추가적으로 후견이 포함되어 있다. 혼인법(약혼, 일반적 혼인효력, 부부재산제, 이혼, 이혼의 효력), 친자관계(친생자, 친권/양육권, 면접교섭권, 양자, 부양) 그리고 후견으로 구성되어 있다.

Ⅲ. 친족상속법의 특징

친족법은 신분관계를 대상으로 하고 있다. 일찍이 친족상속법을 신분법이라고 칭하였으며, 친족상속법상의 권리를 통틀어서 신분권이라고도 하였다. 민법에 있어서 신분이라는 것은 부, 처, 자녀처럼 친족법상 특정의 지위를 의미한다. '신분'이라는 용어는 현재도 신분행위, 신분권 등으로 사용되고 있으나, '신분'이라는 말은 봉건사회 당시 혹은 계급사회에서 사회상의 지위를 의미하는 것으로 쓰이기 때문에 그 자체에 지배복종의 원리가 내포되고 있는 것으로 보여

근래에 와서는 가족의 문제를 다루는 법 영역으로써 친족법(가족법)이라는 용어로 바뀌어 사용되고 있다.

1. 친족법상의 권리

친족법상의 권리라는 것은 일정한 친족관계에 근거해서 발생하는 권리의무이다. 혼인을 하면 남편과 처로서의 권리의무 관계가 발생한다. 자녀가 출생한다면 부모의 권리의무가 발생한다. 친자가 되는 계약을 체결하지 않았다고 해서 부모로서의 의무를 다하지 않아도 되는 것은 아니다. 더욱이 부모이기 때문에 자녀에게 어떤 행위를 해도 무방하다고 할 수 없다. 이처럼 친족법상의 권리는 사람이 친족관계에 기초해서 친족법상 존재하는 권리를 의미한다. 즉, 부와 처, 부모와 자녀처럼 친족법상 일정한 지위에 기초해서 법률상 인정되어지는 각종의 권리를 총칭한다. 예를 들면 친권, 상속권 또는 부양청구권 등이다.

친족법상의 권리에는 다음과 같은 특질이 있다. 이는 일신전속이며, 양도하는 것도 포기하는 것도 가능하지 않다. 또한 권리의 남용은 금지된다. 또한 타인에 의한 대리는 원칙적으로 허용되지 않는다. 이는 본인의 의사를 존중해야 할 필요가 높기 때문이다. 그러나 예외적인 경우, 예를 들면 대락입양의(제869조) 경우에서처럼 양자가 될 사람이 13세 미만인 경우에는 법정대리인이 그를 갈음하여 입양을 승낙한다.

다음으로 친족법상의 권리는 권리라고 해도 의무의 측면이 강하다. 예를 들면 친권의 내용은 신상감호(監護) 및 교육에 관한 권리를 가지고 의무를 지는 것이지만, 부모가 자녀를 양육하는 것에 대해서 타인의 참견을 허용하지 않는 점에 있어서 이것은 권리라고 할 수 있다. 그러나 동시에 부모는 자녀를 건강한 사회의 일원으로 양육할 의무를 진다는 측면에서 이는 의무이기도 하다. 이 때문에 친족법상의 권리를 포기하는 것은 원칙적으로 허용되지 않는다. 단 예외로서 법정대리인인 친권자는 정당한 사유가 있는 때에 법원의 허가를 얻어 그 법률행위의 대리권과 재산관리권을 사퇴할 수 있거나(제927조), 상속을 포기할 수 있다(제1041조).

또한 친족법상의 특징에서 친족법상의 권리남용은 강하게 징계되고 있다. 예를 들면 친권이 남용된 경우 자녀의 친족 또는 검사의 청구에 의하여 가정법원은 친권의 상실을 선고할 수 있다(제924조).

2. 친족법상 권리와 재산상 권리의 비교

재산상의 권리도 친족법상의 권리도 사법관계에 있어서 인정되어지는 권리(사권)이다. 여기서 이 두 가지를 비교해 보면, 우선 재산상의 권리라는 것은 경제적 생활관계를 목적으로 하는 권리이고, 친족법상의 권리는 친족관계를 기초해서 생기는 권리라고 정의할 수 있다. 재산상의 권리는 물권, 채권, 무체재산권 등을 말하고, 민법의 물권법, 채권법, 상법 등의 재산법에 의해서 규율되어지고 있다. 이것에 대해서 친족상속법상의 권리는 부양권, 친권 등으로 친족법, 상속법에 의해서 규율된다. 그러나 상속법은 상속이나 유증 등의 사인처분을 다루기 위해서, 재산법적인 성격도 포함하고 있다. 물론 친족법상의 권리 안에는 부양청구권이나 재산관리권 등의 재산권적인 것도 포함되어져 있다. 이들 권리의 근본적인 차이는 권리를 규율하는 지도원리가 다르다는 것이다.

재산상의 권리를 규율한 재산법에 있어서는 개인이 자유로운 의사표시에 기초해서 자율적인 법률관계를 형성하는 것이 가능하다는「사적자치의 원리」가 인정되어진다. 따라서 개인은 자기의 자유로운 의사에 의하여 권리를 취득하고 의무를 이행한다. 이에 대해서 친족법은「개인의 존중과 양성의 본질적 평등」이 기본원리이다. 여기서 가족구성원의 상호관계는 자유평등한 주체적 개인의 애정에 의해서 엮어진다. 그렇기 때문에 가족생활관계에 있어서도 재산생활관계와 같이 개인의 권리, 의무로 나뉘어 해석되어지지만, 가족을 대상으로 하는 것이기 때문에, 재산법과는 다른 성격을 가지게 된다.

이에 민법총칙의 규정은 상당 부분 친족상속법에는 상용되지 않는다. 다만 법원(제1조), 신의성실의 원칙과 권리남용금지의 원칙(제2조), 주소(제18조, 제21조), 부재와 실종(제22조, 제30조), 물건(제98조, 제102조), 반사회적인 법률행위(제103조), 무효행위의 전환(제138조), 기간(제155조, 제15조, 제158조, 제161조)에 관한 규정은 친족상속법에도 적용된다.

3. 친족법상의 행위

친족법상의 행위는 친족관계를 발생하게 하는 행위를 말한다. 혼인을 하거나, 이혼을 하거나, 양자관계를 맺거나 혹은 혼외자를 자신의 자녀로 인지하거나 하는 등이 친족법상의 행위이며, 이는 요식행위이다.

(1) 종 류

1) 형성적 친족행위

형성적 친족행위라는 것은 직접적으로 가족의 창설·폐지를 발생시키는 친족법상 가장 기본적인 행위를 말한다. 이것에는 '새로운 신분관계를 창설한다'라는 창설적 행위와 '종전의 가족관계를 해소한다'라는 해소적 행위가 있다. 그리고 창설적 행위의 예로서 혼인, 입양, 해소적 행위의 예로서 협의이혼, 협의파양을 들 수 있다.

2) 지배적 친족행위

지배적 친족행위라는 것은 그 친족에 기초해서 타인의 신상에 친족적 지배를 끼치는 행위를 말한다. 친권의 행사나 후견사무의 행사가 이 예이다.

3) 부수적 친족행위

부수적 친족행위라는 것은 친족관계의 변동에 부수적으로 행해지는 행위를 말한다. 예를 들어 혼인할 때에 행해지는 자녀의 성의 결정 등이다.

(2) 재산적 법률행위와 비교한 행위의 특색

1) 요식성

재산적 법률행위는(매매계약) 원칙적으로 합의만으로 성립되고, 특정한 방식을 필요로 하지 않는다(방식의 자유). 이에 대해서 친족법상의 행위는 그 행위가 효력을 발생하기 위해서는 법령 등에 의해 정해진 일정한 방식을 따르도록 요구되고 있다. 이것은 친족법상의 효력이 본인의 생활환경에 변동을 주고, 그 사람을 포함한 다수의 사람들에게 영향을 미치기 때문이다. 즉, 친족법상의 행위에 요식성이 요구되는 것은 본인의 의사가 존중되어야 하고 또한 그 의사가 확인되어야 하는 친족관계의 명확성을 나타낼 필요가 있기 때문이다.

형성적 친족행위에 대해서는 원칙으로서 가족관계등록부의 신고와 관련되어 친족법상의 행위에 대하여 신고가 되어 있지 않으면 신분관계변동의 법적 효력은 생기지 않으며, 친족관계의 발생, 소멸도 생기지 않는다. 또한 「가족관계의 등록 등에 관한 법률」(이하 가족관계등록법이라고 한다)에 따른 신고는 신고에 의해 일정의 친족관계의 발생, 변동, 소멸의 효과를 발생하게 하는데 신고의 종류에는 창설적 신고와 보고적 신고가 있다. 창설적 신고는 신고의 수리에 의하여 비로소 친족관계가 창설되는 것으로서, 혼인신고, 협의이혼신고, 입양신고, 인지신고 등이 있다. 보고적 신고는 신고에 의하여 법률적 효과가 발생하는 것이 아니라 법적 효과는 사실이 발생하였을 때에 생기고 신고는 단지 이미 발생한 사실의 보고에 불과한 것으로서, 출생신고, 재판에 의한 인지신고, 입양취소신고, 실종선고신고, 사망신고, 재판에 의한 이혼신고 등이다.

2) 친족법상의 행위의 능력

재산적 법률행위일수록 고도의 행위능력은 요구되지 않는다. 즉, 재산적 법률행위에 있어서 행위자는 그 행위를 하는 것이 자신에게 이익이 되고, 편리하기 때문에 선택적 또는 목적적으로 그 행위를 하고, 그 행위를 함에 있어서는 냉정한 판단에 기초하여 자신의 이익을 보호한다. 그러나 이 때 상대방의 행위능력은 거래의 안전을 해하지 않도록 할 것이 요구되고 있다.

이것에 대해서 친족법상의 행위는 인간의 삶에서 숙명적으로 생기는 것이다. 예를 들면 혼인이라는 것은 자연적으로 발생하는 감정이나 본능에 기초해서 행해지는 것이고, 당사자 스스로의 주체성, 자주성이 충분히 존중되어지지 않으면 안된다. 이처럼 재산적 법률행위와 친족행위는 그 본질을 달리하고 있기 때문에 그 행위의 형성에 요구되는 능력도 다르다. 예를 들어 13세 미만자의 행위에 대하여 획일적으로 능력을 부정하고 법정대리인에 의한 대리를 인정하고 있다(제869조). 유언능력은 만 17세로 제한하고 있다(제1061조). 이것은 일정행위에 대해서는 자녀가 잘 판단하지 못하거나 오히려 자녀의 이익에 반하는 사태가 생길 수 있기 때문에 그 자녀의 이익을 충분히 고려할 수 있는 사람에 의해 행해지는 것이 본인인 자녀를 보호할 수 있기 때문이다. 다만, 피성년후견인이 유언을 하는데 성년후견인의 동의를 필요로 하지 않으며(제1063조), 피한정후견인은 원칙적으로 완전한 행위능력을 보유한다.

3) 친족행위에 있어서 의사

친족행위는 본인의 의사가 존중되어야 하고, 거래안전을 위한 제3자 보호에 따른 수정이 요청되는 것은 아니다. 형성적 친족행위에 필요한 능력은 의사능력과 일치한다. 또한 신고와 연결한 친족행위에 있어서의 의사는 창설적 친족행위(혼인, 입양)는 형식적 의사(신고를 하는 의사)로는 부족하고, 실질적 의사(사회통념상 친족행위로 보여지는 실체를 형성하는 의사)를 필요로 하는 것이 판례이며 통설이다. 예를 들어 가장혼인을 혼인으로 인정하지 않는 것은 형식적인 혼인신고는 있었으나 당사자 간에 부부가 되겠다는 실질적 혼인의사가 존재하지 않았기 때문이다. 한편, 해소적 친족행위(협의이혼, 협의파양)에 있어서의 의사는 형식적 의사로 충분하다는 견해가 유력하다. 예를 들면 가장이혼의 경우 실질적으로는 당사자 간에 이혼의사가 없었다고 하더라도 형식적으로 이혼신고가 이루어졌다면 당사자 간의 실질적인 진의야 어떻든 형식으로 표현된 이혼의사로 충분하다고 보는 것이다.

4) 친족행위의 무효·취소

친족법상 본인의 의사의 존중이라는 견지보다 결함이 있는 의사표시, 의사의 부존재에 관한 법률행위의 규정은 원칙적으로 상용되지 않고 있으며, 이에 대한 특별규정이 있다. 또한 이러한 친족행위의 효력에 대해서도 총칙상의 무효·취소의 규정은 당연히 상용되지 않는다. 즉, 형성된 사실을 가능한 한 존중한다는 원칙으로 소급적 무효는 엄격하게 한정되고, 취소가 생기는 경우도 한정적이고, 또한 취소는 소급효를 인정하지 않는다. 예를 들어 부부의 혼인 중 출생한 공동의 자녀는 부모의 혼인이 취소되었다고 하더라도 이들 부부의 공동의 자녀로 인정된다(제824조). 이렇듯 소급효를 인정하지 않는 것은 자녀의 복리를 위해서도 타당하다.

5) 친족행위의 대리(代理)

친족법상 본인의 의사 존중이라는 견지에 따라 친족행위에 대해서는 원칙적으로 대리가 허용되지 않는다. 그러나 예외적으로 대락입양(제869조)은 대리에 속하는 것으로 해석되고, 부부의 일상가사 대리에 있어서 제126조의 표현대리가 유추적용된다. 이처럼 친족행위의 대리는 예외적이며, 극히 한정적이다.

6) 무효행위의 추인

무효인 친족행위에 대한 추인도 가능하다(제137조, 제138조). 즉, 의사표시는 무효라고 하더라도 그 친족행위의 효력을 인정할 만하다면 추인의 의사표시로 그 행위의 효력을 인정할 수 있을 것이다. 예를 들어 입양신고를 하여야 하는데, 부부 공동의 친생자로 출생신고를 한 경우 실질적 성립요건이 모두 구비되었다면 입양의 효력이 발생한다(대법원 1977. 7. 26. 선고 77다492 판결). 무효인 행위의 추인 그리고 그 효력과 관련하여 민법총칙 규정에서는 소급효를 인정하지 않지만(제139조), 혼인이나 입양의 추인과 같은 친족행위의 추인에는 소급효가 인정된다. 한편 재산행위와는 달리 친족법상의 취소에는 원칙적으로 소급효가 인정되지 않는다(제824조, 제897조).

Ⅳ. 친족상속법의 변천과정 및 현대 사회에서의 친족법

1. 현대 사회의 친족법

현대 사회의 변화에 따라 가장 주목할 만한 것은 가족유형의 다양성이다. 오래전 대가족 중심에서 오늘날의 가족은 혼인한 부모와 자녀로 구성된 가족유형뿐만 아니라 21세기에 들어와서는 가족의 유형이 더욱 다양화되었다.

여전히 우리 사회에서는 핵가족이 다수를 차지한다. 고전적인 의미에서의 가족은 남녀 간의 역할분담이 일어난다. 남자는 경제활동을 하는 유일한 가정경제의 공급자이고, 아내는 가사노동을 담당하는 주부이며, 어머니는 자녀양육에 있어서 더 많은 역할을 담당한다. 그러나 이러한 유형도 점차적으로 사라지고 있으며, '현대 핵가족'은 부부가 함께 경제활동을 하고, 파트너가 서로 평등한 역할형성에 기반을 두고 있다.

개인의 사적 생활유형은 엄격한 구조형태를 갖고 있지 않다. 그보다 개인의 생활유형은 발전하는 과정 속에 있다고 본다. 개인은 자신에게 주어진 과제에 대한 성과를 내기 위해 노력하며, 이로 인해 개인의 삶의 형태는 역동적 일뿐만 아니라 생활 속에서 자신의 삶의 유형을 형성하고, 형성된 것은 전환되기도 하며, 이러한 과정을 통해서 특징지어진다. 전형적인 전환은 혼인, 부모가 되는 것, 자녀가 부모의 가정에서 이탈하거나, 배우자의 사망이나 이혼 등이다. 이처럼 가족은 고정된 것이 아니라 다양한 유형으로 가정될 수 있을 뿐이다. 이로 인해 각각의 개인은 자신의 사적인 생활 유형에 대하여 사회적 정당성을 주장할 수 있다. 가족은 자연의 법칙이 아니라 각각의 문화 및 사회적 조건에 의해 변화되는 사회 제도이며, 정해져 있는 것이 아니다. 모든 사회적 각인에도 불구하고 가족은 또한 개인에 의해 생겨나고 생활하며 형성되는 개인의 관계구조이다.

오늘날 관찰되어지는 '가족유형'은 복잡하고, 그 규모는 축소되고 있으며, 다양화되고 있다. 이러한 다양한 가족의 유형을 나열해 보면 다음과 같다. 극소수에 불과하지만 3대 이상이 함께 사는 대가족, 혼인한 부부와 자녀, 혼인한 부부의 무자녀, 혼인하지 않은 부부와 자녀(사실혼가족, 동거가족), 이혼이나 배우자의 사망으로 인하여 한부모가족(모와 자녀, 부와 자녀로 구성된 가족), 재혼가족, 이혼한 자가 자녀와 함께 파트너관계를 형성하거나, 재혼하지 않은 채 각각의 자녀를 데려와 공동체를 형성하는 Patchwork 가족도 존재한다. Patchwork 가족도 여럿 분류할 수 있는데, 모와 자녀 그리고 파트너, 각자 남녀가 자녀가 있는 상태에서 구성되는 가족, 각자 자녀가 있으면서 또한 두 사람 사이에 공동의 자녀를 둔 가족이 있다. 이외에도 입양가족, 조손가족, 이모나 삼촌이 아동을 양육하는 친족가족도 가능하며, 위탁가족, 공동체가족(그룹홈), 한쪽 부모가 외국인인 가족이 있으며, 우리나라에서는 아직 인정되고 있지 않으나 동성애 가족 등이 있다.

가족정책적 관점에서 우선 이러한 다양한 가족은 유형별로 제시될 수 있어야 한다. 이는 가족의 생활유형이 다양하기 때문에 이들 가족에 대해 기대되는 역할도 다양하고, 이들에게 제공되어져야 하는 국가의 지원도 다양하게 실행되어야 하기 때문이다.

2. 친족상속법의 개정 변천과정

친족상속법은 다른 법과 달리 관습법적 색채를 강하게 띠고 있고, 상대적으로 그 사회와 시대를 반영하고자 하는 특성을 가지고 변천되었다. 우리나라의 친족상속법은 전통적 가부장제도, 남성중심사상을 그 근간으로 하여 구성되었으며, 그동안 친족상속법에 대한 개정과정은 개인의 존엄과 남녀평등을 실현하기 위한 과정이라고 해도 과언이 아닐 것이다.

이에 우리나라 친족상속법의 변천과정을 간략하게 서술하고자 한다.

고려조 이전에도 일정한 가족규범이 있었을 것으로 생각되지만 이에 대하여 전해 오는 문헌은 뚜렷하지 않아 확실한 것을 알 수 없다.

조선시대에는 고려말기 성리학의 전래와 함께 본격적으로 계수되기 시작한 중국의 종법제가 우리 가족생활관계 전체를 규율하는 불문의 관습법으로 되어 있었다. 그런데 이러한 관습법으로 되어 있는 가족규범 중에 몇 가지는 고려조에 편찬한 법전에 수용되어졌는데 국가권력의 정비 정도에 따라 백성에게 어느 정도의 현실구속력이 있었는지에 대해서는 의문스럽다. 조선의 법전으로서는 경국대전·속대전·대전통편 및 대전회통을 들 수 있으며, 아울러 새로운 규정방식으로 편찬되었던 구한말의 형법대전이 있었지만 새로운 법체계를 수립하지 못한 채 일제의 침략을 받게 되었다. 그러나 조선 사회를 규율한 법원으로는 법전 이외에 오히려 예의 등의 기능을 들 수 있다.

일제의 침략은 조선의 법체제의 변화를 가져왔으며, 식민지 전략을 위한 준비과정으로 법에 대한 새로운 인식과 법의 실제 가능성을 우리 국민에게 강요하게 되었다. 한편 조선조 말기에는 가족관계에 관한 단행규범으로서 「과부재가를 자유롭게 하는 건」, 「솔양하는 구전을 신명케 하는 건」, 「조혼금지의 건」 등이 제정되기도 하였다. 또 당시 개화운동에 의한 민권신장의 기운은 1910년 일제의 침략으로 인하여 일시적이나마 꺾이지 않을 수 없었다. 일제는 그 침략정책의 일환으로 법률의 힘을 적절히 활용하였으며, 「조선에 시행할 법령에 관한 건」에 의거하여 「조선에 있어서의 법령의 효력에 관한 건」을 발표하고, 뒤이어 1912년에는 조선민사령을 제정하여 민사에 관한 기본 법령을 마련하기도 하였다. 조선민사령에 의하면 조선인의 민사에 관한 사항은 민사령이나 그 밖의 법령에 특별한 규정이 없는 한, 일본 민법을 의용하게 하였는데(조선민사령 제1조), 특히 민법 중 친족과 상속에 관한 규정은 조선인에 일본민법을 적용하지 않고 조선인의 관습에 의하도록 되어 있었다(개정전 민사령 제11조). 그러나 조선민사령 제11조는 일제의 지배가 계속됨에 따라 3차에 걸친 개정을 거듭함으로써 일본 민법 중 친족상속편 규정까지도 점차적으로 한국인에게 적용되고 그 범위도 확대되었다. 그리하여 해방 직전에는 일본 민법 친족상속법의 대부분이 우리나라에 적용되고 있었다. 따라서 일제 시에 조사하여 정립한 관습법 규범이라는 것도 실질적으로는 법률 분야에 있어서의 침략방편을 마련하기 위한 기초 작업이었음을 주의하지 않으면 안된다.

1945년 8월 15일 광복과 함께 전쟁이 시작되자 미군정 당국은 혼란한 정국의 수습과 사회질서의 유지를 위하여 법령에 관한 경과조치를 발표하였는데, 「모든 법률 또는 조선구정부가 발포하고 법률적 효력이 있는 규칙·명령·고시 기타 문서로서 1945년 8월 9일 시행 중인 것은 그간 이미 폐지된 것을 제외하고 조선군정부의 특별 명령으로 폐지할 때까지 그 효력이 존속함」이라고 한 군정 법령 제21호가 그것이다. 이 조치에 의하여 일제시의 법령은 특별명령이 없는 한, 그대로 효력을 지속하게 되었으며, 한꺼번에 규범의 공백상태를 초래할 경우 나타날지도 모르는 생활질서의 혼란을 염려한 불가피한 조치인 것으로 생각된다. 그러나 침략정책 아래에서 쌓였던 민족감정 등의 억울함을 다소라도 해소시키고자 1946년에는 군정법령 제122호로써 조선성명복구령(朝鮮姓名復舊令)을 공포하여 친족상속법 분야에서 주목할 만한 두 개의 판례를 남기게 되었다. 즉, 처가 소송행위를 하는데 있어 부의 허가 없이 소송행위를 할 수 있다는 것을 예시한 것(1947. 9. 2. 大法判)과 서양자제도(婿養子制度)는 사회질서에 위반되므로 성립당초부터 무효이며, 순연한 부부관계만이 존속된다는 것을 판시한 것(1947. 3. 26. 大法判)이 그것이다.

1948년 7월 17일에는 대한민국의 기본법인 헌법이 제정·공포되었다. 그러나 헌법은 국가의 기본법일 뿐 아직도 민주생활에 관한 법은 제정되지 못하고 있었기 때문에 헌법에 종래의 법령에 관한 경과조치를 두어야 했다. 그리하여 당시의 헌법은 「현행 법령은 이 헌법에 저촉되지 않는 한 효력을 가진다」(1948년 7월 17일 공포헌법)고 명시함으로써 종래의 친족·상속 관계의 관습법 및 성문규정 중 헌법에 저촉되는 실정법을 무효로 하였다.

이후 1948년 12월 15일에는 법전편찬위원회가 민법전의 기초에 착수하여 민법제정을 위한 의욕적인 출범이 이루어졌다. 「6·25동란」과 함께한 여러 가지 정치적 혼란이 있었음에도 불구하고, 1954년 10월 26일에는 민법제정을 위한 노력이 결실을 보아 정부 제출안으로써 민법안이 국회에 제출되었다. 이에 따라 제26회 정기국회에서 민의원 법제사법위원회의 수정안을 비롯한 6차례의 수정안이 제출되어 1957년 11월 5일에서 12월 17일에 걸쳐 심의를 완료한 결과, 정부안 1,150개조 가운데 원안가결 829개조 수정가결 285개조, 신설 25개조, 삭제 35개조의 과정을 거치면서 통과되었다. 전 조문 1,111개조, 부칙 28개조로 되어 있는 민법은 1958년 2월 5일에 정부에 이송되어, 동년 2월 22일에 법률 제471호로서 마침내 공포되었으며, 2년 남짓 경과기간을 거친 다음 **1960년 1월 1일부터 시행**하게 되었다. 이로써 우리나라 역사상 처음으로 민법전을 갖게 되었으며 민사생활의 규율에 필요한 최소한의 기틀을 갖추게 되었다.

이후 민법 제정 과정에서 나타났던 여러 가지 문제점 가운데 친족상속법 분야의 관련사항들은 계속해서 타당성에 관한 논의가 제기되어 왔다. 특히 친족상속법의 전근대성을 들어 그 개정을 추진하려는 법조계의 노력은 계속되었다. 이러한 노력의 일단은 마침내 1961년 「5·16」 이후 입법 당국의 과감한 법개정 작업으로 달성되었다. 그것이 바로 법정 분가제도의 신설로서 민법 제789조 제2항으로 옮겼으며 아울러 가사심판법을 제정하게 된 것이다. 이 개정은 비록 1개 조항의 신설에 지나지 않지만 친족관계의 실체상으로 호적제도의 기술상으로 상당한 의미를 가지는 것이었다. 즉, 종래의 대가족제도를 형식적으로나마 단일 가족 형태로 바꾸어 놓은 획기적인 계기를 설정해 놓은 셈이다. 이로써 종래의 대가족 제도는 사실상 공부상에서 그 의미를 상실하게 된 것이다.

한편 친족상속법의 민주적인 개정에 관한 노력은 계속되어 **1977년 12월 31일**에는 친족상속법의 수개 조항이 개정을 보게 되었다. 그 개정 방향은 두말할 필요도 없이 「헌법이 지향하는 자유민주주의적 기본질서의 공고화와 우리의 새로운 양속과 발전적인 논리를 모색하기 위한 것」으로서 그 주된 사항은 혼인성년제, 성인이면 부모의 동의없이 혼인할 수 있게 되었다. 협의상 이혼에는 가정법원의 확인을 얻도록 하였으며, 귀속불명재산의 공유추정, 친권의 공동행사, 상속분의 조정 및 유류분의 신설 등이다. 사실상 친족상속법 개정에 관한 요망은 친족상속법의 낙후성을 일신시키기 위한 전면적인 것이었으나, 일반인에게 깊이 뿌리박고 있는 전통적인 가족개념과의 괴리로 말미암아 끝내 만족할 만한 성과를 거두지 못한 결과가 되었다. 그러나 개정의 실효성은 충분히 인정할 수 있다. 당시의 개정과 함께 혼인에 관한 근대적 특례법의 제정은 동성동본자 간의 금지된 혼인 조항으로 사실혼의 혼인관계에 놓여 있던 수많은 혼인부부를 법률상의 혼인으로 구제하기도 하였으나, 민법전에 명문으로 개정·삽입되지 못함으로 인하여 동성동본 간의 혼인금지를 근원적으로 바로잡지 못하였음은 물론 자칫 규범질서의 혼란까지 불러일으킬 수 있는 일시적 미봉책에 불과하였던 것이다. 그러나 산업사회의 급속한 진전은 사회의 여러 여건을 변화시키면서 가족관계의 변화에 따른 친족상속법의 개정을 끊임없이 요구하게 되었다. 따라서 1989년 12월의 제147회 정기 국회에서 우리 친족상속법의 현실적 문제들을 개선하는 방향으로 민법개정이 이루어짐으로써 1991년 1월 1일부터 시행되게 되었다.

1990년은 거의 혁명적이라고 할 수 있을 정도로 대개혁적인 친족상속법개정이 이루어졌다. 1990. 1. 13. 개정 민법의 주요 내용을 살펴보면, 「家」중심으로 구성된 친족상속법의 핵심요소가 되는 호주상속을 호주승계로 변경하여 지금까지의 호주권한을 대폭 삭제해 버림으로써 호주제도가 유명무실화되었으며, 재산상속에 있어 균분상속의 채택, 법정친자로서의 계모자·적모서자관계를 폐지, 이혼 시 재산분할 청구권 및 자녀에 대한 면접교섭권의 신설, 가를 위한 양자제도인 사후양자·서양자(壻養子)·유언양사제도의 폐시, 친권의 부모공동행사를 실질화하는 등 남녀평등, 개인존엄, 자의 이익 보호를 구체적으로 명문화함으로써 친족상속법 개정사에 큰 의의를 부여할 수 있게 되었다. 이외에도 친족의 범위를 합리적으로 조정하여 부계혈족 모계혈족은 각각 8촌 이내로 하고, 인척은 4촌 이내로 하였다(제777조). 자매의 직계비속과 직계존속의 자매의 직계비속을 혈족에 포함시키고(제768조), 인척 중 '혈족의 배우자의 혈족'을 삭제하고(제769조), 배우자의 일방이 사망한 경우 생존배우자가 재혼하면 인척관계가 소멸되도록 하였다(제775조 제2항).

또한 약혼해제사유를 일부 개정, 부부동거장소 규정을 개정하여 협의불성립 시 가정법원이 정하도록 하였다(제826조 제2항). 부부공동생활비용을 부부가 공동부담(제833조), 후견인이 피후견인을 양자로 하는 경우에는 가정법원의 허가를 받도록 함(제872조), 부부공동입양제도를 부부평등하게 하도록 함(제874조), 기혼자의 후견인의 순위를 조정(제934조), 상속제도를 합리적으로 조정하였는데 이는 아래와 같다.

상속인의 범위를 4촌 이내의 방계혈족으로 축소시킴(제1000조 제1항), 배우자의 일방이 사망한 경우 직계비속이 없는 때에는 사망배우자의 직계존속과 공동상속하도록 함(제1003조 제1항), 직계존속간 상속분의 차등을 없애고 균등하게 상속하며, 배우자의 상속분은 직계비속의 상속분에 5할을 가산하도록 함(제1009조 제1항·제2항), 공동상속인 중에 피상속인의 재산의 유지 또는 증가에 특별히 기여한 자가 있을 때에는 상속개시 당시의 재산가액에서 공동상속인의 협의로 정한 그 자의 기여분을 공제한 것을 상속재산으로 보도록 함(제1008조의2 제1항), 상속인 없는 재산의 청산의 경우 소정의 기간 내에 상속권을 주장한 자가 없는 때에는 가정법원은 피상속인과 생계를 같이하고 있던 자 등 피상속인과 특별한 연고가 있던 자의 청구에 의하여 상속재산을 분여할 수 있도록 함(제1057조의2), 재산상속인이 동시에 호주상속을 할 경우에 고유의 상속분에 5할을 가산하도록 하는 제도를 폐지하였다(제1009조 제1항).

1977년 및 1990년의 개정으로 남녀평등측면에 관한 한 괄목할 만한 진전을 보여주었음은 말할 필요도 없다. 그러나 아직도 명목상이기는 하지만 호주제도가 존속하고 있는 등 불합리한 조항이 많이 남아 있었다. 이에 호주제도 폐지 및 동성동본불혼제도 등의 개선과 실무상 개정이 요망되어 왔던 제도들의 정비를 위하여 1998년, 2000년 다시 민법 일부개정안이 제안되었으나, 위의 개정안 중 상속회복청구권에 관한 조항(제999조) 및 한정승인에 관한 조항(제1019조 제3항)만이 2001년 12월 20일 국회본회의를 통과하여 2002년 1월 14일부터 시행되었다.

그 후 2003년 호주제도 폐지를 골간으로 하는 개정안이 국회에 제출되었으나 폐지되었고, 2004년 다시 개정안이 제출되었고, 2005년 3월 2일 개정안이 국회를 통과하여 3월 31일 공포 시행되었다. 다만 호주제도 및 친양자제도 등에 관련된 규정은 2008년 1월 1일부터 시행하도록 시행시기를 유예하였다. 이로써 민법제정 당시부터 논란의 초점이 되어 왔던 호주제도 및 동성동본불혼제도 등은 헌법재판소의 헌법불합치 결정을 받는 등의 우여곡절 끝에 역사 속으로 사라지게 되었다.

2005년 3월 31일 개정민법(법률 제7427)에서 호주제도폐지, 자녀의 姓과 本에 관한 사항을 개정, 동성동본불혼제도를 폐지하고 근친혼금지제도로 전환, 여성의 재혼금지기간을 삭제(제811조), 친생부인의 소를 개선하여 처도 친생부인의 소를 제기할 수 있도록 하거나(제847조 제1항), 소 제기기간을 그 사유 있음을 안 날로부터 2년 내로 하였다(제847조 제1항). 친양자제도를 신설, 친권행사의 기준을 子의 복리를 우선적으로 고려하여야 하는 의무규정을 두었다(제912조의2).

민법 제909조는 개정 전 '자는 부모에게 복종해야 한다'고 규정하였으나, '부모는 미성년자인 자의 친권자가 된다'라고 하여 친권자와 자의 관계를 개정하였다.

기여분제도를 개정하여 상당한 기간 동거·간호 그 밖의 방법으로 피상속인을 특별히 부양한 자를 포함하도록 개정하였고(제1008조의2), 특별한정승인제도를 보완하였다(제1030조·제1034조·제1038조). 이러한 법의 개정은 개인존중이나, 남녀평등의 실현을 위한 개혁적인 개정으로 평가할 수 있을 것이다. 그러나 노인복지 및 아동복지 등 가족복지법으로서의 측면은 선진제국에 비하여 아직도 매우 취약하기 상태였기 때문에 계속적으로 이 분야의 개정이 크게 요구되었다.

2007년 12월 7일 개정민법은 약혼연령 및 혼인적령을 남녀 모두 만 18세로 조정하였다(제801조, 제807조). 또한 이혼숙려기간을 도입(제836조의2 제2항), 협의이혼 시 자녀 양육사항 및 친권자지정을 합의하도록 의무화하였으며(제836조의2 제4항, 제837조, 제909조 제4항), 부모의 이혼 시 자녀를 양육하지 않는 부모 일방에게 면접교섭권을 인정하였으나, 자녀에게도 면접교섭권을 인정하였다(제837조의2 제1항). 또한 재산분할청구권 보전을 위한 사해행위취소권을 신설하여(제839조의3), 부부가 혼인 중 취득한 재산이 일방 배우자의 명의로 되어 있더라도 이를 일방 배우자가 마음대로 처분하는 것을 방지할 수 있도록 하였다.

2009년 5월 8일 개정민법은 양육비를 효율적으로 확보하기 위한 개정으로 이혼의 절차상 가정법원이 당사자가 협의한 양육비부담에 관한 내용을 확인하는 양육비부담조서를 작성하도록 하였다(제836조의2 제5항).

2011년 3월 7일 개정되어 2013년 7월 1일 시행된 성년후견제도(민법 제928조~제959조의20)는 기존의 금치산·한정치산제도를 전면 개정한 것이다. 성년후견제도는 기존의 금치산·한정치산제도를 현재 정신적 제약이 있는 사람은 물론 미래에 정신적 능력이 약해질 상황에 대비하여 후견제도를 이용하려는 사람이 재산 행위뿐만 아니라 치료, 요양 등 복리에 관한 폭넓은 도움을 받을 수 있도록 한 것이다. 성년후견 등을 요구하는 노인, 장애인 등에 대한 보호를 강화하고, 피성년후견인 등과 거래하는 상대방을 보호하기 위하여 성년후견 등에 관하여 등기로 공시하도록 하였다. 한편 성년 연령을 하향조정하여 만 19세로 하였다(제4조).

2011년 5월 19일 개정하여 2013년 7월 1일 시행된 개정민법은 **친권자 지정**에 관한 사항이다. 이혼 등으로 단독 친권자로 정해진 부모의 일방이 사망하거나 친권을 상실하는 등 친권을 행사할 수 없는 경우에 가정법원의 심리를 거쳐 친권자로 정해지지 않았던 부모의 다른 일방을 친권자로 지정하거나 후견이 개시되도록 하고, 입양이 취소되거나 파양된 경우 또는 양부모가 사망한 경우에도 가정법원의 심리를 거쳐 친생부모 또는 그 일방을 친권자로 지정하거나 후견이 개시되도록 하여 부적격의 부 또는 모가 당연히 친권자가 됨으로써 미성년자의 복리에 악영향을 미치는 것을 방지하고, 이혼 등으로 단독 친권자로 정해진 부모의 일방이 유언으로 미성년자의 후견인을 지정한 경우라도 미성년자의 복리를 위하여 필요하다고 인정되면 후견을 종료하고 친권자로 정해지지 않았던 부모의 다른 일방을 친권자로 지정할 수 있게 하여 미성년자의 복리를 증진시키고자 하였다.

2012년 2월 10일 양자법에 관하여 많은 개정이 있었다(2013. 7. 1. 시행)(제866조~제908조의6 중 다수). 그 주요 내용은 미성년자 입양에 대한 가정법원의 허가제도를 도입하였으며, 부모의 동의없이 양자가 될 수 있는 방안을 마련하였고, 친양자 입양의 가능성을 넓혀 연령을 미성년자로 완화하였다. 중혼의 취소청구권자에 대한 개정(제818조), 부부간계약취소권 삭제(제828조)

2014년 10월 15일에는 친권에 대하여 개정이 있었다. 그 주용 내용은 친권자의 동의를 갈음하는 법원의 재판제도의 도입(제922조의2), 친권의 일시정지(제924조~제924조의2; 제925조~제927조), 친권의 일부제한 제도를 도입하였다.

2016년 12월 20일에는 후견인의 결격사유 규정이 약간 개정되었다.

2017년 10월 31일에는 민법 제844조(남편의 친생자 추정)의 표현이 수정되었으며, 친생부인의 허가청구제(제854조의2)와 인지의 허가청구제도(제855조의2)가 신설되었다.

2021년 1월 26일 민법 제915조 부모의 자녀에 대한 징계권이 삭제되었다. 제915조 '징계권'과 관련된 조항이 개정·삭제되었다.

Ⅴ. 친족상속법의 법원

가족생활의 분쟁에 있어서 해결의 기준이 되는 실질적 의미의 친족상속법의 존재형식을 법원이라고 한다. 친족상속법의 기본적인 법원(法源)은 민법의 제4편 친족(제767조~제996조)·제5편 상속(제997조~제1118조)이다. 그 외에도 우선 다음의 법률은 각각의 관련성에 따라 적용된다.

「헌법」·「건강가정기본법」·「가족관계의 등록 등에 관한 법률」·「가사소송법」·「비송사건절차법」·「민사소송법」·「민사조정법」·「국적법」·「국제사법」·「후견등기에 관한 법률」·「혼인신고특례법」·「양육비 이행확보 및 지원에 관한 법률」·「입양특례법」·「보호시설에 있는 미성년자의 후견직무에 관한 법률」·「부재선고에 관한 특별조치법」·「남북주민 사이의 가족관계와 상속 등에 관한 특례법」·「재외국민의 가족관계등록 창설, 가족관계등록부 정정 및 가족관계등록부 정리에 관한 특례법」과 「가족관계의 등록 등에 관한 규칙」·「후견 등기에 관한 규칙」 등도 주요한 법원이다.

그 외에도 형사법이나 공법에도 친족법과 밀접한 관련이 있는 규정들이 있다. 「가정폭력방지 및 피해자보호 등에 관한 법률」·「가정폭력범죄의 처벌 등에 관한 특례법」·아동복지법·「아동학대범죄의 처벌에 관한 특례법」 등이 있다.

또한 국제조약 가운데에도 친족관계에 관하여 우리나라가 비준한 중요한 것은 유엔의 「여성에 대한 모든 형태의 차별철폐에 관한 협약」(Convention on the Elimination of All Forms of Discrimination against Women)·유엔 아동권리협약(UN Convention on the Rights of the Child: CRC)·장애인권협약(Convention on the Rights of Persons with Disabilities) 등이다. 2012년 「헤이그 국제아동탈취협약」(The Hague Convention on the Civil Aspects of International Child Abduction)에 가입하였고, 그 시행 법률인 「헤이그 국제아동탈취협약 이행에 관한 법률」이 제정되었다. 「헤이그 국제아동입양협약」(The Hague Convention on the Protection of Children and Co-Operation in respect of Intercountry Adoption)은 정부가 2017년 10월 18일 국회에 비준동의안을 제출하였으나 아직도 국회의 비준이 이루어지지 못한 상태이다.

Ⅵ. 가사소송법에 관한 개관

1. 서 설

친족법에 있어서 절차법이 커다란 의미를 갖는 것은 많은 법적 효력이 독점적으로 법원의 결정을 통해서 도달할 수 있기 때문이다. 특히 재판상 이혼, 부의 인지취소 혹은 이혼 후 부모의 친권의 변경 등을 예로 들 수 있다. 우선 법원의 판결에 대한 구속력이 있어야 법적인 지위가 형성된다.

2. 법원(가정법원)과 심급제도

(1) 가정법원

1) 설 립

가사사건이 지니고 있는 본질적인 특수성을 고려하여 1963년 10월 1일 우리나라에 최초로 가정법원이 설립되었다. 우리나라의 가정법원은 재판기구상 하급법원인 지방법원과 동격이다. 가정법원은 가사소송법이 규정한 가사에 관한 사건과 소년법이 정한 가정에 관한 사건 및 소년에 관한 사건 등을 관장한다. 현재 서울, 대전, 대구, 부산, 광주, 인천, 울산, 수원 등에 가정법원이 설치되어 있다.

2) 관장사항

가사사건은 매우 복잡하고 특이성도 다양하지만 가사소송법에서는 이를 가류, 나류, 다류, 라류, 마류로 분류하여 가정법원의 전속관할로 하고 있다. 이 밖에도 가정법원은 다른 법률 또는 대법원 규칙에서 가정법원의 권한에 속하게 한 사항에 대해서도 심리·재판하고 있다(가사소송법 제2조 제2항, 이하 가소법이라고 약칭한다). 그러나 이에 해당하는 사건에 관한 절차는 법률이나 대법원 규칙으로 따로 정하지 아니하면 라류 가사비송사건의 절차(가소법 제44조~제45조)에 의하는 것으로 하고 있다(가소법 제2조 제3항).

3) 구 성

가정법원은 일반 지방법원과 동급에 속하며, 여기에는 심판관과 조정위원회를 두고 있다. 가정법원의 판사는 검사 또는 변호사의 자격이 있는 자를 임명한다. 원장은 10년 이상, 부장은 7년 이상의 법조 경력이 있는 자가 된다. 조정위원회는 조정장 1인과 조정위원 2인 이상으로 조직되며(가소법 제52조 제1항), 조정장 또는 조정담당판사는 가정법원장 또는 가정법원 지원장이 그 관할법원의 판사 중에서 이를 지정한다(가소법 제53조 제1항). 그리고 조정위원은 가정법원장 또는 가정법원 지원장이 매년 미리 학식과 덕망이 있는 자 중에서 위촉한 자와 당사자의 합의에 의하여 선정된다(가소법 제53조 제2항).

4) 관 할

가사사건에 대한 심리와 재판은 가정법원의 전속관할로 한다(가소법 제2조 제1항). 가정법원의 관할로 정하여진 사건은 가사소송법에서 정하는 절차에 따라 처리하고, 지방법원의 관할로 정하여진 사건은 민사소송 절차에 따라 처리한다(가소법 제3조 제1항). 가사사건에 대한 전속관할을 둔 것은 법원이 전문성을 가지고 직권으로 개입하여 실효성 있는 후견적 역할을 수행하는데 있다.

가사사건이 지방법원에 제소되거나 반대로 민사사건이 가정법원에 제소된 경우 각 상대 법원으로 이송하게 된다(가소법 제13조 제3항). 가사사건이 가정법원과 지방법원 중 어느 법원의 관할에 속하는지 명백하지 아니한 경우에는 관계 법원의 공통되는 고등법원이 관할법원을 지정한다(가소법 제3조 제1항). 가소법 제3조 제1항의 관할법원 지정에 관하여는「민사소송법」제28조를 준용한다.

가사사건의 재판과 조정의 절차에 관하여 필요한 사항은 대법원 규칙으로 정한다(가소법 제11조).

(2) 심급제도

1) 제1심

가정법원 및 가정법원지원의 합의부는 다음 사건을 제1심으로 심판한다.

① 가사소송법에서 정한 가사소송과 마류(類) 가사 비송사건 중 대법원 규칙으로 정하는 사건

② 가정법원 판사에 대한 제척(除斥)·기피 사건

③ 다른 법률에 의하여 가정법원 합의부의 권한에 속하는 사건

가정법원 및 그 지원이 설치되지 아니한 지역에 있어서의 가정법원의 권한에 속하는 사항은 가정법원 및 그 지원이 설치될 때까지 해당 지방법원 및 그

지원이 이를 관할한다.

2) 제2심

가정법원 합의부(항소부)는 가정법원 단독 판사의 판결·심판·결정·명령에 대한 항고 사건을 제2심으로 심판한다.

가정법원의 판결에 대하여 불복하는 경우에는 판결정본이 송달된 날부터 14일 이내에 항소할 수 있다. 다만, 판결정본 송달 전에도 항소할 수 있다(가소법 제19조 제1항). 항소법원의 소송 절차에는 제1심의 소송 절차에 관한 규정을 준용한다(가소법 제19조 제2항). 항소법원은 항소가 이유 있는 경우에도 제1심 판결을 취소하거나 변경하는 것이 사회정의와 형평의 이념에 맞지 아니하거나 가정의 평화와 미풍양속을 유지하기에 적합하지 아니하다고 인정하는 경우에는 항소를 기각할 수 있다(가소법 제19조 제3항).

3) 제3심 대법원

항소법원의 판결에 대하여 불복하는 경우에는 판결정본이 송달된 날부터 14일 이내에 대법원에 상고할 수 있다. 다만, 판결정본 송달 전에도 상고할 수 있다(가소법 제20조).

3. 가사소송법

(1) 서 설

친족관계에서 발생되는 충돌상의 처리에 있어서나 또는 재산상속상에 있어서의 분쟁이 야기되는 경우의 해결을 위하여 과거에는 가사심판법 또는 인사소송법에 의하여 처리되어 오던 것을 1990년 민법이 일부 개정됨에 따라 관계 조문을 정비하면서 가사소송법은 가사심판법과 인사소송법을 흡수·통합하여 1991년부터 시행되고 있다. 가사소송법은 「인격의 존엄과 남녀의 평등」을 기본으로 하고 가정의 평화와 친족 간에 서로 돕는 미풍양속을 유지·향상하기 위하여 가사에 관한 소송과 비송 및 조정에 대한 절차의 특례를 규정함을 목적으로 하여 제정되었다. 이 목적을 달성하는 수단은 조정과 재판이다.

(2) 가사사건의 재판사항

가사소송법에서는 가정법원이 다룰 사건(가사사건)의 범위를 정하고, 이를 성질에 따라 분류하고 있는데 가사소송법이 가사사건으로 규정하여 직권주의의 적용 아래 다루도록 하는 사건의 범위는 비교법적으로 매우 광범위하다.

가사소송법은 가사사건(家事事件)을 그 성질에 따라 가사소송(家事訴訟)사건과 가사비송(家事非訟)사건으로 대별하고 있다.

가사소송법은 제1편 총칙, 제2편 가사소송(제1장 통칙, 제2장 혼인관계소송, 제3장 부모와 자녀 관계소송, 제4장 삭제) 제3편 가사비송(제1장 통칙, 제2장 라류 가사비송사건, 제3장 마류 가사비송사건), 제4편 가사조정, 제5편 이행의 확보, 제6편 벌칙 등으로 구성되어 있다. 가사소송사건은 가류, 나류, 다류, 가사비송사건은 라류 및 마류로 세분하여 그중 나류 및 다류 가사소송사건과 마류 가사비송사건을 조정의 대상으로 하였다(가소법 제2조, 제50조). 계속해서 가사사건의 종류에 대하여 구체적으로 살펴보면 다음과 같다.

1) 가사소송사건

① 가류 사건

가류는 '…의 무효' 사건이 이에 해당한다. 혼인의 무효, 이혼의 무효, 인지의 무효, 친생자관계존부확인, 입양의 무효, 파양의 무효 등이다. 가류 사건의 특징은 (i) 소의 성질이 확인의 소이며, (ii) 조정의 대상이 아니다. (iii) 임의로 처분할 수 없는 사항이므로, 당사자 사이에 합의가 되어도 효력을 인정받을 수 없다.

② 나류 사건(조정전치주의)

나류는 '…의 취소' 사건이 이에 해당한다. 사실상 혼인관계 존부확인, 혼인의 취소, 이혼의 취소, 친생부인, 재판상 이혼, 인지청구, 입양의 취소, 파양의 취소 등이다. 나류 사건의 특징은 (i) 형성의 소이며, (ii) 조정의 대상이다(조정전치주의 적용). (iii) 그러나 임의로 처분할 수 있는 사항(예: 이혼이나 파양, 사실혼의 존부, 인지 등)에 대해서만 조정이 성립할 수 있고, 그렇지 않은 경우 합의가 되어도 조정이 성립되지 않는다. 예컨대 혼인취소는 당사자가 임의로 처분할 수 있는 사항이 아니어서 조정의 성립만으로 확정판결과 동일한 효력을 인정할 수 없다(통설).

③ 다류 사건(조정전치주의)

다류는 위자료, 손해배상청구 사건이 이에 해당한다. ① 약혼해제 또는 사실혼관계 부당파기로 인한 손해배상청구 및 원상회복의 청구, ② 혼인의 무효·취소 또는 파양을 원인으로 하는 손해배상청구 및 원상회복의 청구 등이다. 이는 본래 민사사건으로 다루어야 할 것이지만, 신분관계와 관련된 손해배상사건이어서 편의상 가사사건으로 규정한 것이다. 다류 사건의 특징은 (ⅰ) 이행의 소이고, (ⅱ) 조정의 대상이며, (ⅲ) 임의로 처분이 가능하다. 따라서 합의에 의한 조정의 성립이 가능하다. 그 밖에, 재산분할청구권 보전을 위한 사해행위취소등 사건도 이에 해당한다.

가사소송법 제2조 제1항 소정의 나류 가사소송사건과 마류 가사비송사건은 통상의 민사사건과는 다른 종류의 소송절차에 따르는 것이므로, 원칙적으로 위와 같은 가사사건에 관한 소송에서 통상의 민사사건에 속하는 청구를 병합할 수는 없다. 이에 대법원은 부부간의 명의신탁해지를 원인으로 한 소유권이전등기청구나 민법 제829조 제2항에 의한 부부재산약정의 목적물이 아닌 부부 공유재산의 분할청구는 모두 통상의 민사사건으로, 그 소송절차를 달리하는 나류 가사소송사건 또는 마류 가사비송사건인 이혼 및 재산분할청구와는 병합할 수 없다고 하였다(대법원 2006. 1. 13. 선고 2004므1378 판결).

2) 가사비송사건

① 라류 사건

가사비송사건은 상대방이 없는 사건이다. 성년·한정후견개시와 그 종료의 심판, 실종선고와 그 취소, 친권행사방법의 결정, 부재자재산에 관한 처분 등 44개 항목이다. 라류 사건의 특징은 (ⅰ) 상대방이 없는 사건이며, (ⅱ) 상대방이 없으므로 조정의 대상이 아니다.

② 마류 사건(조정전치주의)

부부의 동거·부양·협조 또는 생활비용 부담에 관한 처분, 기여분의 결정, 상속재산의 분할에 관한 청구 등 10개 항목이다. 마류 사건의 특징은 (ⅰ) 비송사건이지만 상대방이 있으며, (ⅱ) 조정의 대상이다. (ⅲ) 임의로 처분이 가능한 사건이므로 당사자 간에 합의가 되면 조정이 성립할 수 있다.

4. 가사사건절차에 대한 규율

가사사건에 대한 절차법으로서 가사소송법은 가사에 관한 소송과 비송 및 조정에 대한 절차의 특례를 규정하고 있다(가소법 제1조). 가사소송법에 특별한 규정이 있는 경우를 제외하고는 가사소송사건은 민사소송법(가소법 제12조)을, 가사비송사건은 비송사건절차법(가소법 제34조)을, 조정사건은 민사조정법(가소법 제49조)을 준용한다. 또한 가사사건의 재판과 조정의 절차에 관하여는 가사소송법 외에 가사소송규칙에 의한다(가사소송규칙 제1조).

(1) 가사소송사건

여러 개의 가사소송사건의 청구의 원인이 동일한 사실관계에 기초하거나 1개의 청구의 당부가 전제가 되는 때에는 이를 한 개의 소로 제기할 수 있으며, 이는 가사소송사건과 가사비송사건의 청구에 있어서도 동일하게 적용된다(가소법 제14조).

그리고 필요적 공동소송인의 추가 또는 피고의 경정은 변론종결 시까지 가능하게 하고 있다(가소법 제15조). 또 가류 및 나류 가사소송사건을 가정법원이 심판함에 있어서는 직권으로 사실조사 및 필요한 증거조사를 하여야 한다(가소법 제17조). 또한 언제든지 당사자 또는 법정대리인을 신문할 수 있다(제17조).

가류 또는 나류 가사소송사건의 청구를 인용한 확정판결은 제3자에게도 효력이 있다. 가류 또는 나류 가사소송사건의 청구를 배척한 판결이 확정된 경우에는 다른 제소권자는 사실심의 변론종결 전에 참가하지 못한 데 대하여 정당한 사유가 있지 아니하면 다시 소를 제기할 수 없다(가소법 제21조).

가정법원은 판결, 심판, 조정조서, 조정을 갈음하는 결정 또는 양육비부담조서에 의하여 다음 각 호의 어느 하나에 해당하는 의무를 이행하여야 할 사람이 정당한 이유 없이 그 의무를 이행하지 아니하는 경우에는 당사자의 신청에 의하여 일정한 기간 내에 그 의무를 이행할 것을 명할 수 있다(제64조 제1항).

당사자 또는 관계인이 정당한 이유 없이 가사소송법 제29조, 제63조의2 제1항, 제63조의3 제1항·제2항 또는 제64조의 명령이나 제62조의 처분을 위반한 경우에는 가정법원, 조정위원회 또는 조정담당판사는 직권으로 또는 권리자의 신청에 의하여 결정으로 1천만원 이하의 과태료를 부과할 수 있다(제67조 제1항).

(2) 가사비송사건

가사비송사건은 비송사건 심판청구에 관333하여 이해관계에 있는 자는 재판장의 허가를 얻어 절차에 참가할 수 있을 뿐 아니라, 재판장이 필요하다고 여기는 경우에는 이해관계자를 심판절차에 참가할 수 있게 하고 있다(가소법 제37조 제1항, 제2항). 가사비송사건은 서면 또는 구술로 심판청구가 가능하다(가소법 제36조 제1항, 제2항). 그러나 구술로 심판을 청구할 때에는 가정법원의 법원사무관 등의 면전에서 진술하도록 하고 있다(동조 제4항). 이들 심판은 이를 받을 자가 고지받음으로써 효력을 발생하는 것을 원칙으로 하나 예외적으로 즉시항고를 할 수 있는 심판은 확정되어야만이 효력을 발하는 것으로 하고 있다(가소법 제40조).

5. 가사조정절차

가사조정에 관하여는 조정전치주의를 채택하고 있는데, 가사사건분류에 의한 가사소송사건인 나류 및 다류와 가사비송사건인 마류에 대하여 가정법원에 소를 제기하거나 심판을 청구하고자 하는 자는 먼저 조정을 신청하여야 한다(가소법 제50조 제1항). 위 사건에 관하여 조정을 신청하지 아니하고 소를 제기하거나 심판을 청구한 경우에는 가정법원은 그 사건을 조정에 회부하여야 한다. 다만, 공시송달의 방법이 아니면 당사자의 어느 한쪽 또는 양쪽을 소환할 수 없거나 그 사건을 조정에 회부하더라도 조정이 성립될 수 없다고 인정하는 경우에는 그러하지 아니하다(가소법 제2항).

가사사건의 조정은 그 성질상 형식적인 법규에 구속되는 것이 아니라 조정위원의 조언에 의거하여 당사자의 타협으로 사건을 자주적으로 해결할 것을 꾀하는 것이며, 더 나아가 조리에 의하여 구체적으로 타당한 해결을 실현할 것을 목적으로 한다. 조정장 또는 조정 담당 판사는 특별한 사정이 없는 한 조정을 하기 전에 기한을 정하여 가사조사관으로 하여금 사건에 관한 사실의 조사를 하게 하여야 한다(가소법 제56조). 그리고 조정위원회가 조정을 함에 있어서는 당사자의 이익 외에 조정으로 인하여 영향받게 되는 모든 이해관계인의 이익을 고려하고 분쟁의 평화적, 종국적 해결을 이룩할 수 있는 방책을 마련하여 당사자를 설득하여야 하며(가소법 제58조 제1항). 미성년인 자의 이해가 관련되는 사건에 대한 조정의 경우에는 미성년자의 복지가 우선적으로 고려되어야 함을 밝히고 있다(가소법 제58조 제2항).

가사조정은 본인 출석을 원칙으로 하고 공개하지 아니하며, 조정은 당사자의 합의를 기초로 한다. 조정에 있어서 당사자 사이에서의 합의가 이루어지고 조정위원회가 합리적인 내용을 인정하여 조서에 기재한 때에 조정은 성립한다. 그리고 조서의 기재는 재판상의 화해와 동일한 효력을 갖는다(가소법 제59조).

6. 이행 명령과 의무 불이행에 대한 제재

가사소송법의 제5편에는 이행확보에 관한 규정을 두고 있다. 가사사건의 판결이나 심판 또는 조정조서 등에 의해서도 민사집행법에 따른 강제집행이나 보전처분 등을 할 수 있기는 하지만, 그 외에도 몇 가지 이행확보 조치가 더 마련되어 있다.

사전처분(가소법 제62조 제1항), 가압류처분(가소법 제63조), 이행명령(가소법 제64조), 금전의 임치(가소법 제65조), 과태료와 감치(가소법 제67조) 등의 여러 제도를 두고 있다.

(1) 사전처분

가사사건의 소의 제기, 심판청구 또는 조정의 신청이 있는 경우에 가정법원, 조정위원회 또는 조정담당판사는 사건을 해결하기 위하여 특히 필요하다고 인정하면 직권으로 또는 당사자의 신청에 의하여 상대방이나 그 밖의 관계인에게 현상(現狀)을 변경하거나 물건을 처분하는 행위의 금지를 명할 수 있고, 사건에 관련된 재산의 보존을 위한 처분, 관계인의 감호(監護)와 양육을 위한 처분 등 적당하다고 인정되는 처분을 할 수 있다(가소법 제62조 제1항).

사전처분은 집행력이 없는 대신, 이를 위반한 경우에 과태료를 부과함으로써 간접적으로 그 이행을 강제한다. 사례로 예를 들면 친모가 유아를 두고 사라지는 바람에 수술에 동의해 줄 법정대리인이 없는 상황에서, 법원이 친권상실 본안사건의 사전처분으로 친권행사정지 및 친권대행자선임을 하여 준 예 등을 들 수 있다.

(2) 가압류, 가처분

가정법원은 사전처분에도 불구하고 가사소송사건 또는 마류 가사비송사건을 본안(本案) 사건으로 하여 가압류 또는 가처분을 할 수 있다(가소법 제63조 제1항). 이 경우 「민사집행법」 제276조부터 제312조까지의 규정을 준용한다(가소법 제63조 제2항).

원래 가압류나 가처분은 지방법원(본원, 지원, 시·군법원)이 할 수 있는 재판이지만, 가사소송사건이나 마류 가사비송사건을 본안으로 하여서는 가정법원에 가압류나 가처분을 신청할 수 있다.

(3) 이행명령

가정법원은 판결, 심판, 조정조서, 조정을 갈음하는 결정 또는 양육비부담조서에 의하여 다음 각 호의 어느 하나에 해당하는 의무를 이행하여야 할 사람이 정당한 이유 없이 그 의무를 이행하지 아니하는 경우에는 당사자의 신청에 의하여 일정한 기간 내에 그 의무를 이행할 것을 명할 수 있다(가소법 제64조 제1항).

1. 금전의 지급 등 재산상의 의무
2. 유아의 인도 의무
3. 자녀와의 면접교섭 허용 의무

양육비의 경우에는 '양육비 직접지급명령'이라는 고유의 강제집행방법이 있다.

(4) 감 치

가사소송법 제29조에 따른 수검 명령을 받은 사람이 동법 제67조 제1항에 따른 제재를 받고도 정당한 이유 없이 다시 수검 명령을 위반한 경우에는 가정법원은 결정으로 30일의 범위에서 그 의무를 이행할 때까지 위반자에 대한 감치를 명할 수 있다(가소법 제67조 제2항).

Ⅶ. 가족관계의 등록에 관한 법률

1. 가족관계의 등록 등에 관한 법률의 제정

가족등록제도는 개인의 출생에서 사망에 이르기까지 개인의 국적이나 행위능력의 유무, 가족관계 등 신분에 관한 사항을 공시하기 위한 것으로써 어느 나라에나 존재한다. 우리나라에서 그동안 이 기능을 담당하였던 것은 민법상 호주를 관한 근간으로 한 호적법이었다. 2005년 2월 3일 헌법재판소는 호주제도에 대하여 헌법불합치 결정을 내렸고, 이에 호적법은 전면 개정되어 새로운 신분등록제도로 「가족관계의 등록에 관한 법률」(약칭, 가족관계등록법 혹은 가등법)이 제정되었으며, 결국 2007년 5월 17일 이 법률이 공포되었으며, 2008년 1월 1일부터 시행되고 있다.

2. 가족관계등록부의 편제방식

기존의 호적법에서는 호주를 기준으로 한 '家' 단위로 편제하였기 때문에 한 개인은 호적에 입적되어야 하며, 그 가의 호적에 입적되었을 때 법률상 가족으로 인정받았다. 그러나 가족관계등록법하에서는 개인별 편제방식을 채택하고 있다. 개인별 편제의 주체는 개인이기 때문에 개인은 누구나 독자적으로 자신의 가족관계등록부를 갖게 된다. 이에 기존의 호적법에서처럼 입적, 복적, 일가창립, 분가한다는 개념은 없어지고, 개인의 신분의 변동사항은 각 개인의 가족관계등록부에 기록된다. 호적의 편제기준인 본적 개념 대신 각종 신고를 처리할 기준은 등록기준지로 변경되었다. 신고지가 등록기준지가 되어 가족이 동일한 등록기준지를 가질 필요가 없고, 개인이 자유롭게 변경할 수 있다.

3. 가족관계의 등록 등에 관한 법률 주요내용

(1) 관 장

가족관계의 발생 및 변동사항에 관한 등록과 그 증명에 관한 사무는 대법원이 관장한다(동법 제2조). 대법원장은 등록사무의 처리에 관한 권한을 시·읍·면의 장(도농복합형태의 시에 있어서 동지역에 대하여는 시장, 읍·면지역에 대하여는 읍·면장으로 한다. 이하 같다)에게 위임한다(동법 제3조 제1항).

(2) 가족관계등록부의 전산화

'가족관계등록부'에 기록되는 개인의 신분사항과 가족관계 및 이에 대한 변동사항들은 전산화된 정보처리시스템에 의하여 입력, 처리 및 관리된다(동법 제

11조). 전산시스템에 개인별 인적사항을 입력하고 본인 외의 관련 정보는 필요시 연결 정보로 추출하여 사용함으로써 개인별 편제방식에 따른 중복정보처리 문제가 해소되고 그 사무처리를 단순화하였다. 전산시스템 하에서는 본적지 비본적지의 개념이 불필요하고 그 대신 개인의 성명과 주민등록번호가 그 등록부를 특정하게 된다.

2018. 5. 8.부터 대법원 전자가족관계등록시스템(www.efamily.scourt.go.kr)에 접속하여 온라인으로 출생신고를 할 수 있게 되었다. 이로 인하여 출산직후 산후조리로 힘든 산모나 출근하는 남편이 휴가를 내고 관공서를 방문해야 하는 불편함을 덜 수 있게 되었다.

(3) 목적에 따른 다양한 증명서 발급

'가족관계등록부'의 기록사항은 증명목적이나 대상에 따라 증명서로 발급된다. 증명서는 기본증명서, 혼인관계증명서, 가족관계증명서, 입양관계증명서, 친양자입양관계증명서 등 다양한 증명서로 분류하여 발급된다(동법 제15조).

증명서 교부의 신청은 개인정보의 노출정도에 따라 3가지로 세분화된다. 반드시 필요한 정보만 추린 일반증명서, 모든 정보를 담은 상세증명서 요청자가 선택한 특정 정보만을 담은 특정증명서로 구분한다(동법 제14조, 제15조).

동법 제14조에 따라 본인 또는 배우자, 직계혈족(이하 이 조에서는 "본인 등"이라 한다)이 제15조에 규정된 등록부등의 기록사항에 관하여 발급할 수 있는 증명서의 교부를 청구할 수 있고, 본인 등의 대리인이 청구하는 경우에는 본인 등의 위임을 받아야 한다. 기존에는 본인의 동의 없이 형제자매도 증명서를 발급받을 수 있었는데, 헌법재판소는 이는 개인정보자기결정권을 침해라고 보아 위헌결정을 하였다(헌재 2016. 6. 30. 2015헌마924).

본인 또는 배우자, 부모, 자녀는 대법원 규칙으로 정하는 바에 따라 등록부등의 기록사항의 전부 또는 일부에 대하여 전자적 방법에 의한 열람을 청구할 수 있다. 다만, 친양자입양관계증명서의 기록사항에 대하여는 친양자가 성년이 된 이후에만 청구할 수 있다위의 각 호의 증명서의 기록사항 중 일부사항만을 증명하는 증명서를 발급할 수 있다(동법 제14조 제7항). 친양자입양관계증명서의 기록사항에 대하여는 친양자가 성년이 된 이후에만 청구할 수 있다(제14조 제7항).

「가정폭력범죄의 처벌 등에 관한 특례법」 제2조 제5호에 따른 피해자(이하 "가정폭력피해자"라 한다) 또는 그 대리인은 가정폭력피해자의 배우자 또는 직계혈족을 지정(이하 "교부제한대상자"라 한다)하여 시·읍·면의 장에게 제1항 및 제2항에 따른 가정폭력피해자 본인의 등록사항별 증명서의 교부를 제한하거나 그 제한을 해지하도록 신청할 수 있다(동법 제14조 제8항).

각 증명서에 기재되는 내용은 다음과 같다.

1) 기본증명서

① 본인의 등록기준지·성명·성별·본·출생연월일 및 주민등록번호

② 본인의 출생, 사망, 국적상실·취득 및 회복 등에 관한 사항

기본증명서에는 개인의 기본 사항에서 국적, 개명, 친권 등도 이 증명서에 기재된다.

2) 가족관계증명서

① 본인의 등록기준지·성명·성별·본·출생연월일 및 주민등록번호

② 부모의 성명·성별·본·출생연월일 및 주민등록번호(입양의 경우 양부모를 부모로 기록한다. 다만, 단독입양한 양부가 친생모와 혼인관계에 있는 때에는 양부와 친생모를, 단독입양한 양모가 친생부와 혼인관계에 있는 때에는 양모와 친생부를 각각 부모로 기록한다)

③ 배우자, 자녀의 성명·성별·본·출생연월일 및 주민등록번호

가족관계증명서에는 본인을 기준으로 하여 부모와 자녀의 3대만 기재된다. 그 결과 부모와 자녀관계를 증명할 필요가 있는 경우에 이용할 수 있다.

3) 혼인관계증명서

① 본인의 등록기준지·성명·성별·본·출생연월일 및 주민등록번호

② 배우자의 성명·성별·본·출생연월일 및 주민등록번호

③ 혼인 및 이혼에 관한 사항

4) 입양관계증명서

① 본인의 등록기준지·성명·성별·본·출생연월일 및 주민등록번호

② 친생부모·양부모 또는 양자의 성명·성별·본·출생연월일 및 주민등록번호

③ 입양 및 파양에 관한 사항

5) 친양자입양관계증명서

① 본인의 등록기준지·성명·성별·본·출생연월일 및 주민등록번호

② 친생부모·양부모 또는 친양자의 성명·성별·본·출생연월일 및 주민등록번호

③ 입양 및 파양에 관한 사항

친족상속법

2장

친족관계

Chapter 02

친족관계

1 절 » 친족의 종류와 촌수

Ⅰ. 친족의 종류

민법은 혈족, 인척 및 배우자의 3가지를 친족으로 규정하고 있다(제767조).

1. 혈 족

출생에 의해서 혈연으로 되어 있는 사람은 혈족이고 혼인을 매개로 한 배우자의 일방과 타방의 혈족과는 인척이다. 자기의 직계존속과 직계비속을 직계혈족이라 하고 자기의 형제자매와 형제자매의 직계비속, 직계존속의 형제자매 및 그 형제자매의 직계비속을 방계혈족이라 한다(제768조). 또한 혈족에 해당하는 친족에는 자연혈족과 법정혈족이 있다.

(1) 자연혈족과 법정혈족

1) 자연혈족

자연혈족이란 당사자 사이에 혈연으로 연결된 자를 말한다. 예를 들면 부모와 자녀, 형제자매, 숙질(아저씨와 조카) 등이 이에 속한다. 그러나 사실상 혈연관계가 있더라도 부모가 인지하지 않은 혼외자는 혈족으로서의 친족관계가 인정되지 않는다.

자연혈족관계는 출생에 의해 발생한다. 부모의 혼인 중에 포태된 자는 혼인중의 자로 추정되기 때문에 친자관계가 당연히 발생한다. 이것에 대해서 혼외자의 경우 모와의 관계는 출생에 의하여 당연히 발생하지만 부와의 관계에서는 인지에 의해서 출생 시 소급하여 혈족관계가 발생한다(제855조, 제860조).

2) 법정혈족

법정혈족이란 법률에 의하여 혈연이 의제된 혈족을 말한다. 법정혈족관계는 입양에 의해서 발생한다. 양자는 입양일로부터 양친의 혼인중의 출생자와 동일한 신분을 취득하며, 양자의 배우자, 직계비속과 그 배우자는 양자의 양가에 대한 친계를 기준으로 하여 친족관계가 발생한다(제772조). 친양자의 경우도 마찬가지이다.

양자의 직계비속은 입양성립 전에 출생하였건 성립 후에 출생하였건 묻지 않고 양친과 그 혈족에 대하여 법정혈족관계가 발생한다고 보고 있다. 양친이 입양 후 혼인한 경우 그 상대방 배우자와 양자와의 관계가 당연히 법정혈족관계로 발생하는 것은 아니고 입양신고를 통해 발생한다고 해석할 수 있다(제878조). 단, 양자의 혈족과 양친 및 양친의 혈족(양방의 혈족)과의 사이에 친족관계는 발생하지 않는다.

친양자는 입양되기 전의 친족과의 관계가 소멸되지만 일반양자는 양자와 양자의 친생부모의 혈족과의 사이에 친족관계가 소멸하지 않고 계속된다.

과거에는 계모자관계와 적모서자관계도 법정혈족으로 인정되었으나 1990년 민법일부개정에 의해서 폐지되어 이들은 인척관계가 되었다. 이는 특히 법정의 친자관계 형성에 있어 개인의 의사에 의하지 않는 점에서 문제가 있었을 뿐만 아니라 그것이 가부장적 가족제도와 결합된 불합리한 제도라는 점에서 개정의 요구가 계속되었던 것이다. 헌법재판소는 계모자 간에 상속권을 인정하지 않는 것이 위헌이 아니라고 하였다(헌재 2009. 11. 26. 선고 2007헌마1424 결정; 2011. 2. 24. 선고 2009헌바89, 248 결정).

2. 인 척

혼인을 매개로 해서 부부의 일방과 타방의 혈족과의 사이에서 생기는 친족관계이다. 혈족의 배우자, 배우자의 혈족, 배우자의 혈족의 배우자를 인척으로 한다(제769조). 우리 민법상 인척에 해당하는 자를 열거하면 다음과 같다.

(1) 혈족의 배우자

예를 들면 형수, 제수, 매부, 고모부, 질부 등이 이에 해당한다.

(2) 배우자의 혈족

예를 들면 시부모, 처백부, 시숙부 등이 이에 해당한다.

(3) 배우자의 혈족의 배우자

예를 들면 시숙모, 처숙모, 시외숙모, 형제자매의 자, 종형제, 고모, 고모의 자 등이 이에 해당된다.

우리 민법은 너무 광범위하게 인척을 인정하고 있어서 그로부터 발생하는 족벌의식, 법률관계의 복잡성 등 많은 문제점을 자아내고 있다. 이것은 친족상속법 전반의 문제점과 관련하여 많은 논의가 예상되는 부분이기도 하다.

3. 배우자

민법상 배우자도 친족의 일종으로 규정되어 있다. 그러나 배우자를 친족으로 규정한 것은 이해하기 어렵다. 배우자는 배우자로서 법적 지위를 갖는 것이지, 친족의 지위에서 배우자의 법률효과가 발생하는 것은 아니기 때문이다.

Ⅱ. 친계와 촌수

1. 친 계

친족은 혈연상의 계열에 따라서 여러 가지로 나눌 수 있는데, 혈족관계에 의한 연결관계를 친계라 한다. 친계는 다음과 같은 여러 가지 형태로 나눌 수 있다.

(1) 직계친과 방계친

직계친이라 함은 혈통이 직상·직하로 연결되는 형태의 친족을 말한다. 예를 들면 부모·자녀·손자녀 등이 이에 속한다.

방계친이라 함은 혈통이 공동시조로부터 갈라져 연결되는 친족을 말한다. 예를 들면 형제자매·숙부·백부·종형제자매·조카 등이 이에 속한다.

(2) 존속친과 비속친

친족을 항렬에 의하여 구별할 때 존속과 비속으로 나누어진다. 부모나 부모와 같은 항렬 이상에 해당하는 친족을 존속이라 하고, 자녀 및 자녀와 같은 항렬 이하에 속하는 친족을 비속이라 한다. 그리고 존속에는 다시 직계존속과 방계존속이 있으며, 또 비속에도 직계비속과 방계비속이 있다. 그러나 자기와 같은 항렬에 있는 형제자매나 종형제자매는 존속·비속의 어디에도 포함되지 않게 된다.

(3) 부계친과 모계친

친족은 부모의 혈통을 기준으로 하여 부계친과 모계친으로 구별할 수 있다. 부계친이란 부와 그의 혈족을 말하며, 모계친이란 모와 그의 혈족을 말한다.

2. 촌 수

(1) 촌수의 의의

촌수라 함은 친족관계의 긴밀도를 측정하는 척도의 단위를 말한다. 「촌」과 같은 의미로 친등이란 용어를 사용하기도 하는데, 촌이란 말은 본래 손마디를 의미하는 것이다.

현행민법에서의 촌수계산방법은 로마법식 촌수계산법에 의한다. 이에 의하면 직계친족 사이에서는 세대수를 계산하여 촌수를 산정하고, 방계친 사이에서는 공동시조에서 각자에 이르는 세수를 각각 계산하여 그 총합을 친족 상호간의 촌수로 삼는다. 예컨대, 조부모와 손자녀 사이는 2촌이고, 형제간도 2촌이며, 부모와 자는 1촌이고 백숙부모 사이는 3촌이며, 종형제 사이는 4촌으로 촌수를 계산한다.

(2) 민법상의 촌수

1) 혈 족

자연혈족의 경우 직계혈족은 자기로부터 직계존속에 이르고 자기로부터 직계비속에 이르는 세수를 통산하여 그 촌수를 정하며(제770조 제1항) 방계혈족은 자기로부터 같은 뿌리의 직계존속으로부터 그 직계비속에 이르는 세수를 통산하여 그 촌수를 정한다(제770조 제2항).

법정혈족의 경우도 자연혈족의 경우와 전적으로 동일하다. 따라서 양친자관계에 있어서 양자와 양부모 및 그 혈족·인척 사이의 촌수는 입양시로부터 혼인중의 출생자의 경우와 동일하게 된다(제772조 제1항).

2) 인 척

인척인 자 사이의 촌수는 혈족인 경우보다 한층 복잡하다. 왜냐하면 배우자를 통하여 촌수를 산정하게 되기 때문이다. 배우자의 혈족에 대하여는 배우자의 당해 혈족에 대한 촌수에 따른다(제771조). 예를 들면 처와 여동생 사이는 2촌이기 때문에 남편과 처제와 2촌의 인척이다.

3) 배우자

배우자는 친족 안에서 특수한 지위에 있다. 배우자는 혈족도 아니지만 인척도 아니다. 배우자에게는 촌수가 없다.

〈도표 2-1〉 친 족

〈도표 2-2〉 친족범위(홍길동=자기)

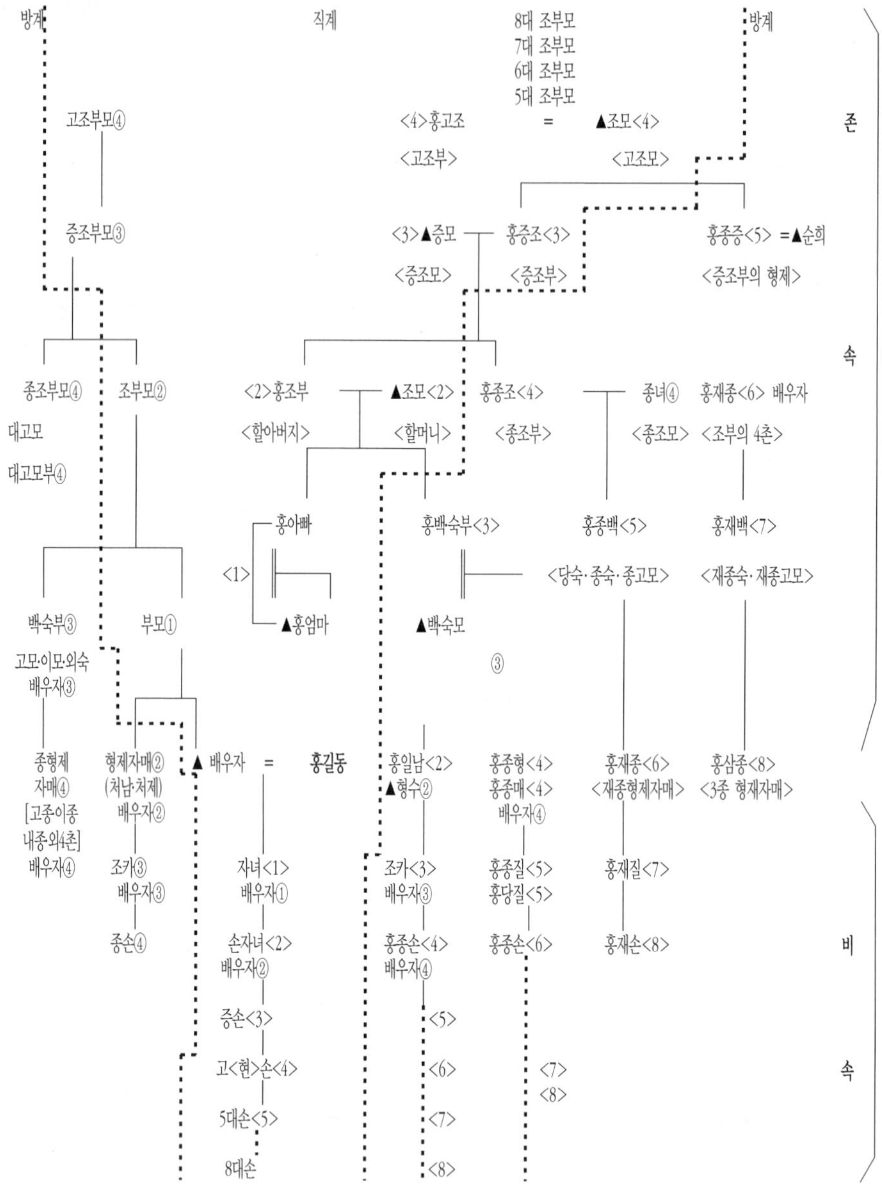

주: 1) 조부모 이상은 외조부모도 포함됨 / < >: < > 내의 숫자는 혈족의 촌수 표시
ㅇ: ㅇ 내의 숫자는 인척의 촌수표시 / ▲: 배우자와 그 성을 나타냄(홍씨가 아님)
2) 손자 이하는 외손자도 포함됨

Ⅲ. 친족관계의 소멸과 친족관계 종료의 효과

1. 혈족·인척·배우자 관계의 소멸

(1) 자연혈족관계

사망 또는 실종선고에 의해서 종료한다. 이것에 의해서 사망당사자 자신과 연결된 혈족관계는 소멸하지만 그 외의 혈족관계까지 변경되는 것은 아니고, 특별히 혈족관계의 소멸을 논할 의미는 없다.

(2) 법정혈족관계

법정혈족관계는 파양 및 입양의 취소에 의해서 종료된다(제776조). 양친과 양자 당사자 간의 관계뿐만 아니라 입양으로 인해 발생한 법정혈족관계도 종료한다. 입양 후에 태어난 자와 양친 및 그 혈족과의 사이의 법정혈족관계도 종료한다.

양친의 일방이 사망한 경우에는 사망한 자와 직접 연결된 친족관계는 소멸하나 그 자를 통하여 연결된 생존자와의 친족관계는 소멸되지 않는다.

양부모가 이혼을 하게 되는 경우에도 양부모의 이혼을 입양으로 인한 친족관계의 종료사유로 보지 않는다. 친양자의 경우에도 취소 또는 파양으로 친족관계가 소멸된다. 친양자 입양의 취소는 친양자로 될 사람의 친생(親生)의 아버지 또는 어머니는 자신에게 책임이 없는 사유로 인하여 민법 제908조의2 제1항 제3호 단서에 따른 동의를 할 수 없었던 경우에 친양자 입양의 사실을 안 날부터 6개월 안에 가정법원에 친양자 입양의 취소를 청구할 수 있다(제908조의4 제1항). 친양자 입양에 관하여는 일반양자에서 규정하고 있는 무효와 취소는 적용되지 않는다(제883조, 제884조).

(3) 인척관계

인척관계는 이혼 및 혼인의 취소에 의해서 종료한다. 이것에 대해서는 사망 또는 실종신고에 의해서 혼인이 해소하는 경우, 혼인관계는 당연히 종료하지 않는다. 그러나 생존배우자가 재혼하면 인척관계는 종료한다(제775조).

(4) 배우자관계

사망, 혼인의 취소, 이혼에 의해서 종료한다.

2. 친족관계 종료의 효과

친족관계의 종료에 의해서 친족관계로부터 생긴 대부분의 효과는 소멸한다. 그러나 민법 제809조의 제2항의 근친혼금지 규정에 따라 6촌 이내의 혈족의 배우자, 배우자의 6촌 이내의 혈족, 배우자의 4촌 이내의 혈족의 배우자인 인척이거나 이러한 인척이었던 자 사이에서는 혼인하지 못한다고 규정하고 있으며, 민법 제815조 제3호에 따라 당사자 간에 직계인척관계가 있거나 있었던 때, 당사자 간에 양부모계의 직계혈족관계가 있었던 때에는 혼인하지 못한다고 규정하고 있어(시아버지와 며느리), 위의 규정에 따라 이러한 혼인장애가 있는 경우 친족관계가 종료된 후에도 효과가 존속한다는 것에 주의하여야 한다.

Ⅳ. 친족관계의 법률상의 효과

친족관계의 효과는 여러 가지로 나뉜다. 혼인, 친자 등의 관계에 의해 여러 가지 효과가 발생하고 있지만, 그 상세한 것은 각론에서 서술하기로 하고, 이외에도 친족관계의 효과는 크게 나뉘어 민법상의 효과, 소송법상의 효과, 형법상의 효과가 있다. 여기서 간단히 정리해 두고자 한다.

1. 민법상의 효과

민법이 인정하는 친족관계의 효과는 (1) 제777조가 정하는 범위의 친족에게 일반적으로 인정되는 법률상의 효과, (2) 친족 사이의 원근과 친밀도 및 친족관계의 성질을 고려해서 개별적으로 각각 상이한 일정범위의 친족에게만 인정되는 법률상의 효과로 구별된다.

(1) 민법 제777조의 범위의 친족에게 인정되는 법률상의 효과

친권상실선고, 친권의 일시정지선고(제924조), 미성년인 자의 친권자의 대리권과 재산관리권의 상실선고의 청구(제925조), 친권에 대한 실권회복선고(失

權回復宣告)의 청구(제926조), 후견인선임청구(제936조 제2항), 후견인의 해임청구(제940조), 피후견인(被後見人)의 재산상황에 대한 조사청구(제954조), 부양의무(제974조), 상속인 없는 재산의 관리인 선임청구(제1053조) 등은 민법 제777조에 해당하는 친족에게 법률상의 효과가 미친다.

(2) 일정범위의 친족에게만 개별적으로 인정되는 법률상의 효과

1) 배우자, 4촌 이내의 친족은 성년후견심판청구 및 취소청구권(제9조, 제10조, 제11조, 제12조, 제13조, 제14조)을 갖는다.

2) 증여자 또는 그 배우자나 직계혈족에 대한 수증자(受贈者)의 범죄행위가 있은 때, 부양의무를 이행하지 아니한 때, 증여자는 그 증여를 해제할 수 있다(제556조 제1항 참조).

3) 생명침해에 대한 손해배상청구권: 직계존속, 직계비속, 배우자는 재산상의 손해없는 경우에도 손해배상을 청구할 수 있다(제752조).

4) 근친혼금지 규정인 제809조에 따라 8촌 이내의 혈족(제815조 제2호 친양자 입양 전의 혈족을 포함) 직계인척 관계가 있거나 있었던 자는 혼인하지 못한다. 이들 사이의 혼인은 무효이다(제815조 제4호). 또한 6촌 이내의 혈족의 배우자, 배우자의 6촌 이내의 혈족, 배우자의 4촌 이내의 혈족의 배우자인 인척이거나 인척이었던 자 사이의 혼인, 6촌 이내의 양부모계의 혈족이었던 자와 4촌 이내의 양부모계의 인척이었던 자 사이의 혼인은 취소할 수 있다(제816조).

5) 중혼에 대하여는 배우자, 직계존속, 8촌 이내의 방계혈족이 그 취소권을 갖는다(제818조).

6) 자, 이해관계인은 인지에 대한 이의(異議)의 소(訴)를 제기할 수 있다(제862조).

7) 자와 그 직계비속 또는 법정대리인은 부 또는 모를 상대로 하여 인지청구의 소를 제기할 수 있다(제863조).

8) 양부모, 양자, 법정대리인, 직계혈족은 미성년자의 입양에 대한 입양 취소청구권을 갖는다(제885조 전단).

9) 피후견인에 대하여 소송을 하였거나 또는 하고 있는 자, 그의 배우자와 직계혈족은 후견인의 결격자이다(제937조).

11) 상속권은 배우자, 직계비속, 직계존속, 형제자매, 4촌 이내의 방계혈족에게 있다(제1000조, 제1003조). 유류분권(遺留分權)은 직계비속, 배우자, 직계존속, 형제자매에게 있다(제1112조).

12) 유언으로 이익을 받을 자(者)의 배우자와 직계혈족은 증인결격자이다(제1072조).

2. 형법상의 효과

(1) 형벌이 감면되는 경우

범인은닉죄(형법 제151조 제2항), 증거인멸죄(형법 제155조 제4항), 권리행사방해죄(형법 제328조 제1항), 절도(형법 제329조~제332조), 횡령·배임죄(형법 제355조~제360조, 제361조) 등

(2) 형벌이 가중되는 경우

존속상해죄(형법 제257조), 살인죄(형법 제250조), 상해치사죄(형법 제258조)·폭행죄(형법 제260조), 유기죄(형법 제271조), 학대죄(형법 제273조) 등

3. 소송법상의 효과

(1) 민사소송법상의 효과

1) 법관 또는 서기관·서기·통역관의 제척의 원인(민소법 제41조 제2호) — 친족일반
2) 증인으로서의 증언거부죄(민소법 제314조 제1호) — 친족일반
3) 감정인결격(민소법 제334조 제2항) — 친족일반

(2) 형사소송법상 효과

1) 법관·법원서기관·통역관의 제척·기피 또는 회피원인(형소법 제17조 제2호, 제18조 제1항, 제24조 제1항) — 친족일반
2) 증인으로서의 증언거부권(형소법 제148조) — 친족 또는 친족관계에 있었던 자
3) 감정·통역·번역거부권(형소법 제177조, 제183조) — 친족 또는 친족관계

에 있었던 자

4. 특별법상 효과

아주 다양한 개별법에서 친족관계와 관련된 내용을 규정하고 있다. 「세법」, 「교육법」, 「근로기준법」, 「가족관계의 등록에 관한 법률」, 「아동복지법」, 「기초생활보장법」, 「가사소송법」, 「공무원연금법」, 「신탁법」 등과 같은 단행법 또는 그 시행령 중의 관계조문에는 친족관계의 특수한 효과 내용을 포함하고 있다.

2절 ≫ 가족의 범위

Ⅰ. 호주제 폐지 후 가족개념의 신설

헌법 제36조 제1항은 혼인과 가족생활은 개인의 존엄과 양성의 평등을 기초로 성립되고 유지되어야 한다고 규정하고 있다. 2005년 민법개정으로 가족개념의 새로운 전환을 맞게 되었는데, 호주제폐지 전 민법에서는 가족이란 일가의 구성원으로서 호주가 아닌 자를 말하며, 호주의 배우자, 혈족과 그 배우자 기타 민법의 규정에 의하여 그 가에 입적한 자를 가족이라고 하였다(구민법 제780조).

2005년 호주제가 폐지되면서 가족개념을 새롭게 정의해야 할 것인가에 대한 여러 가지의 논의가 있었는데, 가족개념의 정의를 부정하는 견해와 이를 긍정하는 견해가 있다. 부정하는 견해는 아무리 가족개념을 정의한다 하더라도 현실적인 가족과 통념상 가족개념과는 다를 수밖에 없고, 사회통념상의 가족을 담아낸다는 것은 입법기술상 불가능하며, 가족의 범위를 정한다면 변화하는 사회속에서 유동적으로 변화하는 가족의 범위를 가두어 두는 것과도 같기 때문에 사회변화를 수용할 수 없는 문제가 있다는 것이다. 또한 가족은 추상적 개념일 뿐이므로 이를 법에 둔다는 것은 무용하며, 특별법마다 각 제도의 취지에 맞는 친족범위를 두고 있기 때문에 굳이 가족의 범주를 민법에 규정할 필요는 없다고 본다.

이와는 달리 긍정하는 견해는 호주제가 폐지되는데 가족의 개념까지 없어지는 것은 제도적인 변화에 따른 충격이 너무 크다는 점과 실제 공동생활체인 가족의 개념은 없고 친족에 관한 규정만 있다는 것은 법체계적으로 문제가 될 수 있다는 점 등을 들고 있다. 이외에도 현실적으로 현재 법률에는 약 300개에 달하는 '가족'이라는 용어를 사용하고 있으면서 실체법적인 권한을 부여하고 있는데, 이들 규정의 혼란을 막기 위해서는 민법에 가족의 범위를 규정하는 것이 타당하다는 것이다.

결국 현행 가족의 범위는 어떤 법적 효력을 갖는 것보다는 상징적 의미로써 입법화되었으며, 호주제를 폐지하면 가족해체가 우려되어 이를 잠재울 수 있는 대안으로 민법 제779조에 가(家)를 대신하는 가족의 범위를 신설하였다.

Ⅱ. 가족의 범위

가족은 1. 배우자, 직계혈족 및 형제자매 2. 직계혈족의 배우자, 배우자의 직계혈족 및 배우자의 형제자매(제779조 제1항), 제1항 제2호의 경우에는 생계를 같이 하는 경우에 한한다(제779조 제2항). 이로써 현행 가족의 범위는 미혼모가족을 가족으로 인정하였고(기존호주제하에서 미혼모의 자가 모의 호적에 입적되지 않은 경우 미혼모가 자녀를 양육하고 있더라도 가족관계가 아니였음), 시부모, 장인 장모, 며느리, 사위 등도 생계를 같이하는 경우 가족의 범위에 속하도록 하였다(제779조 제2항). 또한 민법 제779조의 가족은 현재 제940조의5(후견감독인의 결격사유)의 규정에서만 규정하고 있다.

친족상속법

3장

약혼 · 혼인 · 사실혼

Chapter

03 약혼·혼인·사실혼

1절 ≫ 약 혼

Ⅰ. 약혼의 개념

약혼이란 장래에 혼인을 하겠다는 남녀 두 사람의 합의를 말한다.

Ⅱ. 약혼의 성립

1. 실질적 요건

(1) 당사자의 합의

약혼은 '장래 혼인을 하겠다'는 당사자의 합의에 의하여 성립한다. 약혼은 장래 부부가 되고자 하는 당사자의 의사의 합치만으로도 가능하다.

(2) 약혼적령과 부모의 동의

약혼은 하나의 계약이며, 당사자의 합의가 있는 경우에 효력이 발생한다. 이에 아직 약혼적령에 달하지 않은 자는 약혼을 할 수 없다. 민법에서 정하고 있는 약혼적령은 남녀 모두 만 18세이다(제801조). 이에 만 18세가 된 사람은 부모나 미성년후견인의 동의를 받아 약혼할 수 있다(제801조). 그러나 약혼연령에 달하였다고 하더라도 여전히 성년(19세, 제4조)으로서 독자적인 법률행위를 할 수 없기 때문에, 미성년자가 약혼을 원할 경우에는 부모의 동의를 얻어야 한다(제801조 전단).

부모 중 어느 일방이 동의권을 행사할 수 없을 때에는 다른 일방만의 동의로도 가능하며, 부모 모두 동의할 수 없을 때는 미성년후견인의 동의를 얻어야 한다(제801조 후단, 제808조 제1항 준용). 피성년후견인은 부모 또는 성년후견인의 동의를 받아 약혼할 수 있다(제802조). 부모의 동의를 얻지 않은 약혼은 취소할 수 있다(제816조 제1호).

(3) 선량한 풍속

약혼은 혼인과는 달리 기간이나 조건을 붙일 수 있다고 본다. 그러나 약혼에 대한 기간이나 조건이 선량한 풍속 기타 사회질서에 위반하는 경우에는 무효이다(대법원 1966. 6. 2. 선고 66다530 판결). 한 예로 포태를 하면 혼인을 하겠다는 조건을 붙인 경우가 이러한 경우이다.

(4) 이중약혼 배우자 있는 자의 약혼

이중약혼이나 배우자 있는 자의 약혼은 원칙적으로 무효이다(통설). 이는 사회질서에 위반된다고 보기 때문이다.

2. 형식적 요건

약혼은 일반적으로 특별한 형식을 거칠 필요없이 장차 혼인을 하겠다는 당사자 사이의 합의만으로도 가능하다. 약혼식을 올려야 약혼이 성립되는 것은 아니다. 이렇듯 약혼은 낙성계약으로 아무런 방식을 필요로 하지 않는다. 따라서 약혼은 예물의 교환이나 의식이 없더라도 유효하다.

종래 관습으로는 「납채(納采)」라 하여 여자 집에 대한 혼인의 신청과 동시에 약혼패물을 보내는 절차가 있었으며, 문명(問名), 납길(納吉), 납폐(納幣) 등의 절차까지를 정혼으로 보았다(「정혼(定婚)」은 혼인할 남녀 양가의 부모가 당사자의 의사에 관계없이 혼인할 것을 약정하는 것으로 종래 우리의 관습법상으로 인정되었던 것이다). 이는 당시의 약혼이 오늘날의 약혼보다 더 강한 구속력을 가졌던 것으로 볼 수 있다.

Ⅲ. 약혼의 효과

1. 강제이행의 금지

약혼은 장래 혼인할 것을 목적으로 하는 예약이지만, 약혼은 당사자의 가장 자유로운 의사에 의하여 이루어져야 하기 때문에 이에 대한 강제이행을 청구할 수 없다(제803조). 또한 혼인에 대한 이행을 하지 않을 경우 이에 대한 위약금을 지불해야 한다는 약속은 무효이다.

2. 약혼의 법률적 효과

(1) 일방 약혼자는 중대한 사유없이 약혼을 해제할 수 있다. 다만 상대방은 이러한 약혼의 불이행에 대한 손해배상을 청구할 수 있을 뿐이다(제806조). 약혼자 사이에 출생한 자녀는 혼인외의 자이다. 그러나 후일 약혼 당사자가 혼인을 하면 그 자는 준정이 되어 혼인중의 출생자로 된다(제855조 제2항).

(2) 약혼한 당사자 간 친족관계는 발생하지 않는다. 약혼자 간에 친족적 지위를 인정하고 있는 나라도 있으나(독일, 스위스), 우리 민법에서는 이를 인성하지 않으며, 따라서 일정한 생활관계에 따른 권리·의무는 발생하지 않는다. 단지 이들 간에는 혼인하여야 할 계약 내지 신의칙상의 의무를 지고 있다고 할 수 있을 것이다.

Ⅳ. 약혼의 해제

약혼은 강제이행을 청구할 수 없는 것이기 때문에 정당한 사유가 있으면 해제하고, 약혼을 체결함에 따라 입었던 손해배상을 청구할 수 있도록 하고 있다.

1. 해제원인(제804조)

(1) 약혼 후 자격정지 이상의 형을 선고받은 경우

(2) 약혼 후 성년후견개시나 한정후견개시의 심판을 받은 경우

(3) 성병, 불치의 정신병, 그 밖의 불치의 병질(病疾)이 있는 경우

(4) 약혼 후 다른 사람과 약혼이나 혼인을 한 경우

(5) 약혼 후 다른 사람과 간음(姦淫)한 경우

(6) 약혼 후 1년 이상 생사(生死)가 불명한 경우

(7) 정당한 이유 없이 혼인을 거절하거나 그 시기를 늦추는 경우

(8) 그 밖에 중대한 사유가 있는 경우

여기서 '그 밖의 중대한 사유'란 구체적인 사정을 종합하여 사회관념에 비추어 판단하여야 한다. 판례는 연령이나 직업 등을 사실대로 말하지 않은 경우(세종문화회관 기능직 8등급인데 서울시 행정직 7급으로서 파견근무 중이라고 속인 경우(대법원 1995. 12. 8. 선고 94므1676 판결)), 혹은 가족을 부양할 능력이 없을 정도로 재산상태가 악화된 경우, 상대방 또는 그 부모에 의한 중대한 모욕, 심한 불구자가 된 경우 등이 이에 해당된다고 보았다. 그러나 저시력증은 약혼해제를 정당화할 만한 불치의 악질에 해당한다고 볼 수 없다(서울가정법원 2005. 9. 1. 선고 2004드합7422 판결).

2. 해제의 방법

약혼의 해제는 상대방에 대한 의사표시로 한다. 그러나 상대방에 대하여 의사표시를 할 수 없는 경우에는 그 해제의 원인이 있음을 안 때에 해제된 것으로 본다(제805조).

3. 해제의 효과

(1) 약혼이 해제되면 당사자 사이에 처음부터 약혼이 없었던 것으로 된다.

(2) 손해배상청구

약혼을 해제할 때에는 당사자의 일방은 과실 있는 상대방에 대하여 이로 인한 손해배상을 청구할 수 있다(제806조 제1항). 이때에는 가정법원에 조정을

신청해야 한다(가소법 제2조 제1항 다류 1호). 손해배상의 범위는 재산상의 손해 외에 정신상의 고통도 포함된다(제806조 제2항).

재산상 손해는 약혼비용이나 혼인 준비를 위해 쓴 비용 등을 의미하며, 정신적 손해는 혼인할 것을 믿고 사직했을 경우 혹은 파혼으로 인한 심한 정신적 고통을 당한 경우 등을 의미한다. 정신상의 고통에 대한 배상청구권은 양도나 승계하지 못한다(제806조 제3항 전단). 그러나 당사자 사이에 이미 그 배상에 관한 계약이 성립되거나 소송을 제기한 후에는 그러하지 아니하다(제806조 제3항 단서). 손해배상은 약혼을 부당하게 파기한 당사자뿐만 아니라 제3자(예를 들어 부모나 약혼자를 강간한 남자)도 부당파기에 관련이 있는 경우 책임이 있다(대법원 1975. 1. 14. 선고 74므11 판결). 약혼자 쌍방에게 모두 과실이 있는 경우에는 과실의 다과를 따져 과실이 큰 사람이 손해배상책임을 부담하여야 한다. 이 때에는 과실상계를 할 수 있다(제396, 제763조 참조). 쌍방의 과실이 대등하다면 누구의 손해배상책임도 인정되지 않는다.

(3) 예물의 반환청구권

우리 민법은 약혼해제 시 약혼예물반환청구에 관한 규정을 두고 있지 않다. 그러나 혼인할 때 흔히 교환하는 예물은 혼인의 성립을 예정한 증여이다(대법원 1976. 12. 28. 선고 76므41,42 판결). 혼인이 성립되지 않았을 경우, 서로 주지 않았을 성질의 것이므로 혼인 시 서로 교환한 예물은 부당이득의 법리에 따라 반환을 청구할 수 있다. 이것이 학설(통설) 및 판례의 입장이다(대법원 1996. 5. 14. 선고 96다5506 판결). 약혼예물의 경우에도 마찬가지이다. 그러나 약혼해제에 있어 단지 일방에게만 과실이 있는 경우 그 유책당사자는 받은 예물을 반환하여야 하지만 약혼예물의 수수는 혼인 불성립을 해제조건으로 하는 증여와 유사한 성질의 것이나 약혼의 해제에 관하여 과실이 있는 유책자로서는 그가 제공한 약혼예물을 적극적으로 반환청구할 권리가 없다고 본다(대법원 1976. 12. 28. 선고 76므41,42 판결).

또한 혼인이 성립한 후 짧은 기간 내에 해소된 경우에는 혼인불성립의 경우에 준하여 약혼예물의 반환청구권을 인정하는 것이 신의칙에 부합된다고 할 것이다. 통설과 판례는 신의칙을 근거로 이를 부인한다. 판례는 사실혼관계가 쌍방의 과실로 인하여 1달 만에 해소된 경우, 부부의 일방(妻)이 상대방(夫)에게 아파트구입명목으로 교부한 금전은 형평의 원칙상 전액 반환되어야 한다고 판결하였다(대법원 2003. 11. 14. 선고 2000므1257 판결).

관련판례 3.1 약혼예물반환청구

1. 사실관계

X녀와 Y남은 약혼식을 하고서, 혼인신고를 한 부부이다. 1992년 유학을 가면서 X녀는 남편으로부터 받은 약혼예물을 남편의 부모에게 맡겨두었다. 그 후 X녀는 Y의 공부문제로 Y와 떨어져 살게 되면서 다른 남자와 관계를 맺게 되었다. 후일 이 사실을 알게 된 Y는 X에게 이혼할 것을 요구하였고, 그들은 협의이혼을 하였다. 그러나 X는 유학 때문에 남편의 부모에게 맡겨두었던 약혼예물을 반환받기를 원한다. 그녀는 이것을 돌려받을 수 있는가?

2. 대법원판결요지(대법원 1996. 5. 14. 선고 96다5506 판결)

약혼예물의 수수는 약혼의 성립을 증명하고, 혼인이 성립한 경우 당사자 내지 양가의 정리를 두텁게 할 목적으로 수수되는 것으로 혼인의 불성립을 해제조건으로 하는 증여와 유사한 성질을 가지므로, 예물의 수령자측이 혼인 당초부터 성실히 혼인을 계속할 의사가 없고 그로 인하여 혼인의 파국을 초래하였다고 인정되는 등 특별한 사정이 있는 경우에는 신의칙 내지 형평의 원칙에 비추어 혼인 불성립의 경우에 준하여 예물반환의무를 인정함이 상당하나, 그러한 특별한 사정이 없는 한 일단 부부관계가 성립하고 그 혼인이 상당 기간 지속된 이상 후일 혼인이 해소되어도 그 반환을 구할 수 없는 것이므로 비록 혼인 파탄의 원인이 며느리에게 있더라도 혼인이 상당 기간 계속된 이상 약혼예물의 소유권은 며느리에게 있다.

[관련조문]

민법 제147조(조건성취의 효과), 제554조(증여의 의의), 제800조(약혼의 자유)

2절 ≫ 혼 인

Ⅰ. 서 설

1. 혼인의 의미

우리나라는 전통적으로 법률혼주의가 아닌 사실혼주의 하에 있었다. 신랑과 신부가 예를 갖추고 혼인생활을 시작하면 부부로 인정받았다. 그러나 1923년 조선민사령의 개정으로 일본의 신고주의를 도입하게 되었고, 혼인신고를 하여야 법적 부부로 인정받게 되었다. 민법은 오늘날까지 법률혼주의(신고혼주의)를 유지해 오고 있다.

혼인은 사회규범에 의해서 지지된 남녀결합을 의미한다. 이에 계약결혼이나 동성혼, 가장혼인, 약혼, 사실혼 등은 혼인으로 인정되지 않는다. 일반적으로 결혼이라는 용어가 사용되지만 법률용어로는 혼인이라고 한다.

혼인은 양 당사자 사이의 의사의 합치로 이루어지는 것이므로 계약의 일종이다. 혼인의 자유는 헌법상 기본권으로 인정되고 있다(헌재 1997. 7. 16. 선고 95헌가6 내지 13 결정 등). 헌법 제36조 제1항은 '혼인과 가족생활은 인간존엄과 양성평등을 기초하며, 국가의 보호를 받는다'고 규정하고 있다. '혼인'이란 한 남자와 한 여자의 결합이 법적으로 승인받은 것을 말한다. 혼인은 일부일처제를 기본원칙으로 하기 때문에 일부다처나 일처다부 역시 헌법상 혼인으로 허용되지 않는다(헌재 2014. 8. 28. 선고 2013헌바119, 26-2상, 311, 318). 대법원은 우리 민법이 혼인을 남녀 간의 결합으로 해석하고 있으며 또한 다수의 학설도 민법이 혼인을 묵시적으로 남녀 간의 결합을 전제한다고 하였다(대법원 2015. 2. 26. 선고 2014므4734,4741 판결). 이에 동성 간 혼인하겠다는 혼인의사 그리고 혼인신고는 혼인으로 인정하고 있지 않다(인천지판 2004. 7. 23, 2003드합292(항소); 서울서부지방법원 2016. 5. 25.자 2014호파1842 결정).

혼인제도는 시대나 사회에 따라 다양하게 변화되어 왔으며, 부부관계는 일남일녀의 성적 결합으로 영속적 공동생활관계를 목적으로 하는 것으로 이해되고 있다. 그러나 최근 유럽에서는 동성간의 혼인을 인정하는 국가가 다수에 이른다. 동성혼을 합법화한 국가나 혹은 동성커플에 대하여 민사결합 혹은 생활공동체의 한 형태로 법적으로 인정하고 있는 국가는 혼인이 반드시 이성 간의 결합체로만 해석될 수 없으며, 동성 간도 혼인할 권리 혹은 법적으로 그들의 공동체를 인정받을 권리가 있음을 제시하고 있다.

2. 우리나라에서 성전환에 대한 법의 변화

혼인을 남녀 양성의 결합이라고 보는 관점에서 남자와 여자의 성별은 어떻게 결정되어야 하며, 성전환에 의한 성의 변경은 인정될 수 있는가가 문제이다.

인간은 자신이 느끼는 성정체성이 중요하다. 성정체성에 대한 우리사회의 변화와 이에 대한 법의 변화에 대해 설명하면 다음과 같다.

2000년대 초반까지 국내의 각종 성별 정정 사건은 각지 각급 가정법원(또는 지방법원 가사부 등)마다 판사마다 다르게 판단되었다. 이에 대법원은 2000년대 이전부터 "성별정정 특별법"을 제정해 줄 것을 국회에 요청하였다. 그러나 이것은 쉽게 이루어지지 않았다. 이에 대법원 2006. 6. 22.자 2004스42 전원합의체 결정이 나왔는데, 이는 성전환수술을 받고 반대 성으로서의 신체를 갖추고, 만족감을 느끼며, 사회적인 영역에서 모두 전환된 성으로서의 역할을 수행함으로써 주위 사람들로부터도 그 성으로서 인식되고, 다른 사람들과의 신분관계에 중대한 변동을 초래하거나 사회에 부정적인 영향을 주지 아니하여 사회적으로 허용된다고 볼 수 있다면 성별정정이 허용된다고 하였다.

대법원의 결정요지를 보면, (1) 종래에는 사람의 성을 성염색체와 이에 따른 생식기·성기 등 생물학적인 요소에 따라 결정하여 왔으나 근래에 와서는 생물학적인 요소뿐 아니라 개인이 스스로 인식하는 남성 또는 여성으로의 귀속감 및 개인이 남성 또는 여성으로서 적합하다고 사회적으로 승인된 행동·태도·성격적 특징 등의 성 역할을 수행하는 측면, 즉 정신적·사회적 요소들 역시 사람의 성을 결정하는 요소 중의 하나로 인정받게 되었으므로, 성의 결정에 있어 생물학적 요소와 정신적·사회적 요소를 종합적으로 고려하여야 한다.

(2) 성전환증을 가진 사람의 경우에도, 남성 또는 여성 중 어느 한쪽의 성염색체를 보유하고 있고 그 염색체와 일치하는 생식기와 성기가 형성·발달되어 출생하지만 출생 당시에는 아직 그 사람의 정신적·사회적인 의미에서의 성을 인지할 수 없으므로, 사회통념상 그 출생 당시에는 생물학적인 신체적 성징에 따라 법률적인 성이 평가될 것이다. 그러나 출생 후의 성장에 따라 일관되게 출생 당시의 생물학적인 성에 대한 불일치감 및 위화감·혐오감을 갖고 반대의 성에 귀속감을 느끼면서 반대의 성으로서의 역할을 수행하며 성기를 포함한 신체 외관 역시 반대의 성의로서 형성하기를 강력히 원하여, 정신적으로 성전환증의 진단을 받고 상당기간 정신과적 치료나 호르몬 치료 등을 실시하여도 여전히 위 증세가 치유되지 않고 반대의 성에 대한 정신적·사회적 적응이 이루어

짐에 따라 일반적인 의학적 기준에 의하여 성전환수술을 받고 반대 성으로서의 외부 성기를 비롯한 신체를 갖추고, 나아가 전환된 신체에 따른 성을 가진 사람으로서 만족감을 느끼고 공고한 성정체성의 인식 아래 그 성에 맞춘 의복, 두발 등의 외관을 하고 성관계 등 개인적인 영역 및 직업 등 사회적인 영역에서 모두 전환된 성으로서의 역할을 수행함으로써 주위 사람들로부터도 그 성으로서 인식되고 있으며, 전환된 성을 그 사람의 성이라고 보더라도 다른 사람들과의 신분관계에 중대한 변동을 초래하거나 사회에 부정적인 영향을 주지 아니하여 사회적으로 허용된다고 볼 수 있다면, 이러한 여러 사정을 종합적으로 고려하여 사람의 성에 대한 평가 기준에 비추어 사회통념상 신체적으로 전환된 성을 갖추고 있다고 인정될 수 있는 경우가 있다 할 것이며, 이와 같은 성전환자는 출생시와는 달리 전환된 성이 법률적으로도 그 성전환자의 성이라고 평가받을 수 있을 것이다. 이로써 성전환수술을 받은 자는 법원에 가족관계등록법상의 성의 전환을 신청할 수 있게 되었다.

그러나 가족관계등록법 등의 법령에 정정허가에 대한 규정이 없는 상황에서 대법원은 ① 2007년 12월 10일 대법원의 예규로서 「성전환자의 성별정정허가신청사건 등 사무처리지침」을 제정하였다. 대법원 예규는 입법기관이 만드는 법이 아니나, 대법원이 관련문제를 일관성 있게 처리하기 위한 하나의 내부지침에 불과하다. 그렇기 때문에 이는 구속력을 갖지 못한다. ② 대법원 예규는 2009년 1월 20일에 개정되면서 남성에서 여성으로의 성전환 요건 중 병역의무의 이행 또는 면제를 요건으로 하는 규정이 삭제되었다.

2011년 9월 2일자 2009스117 전원합의체 결정을 통해 조금 변화가 생겼다. 이 판례를 살펴보면, 다수의견은 '성전환수술에 의하여 출생 시의 성과 다른 반대의 성으로 성전환이 이미 이루어졌고, 정신과 등 의학적 측면에서도 이미 전환된 성으로 인식되고 있다면, 전환된 성으로 개인적 행동과 사회적 활동을 하는 데에까지 법이 관여할 방법은 없다. 그러나 성전환자가 혼인 중에 있거나 미성년자인 자녀가 있는 경우에는, 가족관계등록부에 기재된 성별을 정정하여, 배우자나 미성년자인 자녀의 법적 지위와 그에 대한 사회적 인식에 곤란을 초래하는 것까지 허용할 수는 없으므로, 현재 혼인 중에 있거나 미성년자인 자녀를 둔 성전환자의 성별정정은 허용되지 않는다'라고 하였다. 그러나 이에 대한 반대의견을 보면 '미성년자인 자녀가 있다는 사정은 이와 더불어 그 자녀의 연령과 취학 여부, 부모의 성별정정에 대한 자녀의 이해나 동의 여부, 자녀에 대한 보호·교양·부양의 모습과 정도, 기타 가정환경 등 법원이 구체적 사안에 따라 성별정정의 허가 여부를 결정하면 충분하고, 미성년자인 자녀가 있다는 사정을 성별정정의 독자적인 소극적 요건으로 설정할 것이 아니다'라고 하였다. 참고로 미성년 자녀를 이유로 성별 정정을 거절하는 나라는 한국 말고는 일본이 있다.

서울서부지법에서 2013년 3월 15일, 중대한 판례가 나왔다. 바로, FTM 트랜스젠더들에게 외부 성기 수술을 안 하더라도 성별정정을 허가한 것이다. 그리고 11월, 좀 더 구체적인 내용의 서부지법의 2013호파1406 결정이 나왔다. 재판부는 판결에서 "신체 외관상 여성으로의 변화와 여성으로서의 성별 정체성을 확인하는 데 있어 외부 성기 형성 수술은 필수적이지 않다. 외부 성기 형성 수술이 의료기술상의 한계·후유증의 위험이 크며 신청인과 같이 외부 성기 수술을 하지 않고 살아가는 성전환자들이 많이 있다"고 결정 이유를 밝혔다. 또한 "수술을 받지 않은 성전환자는 사고나 질병으로 생식기 등을 절제한 경우와 다르지 않음에도 불구하고 성별 지위를 인정하지 않는 것은 공평하지 않다"고 하였다. 이러한 판결이 후속되는 판례에서도 계속적으로 성전환 수술이 필요 없다고 단정할 수는 없으나 이 판례 이후로 FTM 트랜스젠더들은 매우 까다로운 성기 수술을 거치지 않더라도 정정을 허가받기가 쉬워지는 추세에 있다.

2015년 5월 27일 인천지법 부천지원에서 '미성년자 자녀를 둔 미혼 성전환 남성'의 성별 정정을 허가한 판례가 나왔다(인천지방법원 부천지원 2015. 5. 27.자 2015호파689 결정). 특히 이는 예규가 개정되지 않은 상태에서 먼저 예규의 미성년자 자녀가 없어야 한다는 조항을 무시한 예라 할 수 있기에 많은 성전환자들은 환호했다. 인천지법 부천지원에선 같은 해 12월에는 생식능력제거수술을 하지 않은 50대 트랜스남성 2인에게 성별정정 허가를 내리기도 했다. 법원은 "어차피 폐경기가 지나서 생식능력 없는데 난소 자궁 적출 수술 안해도 된다"고 하였다(인천지방법원 부천지원 2015. 12. 24.자 2015호기135,136 결정). 이에 대법원 예규는 2011년, 2013년 개정되었고, 현행 예규는 2015년 1월 8일에 개정된 것이다.

2022년 11월 미성년 자녀를 둔 성전환자도 혼인 상태가 아니라면 성별 정정을 허용할 수 있다는 대법원 전원합의체의 판단이 나왔다. 미성년 자녀가 있을 경우 일률적으로 성전환자의 성별정정을 불허한 판례를 11년 만에 변경한 것이다.

Ⅱ. 혼인의 성립

혼인이 유효하게 성립하기 위해서는 당사자 쌍방에 실질적 요건과 형식적 요건이 모두 갖추어져야 한다. 이를 갖추지 못하면 혼인이 성립되었다고 하더라도 그 혼인은 무효이거나 또는 취소할 수 있다.

1. 혼인의 실질적 요건

(1) 당사자 간의 혼인의사의 합치

혼인은 한 남자와 한 여자의 자유로운 혼인의사에 의한 결합이므로 강제로 혼인할 수는 없다(제815조).

1) 혼인의사의 내용

① 혼인의사의 정의

혼인할 의사란 부부관계를 성립시킬 의사, 즉 그 사회의 통념에 따라 혼인으로 인정될 만한 생활공동체를 창설하고자 하는 의사이다.

② 실질적 의사설과 형식적 의사설

혼인의사는 실질적 의사설과 형식적 의사설로 나뉜다. 실질적 의사설은 부부로서 정신적·육체적으로 결합하여 생활공동체를 형성할 의사를 의미한다(김주수, 92면). 형식적 의사설은 실질적 의사에 의한 합치는 없을지라도 혼인신고에 대한 합치만 있으면 유효하다고 본다(배경숙·최금숙, 55면). 혼인의사는 효과의사 속에 신고의사가 당연히 포함되어 있다고 본다(김용한, 108면; 박병호, 68면). 여기서의 신고의사란 혼인신고를 통해서 법률상의 부부관계를 형성하려는 의사를 말한다. 판례는 실질적 의사설을 취하고 있다(대법원 1983. 9. 27. 선고 83므22 판결; 대법원 1996. 11. 22. 선고 96도2049 판결).

그러나 실질적 의사설에 의한 당사자의 내면의 진의성은 판단되기 어렵고, 당사자의 일방 혹은 쌍방이 부부가 되겠다는 진정한 의사없이도 혼인신고는 가능하다. 그러므로 형식적 의사설에 입각한 혼인의사의 합치가 혼인성립에서 요구되는 것이 적절하다고 본다.

③ 선량한 풍속

또한 혼인의사의 합의내용이 선량한 풍속이나 사회질서에 반하는 조건부·기한부 혼인 등은 원칙적으로 무효이다.

④ 혼인의사의 존재시기

혼인의 합의는 혼인신고를 할 당시에도 존재하여야 한다(대법원 1996. 1. 29. 선고 79므62,63 판결). 혼인할 의사는 신고서 작성시는 물론 수리시에도 존재하여야 한다. 따라서 혼인신고서를 제출하기 전에 당사자 일방이 혼인의사를 철회한 경우, 후에 타방 배우자가 작성된 신고서를 제출하여 수리되어도 혼인의사의 합치는 이루어지지 않은 것이다(대법원 1983. 12. 27. 선고 83므28 판결). 그러나 일방적인 혼인신고 후 다른 일방이 이를 추인하는 경우 무효인 혼인은 유효하다고 해석한다(대법원 1965. 12. 28. 선고 65므61 판결).

⑤ 의사능력

혼인의사의 성립에는 의사능력을 필요로 한다(대법원 1996. 6. 28. 선고 94므1089 판결). 따라서 피성년후견인이 의사능력이 없는 상태에서 한 혼인신고는 성년후견인의 동의가 있었다고 하더라도 무효이다. 그러나 당사자 사이에 사실상의 부부공동생활관계가 있고, 당사자 일방이 혼인신고서를 작성하였으며, 그것이 수리될 때 다른 일방이 의사능력을 잃고 있었다고 하더라도 신고서 수리 이전에 혼인의사를 철회하지 않은 이상 혼인은 유효하게 성립한다고 보아야 한다.

관련판례 3.2 혼인의사의 존재시기

1. 사실관계

갑과 을은 1984. 2.경 사업관계로 알게 되어 교재를 하다가 같은 해 5. 19. 혼례식을 거행하였고, 갑의 집에서 동거하였다. 그러나 갑은 1987. 11. 30. 뇌졸중으로 의식을 잃고 혼수상태에 빠져 1987. 11. 14. 사망하기까지 이른바 식물인간이나 다름없는 상태에 있었는데, 을은 갑이 사망하기 전인 1987. 10. 10. 임의로 서울 구로구청장에게 갑과 사이의 혼인신고를 하였다.

이를 후일 알게 된 갑의 아들 A는 갑과 을은 단지 혼인식만을 하였고 혼인신고는 하지 않았으며, 후일 갑이 뇌졸중으로 혼수상태에 있을 때 을이 일방적으로 혼인신고를 하였다고 하면서, 이 혼인은 무효라고 주장한다.

일방 배우자가 뇌졸중으로 혼수상태에 있는 경우, 다른 일방이 혼인신고를 하였다면 이 혼인신고는 유효한가?

2. 대법원판결요지(대법원 1996. 6. 28. 선고 94므1089 판결)

혼인이 유효하기 위하여는 당사자 사이에 혼인의 합의가 있어야 하고, 이러한 혼인의 합의는 혼인신고를 할 당시에도 존재하여야 한다. 혼례식을 거행하고 사실혼관계에 있었으나 일방이 뇌졸중으로 혼수상태에 빠져 있는 사이에 혼인신고가 이루어졌다면 특별한 사정이 없는 한 위 신고에 의한 혼인은 무효이다.

(2) 혼인장애사유의 부존재

혼인은 혼인장애사유(취소사유 또는 무효사유)가 없어야 한다. 혼인의 장애사유가 있는 경우 그 혼인은 취소할 수 있거나 또는 무효가 될 뿐만 아니라 혼인신고서의 수리도 거부된다(제813조).

1) 혼인적령

성인(19세)은 자유로이 혼인할 수 있다. 그러나 민법은 혼인연령을 규정하여 성인이 되기 전이라도 혼인적령에 도달한 사람은 부모의 동의를 받아 혼인할 수 있도록 하고 있다(제807조). 혼인적령을 모두 만 18세로 규정하였다(2007. 12. 21. 개정). 혼인적령을 규정한 것은 과거 조혼을 방지하려는 취지에서였다(대법원 1996. 11. 22. 선고 96도2049 판결). 오늘날 혼인연령이 높아지고 있는 상황에서 혼인적령은 커다란 의미를 갖지 못하는 것으로 보인다.

2) 동의를 요하는 혼인

① 미성년자는 부모, 미성년후견인의 동의가 있어야 혼인할 수 있다(제808조). 이러한 동의권의 행사는 자 또는 피후견인을 보호하고자 하는 것이다.

② 미성년자가 혼인을 할 때에는 부모의 동의를 얻어야 하며 부모 중 일방이 동의권을 행사할 수 없을 때(부모의 일방을 알 수 없거나 사망한 경우 또는 그 의사표시를 할 수 없는 경우)에는 다른 일방의 동의만으로도 충분하다.

친권이 상실된 경우에는 그 친권을 상실한 부모에게는 동의권이 없다고 볼 수 있다(통설이나 이견 있음). 그러나 이혼으로 인해 일방 부모만이 친권자가 된 경우에는 원칙적으로 비양육친인 부모 중 일방도 동의권이 있다고 보아야 할 것이다(이견 있음). 그러나 비양육친인 일방 부모가 이혼 후 자를 전혀 돌보지 않고 관계가 끊어진 경우라면 그 일방부모의 동의는 필요로 하지 않아도 타당할 것이다.

③ 양자의 혼인에 있어서 동의권은 친생부모와 양부모가 모든 생존하는 경우 양부모의 동의만으로 충분하다고 해석한다(가예 143호). 양부모의 사망시 친생부모가 친권자로 지정된 경우에는 친생부모의 동의를 받아야 한다고 해석된다. 그러나 양부모의 사망 시 미성년후견인이 선임된 경우에는 미성년후견인의 동의를 받아야 할 것이다(제909조 제3항).

④ 피성년후견인은 부모 또는 성년후견인의 동의를 받아 혼인할 수 있다(제808조 제2항). 피한정후견인은 성년자인 이상 누구의 동의도 필요 없이 혼인할 수 있다.

⑤ 혼인동의의 방식은 혼인신고에 동의서를 첨부하든지 아니면 혼인신고에 동의한다는 뜻을 부기하고 서명 또는 기명날인하는 것으로써 한다(가등법 제32조).

⑥ 부모가 정당한 이유 없이 동의를 거부하는 경우 문제가 생길 수 있다. 이 경우 가정법원은 친권자의 동의가 필요한 행위에 대하여 친권자가 정당한 이유 없이 동의하지 아니함으로써 자녀의 생명, 신체 또는 재산에 중대한 손해가 발생할 위험이 있는 경우에는 자녀, 자녀의 친족, 검사 또는 지방자치단체의 장의 청구에 의하여 친권자의 동의를 갈음하는 재판을 할 수 있다(제922조의2)(2014. 10. 15. 신설, 시행일 2015. 10. 16).

3) 근친혼금지

우리나라는 고려 이전에는 근친혼이 성행되었다고 하나, 조선조에 융성한 유교의 영향으로 중국으로부터 종법제가 도입된 후로는 동성혼을 금수의 짓이라 하여 엄격히 배척하여 동성동본금혼의 원칙을 개정 전 민법에서 고수하였다. 동성동본금혼제도는 촌수를 막론하고 혼인을 금하였다. 그러나 금혼의 범위가 지나치게 광범위하여 이 규정은 근대 혼인법의 본질이자 인간의 중대한 혼인의 자유를 침해한다는 비판을 받아 왔다. 그 후 결국 1997년 헌법재판소는 동성동본불혼제도에 대하여 헌법불합치결정을 내렸다(헌재 1997. 7. 16. 선고 95헌가6,13 결정). 이에 따라 동성동본불혼제도는 폐지되고, 이 조항은 제809조의 근친혼 등의 금지조항으로 전환하는 개정안이 제출되어 6년여의 논란을 거친 끝에 2005년 3월 31일 개정민법이 시행되었다.

① 8촌 이내의 혈족(친양자의 입양 전의 혈족을 포함한다) 사이는 혼인하지 못한다(제809조 제1항). 혈족에는 자연혈족과 법정혈족이 있다. 이것은 제777조가 규정하고 있는 혈족의 범위와 일치한다고 볼 수 있다. 부계와 모계 모두 포함한다. 친양자입양이 되면 입양 전의 친족 관계는 종료되지만(제908조의3 제2항) 입양되기 전에 친양자의 8촌 이내의 혈족은 입양이 성립된 후에도 계속적으로 혼인이 금지된다.

② 6촌 이내의 혈족의 배우자, 배우자의 6촌 이내의 혈족, 배우자의 4촌 이내의 혈족의 배우자인 인척이거나 이러한 인척이었던 자 사이는 혼인하지 못한다(제809조 제2항).

- 6촌 이내의 혈족의 배우자: 형제의 처, 고모의 부, 자매의 부, 조카의 배우자 등
- 배우자의 6촌 이내의 혈족: 배우자의 부모, 조부모, 형제자매, 형제자매의 자, 백숙부, 종형제, 고모, 고모의 자 등
- 배우자의 4촌 이내의 혈족의 배우자인 인척: 배우자의 백숙부 또는 형제의 처, 배우자의 고모, 이모 또는 자매의 부 등

이러한 근친혼의 금지 범위는 넓다고 본다.

③ 6촌 이내의 양부모계(養父母系)의 혈족이었던 자와 4촌 이내의 양부모계의 인척이었던 자 사이에는 혼인하지 못한다(제809조 제3항).

4) 중혼금지

우리 혼인법은 일부일처제를 혼인의 원칙으로 삼고 있기 때문에 배우자 있는 자가 다시 혼인하는 것을 금지하고 있다(제810조). 여기서 말하는 중혼은 법률상의 혼인이 이중으로 성립하는 경우이므로 사실상 중혼은 논리·도덕상의 문제로는 논의될 수 있으나 법률상 중혼이 성립하는 경우는 드물다. 그러나 이혼 후 재혼한 경우 그 이혼이 무효, 취소되거나 혹은 배우자의 실종선고 후 재혼하였으나 실종선고가 취소되어 전혼이 부활한 경우, 혹은 외국에서 혼인한

자가 한국에 혼인신고를 하지 않고 다른 사람과 다시 혼인한 경우 중혼이 될 수 있다. 혼인이 일단 성립되면 그것이 위법한 중혼이라 하더라도 당연히 무효가 되는 것은 아니고 법원의 판결에 의하여 취소될 때에 비로소 그 효력이 소멸될 뿐이므로 아직 그 혼인취소의 확정판결이 없는 한 법률상의 부부라 할 것이어서 재판상 이혼의 청구도 가능하다(대법원 1991. 12. 10. 선고 91므344 판결).

이 때 전혼 배우자는 중혼의 이혼사유가 발생하였으므로 이혼을 청구할 수 있고, 혹은 후혼에 대하여 중혼을 취소할 수 있다. 후혼 배우자도 이혼청구할 수 있으며 전혼에 대하여 중혼취소청구를 할 수 있다. 중혼자의 사망 후 전혼 배우자가 중혼의 취소를 청구한 것이 신의칙에 반하여 위법하지 않다는 판례가 있다(대법원 1991. 12. 10. 선고 91므535 판결). 한편 중혼 성립 후 10여 년 동안 혼인취소청구권을 행사하지 아니하였다 하여 권리가 소멸되었다고 할 수 없으나 그 행사는 권리남용에 해당한다고 보았다(대법원 1993. 8. 24. 선고 92므907 판결).

중혼은 혼인취소사유가 되며(제816조 제1호), 중혼은 당사자 및 그 배우자, 직계혈족, 4촌 이내의 방계혈족 또는 검사가 그 취소를 청구할 수 있다(제818조 전단). 여기서 취소청구권자 중 직계혈족은 2012년 민법 개정 전에는 직계존속이었다. 그런데 헌법재판소는 직계비속을 제외하면서 직계존속만을 취소청구권자로 규정한 것은 가부장적·종법적인 사고에 바탕을 두고 있고, 직계비속이 상속권 등과 관련하여 중혼의 취소청구를 구할 법률적인 이해관계가 직계존속과 4촌 이내의 방계 혈족 못지않게 크며, 그 취소청구권자의 하나로 규정된 검사에게 취소청구를 구한다고 하여도 검사로 하여금 직권발동을 촉구하는 것에 지나지 않은 점 등을 고려할 때, 합리적인 이유 없이 직계비속을 차별하고 있어, 평등원칙에 위반된다고 하였다(헌재 2010. 7. 29. 선고 2009헌가8 결정). 중혼 당사자 사이에서 출생한 자는 혼인 중의 출생자이다.

2. 혼인의 형식적 요건

(1) 혼인신고

혼인은 '가족관계등록법'에 정한 바에 의하여 신고함으로써 그 효력이 생긴다(제812조 제1항). 당사자 간의 혼인의사의 합치는 신고로써 표시되어야 비로소 혼인의 성립이 이루어졌다고 할 수 있을 것이다. 또한 혼인신고는 당사자 쌍방과 성년자인 증인 2인이 연서한 서면으로써 하여야 한다(제812조).

(2) 혼인신고의 절차

① 혼인신고의 장소는 혼인당사자의 등록기준지 또는 주소나 현재지에서 할 수 있으며 시에 있어서는 당사자의 혼인신고장소가 본인의 주민등록지와 같을 경우에는 그 주민등록지를 관할하는 동을 거쳐 할 수 있다. 신고는 서면이나 말로 할 수 있다(가등법 제23조 제1항).

② 혼인은 출석신고를 원칙으로 한다고 보아야 할 것이다. 그러나 본인이 직접 출석하지 못하는 경우 타인에게 제출하게 하여도 무방하다(가등법 제23조 제2항). 신고사건 본인이 시·읍·면에 출석하지 아니하는 경우에는 신고사건 본인의 주민등록증, 운전면허증, 여권, 그 밖에 대법원규칙이 정하는 신분증명서를 제시하거나 신고서에 신고사건 본인의 인감증명서를 첨부하여야 한다. 이 경우 본인의 신분증명서를 제시하지 아니하거나 본인의 인감증명서를 첨부하지 아니한 때에는 신고서를 수리하여서는 안된다(가등법 제23조 제2항).

③ 우송으로 혼인신고를 할 수 있는가에 대하여 가족관계등록법 제41조에서는 "신고인이 생존 중에 우송한 신고서는 그 사망 후라도 시·읍·면의 장은 이를 수리하여야 한다"라고 규정하고 있어 우송신고도 가능하며, 신고 당시 혼인의사가 존재하여야 한다.

④ 전쟁 또는 사변에 있어서 전투에 참가하거나 전투수행을 위한 공무에 종사함으로 인하여 혼인신고를 당사자 쌍방이 하지 못한 경우, 그 일방이 사망한 때에 생존배우자는 가정법원의 확인을 얻어 일방이 혼인신고를 할 수 있다(혼인신고특례법 제1조).

⑤ 혼인의 효력은 가족관계등록공무원에 의하여 신고가 수리됨으로써 발생하는 것이며 가족관계등록부의 기재까지를 필요로 하는 것은 아니다. 또 가족관계등록공무원은 혼인이 제807조 내지 제810조 및 제812조 제2항의 규정에 위반하지 않는 이상 수리하여야 한다(제813조). 가족관계등록공무원은 신고된 것에 대해서 형식적 심사권만 가진다.

⑥ 한편 외국에서도 혼인신고가 가능한데, 외국에 사는 한국인은 그 외국에 주재하는 대사·공사 또는 영사에게 신고할 수 있다(제814조 제1항, 가등법 제34조,

제40조). 이 경우 혼인신고를 수리한 재외공관장은 1개월 이내에 외무부장관을 경유하여 본인의 등록기준지 시·읍·면의 장에게 송부하여야 한다(가등법 제36조).

그 밖에 외국에 사는 한국인은 외국법이 정하는 방식에 따라 혼인을 할 수 있다(국제사법 제36조 제2항, 가등법 제35조 제1항). 이 경우 마찬가지로 지역을 관할하는 재외공관의 장에게 증서의 등본을 제출하거나 한국의 등록기준지의 시·읍·면의 장에게 증서의 등본을 발송한다.

3절 ≫ 혼인의 무효와 취소

Ⅰ. 서 설

혼인은 이상에서 서술한 성립요건을 갖춤으로써 성립되는 것이나, 그 요건을 갖추지 못하여 무효 혹은 취소되는 경우가 있다. 이혼, 혼인의 무효·취소는 혼인을 해소시킨다는 의미에서는 동일하지만 그 법률효과에는 차이가 있다. 혼인의 무효·취소는 재산법상의 계약의 무효, 취소 등의 개념과 동일하게 취급할 수 없게 되며, 친족법상의 특성을 고려하여 혼인의 무효를 극히 제한하거나 취소의 소급효를 인정하지 않는 등의 예외를 규정하고 있다.

Ⅱ. 혼인의 무효

1. 무효원인

(1) 당사자 간에 혼인의 합의가 없는 때

혼인신고가 되었더라도 당사자 사이에 혼인의 합의가 없으면 혼인은 무효이다. 혼인의 합의란 부부로서 정신적·육체적으로 결합하여 생활공동체를 형성할 의사라고 이해된다(실질적 의사설). 이에 당사자의 합의에 문제되는 경우는 합의된 내용이 사회통념상 부부관계의 실질을 가지지 못할 경우이다. 예를 들어 남녀가 아닌 동성, 조건부·기한부 혼인, 민법이 금지한 근친혼, 신고의사가 배제된 혼인 등이다. 이외에도 심신상실자가 신고 당시에 의사능력을 결여하고 있을 경우, 신고자가 없이 가족관계등록부에 혼인된 것으로 기재되어 있을 경우, 당사자의 일방이 이전에 혼인의사를 철회한 경우, 착오로 혼인신고되어 혼인의사가 전혀 없는 경우, 국내에 취업을 목적으로 형식상 혼인신고한 가장혼인의 경우(대법원 1980. 1. 29. 선고 79므62·63 판결; 대법원 1996. 11. 22. 선고 96도2049 판결; 2010. 6. 10. 2010므574 판결)가 이에 해당한다. 판례는 혼인 외의 자녀를 혼인 중의 자녀로 만들기 위한 혼인 등은 실질적 의사가 결여된 경우로서 무효라고 판시하였다(대법원 1975. 5. 27. 선고 74므23 판결).

대법원은 우리나라 국민이 외국인 배우자에 대하여 혼인의 의사가 없다는 이유로 혼인무효 소송을 제기한 경우, 위 법리에 더하여 통상 외국인 배우자가 자신의 본국에서 그 국가 법령이 정하는 혼인의 성립절차를 마친 후 그에 기하여 우리나라 민법에 따른 혼인신고를 하고, 우리나라 출입국관리법령에 따라 결혼동거 목적의 사증을 발급받아 입국하는 절차를 거쳐 비로소 혼인생활에 이르게 된다는 점, 언어장벽 및 문화와 관습의 차이 등으로 혼인생활의 양상이 다를 가능성이 있는 점을 고려하여 외국인 배우자의 혼인의사 유무를 세심하게 판단할 필요가 있다고 하였다. 이에 혼인기간이 짧았다고 해서 혼인의사가 없다고 속단할 수 없으며, 취업목적이 있었다고 해서 혼인의사가 없었다고 단정하기 어려울 것이다(대법원 2021. 12. 10. 선고 2019므11584,11591 판결).

(2) 8촌 이내의 혈족(친양자의 종전의 혈족을 포함한다) 사이의 혼인(제815조 제2호)

동성동본금혼제도가 폐지되고 근친혼금지제도로 전환되어 8촌 이내의 부계혈족 또는 모계혈족 사이가 아닌 한 혼인할 수 있다. 친양자의 경우 입양 전의 친족관계는 단절된다고 하더라도 혼인의 경우는 생물학적으로 근친혼을 금지할 필요가 있는 것이다.

(3) 당사자 간에 직계인척관계가 있거나 있었던 때

직계인척이란 배우자의 직계혈족과 직계혈족의 배우자를 말한다. 예를 들어: 장인·장모, 시아버지, 계모, 계부 등

(4) 당사자 간에 양부모계의 직계혈족관계가 있었던 때

양부모계의 8촌 이내의 혈족 사이에도 자연혈족과 마찬가지로 혼인이 금지되고(제809조 제1항) 무효로 되지만(제815조 제2호), 양친자관계가 해소된 경우에는 그 금지 범위가 6촌 이내로 축소되며(제809조 제3항), 직계혈족관계가 있었던 때에 한하여 무효로 한다. 예를 들어 양부모계의 직계혈족은 양부모와 양자녀 사이이다.

관련판례 3.3 혼인의 무효

1. 사실관계

혼인신고 당시 갑남과 을녀는 사실혼 관계에 있었고, 을녀가 일방적으로 혼인신고를 한 사실은 있으나, 갑남의 혼인의사는 불분명하고 이 사건 혼인신고에 앞서 갑남이 혼인의사를 명백히 철회하였다거나 을녀와 사이에 사실혼관계를 해소하기로 하는 합의를 하였다고 볼 사정은 없다. 사실혼 관계에 있는 당사자 일방 을녀가 혼인신고를 한 경우 후일 다른 일방 갑남이 혼인신고는 합의에 의한 것이 아니라고 주장한다. 이렇듯 사실혼 관계에 있는 당사자 사이의 혼인의사가 불분명한 경우, 혼인의사의 존재를 추정할 수 있는가?

2. 대법원판결요지(대법원 2000. 4. 11. 선고 99므1329 판결)

혼인의 합의란 법률혼주의를 채택하고 있는 우리나라 법제하에서는 법률상 유효한 혼인을 성립하게 하는 합의를 말하는 것이므로 비록 사실혼 관계에 있는 당사자 일방이 혼인신고를 한 경우에도 상대방에게 혼인의사가 결여되었다고 인정되는 한 그 혼인은 무효라 할 것이나(대법원 1983. 9. 27. 선고 83므22 판결 참조), 상대방의 혼인의사가 불분명한 경우에는 혼인의 관행과 신의성실의 원칙에 따라 사실혼 관계를 형성시킨 상대방의 행위에 기초하여 그 혼인의사의 존재를 추정할 수 있으므로 이와 반대되는 사정, 즉 혼인의사를 명백히 철회하였다거나 당사자 사이에 사실혼 관계를 해소하기로 합의하였다는 등의 사정이 인정되지 아니하는 경우에는 그 혼인을 무효라고 할 수 없다(대법원 1980. 4. 22. 선고 79므77 판결; 대법원 1994. 5. 10. 선고 93므935 판결 등 참조)라고 판시하였다.

[관련조문]

민법 제812조(혼인의 성립), 제815조 제1호(혼인의 무효)

2. 무효인 혼인의 추인

사실혼 관계에 있는 부부 사이에서 이루어진 일방의 혼인신고는 무효인 것이 원칙이지만, 당사자 쌍방이 사실상 혼인의사를 가지고 있음에도 불구하고 혼인신고를 게을리 하고 있는 사이에 일방이 혼인신고를 해 버린 경우 상대방이 혼인신고가 있었던 것을 알면서도 부부생활을 계속하였다면 그 혼인을 유효한 것으로 인정할 수 있다고 본다. 그러나 이에 대하여 다음과 같이 학설이 나뉜다.

(1) 학 설

1) 추인긍정설

이것은 부부 일방에 의한 혼인신고라도 신고 후에 여러 사정을 참조하여 추인을 인정할 수 있는 경우에는 이를 인정하여 혼인을 유효로 하자는 견해이다.

2) 추인부정설

이것은 부부 일방의 혼인신고에 의한 혼인을 추인이론으로 유효하게 할 수는 없다는 견해이다(정광현, 62면).

3) 혼인의사추정설

이것은 추인긍정설에 대하여는 유효로 하자는 결론에는 동의하지만, 이론구성에 있어서는 추인이 아니라 이것은 추정이 맞다고 본다. 왜냐하면 당사자 일방의 혼인신고 시에 타방의 혼인의사가 없었더라도 사후 타방의 행위에 따라서 무효인 혼인을 추인할 수 있는가 하는 의문이 있기 때문이다. 혼인의사는 혼인신고 시에도 있어야 하는 것에 배치되기 때문이다(배경숙·최금숙, 57면).

(2) 판 례

판례는 대체로 추인긍정설 입장에 있다. 판례는 일방적인 혼인신고 후 혼인의 실체 없이 몇 차례의 육체관계로 자를 출산하였다 하더라도 무효인 혼인을 추인하였다고 보기는 어렵다고 보았다(대법원 1994. 5. 10. 선고 93므935 판결; 대법원 1995. 12. 21. 선고 95므731 판결). 또한 판례는 결혼식 후 자녀를 낳고 살면서 상대방 부재 중 일방이 혼자서 혼인신고를 한 경우이거나(대법원 2000. 4. 11. 선고 99므1329 판결: 이 판례는 '혼인의사추정설'을 채택한 판결로 본다), 또는 시어머니와 상의하여 신고한 경우 이 혼인은 유효하다고 인정하였다(대법원 1984. 10. 10. 선고 84므71 판결). 무효인 혼인의 추인에는 원칙적으로 소급효가 인정되지 않는다고 보고 있다(대법원 1983. 9. 27. 선고 83므22 판결).

3. 무효혼의 확인재판

혼인신고가 되어 있는 것을 정정하려면 혼인무효확인의 판결을 받아야 한다. 이 소의 성질은 확인의 소이다. 무효혼의 소는 당사자, 법정대리인, 4촌 이내의 친족이 언제든지 제기할 수 있다(가소법 제23조). 부부의 일방이 소를 제기하는 경우에는 소의 상대방은 타방배우자이고 상대방이 사망한 때에는 검사를 상대방으로 한다(가소법 제2조 제1항, 제3항). 제3자가 소를 제기하는 경우에는 부부를 상대방으로 하고 부부 중 일방이 사망한 때에는 생존자를 상대방으로 하며, 부부가 모두 사망한 때에는 검사를 상대방으로 한다(가소법 제24조 제2항, 제3항). 여기서 제3자는 이해관계가 있는 자이다. 무효혼이 판결로 확정되면 소를 제기한 자는 1개월 이내에 가족관계등록부의 정정을 신청하여야 한다.

4. 혼인무효의 성질

혼인무효의 효과는 두 가지의 학설로 나뉘는데, 이는 당연무효설과 선언무효설이다. 당연무효설은 다수설로써 혼인의 무효는 재판에 의하여 무효를 선언하지 않더라도 항상 당연히 무효라는 설이다(한봉희, 72면; 김주수·김상용, 118면; 김용한 124면; 배경숙·최금숙, 89면). 선언무효설은 무효에 대한 재판에 의하여 무효선언이 있을 때 소급적으로 무효가 된다는 설로써 무효 판결이 있기 전까지는 혼인을 유효한 것으로 다루어야 한다고 본다(이영섭, 이시윤 등 특히 소송법학자가 선언무효설을 많이 주장한다). 형제자매간에 혼인한 경우 법원의 판결 선고시까지 유효한 것으로 다룰 수는 없을 것이기에 이는 당연무효로 보는 것이 타당하고 또한 무효가 선언되지 않더라도 다른 소송에서 그 혼인의 무효를 주장할 수 있게 하는 것이 타당하다. 영미법에서는 당연무효설을 취하고 있다.

5. 혼인무효확인의 소

민법은 혼인의 취소에 관하여 소에 의할 것을 규정하고 있으나 무효의 경우에는 아무런 규정이 없다. 그러므로 가사소송법이 인정하는 무효의 소는 확인의 소이며, 일정한 사람만이 이 소를 제기하면 가사소송법의 절차에 따라 판결하여 대세적 효력을 주지만 그와는 별도로 각자가 소송에서 선결문제로서 주장하는 것도 금하는 것은 아니라고 해석하는 것이 민법의 규정에 부합하다고 본다.

따라서 무효인 혼인이 등록부에 기재되어 있는 경우에는 혼인무효판결이 확정되기 이전에도 이해관계인은 다른 소(예를 들면 상속회복청구의 소)에서 혼인의 무효를 주장하여, 그것을 그 소에 있어서 주장의 한 근거로 할 수도 있다. 또한 일정한 범위의 사람들은 당해 혼인 자체가 무효라는 사실을 주장하여 혼인무효의 확인을 청구할 수도 있다. 이에 당사자는 혼인무효 판결을 받지 않더라도 가족관계의 등록 등에 관한 법률 제105조에 따라 가정법원의 허가를 받아 가족관계등록부를 정정할 수 있다(대법원 2009. 10. 8. 선고 2009스64 판결).

개정 전 민법(2011년 개정, 2013년 시행)에서 금치산자인 갑이 혼인무효의 소를 제기하기 위해서는 그의 법정대리인이 소를 제기하게 되는데, 그 법정대리인은 배우자이기 때문에 배우자를 상대로 하여 소를 제기하는 것은 어렵다는 것이 문제가 되었다. 이러한 경우 '법정대리인이 대리권을 행사할 수 없는 경우'에 해당되므로 특별대리인을 선임하여야 할 것이다(민소 제62조). 따라서 갑의 부나 모 등이 특별대리인이 되고 을인 상대 배우자를 상대로 혼인무효확인의 소를 제기할 수 있다고 보았다(대법원 2010. 4. 8. 선고 2009므3652 판결; 대법원 2010. 4. 29. 선고 2009므639 판결; 대법원 1987. 11. 23.자 87스18 결정).

2013년 7월 1일부터 개정 후견법이 시행되어 피한정후견인은 신분행위에 관해서는 행위능력이 있으므로 단독으로 소를 제기할 수 있다고 해석된다(민소 제55조). 피성년후견인의 경우 법정대리인이 소송을 대리하여야 할 것이지만(가소 제23조, 민법부칙 제3조), 피성년후견인의 배우자가 자동으로 성년후견인이 되는 것이 아니므로, 성년후견인이 피성년후견인의 배우자가 아닌 경우에는 혼인무효확인 소송을 대리할 수 있을 것이다. 만약 피성년후견인의 배우자가 성년후견인으로 선임되어 있는 경우라면, 성년후견인을 변경한 후(제940조) 혼인무효확인의 소를 제기하도록 해야 할 것이다. 이 경우에도 후견감독인이 있으면 후견감독인의 동의를 받아야 한다(제950조 제1항). 이 재판은 직권주의적으로 진행되며(가소 제17조), 판결은 제3자에 대하여도 효력을 미친다(가소 제21조).

한편 판례는 혼인관계가 이미 이혼에 의하여 해소된 경우에도 혼인무효의 확인을 받을 이익을 인정할 수 있다. 즉 혼인무효의 효과는 기왕에 소급하는 것이고, 과거의 법률관계라 하여도 그것을 기본으로 하여 적출자의 추정, 재산상속권 등 신분법상 및 재산법상의 관계에 있어 현재의 법률상태에 직접적인 중대한 영향을 미치는 이상 확인의 이익을 인정할 수 있다고 하였다(대법원 1978. 7. 11. 선고 78므7 판결). 그러나 대법원 1984. 2. 28. 선고 82므67 판결은 단순히 여자인 청구인이 혼인하였다가 이혼한 것처럼 호적상 기재되어 있어 불명예스럽다는 사유만으로는 혼인무효의 확인을 구할 이익이 없다고 하였다. 그러나 혼인무효의 확인의 이익을 이처럼 개별적으로 따져야 하는지 의문이다.

그리고 혼인이 무효라고 하더라도 그 무효확인을 구하는 것이 신의칙에 위반되는 것으로서 권리남용에 해당하면 배척될 수도 있다(대법원 1983. 4. 12. 선고 82므64 판결). 가족관계등록부에 무효인 혼인이 기재된 경우에는 가족관계등록법 제107조에 의하여 판결을 받아 정정하는 것이 원칙이다. 그런데 대법원 2009. 10. 8.자 2009스64 결정은, 가족관계등록부의 정정사항이 중대한 영향을 미치는 사항이라면 신고로 인하여 효력이 발생하는 행위에 관한 가족관계등록부상 기재사항의 경우에 그 행위가 확정된 형사판결(약식명령 포함)에 의하여 무효임이 명백하게 밝혀진 때에는 제105조에 따라 사건 본인의 등록기준지를 관할하는 가정법원의 허가를 받아 정정할 수 있다고 하였다.

혼인무효는 일반적인 무효와 마찬가지로 소송에 의하지 않고, 이해관계가 있는 자는 언제나 주장할 수 있음을 전제로 한 것으로 풀이된다(대법원 2013. 9. 13. 선고 2013두9564 판결).

6. 무효혼의 효과

(1) 당사자 간의 효과

무효혼 판결이 선고되어 확정되면 판결에 대하여는 소급효가 발생하므로(가사소송법 제21조 제1항) 당사자는 처음부터 부부가 아니었던 것이 된다. 당사자 사이는 물론 제3자와의 관계에서도 혼인으로서의 효력이 발생되지 않는다. 이에 당사자 간에는 권리변동, 상속, 재산분할, 성년의제 등도 발생하지 않는다.

또한 혼인이 무효, 취소된 경우 당사자 일방은 민법 제806조의 규정을 준용하여 과실 있는 상대방에 대하여 재산상의 손해와 정신상의 고통에 대한 손해배상을 청구할 수 있다(제825조에 의한 제806조의 준용).

(2) 자녀에 대한 효과

무효로 된 혼인에서 출생한 자녀는 혼인 외의 출생자가 된다(제855조 제1항). 가정법원은 혼인무효의 청구를 심리하여 그 청구가 인용되는 경우에 부와 부자관계가 존속되는 미성년인 자녀가 있는 경우에는 미성년인 자의 친권자로 지정될 자, 미성년인 자에 대한 양육과 면접교섭권에 관하여 미리 협의하도록 권고하여야 한다(가사소송법 제25조 제2항).

친권자결정에 관해서는 재판상 이혼의 경우와 마찬가지로 가정법원이 혼인무효의 청구를 인용하는 경우에 직권으로 친권자를 정한다고 해석하여야 할 것이다(제909조 제5항). 무효혼의 혼외자도 혼인취소의 경우와 같이 이혼에 준하는 효과를 인정하는 입법상의 조치가 필요하다.

Ⅲ. 혼인의 취소

혼인의 취소란 당사자 사이에 혼인신고가 되어있으나 그 혼인에 위법사유가 있어서 혼인의 효력을 소멸시키는 것을 말한다. 혼인의 취소에는 반드시 혼인취소의 소를 제기하여 승소판결을 받아야만 가능하다.

1. 혼인취소의 원인

(1) 혼인부적령(제816조 제1호)

혼인적령에 달하지 않은 혼인은 당사자 또는 그 법정대리인이 취소를 청구할 수 있다(제816조 제1호). 그러나 이러한 때에도 당사자가 성년에 달하였거나 혼인중 포태한 경우 등에는 취소할 수 없다(제819조).

(2) 동의흠결(제816조 제1호)

동의권자의 동의를 얻지 않은 미성년자와 피성년후견인의 혼인은 당사자 또는 그 법정대리인이 취소를 청구할 수 있다(제817조 전단). 그러나 그 당사자가 혼인 연령에 이른 후 또는 성년후견종료심판이 있은 후 3개월이 경과된 경우(제819조 전단) 또는 혼인중에 임신한 때에는 그 취소를 청구하지 못한다(제

819조 후단).

(3) 근친혼 등의 위반(제809조 제1항)

근친혼 범위에서 제809조 제1항의 위반이 있는 경우는 무효혼에 속한다. 그러나 근친혼 위반에 의한 취소는 제809조 제2항에 따라 6촌 이내의 혈족의 배우자, 배우자의 6촌 이내의 혈족, 배우자의 4촌 이내의 혈족의 배우자인 인척이거나 이러한 인척이었던 자 사이의 혼인(제809조 제2항), 6촌 이내의 양부모계(養父母系)의 혈족이었던 자와 4촌 이내의 양부모계의 인척이었던 자 사이의 혼인(제809조 제3항)은 이를 취소할 수 있다.

제807조, 제808조의 규정을 위반한 때에는 당사자 또는 그 법정대리인이 그 취소를 청구할 수 있고, 제809조의 규정을 위반한 때에는 당사자, 그 직계존속 또는 4촌 이내의 방계혈족이 그 취소를 청구할 수 있다(제817조).

(4) 중혼(제816조 제1호)

앞에서 설명하였음.

(5) 재혼금지기간위반의 삭제(2005. 3. 31)

2005년 민법개정으로 재혼금지 기간이 삭제되어 이혼 후 바로 재혼할 수 있다.

(6) 악질·기타 중대사유(제816조 제2호)

혼인당시 당사자 일방에 부부생활을 계속할 수 없는 악질이나 기타 중대한 사유가 있음을 알지 못한 경우에는 그 상대방은 혼인의 취소를 청구할 수 있다. 그러나 상대방이 그러한 사유를 안 날로부터 6개월이 지났을 때에는 이를 취소할 수 없다(제822조).

특별한 사정이 없는 한 임신가능 여부는 부부생활을 계속할 수 없는 악질 기타 중대한 사유에 해당한다고 볼 수 없다(대법원 1995. 12. 8. 선고 94므1676 판결).

(7) 사기·강박으로 인한 경우(제823조)

사기 또는 강박으로 인하여 혼인을 한 때에는 이를 취소할 수 있다. 사기의 정도는 혼인의 목적으로 보아 어떤 사실을 알았더라면 혼인을 하지 않았을 것이라고 생각되는 중요한 사정에 관하여 적극적으로 사기수단이 취해진 경우는 물론 알려야 할 중대한 사실에 대하여 침묵한 경우 등을 사기의 범주에 넣을 수 있을 것이다. 그러나 사기를 안 날 또는 강박을 면한 날로부터 3개월이 경과한 때에는 그 취소를 청구할 수 없다(제823조).

베트남 여성과 한국 남성이 국제혼인을 한 상황에서 여성이 13세 당시 베트남의 관습에 의한 약탈혼으로 성폭력을 당하여 임신. 출산하였는데, 국제혼인 당시 여성이 출산경력을 상대방에게 고지하여야 할 의무가 있는가가 문제되었다. 법원은 "당사자가 성장과정에서 본인의 의사와 무관하게 아동성폭력범죄 등의 피해를 당해 임신을 하고 출산까지 하였으나 이후 자녀와의 관계가 단절되고 상당한 기간 동안 양육이나 교류 등이 전혀 이루어지지 않은 경우라면" 단순히 출산의 경력을 고지하지 않았다고 하여 그것이 곧바로 민법 제816조 제3호에서 정한 혼인취소사유에 해당한다고 보아서는 아니 된다. 그리고 이는 국제결혼의 경우에도 마찬가지다라고 판결하였다(대법원 2016. 2. 18. 선고 2015므654,661 판결). 그 외에도 판례에서는 정신병이 있있다는 사실을 숨긴 경우(대법원 1977. 1. 25. 선고 76다2223 판결), 2차례 혼인하여 자녀가 있는데 미혼이라 하거나, 상업전수학교를 졸업하였음에도 대학 졸업 후 교사생활을 하였다고 거짓말한 경우(서울가정법원 2006. 8. 31. 선고 2005드합2103 판결), 당사자의 동일성에 착오를 일으킬 정도로 자신의 가족관계, 학력 등에 대하여 거짓말한 경우(서울가정법원 2004. 1. 16. 선고 2002드단69092 판결) 등을 제823조에 해당한다고 보았다.

2. 혼인취소의 소

혼인의 취소는 민법이 정한 사유가 있는 경우에 한하여 가능하다. 혼인을 취소하려면 취소권자가 가정법원에 우선 조정신청을 하고 조정이 성립되지 않는 경우에 심판을 청구하게 된다(가소법 제2조 제1항 나류 제2호).

조정을 하지 않기로 하는 결정이 있거나 조정이 성립되지 않고 조정에 갈음하는 결정이 없는 때에는 신청인은 조서등본이 송달된 날로부터 2주일 이내에 제소신청을 할 수 있다(가사소송법 제49조, 민사조정법 제34조). 혼인취소의 소는 형성의 소 이기 때문에 다른 소의 전제로서 주장할 수는 없다.

그 심판이 확정된 경우 소를 제기한 자는 재판의 확정일로부터 1월 이내에 재판의 등본 및 확정증명서를 첨부하여 등록부의 정정을 신청하여야 한다(가등법 제107조).

관련판례 3.4 혼인취소의 소

1. 사실관계

X는 1931년생으로 1955년 Y와 혼인신고를 하고 그 사이에 1959년생의 딸T를 두었다. X는 Y와의 사이가 원만하지 못하여 딸T를 출산한 직후부터 별거하였으며 그 사이에 이혼을 추진하는 등 사실상 이혼상태에 있었다. 그런 상태에서 X는 친지의 소개로 Z를 만나 위 혼인사실을 숨긴 채 1965년경 결혼식을 올리고 동거에 들어갔으며 그 사이에 2남 2녀를 출산하였다.

Z는 X가 혼인한 자였다는 사실을 알고 중혼에 대하여 항의하자, 1975. 1. 30. X는 자신이 재외국민인 것처럼 가장하여 재외국민취적·호적정정 및 호적정리에 관한 임시특례법에 의한 취적신고를 함으로써 새로운 호적을 편제하게 한 후 1978.9.28. Z와의 혼인신고를 하여 위 새로운 호적에 등재하게 하였다. X와 Z 사이에 출생한 2남 2녀는 원래의 호적과 새로운 호적에 2중으로 출생신고 되었다. 그 후 1985. 11. 29. X가 사망한 후 법원의 허가를 얻어 호적이 정리되었으며 X와 Z 사이의 혼인관계 기재사항도 원래의 호적에 이기되었다.

Y는 X와 사실상 이혼상태에 들어간 후 1987. 3. 29. 사망할 때까지 X와 아무런 연락이 없었다. Z는 X와의 혼인관계를 유지하면서 자녀를 양육하는 등 처로서의 할일을 다하여 왔다. 한편 X의 이복동생인 G는 오랫동안 X와 Z의 혼인에 대하여 별다른 이의를 제기하지 아니하였으나, 느닷없이 Z를 상대로 중혼으로 인한 혼인취소소송을 제기한 것이다.

중혼관계에 있는 상대배우자가 오랫동안 혼인취소청구권을 행사하지 않은 경우, 후일 그 행사가 권리남용에 해당하는가?

2. 대법원판결요지(대법원 1993. 8. 24. 선고 92므907 판결)

실효 또는 실권의 법리라 함은 권리자가 장기간에 걸쳐 그의 권리를 행사하지 아니하였기 때문에 의무자인 상대방이 이미 그의 권리를 행사하지 아니할 것으로 믿을 만한 정당한 사유를 갖게 되었거나 그 권리를 행사하지 아니할 것으로 추인하게 된 경우에 새삼스럽게 그 권리를 행사하는 것이 신의성실의 원칙에 반하는 결과가 될 때 그 권리행사를 허용하지 아니하는 것을 의미한다.

중혼 성립 후 10여 년 동안 혼인취소청구권을 행사하지 아니하였다 하여 권리가 소멸되었다고 할 수 없으나 그 행사가 권리남용에 해당한다고 보았다.

[관련조문]

민법 제810조(중혼의 금지), 제818조(중혼의 취소청구권자)

3. 혼인취소의 효과

(1) 불소급효(不遡及效)

일반적으로 계약이 취소되면 소급효가 발생하지만 혼인이 취소되면 소급효가 발생하지 않는다. 이에 혼인취소 이전의 혼인은 사실상 유효한 것으로 다루어지며, 혼인취소의 확정판결이 있으면 그 때부터 장래에 대해서 그 효력을 상실한다(제824조).

민법 제824조는 "혼인의 취소의 효력은 기왕에 소급하지 아니한다"고 규정하고 있을 뿐 재산상속 등에 관해 소급효를 인정할 별도의 규정이 없는바, 혼인중에 부부 일방이 사망하여 상대방이 배우자로서 망인의 재산을 상속받은 후에 그 혼인이 취소되었다는 사정만으로 그 전에 이루어진 상속관계가 소급하여 무효라거나 또는 그 상속재산이 법률상 원인 없이 취득한 것이라고는 볼 수 없다(대법원 1996. 12. 23. 선고 95다48308 판결).

(2) 혼인중의 자

혼인중에 출생한 자는 혼인이 취소된 후라도 혼인중의 자이다.

(3) 자의 양육책임 및 면접교섭권

혼인이 취소되었다고 하더라도 제837조 및 제837조의2의 규정인 자의 양육책임과 면접교섭권에 관하여 동일한 적용을 받는다(제824조의2)(신설 2005. 3. 31).

가정법원이 혼인취소의 청구를 인용한 경우 미성년자인 자에 대한 친권자는 가정법원이 직권으로 정한다(제909조 제5항).

(4) 손해배상청구권

혼인취소 시 당사자 일방은 과실 있는 상대방에게 대하여 손해배상을 청구할 수 있다(제825조).

(5) 재산분할청구권

혼인취소 시 재산분할청구권이 인정된다. 혼인성립 이후 상당기간 동안 혼인관계가 지속되고 혼인이 취소된 경우라면 재산분할청구의 의미는 크다.

혼인취소 시 재산분할청구권은 민법에 규정하고 있지 않고, 다만 가사소송법에만 규정하고 있다(가소법 제2조 마류사건 제4호).

4절 ≫ 혼인의 효과

Ⅰ. 혼인의 일반적 효과

1. 친족관계의 발생

혼인하면 부부는 서로 배우자로서의 신분을 취득하여 친족이 된다(제777조 제3호). 또한 부부는 상대방의 배우자의 4촌 이내의 혈족 및 그 배우자 사이에 인척관계가 발생한다.

헌법재판소는 1990. 1. 13. 민법이 개정되면서 법정혈족관계로 인정되던 계모자관계가 폐지되었음에도 제1순위 상속인을 '피상속인의 직계비속'으로만 규정하고 계자를 계모의 상속인으로 규정하지 않고 있는 민법(1958. 2. 22. 법률 제471호로 제정된 것) 제1000조 제1항 제1호가 계자인 청구인의 재산권(상속권)을 침해하는지 여부와 관련하여 침해하지 않는다고 하였다(헌재 2009. 11. 26. 선고 2007헌마1424 결정; 헌재 2011. 2. 24. 선고 2009헌바89,248 결정).

2. 가족관계등록부에 기록

혼인한 자는 혼인신고를 통해 가족관계등록부에 기록된다(가족관계등록법 제9조 제3호). 혼인을 증명할 수 있는 혼인관계증명서를 발급받을 수 있다(동법 제15조 제3호).

3. 부부의 성(姓)

혼인 후 부부의 성은 변하지 않는다. 우리의 종래 관습은 성을 남계혈족의 표시라고 보았기 때문에 부부의 성의 변화는 허용되지 않았다.

4. 동거·부양·협조의 의무

(1) 동거의무

부부 사이의 동거의무에 관한 문제는 부부 쌍방의 혼인생활의 장소에 관한 문제이다. 근대법은 부부가 부로서 또는 처로서의 직분을 다하게 하기 위하여 부부 쌍방이 반드시 같은 장소에서 혼인생활을 영위하도록 하고 있다. 이러한 취지에서 동거장소는 부부의 협의에 의해 정하게 하였으며, 부부쌍방의 협의가 이루어지지 않는 경우에 당사자의 청구에 의하여 가정법원이 이를 정하도록 하고 있다(제826조의2). 그러나 가정법원이 관여하는 것이 바람직한 것인가에 대해서는 문제가 있으며, 결국 공정하게 조정할 수 있는 최소한의 관여에 그쳐야 할 것이다.

한편 부부가 정당한 이유로 일시적으로 동거하지 아니하는 경우에는 서로 인용하여야 한다(제826조 제1항 단서). 「정당한 이유」에 대한 경우는 해외유학이나 해외취업 등의 직무상의 필요와 정신병이나 악병, 입영, 자녀의 교육을 위한 경우, 성격불화로 인한 냉각기를 갖기 위한 일시적 별거 등이 해당된다.

만일 상대방이 정당한 이유 없이 동거를 거절하여 동거상태가 실현되지 않은 경우는 혼인의 실질을 결한 것이 되므로 타방은 동거청구의 재판을 청구할 수 있다(가소법 제2조 마류 1호). 다만 위에서 열거한 바와 같은 정당한 이유로 인하여 별거가 부득이한 경우에는 동거를 청구할 수 없다. 그리고 동거를 명하는 판결에 대하여는 직접적인 강제가 허용될 수 없음은 물론 간접강제도 허용되지 않는다. 왜냐하면 강제로 동거하게 한다 함은 당사자 의사존중의 본질에 반하기 때문이다. 그러나 부부의 일방은 동거의무를 이행하지 않는 상대방에 대해서 정신적인 고통에 따른 위자료청구를 할 수 있다(대법원 2009. 7. 23. 선고 2009다32454 판결). 또한 부당한 동거의무의 위반은 악의의 유기로서 이혼원인이 되며(제840조 제2호), 부부의 일방이 정당한 이유 없이 동거청구를 거부하는 경우에는 상대방에 대해서 부양료의 지급을 청구할 수 없다(대법원 1976. 6. 22. 선고 75므17,18 판결; 대법원 1991. 12. 10. 선고 91므245 판결).

(2) 부양·협조의무

부부는 언제나 서로 협조를 기초로 하여 부부생활의 실효를 거둘 수 있다.

따라서 부부는 서로 부양하고 협조하여야 한다(제826조 제1항 본문)는 의무는 부부의 공동생활에서 나오는 본질적이고 당연한 의무이다.

그런데 여기서 말하는 부양은 미성숙자녀를 포함하며, 부부공동생활에서 필요한 것을 부부가 서로 제공하여야 하는 것으로 자기 생활을 낮추더라도 자기와 동등한 생활을 보장하여야 하는 것이다. 따라서 자기 생활에 여유가 있는 경우에 상대방에게 최소한도의 생활만을 보장하여 주는 친족 사이의 부양과는 다르다. 그러므로 이러한 의무는 무조건적이다.

부부 사이의 부양과 협조는 부부 상호간의 재산 상태와 사회적 지위에 상응하여 서로의 생활 그 자체를 유지할 수 있도록 하는 것이 요구된다. 민법이 「부부의 공동생활에 필요한 비용의 부담은 당사자 간에 특별한 약정이 없으면 부부가 공동으로 부담한다」고 규정하여(제833조), 부부재산제도규정이 별산제로 부부가 평등하게 의무를 진다.

부부간에 부양의무와 협조의무를 위반하게 되면 대개는 혼인관계가 파탄된다. 협조의무는 성질상 강제집행이 곤란하나, 부양의무는 재산적 성질을 갖고 있기 때문에 강제집행이 가능한 것으로 보고 있다. 부양의무를 이행하지 않는 경우 상대방은 부양청구의 심판을 제기할 수 있다(가소법 제2조 마류 제1호). 이 경우 법원은 부양의 내용·정도·방법에 관하여 부양권리자의 수요, 부양의무자의 자력 등 모든 사정을 고려하여 결정하여야 할 것이다. 법원의 부양이행명령이 있음에도 불구하고 이를 이행하지 않는 경우에는 가사채무의 이행확보절차에 따른 강제집행이 가능하다(가소법 제62조~제65조). 또한 부양의무위반은 악의의 유기 또는 혼인을 계속하기 어려운 중대한 사유에 해당되므로(제840조 제6호) 이혼원인이 될 수 있다.

본래 부부관계에 있어서 부양·협조의무는 일체적인 것이기 때문에 정당한 이유없이 협조의무에 자신이 위반하면서 상대방에게 부양의무의 이행을 청구할 수는 없다. 그리하여 동거의무와 관련하여 일방의 부당한 동거의무위반이 있은 때에는 그 상대방의 부양의무는 해제된다. 판례에서 남편과의 동거의무를 저버리고 소생아를 데리고 별거하고 있는 처가 남편에게 자기 및 소생아의 부양료 청구를 할 수 있는지 여부에서 법원은 “부부는 서로 부양의무가 있음은 민법 제974조에 명시되어 있고 처가 자활 능력이 없는 경우에는 남편이 처를 부양할 책임이 있다 할 것이나 처가 남편과의 동거 의무를 스스로 저버리고 별거하고 있는 경우에는 남편에게 부양료 청구를 할 수 없고 남편의 인도요구에 불응하여 처가 그 소생아를 양육하였고 또 장래에도 계속 양육할 의도인 생모는 그의 부양의무를 이행하는 것이니 그에게 자활 능력이 있건 없건 또는 과거의 것이든 장래의 것이든 소생자의 아버지에게 그 부양료를 청구할 수 없다"라고 하였다(대법원 1976. 6. 22. 선고 75므17,18 판결; 대법원 1991. 12. 10. 선고 91므245 판결).

일방이 부양의무를 이행하지 않아 상대방이 후일 과거의 부양료를 청구할 수 있는가에 대한 문제에서 법원은 부양권리자(예컨대 처)가 부양의무자(남편)에게 부양의무의 이행을 청구하였음에도 부양의무자가 부양의무를 이행하지 않음으로써 이행지체에 빠진 이후의 것에 대해서만 부양료의 지급을 청구할 수 있을 뿐, 부양의무자가 부양의무의 이행을 청구 받기 이전의 부양료의 지급은 청구할 수 없다는 입장이다(대법원 2008. 6. 12.자 2005스50 결정; 대법원 1991. 10. 8. 선고 90므781,798 판결; 대법원 1991. 11. 26. 선고 91므375(본소), 91므382(반소) 판결; 대법원 1994. 5. 13.자 92스21(전원합의체 결정)).

아들이 교통사고로 인하여 병원에 오랫동안 입원하고 있는 상황에서 병원비를 어머니가 지불하였고, 이에 어머니는 며느리에서 과거의 병원비(부양료)의 상환을 청구한 사안에서 부부간의 상호부양의무는 1차 부양의무자이고, 부모이 성년 자녀에 대한부양의무는 2차 부양의무자이다. 이에 1차 부양의무자인 며느리에게 우선적으로 부양책임이 있으므로 어머니가 지불한 병원비를 상환하여야 한다. 이에 상대방의 친족이 부부의 일방을 상대로 한 과거의 부양료 상환청구를 심리·판단함에 있어서도 이러한 점을 모두 고려하여 상환의무의 존부 및 범위를 정하여야 한다(대법원 2012. 12. 27. 선고 2011다96932 판결; 대법원 2013. 8. 30.자 2013스96 결정; 대법원 2017. 8. 25.자 2014스26 결정).

관련판례 3.5 일방 배우자의 과거부양료청구

1. 사실관계

X인 처와 Y인 부는 서로 성격이 맞지 않아 다툼이 잦다가 부부의 동거생활이 이루어지지 않게 되었다. X가 Y에게 경제적 어려움을 호소하여 오다가 결국 X는 부양료 청구소송을 제기하였다. 반면, Y는 X가 Y를 유기하는 등 X의 귀책사유로 혼인관계가 파탄되었다는 이유로 이혼청

구를 제기하였다.

Y는 부양의무의 이행을 청구받기 이전의 부양료를 지급하여야 하는가?

2. 대법원판결요지(대법원 1991. 11. 26. 선고 91므375(본소), 91므382(반소) 판결)

민법 제826조 제1항에 규정된 부부간의 상호부양의무는 부부의 일방에게 부양을 받을 필요가 생겼을 때 당연히 발생되는 것이기는 하지만, 과거의 부양료에 관하여는 특별한 사정이 없는 한, 부양을 받을 자가 부양의무자에게 부양의무의 이행을 청구하였음에도 불구하고 부양의무자가 부양의무를 이행하지 아니함으로써 이행지체에 빠진 이후의 것에 대하여만 부양료의 지급을 청구할 수 있을 뿐, 부양의무자가 부양의무의 이행을 청구받기 이전의 부양료의 지급은 청구할 수 없다고 보는 것이 부양의무의 성질이며, 이에 형평의 관념에 합치된다고 할 것이므로, 부양료지급을 구하는 심판청구서가 피고에게 송달된 다음날부터의 부양료만의 지급을 명한 원심판결은 적법하다.

[관련조문]

민법 제826조(부부간의 의무) 제1항

5. 정조의무

정조의무에 관하여 민법은 명문의 규정을 두고 있지 않지만 정조의 의무는 혼인공동체 존립의 기초적 요건이라고 할 수 있을 것이다. 정조의무의 내용은 육체적인 것만 의미하는 것이 아니고 정신적인 것까지 포함한다(서울가법 1996. 10. 4. 96드77812). 부부의 일방이 제3자와 부정행위를 하여 정조의무를 위반하는 경우, 상대방 배우자는 이에 대하여 이혼을 청구할 수 있고, 이를 이유로 손해배상을 청구할 수 있다. 이 경우 혼인관계를 파탄에 이르게 한 제3자에게도 불법행위에 의한 손해배상청구를 할 수 있다(대법원 1967. 4. 25. 선고 67다99 판결).

반면 부부공동생활 관계가 회복할 수 없을 정도로 파탄되고 혼인생활의 계속을 강제하는 것이 일방 배우자에게 참을 수 없는 고통이 되는 경우에는 위 이혼사유에 해당할 수 있다. 이에 비추어 보면 부부가 장기간 별거하는 등의 사유로 실질적으로 부부공동생활이 파탄되어 실체가 더 이상 존재하지 아니하게 되고 객관적으로 회복할수 없는 정도에 이른 경우에는 혼인의 본질에 해당하는 부부공동생활이 유지되고 있다고 볼 수 없다. 따라서 비록 부부가 아직 이혼하지 아니하였지만 이처럼 실질적으로 부부공동생활이 파탄되어 회복할 수 없을 정도의 상태에 이르렀다면, 제3자가 부부의 일방과 성적인 행위를 하더라도 이를 두고 부부공동생활을 침해하거나 유지를 방해하는 행위라고 할 수 없고 또한 그로 인하여 배우자의 부부공동생활에 관한 권리가 침해되는 손해가 생긴다고 할 수도 없으므로 불법행위가 성립한다고 보기 어렵다. 그리고 이러한 법률관계는 재판상 이혼청구가 계속 중에 있다거나 재판상 이혼이 청구되지 않은 상태라고 하여 달리 볼 것은 아니다(대법원 2014. 11. 20 선고 2011므2997).

처자 있는 남성과 동거생활을 하는 여성에 대하여 그 남성의 자녀들에 대해 위자료청구가 가능한지의 여부에 대하여 그 여성이 악의로써 남성의 자녀에 대한 감호 등을 적극적으로 저지하는 등 특별한 사정이 없는 한 위 여성의 행위는 자녀에 대하여 불법행위를 구성하는 것은 아니라고 하였다(대법원 1981. 7. 28. 선고 80다1295 판결; 같은 취지 대법원 2005. 5. 13. 선고 2004다1899 판결).

배우자와 별거하고 있는 경우에도 정조의무에 의한 간통죄의 성립을 인정하였다(대법원 1980. 4. 8. 선고 79도1848 판결). 그러나 이혼에 합의한 이후 부부관계가 해소되기 전의 상대에서는 간통죄의 성립을 부정하였다(대법원 1977. 10. 11. 선고 77도2701 판결; 같은 취지 대법원 2014. 11. 20. 선고 2011므2997 판결).

그러나 헌법재판소는 2015년 형법 제241조의 간통죄에 대하여 위헌임을 결정하였다. 배우자 있는 자의 간통행위 및 그와의 상간행위를 2년 이하의 징역에 처하도록 규정한 형법(1953. 9. 18. 법률 제293호로 제정된 것) 제241조가 성적 자기결정권 및 사생활의 비밀과 자유를 침해하여 헌법에 위반된다고 하였다(헌재 2015. 2. 26. 선고 2009헌바17 결정). 이에 2015년 2월 간통죄는 폐지되었으나 민법상 불법행위를 구성하며 정조의무에 반하는 부정행위를 하는 경우 민법이 규정한 이혼사유이므로 민사상 위자료 지급이나 이혼의 책임을 부담한다.

6. 성년의제

(1) 성년의제의 의의

미성년자는 혼인에 의하여 성년자로 의제된다(제826조의2). 이는 혼인한 후에도 미성년을 행위무능력자로 하게 되는 경우 그들의 공동자녀의 권리, 법적인 거래관계, 원만한 부부관계 등에 혼란을 초래할 수 있기 때문이다. 미성년자라 하더라도 부모가 된 이상 이들 간에 출생한 자녀에 대한 친권을 행사할 수 있도록 하는 것이 바람직하며, 원만한 부부공동체의 유지에도 도움이 된다고 할 수 있을 것이다.

우리나라에서는 전통의식 속에서 「혼인하면 어른이 된다」고 생각하는데, 성년의제는 이러한 의식이 법규제정에 반영된 것으로 볼 수 있을 것이다. 독일에서는 「혼인은 성년을 만든다」(Heirat macht mündig)라는 말이 있다. 이는 부부관계에 제3자가 관여하는 결과를 막기 위한 것이기도 하다. 성년의제는 혼인생활에 대한 외부로부터의 간섭을 배제하고 혼인의 독립을 지향하고자 하는 것이다. 성년의제제도는 1977년에 도입되었다.

(2) 혼인해소 시 성년의제

미성년자가 혼인을 한 때에는 성년자로 본다 함은 혼인의 신분적 효과의 하나이다. 「혼인에 의한 성년」은 미성년자의 혼인이라는 사실에 부수되는 효과이며, 부부생활을 영위하는 사실에 따르는 효과이다. 따라서 혼인의 취소, 배우자의 사망, 이혼 등에 의하여 혼인이 해소되더라도 일단 성년자로 의제된 미성년자는 다시 미성년자 취급을 받지 않는다고 보아야 한다. 혼인이 무효가 된 경우에는 성년의제는 소멸한다.

(3) 성년의제가 된 미성년자의 법률행위

미성년자는 혼인에 의하여 행위능력자로서 취급되기 때문에 법률행위에 있어서 법정대리인인 친권자와 미성년후견인의 동의를 요하지 않고, 친권과 후견에서 해방되어 그 자에 대한 친권을 행사할 수 있다. 이것은 민법 제910조(민법 제910조(자의 친권의 대행): 친권자는 그 친권에 따르는 자에 갈음하여 그 자에 대한 친권을 행사한다.<개정 2005. 3. 31.>)와 구분할 수 있는데 혼인하지 않은 미성년자에게 자가 있는 경우, 이 자에 대한 친권은 미성년자인 부에게 있는 것이 아니라 미성년자의 친권자에게 있다.

(4) 성년의제가 된 미성년자의 입양

미성년자는 양자를 들일 수 있다. 자녀를 양육하는 문제는 신중을 기해야 하는 중요한 것이기 때문에 혼인한 미성년자가 양자를 할 수 있도록 하는 것을 부정하는 견해가 있으나(김주수), 성년으로 의제된 미성년자가 양자를 할 수 있는 능력을 부정할 이유는 없다고 보는 견해도 있다(다수설).

(5) 성년의제가 된 미성년자의 유언

성년의제가 되었더라도 만 17세 미만인 자의 유언은 유언능력이 없어 무효이다(제1061조).

(6) 기타 법률에서의 성년의제의 효력

성년의제는 민법의 영역에서 한정되므로 국회의원선거법, 미성년자보호법, 근로기준법 등의 공법적 규정에 있어서는 그것을 기준으로 하는 법령의 적용을 받게 되므로 혼인을 하더라도 미성년자는 그대로 미성년자로 취급받게 된다.

(7) 부부간의 계약취소권(2012년 2월 10일 민법개정으로 삭제)

부부간의 계약은 혼인 중 언제든지 부부의 일방이 이를 취소할 수 있다. 그러나 제3자의 권리를 해하지 못한다(제828조).

Ⅱ. 혼인의 재산적 효력

1. 생활비용의 부담

민법 제833조는「부부의 공동생활에 필요한 비용의 부담은 당사자 간에 특별한 규정이 없으면 부부가 공동으로 부담한다」고 규정하고 있다.

이 규정은 헌법 제36조가 규정하는 혼인생활에 있어서「양성의 평등」의 원칙에 입각해서 혼인비용은 부부가 분담하는 것이라고 규정하고, 부부쌍방이 평등한 입장으로 혼인생활의 유지, 확보의 책임을 지는 것을 명확히 한 것이다.

부부생활비용을 반드시 균등 부담해야 하는 것은 아니며, 일방이 경제적 능력이 없을 때 다른 일방이 모든 비용을 부담하여야 함은 물론이다. 부부 중 일방은 경제활동을 다른 일방 배우자는 가사노동을 하게 되는 경우 이는 각각의 위치에서 각자의 노동이 생활비용을 부담하는 것으로 볼 수 있다. 생활비용은 결국 부부를 중심으로 가족공동생활의 유지에 필요한 일상적·일시적 비용이므로 부부의 의식주 비용은 물론이고 문화비·의료비·조세 등을 비롯하여 미성숙자 및 자립 불가능한 성년자의 양육비·교육비 등이 이에 포함된다고 하겠다.

2. 일상가사대리권과 일상가사채무의 연대책임

(1) 일상가사대리권의 의의

부부는 일상의 가사에 관하여 서로 대리권이 있다(제827조 제1항). 일상가사란 가정생활상 상시 행하여지는 행위로서, 부부가 혼인 및 가정생활을 유지하기 위하여 각각 필요한 범위 내의 법률행위를 말한다(대법원 1966. 7. 19. 선고 66다863 판결).

일상가사대리권은 원래 게르만 고유법에서 처에게 일상가사에 대한 처리권한을 부여하고 이로 인하여 생긴 채무에 관하여 부가 책임을 지는 이른바 「열쇠의 권리」(Schlüsselgewalt)에서 발달한 것이다. 따라서 부에게 재산의 관리·사용·수익권과 혼인생활비용의 부담을 함께 부여하고 있는 것으로 처에 대한 무책 및 무능력을 전제로 한 것이었다. 이것은 가부장제하에서도 처는 자기 소유의 재산을 갖지 못했으며, 후일 여성이 상속 등을 통하여 재산을 소유하게 되는 경우라도 남편이 이를 관리하고 수익·사용하였다. 처는 대부분 경제적으로 독립하지 못한 상태였고 무자력한 경우가 많았다. 이러한 상황에서 처가 가족공동생활을 위하여 필요한 거래를 해야 하는 경우 처가 계약을 하였다고 하더라도 일상가사인 경우 처는 부의 대리인으로서 행위한 것으로 보아 발생한 채무는 부에게 귀속하도록 하였던 것이다.

이러한 내용의 일상가사대리권은 양성평등 원칙에 반하는 것으로 개정되지 않을 수 없었다. 이에 부부는 서로 일상가사대리권을 가지고 일상가사의 범위 내에서 이루어진 채무에 대해서 부부는 서로 연대하여 책임을 지도록 하였다.

사실혼 부부의 경우에도 실질적으로 부부공동생활을 영위한다는 점에서 위의 사실혼 부부간 일상가사대리권이 적용된다고 해석하는 것이 타당할 것이다(대법원 1980. 12. 23. 선고 80다2077 판결).

(2) 일상가사대리권의 법적 성격

일상가사대리권의 법적 성격에 대하여는 학설이 대립한다. 일상가사대리권를 법정대리로 보는 견해, 일종의 대표로 보는 견해, 특성상 자기를 위한 법률행위와 상대방 배우자를 위한 대리행위의 복합행위로 보는 견해 등이 있다.

1) 법정대리설

일상가사대리권을 법정대리권으로 본다. 그러나 대리행위는 본인에게만 귀속되어야 한다. 예를 들어 남편의 이름으로 금전을 차용하는 경우 그 효과는 남편에게만 귀속된다고 보아야 할 것이다. 그러나 차용에 따른 채무가 일상가사채무인 경우 남편과 함께 처가 함께 책임을 지기 때문에 법정대리의 효과가 아니라 일상가사에 대한 연대채무규정에 의한 연대책임(제823조)을 지기 때문에 이를 법정대리로 보기 어려운 점이 있다(박동섭, 134면; 배경숙·최금숙, 125면; 송덕수, 63면).

2) 대표로 보는 설

법정대리는 본인에게만 효력이 발생하지만, 일상가사대리행위의 효력은 부부의 일방에게만 귀속되는 것이 아니고 부부쌍방에게 귀속되므로 일상가사대리행위를 단순한 법정대리로 볼 수 없고 일종의 대표로 본다(김주수·김상용, 154면).

3) 복합행위로 보는 설

일상가사에 관한 법률행위는 그 특성상 자기를 위한 법률행위와 상대방배우자를 위한 대리행위의 복합행위로 보는 견해이다. 일상가사에 관한 법률행위가 있으면 행위자 스스로의 책임이 발생함은 물론 대리행위의 본인으로의 상대방배우자의 책임이 병존적으로 발생되기 때문이다(이경희, 93면).

판례의 태도는 분명하지 않다. 부부의 일상가사대리권도 일종의 대리권이며, 제827조에서는 가사대리권에 대한 규정을 두고 있으므로 이는 일종의 법정대리권이라고 이해할 수 있을 것이다(송덕수, 64면).

(3) 일상가사의 범위

일상가사의 구체적인 범위나 정도는 사회적 지위, 취업, 재산, 수입 등에 따라서 결정되고 각각의 가족공동생활의 현실의 상태나 더욱이 그 지역사회의 관행 등에 의해서 개별적으로 결정될 수 있다. 가장 문제되고 있는 것은 구체적인 법률행위가 당해 부부의 일상가사의 범위 내에 속하는가 아닌가를 판단하는 것이다.

판례는 단순히 당해 부부의 공동생활에 있어서 내부적인 사정이나 그 행위의 개별적인 목적만을 중시해서 판단할 것이 아니라, 더욱 객관적으로 그 법률행위의 종류, 성질을 고려해야 한다고 보고 있다(대법원 2000. 4. 25. 선고 2000다8267 판결 참조).

일상가사는 부부공동생활에 통상 필요로 하는 식료품의 구입, 연료·의복의 구입, 가옥의 대차, 집세 등의 지급 또는 접수, 전기요금·수도요금·전화요금의 지급, 세금의 납부 등과 같은 가족의 의식주에 관한 사무와 가옥의 보건·오락·교제, 자녀의 양육·교육에 관한 사무 등이 이에 속한다. 그러나 금전차용행위는 그 목적에 따라 일상가사의 범위에 속하는가의 여부가 결정될 것이다. 가족생활을 위하여 필수적인 주거공간을 마련하기 위해서 주택을 임차 또는 매입하는 것, 자금이 부족하여 금전을 차용한 경우 이는 일상가사의 범위에 속한다(대법원 1993. 3. 9. 선고 98다46877 판결).

그러나 일상가사의 범위로 포함된다고 볼 수 없는 경우는 차용된 금전이 가족의 생활수준 및 경제상태에 적절하지 않은 대규모의 주택이나 고급승용차 구입을 위하여 금전이 차용된 경우 이를 일상가사에 포함된다고 보기는 어려울 것이다(본서의 견해에 따른 판례: 대법원 1997. 11. 28. 선고 97다31229 판결; 대법원 2000. 4. 25. 선고 2000다8267 판결). 처가 자가용차를 구입하기 위하여 타인으로부터 금전을 차용하는 행위는 이에 속한다고 할 수 없다(대법원 1985. 3. 26. 선고 84다카1621 판결). 일상생활비의 범위를 넘는 소비대차, 전화가입권의 매도담보, 가옥의 임차, 순수한 직업상의 사무, 어음 배서행위 등은 일상가사의 범주에서 제외된다(대법원 1997. 11. 28. 선고 97다31229 판결). 부인이 교회에의 건축 헌금, 가게 인수자금 또는 대규모 주택 및 아파트구입자금 등의 명목으로 금원을 차용한 행위는 일상의 가사에 관한 법률행위의 범위에 속하지 않는다(대법원 1997. 11. 28. 선고 97다31229 판결).

일상가사대리권은 제한할 수 있으나 제3자가 그 제한을 알지 못한 경우에는 그 제한으로써 선의의 제3자에게 대항할 수 없다(제827조 제1항).

(4) 일상가사대리권과 표현대리

일방 배우자가 대리권이 없음에도 상대방 배우자의 부동산을 매도하는 등의 행위를 한 경우 통상 이것은 무권대리가 될 것이다. 그러나 판례는 이 경우 민법 제126조의 표현대리 규정을 적용하여 구체적 사안에 따라 본인에게 책임을 묻는 경우가 있다. 예를 들어 처가 생활비라고 생각하여 남편의 명의로 많은 액수의 돈을 빌렸다. 이 금전대차행위가 당해 부부에게 있어서 상당히 부담이 되는 금액의 차금이라면 처의 차입목적은 고려해도 객관적으로 봐서 일상가사에 관한 행위라고는 말할 수 없을 것이다. 이러한 판단이 된다면 대주(貸主)는 본조에 기초해서 남편에 대해서 대금반환청구를 하는 것이 불가능하다. 이러한 경우 제3자는 예상 밖의 손해를 입게 된다. 이를 피할 수 있도록 하기 위해서 민법 제126조의 법률구성이 있다.

일상가사의 범위를 넘는 법률행위가 표현대리(제126조)가 되려면 부부의 일방이 다른 상대방 배우자에게 대리권을 주었다고 믿을 만한 정당한 사유가 있는 때에 한하여 표현대리를 적용하여 제3자를 보호하고 있다.

일상가사의 범위를 넘는 법률행위에 대해서 표현대리를 인정할 것인가에 대한 학설로는 긍정설(김용한, 137면; 곽윤직, 489면), 부정설(김증한·김학동, 451면), 제한긍정설(김주수·김상용, 156면; 박병호, 101면; 이경희, 94면) 등이 있다. 학설과 판례는 대체로 표현대리의 성립을 긍정하는데, 다만 그 범위와 근거를 조금씩 달리 보고 있다.

1) 학 설

① 긍정설

부부 사이의 일상가사대리권을 기본대리권으로 하여 민법 제126조의 표현대리를 인정하자는 견해이다(다수설). 예를 들어 일상적 필요를 넘는 금전차용행위나 부동산 매매행위는 일상가사의 범위를 벗어난 행위이지만 제3자가 대리권이 있다고 믿을 만한 정당한 이유가 있는 경우에는 표현대리를 인정하는 것이다.

② 제한적 긍정설

일반적·추상적 일상가사의 범위 내에서만 표현대리의 규정이 유추적용되고, 그 밖의 행위에 대하여는 대리권의 수여가 있는 경우에 한하여 표현대리를 적용하는 것이 타당하다고 본다. 그러나 어떤 견해이든 대리행위의 효과가 본인에게 귀속되는 것을 주장하는 자가 일상가사 또는 수권의 존재를 증명하거나 그렇지 않으면 최소한 민법 제126조의 표현대리의 요소 중 수권이 있다고 믿는데 정당한 이유를 증명하여야 할 것이다.

2) 판 례

판례는 긍정설의 입장을 취하고 있다. 즉 일상가사대리권의 범위를 넘은 행위에 대해서도 그 월권행위의 신뢰에 정당한 이유가 있는 한 제126조의 적용을 인정하고 있다. 결국 일상가사대리권을 기초로 하여 표현대리의 성립 여부를 판단하고 있다. 그 판단의 기준은 남편이 처에게 그 행위에 대한 대리의 권한을 주었다고 제3자가 믿었음을 정당화할 만한 객관적인 사정이 존재했는가의 여부이다.

① 표현대리의 성립을 인정한 판례

남편이 정신병으로 장기간 병원에 입원함에 있어서, 입원비 생활비, 자녀교육비 등을 준비하여 두지 않은 경우에 그 아내에게 가사대리권이 있었고 남편 소유의 가대를 적정가격으로 매도하여 그로서 위 비용에 충당하고 나머지로서 대신 들어가 살 집을 매수하였다면 매수인이 이러한 사유를 알았건 몰랐건 간에 객관적으로 보아서 그 아내에게 남편의 대리권이 있다고 믿을 만한 정당한 사유가 된다고 보아야 할 것이다(대법원 1970. 10. 20. 선고 70다1812 판결).

처가 승낙 없이 남편 소유의 부동산에 근저당권을 설정한 것을 알게 된 남편이 그 정산에 관하여 합의하였다가 그 후 합의가 결렬된 경우, 남편이 스스로 처에게 인감을 보냈음을 추단할 수 있는 문서와 남편의 무인이 찍힌 위임장 및 주민등록증 등을 제시하는 등 남편이 처에게 대리권을 수여하였다고 믿게 할 특별한 사정까지 있었다면, 그 상대방으로서는 처가 남편을 대리할 적법한 권한이 있었다고 믿은 데 정당한 이유가 있다(대법원 1995. 12. 22. 선고 94다45098 판결).

② 표현대리의 성립을 부정한 판례

남편인 피고 몰래 임의로 갖고 나온 피고의 인장, 아파트 분양계약서 및 유효기간이 지난 인감증명서를 처가 소지하고 있었던 사실만으로는 피고가 처에게 돈 350만원 차용행위나 위 아파트 매도행위에 대한 대리권을 수여하였으리라고 원고가 믿음에 정당한 객관적 사정이 있었다고 인정할 수 없다(대법원 1981. 8. 25. 선고 80다3204 판결).

대법원금원차용 당시 처가 남편을 대신하여 차용금을 수령하고 근저당권 설정서류를 교부하였으며 그 후 이자를 대신 지급하여 왔다고 하더라도 차용시부터 약 4년 후 잔존채무금을 확정하고 분할변제의 약정을 체결함에 있어서도 대리권을 수여받았다고 믿은 데에 정당한 사유가 있다고 보기는 어려우므로 위와 같은 새로운 내용의 약정을 체결하는 데 관하여는 표현대리가 성립되지 아니한다(대법원 1990. 12. 26. 선고 88다카24516 판결).

또한 대리가 적법하게 성립하기 위하여는 대리행위를 한 자, 즉 대리인이 본인을 대리할 권한을 가지고 그 대리권의 범위 내에서 법률행위를 하였음을 요하며, 부부의 경우에도 일상의 가사가 아닌 법률행위를 배우자를 대리하여 행함에 있어서는 별도로 대리권을 수여하는 수권행위가 필요한 것이지, 부부의 일방이 의식불명의 상태에 있어 사회통념상 대리관계를 인정할 필요가 있다는 사정만으로 그 배우자가 당연히 채무의 부담행위를 포함한 모든 법률행위에 관하여 대리권을 갖는다고 볼 것은 아니다(대법원 2000. 12. 8. 선고 99다37856 판결).

3. 일상가사채무의 연대책임

부부의 일방이 자기의 이름으로 일상의 가사에 관하여 제3자와 법률행위를 한 때 다른 일방은 이로 인한 채무에 대하여 연대책임이 있다(제832조). 이는 부부가 가족공동체에 대해 공동의 책임을 지는 것이라는 목적에 기초해 일상가사채무를 부부가 연대하여 책임을 지는 것이다. 그런데 이 연대책임은 대외적으로 부부가 일체되어서 행한 것에 대한 책임을 진다라는 의미가 있기 때문에 통상의 연대채무보다도 더 밀접한 일체적 부담관계가 있다. 따라서 부부의 일방에 의해서 생긴 일상가사에 의한 채무는 일반규정(상계－제418조 제2항, 면제－제419조, 소멸시효－제421조, 부담부분－제424조)은 적용되지 않는다.

원칙적으로 모든 채무자가 일정한 부담부분에 대응하여 책임을 부담하는 것이 연대채무의 전형적인 모습이라고 할 수 있으나 이것이 부부의 연대책임에서는 크게 변질된 것으로 보아야 할 것이다(조승현, 115면).

연대책임에 대한 학설을 살펴보면, 부부공동생활의 대외적 일체성을 전제로 하여 일방이 부담한 채무와 동일한 내용의 채무를 다른 일방의 배우자가 병존적으로 부담한다는 견해와(김주수·김상용, 155면), 일상가사에 대한 대리는 복합행위로 채무의 병존적 부담은 당연한 것으로 보며, 이에 민법 제832조는 그 채무 간 연대성을 강조한다고 보는 견해가 있다(이경희, 95면). 따라서 통상의 연대채무와는 달리 부부의 일방에게 생긴 사유는 다른 일방에게도 절대적 효력을 미친다. 따라서 부부 일방은 타방의 채권으로써 무제한으로 상계할 수 있고, 면제의 효과는 전면적으로 발생하여 일방의 채무의 시효소멸은 타방의 채무도 소멸시킨다.

또한 민법 제832조의 예외조항으로 제3자에 대하여 면책의 예고를 한 경우에는 연대책임을 배제할 수 있다. 단 거래안정의 견지로부터 개별적 예고가 필요하다. 여기서의 제3자는 불특정 제3자를 의미하는 것은 아니다. 예를 들어 부인이 남편의 이해를 얻지 않고 50만원의 세탁기를 남편명의의 대출로 구입했다고 하자. 남편은 "지금 사용하고 있는 것으로 충분하니 새로운 것은 필요 없고, 우리들 부부 사이에는 타방이 무단으로 고액의 쇼핑을 하면 안되는 것으로 했으니까 나는 지불할 수 없어"라고 하면서 지급을 거절하였다. 그러나 판례의 판단기준에 의하면 이 같은 부부 사이에 약속한 것이라는 내부적 사정뿐만 아니라 객관적으로 법률행위의 종류, 성질을 고려해야 한다. 세탁기라는 것은 일상생활에 필요한 가전제품이기 때문에 세탁기의 구입행위는 객관적으로 볼 때 일상가사에 속할 가능성이 높다. 그러므로 50만원이라는 가격(이것은 세탁기의 일반적인 시장가격)도 당해 부부의 수입이나 생활 상태에 따라 타당한 범위라면 본조에서 말한 일상가사에 관한 행위라고 사료되어 남편은 대금의 지급에 응할 책임을 지게 된다. 그러나 이미 남편이 대리점에 전화를 걸어 세탁기 구입을 할 의사가 없고, 자신은 이에 대하여 책임을 지지 않겠다는 것을 말하였다면 그는 제832조에 따라 세탁기 비용을 부담할 의무는 없을 것이다.

혼인이 해소된 경우에도 일상가사의 연대책임은 소멸하지 않고 존속하지만 이때는 부부가 아니므로 보통의 연대채무로 변경되어 존속한다.

관련판례 3.6 일상가사의 법률행위(아파트 구입자금 차용시)

1. 사실관계

A는 1992. 5.경 자신의 남편인 F의 명의로 분양받은 아파트분양금에 필요한 돈이라며 B에게서 금 5,000,000원을 빌렸다. 그 때부터 1994. 1.경까지 사이에 금 2,000,000원 내지 금 5,000,000원씩 십수 회에 걸쳐 아파트분양금 및 피고의 진급 준비를 위한 경비 명목으로 합계 금 40,000,000원을 대여하고, 1994. 8. 30. 위 A로부터 F가 연대보증인으로 서명 날인된 금 40,000,000원의 차용증을 교부받았고, 위 A는 B가 1994. 3.경 조직한 계금 10,000,000원의

20구좌 번호계에 8구좌(1, 2, 6, 7, 8, 9, 12, 13번)를 가입하여 월불입금으로 합계 금 4,994,000원을 불입하여 오다가 19 및 20번째 계불입금을 납입하지 아니하여 B가 이를 대납하였고 위 계는 1995. 10.경 정상적으로 종료되었다. 또 A는 위 계가 진행 중이던 1994. 5.경부터 1995. 3.경까지 사이에 B로부터 아파트 분양금 및 위 계불입금 명목으로 수회에 걸쳐 금 20,000,000원을 차용한 후, 1996. 3. 20. 원고 B와 사이에 위 계불입 미납금과 차용금 및 이에 대한 이자를 합하여 금 30,000,000원을 차용한 것으로 정산하여 F가 연대보증인으로 서명날인된 금 10,000,000원짜리 차용증 3매를 B에게 교부하였다.

A는 B로부터 처음 돈을 빌릴 때 남편인 F가 과장으로 근무하고 있고, 가지고 있는 부동산이 개발되어 조만간 보상금이 나오면 변제를 하겠다고 하였고, 그 이후의 금원 차용 시에도 곧 보상금이 나올 것이라고 하였으며, 피고도 A가 원고로부터 돈을 빌리거나 계금을 수령할 때 4-5회 정도 자신의 승용차에 A를 태워 B의 점포 부근까지 왔고, 언젠가 한번은 B와 인사를 나누기도 하였으므로, B는 A의 말을 믿고 그녀의 요구대로 돈을 빌려주거나 계불입금을 대납하였다.

B(원고)는 A에게 빌려 준 금액을 F(피고)에게서 받을 수 있는가?

2. 원심판결요지

피고 F는 위 A의 채무를 연대보증하였고, 그렇지 않더라도 위 A의 위 채무부담행위는 일상가사의 범위에 속하며, 또한 원고 B는 위 A가 피고를 대리하여 연대보증할 권한이 있는 것으로 믿었고 그와 같이 믿은 데에 대하여 민법 제126조의 권한을 넘은 표현대리에 있어서의 정당한 사유가 있으므로, 위 합계 금 70,000,000원 및 이에 대한 이자 또는 지연손해금을 지급할 의무가 있다는 주장에 대하여, 원심은, 피고가 A의 원고 B에 대한 위 차용금채무에 대하여 연대보증하였다는 점은 인정할 증거가 부족하고, A가 아파트분양금을 납부하기 위하여 타인으로부터 A가 원고 B로부터 차용한 위 금원이 아파트분양금으로 사용되었다는 점을 인정할 자료도 없다. 원고의 위 주장사실에 나타난 사유만으로는 원고 B가 A에게 피고의 위 연대보증약정에 대한 대리권이 있다고 믿은 데에 권한을 넘은 표현대리에 있어서의 정당한 사유가 될 수 없다고 하여 원고의 위 주장들을 배척하였다.

3. 대법원판결요지(대법원 1993. 3. 9. 선고 98다46877 판결)

민법 제832조에서 말하는 일상의 가사에 관한 법률행위라 함은 부부가 공동생활을 영위하는데 통상 필요한 법률행위를 말하므로 그 내용과 범위는 그 부부공동체의 생활 구조, 정도와 그 부부의 생활 장소인 지역사회의 사회통념에 의하여 결정되며, 문제가 된 구체적인 법률행위가 당해 부부의 일상의 가사에 관한 것인지를 판단함에 있어서는 그 법률행위의 종류·성질 등 객관적 사정과 함께 가사처리자의 주관적 의사와 목적, 부부의 사회적 지위·직업·재산·수입능력 등 현실적 생활 상태를 종합적으로 고려하여 사회통념에 따라 판단하여야 한다.

금전차용행위도 금액, 차용 목적, 실제의 지출용도, 기타의 사정 등을 고려하여 그것이 부부의 공동생활에 필요한 자금조달을 목적으로 하는 것이라면 일상가사에 속한다고 보아야 할 것이므로, 아파트 구입비용 명목으로 차용한 경우 그와 같은 비용의 지출이 부부공동체 유지에 필수적인 주거 공간을 마련하기 위한 것이라면 일상가사에 속한다고 볼 수 있다.

> 부인이 남편 명의로 분양받은 45평형 아파트의 분양금을 납입하기 위한 명목으로 금전을 차용하여 분양금을 납입하였고, 그 아파트가 남편의 유일한 부동산으로서 가족들이 거주하고 있는 경우, 그 금전차용행위는 일상가사에 해당한다고 대법원은 판단하였다.
>
> [관련조문]
> 민법 제827조(부부간의 가사대리권) 제1항, 제832조(가사로 인한 채무의 연대책임)

Ⅲ. 부부재산제

1. 서 설

(1) 의 의

혼인으로 성립된 부부 사이에는 기술한 바와 같은 일반적 효과 이외에도 일반인 사이의 재산관계와는 다른 특수한 재산상의 효과가 발생한다.

부부의 혼인생활을 영위하기 위해서는 필연적으로 경제적 활동이 따르기 때문에 부부 사이의 재산관계는 명백히 해야 함은 물론이고, 이혼의 경우나 부부 일방이 제3자와 거래하는 경우에 있어서 부부의 재산관계를 명백히 해야 할 필요가 있다. 이와 같이 혼인의 효과로서 발생하는 부부간의 특수한 재산관계를 규율하는 법제도가 소위 부부재산제이다.

(2) 부부재산제의 변천

부부재산제도도 모든 다른 제도와 마찬가지로 혼인이 지니는 사회적·역사적 성격의 변화, 특히 여성의 지위에 영향을 주어온 사회적·경제적 조건, 부부평등의 관념, 전통적 제도의 변천과 더불어 변화의 과정을 거치며 오늘에 이른 것이다.

종래의 부권적 가족제도에 있어서는 처의 인격과 함께 그 재산도 부에 흡수되었으므로 부부재산 관계를 정할 필요는 없었다(재산흡수제). 그 후 여성의 경제적 지위의 향상, 상속권의 취득 등으로 부부 사이의 재산관계를 어떻게 규율할 것인가의 문제가 대두되었다. 이에 따라 여성에게 각자의 특유재산을 인정하게는 되었으나, 여성이 혼인 후 여성의 재산은 부가 관리하는 관리공동제가 행하여 졌다. 근대에 들어와서야 부부평등주의의 확대·강화로 여성에게 각자의 특유재산에 관리·수익·처분권까지도 부여하게 되었으며, 부부 사이에 재산관계는 독립된 인격 상호간의 관계로 다루어지는 부부별산제의 유형이 채택되게 되었다. 현재 세계 각국의 부부재산제는 상당히 다양한 유형을 띠고 있다.

(3) 우리나라의 부부재산제

우리나라는 본래 법정재산제만 있었으며, 부부재산계약의 관습은 없었다. 구민법의 법정재산제는 부의 특권을 인정한 관리공통제였다. 그러나 관리공통제는 처에게서 재산관리권을 박탈하여 여성의 사회적 진출을 저해하는 결함을 내포하여 남녀평등의 원칙과 민주주의 원칙에 위배되는 것이다. 이에 반해 별산제는 부부 각자가 자신의 재산을 관리 수익하는 것이므로 당시에는 남녀평등에 입각한 것으로 부부재산제도로써 획기적인 것이었다. 그러나 별산제는 일상의 혼인공동생활에 있어서 무상으로 제공되는 처의 가사노동을 평가하지 않는 것으로 혼인관계가 해소되는 경우 부부가 공동으로 협력하여 이룩한 재산의 청산은 이루어지지 않는다. 이러한 문제점을 보완하기 위하여 1990년 재산분할청구권이 새로이 도입되었다. 재산분할청구권은 협의이혼 시 쌍방의 협력으로 이룩한 재산을 분할하는 것으로 부부재산의 형성은 경제활동을 위한 재산의 축적뿐만 아니라 처의 가사노동과 자녀양육 역시 부부의 재산을 형성하는데 협력한 것으로 평가받게 되었다.

2. 부부재산계약

부부재산계약은 혼인하려는 당사자가 혼인성립 전에 자유의사에 의하여 맺는 계약으로서(제829조 제1항), 이 경우에는 법에 의하여 정하여진 법정재산제보다 우선적으로 적용된다.

이러한 부부재산계약제도는 우리 구민법 하에서는 인정되지 않았던 제도로써 제정민법에서 프랑스의 입법을 본받아 새롭게 도입하였다. 부부재산계약제는 계약자유의 원칙과 개인의 존엄 및 남녀평등의 관념에 입각한 제도이다. 그러나 이 제도는 제정 이후 활용되지 않아 사문화되어 가고 있는 상황이다. 이에 따라 부부재산계약제도에 대한 문제점과 이에 대한 개선의 논의가 전개되고 있다.

(1) 계약의 체결과 그 내용

부부재산계약은 부부가 되려는 자가 혼인신고 전에 체결하여야 하고 등기하지 않으면 안된다. 다만, 부부재산계약을 등기하지 않은 경우라도 당사자 사이에서는 효력이 있으나, 부부의 승계인 또는 제3자에 대하여는 대항할 수 없다(제829조 제4항).

부부재산계약을 체결함에 있어서는 일반적으로 재산법적 행위능력을 필요로 하는 것이 보통이지만 이는 혼인체결을 할 수 있는 능력 즉, 판단능력이 있으면 충분하리라고 보는 것이 일반적이다. 왜냐하면 부부생활이 무엇인가를 이해하고 하나의 공동운명체를 만들 수 있는 능력이 있는 자는 부부재산계약을 체결할 능력이 있는 것으로 보는 것이 정당하기 때문이다.

부부재산계약의 내용은 법률상 아무런 제한이 없으므로 당사자의 자유로운 의사에 의하여 정할 수 있는 것이다. 그러나 그 내용이 혼인의 본질적 내용이나 사회질서에 현저하게 반하는 경우에는 그 효력이 없다고 할 것이다.

(2) 계약의 변경

부부재산계약의 변경 여부도 나라마다 다르다. 우리 민법은 제829조 제2항에서 「부부가 혼인성립 전에 그 재산에 관하여 약정한 때에는 혼인 중 이를 변경하지 못한다」고 규정하고 있다. 혼인신고 전으로 한정하는 이유는 혼인 후 부의 위압이나 정으로 인해 자유로운 판단을 잃을 수 있기 때문이었다. 이는 제정 당시 사회적 약자인 여성을 배려한 것이었다. 그러나 오늘날에 이러한 입법취지는 이미 상실한 것으로 보인다. 그러나 위의 부부재산계약이 등기되지 않으면 부부의 승계인이나 제3자에게 대항할 수 없다(제829조 제5항 후단).

(3) 부부재산계약의 종료

부부재산계약은 이혼이나 혼인의 취소, 부부의 일방 당사자의 사망으로 혼인관계가 해소된 경우에는 그 때부터 그 계약을 효력을 상실한다.

3. 부부별산제(법정재산제)

(1) 의 의

혼인을 하는 데 있어서 부부재산계약이 체결되지 않은 경우에는 부부 사이의 재산관계는 법정부부재산제의 규정에 따르게 된다(제829조 제1항). 세계 각국의 법정재산제는 별산제(한국, 일본, 영국 등), 잉여공동제(독일), 소득공동제(프랑스), 소득참여제(스위스) 등 그 종류가 다양하다.

우리나라처럼 별산제를 법정재산제로 채택하고 있는 나라는 드물다. 외국의 경우 부부별산제는 이혼의 경우에도 부부 재산은 그대로 각자에게 귀속된다. 외국의 경우 법정재산제가 혼인 중 부부별산의 형태로 운영된다고 하더라도 혼인의 종료시 부부가 혼인 전 혹은 상속이나 증여 등 부부의 노력에 의하여 형성된 재산이 아닌 한, 재산의 청산에 있어서 상대배우자가 참여할 수 있도록 하고 있다. 이 경우 혼인 중 부부 각자가 자신의 재산을 관리·사용·수익하지만 재산을 처분하는 경우에 있어서는 일정한 제한이 요구된다(예를 들어 배우자의 동의 등). 부부별산제는 부부재산계약제로 체결할 수 있는데, 이를 선택하였다면 이는 혼인 중 부부의 재산이 별개로 각각 운영되고, 혼인종료 후에도 부부재산상의 청산은 이루어지지 않는 것이 일반적이다.

(2) 별산제의 내용

민법은 별산제가 법정재산제라는 것을 명명하고 있지 않으나, 민법 제830조 제1항에서 부부의 일방이 혼인 전부터 가진 고유재산과 혼인 중 자기 명의로 취득한 재산을 특유재산으로 인정하고 있으며, 민법 제831조에서는 그 특유재산을 각자 관리·사용·수익한다고 규정하여 부부별산제의 근본원칙을 설명하고 있다(제831조).

(3) 재산의 종류

1) 고유재산, 특유재산

민법에서는 부부 각자에게 속하는 재산으로는 혼인 전부터 부부의 일방이 가지고 있었던 재산(고유재산) 그리고 혼인 중 자기 명의로 취득한 재산을 특유재산으로 규정하고 있다(제830조 제1항). 혼인 중 자기 명의로 취득한 재산은 일단 명의자의 재산으로 추정한다. 이러한 재산으로는 혼인 전 예금통장 혹은 혼인 중에 일방이 상속·증여에 의하여 무상으로 취득한 재산 및 그것의 수익 그리고 부 또는 처의 개인용품과 장신구 등이 있다.

판례는 우리의 법정재산제를 완전 부부별산제로 보아, 혼인 중에 일방이 취득한 재산은 그의 특유재산으로 추정되고, 다른 배우자가 이에 협조하거나 혼인 생활에 있어 내조의 공이 있었다는 것만으로는 그 추정이 뒤집히지 않는다고 보고 있다(대법원 1986. 9. 9. 선고 85다카1337,1338 판결 등). 대법원은 부부의 일방이 혼인중에 자기명의로 취득한 재산은 그 명의자의 소유재산으로 추정되나 실질적으로 다른 일방 또는 쌍방이 그 재산의 대가를 부담하여 취득한 것이 증명된 때에는 소유재산의 추정은 번복되어 다른 일방의 소유이거나 쌍방의 공유라고 보아야 할 것이며, 부동산매입자금의 원천이 남편의 수입에 있다고 하더라도 처가 남편과 18년간의 결혼생활을 하면서 여러 차례 부동산을 매입하였다가 이익을 남기고 처분하는 등의 방법으로 증식한 재산으로써 그 부동산을 매입하게 된 것이라면 위 부동산의 취득은 부부쌍방의 자금과 증식노력으로 이루어진 것으로서 부부의 공유재산이라고 볼 여지가 있다고 하였다(대법원 1990. 10. 23. 선고 90다카5624 판결).

또한 제830조를 사실혼관계에도 적용하여, 사실혼관계에 있는 부부 일방이 사실혼 중에 자기 명의로 취득한 재산은 명의자의 특유재산으로 추정되나, 실질적으로 다른 일방 또는 쌍방이 재산 취득자금을 부담하여 취득한 것이 증명된 때에는 특유재산의 추정은 번복된다고 보았다(대법원 1994. 12. 22. 선고 93다52068,52075 판결).

2) 공유재산

부부 공동의 명의로 되어 있는 것은 의문의 여지없이 부부의 공유재산이다. 그리고 부부의 누구에게 속한 것인지 분명하지 아니한 재산은 부부의 공유재산으로 추정한다(제830조 제2항). 또한 부부의 공동생활에 필요한 가재도구 등은 공유재산이다. 공유재산의 지분은 균등한 것으로 추정된다. 판례는 부부의 일방이 혼인 중에 그의 명의로 취득한 부동산에 대하여 그 명의의 특유재산으로 일단 추정하고, 이를 부정하는 상대방이 입증책임을 부담하여 이를 번복할 수 있을 때에만 그 부동산에 대한 부부의 공유를 인정할 수 있다는 입장을 보이고 있다.

3) 실질적 공유재산

재산의 소유는 어느 일방의 명의로 되어 있으나 실질적으로는 공유인 재산이 있다. 예컨대, 혼인 중 부부의 협력에 의하여 취득한 주택 기타의 부동산, 공동생활의 기금으로서의 예금, 주식 등이 일방 배우자의 명의로 되어 있으나 이를 일방 배우자의 특유재산이라고 할 수 없다. 혼인 중에는 이러한 재산은 대외적으로 일방의 명의로 되어 있는 명의자의 재산으로 취급되지만 이혼 시 이러한 재산은 재산분할청구에 의하여 청산할 수 있도록 하고 있다(제839조의2).

실질적 공유재산을 판단함에 있어서 일방 배우자의 가사노동에 대한 협력을 어떻게 보는가가 문제이다. 판례는 부가 주택을 매수하여 그 명의로 소유권이전등기를 경료함에 있어서 그 매수자금 일부를 처 소유의 가옥매각대금으로 충당한 경우에는 그 주택에 관한 부 단독 명의의 소유권이전등기는 처의 명의신탁에 의한 것이라고 볼 여지가 있다고 하였으며(대법원 1986. 11. 25. 선고 85누677 판결), 부동산매입자금의 원천이 남편의 수입에 있다고 하더라도, 처가 남편의 수입을 증식하였다면, 위 부동산의 취득은 쌍방의 자금과 증식노력으로 이루어진 것으로서 원·피고의 공유재산이라고 볼 여지도 있다고 하였다(대법원 1990. 10. 23. 선고 90다카5624 판결).

한편 판례에서 가정주부가 특별한 재산이 없거나 일정한 수입이 있었다고 하더라도 그 소득의 정도가 자신의 명의로 취득된 각 부동산의 가치에 상당한 정도에 미달하여 그 소득이나 재력만으로는 위 각 부동산을 자신의 힘으로 마련하였다고 보기 어려운 반면, 자신의 남편은 위와 같은 자금을 대주기에 충분한 소득과 자력을 갖추었다고 인정된다고 하여 그 출처가 밝혀지지 아니한 자금 부분은 남편으로부터 증여받은 것으로 추정함이 상당하다. 부부 중 일방의 명의로 된 농지나 예금 등 재산은 그의 특유재산으로 추정되는바, 그 취득에 상대방 배우자가 대가나 채무를 부담하였다거나 적극적인 재산증식의 노력이 있었다는 등의 실질적인 사유에 관한 아무런 입증이 없는 이상 상대방 배우자가 가정주부로서 남편의 약국 경영을 도왔다는 것만으로는 그 추정을 번복하기에 부족하다(대법원 1998. 6. 12. 선고 97누7707 판결).

민법 제830조 제1항에 의하여 부부의 일방이 혼인 중 단독 명의로 취득한 부동산은 그 명의자의 특유재산으로 추정되므로 당해 부동산의 취득자금의 출처가 명의자가 아닌 다른 일방 배우자인 사실이 밝혀졌다면 일단 그 명의자가 배우자로부터 취득자금을 증여받은 것으로 추정할 수 있고, 이 경우 당해 부동산이 명의자의 특유재산이 아니고 다른 일방 배우자로부터 명의신탁된 것이기 때문에 그 취득자금을 증여받은 것으로 볼 수 없다는 점에 대하여는 납세자가 이를 주장·입증하여야 한다(대법원 2008. 9. 25. 선고 2006두8068 판결).

민법 제830조 제1항에 의하여 부부의 일방이 혼인 중 그의 단독 명의로 취득한 부동산은 그 명의자의 특유재산으로 추정되므로 그 추정을 번복하기 위하여는 다른 일방 배우자가 실제로 당해 부동산의 대가를 부담하여 그 부동산을 자신이 실질적으로 소유하기 위하여 취득하였음을 증명하여야 한다. 이때 단순히 다른 일방 배우자가 그 매수자금의 출처라는 사정만으로는 무조건 특유재산의 추정을 번복하고 당해 부동산에 관하여 명의신탁이 있었다고 볼 것은 아니고, 관련 증거들을 통하여 나타난 모든 사정을 종합하여 다른 일방 배우자가 당해 부동산을 실질적으로 소유하기 위하여 그 대가를 부담하였는지를 개별적·구체적으로 가려 명의신탁 여부를 판단하여야 하며, 특히 다른 증거에 의하여 이러한 점을 인정하기 어려운 사정이 엿보이는 경우에는 명의자 아닌 다른 일방 배우자가 매수자금의 출처라는 사정만으로 명의신탁이 있었다고 보기는 어렵다(대법원 2013. 10. 31. 선고 2013다49572 판결).

5절 ≫ 혼인의 해소

Ⅰ. 혼인해소의 종류

혼인의 해소란 유효하게 성립된 혼인관계가 후일 발생된 원인에 의하여 소멸되는 것을 말한다. 혼인의 해소원인으로는 부부 일방의 사망, 실종선고, 이혼이 있으나 앞의 두 가지는 자연소멸을 원인으로 하는데 반하여, 후자는 법원소멸원인인 점에서 구별된다.

1. 사망에 의한 혼인해소

부부의 일방이 사망하면 혼인은 해소된다. 따라서 생존배우자는 배우자의 신분을 잃게 되어 동거, 부양, 협조의 의무와 정조의무 등이 소멸하는 외에 부부재산제의 구속도 없어지며, 재혼도 자유로이 할 수 있다.

그러나 이혼의 경우와는 달리 혼인으로 발생된 혈연관계와 인척관계가 당연히 소멸되는 것은 아니며, 생존배우자가 재혼한 경우에 한하여 소멸하게 된다(제775조 제2항). 단 재혼의 경우에도 전 배우자의 6촌 이내의 혈족과는 재혼할 수 없다(제809조).

2. 실종선고에 의한 혼인해소

부부 일방이 실종선고를 받으면 그 실종기간이 만료된 때에 사망의제로 혼인이 해소된다(제28조). 그러나 실종자가 생존한 경우 등의 원인이 있으면 그 실종선고가 취소될 수 있어 문제가 발생한다(제29조). 그러나 민법은 「실종선고 후 그 취소 전에 선의로 한 행위의 효과에 영향을 미치지 않는다」고 규정하고 있어(제29조 제1항 단서), 실종자의 생존을 알지 못하는 상황에서 일방 배우자가 재혼을 하였다면 그 재혼은 실종신고의 취소에 영향을 받지 않고 유효한 혼인으로 성립한다. 그러나 만약 일방 배우자가 악의였다면 후혼에 영향을 미친다. 그러나 이럴 경우에도 후혼을 당연무효로 볼 수는 없고, 중혼으로 보아 전혼에는 이혼원인이 생기고(제840조 제1호), 후혼은 취소할 수 있다고 보아야 한다(제810조, 제816조 제1호, 제818조).

3. 이 혼

이혼에는 협의이혼과 재판상 이혼이 있으며, 협의이혼은 당사자의 협의에 의해 가정법원의 확인을 받아 가족관계등록법이 정하는 바에 따라 신고함으로써 그 효력이 생긴다(민법 제834조 및 제836조).

사망과 이혼 모두 부부 공동생활을 전제로 하는 혼인의 본질적 효과가 종료하는 점에서 양자가 동일하지만, 이혼의 경우는 인척관계나 그 밖에 인정되는 혼인의 효과가 모두 종료되는데 반하여 사망의 경우는 당사자 간의 효과인 동거, 부양, 협조의무 등이 면제되고 부부재산관계가 종료 되지만 인척관계 등은 소멸되지 않는다.

Ⅱ. 이 혼

1. 이혼제도의 역사적 변천과정

오랫동안 서구사회를 지배해 왔던 기독교 사상에 입각한 이혼금지주의와 우리나라의 남성중심적 가부장주의는 이혼제도의 변천과정에서 큰 차이점을 보이고 있다. 즉, 중세 유럽의 교회는 이혼금지의 교리를 확립시켰으나, 이혼금지는 실질적으로 이혼을 방지하는데 아무런 효과를 거두지 못했다. 이는 오히려 내부적으로 혼인무효사유의 확대 등, 부부관계를 해소하기 위한 방법을 강구시켰고, 결과적으로 별거제도를 낳게 하였다. 프로테스탄티즘의 확산으로 이혼금지의 원칙은 완화되기 시작하였고, 결국 이혼금지주의는 종교개혁과 자연법운동으로 혼인환속운동에 의하여 부정되기에 이르렀고, 이혼은 점차적으로 인정되었다. 세속적 이혼관은 그대로 산업혁명에 의하여 날로 굳어 갔으며, 자유롭게 또는 남녀평등한 입장에서 이혼하려는 운동이 전개되었다. 19세기는 이혼이 유책주의에 의하여 지배되었으나 혼인의 파탄이 일방 당사자의 과실에서만 기인되는 것이 아님은 의심할 여지가 없으므로 혼인파탄에 의한 무책주의가 대두되면서 이혼원인을 추상적 포괄적으로 규정하려는 상대적 이혼원인이 채택되어 갔다.

우리나라는 기독교사상의 영향력이 컸던 서구와는 달리 고대 부권사회에서 조선시대에 이르기까지 가부장적 권한이 지배적이었다. 즉, 조선왕조는 중국의 대명률을 받아들이면서 이른바 중국의 칠출삼불거(七出三不去)의 율을 이혼제도의 지배원리로 삼았다. 이혼은 일정한 사유(법적원인-七出事由)가 있을 때에 한하여 인정하였으며, 동시에 아무리 법정사유가 있다 할지라도 이혼을 허용할 수 없는 사유가 있을 때에 법은 이혼을 허용하지 않았으며, 이유 없이 기처(棄妻)한 자에 대하여 처벌하는 경우도 있었다. 그러나 이러한 이혼에 대한 법정사유나 제한사유는 부 내지 부의 가측에서 이혼을 청구할 수 있는 사유와 그 제한을 규정한 것이지, 처 내지 처의 가측에서 이혼을 청구할 수 있는 것은 아니었기에 이혼은 가의 전권자인 가장의 권한이 지배적이었다고 할 수 있다. 조선왕조 때에 이와 같은 법정이혼 이외에도 부부가 화합하지 못하여 서로 이혼을 원하면 이를 인정하는 소일장의 이혼이라 할 수 있는 화리(和離) 또는 사정파의(事情罷議)가 있었으나, 이것 역시 명목상 합의로써 이혼할 수 있다고 되어 있을 뿐이고 사실상은 부측의 일방적 의사에 의한 기처(棄妻)에 지나지 않았다.

일제 의용민법 하에서 일제당국은 오늘날의 협의이혼제도에 해당하는 사정파의를 우리나라의 민간습속으로 인정하면서(1915년) 협의이혼의 관습을 전제로 조선민사령을 개정(제령 제13호)하여 동령 제11조 제2항에서 「협의이혼은 이를 시장, 구청장 또는 읍면장에게 신고함으로써 그 효력이 생긴다」는 명문을 신설하여 1923년 7월 1일부터 신고에 의한 협의이혼을 채택하였다. 그러므로 사실상 협의이혼에 있어서 처의 이혼청구권이 인정된 것은 일제시대 이후라고 할 수 있다. 그러나 일제시대의 의용민법 하에서도 협의상 이혼은 축출이혼으로 악용되는 사례가 많았다. 이는 여전히 가부장체제하에서 처가 자신의 의사를 관철시키는 것이 쉽지 않았기 때문이다. 의용민법시대의 재판상 이혼은 이혼원인을 열거하였는데(제813조 제1호 내지 제10호), 일정당시 1928년 10월 26일 고등법원판결을 보면 "남편이 축첩한 것만으로는 본처에 대하여 동거할 수 없는 중대한 모욕이 되지 않는다"라고 판시하였고, 1943년 10월 26일 고등법원판결에서는 "축첩은 원칙으로 본처에 대한 중대한 모욕이 되어 이혼원인이 되나 특별한 사정으로 축첩하는 경우에는 이혼원인이 되지 않는다"라는 견해를 밝히고 있었다. 이는 법적으로 축첩을 허용하는 판결로써 여전히 남성중심적 사고하에 이루어진 판결이라고 할 수 있다. 결국 재판상 이혼에 관한 일본민법규정은 해방 후 약간의 수정을 가하여 1960년 1월 1일 신민법시행일 전인 1959년 말까지 시행되었다.

이러한 개괄적인 비교에서 알 수 있는 것은 기독교 사상이 지배했던 서구의 이혼법의 배경에는 이혼이 엄격히 통제되었고, 국가가 이혼에 주도적으로 개입했다는 것이다. 독일민법 제1353조에 혼인기간을 평생(Lebenszeit)으로 한다는 문장이 남아 있다는 것은 교회의 엄격한 통제하에 이혼이 허용되지 않았음을 보여주고 있으며, 민사혼으로 국가가 이혼을 관리하면서 이혼이 법원(국가)을 통해서만 이루어질 수 있도록 한 것은 서구 이혼의 특성을 설명해 주고 있다.

이에 반해 우리의 이혼제도는 이혼에 대한 규제는 있었으나, 서구에서처럼 엄격한 것은 아니었다. 가부장적 사회에서 남성은 주도적인 역할을 담당하였고, 협의이혼은 당사자의 의사보다는 전권자인 남성의 일방적인 의사에 의한 것이었으며, 이에 국가의 개입이 적었다는데 그 특징이 있다.

2. 협의이혼

(1) 의 의

부부는 협의에 의하여 이혼할 수 있다(제834조). 배우자로서의 부부의 자유로운 의사의 합치를 기초로 하여 이혼을 하게 되는 것으로 그 원인은 묻지 않는다. 다만 협의이혼 시 일정한 절차를 거쳐야 협의이혼이 인정된다.

(2) 성립요건

1) 이혼의사의 합치

부부 사이에 이혼에 관한 자유로운 의사의 합의가 있어야 한다. 이혼의사에는 실질적 의사설과 형식적 의사설이 있다. 실질적으로 이혼할 의사는 없으면서 단지 형식적으로 이혼신고를 하였다면 이는 형식적 의사설에 의한 것이고, 이러한 형식적인 이혼신고만으로는 불충분하고 부부의 실질적인 공동생활을 해체할 의사가 있었다면 이는 실질적 의사설에 의한 이혼이다. 가장이혼의 경우 실질적인 이혼의 의사 없이 부부가 다른 목적을 위하여 이혼신고를 하게 되는데, 여기서 실질적 의사설로 본다면 이러한 이혼은 무효이나, 형식적 의사설로 본다면 이 이혼은 유효한 것이다. 판례의 태도는 형식적 의사설의 입장에 있는 것으로 보인다. 판례는 협의이혼 의사 확인절차는 확인당시에 당사자들이 이혼을 할 의사를 가지고 있는가를 밝히는데 그치는 것이고 그들이 의사결정의 정확한 능력을 가졌는지 또는 어떠한 과정을 거쳐 협의이혼 의사를 결정하였는지 하는 점에 관하여서는 심리하지 않는다(대법원 1987. 1. 20. 선고 86므86 판결; 대법원 1988. 4. 25 선고 87므28 판결).

부부관계를 해소하려는 당사자 간의 합의에 따라 이혼이 성립한 경우 그 이혼에 다른 목적이 있다 하더라도 당사자 간에 이혼의 의사가 없다고 말할 수 없고, 이혼이 가장이혼으로서 무효가 되려면 누구나 납득할 만한 특별한 사정이 인정되어야 한다(대법원 2017. 9. 12. 선고 2016두58901 판결).

① 후견인의 동의

피성년후견인의 협의상 이혼에 관하여는 제808조 제2항을 준용한다. 이에 피성년후견인은 부모나 성년후견인의 동의를 받아야 이혼할 수 있다(제835조).

② 성년의제가 된 자의 이혼

미성년자의 경우에는 혼인으로 말미암아 성년으로 의제되므로 이혼에 부모의 동의가 필요하지 않다.

2) 형식적 요건

① 이혼의 성립과 신고

협의이혼은 이혼의 합의 이외에도 가정법원의 확인을 받아 가족관계의 등록 등에 관한 법률에 정한 바에 의하여 신고함으로써 그 효력이 생긴다(제836조 제1항, 가족관계등록법 제75조 제1항). 또한 신고는 당사자 쌍방과 성년자인 증인 2인의 연서한 서면으로 하여야 한다(제836조 제2항).

② 협의이혼의 절차

(ⅰ) 법원의 확인서

이혼을 하려는 당사자는 가정법원이 제공하는 이혼에 관한 안내를 받아야 한다(제836조의2 제1항). 가정법원은 필요한 경우 당사자에게 이혼에 관하여 전문적인 지식과 경험을 갖춘 전문상담인의 상담을 받을 것을 권고할 수 있다(제836조의2 제1항). 이혼에 관한 안내에서는 이혼절차, 이혼의 결과(재산분할 친권 양육 양육비 면접교섭 등) 등 이혼에 관한 전반적인 설명이다.

(ⅱ) 이혼숙려기간

가정법원에 이혼의사의 확인을 신청한 당사자에게 양육하여야 할 자(포태 중인 자도 포함한다)가 있는 경우에는 3개월의 확인기간이 필요하다(제836조 제2항 제1호). 당사자 사이에 양육할 자녀가 없는 경우에는 1개월의 이혼의사 확인기간이 필요하다. 그러나 가정법원은 폭력으로 인하여 당사자 일방에게 참을 수 없는 고통이 예상되는 등 이혼을 하여야 할 급박한 사정이 있는 경우에는 위 3개월 또는 1개월의 기간을 단축하거나 면제할 수 있다(제836조의2 제3항).

(ⅲ) 자의 양육에 관한 협의서

협의이혼의 신고 시에 양육하여야 할 자가 있는 경우에는 양육에 관한 협의서(제837조) 그리고 친권자결정에 관한 협의서(제909조 제4항) 또는 이에 관한 가정법원의 심판이 있는 경우 제837조 및 제909조 제4항에 따른 가정법원의 심판정본을 제출하여야 한다(제836조의2 제4항). 이는 2007년 개정 전 자녀의 양육사항이나 친권자지정에 관한 합의가 없어도 이혼이 가능하였으나 이러한 경우 자의 복리를 해라 수 있으므로 개정 민법은 자녀의 복리를 위하여 자녀의 양육에 관한 부모의 합의 없이는 이혼이 가능하지 않도록 하였다.

(ⅳ) 양육비부담조서

가정법원은 당사자가 협의한 양육비부담에 관한 내용을 확인하는 '양육비부담조서'를 작성하도록 하였다. 기존 협의이혼절차에서는 미성년 자녀의 양육비 협의에 대해서 집행력이 인정되지 않아 당사자 사이의 자율적 이행을 촉구하는 것 이상의 의미가 없어 양육비확보에 어려움이 많았다. 그러나 개정된 민법은 협의이혼 때 양육비부담조서를 의무적으로 작성하게 하여 양육비확보를 위한 개선책을 마련하였다. 양육비부담조서를 작성하였음에도 불구하고 양육비를 지급하지 않은 경우 양육비를 지불해야 하는 전배우자에게 별도의 소송절차를 거치지 않고 전배우자의 재산에 강제집행을 할 수 있다.

양육비채무자의 사용자로부터 양육비를 직접 지급받을 수 있는 양육비 직접지급명령제도(가사소송법 제63조의2)는 2009년 11월 9일부터 시행되었다. 가사소송법상의 제도로 정기적으로 양육비를 지급해야 하는 사람이 양육비를 2회 이상 지급하지 않은 경우에, 가정법원은 양육비채권자의 신청에 따라 양육비채무자의 사용자 등 소득세 원천징수의무자로 하여금 양육비채무자의 급여에서 양육비를 공제하여 양육비 채권자에게 직접 지급하도록 명할 수 있다. 소득세 원천징수의무자가 직접지급명령을 받고도 양육비를 지급하지 않으면, 1천만원 이하 과태료를 부과받게 된다. 직접지급명령이 확정되면 강제집행과 동일한 효력(압류 및 전부명령)이 인정된다. 따라서 이후 양육비 채무자의 또 다른 채권자가 급여를 압류하더라도 양육비가 우선적으로 지급되고, 미지급된 양육비뿐 아니라 장래 양육비에 대해서도 별도의 절차 없이 강제집행의 효력이 발생한다.

(ⅴ) 확인의 효력시한

협의이혼을 하고자 하는 자는 가정법원에서 받은 확인서를 받아서 신고하여야 한다. 이혼신고는 가정법원으로부터 확인서등본을 교부 또는 송달받는 날로부터 3월 이내에 그 등본을 첨부하여 행하여야 한다(제2항). 확인받은 후 신고

하지 않고 3월을 경과한 때에는 가정법원의 확인은 그 효력을 상실한다(가족관계등록법 제75조 제3항).

(vi) 이혼의사의 철회

이혼의사확인서와 함께 이혼신고서가 제출되기 전에 이혼의사를 철회할 수 있다. 그러나 이혼하려는 부부 중 일방이라도 먼저 이혼의사확인서 및 이혼신고서를 제출하였다면 그 이혼은 수리되어야 할 것이다. 이혼철회신고서가 제출되었음에도 불구하고 호적공무원의 착오로 이혼신고가 수리되었을 경우 이는 무효이다.

③ 재외국민의 확인

부부 양쪽이 재외국민인 경우에는 그 거주지를 관할하는 재외공관이 함께 협의이혼의사확인신청을 할 수 있다(가족관계의 등록 등에 관한 규칙 제75조 제1항). 당사자 일방이 재외국민인 그 재외국민인 당사자는 그 거주지를 관할하는 재외공관의 장에게 협의이혼의사확인신청을 할 수 있다(가족관계의 등록 등에 관한 규칙 제75조 제2항). 이혼의사의 확인은 서울가정법원의 관할로 한다(가등법 제75조 1항 단서).

(3) 협의이혼의 무효

민법에 협의이혼의 무효와 취소에 관한 명문규정이 없으나, 협의이혼에서 당사자의 의사의 결격이나 하자가 있을 경우 이혼은 무효이거나 취소될 수 있다. 재판상 이혼은 재판절차를 걸쳐 이혼판결이 선고되므로 이혼이 무효가 될 수 없다.

1) 협의이혼의 무효

협의이혼이 무효라는 것은 이혼신고가 수리되었으나 당사자 사이에 이혼합의가 없는 경우를 말한다. 부부가 어떠한 목적을 위해서 가장이혼을 합의하여 이혼신고를 낸 경우, 예컨대 채권자의 집행을 면하기 위해 이혼신고를 하는 경우를 생각할 수 있는데, 이를 무효로 하여야 할 것인가가 문제이다. 그러나 앞서 설명하였듯이 실질적 의사설에 의하면 이 경우 이혼은 무효이나 형식적 의사설에 의하면 이러한 이혼은 유효하다.

이혼의 성립은 부부 당사자 간에만 효력을 발생하는 것이 아니라 이혼신고를 통해 혼인이 성립된다는 의미에서 부부관계는 공시적인 것이며, 또한 제3자와 관계를 맺고 있다. 그러므로 부부가 이혼신고를 하였다면 이혼의 의사가 있는 것으로 보아야 한다. 법이 그들 당사자 간의 목적을 달성하기 위하여 실질적으로 이혼의사가 없었으나 이혼신고를 하였다는 부부의 진정한 의사를 형식적인 이혼신고보다 중시할 필요는 없을 것이다. 덧붙여, 협의이혼 절차 중 가정법원의 판사 앞에서 자신들의 이혼에 대하여 확인을 하고 또한 이혼숙려기간의 도입으로 이혼절차가 기존에 비해 상당히 복잡해진 상황에서 이혼의사의 진의성이 없이 이혼을 하였다는 것을 증명하기는 어려울 것이다.

2) 협의이혼 무효의 효과

협의이혼의 무효확인청구를 인용하는 확정판결은 제3자에게도 효력이 있다(가사소송법 제21조 제1항). 원고는 판결이 확정일로부터 1개월 이내에 판결등본과 그 확정증명서를 첨부하여 가족관계등록부의 정정신청을 하여야 한다(가등법 제107조).

청구를 기각하는 판결이 선고되는 경우에는 다른 제소권자는 사실심의 변론종결 전에 참가하지 못한 데 대하여 정당한 사유가 있지 아니하면 다시 소를 제기할 수 없다(가소법 제21조).

협의상 이혼이 가장이혼으로서 무효로 인정되려면 누구나 납득할 만한 특별한 사정이 인정되어야 하고, 그렇지 않으면 이혼당사자 간에 일시적으로 나마 법률상 적법한 이혼을 할 의사가 있었다고 보는 것이 이혼신고의 법률상 및 사실상의 중대성에 비추어 상당하다(대법원 1997. 1. 24. 선고 95도448 판결).

(4) 협의이혼의 취소

1) 취소사유

사기·강박으로 인한 이혼은 취소할 수 있다(제838조). 사기는 부부의 일방 또는 쌍방 당사자가 허위의 사실을 진실로 믿게 됨으로써 착오에 빠진 결과 이혼에 합의한 것을 말한다. 그리고 강박은 부부의 일방 또는 쌍방이 위법한 물리적 또는 심리적 위압을 당한 결과 공포심을 일으켜 이혼에 합의한 것을 말한다.

2) 이혼취소의 소

이혼을 취소하려면 먼저 조정을 신청하여야 하고, 조정이 성립되지 않으면 심판을 청구할 수 있다(가소법 제2조 나류 3호). 이 소는 형성의 소이다. 이혼의 취소는 반드시 가정법원에 이혼취소의 소를 제기하여 승소판결을 받아야만 가능하다(제838조).

3) 이혼취소의 효과

이혼취소의 효과는 소급하므로, 이혼 없이 처음부터 혼인이 계속되었던 것으로 된다. 이 점은 혼인취소에서 소급효를 인정하지 않는 것과는 다르기 때문에 주의하여야 한다.

판례는 협의상 이혼의 의사표시가 기망에 의하여 이루어진 것일지라도 그것이 취소되기까지는 유효하게 존재하는 것이므로, 협의상 이혼의사의 합치에 따라 이혼신고를 하여 호적에 그 협의상 이혼사실이 기재되었다면, 이는 공정증서원본불실기재죄에 정한 불실의 사실에 해당하지 않는다고 하였다(대법원 1997. 1. 24. 선고 95도448 판결).

(4) 사실상의 이혼

이혼신고를 제출하지는 않았으나, 부부간의 혼인공동생활이 사실상 종료된 경우를 '사실상의 이혼'이라고 한다. 사실상 이혼 상태에서 부부의 동거, 부양, 협조의무와 정조의무, 부부재산제에 대한 효과 등이 소멸하게 된다. 또 혼인생활의 비용부담과 일상가사에 관한 대리권 및 연대책임 등도 없어진다. 그러나 이들은 여전히 이혼신고를 하지 않은 상태이기 때문에 법률혼관계에 있으므로 상속권을 주장할 수 있으며, 자에 대한 친권자로서의 지위에도 영향을 받지 않는다. 그러나 형식상 기재된 혼인신고를 통해 상속권을 주장하는 것이 권리남용으로 되는 경우도 있다.

중혼적 사실혼관계일지라도 법률혼인 전 혼인이 사실상 이혼상태에 있다는 등의 특별한 사정이 있는 경우, 법률혼에 준하는 보호를 할 필요가 있다. 법률상 배우자와의 혼인이 아직 해소되지 않은 상태에서 甲과 혼인의 의사로 실질적인 혼인생활을 하고 있는 乙을, 甲이 가입한 부부운전자한정운전 특별약관부 자동차 보험계약상의 '사실혼관계에 있는 배우자'에 해당한다고 하였다(대법원 2009. 12. 24. 선고 2009다64161 판결).

甲이 乙공사와 영구임대주택을 임차하기로 하는 계약을 체결하였는데 이

후 乙공사가 주택소유 여부 전산검색 결과 甲의 법률상 배우자 丙이 다세대주택 소유권을 취득한 것을 발견하고 임대차계약서상 임차인이 임대차기간 중 다른 주택을 소유하게 된 경우 乙공사가 임대차계약을 해지할 수 있도록 한 조항에 따라 임대차계약의 해지를 통지한 사안에서, 비록 임대차 기간 중에 丙이 다세대주택을 소유하였다고 하더라도, 丙은 가출한 이후 26년 동안 제3자와 사실혼관계를 형성하고 甲과 연락조차 하지 않고 지내는 등 임대차기간을 전후하여 甲과 동일한 세대를 이룬 바 없고 또 이룰 가능성도 없는 특별한 사정이 있었으므로, 이와 같은 경우에는 乙공사가 위 계약해지 조항을 적용하여 임대차계약을 해지할 수 없다고 하였다(대법원 2011. 6. 30. 선고 2011다10013 판결). 이는 결국 부부가 법률혼 관계에 있지만 오랫동안의 별거생활을 하고 있는 경우 이것은 부부가 '사실상 이혼'한 상태나 다름이 없다고 인정한 것이다.

관련판례 3.7 혼인무효심판청구

1. 사실관계

을(처)과 병(부)는 혼인신고를 한 부부이다. 이들 사이에 자인 갑이 출생하였다. 병은 집을 가출하여 정과 동거하면서 생활하여 오던 중 사망하였다. 갑이 을과 공동상속하게 될 유산 처분등의 곤란을 회피하고자 병의 호적상에 허위로 을의 사망신고를 하고 나서 다시 병과 정의 혼인신고를 하고, 그 후에 망부 병의 사망신고를 하였는데 정이 유산처분을 반대하고 나서자 분란 끝에 갑이 정을 공동상속인 지위에서 제거하기 위하여 을의 승낙도 없이 을의 이름으로 정을 상대로 혼인무효의 심판청구를 제기하였다.

2. 대법원판결요지(대법원 1987. 4. 28. 선고 86므130 판결)

비록 정과 병 사이의 혼인신고는 병의 사망후에 이루어진 것으로서 무효라 할 것이나 위 혼인무효가 확정되는 경우 되살아나게 될 병과 을의 부부관계는 위 시기에 사실상 소멸되어 돌이킬 수 없는 상태에 이르게 되었으므로 을과 병의 각 사망신고와 정과 병 사이의 혼인신고를 사실과 다르게 신고한 지위에서 오로지 을과 병사이의 혼인관계가 형식상 존속함을 이용하여 을의 상속권을 회복할 목적으로 제기된 이 사건 혼인무효심판청구는 신의에 좇은 권리행사라고 볼 수 없어 사회생활상 용인될 수 없다.

[참고조문]

민법 제2조(신의성실), 제815조(혼인의 무효)

3. 재판상 이혼

(1) 유책주의에 근거한 재판상 이혼

이혼이 당사자 사이에서 협의되지 않을 때, 재판이혼을 하게 된다. 재판이혼은 일정한 사유가 있어야 가능한 것으로 우리 민법은 제840조에 이혼원인을 열거하고 있다. 부부가 단순히 애정이 식었다는 이유로 재판이혼을 제기한다면 법원은 이를 인정하지 않을 것이다.

우리나라의 재판이혼은 유책주의를 근간으로 하고 있는데, 이는 열거된 유책사유에 대하여 책임이 없는 배우자가 이혼을 제기할 수 있다는 것을 의미한다.

재판상 이혼에서 그 종류는 크게 유책주의와 파탄주의 이혼으로 분류할 수 있다. 이혼의 원인은 시대와 사회의 혼인제도의 특수성에 따라 다르나 대체로 개별적 이혼인원인만을 채택하는 형, 개별적 원인과 파탄주의 이혼원인을 병용하는 형, 파탄주의 이혼원인만을 규정하는 형으로 나눌 수 있다. 우리 민법상의 유책주의는 개별적인 이혼원인이 있어 이에 해당될 때 이혼을 허용하는 것이다. 파탄주의 이혼원인은 혼인생활공동체가 심각하게 파탄되어 회복의 가능성이 없을 때 이혼을 허용하는 것이다. 파탄주의는 구체적 기준을 규정하지 않고 사례에 따라 그 이혼 여부를 광범하게 법관의 판단에 위임하고 있는 것을 말한다. 우리 민법 제840조 제6호는 '기타 혼인을 계속하기 어려운 중대한 사유가 있을 때' 라고 규정하고 있어 파탄주의적 이혼원인을 포함하고 있다고 할 수 있다. 그러나 이는 이혼원인의 연혁이나 이혼원인이 유책주의를 근거로 한 체계로 볼 때 개별적 이혼원인에 대응하는 추상적·상대적 이혼원인으로 보아야 할 것이다. 그러므로 서구의 파탄주의가 유무책을 묻지 않는 파탄주의라는 점에서 민법 제840조 제6호를 단순히 파탄주의 이혼원인으로 보는 것은 타당하지 않을 것이다.

(2) 파탄주의에 의한 외국의 이혼법

오늘날 모든 유럽 국가는 대부분 파탄주의를 채택하고 있으며, 파탄주의 이혼에 있어서 유일한 이혼사유는 파탄이다. 파탄주의를 근거로 한 이혼에서 국가는 더 이상 당사자들의 혼인관계의 유무책에 대해서 판단하지 않는다. 유럽에서 다소 차이를 보이고 있는 규정은 파탄혼인과 유책이혼을 모두 인정하는 입법례이다. 프랑스, 벨기에, 포르투갈이 그 예의 국가들이다. 프랑스 법에서도

'혼인의 의무를 심각하게 그리고 반복적으로 침해하여 더 이상 공동생활을 수인할 수 없는 경우 일방 배우자는 이러한 과책을 이유로 이혼을 청구할 수 있다'(242 Cc). 이외의 다른 이혼사유는 무책의 파탄(238 Cc) 그리고 합의(230 Cc) 혹은 장기간의 별거(237 Cc)를 원인으로 이혼이 가능하다.

결국 파탄이혼과 유책이혼을 겸하고 있는 이런 몇몇 국가를 제외하고 유럽의 대부분의 국가는 혼인파탄을 유일한 이혼사유로 하고 있다. 이로 인해 혼인관계의 파탄은 증명되어야 한다. 독일이 별거제도를 도입한 이유를 보면, 객관적으로 확실한 별거는 이혼을 위한 충분한 증거로 유효하며, 이로 인해 판사는 부부간의 유책을 찾는 대신 별거기간과 별거상태를 주목하고 그것을 확인한다. 유럽의 법에서 규정하고 있는 별거의 기간 혹은 숙려의 기간은 다양하다. 이를 결정하는 요소는 각 사회의 역사적 배경 그리고 과정에 밀접한 관계가 있는 것으로 보고 있다. 당사자가 이혼에 합의한 경우, 별거기간은 오스트리아나 덴마크는 6개월, 독일은 1년, 이탈리아는 3년이다(협의이혼). 이혼이 합의되지 않은 경우, 덴마크와 스위스는 2년, 폴란드, 독일은 3년, 아일랜드는 4년의 별거기간이 요구된다.

(3) 이혼원인

부부의 일방은 다음 각 호의 사유가 있는 경우에는 가정법원에 이혼을 청구할 수 있다.

① 배우자에 부정한 행위가 있었을 때

② 배우자가 악의로 다른 일방을 유기한 때

③ 배우자 또는 그 직계존속으로부터 심히 부당한 대우를 받았을 때

④ 자기의 직계존속이 배우자로부터 심히 부당한 대우를 받았을 때

⑤ 배우자의 생사가 3년 이상 분명하지 아니한 때

⑥ 기타 혼인을 계속하기 어려운 중대한 사유가 있을 때

재판상 이혼의 경우 조정이 선행된다. 이혼원인이 있음에도 부부 쌍방이 이혼에 합의하지 못하는 경우 또는 일방이 이혼하지 않으려고 하는 경우에 재판상 이혼을 청구하게 된다. 재판상 이혼을 하고자 하는 경우 각 이혼 사유가 별개의 소송물을 이루는가? 혹은 당사자가 민법 제840조 중 어느 하나의 사유만을 주장

하는 경우에 법원이 다른 사유를 들어 이혼을 명할 수 있는가?가 문제이다. 판결에서 이는 각자 별개의 소송물이라는 견해를 취한다. 법원은 여러 가지의 사유 중 하나를 받아들여 청구를 인용할 수 있으나(대법원 2000. 9. 5. 선고 999므18885 판결), 원고가 주장하는 이혼사유에 관하여만 심판하여야 하고 주장하지 않은 사유에 의하여 이혼을 명하여서는 안 된다(대법원 1963. 1. 31. 선고 62다812 판결).

1) 배우자의 부정한 행위

2015년 헌법재판소는 형법상 간통죄를 위헌이라고 결정하였고(헌재 2015. 2. 26. 선고 2009헌바17 결정), 이에 배우자의 간통은 더 이상 형사처벌의 대상이 되지 않고, 이혼사유인 부정한 행위에 포섭되게 되었다.

부정한 행위라 함은 일부일처제의 정조의무에 충실치 못한 일체의 행위를 포함하여 소위 간통행위를 포함하는 넓은 개념으로서, 부정한 행위 여부에 대한 판단은 개개의 구체적인 사정에 따라 그 정도와 상황을 참작하여 이를 평가하여야 한다. 민법상 부정행위는 외형적으로는 육체적 관계를, 내심적으로는 자유로운 의사를 필요로 한다. 이 두 요소 중 하나를 결한 경우는 부정행위가 성립되지 않는다. 예를 들면, 심신상실 중에 행한 행위는 부정행위가 아니다. 그러나 만취한 상태에서의 행위와 같이 자기의 과실로 초래한 무의식상태 중의 부정한 행위에 대해서는 부정의 책임을 면지 못한다. 그러나 이러한 부정한 행위에 대하여 다른 일방이 사전에 동의하였거나 사후에 용서를 한 때에는 이혼을 청구하지 못한다(제841조).

상대방이 부정한 행위를 자진하여 교사하거나 방조한 경우도 동의한 것으로 볼 수 있으나, 단순히 사전에 예견한 것만으로는 아직 동의한 것으로 볼 수 없다. 동의는 상대방이 부정한 행위를 하더라도 이것을 문책하지 않겠다는 적극적인 의사표시가 있어야 할 뿐 아니라 상대방에게 도달하여야 한다.

용서란 부정한 행위에 대하여 그것을 문책하지 않는다는 감정의 표시이다. 단순히 부정행위를 인식하고 이것을 간과하는 것으로는 될 수 없으며, 이것을 문책하지 않겠다는 적극적인 표명이 있어야 한다. 다만 부정행위를 한 부에 대하여 그 사실을 알면서 부부생활을 지속한 처의 경우에는 남편의 부정한 행위를 용서한 것으로 볼 수 있다. 부정한 행위는 이를 안 날로(6개월), 그 사유 있는 날로부터 2년을 경과한 때에는 이혼을 청구하지 못한다(제841조).

판례는 형법상 간통죄에 해당한다는 증거는 없다 하더라도 그러한 의혹을 불러일으킬 정도의 행위면 부정행위로 보았다(대법원 1963. 3. 14. 선고 62다54 판결). 고령이고 중풍으로 정교능력이 없어 정교를 갖지 못하였다 하더라도 배우자가 아닌 자와 동거한 행위는 부정한 행위라고 하였다(대법원 1992. 11. 10. 선고 92므68 판결). 부정한 행위는 혼인 중에 행하여진 행위를 의미하고, 혼인 전에 약혼단계에서 다른 남자와 정교하고 임신한 경우에는 이혼사유가 되기 어렵다(대법원 1991. 9. 13. 선고 91므85,92 판결). 쌍방 배우자 사이에 이혼의사의 명백한 합치가 있는 경우에는 비록 법률적으로는 혼인관계가 존속하다 하더라도 상대방에 대한 간통에 대한 사전 동의라고 할 수 있는 종용에 관한 의사표시가 그 합의 속에 포함되어 있는 것으로 보았다(대법원 2008. 7. 10. 선고 2008도3599 판결). 유서의 판단에 있어서는 당사자의 진실한 의사가 절대 존중되어야 하고, 재산법관계에서는 적용되는 표시주의 이론을 적용할 수 없으며, 단순한 외면적인 용서의 표현이나 용서를 하겠다는 약속만으로는 유서를 하였다고 인정하기 어렵다(대법원 1991. 11. 26. 선고 91도2049 판결).

2) 배우자의 악의의 유기

유기는 부부공동체의 본질로서 민법 제825조에 규정된 동거, 부양, 협조의무를 정당한 이유 없이 이행하지 않음을 말한다. 그리고 악의란 단순히 어떤 사실을 알고 있다는 정도를 넘어서 논리적 침해행위에 대한 사회적 비난을 필요로 하는 것인 만큼 부부공동체의 유지가 불가능함을 알 뿐만 아니라 그 사실을 유기자 자신이 용인하는 태도를 의미한다. 유기란 배우자 일방이 상대방 배우자의 동의는 물론 합리적인 이유가 없는 상황에서 상대방 배우자를 고의로 내쫓거나 두고 나가 버리는 것을 말한다. 따라서 질병 때문에 부득이 별거하거나, 돈벌이를 위해 나간 경우, 또는 상대방의 학대에 못 이겨 동거하지 않는 경우 등은 유기라 할 수 없게 된다. 그리고 유기는 일시적이 아니라 상당기간의 계속성을 요구한다.

악의의 유기를 원인으로 하는 재판상 이혼청구권이 법률상 그 행사기간의 제한이 없는 형성권으로서 10년의 제척기간에 걸린다고 하더라도 피고가 부첩관계를 계속 유지함으로써 민법 제840조 제2호에 해당하는 배우자가 악의로 다른 일방을 유기하는 것이 이혼청구 당시까지 존속되고 있는 경우에는 기간 경과에 의하여 이혼청구권이 소멸할 여지는 없다(대법원 1998. 4. 10 선고 96므1434 판결).

3) 배우자 또는 그 직계존속으로부터 심히 부당한 대우

배우자 또는 그 직계존속으로부터 심히 부당한 대우를 받는 경우의 부당한 대우란 인간의 육체와 감정, 정서 등에 대하여 결의적이며 악의 등에 불필요한 고통을 가하는 것을 말한다. 즉 신체 및 정신에 대한 학대 또는 명예에 대한 모욕을 의미한다.

어느 정도가 「심히 부당한 대우」에 해당하느냐 하는 것은 사회 통념과 당사자의 사회적 지위를 참작하여 각 경우에 구체적으로 특정하여야 할 것이다.

배우자의 부당한 대우를 이혼원인으로 한 것은 사회논리와 도덕관의 변화 및 여성의 법적 지위가 평등하게 보장되면서부터이다. 그러나 직계존속에 의한 부당한 대우를 이혼원인으로 하고 있음은 우리나라의 가정생활과 친족관계의 특성이 반영된 가운데서 성립된 규정이다. 그러나 이는 대가족제하의 가족관계를 기초로 하고 있는 만큼 현대산업사회의 핵가족의 현실에서는 그 타당성이 감소되고 있으며 민법 제840조 제3호와 제4호는 제6호의 내용에 포함된다는 입법의견의 제시로 이의 삭제 논의가 타당성 있게 제기되고 있다.

배우자로부터 심히 부당한 대우를 받았을 때라 함은 혼인관계의 지속을 강요하는 것이 참으로 가혹하다고 여겨질 정도의 폭행이나 학대 또는 모욕을 받았을 경우를 말하고 가정불화의 와중에서 서로 격한 감정에서 오고간 몇 차례의 폭행 및 모욕적인 언사는 그것이 비교적 경미한 것이라면 이는 민법 제840조 제3호 소정의 심히 부당한 대우를 받았을 때에 해당하지 않는다(대법원 1986. 6. 24. 선고 85므6 판결). 판례는 남편이 아내에게 생활비를 잘 주지 않으면서 수시로 욕설을 하고 폭행을 가하여 정상적인 부부관계로 회복될 수 없을 정도로 파탄된 경우, 민법 제840조 제3호, 제6호 소정의 재판상 이혼사유에 해당한다고 하였다(서울가정법원 2000. 4. 19 선고 98드62958 판결).

4) 자기의 직계존속에 대한 배우자의 심히 부당한 대우

처가 시부모를 학대하거나 부가 장인·장모를 학대했을 경우를 말한다. 따라서 심히 부당한 대우의 기준이나 정도 및 일반논의 등은 앞의 경우와 같다.

5) 배우자의 3년 이상의 생사불명

3년 이상 생사가 불명이고 또한 생사불명이 현재에도 계속될 것이 필요하다. 생사불명이란 생존도 사망도 증명할 수 없는 경우이다. 생사가 불명인 경우 혼인을 해소할 수 있는 방법은 이혼 이외에도 앞에서 말한 실종선고가 있다. 그러나 실종선고에 있어서는 중혼의 문제가 일어날 가능성이 있지만, 본조에서 규정하는 생사불명을 이유로 이혼판결을 받은 경우에는 그렇지 아니하다. 즉 행방불명자가 살아서 돌아오더라도 혼인이 당연히 부활되지 않음에서 효과상의 차이가 있다.

생사불명의 원인, 과실의 유무는 묻지 않는다. 생사불명 기간의 기산점은 일반적으로 최후의 소식이 있었던 때, 엄격히 말하면 생존을 증명하여 그 생존 사실을 추청할 수 있는 최후의 소식이 있었던 때이다. 특별실종의 대상으로 하고 있는 전투 기타 생명의 위험을 추측케 할 만한 위난에 조우한 자에 대해서는 그 위난이 종료한 때를 기산점으로 해야 할 것이다(제27조 제2항). 그러나 3년 이상 생사불명일지라도 그 후에 생존을 알았을 경우, 제5호에는 해당되지 않더라도 제6호의 일반조항에는 해당된다고 할 수 있을 것이다.

6) 기타 혼인을 계속하기 어려운 중대한 사유

제840조 제6호는 이른바 추상적, 상대적 이혼원인으로 확정주의를 규정하고 있는 것이다. 원래 확정주의 이혼원인에서는 이혼 여부의 구체적 기준을 명확히 하기 어려운 것으로 그 구체적 타당성은 사건이 있을 때마다 법관의 판단에 맡길 수밖에 없다. 일반적으로 혼인을 계속하기 어려운 중대한 사유란 혼인관계가 심각히 파탄되어 혼인의 본질에 따르는 공동생활이 회복될 수 없는 경우를 말하며, 그 판단기준은 혼인 중에 있어서 양당사자의 행위와 태도, 혼인계속 의사의 유무, 자의 유무, 자의 상태, 그리고 쌍방의 연령, 건강상태, 성격, 경력, 직업, 자산수입을 비롯하여 당해 혼인관계에서 일어날 수 있는 모든 사정을 고려하여야 한다. 민법 제840조의 각호는 별개로 각각의 사유를 제기할 수 있다. 따라서 민법 제840조 각호 중의 하나의 사실에 대한 이혼청구의 배척이 있다고 하더라도 다른 사유를 원인으로 이혼청구할 수 있다. 제840조에 대하여 판단순서가 있는 것은 아니다.

「기타 혼인을 계속하기 어려운 중대한 사유」로서의 구체적인 사례들은 대체로 다음과 같다.

① 민법 제840조 제6호에 해당한다고 본 사례

배우자가 중대한 범죄를 저지른 경우(대법원 1974. 10. 22. 선고 74므1 판결).

대법원 2010. 7. 15. 선고 2010므1140 판결(성교거부, 성적불능), 도박을 일삼는 행위와 같은 경제적 파탄(대법원 1991. 11. 26. 선고 91므559 판결), 정신병 증세로 인해 혼인관계를 더 이상 유지하기 어려운 경우(대법원 1991. 1. 15. 선고 90므446 판결; 대법원 1991. 12. 24. 선고 91므627 판결), 불치병, 장기간의 조울증으로 인한 정신질환(대법원 1997. 3. 28. 선고 96므608, 615 판결), 처가 신앙생활에만 전념하고 가사와 육아를 소홀히 함으로써 혼인생활이 파탄이 이르렀다면 파탄의 주된 책임은 처에게 있다(대법원 1996. 11. 15. 선고 96므851 판결).

② 민법 제840조 제6호에 해당되지 않는다고 본 사례

단순한 감정대립 및 갈등, 이혼하기로 하고 위자료까지 준 사실(대법원 1996. 4. 26. 선고 96므226 판결), 일시적 성기능 장애(대법원 2009. 12. 24. 선고 2009므2413 판결; 대법원 2010. 7. 15. 선고 2010므1140 판결; 2015. 2. 26. 선고 2014므4734, 4714 판결), 법원에서 협의이혼의사를 확인 받았다는 사실(대법원 1988. 4. 25. 선고 87므28 판결), 남편의 학대로 인한 처의 자살 기도(대법원 1970. 1. 13. 선고 69므32,33 판결), 배우자가 가벼운 정신병을 갖고 있는 경우 치료를 위한 노력 없이는 이혼청구를 할 수 없다(대법원 1995. 5. 26. 선고 95므90 판결; 대법원 2004. 9. 13. 선고 2004므740 판결), 부부 일방의 우울증 증세는 이혼사유가 될 수 없다(대법원 1995. 12. 22. 선고 95므861 판결), 객관적으로 신앙생활과 가정생활이 양립할 수 없는 상황이 아님에도 상대방이 부당하게 양자택일을 강요하여 부득이 신앙생활을 택한 것이라면 파탄의 주된 책임은 양자택일을 강요한 상대방 배우자에게 있으므로 그 배우자의 이혼청구는 허용될 수 없다고 보고 있다(대법원 1981. 7. 14. 선고 81므26 판결), 처의 임신불능이나 남편의 무정자증 등은 그 자체로서는 혼인을 계속하기 어려운 중대한 사유가 아니다(대법원 1991. 2. 26. 선고 89므365,367 판결; 대법원 2015. 2. 26. 선고 2014므4734,4741 판결).

관련판례 3.8 민법 제840조 각 호의 지위

1. 사실관계

처인 갑과 부인 을은 1957년부터 동거를 시작하여 그 사이에 아들 A를 두고, A가 출생한 후 10년 뒤, 1969년 2월 12일 혼인신고를 마쳤다. 그런데 갑은 을과의 동거 전에 X와 혼인하여 그와의 사이에 Y를 두었으나 6.25 전쟁시에 X가 사망 하였고, 을과 동거하게 되면서 Y는 부모에게 보내졌다.

을은 독선적이고 봉건적인 권위의식을 가지고 있어서 혼인 초부터 갑을 천대하면서 복종을 강요하였고, 갑의 행동이 조금만 마음에 들지 않아도 심하게 잔소리를 하면서 일일이 간섭하였다. 을은 자신의 말에 이유라도 달거나 변명을 하면 불호령을 내리는 등 갑을 억압해 왔고, 갑이 전남편과의 사이에서 낳은 아들 Y를 위하여 돈을 빼돌릴지 모른다고 의심하여 경제권도 주지 않고 갑에게는 생활에 필요한 만큼의 돈만 지급하였다.

을은 약간의 의처증 증세가 있어서 갑이 성당에 다니는 것조차 금지하였고, 갑이 영세를 받자, 화가난 을은 서로 다른 방을 사용하다가 지방에 살고 있는 아들집에 내려 가서 살라고 강요하는 등 갑을 내쫓고 생활비 지급도 중단하였다.

갑(원고)은 1995년경 을(피고)의 위와 같은 가부장적인 사고방식과 의처증 증세로 말미암아 혼인이 파탄에 이르게 되었다고 주장하면서 을을 상대로 가정법원에 이혼 및 위자료, 재산분할 청구소송을 제기하였다.

위의 이혼이 가능한가?

2. 대법원판결요지(대법원 2000. 9. 5. 선고 99므1886 판결)

원심(서울고법)은 "위 인정사실에 의하면, 갑·을의 혼인관계는 이를 계속할 수 없을 정도로 파탄되었다 할 것인바, 위 혼인관계가 파탄된 데 대하여는 40여 년간 부부로서 생활해 오다가 인생의 황혼기에 접어들어 더 이상 참지 못하고 이 사건 이혼소송을 제기한 갑에게도 이혼책임이 없다고는 보기 어렵지만, 보다 더 큰 책임은 평생을 봉건적이고 권위적인 방식으로 가정을 이끌어 온 을이 1996년경 이미 한 차례의 이혼소동이 있었음에도 부부 사이의 문제를 대화와 설득으로 슬기롭게 해결하지 아니한 채 계속하여 억압적으로 갑에게 자신의 생활방식을 강요하고, 갑을 집 밖으로 내몬 이후 생활비도 지급하지 아니한 채 그 갈등을 확대·증폭시키며, 더구나 처인 갑과 자식인 A와 의논 절차도 없이 일방적으로 상당한 재산을 장학기금으로 기부한(더구나 을이 기부한 재산이 을만의 고유재산이라고 보기 어렵고, 설사 을의 고유재산이라 하더라도 그 취득, 유지, 보존에 갑의 기여도도 상당 부분 있음) 을에게 있다 할 것이다"라고 하여 갑의 청구를 인용하였다(서울고법 1999. 8. 25. 선고 98르3832 판결). 이에 피고인 을이 상고를 제기하였다.

민법 제840조 제6호 소정의 이혼사유인 '혼인을 계속하기 어려운 중대한 사유가 있을 때'라 함은 부부간의 애정과 신뢰가 바탕이 되어야 할 혼인의 본질에 상응하는 부부공동생활관계가 회복할 수 없을 정도로 파탄되고 그 혼인생활의 계속을 강제하는 것이 일방 배우자에게 참을 수 없는 고통이 되는 경우를 말한다 할 것이다(대법원 1999. 2. 12. 선고 97므612 판결 참조).

기록에 의하여 살펴보면 피고의 평소 생활방식과 결혼생활에서의 불화원인 및 이에 대한 대처방식, 전번 이혼소송에서의 재판상 화해 후 피고의 반성문 작성강요와 별거중의 생활비 미지급 등 원·피고 사이의 불화를 증폭, 확대시킨 경위 및 피고의 재산기부경위 등에 관한 원심의 사실 인정은 정당한 것으로 수긍이 가고, 그와 같은 사실관계 아래서 원·피고 사이의 부부공동생활관계가 회복할 수 없을 정도로 파탄되었다고 보아 원고의 이 사건 이혼청구를 인용한 원심의 판단은 정당하며, 거기에 채증법칙 위배로 인한 사실오인 및 민법 제840조 제6호 소정의 '기타 혼인을 계속하기 어려운 중대한 사유'와 유책배우자의 이혼청구 내지 기판력에 관한 법리 등을 오해한 위법이 없다.

[관련조문]
민법 제840조(재판상 이혼원인)

(4) 제척기간

민법 제840조 제2호부터 제5호까지의 이혼사유에 기한 이혼청구권은 그 행위의 성질상 제척기간이 없다. 그러나 민법 제840조 제1호와 제6호의 이혼사유에 대하여는 제척기간이 정해져 있는데, 원칙적으로 그 이혼사유를 안 날로부터 6월, 이혼사유 있은 날로부터 2년이 경과하면 이혼청구권은 소멸한다(제841조, 제842조). 그러나 제840조 제1호나 제6호의 경우 그 이혼사유가 이혼소송이 제기된 때까지 계속되고 있는 경우에는 그러한 사유의 최초 발생이 언제였는가는 묻지 않기 때문에 성질상 제척기간이 적용될 여지가 없다.

4. 유책배우자의 이혼청구

민법 제840조는 제6호는 혼인관계가 파탄되었을 경우 이혼사유가 된다고 규정하고 있으나, 법원의 기본입장은 혼인 파탄에 주된 원인을 제공한 유책배우자의 이혼청구를 인용하지 않고 있다(대법원 1965. 9. 21. 선고 65므37 판결; 대법원 1987. 4. 14. 선고 86므28 판결; 대법원 1974. 6. 11. 선고 73므29 판결). 그러나 상대배우자가 이혼의 반소를 제기하고 있거나 오기 보복적 감정으로 이혼에 응하지 않는 경우, 실제 혼인생활을 유지할 의사가 없는 경우 등은 이를 예외적으로 인정하고 있다. 또한 이혼의 유책이 쌍방에 있거나, 혼인이 이미 파탄된 후에 부정행위 등의 사유가 있는 경우 등에도 예외적으로 유책배우자의 이혼청구를 인정하고 있다(대법원 1988. 4. 25. 선고 87므9 판결; 2004. 2. 27. 선고 2003므1890 판결).

현재 위와 같은 예외적인 경우를 제외하고 유책배우자의 이혼청구는 배척되기 때문에 혼인관계가 파탄되었다 하더라도 무책배우자가 이혼을 합의해 주지 않으면 법률적 부부관계는 계속 유지될 수밖에 없는 상황이다. 이 경우 일방 유책배우자가 중혼적 사실혼관계에 발생할 수 있다.

한편 대법원에서 이러한 기존 입장에 대한 비판적 시각에서 파탄주의로 전환하기 위한 공개토론 등 심도 있는 논의를 진행시켰으나 종전의 입장을 그대로 유지하기로 하였다(대법원 2015. 9. 15. 선고 2013므568 판결).

유책배우자의 이혼청구에 관한 판례: 혼인파탄의 원인이 직접적으로는 청구인 측의 다른 여자와의 동거에 있다 하여도 다른 여자와의 동거가 피청구인과 사이에 이혼합의가 있은 후의 일이라면 이를 가리켜 혼인파탄의 주된 책임이 청구인에게 있다고 할 수는 없다고 하여 청구를 인용하였다(대법원 1987. 12. 22. 선고 86므90 판결), 부부관계가 파탄에 이른 데 대해 청구인에게뿐만 아니라 피청구인에게도 책임이 있는 경우에는 비록 피청구인에게 이혼의사가 없더라도 이혼청구를 인정하여야 한다고 판시하였다(대법원 1986. 3. 25. 선고 85므85 판결), 유책배우자를 간통으로 고소하여 유죄 판결을 받게 한 경우에도 고소인이 이혼심판청구를 취하한 경우에는 그것만으로 바로 유책배우자의 이혼심판청구가 허용된다고 할 수 없다고 하였다(대법원 1993. 11. 26. 선고 91므177,184 판결), 남편이 처에게 매달 생활비를 지급하되 처가 남편이 다른 여자와 살더라도 이의를 제기하지 않기로 하는 합의서를 작성하였다고 하더라도, 위 합의서는 같이 살 수는 없더라도 이혼은 할 수 없다는 처의 의사를 강력히 나타낸 것에 불과하고 오로지 오기나 보복적 감정에서 표면적으로만 이혼에 불응하는 것으로 보기는 어렵다고 하였다(대법원 1996. 11. 8. 선고 96므998 판결), 가출한 처가 남편을 상대로 이혼을 청구한 사건에서, 남편이 처를 무고죄 및 절도죄로 고소하여 처가 유죄판결을 받았고, 또 재판과정에서도 처를 엄벌해 달라고 하였을 뿐만 아니라, 남편의 소송대리인이 처와의 부부관계를 유지할 생각은 없으나 처가 다른 사람과 결혼하지 못하게 하기 위하여 이혼할 수 없다고 하였다면, 남편이 오기나 보복적 감정에서 표면상으로만 그 이혼을 거부하고 있는 것이라고 하였다(대법원 1996. 6. 25. 선고 94므741 판결). 별거기간이 장기에 이른 경우에는, 현 상황에 이르러 파탄에 이르게 된 데 대한 책임의 경중을 엄밀히 따지는 것의 법적, 사회적 의의는 현저히 감쇄되었고, 피고의 혼인계속의사에 따라 현재와 같은 파탄 상황을 유지하게 되면, 특히 원고에게 참을 수 없는 고통을 계속 주는 결과를 가져올 것으로 보인다는 이유로 이혼 청구를 인용하였다(대법원 2009. 12. 24. 선고 2009므2130 판결; 대법원 2010. 6. 24. 선고 2010므1256 판결).

대법원은 과거에 일방 배우자가 이혼소송을 제기하였다가 유책배우자라는 이유에서 기각 판결이 확정되었더라도 그 후로 상대방 배우자 또한 종전 소송에서 문제 되었던 일방 배우자의 유책성에 대한 비난을 계속하고 일방 배우자의 전면적인 양보만을 요구하거나 민형사소송 등 혼인관계의 회복과 양립하기 어려운 사정이 남아 있음에도 이를 정리하지 않은 채 장기간의 별거가 고착화된 경우, 이미 혼인관계가 와해되었고 회복될 가능성이 없으며 상대방 배우자에 대한 보상과 설득으로 협의에 의하여 이혼을 하는 방법도 불가능해진 상태까지 이르렀다면, 이혼이 받아들여질 수 있다고 하였다(대법원 2022. 6. 16. 선고 2021므14258 판결).

관련판례 3.9 유책배우자의 이혼청구

1. 사실관계

갑남과 을녀는 1976. 3. 9. 혼인신고를 마친 법률상 부부로서 그 사이에 자녀로 성년이 된 딸 1과 아들 2을 두고 있다. 을은 혼인생활 중 갑의 늦은 귀가, 잦은 음주, 외박 등으로 인하여 잦은 다툼이 있었다. 갑은 1996년경 병을 만나 교제하면서 그녀의 집을 왕래하였고, 둘 사이에 딸을 두었다. 을이 갑과 병의 관계를 알게 되면서 갈등이 깊어지자, 1999. 12월 경 명예퇴직을 하고, 2000. 1월 경 집을 나와 현재까지 병과 동거하고 있다.

갑은 별거 중에도 자녀들의 학비를 부담하고 생활비 명목으로 월 100만원 정도를 지급하였는데, 신장투석으로 힘든 과정에서 2011년 말경 을과 자녀들에게 신장이식에 관한 이야기를 하였다가 거절당한 후 을과의 혼인관계를 정리해야겠다는 생각을 하게 되면서 2012. 1.부터 피고에게 생활비를 지급하지 않고 있다. 갑은 현재 동거 증인 병과 사이에 중학생인 자녀가 있고, 병은 갑의 건강을 보살피고 있는 상황에서 갑과 을이 이혼하기를 원한다. 반면, 을은 갑이 돌아올 것이라는 믿음이 있고 미혼인 두 자녀 때문이라도 갑의 이혼 청구에 동의할 수 없다고 하고 있다. 이에 갑의 이혼청구는 받아들여질 수 있는가?

2. 대법원판결요지(대법원 2015. 9. 15. 선고 2013므568 전원합의체 판결)

위 사안에서 혼인관계 파탄의 주된 원인은 원고(갑)가 1996년경부터 병과의 부정한 관계를 유지하면서 그 사이에 자녀까지 두고, 2000. 1월경 집을 나가 병과 동거하고 있기 때문에 원고에게 주된 책임이 있다고 할 것이다.

혼인생활의 파탄에 대하여 주된 책임이 있는 배우자는 원칙적으로 그 파탄을 사유로 하여 이혼을 청구할 수 없고, 다만 상대방도 그 파탄 이후 혼인을 계속할 의사가 없음이 객관적으로 명백함에도 오기나 보복적 감정에서 이혼에 응하지 아니 하고 있을 뿐이라는 등의 특별한 사정이 있는 경우에만 예외적으로 유책배우자의 이혼 청구권이 인정된다(대법원 2006. 1. 13. 선고 2004므1378 판결 등 참조).

이 사건의 경우 피고가 1999. 11.경 원고 소유의 주택에 관하여 재산분할 청구 채권을 피보전권리로 하여 부동산처분금지가처분신청을 한 점, 2012. 12.경 위 부동산처분금지가처분 결정이 취소 될 무렵 과거부양료 및 과거양육비 채권을 피보전권리로 하여 위 부동산에 다시 부동산가압류신청을 한 점 등만으로는 피고가 원고와의 혼인을 계속할 의사가 없음이 객관적으로 명백함에도 오기나 보복적 감정에서 이혼에 응하지 않고 있다고 인정하기 어렵고, 달리 피고가 혼인을 계속할 의사가 없음이 객관적으로 명백함에도 오기나 보복적 감정에서 이혼에 응하지 아니하고 있다고 볼 특별한 사정을 인정할 증거도 없으므로, 유책배우자인 원고의 이혼 청구는 이유 없다.

5. 재판상 이혼의 절차 및 방법

(1) 조정에 의한 이혼

재판이혼에서는 조정전치주의를 채택하고 있어 재판이혼을 하려면 우선 가정법원에 이혼조정신청을 하여야 한다(가소법 제2조 제1항 나류 4호, 제50조). 만약 조정을 신청하지 아니하고 소를 제기한 때에는 가정법원은 직권으로 그 사건을 조정에 회부하여야 한다(가소법 제50조). 다만 공시송달에 의하지 아니하고는 당사자 일방 또는 쌍방을 소환할 수 없거나(배우자의 생사가 3년 이상 분명치 않음을 이혼원인으로 하는 경우), 그 사건이 조정에 회부되더라도 조정이 성립될 수 없다고 인정될 때는 그렇지 아니하다(가소법 제50조 제2항).

조정은 조정위원회에서 처리되지만, 상당한 이유가 있는 경우에는 조정담당판사가 단독으로 조정에 갈음하는 결정을 할 수 있다(가소법 제49조, 제59조 제1항, 민사조정법 제30조, 제32조). 위 결정도 송달 후 2주일 이내에 이의신청이 없으면 재판상 화해와 동일한 효력이 생긴다(제59조 제2항).

조정절차에서 당사자 간에 이혼의 합의가 성립되어 조서에 기재하면 그 기재는 재판상 화해와 동일한 효력이 생겨 이혼이 성립된다(가소법 제59조 제2항). 조정을 신청한 자는 조정성립일로부터 1개월 이내에 이혼신고를 하여야 한다(가족관계등록법 제78조에 의한 제58조의 준용).

(2) 재판에 의한 이혼

조정이 성립되지 않거나 조정사건에 대하여 조정을 하지 아니하기로 하는 결정이 내려지거나 혹은 조정에 갈음하는 결정에 대하여 이의신청이 있는 때에는 조정신청을 한 때에 소가 제가된 것으로 본다(가소법 제49조, 민사조정법 제36조). 판결이 확정되면 이혼신고가 없더라도 혼인은 해소되며, 판결은 제3자에게도 효력이 있다(가소법 제21조 제1항). 그리고 소를 제기한 자는 판결이 확정된 날부터 1개월 이내에 이혼신고를 하여야 한다(가등법 제78조, 제58조 제1항).

성년의제된 미성년자(제826조의2), 피한정후견인은 독립적인 법률행위를 할 수 있으므로 이혼의 소를 제기할 수 있다(민소 제55조 단서). 피성년후견인은 단독으로 소를 제기하지 못하고 성년후견인이 소를 제기할 수 있으며, 후견감독인이 있으면 후견감독인의 동의를 받아야 한다(제950조 제1항 제3호)(대법원 2010. 4. 8. 선고 2009므3652 판결; 같은 취지 대법원 2010. 4. 29. 선고 2009므639 판결).

이혼 소송 중 당사자가 사망하면 혼인상태 자체가 소멸하므로 이혼소송은 당연히 종료되게 된다. 한편 이혼소송과 병합한 이혼위자료청구소송이 계속되던 중 일방이 사망한 경우 이혼소송은 당연히 종료되나 위자료청구소송은 종료되지 않는다. 민법 제806조 제3항은 약혼해제로 인한 손해배상청구권에 관하여 정신상 고통에 대한 손해배상청구권은 양도 또는 승계하지 못하지만 당사자간에 배상에 관한 계약이 성립되거나 소를 제기한 후에는 그러하지 아니하다고 규정하고 같은법 제843조가 위 규정을 재판상 이혼의 경우에 준용하고 있으므로 이혼위자료청구권은 원칙적으로 일신전속적 권리로서 양도나 상속 등 승계가 되지 아니하나 이는 행사상 일신전속권이고 귀속상 일신전속권은 아니라 할 것인바, 그 청구권자가 위자료의 지급을 구하는 소송을 제기함으로써 청구권을 행사할 의사가 외부적 객관적으로 명백하게 된 이상 양도나 상속 등 승계가 가능하다(대법원 1982. 10. 12. 선고 81므53 판결).

다만 이혼 판결에 대한 재심청구 도중 원고(재심피고)가 사망한 경우에는 검사로 하여금 그 소송을 수계하게 하고, 재심사유가 인정되면 재심대상인 이혼판결을 취소하고 이혼소송 자체의 소송종료를 선언하여야 한다(대법원 1992. 5. 26. 선고 90므1135 판결).

6. 이혼의 효과

이혼의 효과는 혼인으로 발생하였던 일체의 권리의무를 소멸시킨다. 재혼도 가능하게 되고, 인척관계도 소멸한다.

(1) 재혼의 자유

6개월의 재혼금지기간이 폐지되어 여자도 기간 제한없이 재혼이 가능하다(제811조 폐지).

(2) 인척관계의 소멸

혼인에 의하여 생겼던 배우자의 혈족과의 인척관계는 소멸한다(제775조 제1항). 그러나 소멸한 배우자의 6촌 이내의 혈족과 배우자의 4촌 이내의 혈족의 배우자와의 재혼은 여전히 금지된다(제809조 제2항, 2005년 개정).

(3) 부부재산관계의 소멸

부부 사이의 정조의무, 동거의무, 협조·부양의무·부부재산관계 등 모든 권리의무는 소멸한다. 가족관계등록법에 따라 이혼한 사실이 혼인부에 기재된다.

(4) 자녀에 대한 효과

1) 자의 양육자 결정

① 부모의 협의로 결정

이혼하는 부모는 자의 양육자와 양육에 관한 사항을 협의에 의하여 정한다(제837조 제1항). 양육에 관한 사항으로는 양육자 결정, 양육방법, 양육비 등이 중심이 된다. 미성년자녀가 2인 이상일 때에는 각기 양육자를 달리 할 수 있다.

② 법원의 개입

2005년 개정민법에 따라 가정법원의 직권조정이 가능하게 되어 국가의 후견적 기능이 강화되었다. 부모가 양육자를 결정함에 있어서 협의가 되지 않거나 협의할 수 없는 때(예컨대 행방불명, 의사무능력 등) 가정법원은 당사자의 청구 또는 직권에 의하여 이를 정한다(제837조 제4항).

양육에 관한 사항이 결정된 후에도 자의 복리를 위하여 필요하다고 인정되면 가정법원은 보정을 명하거나 직권으로 그 자의 의사·연령과 부모의 재산상황, 그 밖의 사정을 참작하여 양육에 필요한 사항을 정한다.

가정법원은 자의 복리를 위하여 필요하다고 인정하는 경우 부·모·자 및 검사의 청구 또는 직권으로 언제든지 양육에 관한 사항을 변경 또는 다른 적당한 처분을 할 수 있다(제837조 제2항 후단). 대법원 판례는 가정법원이 결정한 양육에 필요한 사항을 변경하는 사유로서 「당초의 결정 후 특별한 사정변경이 있는 경우뿐만 아니라 당초의 결정이 본조가 정한 제반사정에 비추어 부당하게 인정된 경우」에도 가능하다고 보았다. 또한 판례는 과거의 양육비 상환청구도 인정하고 있다.

③ 양육자지정의 판단기준

민법은 이혼의 경우 미성년자녀의 친권 및 양육권에 대한 별도의 규정을 두고 있다(제909조 제5항, 제837조). 이는 민법에서 이혼 후 부에게 친권이 인정되었지만, 어린 자녀의 양육은 모가 맡아야 했기에 모에게 양육권을 인정한 데서 비롯된 것이다. 그러나 1990년 민법개정으로 모도 이혼 후 친권자가 될 수 있게 되었으므로 이러한 친권과 양육권을 분리하여 규정할 필요는 없다. 다만 현행법상 친권과 양육권이 다른 조항에서 규정되어 있으므로 여전히 분리된 개념으로 이해하기 쉽다. 민법은 이혼 후 양육자를 지정한다는 규정에 따라 단독양육자지정을 규정하고 있는 것으로 해석할 수 있다. 일반적으로 부모 중 일방을 양육자로 정하게 되나 당사자가 합의한다면 공동양육이나 제3자에게 양육사항을 부담시킬 수도 있다(대법원 1991. 7. 23. 선고 90므828,835 판결).

한편 일반적으로 이혼 후 자녀를 양육하는 자는 양육자이면서 친권자이여야 할 것이다. 이것이 자의 복리에 부합한다고 볼 수 있다. 그 이유는 자녀에게 처한 급박한 상황에서 친권자는 법정대리인으로써 자녀를 위한 법률행위를 해야 하기 때문이다. 그러나 판례는 이혼 후 부모와 자녀의 관계에 있어서 친권과 양육권이 항상 같은 사람에게 돌아가야 하는 것은 아니며, 이혼 후 자에 대한 양육권이 부모 중 어느 일방에, 친권이 다른 일방에 또는 부모에 공동으로 귀속되는 것으로 정하는 것은, 비록 신중한 판단이 필요하다고 하더라도, 일정한 기준을 충족하는 한 허용된다고 하였다(대법원 2012. 4. 13. 선고 2011므4719 판결).

민법은 양육자를 지정함에 있어서 고려되어야 할 사항에 대하여 가정법원은 자의 나이, 부모의 재산상황, 그 밖의 여러 사정을 참작하여 양육에 필요한 사항을 정한다(제837조 제2항 전단, 2005년 개정)고 규정하고 있다. 양육자결정에 대한 법원의 판단기준을 살펴보면 "자의 양육을 포함한 친권은 부모의 권리이자 의무로서 미성년인 자의 복지에 직접적인 영향을 미치는 것이므로 부모가 이혼하는 경우에 부모 중 누구를 미성년인 자의 친권을 행사할 자 및 양육자로 지정할 것인가를 정함에 있어서는 미성년인 자의 성별과 연령, 그에 대한 부모의 애정과 양육의사의 유무는 물론 양육에 필요한 경제적 능력의 유무, 부 또는 모와 미성년인 자 사이의 친밀도, 미성년인 자의 의사 등의 모든 요소를 종합적으로 고려하여 미성년인 자의 성장과 복지에 가장 도움이 되고 적합한 방향으로 판단하여야 한다"라고 판시하고 있다(대법원 2010. 5. 13. 선고 2009므1458,1465 판결; 대법원 2012. 4. 13. 선고 2011므4719 판결).

구체적인 사례에서 수년간 별거해 온 甲과 乙의 이혼에 있어, 별거 이후 甲(父)이 양육해온 9세 남짓의 여아인 丙에 대한 현재의 양육상태를 변경하여 乙(母)을 친권행사자 및 양육자로 지정한 원심에 대하여, 단지 어린 여아의 양육에는 어머니가 아버지보다 더 적합할 것이라는 일반적 고려만으로는 위와 같은 양육상태 변경의 정당성을 인정하기에 충분하지 아니하다는 이유로 원심판결을 파기하였다(대법원 2010. 5. 13. 선고 2009므1458,1465 판결). 대법원은 외국인이 대한민국 국민과 혼인을 한 후 입국하여 체류자격을 취득하고 거주하다가 한국어를 습득하기 충분하지 않은 기간에 이혼에 이르게 된 경우, 미성년 자녀의 양육에 있어 한국어 소통능력이 부족한 외국인보다는 대한민국 국민인 상대방에게 양육되는 것이 더 적합할 것이라는 추상적이고 막연한 판단으로 해당 외국인 배우자가 미성년 자녀의 양육자로 지정되기에 부적합하다고 평가하는 것은 옳지 않다고 하였다(대법원 2021. 9. 30. 선고 2021므12320,12337 판결).

④ 자의 복리 우선의 원칙

가정법원은 미성년자의 이해와 관련되는 양육방법을 결정하는 데 있어서 자의 복리를 우선적으로 고려하여야 한다(가소법 제58조 제2항). 아동권리협약 제3조 제1항에서 아동의 최선의 이익이 우선적으로 고려되어야 할 사항임을 규정하고 있다.

⑤ 자녀의 의사

양육자를 결정함에 있어서 자의 의사가 존중되어야 할 것이다. 자가 13세 이상인 경우에는 자의 의견을 들어야 한다(가사소송규칙 제100조). 사적 자치의 원칙상 자에게 영향을 미치는 중대한 사항에 관하여 의사능력이 있는 자의 의견을 존중하는 것은 자연스러운 것이며 UN아동권리협약에서도 의사표명권을 규정하고 있다(아동협약 제12조).

⑥ 부모의 권리·의무의 변경

가정법원의 양육에 관한 사항의 협정이나 처분이 있더라도 그 밖의 부모의 권리의무에는 아무런 변경이 생기지 않는다(제837조 제3항). 즉, 자녀를 양육하지 않는 부 또는 모의 친권자로서의 지위, 그 밖에 상속이나 부양에 관한 권리의무는 그대로 존속한다.

⑦ 양육권자와 친권자의 관계

민법은 친권규정(제909조)과 아울러 양육에 관한 규정(제837조)을 별도로 규정하고 있다. 이는 양육자와 친권자가 각각 다른 사람으로 정해질 수 있는 가능성을 열어 놓았다. 1990년 민법 개정 전 부부의 이혼 시 모의 친권이 인정되지 않았기 때문에 양육권을 별도로 규정하여야 할 필요가 있었다. 그러나 1990년 이후 모에게도 친권이 인정되므로 친권과 양육권을 분리하는 민법규정은 그 근거를 상실하였으므로 일원화하는 것이 바람직하다고 본다.

관련판례 3.10 과거의 부양료

1. 사실관계

A(청구인)와 B(상대방)(재항고인, 갑의 부)는 1986년에 혼인하여 1987년에 갑을 낳았으나, 1990년 이혼심판의 확정으로 이혼하였다. 갑이 출생할 당시부터 A와 B 사이가 원만치 않았고,

B는 직장생활을 타 지방에서 하게 되었고, A는 친정이 있는 곳에서 갑과 같이 생활하였으며, 이에 B는 갑을 만날 기회가 거의 없었다. A와 B의 이혼 후에도 A가 갑을 계속적으로 양육하여 왔다.

A는 이혼 후 갑을 데리고 친정에서 기거하다가, 현재는 A 소유의 아파트에서 갑과 생활을 같이 하고 있으며, A가 직장생활을 하는 동안 갑은 A의 모친이 돌보고 있고, 갑은 현재 유치원에 다니고 있다.

A는 현재 모피회사에서 근무 중이며 매월 30~70만원의 수입을 얻고 있고, 음악경연대회의 심사위원으로 위촉되어 매월 평균 30만원의 부수입을 얻고 있다. 또한 앞의 이혼소송에서 상대방에 대하여 위자료 2,000만원의 승소판결을 받아 현재까지 상대방의 급료채권을 압류 받아 금 1,500만원에 가까운 액수를 수령하였다.

A는 1991년 자신을 갑의 양육자로 지정함과 아울러 갑의 10세까지의 양육비(과거의양육비 포함)를 상대방이 분담하게 해 달라는 내용의 심판을 청구하였다.

2. 대법원결정요지(대법원 1994. 5. 13.자 92스21 전원합의체 결정)

[다수의견]

어떠한 사정으로 인하여 부모 중 어느 한쪽만이 자녀를 양육하게 된 경우에, 그와 같은 일방에 의한 양육이 그 양육자의 일방적이고 이기적인 목적이나 동기에서 비롯한 것이라거나 자녀의 이익을 위하여 도움이 되지 아니하거나 그 양육비를 상대방에게 부담시키는 것이 오히려 형평에 어긋나게 되는 등 사정이 있는 경우를 제외하고는, 양육하는 일방은 상대방에 대하여 현재 및 장래에 있어서의 양육비 중 적정 금액을 청구할 수 있음은 물론이고, 부모의 자녀양육의무는 특별한 사정이 없는 한 자녀의 출생과 동시에 발생하는 것이므로 과거의 양육비에 대하여도 상대방이 분담함이 상당하다고 인정되는 경우에는 그 비용의 상환을 청구할 수 있다.

한쪽의 양육자가 양육비를 청구하기 이전의 과거의 양육비 모두를 상대방에게 부담시키게 되면 상대방은 예상하지 못하였던 양육비를 일시에 부담하게 되어 지나치고 가혹하며 신의성실의 원칙이나 형평의 원칙에 어긋날 수도 있으므로, 이와 같은 경우에는 반드시 이행청구 이후의 양육비와 동일한 기준에서 정할 필요는 없고, 부모 중 한쪽이 자녀를 양육하게 된 경위와 그에 소요된 비용의 액수, 그 상대방이 부양의무를 인식한 것인지 여부와 그 시기, 그것이 양육에 소요된 통상의 생활비인지 아니면 이례적이고 불가피하게 소요된 다액의 특별한 비용(치료비 등)인지 여부와 당사자들의 재산 상황이나 경제적 능력과 부담의 형평성 등 여러 사정을 고려하여 적절하다고 인정되는 분담의 범위를 정할 수 있다.

[반대의견]

양육에 관한 법원의 심판절차는 거의 예외 없이 상당한 시일을 필요로 하므로 양육에 관한 법원의 심판이 고지되기 전의 것이라도 양육에 관한 협의의 요청이 있었던 때부터 또는 심판청구서의 부본이 상대방에게 송달된 때부터 그 후의 것은 이를 상대방에게 부담하게 하여도 좋을 것이지만, 협의의 요청이나 심판청구가 있기 전의 기간에 지출한 양육비에 대하여는 이를 법원의 심판으로도 그 부담을 명할 수는 없다. 왜냐하면 민법 제837조 제1항, 제2항, 가사 심법 제2조 제1항 (나)목 (2)마류 제3호, 같은 법 제3편(가사비송)의 여러 규정을 종합하면, 이혼한 당사자의 아이의 양육에 관하여 가정법원이 비송사건으로서 행하는 심판은 어디까지나 아이의 현재와 장래의 양육에 관한 사항을 정하거나 이미 정하여진 사항을 변경하는 절차이지, 지나간 과거에 마땅히 이행되었어야 할 부양에 관한 사항을 다시 정하거나 이미 지출된 비용의 분담에 관한 사항을 결정하는 절차가 아니기 때문이다.

[보충의견]

가사소송법은 제2조 제1항 (나)목 (2)마류 제3호에서 민법 제837조의 규정에 의한 자의 양육에 관한 처분을 가사비송사건으로 규정하면서 그 처분의 대상이 되는 양육에 관한 사항을 장래의 것만으로 한정하고 있지 아니하고, 민법이 이혼한 부부의 일방만이 자를 양육하여 온 경우에 다른 일방과 사이에 과거의 양육비를 분담하는 비율을 정하는 데 관하여 달리 규정하고 있지도 아니하므로, 이혼한 부부 각자가 분담하여야 할 과거의 양육비의 비율이나 금액을 장래에 대한 것과 함께 정하는 것도 민법 제837조 제2항에 규정된 자의 양육에 관한 처분에 해당하는 것으로 보아, 가정법원이 자의 연령 및 부모의 재산상황 등 기타 사정을 참작하여 심판으로 정하여야 할 것이지 지방법원이 민사소송절차에 따라 판정할 것은 아니라고 해석함이 상당하다.

[관련조문]

민법 제837조(이혼과 자의 양육책임), 가사소송법 제2조 제1항(가정법원의 관장사항), 제41조(심판의 집행력), 제42조(가집행)

관련판례 3.11 양육에 관한 사항의 변경

1. 사실관계

갑녀와 을남은 1989년 협의이혼을 하였다. 이들 사이에 혼인 중 출생한 子 A의 양육에 관하여 당사자 사이에 특별한 협정이 없이 사실상 남편이 양육하여 오다가 을남은 병녀와 재혼하였다. 그러나 갑녀는 子 A가 계모의 학대에 시달리다가 生母를 찾아다닌다는 것을 알고 자신이 子 A를 데려다 기르기로 하여 그의 전학 절차에 필요한 친권포기서를 을남에게 작성해줄 것을 요구하였다. 을남은 갑녀가 子 A를 기르더라도 그 생활비나 학비 등 어떠한 명목의 경제적 부담도 을남에게 지우지 않겠다는 취지의 각서를 작성해줄 것을 요구하므로, 을녀는 子 A를 위하여 어떻게든 子를 직접 양육해야 할 강한 필요를 느끼는 상황에서 을남의 요구에 따른 각서를 작성·교부하고 을남으로부터 친권포기서를 작성·교부 받아 갑녀가 거주하는 곳의 중학교로 전학시켜 양육하고 있다.

그러나 갑녀는 후일 양육에 관한 협의가 이루어지지 않은 것을 전제로, 법원에 대하여 갑녀(청구인)를 양육자로 지정하고 그 양육비는 을남(피청구인)이 부담하는 내용의 심판을 구하였다. 양육자에 대한 변경이 가능한가?

2. 대법원판결요지(대법원 1991. 6. 25. 선고 90므699 판결)

당사자 사이에 자의 양육에 관한 사항의 협의가 되지 않은 것을 전제로 법원에 대하여 청구인을 양육자로 지정하고 그 양육비는 피청구인이 부담하는 내용의 심판을 구하나, 이미 청구인과 피청구인 사이에 청구인이 양육자가 되어 그 양육비도 부담하기로 하는 취지의 협정이 이루어졌다고 인정되는 경우, 위 청구는 당사자 사이에 협의에 의하여 정한 자의 양육에 관한 사항 중 양육비부담부분의 변경을 구하는 취지로 보아야 한다.

민법 제837조의 제2항의 규정에 의하여 가정법원이 일단 결정한 양육에 필요한 사항을 그 후 변경하는 것은 당초의 결정 후에 특별한 사정변경이 있는 경우뿐만 아니라 당초의 결정이 위 법조 소정의 제반 사정에 비추어 부당하게 되었다고 인정될 경우에도 가능한 것이며, 당사자가 협의하여 그 자의 양육에 관한 사항을 정한 후 가정법원에 그 사항의 변경을 청구한 경우에 있어서도 가정법원은 당사자가 협의하여 정한 사항이 위 법조 소정의 제반사정에 비추어 부당하다고 인정되는 경우에는 그 사항을 변경할 수 있고 협의 후에 특별한 사정변경이 있는 때에 한하여 변경할 수 있는 것은 아니다.

[관련조문]

민법 제837조(이혼과 자의 양육책임), 가사소송법 제2조(가정법원의 관장 사항) 제1항 나호

2) 자의 친권자의 결정

① 협의에 의한 친권자 결정

1990년 민법 개정 전에는 이혼 시 부만 친권자가 될 수 있었다. 그러나 1990년 개정민법은 모도 친권자가 될 수 있도록 하였다. 혼인 중에 부부는 공동으로 친권을 행사하나 부부가 이혼을 하게 되는 경우, 친권자를 누구로 할 것인가에 대한 문제가 생긴다. 우리 민법은 이 때 친권자 결정에 있어서 '이혼 시 부모의 협의로 친권자를 정하여야 하고' 규정하고 있어 공동친권 혹은 단독친권에 대하여는 구체적으로 언급하고 있지 않다. 이것은 공동친권이든 단독친권이든 모두 가능하다고 할 수 있을 것이다. 현재 이혼한 부모가 공동친권을 행사하는 경우는 거의 없고, 대부분 단독친권을 행사하는 것으로 조사되고 있다. 그러나 반드시 단독친권자를 지정해야 하는 것은 아니며, 공동친권으로 정하는 것도 허용된다(대법원 2012. 4. 13. 선고 2011므4665 판결; 대법원 2013. 12. 26. 선고 2013므3383,3390 판결). 단독친권자가 지정된 경우에도 다른 부모 중 일방은 친권자인 법정대리인으로서 대리권을 행사하지 못하지만 부모의 권리를 행사할 수 있다(제802조에 의한 동의권 제974조 제1호의 부양청구권, 제1000조 제1항 제2호에 의한 상속권).

② 법원의 친권자 지정

혼인외의 자가 인지된 경우와 부모가 이혼하는 경우에는 부모의 협의로 친권자를 정하여야 하고, 협의할 수 없거나 협의가 이루어지지 아니하는 경우에는 가정법원은 직권으로 또는 당사자의 청구에 따라 친권자를 지정하여야 한다. 다만, 부모의 협의가 자(子)의 복리에 반하는 경우에는 가정법원은 보정을 명하거나 직권으로 친권자를 정한다고 규정하고 있다(제909조 제4항). 그러나 이러한 규정에도 협의이혼의 경우에 가정법원이 직권으로 친권자를 정할 수는 없다고 보아야 한다(김주수·김상용, 215면). 왜냐하면 협의이혼을 하기 위해서는 부모가 자녀의 친권자 지정에 대한 합의가 전제되어야 하기 때문이다. 만약 부부가 친권자지정을 합의할 수 없는 경우에는 가정법원에 친권자 지정에 대한 심판을 청구하여야 할 것이다.

또한 가정법원은 부모가 협의한 사항에 관하여도 그것이 자의 복리에 반하는 경우 이에 대하여 보정을 명할 수 있다(제909조 제4항 단서). 부모의 협의에 의한 결정은 존중되어야 하나, 그것이 자녀의 복리에 반하는 경우 법원의 개입이 가능하다. 2005년 개정민법은 자의 복리를 위하여 친권자지정에 있어서 법원의 개입을 강화하였다. 이것은 혼인외의 자가 인지된 경우 친권자를 지정하여야 함에 있어서도 마찬가지이다.

민법 제909조 제5항은 「가정법원은 혼인의 취소, 재판상 이혼 또는 인지청구의 소의 경우에는 직권으로 친권자를 정한다」고 규정하고 있다. 이 규정은 해석상 재판상 이혼을 협의 이혼과 구분하여 재판상 이혼 시 법원이 직권으로 친권자를 결정하겠다는 의미로 해석될 여지도 있다. 그러나 혼인의 취소나 재판이혼의 경우에도 부모가 우선 친권자를 합의하에 결정하도록 하는 것이 타당하다. 한편 가사소송법 제25조는 친권자 지정 및 자녀에 대한 양육과 면접교섭권에 관한 협의를 권고하는 조항을 두고 있다.

이에 대하여 판례는 이혼 과정에서 친권자 및 자녀의 양육책임에 관한 사항을 의무적으로 정하도록 한 민법 제837조 제1항, 제2항, 제4항 전문, 제843조, 제909조 제5항의 문언 내용 및 이혼 과정에서 자녀의 복리를 보장하기 위한 위 규정들의 취지와 아울러, 이혼 시 친권자 지정 및 양육에 관한 사항의 결정에 관한 민법 규정의 개정 경위와 변천 과정, 친권과 양육권의 관계 등을 종합하면, 재판상 이혼의 경우에 당사자의 청구가 없다 하더라도 법원은 직권으로 미성년자인 자녀에 대한 친권자 및 양육자를 정하여야 하며, 따라서 법원이 이혼판결을 선고하면서 미성년자인 자녀에 대한 친권자 및 양육자를 정하지 아니하였다면 재판의 누락이 있다(대법원 2015. 6. 23. 선고 2013므2397 판결).

③ 친권자의 변경

지정된 친권자도 사정에 따라 변경될 수 있다. 즉, 「가정법원은 자의 복리를 위하여 필요하다고 인정되는 경우에는 자의 4촌 이내의 친족의 청구에 의하여 정하여진 친권자를 다른 일방으로 변경할 수 있다」고 규정하고 있다(제909조 제6항).

법원의 결정이나 조정을 통하여 자의 양육에 관한 사항이 정해진 후 특별한 사정변경이 없더라도 그 사항이 민법 제837조 제2항에 정한 제반 사정에 비추어 부당하다고 인정되는 경우에는 가정법원이 그 사항을 변경할 수 있다(대법원 2006. 4. 17.자 2005스18 결정).

친권자 지정과 변경의 경우에 미성년자인 자의 이해(利害)와 직접 관련되는 사항을 조정함에는 자의 복리가 우선적으로 고려되어야 하며(가소법 제58조 제2항), 자가 13세 이상인 때에는 가정법원은 심판에 앞서 자의 의견을 듣도록 규정하여(가소규칙 제100조) 자의 의사표명권을 중시하고 있다.

3) 자녀의 양육비

① 양육비이행확보

민법에서 자녀양육과 관련하여 혼인외의 자든 혼인 중의 자든 자녀에 대한 일차적인 부양의무는 부모에게 있음을 규정하고 있다(제974조). 협의 이혼 시 부부는 양육비용에 관한 사항을 협의하도록 하고 있으며(제837조 제2항 제2호). 자녀를 양육하는 부모는 자녀양육으로 자신의 의무를 이행하는 것으로 하고, 자녀를 양육하지 않는 일방 부모는 자녀의 양육비를 부담하여야 한다. 부모가 모두 자녀를 양육하지 않고 제3자가 자녀를 양육한 경우 부모에게 양육비 지급을 청구할 수 있다. 다만 자녀의 친권자 및 양육자 지정에 관한 조정이 성립된 후 양육권이 없는 청구인이 임의로 자녀를 양육한 경우, 상대방에게 임의적 양육에 관하여 양육비를 청구할 수 없다(대법원 2006. 4. 17. 선고 2005스18,19 판결).

재판상 이혼 시 친권자와 양육자로 지정된 부모의 일방이 상대방에게 양육비를 청구하는 경우, 가정법원은 자녀의 양육비 중 양육자가 부담해야 할 양육비를 제외하고 상대방이 분담해야 할 적정 금액의 양육비만을 결정하여야 한다(대법원 2020. 5. 14. 선고 2019므15302 판결).

2009년 개정된 제836조의2는 당사자가 협의이혼을 하는 경우 자녀에 대한 양육에 관한 협의서나 가정법원의 심판정본을 제출하고 가정법원은 양육비부담조서를 작성하여야 하며, 이 경우 양육비부담조서의 효력에 대하여는 「가사소송법」 제41조를 준용하고 있다. 가정법원은 재산분할, 부양료 및 미성년자인 자녀의 양육비 청구사건을 위하여 특히 필요하다고 인정하는 경우에는 직권으로 또는 당사자의 신청에 의하여 당사자에게 재산 상태를 구체적으로 밝힌 재산목록을 제출하도록 명할 수 있다(가소법 제48조의2 제1항). 가정법원은 제48조의2의 재산 명시 절차에 따라 제출된 재산목록만으로는 재산분할, 부양료 및 미성년자인 자녀의 양육비 청구사건의 해결이 곤란하다고 인정할 경우에 직권으로 또는 당사자의 신청에 의하여 당사자 명의의 재산에 관하여 조회할 수 있다(가소법 제48조의3 제1항). 민사집행법상의 재산명시나 재산조회와는 달리 집행권원이 없이도 재산명시 또는 재산조회를 인정하는 것은 양육비 지급의무자의 재산을 파악하여야만 적정한 정도의 양육비 지급을 명할 수 있기 때문이고, 이전에 시는 재산분할이나 부양료 청구와 마찬가지이다(윤진수, 217면).

또한 개정 가사소송법은 민법의 일부개정과 함께 양육비 이행확보를 위하여 양육비 직접지급명령제도를 신설하였다. 가정법원은 양육비를 정기적으로 지급할 의무가 있는 사람(이하 "양육비채무자"라 한다)이 정당한 사유 없이 2회 이상 양육비를 지급하지 아니한 경우에 정기금 양육비 채권에 관한 집행권원을 가진 채권자(이하 "양육비채권자"라 한다)의 신청에 따라 양육비채무자에 대하여 정기적 급여채무를 부담하는 소득세원천징수의무자(이하 "소득세원천징수의무자"라 한다)에게 양육비채무자의 급여에서 정기적으로 양육비를 공제하여 양육비채권자에게 직접 지급하도록 명할 수 있다(제63조의2 제1항). 제1항에 따른 지급명령은 「민사집행법」에 따라 압류명령과 전부명령을 동시에 명한 것과 같은 효력이 있고, 위 지급명령에 관하여는 압류명령과 전부명령에 관한 「민사집행법」을 준용한다. 다만, 「민사집행법」 제40조 제1항과 관계없이 해당 양육비 채권 중 기한이 되지 아니한 것에 대하여도 양육비 직접지급명령을 할 수 있다(제63

조의2 제2항). 또한 가정법원은 양육비를 정기금으로 지급하게 하는 경우에 그 이행을 확보하기 위하여 양육비채무자에게 상당한 담보의 제공을 명할 수 있고(제63조의3 제1항), 양육비채무자가 정당한 사유 없이 그 이행을 하지 아니하는 경우에는 양육비채권자의 신청에 의하여 양육비채무자에게 상당한 담보의 제공을 명할 수 있다(제63조의3 제1항). 양육비채무자가 이 이행명령을 위반한 경우에는 가정법원은 직권으로 또는 양육비채권자의 신청에 의하여 결정으로 1,000만원 이하의 과태료를 부과할 수 있다(가소법 제67조 제1항).

2014. 3. 24. 양육비의 원활한 이행확보를 지원하기 위하여 「양육비 이행확보 및 지원에 관한 법률」이 제정되었으며(2015. 3. 25. 시행), 이 업무를 수행하기 위하여 양육비이행관리원이라는 기구가 설치되었다. 관리원은 양육비와 관련한 상담, 양육비 청구 및 이행확보에 관한 법률지원, 한시적 양육비 긴급지원, 양육비 채권 추심지원 및 양육하는 부 또는 모에게 양육비 이전 등의 업무를 수행한다(제7조). 종래에는 양육비의 산정에 대한 객관적인 기준이 없었으나 2012. 5. 31. 양육비 산정기준을 공표하였고, 2014년에 이를 개정하였다. 이는 양육비 산정기준은 부와 모의 합산소득과 자녀의 연령을 기준으로 하여 정한 것이다.

2021년 양육비 이행확보의 강화를 위하여 「양육비 이행확보 및 지원에 관한 법률」에 동법 제17조(금융정보등의 제공), 제21조의5(명단 공개) 등의 새로운 제도들이 도입되었다.

② 과거의 양육비(부양료)

과거의 부양료는 이미 지나간 일정기간의 생활에 필요한 비용을 그 후에 청구하는 것이다. 부양의무자가 부양의무를 이행하지 않은 경우 이를 청구할 수 있는 권리이다. 부양의무는 부양의 필요상태와 가능상태가 병존하는 경우 비로소 발생하는 것으로 그 필요성은 시간이 지나면 소멸한다. 그러나 계속되는 이행지체로 의무가 소멸되어 버린다면 불공평한 결과가 발생하게 될 것이다. 한편 부양의무자의 입장에서 어느날 과거의 부양료를 일시적으로 부담해야 한다면 그에 대한 부담 역시 너무 가혹하다고 할 수 있다.

종래에 대법원은 과거의 부양료에 대한 부정적 견해를 갖고 있었다(대법원 1967. 2. 21. 선고 65므5 판결; 대법원 1967. 1. 31. 선고 66므40 판결). 양육의무자 일방이 다른 양육의무자에게 양육비를 청구하려면 별도의 권원이 있어야 하고, 그러한 권원이 없는 이상 과거의 양육비뿐만 아니라 장래의 양육비도 청구할 수 없다고 보았다(대법원 1986. 3. 25. 선고 86므17 판결). 그러나 그 후 법원은 「… 부모의 양육의무는 특별한 사정이 없는 한 자녀의 출생과 동시에 발생하는 것이므로 과거의 양육비에 대하여도 상대방이 분담함이 상당하다고 인정되는 경우에는 그 비용의 상환을 청구할 수 있다」라고 하여 과거의 양육비 청구를 긍정하였다(대법원 1994. 5. 13.자 92스21 전원합의체 결정; 대법원 2008. 6. 12.자 2005스50 결정; 대법원 2013. 8. 30.자 2013스96 결정). 대법원은 「한쪽의 양육자가 양육비를 청구하기 이전의 과거의 양육비 모두를 상대방에게 부담시키게 되면 상대방은 예상하지 못하였던 양육비를 일시에 부담하게 되어 지나치고 가혹하며 신의성실의 원칙이나 형평의 원칙에 어긋날 수도 있으므로, 이와 같은 경우에는 반드시 이행청구 이후의 양육비와 동일한 기준에서 정할 필요는 없고, 부모 중 한쪽이 자녀를 양육하게 된 경위와 그에 소요된 비용의 액수, 그 상대방이 부양의무를 인식한 것인지 여부와 그 시기, 그것이 양육에 소요된 통상의 생활비인지 아니면 이례적이고 불가피하게 소요된 다액의 특별한 비용(치료비 등)인지 여부와 당사자들의 재산 상황이나 경제적 능력과 부담의 형평성 등 여러 사정을 고려하여 적절하다고 인정되는 분담의 범위를 정할 수 있다」라고 하여 과거의 부양료를 산정하는데 있어서 그 시기를 어떻게 보아야 할 것인가를 명확히 하고 있지 않으며, 부양료는 여러 가지의 사정을 종합적으로 참작하여 결정하여야 한다고 판시하고 있다(대법원 1994. 5. 13.자 92스21 전원합의체 결정).

한편 법원은 이행기에 도달하지 않은 장래의 양육비채권은 상계가 허용되지 않는다. 그러나 이행기에 도달한 후의 양육비채권은 완전한 재산권(손해배상청구권)이기 때문에 독립된 처분이 가능하므로 권리자의 의사에 따라 포기하거나 양도할 수 있으며, 상대방배우자에게 지급하여야 할 위자료나 재산분할과도 상계의 자동채권으로 하는 것도 가능하다(대법원 2006. 7. 4. 선고 2006므751 판결). 그리고 양육비청구권이 시효소멸가 진행될 여지가 있는가가 문제된 사안에서, 당사자의 협의 또는 가정법원의 심판에 의하여 구체적인 지급청구권으로서 성립하기 전에는 과거의 양육비에 관한 권리는 양육자가 그 권리를 행사할 수 있는 재산권에 해당한다고 할 수 없기 때문에 따라서 이에 대하여는 소멸시효가 진행할 여지가 없다고 하였다(대법원 2011. 7. 29.자 2008스67 결정).

관련판례 3.12 과거의 부양료

1. 사실관계

A(청구인)와 B(상대방)(재항고인, 갑의 부)는 1986년에 혼인하여 1987년에 갑을 낳았으나, 1990년 이혼심판의 확정으로 이혼하였다. 갑이 출생할 당시부터 A와 B 사이가 원만치 않았고, B는 직장생활을 타 지방에서 하게 되었고, A는 친정이 있는 곳에서 갑과 같이 생활하였으며, 이에 B는 갑을 만날 기회가 거의 없었다. A와 B의 이혼 후에도 A가 갑을 계속적으로 양육하여 왔다.

A는 이혼 후 갑을 데리고 친정에서 기거하다가, 현재는 A 소유의 아파트에서 갑과 생활을 같이 하고 있으며, A가 직장생활을 하는 동안 갑은 A의 모친이 돌보고 있고, 갑은 현재 유치원에 다니고 있다.

A는 현재 모피회사에서 근무 중이며 매월 30~70만원의 수입을 얻고 있고, 음악경연대회의 심사위원으로 위촉되어 매월 평균 30만원의 부수입을 얻고 있다. 또한 앞의 이혼소송에서 상대방에 대하여 위자료 2,000만원의 승소판결을 받아 현재까지 상대방의 급료채권을 압류 받아 금 1,500만원에 가까운 액수를 수령하였다.

A는 1991년 자신을 갑의 양육자로 지정함과 아울러 갑의 10세까지의 양육비(과거의양육비 포함)를 상대방이 분담하게 해 달라는 내용의 심판을 청구하였다.

2. 대법원결정요지(대법원 1994. 5. 13.자 92스21 전원합의체 결정)

[다수의견]

어떠한 사정으로 인하여 부모 중 어느 한쪽만이 자녀를 양육하게 된 경우에, 그와 같은 일방에 의한 양육이 그 양육자의 일방적이고 이기적인 목적이나 동기에서 비롯한 것이라거나 자녀의 이익을 위하여 도움이 되지 아니하거나 그 양육비를 상대방에게 부담시키는 것이 오히려 형평에 어긋나게 되는 등 사정이 있는 경우를 제외하고는, 양육하는 일방은 상대방에 대하여 현재 및 장래에 있어서의 양육비 중 적정 금액을 청구할 수 있음은 물론이고, 부모의 자녀양육의무는 특별한 사정이 없는 한 자녀의 출생과 동시에 발생하는 것이므로 과거의 양육비에 대하여도 상대방이 분담함이 상당하다고 인정되는 경우에는 그 비용의 상환을 청구할 수 있다.

한쪽의 양육자가 양육비를 청구하기 이전의 과거의 양육비 모두를 상대방에게 부담시키게 되면 상대방은 예상하지 못하였던 양육비를 일시에 부담하게 되어 지나치고 가혹하며 신의성실의 원칙이나 형평의 원칙에 어긋날 수도 있으므로, 이와 같은 경우에는 반드시 이행청구 이후의 양육비와 동일한 기준에서 정할 필요는 없고, 부모 중 한쪽이 자녀를 양육하게 된 경위와 그에 소요된 비용의 액수, 그 상대방이 부양의무를 인식한 것인지 여부와 그 시기, 그것이 양육에 소요된 통상의 생활비인지 아니면 이례적이고 불가피하게 소요된 다액의 특별한 비용(치료비 등)인지 여부와 당사자들의 재산 상황이나 경제적 능력과 부담의 형평성 등 여러 사정을 고려하여 적절하다고 인정되는 분담의 범위를 정할 수 있다.

[반대의견]

양육에 관한 법원의 심판절차는 거의 예외 없이 상당한 시일을 필요로 하므로 양육에 관한 법원의 심판이 고지되기 전의 것이라도 양육에 관한 협의의 요청이 있었던 때부터 또는 심판청구서의 부본이 상대방에게 송달된 때부터 그 후의 것은 이를 상대방에게 부담하게 하여도 좋을 것이지만, 협의의 요청이나 심판청구가 있기 전의 기간에 지출한 양육비에 대하여는 이를 법원의 심판으로도 그 부담을 명할 수는 없다. 왜냐하면 민법 제837조 제1항, 제2항, 가사소송법 제2조 제1항 (나)목 (2)마류 제3호, 같은 법 제3편(가사비송)의 여러 규정을 종합하면, 이혼한 당사자의 아이의 양육에 관하여 가정법원이 비송사건으로서 행하는 심판은 어디까지나 아이의 현재와 장래의 양육에 관한 사항을 정하거나 이미 정하여진 사항을 변경하는 절차이지, 지나간 과거에 마땅히 이행되었어야 할 부양에 관한 사항을 다시 정하거나 이미 지출된 비용의 분담에 관한 사항을 결정하는 절차가 아니기 때문이다.

[보충의견]

가사소송법은 제2조 제1항 (나)목 (2)마류 제3호에서 민법 제837조의 규정에 의한 자의 양육에 관한 처분을 가사비송사건으로 규정하면서 그 처분의 대상이 되는 양육에 관한 사항을 장래의 것만으로 한정하고 있지 아니하고, 민법이 이혼한 부부의 일방만이 자를 양육하여 온 경우에 다른 일방과 사이에 과거의 양육비를 분담하는 비율을 정하는 데 관하여 달리 규정하고 있지도 아니하므로, 이혼한 부부 각자가 분담하여야 할 과거의 양육비의 비율이나 금액을 장래에 대한 것과 함께 정하는 것도 민법 제837조 제2항에 규정된 자의 양육에 관한 처분에 해당하는 것으로 보아, 가정법원이 자의 연령 및 부모의 재산상황 등 기타 사정을 참작하여 심판으로 정하여야 할 것이지 지방법원이 민사소송절차에 따라 판정할 것은 아니라고 해석함이 상당하다.

[관련조문]

민법 제837조(이혼과 자의 양육책임), 가사소송법 제2조 제1항(가정법원의 관장사항), 제41조(심판의 집행력), 제42조(가집행)

가사소송법 제42조 제1항은 "재산상의 청구 또는 유아의 인도에 관한 심판으로서 즉시항고의 대상이 되는 심판에는 담보를 제공하게 하지 아니하고 가집행할 수 있음을 명하여야 한다"라고 규정하고, 가사소송규칙 제94조 제1항은 마류 가사비송사건의 심판에 대하여는 청구인과 상대방이 즉시항고를 할 수 있다고 규정하고 있는바, 민법 제837조에 따른 이혼 당사자 사이의 양육비 청구사건은 마류 가사비송사건으로서 즉시항고의 대상에 해당하고, 가집행선고의 대상이 된다(대법원 2014. 9. 4. 선고 2012므1656 판결; 대법원 2020. 5. 14. 선고 2019므15302 판결).

4) 면접교섭권

① 서 설

면접교섭권은 1990년 도입되었다. 면접교섭권이란 현실적으로 자를 양육보호하고 있지 않은 부모가 그 자와 직접 면접, 서신교환 또는 접촉을 할 수 있는 권리이다. 이러한 면접교섭권의 법적 성질에 관하여는 부모이기 때문에 당연히 주어진 자연권이라고 할 수 있으며, 그 구체적 내용은 양육권의 일종으로 보아야 할 것이다.

자를 직접 양육하지 아니하는 부모 중 일방은 면접교섭권을 가진다. 그러나 2007년 민법개정으로 자를 직접 양육하지 않는 부모 중 일방뿐만 아니라 자 역시 양육하고 있지 않은 부모의 일방을 면접할 권리를 갖게 되었다(제837조의2 제1항). 양육친 일방이 비양육친 다른 일방의 면접교섭권을 제한하고자 하는 사건에서 대법원은 청구인이 외국인으로서 사건본인과의 면접교섭을 통해 체류자격이 연장될 수 있기는 하나, 청구인의 이 사건 신청이 전적으로 체류자격 연장만을 위하여 면접교섭권을 악용하는 것이 아닌 이상 이러한 사정은 면접교섭을 제한할 사정이 되지 않는다라고 판결하였다(대법원 2021. 12. 16.자 2017스628 결정).

2016. 12. 2. 개정민법(시행일 2017. 6. 3.)은 자(子)를 직접 양육하지 아니하는 부모 일방의 직계존속은 그 부모 일방이 사망하였거나 질병, 외국거주, 그 밖에 불가피한 사정으로 자(子)를 면접교섭할 수 없는 경우 가정법원에 자(子)와의 면접교섭을 청구할 수 있도록 하였다. 이 경우 가정법원은 자(子)의 의사(意思), 면접교섭을 청구한 사람과 자(子)의 관계, 청구의 동기, 그 밖의 사정을 참작하여야 한다(제837조의2 제2항).

② 면접교섭권의 내용 및 행사방법

면접교섭권의 행사방법은 법문에 규정된 바 없기 때문에 구체적인 경우에 따라 자의 복리실현이라는 정신에 맞게 결정되어야 할 것이다. 일반적으로는 면접교섭의 횟수와 관련하여 정하여진 것은 없다. 면접의 장소와 일시는 당사자에게 맡기더라도 횟수는 특정하는 것이 바람직하다. 주에 한번 또는 월에 2회, 방학 때, 명절 때 당사자 간에 합리적으로 결정하여야 할 것이다. 양육친과 비양육친이 장거리에 사는 경우 비양육친이 자녀를 면접하러 오고 가야하는 상황에서 판례는 대구에 사는 양육자인 모가 자녀를 서울에 살고 있는 부에게 데려다 주고, 부가 다시 자를 대구에 데려다 주도록 정하는 것은 면접교섭의 방법에 관한 법리를 오해하는 등의 위법이 있다고 할 수 없다(대법원 2012. 4. 13. 선고 2011므4719 판결).

또한 甲과 乙이 이혼하면서 자녀 丙과 丁의 각 친권자 및 양육자로 지정되었는데, 형제간인 丙과 丁의 면접교섭을 인정할 것인지 문제 된 사안에서, 형제에 대한 면접교섭권은 헌법상의 권리라는 등의 이유로 丙과 丁의 면접교섭을 인정하였다(수원지방법원 2013. 6. 28.자 2013브33 결정).

③ 민법교섭권의 제한

2005년 민법은 자녀의 복리를 위하여 당사자의 청구뿐만 아니라 가정법원이 직권으로 면접교섭권을 배제하거나 제한할 수 있도록 하였다(민법 제837조의2).

④ 면접교섭권자(비양육친)의 자녀탈취

피고인과 甲은 각각 한국과 프랑스에서 따로 살며 이혼소송 중인 부부로서 자녀인 피해아동 乙(만 5세)은 프랑스에서 甲과 함께 생활하였는데, 피고인이 乙을 면접교섭하기 위하여 그를 보호·양육하던 甲으로부터 乙을 인계받아 국내로 데려온 후 면접교섭 기간이 종료하였음에도 乙을 데려다주지 아니한 채 甲과 연락을 두절한 후 법원의 유아인도명령 등에도 불응한 사안에서, 피고인의 행위가 미성년자약취죄의 약취행위에 해당한다고 판결하였다(대법원 2021. 9. 9. 선고 2019도16421 판결).

⑤ 면접교섭권의 침해에 대한 구제

양육친의 자에 대한 불성실한 양육이나 친권행사로 인하여 자의 복리가 침해되는 경우 면접교섭권자는 친권 및 양육자의 변경을 청구할 수 있다. 또한 가정법원은 당사자의 신청에 의하여 양육친에게 그 의무이행을 명할 수 있다(가소법 제64조). 정당한 이유없이 이 명령을 위반한 경우에는 직권으로 또는 권리자의 신청에 의하여 1,000만원의 과태료를 부과할 수 있다(가소법 제67조 제1항). 그러나 양육을 이행하는 부 또는 모를 30일 감치(가소법 제68조)에 처할 수는 없을 것이다(김주수·김상용, 237면).

⑥ 준용 및 유추적용

면접교섭권의 규정은 혼인의 취소, 재판상 이혼 또는 인지의 경우 부모 중 일방이 친권자가 되는 경우에도 준용된다(제824조의2, 가사소송법 제2조 제1항 마류 사건 제3호). 사실혼 관계의 해소에 있어서도 유추적용된다.

7. 손해배상청구권

부부의 혼인파탄에 책임이 있는 배우자는 상대 배우자에게 이에 대한 손해배상을 해야 한다. 재판상 이혼에 따른 손해배상책임은 민법 제806조를 준용한다. 민법 제806조에 따르면 일방 배우자는 유책배우자에 대하여 재산적 손해에 대한 손해배상청구 혹은 정신적 피해에 대한 위자료청구를 할 수 있다. 이혼위자료청구권의 양도 내지 승계의 가능 여부에 관하여 민법 제806조 제3항은 약혼해제로 인한 손해배상청구권에 관하여 정신상 고통에 대한 손해배상청구권은 양도 또는 승계하지 못하지만 당사자간에 배상에 관한 계약이 성립되거나 소를 제기한 후에는 그러하지 아니하다고 규정하고 같은법 제843조가 위 규정을 재판상 이혼의 경우에 준용하고 있으므로 그 청구권자가 위자료의 지급을 구하는 소송을 제기함으로써 청구권을 행사할 의사가 외부적 객관적으로 명백하게 된 이상 양도나 상속 등 승계가 가능하다(대법원 1993. 5. 27. 선고 92므143 판결). 그러나 재판상 이혼에 있어 혼인파탄에 대한 귀책사유가 배우자 쌍방에게 있고 쌍방의 책임 정도가 대등하다고 판단되는 경우 위자료청구는 기각된다(대법원 1994. 4. 26. 선고 93므1273,1280 판결).

이혼하는 부부 일방은 혼인의 파탄에 책임이 있는 제3자에게 손해배상을 청구할 수 있다(제750조). 제3자가 부부의 일방과 부정행위를 함으로써 혼인의 본질에 해당하는 부부공동생활을 침해하거나 유지를 방해하고 그에 대한 배우자로서의 권리를 침해하여 배우자에게 정신적 고통을 가하는 행위는 원칙적으로 불법행위를 구성한다(대법원 2005. 15. 13. 선고 2004다1899 판결). 이 때 혼인파탄에 책임이 있는 제3자는 배우자와 부정행위를 한 제3자 이외에도 혼인관계를 파탄에 이르게 한 시부모, 내연관계에 있는 자 등이다. 판례는 부부의 일방과 제3자가 부담하는 불법행위책임은 공동불법행위책임으로서 부진정연대채무관계에 있다고 하였다(대법원 2015. 5. 29. 선고 2013므2441 판결).

한편 처자 있는 남성과 동거생활을 하는 여성에 대하여 그 남성의 자녀들의 위자료청구가 가능한가에 대한 문제에 있을 수 있다. 판례는 여성이 처자 있는 남성과 동거생활을 함으로써 그 자녀들이 일상생활에 있어 부친으로부터 애정을 품고 그 감호교육을 받을 수 없게 되었다 하여도 그 여성이 악의로써 부친의 자녀에 대한 감호 등을 적극적으로 저지하는 등 특별한 사정이 없는 한 위 여성의 행위는 자녀에 대하여 불법행위를 구성하는 것은 아니라고 하였다(대법원 1976. 4. 13. 선고 75다1484 판결; 대법원 1981. 7. 28. 선고 80다1295 판결).

8. 재산분할청구권

(1) 서 설

1) 의의와 근거

1990년 개정된 민법은 재산분할청구권을 신설하였다(제839조의2). 재산분할청구권이란 이혼을 한 당사자의 일방이 다른 일방에 대하여 혼인 중 쌍방의 협력으로 형성된 재산에 대하여 분할을 청구하는 것이다. 부부가 이혼을 하게 되면 부부의 공동생활은 해체되고 부부가 공동으로 운영하였던 경제생활도 소멸되기 때문에 이에 대한 공동경제의 청산이 이루어지게 된다. 혼인 중 사기의 명의로 취득한 재산은 일단 특유재산으로 보나 부부의 공동경제의 특수성을 감안하여 볼 때 명의자와는 달리 재산취득이 이루어질 수 있고 재산취득에 있어서 다른 일방의 공동노력이 반영되지 않을 수 있다. 그러므로 이혼 시 공동경제가 종료되면 이를 실체에 맞게 청산할 필요가 있다.

2) 적용범위

재산분할의 청구는 협의이혼뿐만 아니라 재판상 이혼에 있어서도 준용한다. 그리고 혼인취소의 경우에도 인정된다(가소법 제2조 제1항 마류사건 제4호). 사실혼이 해소된 경우에도 재산분할청구가 인정된다. 그러나 중혼적 사실혼의 경우 재산분할청구는 원칙적으로 허용되지 않는다. 사실혼 배우자의 일방이 사망으로 인하여 관계가 종료된 경우 재산분할청구권이 인정되지 않는다(대법원 2006. 3. 24. 선고 2005두15595 판결).

(2) 재산분할의 법적 성질

재산분할에 있어서 법원은 당사자 쌍방의 협력에 의하여 형성된 재산의 액수 기타 사정을 참작하여 분할의 액수와 방법을 정한다(제839조의2). 재산분할청구는 각자의 지분에 따라 분할하는 '청산적 요소'와 이혼으로 인하여 생활이 어렵게 된 배우자에 대한 고려하는 '부양적 요소'로 나눌 수 있다. 전자에 대한 이견은 없으나, 후자의 경우 이를 인정하지 않는 의견도 있다. 그러나 이 두 가지를 재산분할의 요소로 보고 있는 것이 통설적 견해이지만 재산분할은 기본적으로 청산적 요소가 중심이 되며, 부양적 요소는 보충적 의미를 지닌다고 본다.

판례에서도 이혼에 따른 재산분할은 혼인중 쌍방의 협력으로 형성된 공동재산의 청산이라는 성격과 부양적 성격이 가미된 제도(대법원 2001. 2. 9. 선고 2000다63516 판결)로 보고 있다. 그러나 법원이 실제로 부부재산분할을 결정함에 있어서는 부양적 요소를 어느 정도 고려하는지 알 수 없다.

이 외에도 재산분할이 분할자의 유책행위에 의하여 이혼함으로 인하여 입게 되는 정신적 손해(위자료)를 배상하기 위한 급부로서의 성질까지 포함하여 분할할 수도 있다고 한 판례도 있다(대법원 2001. 5. 8. 선고 2000다58804 판결). 이는 예외적 판례로 보아야 할 것이다.

(3) 재산분할청구권과 손해배상청구권

불법행위를 이유로 하는 손해배상청구권은 무책배우자가 유책배우자에게 청구하는 것이고 재산분할청구권은 유무책과는 상관없이 공동의 협력으로 이룩한 재산의 분할을 요구하는 것이므로 이들은 각각 별개의 목적을 지니며 판례도 이를 분류하고 있다(대법원 1993. 5. 11.자 93스6 결정). 이에 유책배우자도 청산적 요소 및 부양적 요소에 의한 재산분할이 가능하다. 재산분할은 가사비송사건이고, 손해배상청구는 가사소송사건으로 관할을 달리한다. 그러나 양자를 병합 청구할 수 있다.

(4) 재산분할의 대상

혼인 중에 부부 쌍방의 협력으로 이룩한 재산은 실질적으로 부부의 공동재산이라고 보아야 하므로 당연히 분할대상이 된다. 그 재산은 부동산은 물론 현금, 예금자산, 주식, 명의가 누구에게 있는지 상관없이 실질적 공동재산이 될 수 있다(대법원 1999. 6. 11. 선고 96므1397 판결). 여기서 가사노동도 공동의 재산을 형성하기 위한 협력으로 본다(대법원 1993. 5. 11.자 93스6 결정). 한편 부부가 별거 후 취득한 재산이라도 그것이 별거 전에 쌍방의 협력으로 형성된 것이라면 분할대상에 속하며, 여기서 유형·무형을 구분하지 않는다(대법원 1999. 6. 11. 선고 96므1397 판결).

1) 부부재산의 종류와 분할대상

민법 제830조에 따라 부부재산의 종류는 다양하게 분류할 수 있다. ① 부부 각자의 혼인 전 고유재산, ② 혼인중 취득한 특유재산(상속·증여를 통해), ③ 부부공동명의의 부부공동재산, ④ 소유명의는 부부의 일방에게 있으나 실질적인 공동재산, ⑤ 소유명의가 제3자로 되어 있으나 그것이 부부 중 일방에 의하여 명의신탁된 재산 또는 부부의 일방이 실질적으로 지배하고 있는 재산으로서 부부 쌍방의 협력에 의하여 형성된 것, 부부 쌍방의 협력에 의하여 형성된 유형·무형의 자원에 기한 것 또는 그 유지를 위하여 상대방의 가사노동 등이 직·간접으로 기여한 것이라면 그와 같은 사정도 참작하여야 한다는 의미에서 재산분할의 대상이 된다(대법원 2009. 11. 12. 선고 2009므2840,2857 판결), ⑥ 소극재산으로서의 채무 등이다. 부부 일방이 혼인 중 제3자에 대하여 채무를 부담한 경우에 그 채무 중에서 공동재산의 형성 또는 유지에 수반하여 부담하게 된 채무는 그 이혼에 있어서 재산분할의 대상이 된다. 그리고 혼인생활 중 쌍방의 협력으로 취득한 부동산에 관하여 부부의 일방이 부담하는 임대차보증금반환채무는 특별한 사정이 없는 한 혼인 중 재산의 형성에 수반한 채무로서 재산분할의 대상이 된다(대법원 2011. 3. 10. 선고 2010므4699,4705,4712 판결).

①, ②번은 각자의 고유재산으로 원칙적으로 분할대상에서 제외되는 재산이고, ③, ④, ⑤번의 재산은 실질적으로 분할대상이 되는 공동재산이다.

2) 특유재산의 분할 여부

민법 제839조2의 제2항에서는 '당사자 쌍방의 협력으로 이룩한 재산의 액수 기타 사정을 참작하여 분할의 액수와 방법을 정한다'고 규정하고 있다. 이에 대법원 판례는 "부부가 이혼을 할 때 쌍방의 협력으로 이룩한 재산이 있는 한"

으로 표현하는바, 어떠한 재산이든 쌍방의 협력으로 이룩한 재산은 이에 재산분할의 대상이 될 수 있다고 이해된다.

여기서 '쌍방의 협력'은 부부 공동의 협력을 의미하며, 이는 경제활동을 하는 일방배우자의 협력뿐만 아니라 가사노동을 하는 다른 일방의 노동도 협력으로 인정하고 평가함을 의미한다. 부부의 혼인생활이 계속되면 상호협력에 의하여 이룩된 재산의 축적이 있게 마련이다. 그 재산의 증식이 남편은 경제적 활동을 통하여 처는 가사노동에 종사하여 축적된 재산은 상호 협력하여 이룬 재산임은 부인할 수 없는 것이 사실이다. 판례는 실질적인 공동재산은 물론 "일방의 고유재산(특유재산)이라 하더라도 일방 배우자가 가사노동 등 직·간접으로 기여한 것이라면 재산분할의 대상이 된다"고 판시함으로 가사노동이 공동재산은 물론 특유재산의 유지·증가에도 기여하였다면 이를 협력으로 인정하고 있다(대법원 1995. 10. 12. 선고 95다23156 판결; 대법원 2003. 8. 19. 선고 2001다14061 판결; 대법원 1996. 2. 9. 선고 94므635,642 판결).

부부의 일방이 실질적으로 혼자서 지배하고 있는 주식회사(이른바 '1인 회사')라고 하더라도 그 회사 소유의 재산을 바로 그 개인의 재산으로 평가하여 재산분할의 대상에 포함시킬 수는 없다. 주식회사와 같은 기업의 재산은 다양한 자산 및 부채 등으로 구성되는 것으로서, 그 회사의 재산에 대하여는 일반적으로 이를 종합적으로 평가한 후에야 1인 주주에 개인적으로 귀속되고 있는 재산가치를 산정할 수 있을 것이다(대법원 2011. 3. 10. 선고 2010므4699,4705,4712 판결).

재산분할재판이 확정된 후 재산분할대상 재산이 새로이 발견된 경우, 추가로 재산분할청구를 할 수 있다(대법원 2003. 2. 28. 선고 2000므582 판결).

합유재산이라는 이유만으로 이를 재산분할의 대상에서 제외할 수는 없고, 다만 부부의 일방이 제3자와 합유하고 있는 재산 또는 그 지분은 이를 임의로 처분하지 못하므로, 직접 당해 재산의 분할을 명할 수는 없으나 그 지분의 가액을 산정하여 이를 분할의 대상으로 삼거나 다른 재산의 분할에 참작하는 방법으로 재산분할의 대상에 포함하여야 한다(대법원 2009. 11. 12. 선고 2009므2840,2857 판결).

3) 퇴직금·연금

① 퇴직금

퇴직금은 그동안 재산분할청구시 이미 수령한 퇴직금(보험금)은 청산의 대상이 되나 장차 퇴직금을 받을 개연성이 있다는 사정만으로 그 장래의 퇴직금을 청산의 대상이 되는 재산에 포함시킬 수 없고, 장래 퇴직금을 받을 개연성이 있다는 사정은 민법 제839조의2 제2항의 소정 재산분할의 액수와 방법을 정하는데 필요한 '기타사정'으로 참작하면 족하다고 판시하였다(대법원 1995. 3. 28. 선고 94므1584 판결; 대법원 2002. 8. 28.자 2002스36 판결).

그러나 최근 판례는 이미 받은 퇴직금뿐만 아니라 장래에 받을 퇴직금도 재산분할 대상이 된다고 하였다. 장래에 받을 퇴직금의 경우 이혼소송 사실심 변론종결 시 이미 잠재적으로 존재하여 경제적 가치의 현실적 평가가 가능한 재산인 퇴직급여 및 퇴직수당채권은 상대방 배우자의 협력이 기여한 것으로 인정되는 한 재산분할 대상에 포함된다고 하였다(대법원 2019. 9. 25. 선고 2017므11917 판결).

② 공무원연금(퇴직연금)

이혼한 배우자의 공무원연금(퇴직연금 또는 조기퇴직금)은 일정한 요건을 충족하면 분할급여를 지급 받을 수 있다. 공무원연금법 제45조 제1항, 제2항에 따르면 혼인기간(배우자의 공무원 재직기간 중 실질적인 혼인관계가 존재하지 않았던 기간을 제외한 기간)이 5년 이상인 사람이 배우자와 이혼하고, 배우자였던 사람이 퇴직연금 또는 조기퇴직연금 수급권자이며, 자신이 65세가 되었을 때에는, 그때부터 그가 생존하는 동안 공무원연금공단에 별도의 청구를 하여 배우자였던 사람의 퇴직연금 또는 조기퇴직연금액 중 위 혼인기간에 해당하는 연금액을 균등하게 나눈 금액을 분할연금으로 받을 수 있다. 그러나 만일 배우자였던 사람이 퇴직연금 대신 퇴직연금일시금을 받은 경우(공무원연금법 제49조에 따라 퇴직연금일시금 등의 분할을 청구하여 지급받을 수도 있다) 나아가 공무원연금법 제46조에 따라 위 균등분할 조항에도 불구하고 민법 제839조의2 또는 제843조에 따라 당사자의 협의나 가정법원에서 연금분할에 대하여 별도로 결정한 경우에는 그에 따른다. 이러한 분할연금청구는 수급권을 취득한 날로부터 3년 이내에 할 수 있다(동법 제45조 제3항).

③ 국민연금(노령연금)

이혼한 배우자(사실혼 배우자 포함)의 국민연금(노령연금)은 일정한 요건을 충족하면 분할 받을 수 있다. 혼인기간이 5년 이상인 사람이 노령연금 수급권자인 배우자와 이혼한 후 60세가 되었거나 60세가 된 이후에 노령연금 수급권자인 배우자와 이혼한 때에는 그때부터 생존하는 동안 배우자였던 사람의 노령연금을 분할한 일정한 금액의 연금을 받을 수 있다(국민연금법 제64조 제1항). 단, 당사자의 협의나 가정법원에서 연금분할에 대하여 별도로 결정한 경우에는 그에 따른다(국민연금법 제64조의2). 이러한 분할연금청구는 수급권을 취득한 날로부터 5년 이내에 할 수 있다(동조 제64조 제3항). 이러한 연금분할제도는 이혼한 배우자에게 노령연금수급권자와의 혼인기가 동안 정신적 물질적으로 기여한 부분에 대하여 일정액을 보장해 주는데 그 의미가 있다.

국민연금의 분할에 대하여 별도로 결정하는 특례조항을 두고 있다(국민연금법 제64조의2 제1항). 이혼당사자는 이에 대하여 서로 합의 할 수 있다. 그러나 이러한 합의가 협의서나 조정조서 등을 포함한 재판서에 연금의 분할 비율 등이 명시되지 아니한 경우에는 재산분할절차에서 이혼 배우자가 자신의 분할연금 수급권을 포기하거나 자신에게 불리한 분할 비율 설정에 동의하는 합의를 하였다거나 그러한 내용의 법원 심판이 있었다고 쉽게 단정해서는 아니된다(대법원 2019. 6. 13. 선고 2018두65088 판결).

4) 보험금

보험금에 관하여 판례는 보험금이 소액인 경우, 납입보험료 합계액을 그 보험금청구권의 평가액으로 삼아 재산분할의 대상으로 하였다(서울고등법원 2004브3, 제1심 서울가정법원 2003. 12. 18.자 2003느합38 심판).

5) 전문학위·자격증·무형의 재산

재산분할의 청산에 있어서 재산분할의 대상이 되는 재산을 현존하는 재산으로 국한시킬 것인가 하는 문제이다. 대법원 판례는 "부부가 혼인 중 취득한 실질적인 공동재산을 청산하고 분배하는 것을 주된 목적으로 하는 것"이라고 밝히고 있다. 그러나 배우자의 자격증 취득 등으로 인하여 미래에 많은 재산의 취득이 예상되는 무형적 재산 역시 재산분할의 액수를 정하는데 참작대상으로 보고 있다. 이런 경우 이혼 당시 현존하는 재산만으로 재산분할을 제한한다면 형평에 반하는 결과를 초래할 수 있으므로 이 경우 혼인 중 협력하여 이룬 결과가 장래에 나타날 수 있다는 측면에서 고려되어야 할 것이다(대법원 1998. 6.

12. 선고 98므213 판결).

6) 제3자 명의의 재산

자기의 명의로 등기된 재산뿐만 아니라 제3자에게 명의신탁된 재산이라도 분할청구를 할 수 있다(대법원 2013. 7. 12. 선고 2011므1116,1123 판결). 그 재산이 분할할 수 없는 합유재산인 경우에도 마찬가지이다(대법원 2009. 11. 12. 선고 2009므2840,2857 판결).

7) 채 무

부부 각자의 채무부담이 재산증식에 수반되는 것인 경우에는 이 채무 역시 증식재산에서 공제되어야 한다. 부부 일방이 혼인 중 제3자에게 부담한 채무는 일상가사에 관한 것 이외에는 원칙적으로 그 개인의 채무로서 청산의 대상이 되지 않으나, 그것이 공동재산의 형성에 수반하여 부담한 채무인 경우에는 청산의 대상이 된다(대법원 1998. 2. 13. 선고 97므1486,1493 판결).

소극재산이 적극재산을 초과하는 경우 기존 판례는 소극재산을 재산분할 대상으로 삼지는 않았다(여기서 청산대상이 된다는 말과 재산분할대상이 된다는 말의 의미는 같지 않음을 주의하여야 한다). 아래 판결은 소극재산이 적극재산의 총액을 초과하는 경우 재산분할의 대상으로 하였다.

"이혼 당사자 각자가 보유한 적극재산에서 소극재산을 공제하는 등으로 재산상태를 따져 본 결과 재산분할 청구의 상대방이 그에게 귀속되어야 할 몫보다 더 많은 적극재산을 보유하고 있거나 소극재산의 부담이 더 적은 경우에는 적극재산을 분배하거나 소극재산을 분담하도록 하는 재산분할은 어느 것이나 가능하다고 보아야 하고, 후자의 경우라고 하여 당연히 재산분할 청구가 배척되어야 한다고 할 것은 아니다.

그러므로 소극재산의 총액이 적극재산의 총액을 초과하여 재산분할을 한 결과가 결국 채무의 분담을 정하는 것이 되는 경우에도 법원은 채무의 성질, 채권자와의 관계, 물적 담보의 존부 등 일체의 사정을 참작하여 이를 분담하게 하는 것이 적합하다고 인정되면 구체적인 분담의 방법 등을 정하여 재산분할 청구를 받아들일 수 있다할 것이다. 그것이 부부가 혼인 중 형성한 재산관계를 이혼에 즈음하여 청산하는 것을 본질로 하는 재산분할 제도의 취지에 맞고, 당사자 사이의 실질적 공평에도 부합한다. 다만 재산분할 청구 사건에 있어서는 혼인 중에 이룩한 재산관계의 청산뿐 아니라 이혼 이후 당사자들의 생활보장에 대한 배려 등 부양적 요소 등도 함께 고려할 대상이 되므로, 재산분할에 의하여 채무를 분담하게 되면 그로써 채무초과 상태가 되거나 기존의 채무초과 상태가 더욱 악화되는 것과 같은 경우에는 채무부담의 경위, 용처, 채무의 내용과 금액, 혼인생활의 과정, 당사자의 경제적 활동능력과 장래의 전망 등 제반 사정을 종합적으로 고려하여 채무를 분담하게 할지 여부 및 분담의 방법 등을 정할 것이고, 적극재산을 분할할 때처럼 재산형성에 대한 기여도 등을 중심으로 일률적인 비율을 정하여 당연히 분할 귀속되게 하여야 한다는 취지는 아니라는 점을 덧붙여 밝히고 있다(대법원 2013. 6. 20. 선고 2010므4071(본소), 2010므4088(반소) 전원합의체 판결).

(5) 재산분할의 비율 및 방법

1) 협의에 의한 분할

부부는 이혼 시 재산분할을 협의할 수 있다. 그러나 협의가 이루어지지 않을 경우 당사자의 청구에 의하여 법원이 이를 정한다(제839조의2 제2항).

① 재산분할의 성립시기

재산분할은 언제 협의가 가능한가? 판례는 '재산분할청구권은 이혼이 성립한 때에 그 법적 효과로서 비로소 발생하는 것'이라고 판시하고 있다(대법원 1998. 11. 13. 선고 98므1193 판결). '이혼이 성립한 때'란 협의이혼 시 이혼신고까지 마친 상태를 의미하며, 재판상 이혼이라면 이혼소송에서 변론 종결 시 이혼이 성립하였다고 본다. 재판상 이혼의 경우 판결이 확정되면 이혼신고가 없더라도 혼인이 해소되면, 판결은 제3자에게도 효력이 있다(가소법 제21조 제1항).

한편 당사자가 이혼이 성립되기 전에 이혼소송과 병합하여 재산분할의 청구를 하고, 법원이 이혼과 동시에 재산분할을 명하는 판결을 하는 경우에도 이혼판결은 확정되지 아니한 상태이므로, 그 시점에서 재산분할에 대한 가집행을 허용할 수는 없는 것으로 보았다(대법원 1998. 11. 13. 선고 98므1193 판결). 또한 법원은 재산분할청구권은 이혼이 성립되었다고 하더라도 협의 또는 심판에 의하여 그 구체적 내용이 형성되기까지는 그 범위 및 내용이 불명확·불확정하기 때문에 구체적인 권리가 발생하였다고 할 수 없으며, 당사자가 이혼이 성립하기 전에 이혼소송과 병합하여 재산분할의 청구를 하고 법원이 이혼과 동시에 재산분할로서 금전의 지급을 명하는 판결을 하는 경우 그 금전지급채무에 관하여는 그 판결이 확정된 다음 날부터 이행지체책임을 지는 것으로 보았다(대법원 1999. 4. 9. 선고 98다58016 판결; 대법원 2001. 9. 25. 선고 2001므725,732 판결; 대법원 2013. 10. 11. 선고 2013다7936 판결). 이에 「소송촉진 등에 관한 특례법」 제3조 제1항 단서에 의하여 같은 조항 본문에 정한 이율이 적용되지 아니한다(대법원 2001. 9. 25. 선고 2001므725,732 판결; 대법원 1999. 4. 9. 선고 98다58016 판결).

또한 이혼이 성립된 경우에도 재산분할청구에 의한 판결이나 심판이 확정되기 전에 이에 대한 구체적인 액수 등이 확정되지 않는 한 이를 완성된 형태의 재산으로 보고 있지 않기 때문에 재산분할의 방법으로 금전의 지급을 명한 경우에도 가집행선고의 대상이 될 수 없는 것으로 판단하였다(대법원 2014. 9. 4. 선고 2012므1656 판결; 서울가판 1996. 3. 22. 96느2350). 그러나 법원이 이미 이혼을 확정하고, 재산분할청구권의 내용을 판단한 이상, 이에 대한 가집행선고를 할 수 있고, 특례법에 대한 이율적용도 가능하여야 할 것으로 보고 있다(윤진수, 119면).

② 재산분할청구권의 포기약정

이혼 당사자는 재산분할청구에 대하여 포기하는 약정을 체결할 수 있다. 포기약정의 '유효성'에 대한 여러 가지 판례가 존재한다. 우선 법원은 당사자가 협의이혼을 전제로 재산분할에 대한 협의를 한 결과 이를 포기하기로 약정하였다면 이러한 포기는 협의이혼절차가 유효하게 이루어지는 것을 조건으로 한 조건부 의사표시이므로 이에 후일 이혼이 성립되었다면 이에 대한 재산분할포기 약정도 유효하다고 판단하였다(대법원 2000. 10. 24. 선고 99다33458 판결; 대법원 2001. 5. 8. 선고 2000다58804 판결). 그러나 어떠한 이유로 협의상 이혼이 이루어지지 아니하고, 혼인관계가 존속되거나 당사자 일방이 재판상 이혼을 청구한 경우, 위 협의는 조건의 불성취로 인하여 효력이 발생하지 않는다고 보았다. 이에 당초의 재산분할에 관한 협의의 효력이 유지됨을 전제로 하여 민사소송으로써 위 협의내용 자체의 이행을 구할 수는 없는 것이라고 하였다(대법원 1993. 12.

28. 선고 93므409 판결; 대법원 1995. 10. 12. 선고 95다23156 판결; 대법원 2000. 10. 24. 선고 99다3345 판결; 대법원 2001. 5. 8. 선고 2000다58804 판결; 대법원 2003. 8. 19. 선고 2001다14061 판결).

한편 법원은 재산분할청구권은 성질상 이혼의 성립으로 비로소 발생하는 권리이기 때문에 이를 사전에 포기하는 약정을 체결하는 것은 허용될 수 없으며(대법원 2000. 2. 11. 선고 99므2049, 2056 판결), 재산분할청구권은 이혼이 성립한 때에 그 법적 효과로서 비로소 발생하는 것일 뿐만 아니라, 협의 또는 심판에 의하여 구체적 내용이 형성되기까지는 그 범위 및 내용이 불명확·불확정하기 때문에 구체적으로 권리가 발생하였다고 할 수 없으므로 협의 또는 심판에 의하여 구체화되지 않은 재산분할청구권은 채무자의 책임재산에 해당하지 아니하고, 이를 포기하는 행위 또한 채권자취소권의 대상이 될 수 없다고 하였다(대법원 2013. 10. 11. 선고 2013다7936 판결).

최근 관련 판례에서도 '당사자가 장차 협의상 이혼할 것을 합의하는 과정에서 이를 전제로 재산분할청구권을 포기하는 서면을 작성한 경우, 부부 쌍방의 협력으로 형성된 공동재산 전부를 청산·분배하려는 의도로 재산분할의 대상이 되는 재산액, 이에 대한 쌍방의 기여도와 재산분할 방법 등에 관하여 협의한 결과 부부 일방이 재산분할청구권을 포기하기에 이르렀다는 등의 사정이 없는 한 쉽사리 '재산분할에 관한 협의'로서의 '포기약정'이라고 보아서는 아니된다'라고 판단하여(대법원 2016. 1. 25.자 2015스451 결정), 구체적인 과정 없는 포기는 포기로 인정하지 않았다.

2) 가정법원에 의한 분할

① 분할비율 및 방법

현행법 상 재산분할의 방법 및 비율에 대한 구체적인 규정을 두고 있지 않기 때문에 가정법원은 당사자의 청구에 의하여 당사자 쌍방의 협력으로 이룩한 재산의 가액 기타 사정을 참작하여 분할의 액수와 방법을 정한다(제839조의2). 분할비율은 공동으로 이룩한 재산의 기여도에 따라 분할하는데, 그 분할비율은 다양하다. 맞벌이 부부의 경우 분할비율은 1/2, 전업주부의 경우 1/3 정도가 일반적이다. 그러나 최근 전업주부의 경우에도 그 비율이 높게 인정되고 있다.

일반적으로 재산분할 비율은 개별 재산마다 그 비율을 정하지는 아니하며,

분할대상이 되는 재산 전체에 대하여 산정한다(대법원 2002. 9. 4. 선고 2001므718 판결). 다만 공무원퇴직연금수급권과 일반 재산의 분할비율은 달리 정할 수 있다고 보고 있다(대법원 2014. 7. 16. 선고 2012므2888 전원합의체 판결).

재산분할의 구체적인 방법으로는 현물분할과 경매분할 및 대상분할이 있다. 대상분할은 분할되는 대상의 재산을 일방 배우자에게 귀속시키고, 이에 대한 금전지급을 명하는 것이다. 일방의 명의로 되어 있던 재산을 쌍방의 공유로 하는 것도 가능하다(대법원 1997.7. 22. 선고 96므318,325 판결).

② 재산분할 산정방식

갑과 을이 이혼을 제기하면서 재산분할청구도 함께 제기하였다. 최종심리 결과 갑과 을의 분할대상이 되는 재산은 다음과 같다. 이 때 재산분할비율은 50%로 한다고 가정한다. 갑의 적극재산 부동산 3억, 소극재산(공제대상채무) 2억, 갑의 순자산은 3억−2억=1억이다. 을의 경우 을은 적극재산 부동산, 예금 등 10억원, 소극재산(공제대상채무) 3억원, 을의 순자산은 10억−3억=7억, 여기서 7억−1억=6억, 6억×50%=3억

갑이 을에게 청구할 수 있는 재산분할액수는 3억이다.

③ 재산명시 및 재신조회제도

2009. 5. 8. 개정된 가사소송법은 재산명시 및 재산조회제도를 신설하였다. 이에 가정법원은 재산분할청구사건을 위하여 직권으로 또는 당사자의 신청에 의하여 당사자에게 재산상태를 명할 수 있고, 제48조의2의 재산 명시 절차에 따라 제출된 재산목록만으로는 재산분할, 부양료 및 미성년자인 자녀의 양육비 청구사건의 해결이 곤란하다고 인정할 경우에 직권으로 또는 당사자의 신청에 의하여 당사자 명의의 재산에 관하여 조회할 수 있다(가소법 제48조의3).

④ 재산분할 결정의 기준 시

이혼은 보통 부부관계가 파탄되어 부부가 별거하고 그 후에 이혼이 성립되는 경우가 많다. 또 별거에서 재산분할의 확정까지는 오랜 기간이 지나는 것이 보통이므로 그 사이에 물가의 변동이 생기거나, 또는 한 부부재산의 증감이 행하여지기도 한다. 따라서 부부재산의 청산시기를 정하는데 따라서 청산액에 큰

차이가 있을 수 있다.

청산의 기준시에 대하여는 별거시, 재산분할청구시, 재판확정시 등 세 가지가 고려될 수 있다. 별거에 있어서는 재판신청 후 상대방의 재산이 증가된 경우에는 기준시를 재판확정의 시로 하면 상대방에 불리하다. 왜냐하면 별거후의 축적재산은 청산의 대상이 되지 않기 때문이다. 따라서 신청인의 이익을 고려한다면 기준시를 정하는 것은 신청인의 선택에 따르도록 하여야 할 것이다. 그러나 이렇게 하면 거래의 안전과 제3자의 보호는 전혀 무시되는 결점이 있다.

이론적으로는 부부재산의 청산은 법적 부부관계의 종료시, 또는 재산분할의 재판이 확정된 시를 기준으로 하여야 한다. 그러나 사실상의 이혼이라는 개념을 인정한다면, 혼인이 파탄되어 부부가 별거를 시작할 때, 사실상의 이혼의 합의, 기타의 객관적인 파탄의 징표가 있음을 조건으로 사실상의 부부재산공유제는 종료한다는 점을 고려하여야 한다.

따라서 재산분할결정의 기준시는 거래의 안전과 제3자의 이익보호를 위하여 사실심의 구두변론종결시를 원칙으로 하고(대법원 2000. 9. 22. 선고 99므906 판결; 대법원 2011. 7. 14. 선고 2009므2628,2653 판결), 신청인의 이익보호를 예외적으로 재판신청 후 상대방이 신청인의 이익을 해하려는 의사를 가지고 재산의 감소를 한 경우에는 신청인이 그 기준시를 선택할 수 있다고 보아야 한다.

(6) 재산분할청구권의 행사

1) 채권자 대위권

채권자는 자기의 채권을 보전하기 위하여 일방 배우자인 채무자의 권리를 행사할 수 있다(제404조). 그러나 이혼한 부부의 일방이 자신의 재산분할청구권을 아직 행사하고 있지 않다고 해서 채권자가 다른 상대배우자에게 재산분할청구를 행사할 수 있는 것은 아니다(김주수·김상용, 259면). 이에 판례는 협의 또는 심판에 의하여 구체적 내용이 형성될 때까지는 그 범위와 내용이 불확정하기 때문에 채권자대위권을 행사할 수 없다고 본다(대법원 1999. 4. 9. 선고 98다58016 판결). 또한 재산분할 내용 중에 특히 부양적 요소를 근거로 하는 일신전속적인 권리는 대위권의 대상이 될 수 없다(제404조 후단).

2) 채권자 취소권

채무자가 채권자를 해함을 알고 재산권을 목적으로 한 법률행위를 한 때에는 채권자는 그 취소 및 원상회복을 법원에 청구할 수 있다(제406조 제1항).

채권자 취소권의 문제는 채권자인 제3자, 채무자인 일방 배우자 그리고 재산분할청구권자인 일방배우자 간에 발생한다. 이혼 시 채무자인 일방 배우자가 채무변제를 회피하기 위하여 과도하게 재산분할을 협의하고 분할해 준 경우, 이는 채권자취소권의 대상이 된다고 할 수 있다(제406조). 그러나 재산분할자가 당해 재산분할에 의하여 무자력이 되어 일반채권자에 대한 공동담보를 감소시키는 결과가 된다고 하더라도 그러한 재산분할이 민법 제839조의2 제2항의 규정 취지에 반하여 그 감소가 상당히 과도하지 않고, 재산분할을 구실로 이루어진 재산처분이라고 인정할 만한 특별한 사정이 없는 한 사해행위로서 채권자취소권의 대상이 되지 않는다(대법원 2000. 7. 28. 2000다14101 판결; 대법원 2001. 5. 8. 2000다58804 판결; 대법원 2005. 1. 28. 선고 2004다58963 판결).

또한 특별한 사정이 있어 사해행위로서 채권자취소권의 대상이 되는 경우에도 취소되는 범위는 그 상당한 부분을 초과하는 부분에 한정된다고 할 것이다. 상당한 정도를 벗어나는 과대한 재산분할이라고 볼 만한 특별한 사정이 있다는 점에 대한 입증책임은 채권자에게 있다고 할 것이다(대법원 2000. 7. 28. 선고 2000다14101 판결).

관련판례 3.13 재산분할

1. 사실관계

X(부)와 Y(처)는 혼인한 부부이나 이혼에 협의한 상태이나 부부재산분할은 합의에 이르지 못하여 Y는 X의 재산에 대한 분할을 청구하였다.

X(부)가 혼인생활 중 자기 명의로 취득한 재산으로는 강릉시 00리 1086-8 전 3,620㎡(시가 109,500,000원 상당), 강릉시 노암동 아파트 100동 000호(시가 80,000,000원 상당)이다. X가 근무하고 있는 직장에서 퇴직하게 될 경우 받게 될 퇴직금을 2001. 8. 28.을 기준으로 계산한 액수는 138,000,000원이다. X는 그 당시 Y의 교통사고로 인하여 2000. 5.경까지 사이에 교통안전보험금 13,800,000원을, 2000. 6. 20. 동양생명보험 주식회사로부터 보험금 12,300,000원 남짓을 각 Y를 대리하여 수령한 사실이 있다. X는 농업협동조합중앙회 강릉시지부로부터 가계일반자금대출 명목으로 2,000만원을 대출받아 협의이혼 당시 대출잔액이 남아 있다.

2. 대법원결정요지(대법원 2002. 8. 28.자 2002스36 결정)

(1) 이 사건 전이 재산분할의 대상이 되는지 여부와 그 가액에 대하여

(ⅰ) 재산분할의 대상이 되는지 여부에 대하여

민법 제839조의2에 규정된 재산분할제도는 혼인 중에 취득한 실질적인 공동재산을 청산 분배하는 것을 주된 목적으로 하는 것이므로, 부부가 이혼을 할 때 쌍방의 협력으로 이룩한 재산이 있는 한, 법원으로서는 당사자의 청구에 의하여 그 재산의 형성에 기여한 정도 등 당사자 쌍방의 일체의 사정을 참작하여 분할의 액수와 방법을 정하여야 하는바, 이 경우 부부 일방의 특유재산은 원칙적으로 분할의 대상이 되지 아니하나 특유재산일지라도 다른 일방이 적극적으로 그 특유재산의 유지에 협력하여 그 감소를 방지하였거나 그 증식에 협력하였다고 인정되는 경우에는 분할의 대상이 될 수 있다고 할 것이다(대법원 1998. 2. 13. 선고 97므1486,1493 판결, 2001. 6. 12. 선고 2001므565 판결 등 참조).

위와 같은 법리와 관련 증거를 기록에 비추어 살펴보면, 원심이 이 사건 전을 재산분할의 대상으로 인정한 것은 정당하다.

(ⅱ) 이 사건 전의 가액에 대하여

그러나 원심이 이 사건 전의 가액을 109,500,000원 상당이라고 인정한 것은 수긍할 수 없다.

재산분할액 산정의 기초가 되는 재산의 가액은 반드시 시가감정에 의하여 인정하여야 하는 것은 아니지만 객관성과 합리성이 있는 자료에 의하여 평가하여야 할 것인바(대법원 1995. 10. 12. 선고 95므175,182 판결, 1999. 6. 11. 선고 96므1397 판결, 2000. 1. 28. 선고 99므1909,1916 판결 등 참조), 갑 제5호증의2(부동산등기부등본)는 이 사건 전의 시가를 인정할 만한 자료가 될 수 없는 것이고, 이 사건 전의 가액에 관한 자료로는 상대방이 제출한 개별공시지가확인서가 있을 뿐인데 이에 의하면, 이 사건 전에 관한 공시지가가 2001. 1. 1.을 기준으로 ㎡당 7,070원임을 알 수 있으므로 협의이혼 당시 이 사건 전의 공시지가가 25,593,400원(=3,620㎡×7,070원) 상당임을 인정할 수 있을 뿐이고, 이 사건 전의 가액이 원심 인정과 같이 109,500,000원 상당이라는 점에 관하여는 상대방의 주장 외에는 달리 이를 인정할 만한 자료가 없다고 할 것이다.

결국, 이 사건 전에 관한 원심의 가액산정은 객관성과 합리성이 있는 자료에 의한 것이라고 볼 수 없으니, 원심에는 채증법칙에 위반하여 재산분할의 대상인 재산의 가액에 관한 사실을 오인하였거나 그 가액산정에 관한 법리를 오해함으로써 판결에 영향을 미친 위법이 있다고 할 것이다. 따라서 이 점을 지적하는 이 부분 재항고이유의 주장은 이유 있다.

(2) 이 사건 퇴직금이 재산분할의 대상이 되는지 여부에 대하여

X가 장래에 퇴직할 경우 받게 될 퇴직금 138,000,000원을 재산분할의 대상으로 본 것은 수긍할 수 없다.

부부 일방이 아직 퇴직하지 아니한 채 직장에 근무하고 있을 경우 그의 퇴직일과 수령할 퇴직금이 확정되었다는 등의 특별한 사정이 없다면, 그가 장차 퇴직금을 받을 개연성이 있다는 사

정만으로 그 장래의 퇴직금을 청산의 대상이 되는 재산에 포함시킬 수 없고, 장래 퇴직금을 받을 개연성이 있다는 사정은 민법 제839조의2 제2항 소정의 재산분할의 액수와 방법을 정하는데 필요한 '기타 사정'으로 참작되면 족하다고 할 것이다(대법원 1995. 5. 23. 선고 94므1713,1720 판결; 1998. 6. 12. 선고 98므213 판결 등 참조).

그럼에도 불구하고, 원심이 재항고인의 퇴직일과 수령할 퇴직금이 확정되었다는 등의 특별한 사정도 없이 그 판시 장래 받게 될 퇴직금을 재산분할의 대상으로 삼았으니, 원심은 재산분할의 대상에 관한 법리를 오해함으로써 판결에 영향을 미친 위법을 저질렀다고 할 것이다. 따라서 이 점을 지적하는 이 부분 재항고이유의 주장도 이유 있다.

(3) 보험금이 재산분할의 대상이 되는지 여부에 대하여

원심이 상대방이 주장하는 교통안전보험금과 동양생명보험 주식회사의 보험금을 재산분할의 대상으로 본 것은 수긍할 수 없다.

기록에 의하더라도 재항고인이 그 판시 상대방의 교통사고로 인하여 2000. 5.경까지 사이에 교통안전보험금 13,800,000원을, 2000. 6. 20. 동양생명보험 주식회사로부터 보험금 12,300,000원 남짓을 각 상대방을 대리하여 수령한 사실이 있는지 여부가 불분명할 뿐 아니라 기록상 위 각 보험금은 상대방을 보험수익자로 한 상대방의 특유재산으로 보이고, 그 보험금이 당사자 쌍방의 협력으로 이룩한 재산이라고 볼 만한 자료가 없으므로, 가사 재항고인이 이를 수령하였다 하더라도 재항고인으로서는 상대방에 대하여 동액 상당의 지급의무를 부담한다고 할 것이고, 이와 같은 채무는 재산분할과는 별도로 존속하는 것이라고 할 것이어서 재항고인이 위 각 보험금을 수령하였다 하더라도 그 수령한 금원을 재산분할의 대상으로 삼을 수는 없다고 할 것이다.

그럼에도 불구하고, 위 각 보험금을 재산분할의 대상으로 삼은, 원심은 재산분할의 대상에 관한 법리를 오해함으로써 판결에 영향을 미친 위법을 저질렀다고 할 것이다. 따라서 이 점을 지적하는 이 부분 재항고이유의 주장 역시 이유 있다.

3. 청산의 대상이 되는 채무에 대하여

부부 일방이 혼인 중 제3자에게 부담한 채무는 일상가사에 관한 것 이외에는 원칙으로 그 개인의 채무로서 청산의 대상이 되지 않으나 그것이 공동재산의 형성에 수반하여 부담한 채무인 경우에는 청산의 대상이 된다고 할 것이다(대법원 1996. 12. 23. 선고 95므1192,1208 판결; 대법원 1998. 2. 13. 선고 97므1486,1493 판결 등 참조).

기록에 의하면, X는 1999. 11. 2. 농업협동조합중앙회 강릉시지부로부터 가계일반자금대출 명목으로 2,000만원을 대출받아 협의이혼 당시 대출잔액이 있었음을 알 수 있고, X의 위 대출금채무는 일상가사에 관한 것이거나 적어도 부부 공동재산의 형성에 수반하여 부담한 채무일 가능성이 많아 보인다.

따라서 원심으로서는 이 부분 채무가 청산의 대상이 되는지 여부에 관하여 심리할 필요가 있었다고 할 것인데도 이에 관하여 아무런 심리를 하지 아니하였으니, 원심은 재산분할에 있어서 청산의 대상이 되는 채무에 관한 심리를 다하지 아니함으로써 판결에 영향을 미친 위법을 저질

렀다고 할 것이다. 이 점을 지적하는 이 부분 재항고이유의 주장 또한 이유 있다.

[참조조문]
민법 제839조의2(재산분할청구권)

(7) 재산분할청구권 보전을 위한 사해행위취소권

2007. 12. 21. 신설된 재산분할청구권 보전을 위한 사해행위취소권은 부부의 일방이 다른 일방의 재산분할청구권 행사를 해함을 알면서도 재산권을 목적으로 하는 법률행위를 한 때에는 다른 일방은 민법 제406조 제1항을 준용하여 그 취소 및 원상회복을 가정법원에 청구할 수 있다(제839조의3 제1항). 또한 제1항의 소는 민법 제406조 제2항의 기간 내에 제기하여야 한다(제839조의3 제2항). 이는 제3자를 보호하는 측면보다는 혼인생활 중 공동의 협력으로 취득한 공동재산이 일방배우자의 소유로 되어 있는 경우 다른 배우자의 잠재적 지분의 재산이 고의로 멸실되는 것을 방지하기 위하여 제정한 것이다.

(8) 재산분할청구권의 상속

재산분할청구권은 재산적 의미가 강한 것이므로 상속이 가능하다고 볼 수 있다. 다만 재산분할청구권의 요소 중에서 부양적 요소에 해당하는 부분은 상속되지 않는 것으로 본다. 재산분할청구권의 상속도 일단 이혼이 성립된 후에 가능하다. 이혼소송과 재산분할청구가 병합된 경우, 배우자 일방이 사망하면 이혼의 성립을 전제로 하여 재산분할청구 역시 이혼소송의 종료와 동시에 종료한다(대법원 1994. 10.28. 선고 94므246,253 판결). 그러나 재산분할심판청구 이후 일방 당사자인 소외인이 사망한 경우 그 상속인들에 의한 수계를 허용함이 상당하고, 분할의무는 의무자의 상속인에게 승계된다(대법원 2009. 2. 9.자 2008스105 결정).

(9) 재산분할과 증여세

재산분할제도는 본질적으로 혼인중 공동의 협력하여 이룬 재산을 청산하는 것으로 이것은 일방배우자가 잠재적인 자신의 지분을 분할받는 것이기 때문에 일방이 다른 일방에게 무상으로 재산을 수여하는 증여와는 다르다. 그렇기 때문에 이에 증여세를 부과하는 것은 합당하지 않다. 헌법재판소는 재산분할시 증여세를 부과하는 것은 조세법률주의에 위배된다고 결정하였다(헌재 1997. 10. 30. 선고 96헌바14 결정). 재산분할로 이전 받은 부동산을 후일 양도하게 되는 경우 그 양도차익의 산정은 재산분할을 원인으로 하는 소유권이전시가 아니라 그 부동산의 최초 취득시를 기준으로 한다(대법원 2003. 11. 14. 선고 2002두6422 판결).

(10) 재산분할청구권의 소멸

재산분할청구권은 2년의 제척기간으로 소멸한다(제839조의2 제3항). 즉 재산분할청구권은 이혼한 날로부터 2년 내에 행사하여야 하고 그 기간에 행사하지 않으면 이를 청구할 수 없다. 이 때 2년이라는 기간은 일반 소멸시효기간이 아니라 제척기간으로서 그 기간이 도과하였는지 여부는 당사자의 주장에 관계없이 법원이 당연히 조사하여 고려할 사항이다.

6절 ≫ 사실혼

Ⅰ. 서 설

1. 사실혼의 개념

민법상 혼인은 혼인의사의 합치와 혼인신고를 통해 그 효력을 인정하고 있기 때문에 법률혼이 아닌 그 밖의 남녀의 생활공동체는 비혼인 공동체이다. 여기에는 사실혼 관계, 동거관계 등이 있다. 민법상 사실혼은 사실상 부부로서 혼인한 부부와 같은 공동생활을 하고 있으나 단지 혼인신고를 하지 않았기 때문에 법률혼으로 인정되지 않는 부부관계를 의미한다(김주수·김상용, 2008, 245면). 이에 반해 동거는 사실혼과는 달리 혼인의사가 없거나 혼인의사가 불명확한 남녀결합 관계를 말하며, 법의 영역에서 제외되고 있다.

민법상 사실혼에 대한 규정은 없으나 사실혼은 법원의 판례를 통해 법적으로 보호되고 있다. 또한 여러 개별법에서 "사실상 혼인관계에 있는 자"(사실혼 배우자)를 배우자의 개념에 포함시켜 보호되고 있다.

2. 사실혼의 역사적 배경

우리나라에서 사실혼이 법적 보호를 받을 수 있었던 것에는 역사적 배경을 근거로 한다. 우리나라에서 혼인은 오랫동안 六禮를 거행하는 전통적 의식의 절차였으며, 혼인예식을 거친 두 남녀는 합방을 시작으로 부부 공동생활을 시작하게 되고, 부부로써 인정받았다. 형편에 따라 이러한 의식을 거행하지 않더라도 다른 증거에 의하여 혼인으로 인정되었다. 이런 의미에서 우리의 전통적 혼인은 혼인예식과 부부공동생활의 실체인 사실혼에 있다고 할 수 있을 것이다.

그러나 1923년 조선민사령(1912년)에 의하여 일본민법이 의용되면서 법률혼이 정착되었다. 이 과정에서 기존의 관습대로 혼인신고를 하지 않은 부부는 다수에 이르게 되었으며, 이들을 법적으로 보호할 필요성이 발생하게 되었다.

Ⅱ. 사실혼의 성립요건

1. 성립요건

사실혼의 성립요건으로는 주관적 요건으로 당사자 간에 혼인의사의 합치가 필요하다. 객관적 요건으로는 당사자에게 사회 관념상 부부 공동생활로 인정될 수 있는 부부공동체의 실체가 있어야 한다(대법원 1987. 2. 10. 선고 86므70 판결; 대법원 2001. 1. 30. 선고 2000도4942 판결). 단순한 동거 또는 간헐적인 정교관계를 맺고 있다는 사정만으로는 사실혼으로 보호받기 부족하다고 보았다(대법원 2001. 1. 30. 선고 2000도4942 판결). 국가유공자의 처가 국가유공자 외의 자와의 사이에 자식을 출산하고 그 출산을 전후한 약 2개월 동안 동거 또는 간헐적인 정교관계가 있은 경우, 그것만으로는 서로 혼인의사의 합치나 혼인생활의 실체가 존재한다고 보여지지 않는다는 이유로 사실상의 혼인관계의 성립을 부정하였다(대법원 2001. 1. 30. 선고 2000도4942 판결).

통상 실무에서 남녀가 결혼식을 하였다면 당사자 간 혼인의사가 있는 것으로 간주한 한다. 사례에서 결혼식을 하고 신혼여행까지 다녀왔으나 부부공동생활을 하기 전에 파탄에 이르러 헤어지게 되는 경우 비록 사실혼으로서도 아직 완성되지 않았다고 할 것이나, 이러한 경우라도 통상 부부공동생활로 이어지는 것이 보통이고, 또 그 단계에서의 남녀 간의 결합의 정도는 약혼 단계와는 확연히 구별되는 것으로서 사실혼에 이른 남녀 간의 결합과 크게 다를 바가 없다고 할 것이므로, 책임있는 일방에 대하여 정신적 손해배상을 청구할 수 있다고 하였다(대법원 1998. 12. 8. 선고 98므961 판결).

사실혼 성립요건에서 요구되는 '혼인의사'의 합치는 의문의 여지가 있다. 혼인의사는 혼인신고의사까지 포함하는 것으로 이해한다면 사실혼의 경우에 이러한 신고의사가 있는 경우란 드물 것이다. 이에 주관적인 의사없이 객관적인 공동생활을 영위하는 것으로 이해하면 충분하다고 본다(윤진수, 132면).

호주는 사실상 관계의 요건은 이들 커플이 법적으로 혼인 또는 가족 관계에 있지 않으며, 관계의 모든 상황을 고려할 때, 그들이 진정으로 국내에서 공동생활을 하는 커플로서 살아가는 관계를 '사실상 관계'로 정의한다(FAMILY LAW ACT 1975－SECT 4AA(1)). 사실상 관계'의 여부에 대하여 법원이 이를 판단하나 위의 판단을 용이하게 하기 위하여 입법에 반영된 것들은 관계의 기간, 공동생활의 성격, 성적인 관계 여부, 경세적 의존 여부 또는 정도, 상호간의 부양, 재산의 소유권, 자녀 대한 돌봄과 지원, 주법에 따른 등록 여부 등이다. 법원은 사안에 따라 적절하게 가중치를 두어 판단하고 있다(FAMILY LAW ACT 1975－SECT 4AA(2)).

한편 혼인장애사유가 관계도 사실혼으로서 보호 받을 수 있는가가 문제이다. 사례에서 형부와 사실혼관계에 있던 처제가 2005. 3. 31. 개정된 민법 시행 후 형부가 사망하자 유족연금을 신청하였다. 판례는 공무원연금법에 의한 유족연금의 수급권자인 배우자에 대해 근친혼 범위에 속하는 사실혼 관계에서는 무효혼에 해당되면 이를 인정할 수 없지만 혼인취소 사유에 해당하는 사실혼 관계는 인정되어야 할 것이라고 하였다(대법원 2010. 11. 25. 선고 2010두14091 판결).

Ⅲ. 사실혼의 효과

사실혼에 대한 법적 보호는 법률혼에 준하는 범위 안에서 인정하고 있으며, 사실혼은 준혼이론에 의거하여 혼인신고를 통해 인정받을 수 있는 것을 제외하면, 대부분 혼인한 부부간에 권리·의무 관계가 동일하게 발생한다고 할 수 있다.

혼인의 신분적 효과인 동거·부양·협조의 의무가 있고 또한 정조의무가 있다고 보아야 한다. 이러한 당사자 사이의 관계는 제3자에 대해서도 보호되어야 한다. 판례는 사실혼의 처와 성관계를 가진 제3자에 대하여 사실혼의 부는 불법행위로 인한 손해배상청구를 할 수 있다고 판시하였다(대법원 1961. 10. 19. 선고 4293민상531 판결). 사실혼관계를 부당하게 간섭하여 파탄시킨 자 등에게 불법행위로 인한 재산상·정신상의 손해배상을 청구할 수 있다(대법원 1983. 9. 27. 선고 83므26 판결).

재산상의 효과는 제3자에게 미치는 영향이 크기 때문에 혼인의 법적 효과를 그대로 인정하는 것은 곤란하다. 따라서 부부재산계약은 인정하지 않는 것이 타당하나 법정재산제에 관한 규정은 부부별산을 전제로 하고 또한 부부 일방과 거래한 제3자의 보호에 관한 것이기 때문에 사실혼에도 준용되는 것으로 보아야 한다. 즉, 재산은 별산제이고 귀속불명한 재산은 부부의 공유로 추정되며(제830조, 제831조), 또 서로 대리권이 인정되고(제827조), 부부의 공동생활비용은 특약이 없는 한 부부가 공동으로 부담한다(제833조). 또 사실혼 부부의 공동생활에 의한 일상가사의 처리에 대하여는 민법 제832조를 유추 적용하여야 한다. 판례도 혼인생활비용의무는 물론 일상가사대리권과 일상가사의 연대책임도 제3자 보호를 위해 준용하고 있으며(대법원 1980. 12. 23. 선고 80다2176 판결). 표현대리의 규정도 마찬가지로 적용하고 있다(대법원 1984. 6. 26. 선고 81다524 판결).

또한 제3자가 부당한 간섭으로 사실혼관계를 파탄에 이르게 하거나 제3자의 불법행위로 사실혼 배우자에게 상해를 입혔을 경우, 다른 일방은 이에 대한 정신적 물질적 손해배상을 청구할 수 있다. 또한 사실혼의 해소시 파탄의 무책자는 유책자에게 이에 대한 손해배상과 재산분할을 청구할 수 있다. 그러나 사실혼 배우자 간은 친족관계가 성립되지 않으며, 그로 인해 인척관계도 성립되지 않는다. 다만, 판례는 「성폭력범죄의 처벌 및 피해자보호 등에 관한 법률」 제7조 제5항의 "사실상의 관계에 의한 친족"에 중혼적 사실혼으로 인하여 형성된 인척도 해당된다고 본다(대법원 2002. 2. 22. 선고 2001도5075 판결).

사실혼 배우자의 상대 배우자가 사망한 경우 그에 대한 상속권이 인정되지 않는다. 또한 이들 배우자 간에 출생한 공동의 자는 혼인 중의 자가 아닌 혼인 외의 자가 된다.

기타 민법 외에도 사회보장법상 "사실상 혼인관계에 있는 자"를 배우자의 개념에 포함시켜 이를 보호하고 있다. 예를 들어 근로기준법시행령 제50조는 「유족이라 함은 근로자의 배우자(사실혼관계에 있는 자를 포함한다. 이하 같다) …」라고 규정하고 있으며, 그 밖의 공무원집행규정 제17조 제2항, 법원직원집행규정 제13조 제2항, 주택임대차보호법 제9조 등이 이에 속한다. 자동차종합보험약관도 사실혼 배우자를 승낙피보험자로 들고 있다(대법원 1994. 10. 25. 선고 93다39942 판결).

Ⅳ. 사실혼의 해소

사실혼은 사실상의 관계를 기초로 하여 성립하는 것이므로 당사자의 사망이나 실종선고, 사실혼해소의 합의, 일방당사자에 의한 파기로 인하여 혼인의 확정·신고에 의하여서도 사실혼관계는 해소된다고 할 수 있다. 또 합의에 의한 사실혼관계의 해소는 협의이혼에 준하는 것으로 볼 수 있겠으나 합의에 의하지 않은 해소는 유책당사자에 대한 손해배상책임의 문제가 대두될 수 있다.

1. 사실혼의 해소와 손해배상청구

우리 민법은 사실혼관계를 준혼관계로 보고 있기 때문에 사실혼에 대한 일방 당사자가 정당한 이유없이 일방적으로 사실혼관계를 파기함에 있어서 타방 당사자는 이에 대하여 손해배상을 청구할 수 있다(대법원 1977. 3. 22. 선고 75므28 판결; 대법원 2009. 2. 9.자 2008스105 결정). 이때 '정당한 사유'와 관련해서 「성기능이 불완전함에도 불구하고 이를 숨긴 채 그 처와 형식상 혼례식을 거행하고 젊은 부부로서 약 6개월간에 걸쳐 신혼생활을 하는 동안 한 번도 성교관계가 없었다면 정상적인 혼인생활을 원하는 처로서는 정신상의 고통을 받았음직하다」라고 판시하였다(대법원 1966. 1. 31. 선고 65므65 판결). 판단기준은 재판상 이혼원인에 관한 민법 제840조 및 혼인취소사유에 관한 민법 제816조의 규정이 참작될 것이며, 사실혼 관계의 구체적인 사정에 따라 종합적으로 고려되어야 할 것이다.

불법행위로 인한 손해배상청구권의 소멸시효는 민법 제766조에서 "① 불법행위로 인한 손해배상의 청구권은 피해자나 그 법정대리인이 그 손해 및 가해자를 안 날로부터 3년간 이를 행사하지 아니하면 시효로 인해 소멸한다. ② 불법행위를 한 날로부터 10년을 경과한 때에도 전항과 같다"고 규정하고 있다. 이때 '손해를 안 날'이라 함은 손해의 발생, 위법한 가해행위의 존재, 가해행위와 손해의 발생과의 사이에 상당인과관계가 있다는 사실 등 불법행위의 요건사실과 같고 현실적이고도 구체적으로 인식하였을 때를 의미한다고 할 것이다. 그러나 손해의 액수나 정도를 구체적으로 알아야 할 필요는 없다. 피해자 등을 현실적이고도 구체적으로 인식할 것으로 볼 것인지는 개별적 사건에 따라 여러 객관적 사정을 참작하여 고려되어져야 할 것이다(대법원 1989. 9. 26. 89다카6584 판결; 대법원 1995. 2. 10. 선고 94다30263 판결; 대법원 1995. 11. 14. 선고 95다30352 판결; 대법원 1996. 8. 23. 선고 95다33450 판결; 대법원 1998. 8. 21. 선고 97므544,551 판결). 「사실혼관계의 부당파기로 인한 위자료의 액수산정은 반드시 이를 증거에 의하여 입증할 수 있는 성질의 것이 아니므로 법원은 유책행위에 이르게 된 경위와 정도, 파탄의 원인과 책임, 당사자의 연령·직업·가족 등의 상황과 재산상태 등 여러 가지 사정을 참작하여 경험칙에 반하지 않는 범위 내에서 그 직권에 의하여 액수를 결정할 것이다」라고 판시하고 있다.

2. 사실혼의 해소와 재산분할청구

사실혼관계가 해소된 경우, 사실혼 당사자 사이의 재산분할에 관한 준용규정이 없어 민법상 재산분할청구(제839조의2)를 사실혼에도 유추 적용할 수 있는지의 여부가 문제된다. 이에 대한 학설은 긍정설(통설)과 부정설로 나뉘며, 대부분 이를 긍정하고 있다(통설). 긍정설은 법률혼에 관한 민법규정은 그 효과가 당사자의 내부관계를 규율하는 경우에는 사실혼에 있어서도 준용될 수 있는 것으로 본다. 이는 재산분할에 관한 규정은 부부의 생활공동체라는 실질에 비추어 인정되는 것이므로 사실혼관계에도 준용 또는 유추적용할 수 있다는 것이다. 부정설은 "자에 대한 양육자 지정청구가 사실혼 관계나 일시적인 정교관계로 출생한 자에 대해 민법 제837조의 규정을 확대해석할 수는 없다는 대법원 판례

(대법원 1979. 5. 8. 선고 79므3 판결)에 비추어 볼 때, 가사소송법상 사실혼이 해소되는 경우에 재산분할청구를 할 수 있다는 명문의 규정이 없는데도 이를 인정하는 것은 의문이며, 이에 사실혼해소시 재산분할을 인정할 수 없다고 한다(이상훈, "이혼에 따른 재산분할청구사건의 재판실무상 문제점에 관한 고찰", 법조, 1993.5, 91면). 그러나 대법원은 재산분할에 관한 규정에서 부양적 의미가 아닌 부부재산의 청산적 의미는 부부의 생활공동체라는 실질에 비추어 인정되는 것이므로 사실혼 관계에도 이를 준용 또는 유추 적용할 수 있다고 판시하고 있다(대법원 1995. 3. 10. 선고 94므1379, 94므1386 판결; 대법원 1993. 11. 23. 선고 93므560 판결; 대법원 1993. 8. 27. 선고 93므447,454 판결; 대법원1995. 3. 10. 선고 94므1379 1386 판결; 대법원 1995. 3. 28. 선고 94므1584 판결).

재산분할의 대상이 되는 재산은 당사자가 공동의 협력으로 이룩한 재산이다. 이때 한 당사자가 자기 명의로 재산을 취득한 경우, 그것은 특유재산으로 분할대상에서 제외된다. 그러나 이러한 재산이라도 공동으로 협력한 상대 당사자의 기여도가 인정된다면 분할대상이 될 수 있다. 이에 대법원(대법원 1993. 5 25. 선고 92므501 판결; 대법원 1933. 6. 11. 선고 92므1054,1061(반소) 판결)은 '일방의 특유재산은 원칙적으로 분할의 대상이 되지 아니하나, 다른 일방이 적극적으로 그 특유재산 유지에 협력하여 감소를 방지하였거나 그 증식에 협력을 하였다고 인정되는 경우에는 이것도 분할의 대상이 될 수 있다'고 판시하였다.

재산분할의 대상이 되는 재산은 반드시 유형의 재산에 한할 필요가 없다. 신종재산으로 대두되고 있는 무형재산으로는 전문적인 자격 등이 있으며 이를 재산분할의 대상으로 삼을 수 있을 것이다. 또한 우리나라에서 민법상 연금을 재산분할의 대상으로 할 것인가에 관한 명문의 규정은 존재하지 않는다. 다만 판례가 '기타의 사정'에 포함시켜 고려하고 있을 뿐이다. 국민연금법에서는 노령연금(가입기간이 20년 이상인 가입자 또는 가입자였던 자가 60세에 달한 때부터 생존하는 때까지 지급받는 연금)의 경우, 혼인기간(배우자의 가입기간 중의 혼인기간)이 5년 이상인 자가 60세가 된 이후에 노령연급수급권자인 배우자와 이혼한 때에는 그때부터 그가 생존하는 동안(재혼기간 동안은 정지) 배우자였던 자의 노령연금을 분할한 일정한 금액의 연금(분할연금)을 지급받을 수 있도록 규정하고 있다(동법 제57조의2 제1항, 제3항). 이 분할연금액은 배우자였던 자의 노령연금액 중 혼인기간에 해당하는 연금액을 균분한 액으로 하며, 분할연금청구권은 소멸시효가 3년이다(동법 동조). 이 분할연금수급권은 그 수급권의 취득 이후 배우자였던 자에게 발생한 사유로 인한 노령연금수급권의 소멸·정지에 의해 영향을 받지 아니한다. 나아가 둘 이상의 분할연금수급권이 발생한 경우 이를 합산하여 취득한다.

3. 사실혼의 해소와 상속

(1) 학설과 판례

사실혼을 준혼관계로 인정하고 있기 때문에 대부분 혼인과 유사하게 법적으로 보호하고 있으나 상속에 있어서도 이를 인정해야 할 것인가는 중요한 문제이다. 이에 대하여 학설은 긍정설과 부정설로 나뉘고 있다. 긍정설은 배우자의 상속권의 기초는 부부공동생활에 그 기초를 두고 있으므로 사실혼 배우자에게 상속권을 인정하는 것이 타당하다고 보고 있다. 또한 이혼 시 재산분할이나 배우자상속권은 모든 부부재산의 청산이나 배우자생활보장이라는 근거를 가지고 있는데, 상속만을 배제하는 것은 균형을 잃는 해석이라고 한다(배경숙·최금숙, 232면; 이경희, 158면). 그러나 부정설의 입장에서는 사실혼은 이를 확정하기 어렵고, 상속에 관한 재산의 귀속은 거래질서와 관련이 있으며, 현행법상 혼인신고를 규정하고 있는 이상, 자신의 혼인의사를 적극적으로 하지 않은 사실혼관계를 혼인과 동일하게 취급할 수 없다고 본다. 또한 상속관계의 획일성의 요청으로 보아 사실혼 부부에게 상속권을 인정하기 위하여 입법적 조치없이는 불가능하며(한봉희, 130면), 재산분할청구 역시 별도의 입법조치가 없는 이상 인정할 수 없다고 본다(통설: 김용한, 161면; 김주수·김상용, 287면; 배경숙, 204면; 박동섭, 204면). 본래 상속은 피상속인의 재산에 대한 권리와 의무를 포괄적으로 승계하는 것으로서 사실혼 배우자에게 이를 인정하는 것은 분쟁의 소지가 많고 공익과도 관련되는 것으로 안정성이 우선되어야 하기 때문에 사실혼 배우자의 상속권을 부정한다. 또한 상속인은 가족관계등록부의 기재에 의한 객관적이고 획일적 처리가 타당하다고 보기 때문에 사실혼 배우자의 상속권을 부정하고 있다. 다만 사실혼 배우자는 피상속인에게 상속인이 없는 경우, 재산의 청산에 있어서 피상속인과 관련된 특별연고자를 위한 상속재산분여제도에 의하여 분여를 받을 수 있다(제1057조의2).

헌법재판소는 사실혼 배우자에게 상속권을 인정하지 아니하는 것은 상속인에 해당하는지 여부를 객관적인 기준에 의하여 파악할 수 있도록 함으로써 상속을 둘러싼 분쟁을 방지하고, 상속으로 인한 법률관계를 조속히 확정시키며, 거래의 안전을 도모하기 위한 것이다. 사실혼 배우자는 혼인신고를 함으로써 상속권을 가질 수 있고, 증여나 유증을 받는 방법으로 상속에 준하는 효과를 얻을 수 있으며, 근로기준법, 국민연금법 등에 근거한 급여를 받을 권리 등이 인정된다. 따라서 이 사건 법률조항이 사실혼 배우자의 상속권을 침해한다고 할 수 없다고 하였다(헌재 2014. 8. 28. 선고 2013헌바119 결정). 대법원은 사실혼관계가 일방당사자의 사망으로 인하여 종료되었을 때 생존배우자에게 재산분할청구권을 인정할 수 없다고 판결하고 있다(대법원 2006. 3. 24. 선고 2005두15595 판결).

Ⅴ. 사실혼관계존재확인의 청구

1. 사실혼관계존재확인의 소 제도의 의의

사실혼의 부부 중 일방이 혼인신고에 협조하지 않으면 타방은 일방적으로 혼인신고를 할 수는 없다. 이 경우 일방은 사실혼관계를 사실혼관계존부확인의 소를 통해 확인 받을 수 있다. 후일 일방 배우자가 갑자기 사망하는 경우 사실혼관계를 증명하는데 문제가 발생할 수 있기 때문에 이러한 확인의 소는 사실혼관계 중에 하는 것이 바람직하다. 그러나 일방의 사망 후에도 불가능한 것은 아니다. 우리나라는 특이하게 이러한 상황을 해소할 수 있는 제도를 두고 있다. 즉, 사실혼관계존재확인의소는 일방 당사자가 혼인신고를 미루고 있을 때 타방이 이에 대한 확인의 소를 제기하여 혼인을 성립시키는 제도라고 할 수 있다.

2. 조정혼인

사실상 혼인관계존부확인의 소(가소법 제2조 제1항 나류 1호)를 청구하고자 하는 자는 먼저 조정을 신청하여야 한다(가소법 제50조). 이러한 신청을 통해 조정에 의해 성립하는 혼인을 조정혼인이라고 한다. 조정은 재판과 같은 것은 아니지만, 합의가 이루어지면 그 사항을 조서에 기입하게 되며, 그 기재내용은 재판상 화해와 동일한 것으로 확정판결과 같은 효력을 갖게 되어 성립하게 되는 것이다.

3. 재판혼인

조정혼인이 성립되지 않으면 당사자는 사실상혼인관계존부확인의 소를 청구할 수 있다(가소법 제2조 제1항 나류 1호). 이러한 청구에 의하여 심판으로써 성립되는 혼인을 재판혼인이라 한다. 이는 사실혼을 사실관계로서만 있게 하지 말고 사회정의와 형평의 이념 및 기타 사정을 충분히 반영한 법원의 판단에 의하여 그것을 법률관계, 즉 법률상의 혼인으로 인정하여 보호하자는 데 그 목적이 있다.

사실상 혼인관계존재확인의 소는 이들 당사자 간 자녀가 있을 경우 사실혼관계의 혼외자를 준정에 의한 혼인중의 자로 할 수 있고, 장래 일방배우자의 사망시 타방은 이에 대한 상속권을 확보할 수 있어 사실상 혼인관계존재확인은 이에 따른 실효성이 있다.

그러나 이 제도가 혼인신고와 동일한 것은 아니며, 사실상 존재확인의 소의 법적 성질과 관련하여 다수설은 확인의 소로 보는 반면 소수설은 법률상 혼인관계를 창설하는 형성의 소로 파악한다. 판례는 확정판결이 있더라도 이로써 혼인관계가 형성되는 것은 아니고 가족관계등록법에 따라 신고가 있어야만 혼인이 성립하는 확인의 소라는 입장이다(대법원 1973. 1. 16. 선고 72므25 판결).

조정이나 심판이 확정되면 확정된 날로부터 1개월 이내에 재판서의 등본 및 확정증명서를 첨부하여 혼인신고를 하여야 한다(가족관계등록법 제72조). 판례는 이를 창설적 신고로 보고 있으나(대법원 1973. 1. 16. 선고 72므25 판결), 학설은 보고적 신고로 본다.

(1) 사실혼관계 일방의 사망과 사실혼관계존재확인청구

사실혼관계에 있던 당사자 일방이 사망한 경우, 검사를 상대로 사실혼관계존재확인청구를 할 수 있는가? 이에 대하여 법원은 일반적으로 과거의 법률관계는 확인의 소의 대상이 될 수 없으나, 혼인 입양과 같은 신분관계나 회사의 설립, 주주총회의 결의무효, 취소와 같은 사단적 관계, 행정처분과 같은 행정관계와 같이 그것을 전제로 하여 수많은 법률관계가 발생하고 그에 관하여 일일이 개별적으로 확인을 구하는 번잡한 절차를 반복하는 것보다 과거의 법률관계 그 자체의 확인을 구하는 편이 관련된 분쟁을 일거에 해결하는 유효·적절한 수단일 수 있는 경우에는 예외적으로 확인의 이익이 인정된다.

사실혼관계에 있던 당사자 일방이 사망하였더라도, 현재적 또는 잠재적 법적 분쟁을 일거에 해결하는 유효·적절한 수단이 될 수 있는 한, 그 사실혼관계 존재확인청구에는 확인의 이익이 인정되고, 이러한 경우 친생자관계존부확인청구에 관한 민법 제865조와 인지청구에 관한 민법 제863조의 규정을 유추·적용하여, 생존 당사자는 그 사망을 안 날로부터 1년 내에 검사를 상대로 과거의 사실혼관계에 대한 존부확인청구를 할 수 있다고 판시하고 있다(대법원 1995. 3. 28. 선고 94므1447 판결).

(2) 사실혼관계존재확인과 혼인신고

1) 사망자와의 사실혼관계존재확인의 심판이 있는 경우 혼인신고의 수리가 가능한가? 2) 가족관계등록 공무원의 형식적 심사권의 대상에 그 혼인 당사자의 생존 여부에 대한 조사도 포함되어 있는가?

사실혼관계의 존재를 확인하는 심판이 확정되더라도 이로써 그 일방당사자가 가족관계등록법 제76조의2의 규정에 의하여 단독으로 혼인신고를 할 수 있는 길이 열리는 것일 뿐이고 그 심판확정으로 곧 그 당사자 간에 법률상의 혼인관계가 형성되는 것은 아니며 신고혼주의를 취하는 우리 법제 아래서는 혼인신고가 있어야만 비로소 법률상 혼인이 성립되는 것인바(같은 취지의 당원 1973. 1. 16. 선고 72므25 판결 참조) 우리법상 사망자 간이나 생존한 자와 사망한 자 사이의 혼인은 인정되는 것이 아니므로 사망자와의 사실혼관계존재확인의 심판이 있다 하더라도(사망자와의 사실혼관계존재확인을 구할 수 있는지 여부는 별론으로 한다), 이미 당사자의 일방이 사망한 경우에는 혼인신고특례법이 정하는 예외적인 경우와 같이 그 혼인신고의 효력을 소급하는 특별한 규정이 없는 한 이미 그 당사자 간에는 법률상의 혼인이 불가능하므로 이러한 혼인신고는 받아들여질 수 없다. 그리고 혼인이 생존한 사람들 간에서만 이루어질 수 있는 것인 이상 가족관계등록 공무원의 형식적 심사권의 대상에는 그 혼인의 당사자가 생존하였는지 여부를 조사하는 것도 당연히 포함된다고 할 것이다(대법원 1991. 8. 13.자 91스6 결정).

Ⅵ. 중혼적 사실혼

중혼적 사실혼은 사실혼관계에 있는 배우자의 일방이 이미 법률상의 배우자가 있는 경우를 말한다. 부부 사이에 이혼에 대한 합의가 없었다고 하더라도 장기간 별거상태로 부부로서의 혼인공동체의 실체가 없었고, 또한 양방이 혼인공동체로 복귀할 의사가 전혀 없다면 이를 '사실상 이혼'으로 보아야 한다는 견해가 있으며(이경희, 110면), '사실상 이혼상태'에 있는 경우 등 특별한 경우에는 중혼적 사실혼을 보호할 수 있다고 보고 있다(김주수·김상용, 180면; 배경숙·최금숙, 151면).

그동안 판례는 중혼적 사실혼이 특별한 사정이 없는 한 이를 인정하지 않았다(대법원 1995. 7. 3.자 94스30 결정; 대법원 1996. 9. 20. 선고 96므530 판결; 대법원 1995. 9. 26. 선고 94므1638 판결; 대법원 2001. 4. 13. 선고 2000다52943 판결; 대법원 2007. 2. 22. 선고 2006두18584 판결). '특별한 사정'에서 있어서도 법률혼 관계의 배우자가 행방불명되거나 그와 장기간 별거한 경우에도 특별한 사정이 있다고 인정하지 않았다. 그러나 대법원은 2009. 12. 24. 선고 2009다64161 판결에서 중혼적 사실혼도 중혼과 마찬가지로 관계가 취소되기 전에는 유효하게 존속되어 보호할 필요가 있다는 판결을 한 바 있다. 이에 계속적으로 중혼적 사실혼관계를 인정하는 판결이 뒤따랐다(대법원 2009. 12. 24. 선고 2009다64161; 대법원 2010. 9. 30. 선고 2010두9631 판결; 대법원 2019. 11. 21.자 2014스44 전원합의체 결정).

중혼적 사실혼으로 인하여 형성된 인척이 성폭력범죄의 처벌 및 피해자보호 등에 관한 법률 제7조 제5항 소정의 '사실상의 관계에 의한 친족'에 해당하는지의 여부에 대해 판례는 '중혼에 해당하는 혼인이라도 취소되기 전까지는 유효하게 존속하는 것이므로 중혼적 사실혼이라 하여 달리 볼 것은 아니다'라고 판시하였다(대법원 2002. 2. 22. 선고 2001도5075 판결).

관련판례 3.14 사실혼관계 해소로 인한 손해배상

1. 사실관계

A는 맹인으로서 안마사 생활을 하던 중 1979. 3. 23. 소외인 B와 혼인하였으나 소외인 B가 무단가출을 한 후, A는 1983. 10. 20.경 역시 맹인으로서 안마사인 C를 소개받아 사귀다가 결혼식을 올리지 않은 채 그 해 11월경부터 A 소유의 주택에서 사실상의 부부로 동거생활을 시작하였다. 그 후 안마원 영업이 잘되어 부부관계가 원만하였고 A는 당시 무단가출하여 사실상 이혼상태에 있던 호적상의 처인 소외인 B를 상대로 이혼심판청구를 하였고, 1989. 11. 7.자로 이혼심판이 확정되자 1990. 7. 28. 이혼신고를 마쳤다.

C(원고)는 A(피고)와 동거한 이후부터 사실혼관계가 성립되었음을 주장한다. C의 장은 받아들여질 수 있는가?

2. 대법원판결요지(대법원 1995. 9. 26. 선고 94므1638 판결)

법률상의 혼인이 해소되지 아니한 상태에서 다시 2중으로 제3자와 사실혼관계를 맺는 것을 시인할 수는 없는 것이다. 이런 점에서, 원심이 피고와 소외인 사이의 혼인이 이혼심판으로 해소되기 전에도 원고와 피고 사이에 사실혼관계가 성립되었다고 판단한 것은 사실혼관계에 대한 법리를 오해한 것이라 할 것이다. 다만, 원·피고 사이의 관계는 피고가 소외인과 이혼한 다음에는 법률상 보호를 받을 수 있는 사실혼관계로 되었다는 취지의 판단은 위 사실관계에 비추어 정당하다고 할 수 있다.

그러나 그 이전의 관계는 특별한 사정이 없는 한, 이를 사실혼으로 인정하여 법률혼에 준하는 보호를 할 수 없다.

[관련조문]

민법 제800조, 제839조의2, 제843조

친족상속법

4장

부모와 자

Chapter 04

부모와 자

1절 서 설

Ⅰ. 친자법의 의의

근대의 친자관계는 부모가 미성숙한 자를 보호·양육하는 것을 중심으로 하며, 이것을 법적으로 보장하기 위한 제도가 친자법이다(제913조).

통상 친자법은 부모의 보호·양육을 의무로 한 친자관계의 발생·변경·소멸과 친자간의 권리의무관계로 성립된다. 전자에 관한 것은 어떤 경우에 법적인 친자관계가 생기는가? 하는 것이다. 민법은 이에 대하여 몇 가지 경우를 예정하고 있다. 이에 친생자와 양자를 우선적으로 구별하고 있으며, 후자에 대해서는 특별히 친권이 중요하다.

Ⅱ. 친자관계의 종류

민법에서 친자관계는 몇 가지의 그룹으로 나뉜다(친자관계 전체도 참조). 친자관계는 우선 크게 친생자와 양자로 나뉜다. 이는 자연적인 혈연관계의 유무에 의해 구별된다. 또한 친생자는 혼인중의 자와 혼인외의 자로 구별된다. 이 구별 자체가 오늘날 의미가 있는가 하는 의문이 있을 수 있지만, 현행법에 있어서는 혼인중의 자와 혼외자 사이에서 친권자에 대한 취급을 달리하고 있으며, 또한 친생추정을 받는자와 추정을 받지 않는 자의 부자관계를 부인하는 절차는 다르다.

혼인중의 자의 경우에도 생래의 혼인중의 자가 있고 준정에 의한 혼인중의 자가 있다. 생래의 혼인중의 자에게는 추정된 혼인중의 자, 추정되지 않은 혼인중의 자, 추정에 미치지 않는 혼인중의 자가 있다. 추정에 미치지 않는 자는 본래 의학적으로는 당해 부부의 자녀일 경우가 적으나 이 경우 혼인중의 자로서 취급되는 것은 가족관계등록부의 추정력에 의한 것이다. 또한 준정에 의한 혼인중의 자는 인지된 자의 부모가 혼인을 하고 있는 경우이다.

친생자가 혈연관계를 기초로 한 친자관계인 것에 반해서 양자는 혈연관계를 기초로 하지 않고 민법에서 정한 친자관계이다. 이 양자에는 일반양자(보통양자)와 친양자(특별양자)가 있다. 일반양자 관계에서는 친생부모와의 친족관계는 소멸하지 않기 때문에 양자와 친생부모 그리고 양자와 양친과의 사이에 친족관계가 생긴다. 그러나 친양자의 경우 양자와 친생부모와의 친족관계는 종료된다.

〈도표 4-1〉 친자관계 전체도

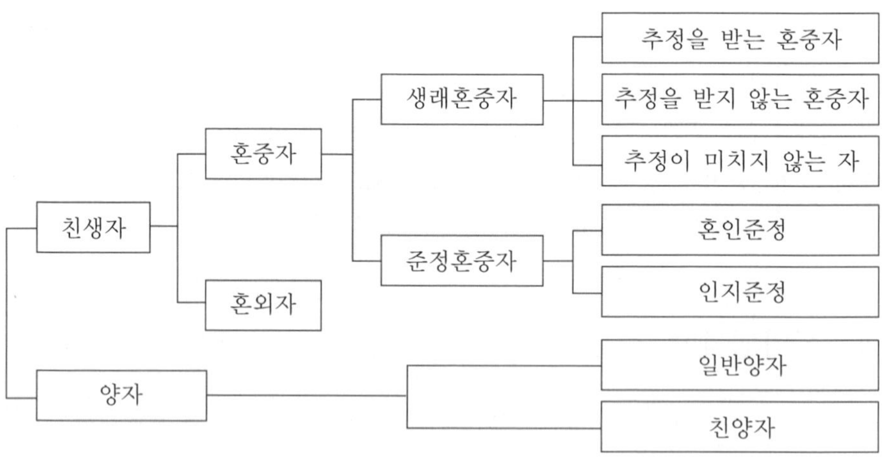

〈도표 4-2〉 부자관계와 모자관계

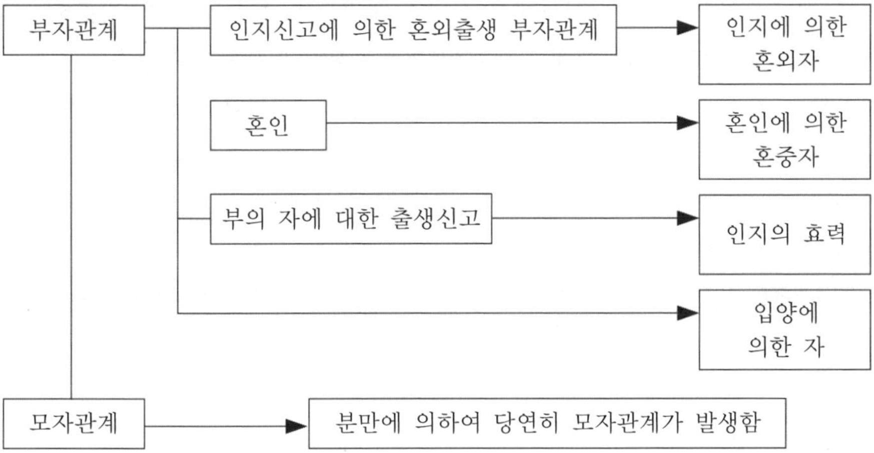

Ⅲ. 자의 성과 본

1. 성과 본의 의미

(1) 성

성은 출생의 계통을 나타낸다. 우리나라에서 성은 원칙적으로 개인의 부계혈통을 나타내고 있다(부계혈통주의). 헌법재판소는 민법 제781조 제1항 본문(2005. 3. 31. 법률 제7427호로 개정되기 전의 것) 중 "자(子)는 부(父)의 성(姓)과 본(本)을 따르고"라는 부성우선의 원칙이 헌법에 위반된다고 결정하였다(헌재 2005. 12. 22. 선고 2003헌가5,6 결정). 2005. 3. 31. 민법개정으로 자녀의 성에 대한 부계혈통주의는 다소 완화되었다. 이에 개정민법에서 자는 부의 성과 본을 따르지만, 부모가 혼인신고 시 모의 성과 본을 따르기로 협의한 경우에는 모의 성과 본을 따를 수 있도록 하였다(제781조 제1항).

(2) 본

본은 어느 씨족시조의 발상지명을 표시하는 것이 보통이고, 본관, 본적, 관적, 족보 등의 여러 가지 명칭으로 불리우며, 이를 줄여서 본, 본관, 향이라고도

한다. 본은 혈족계통을 표시함에 있어서 성과 불가분의 관계에 있는 것이며, 성만으로서는 혈족계통이 명확하게 표시되지 못하므로, 반드시 본을 병칭하여야만 동족관계가 표시된다. 그것은 아무런 혈족관계가 없으면서도 동일한 성자를 사용하는 경우가 많으므로 동일한 성자를 사용하는 것만으로는 혈통관계를 표시하는 것이 되지 못하게 되어 본을 병칭하는 경우에만 혈연의 공통을 나타내게 된다. 그러나 성과 본이 동일하더라도 동족이 아닌 자가 있는가 하면 동족이면서도 성과 본이 다른 자가 있다. 예컨대, 속칭 사공이라는 남양홍씨와 당공이라는 남양홍씨가 전자의 예이고, 안동김씨와 안동권씨가 후자의 예에 해당된다.

2. 친자관계의 성과 본

(1) 부성우선주의

자는 원칙적으로 부의 성과 본을 따른다(제781조 제1항). 따라서 혼인중의 자와 혼인외의 자는 부의 성과 본을 따른다. 다만, 부모가 혼인 시 모의 성과 본을 따르기로 협의한 경우에는 모의 성과 본을 따를 수 있도록 하였다(제781조 제1항 단서). 이 규정은 호주제 폐지와 함께 2005년 개정된 규정으로 부성원칙주의에서 합의 시 모의 성도 따를 수 있도록 완화한 것이다. 그러나 이 조항 역시 남녀차별적 요소를 완전히 해소한 규정이라고 할 수는 없다. 부모가 자녀의 성과 본에 대하여 아무런 합의를 하지 않은 경우 자는 자동적으로 부의 성과 본을 따르기 때문에 남녀평등원칙에 위배된다.

(2) 부가 외국인인 경우

부가 외국인인 경우, 자는 모의 성과 본을 따를 수 있다(제781조 제2항). 개정 국적법이 부모양계혈연주의를 채택함으로써(국적법 제2조) 외국인인 부와 한국인인 모가 국제혼인을 한 경우, 자는 일단 이중국적자가 된다. 자가 출생 시 외국인인 부의 성을 따랐는데 후에 모의 국적인 한국 국적을 선택한 경우 자는 만 22세가 되기 전까지 하나의 국적을 선택해야 한다(동법 제12조). 자는 부의 성을 계속 유지할 수도 있고, 모의 성을 따라 변경할 수도 있다.

(3) 부를 알 수 없는 경우

부를 알 수 없는 자는 모의 성과 본을 따른다(제781조 제3항). 여기서 '부를 알 수 없는 자'의 의미는 무엇인가? 가족관계등록예규 제102호에 의하면 "모가 부라고 인정할 사람을 알 수 없는 자"라고 하고 있다. 부가 자를 인지하지 않았다고 하더라도 모가 사실상 부를 알 수 있는 경우에는 부의 성과 본을 따를 수 있도록 하고 있다. 그러나 부와 자 사이에 부자관계가 법률적으로 발생하지 않았는데도 모가 자의 성을 결정할 때 부의 성을 따르게 하는 것은 맞지 않다.

(4) 혼인외의 자가 인지된 경우

혼인외의 출생자가 인지된 경우 자는 부모의 협의에 의하여 종전의 성과 본을 계속 사용할 수 있다. 다만, 부모가 협의할 수 없거나 협의가 이루어지지 아니한 경우에는 자는 법원의 허가를 받아 종전의 성과 본을 계속 사용할 수 있다(제781조 제5항). 이 규정은 호주제폐지 전에 혼인외의 자가 인지된 경우 부의 성을 사용하도록 강요되었던 것을 협의할 수 있도록 하였고, 협의가 이루어지지 않은 경우 가정법원이 개입하여, 특별한 사정이 없는 한 기존의 성과 본을 계속 사용할 수 있도록 하여, 모의 성과 본을 계속적으로 사용하는 것을 가능하게 하였다.

(5) 부모를 알 수 없는 자

부모를 알 수 없는 자는 법원의 허가를 받아 성과 본을 창설한다. 다만, 성과 본을 창설한 후 부 또는 모를 알게 된 때에는 부 또는 모의 성과 본을 따를 수 있다(제781조 제4항).

(6) 양자의 경우

한편 양자의 경우 양부와 양자의 성이 동일한 경우에는 문제가 없으나 이성양자의 경우 양자는 기존의 성과 본을 그대로 사용하게 된다. 다만 「입양촉진 및 절차에 관한 특례법」에 의하여 보통양자인 경우 자의 성과 본을 양부모의 성과 본으로 바꿀 수 있다(동법 제8조). 친양자제도 역시 양부모의 성과 본을 따를 수 있도록 규정하고 있다(제908조의3).

(7) 자의 성과 본 변경

자의 성과 본이 결정된 후에도 자의 복리를 위하여 자의 성과 본을 변경할 필요가 있을 때에는 부, 모 또는 자의 청구에 의하여 법원의 허가를 받아 이를 변경할 수 있다(대법원 2009. 12. 11.자 2009스23 결정; 대법원 2010. 3. 3.자 2009스133 결정). 다만, 자가 미성년자이고 법정대리인이 청구할 수 없는 경우에는 민법 제777조의 규정에 따른 친족 또는 검사가 청구할 수 있다(제781조 제6항). 이때의 자는 친생자, 양자 그리고 친양자 모두를 포함한다고 보아야 할 것이다.

자의 성 변경을 원심에서는 허가하였으나 대법원은 사건본인이 성년(만 22세)일 때 부인 특별항고인과 모인 청구외인이 이혼하여 그 이전까지 사건본인과 특별항고인 사이에는 혈연뿐 아니라 실질적, 사회적으로도 부녀관계로 생활해 왔던 점, 사건본인이 들고 있는 사유만으로는 주관적·개인적 선호의 수준을 넘어서 구체적으로 사건본인의 학교생활이나 사회생활 등에 현실적으로 어떠한 어려움이 발생할 것인지 뚜렷하지 아니한 점 등을 들어 원심을 파기환송하였다(대법원 2016. 1. 26.자 2014으4 결정).

(8) 친양자의 경우

친양자의 경우 양부의 성을 따르게 되는데, 후일 친양자의 취소나 파양시 친양자의 성이 입양 전의 성으로 회복되어야 하는가? 이에 대한 규정이 없으나 친양자관계가 소멸하고 입양 전의 친족관계가 부활하므로(제908조의7) 본인이 원한다면 회복이 가능하도록 하여야 할 것이다.

관련판례 4.1 자의 성변경허가

1. 사실관계

X는 Y와 혼인하여 Z인 자녀를 두었다. 그러나 그들은 협의이혼을 하게 되었고, 이혼을 하면서 친권자와 양육자는 Y로 지정하였다. 그러나 이러한 지정과는 달리 자녀는 X가 양육하여 왔다. Y가 X에게 자녀에 대한 양육비를 지급하지 아니하자 X는 법원에 친권자 및 양육자를 X로 변경하여 줄 것을 청구하였고, 이 청구는 법원에서 받아들여졌다. X는 다른 남자 P와 재혼을 하게 되었는데, X는 Z를 계속적으로 양육하여 왔고, 재혼한 남자 사이에 자녀를 임신한 상태다. P는 Z의 성과 본을 변경하여 줄 것을 적극적으로 희망하고 있으나 Y는 Z의 성변경을 반대하고 있다.

Z의 성변경이 가능한가?

2. 결정요지(서울가법 2009. 5. 12.자 2009브34 결정)

자의 성과 본의 변경은 모가 양육하고 있던 자를 데리고 재혼하여 재혼한 모의 자가 계부의 성을 따르고자 하는 경우 등과 같이 가족관계가 변동되고, 새로운 가족관계가 형성되는 상황에서 이를 허용할 필요가 있다고 할 것인데, 특히 그러한 경우 법적 안정성에 대한 위협이 문제되지 않거나, 성이 생물학적 부의 혈통을 상징하는 것보다 훨씬 더 큰 이익이라고 할 수 있는 '자의 복리'와 연관된 경우라면 부성의 변경을 허용하여야 할 것이다.

모가 양육하던 자를 데리고 재혼하여 자가 계부의 성을 따르고자 성의 변경을 신청한 사안에서, 구체적인 사정을 고려하여 볼 때 친부의 성을 계속 유지하도록 함이 오히려 자의 복리에 반할 우려가 있다고 하여 자의 성과 본의 변경을 허가하였다.

[관련조문]
민법 제781조 제6항(자의 성과 본)

2 절 ≫ 친생자

모자관계는 포태나 분만이라고 하는 자연적 사실을 통하여 확정되므로 출생신고나 인지가 필요없다(대법원 1967. 10. 4. 선고 67다1791 판결; 대법원 1997. 2. 14. 선고 96므783 판결). 민법은 모의 인지(제855조)나 모(母)를 상대로 한 인지청구(제863조)를 규정하고 있으나, 이러한 민법의 규정은 기아(棄兒)가 성장하여 생모를 찾는 경우처럼 모자관계가 불분명한 특수한 경우에 모자관계의 확인을 구하는 확인의 소일 뿐이다(대법원 1967. 10. 4. 선고 67다1791 판결). 이와는 달리 아버지에 대한 인지청구는 형성의 소이다.

부자관계도 자연적 관계이지만 모자관계와는 달리 일정한 요건을 갖추어야 법률상 친자관계가 성립한다. 민법은 친자관계를 혼인중의 자, 혼인외의 자로 크게 나누어 규율하고 있다.

Ⅰ. 혼인중의 출생자

1. 정 의

혼인중의 자는 혼인관계에 있는 부부 사이에서 출생한 자를 말한다.

2. 혼인중의 출생자의 추정

혼인중의 출생자는 이론적으로 부모의 혼인(법률혼), 부의 자일 것, 처가 혼인생활 중에 자를 포태하였을 것 등의 요건을 갖추면 친생자로써 추정된다. 그러나 처가 출산한 자가 부의 자라는 사실을 입증하기는 매우 곤란하다. 그래서 민법은 그러한 입증의 어려움을 덜어 주기 위하여 의학상의 통계적 기준과 혼인 관념을 바탕으로 다음과 같은 추정 규정을 두고 있다(제844조).

우선 아내가 혼인 중에 임신한 자녀는 남편의 자로 추정한다(제844조 제1항). 이 경우는 혼인성립의 날로부터 200일 후에 출생한 자녀는 혼인 중에 임신한 것으로 추정한다(동조 제2항). 혼인관계 종료된 날로부터 300일 이내에 출생한 자는 혼인 중에 임신한 것으로 추정한다(동조 제3항).

여기서 혼인성립의 날은 혼인신고의 날을 의미한다. 사실혼관계에 있는 자의 경우 이들 사이에 태어난 자는 친생추정을 받지 못하는 혼외자이다. 사실혼관계에서 출생한 자는 후일 부모가 혼인신고를 하거나 사실혼관계존부확인판결에 의한 혼인신고를 하였을 경우 준정에 의한 혼인중의 자가 될 수 있다. 따라서 사실혼이 선행되고 후일 혼인신고가 있는 경우라면 '혼인신고 후 200일 훨씬 전에 태어난 자라고 하더라도 이러한 자는 출생과 동시에 당연히 그 부모의 출생자로서의 신분을 취득한다'(대법원 1963. 6. 13. 선고 63다228 판결). 이 경우는 친생추정을 받지 않는 것으로 보아 친생자관계부존재확인의 소를 허용하고 있다(서울가판 2003. 4. 1. 2002드단49371 등).

〈도표 4-3〉 친생자추정

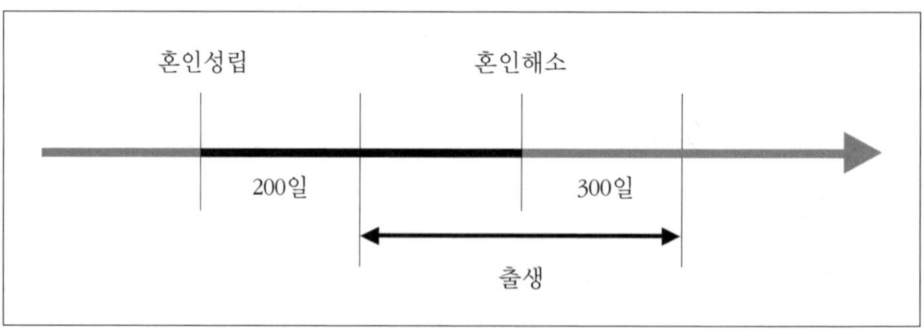

〈도표 4-4〉 친생자추정과 관련 소송

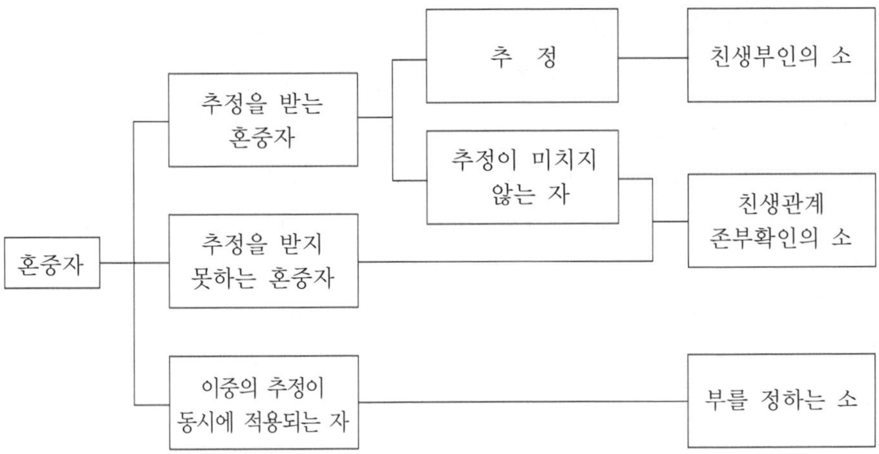

헌법재판소는 개정 전 민법 제844조 제2항의 "혼인관계종료의 날로부터 300일 내에 출생한 자는 혼인 중에 포태한 것으로 추정한다"라는 규정이 헌법에 불합치한다는 결정을 하였다(헌재 2015. 4. 30. 선고 2013헌마623 결정).

헌법재판소가 헌법불합치 결정을 한 근거는 오늘날 이혼 및 재혼이 크게 증가하였고, 여성의 재혼금지기간이 2005년 민법개정으로 삭제되었으며, 이혼숙려기간 및 조정전치주의가 도입됨에 따라 혼인 파탄으로부터 법률상 이혼까지의 시간간격이 크게 늘어나게 됨에 따라, 여성이 전남편 아닌 생부의 자를 포태하여 혼인 종료일로부터 300일 이내에 그 자를 출산할 가능성이 과거에 비하여 크게 증가하게 되었으며, 유전자검사 기술의 발달로 부자관계를 의학적으로 확인하는 것이 쉽게 되었다. 한편 민법 제정 이후의 사회적·법률적·의학적 사정변경을 전혀 반영하지 아니한 채, 이미 혼인관계가 해소된 이후에 자가 출생하고 생부가 출생한 자를 인지하려는 경우마저도, 아무런 예외 없이 그 자를 전남편의 친생자로 추정함으로써 친생부인의 소를 거치도록 하는 심판대상조항은 입법형성의 한계를 벗어나 모가 가정생활과 신분관계에서 누려야 할 인격권, 혼인과 가족생활에 관한 기본권을 침해한다고 보았다(헌재 2015. 4. 30. 선고 2013헌마623 결정). 이에 2017년 민법 제844조는 개정되었다.

3. 친생부인의 소

처가 혼인 중에 포태한 자는 부의 자로 추정되며(제844조), 친생자추정규정(제844조)은 강행규정이므로 확정된 사실에 관하여 이러한 확정을 부인하기 위하여는 반드시 친생부인의 소에 의하여야 한다(제846조). 친생부인의 소를 제기하여야 하는데(대법원 1979. 5. 22. 선고 79므4 판결; 대법원 1988. 4. 25. 선고 87므73 판결), 민법 제865조의 친생자관계존부확인의 소를 제기하는 것은 부적법하다(대법원 1992. 7. 24. 선고 91므566 판결; 대법원 2000. 8. 22. 선고 2000므292 판결). 그러나 판례는 친생자관계존부확인의 소에 의한 "부적법한 청구일지라도 법원이 그 잘못을 간과하고 청구를 받아들여 친생자관계가 존재하지 않는다는 확인의 심판을 선고하고 그 심판이 확정된 이상 이 심판이 당연무효라고 할 수는 없다고 하였다(대법원 1992. 7. 24. 선고 91므566 판결).

친생부인의 소는 엄격히 제한되고 있다. 그 이유는 이에 대하여 아무런 제한을 두지 않으면 혼인도덕을 어지럽게 하고 가정불화를 야기시켜 부부관계가 불안정하고 더욱더 자의 복리에 해가 되기 때문이다.

최근 판례에서는 생물학적 혈연관계가 없다는 점이 친생부인의 소로써 친생추정을 번복할 수 있게 하는 사유인지 및 이를 넘어서 처음부터 친생추정이 미치지 않도록 하는 사유인지 여부에 대하여 대법원은 민법 제844조 제1항의 친생추정은 반증을 허용하지 않는 강한 추정이므로, 처가 혼인 중에 포태한 이상 그 부부의 한쪽이 장기간에 걸쳐 해외에 나가 있거나, 사실상의 이혼으로 부부가 별거하고 있는 경우 등 동거의 결여로 처가 부의 자를 포태할 수 없는 것이 외관상 명백한 사정이 있는 경우에만 그 추정이 미치지 않을 뿐이고, 이러한 예외적인 사유가 없는 한 누구라도 그 자가 부의 친생자가 아님을 주장할 수 없다고 판결하였다(대법원 2021. 9. 9. 선고 2021므13293 판결).

(1) 친생부인의 소의 절차와 당사자

1) 조정전치주의

친생부인의 소는 조정을 거쳐야 한다(가소법 제2조 제1항 나류 사건 6호, 제50조). 조정은 당사자 사이에 합의된 사항을 조서에 적음으로써 성립한다(가소법 제59조 제1항). 조정이나 확정된 조정을 갈음하는 결정은 재판상 화해와 동일한 효력이 있다. 다만, 당사자가 임의로 처분할 수 없는 사항에 대하여는 그러하지 아니하다(동법 제59조 제2항). 위의 친생부인의 소는 임의로 처분할 수 없는 사항으로서 조정성립이 불가능하다.

판례는 조정이 성립되더라도 이는 당사자가 임의로 처분할 수 없는 사항에 관한 것이어서(가소법 제59조 2항 단서) 친생부인의 효력이 생기지 않는다고 하였다(대법원 1968. 2. 27, 67므34).

친생 부인의 소를 제기하려고 하는 경우에는 부가 출생신고를 해야 한다. 그러나 이러한 출생신고를 하였다고 하여 친생자인 것을 승인한 것으로 되지는 않는다.

2) 친생자로의 승인

자의 출생 후에 친생자인 것을 승인한 자는 다시 친생부인의 소를 제기하지 못한다(제852조). 그러나 그 승인이 사기 또는 강박으로 인한 때에는 이를 취소할 수 있다(제854조).

3) 친생부인권자

친생부인의 소는 원칙적으로 부 또는 처에 한한다(제846조). 민법 제846조에서의 '부부의 일방'은 제844조의 경우에 해당하는 '부부의 일방', 즉 제844조 제1항에서의 '부'와 '자를 혼인 중에 포태한 처'를 가리킨다. 그렇다면 이 경우의 처는 '자의 생모'를 의미하며, 제847조 제1항에서의 '처'도 제846조에 규정된 '부부의 일방으로서의 처'를 의미한다고 해석되므로, 결국 친생부인의 소를 제기할 수 있는 처는 자의 생모를 의미한다. 여기에 부와 재혼한 처는 포함되지 않는다(대법원 2014. 12. 11. 선고 2013므4591 판결).

예외로서 부 또는 처가 피성년후견인인 경우에는 그의 성년후견인이 성년후견감독인의 동의를 받아 친생부인의 소를 제기할 수 있다. 성년후견감독인이 없거나 동의할 수 없을 때에는 가정법원에 그 동의를 갈음하는 허가를 청구할 수 있다(제848조 제1항). 성년후견인이 친생부인의 소를 제기하지 아니하는 경우에는 피성년후견인은 성년후견종료의 심판이 있은 날부터 2년 내에 친생부인의 소를 제기할 수 있다(제848조 제2항). 또한 부 또는 처가 유언으로 친생부인의 의사표시를 한 때에는 유언집행자는 친생부인의 소를 제기하여야 한다(제850조).

4) 친생부인소의 상대방

부 또는 처가 다른 일방 또는 자를 상대로 한다(제847조). 소의 상대방이 될 자가 모두 사망한 때에는 그 사망을 안 날부터 2년 내에 검사를 상대로 하여 친생부인의 소를 제기할 수 있다(제847조 제2항)(대법원 2004. 2. 12. 선고 2003므2503 판결). 자가 사망한 후에도 그 직계비속이 있는 때에는 그 모를 상대로, 모가 없으면 검사를 상대로 하여 부인의 소를 제기할 수 있다(제849조).

5) 친생부인의 절차

2005년 개정된 민법에 의하면 친생부인의 소는 자에 대한 이러한 사유가 있음을 안 날로부터 2년 이내에 제기하여야 한다(제846조, 제847조).

개정 전 민법 제847조 제1항의 제척기간은 1년이었는데 헌법재판소는 1년의 제척기간은 친생을 부인하고자 하는 부로 하여금 제소를 현저히 곤란하게 하거나 사실상 불가능하게 진실한 친자관계를 부인할 수 있는 기회를 제한한다는 측면에서 인간의 존엄과 가치, 행복추구권을 보장한 헌법 제10조와 혼인과 가족생활의 권리 침해금지를 보장한 헌법 제36조 제1항에 위반되므로 헌법불합치결정을 하였다(헌재 1997. 3. 27. 선고 95헌가7 결정). 2005. 3. 31. 개정된 민법 제847조 제1항은 '부(夫)가 그 사유가 있음을 안 날부터 2년 이내에 제기하도록' 하였다. 그러나 이에 대하여 다시 위헌법률심사가 있었다. 헌법재판소는 '2년의 제척기간은 부(夫)의 친생부인의 기회를 실질적으로 보장한다'고 판단하였다(헌재 2015. 3. 26. 선고 2012헌바357 결정). 이러한 친생부인소송의 제기 기간이 단기간으로 제한되어 있는 것은 자의 신분관계의 법적 안정을 보호, 유지하기 위한 것으로 해석된다.

(2) 친생부인권의 소멸

부(夫)가 자(子)의 출생 전에 사망하거나 부(夫) 또는 처(妻)가 민법 제847조 제1항의 기간 내에 사망한 때에는 부(夫) 또는 처(妻)의 직계존속이나 직계비속에 한하여 그 사망을 안 날부터 2년 내에 친생부인의 소를 제기할 수 있다(제851조). 이에 친생부인의 소를 제기하지 않으면 부인권은 소멸한다.

(3) 친생부인원인과 입증

민법은 부인원인이 될 사실을 규정하고 있지 않지만, 구체적으로 자가 혼인중에 포태된 것이 아니라는 것을 입증하거나, 처가 혼인중에 포태한 것이기는 하지만, 부의 자일 가능성이 없다는 것을 입증하면 된다. 즉 포태기간으로 생각되는 기간 동안의 별거라든가, 부(父)의 생식불능 등 부가 자녀의 부(父)가 될 수 없는 사유는 모두 부인의 원인이 될 수 있다. 마찬가지로 처 역시 그 자가 父의 자가 아님을 입증하여야 한다.

(4) 친생부인판결의 효력

친생부인의 소가 제기되면 법원은 부의 생식능력, 혈액형, 유전인자의 확인, 포태기간 중의 동거사정, 기타의 모든 사실을 검토하여 재판하여야 한다. 이렇게 하여 부(父)의 부인(否認)의 주장이 재판에 의하여 인정되면 자는 혼인외의 자가 된다. 친생부인확정판결은 제3자에 대해서도 효력을 가진다(가소법 제21조). 따라서 이 때 생부가 자녀를 인지할 수 있다(대법원 2000. 1. 28. 선고 99므1817 판결; 대법원 1987. 10. 13. 선고 86므129 판결). 그 전에 제3자는 선결문제로서도 부의 자가 아님을 주장할 수 없다(대법원 1975. 7. 22. 선고 75다65 판결).

4. 친생부인의 허가 청구

(1) 의 의

민법 제844조의 요건에 따라 모가 출산한 자는 부의 친생자로 추정을 받으나 어머니 또는 어머니의 전(前) 남편은 제844조 제3항의 경우에 가정법원에 친생부인의 허가를 청구할 수 있다(제854조의2 제1항). 이는 2017년 새롭게 신설된 조항으로 '혼인관계가 종료된 날부터 300일 내에 출생한 자녀의 경우 친생부인의 소가 아닌 친생부인의 허가청구를 통해 '친자추정'을 배제할 수 있도록 한 것이다. 이 미치지 않는 자'의 신분으로 변경된다.

(2) 입법배경

2015년 헌법재판소는 개정 전 민법 제844조 제2항의 "혼인관계종료의 날로부터 300일 내에 출생한 자"에 관한 부분이 '민법 제정 이후의 사회적·법률적·의학적 사정변경을 전혀 반영하지 아니한 채, 이미 혼인관계가 해소된 이후에 자가 출생하고 생부가 출생한 자를 인지하려는 경우마저도, 아무런 예외 없이 그 자를 전남편의 친생자로 추정함으로써 친생부인의 소를 거치도록 하는 심판대상조항은 입법형성의 한계를 벗어나 모가 가정생활과 신분관계에서 누려야 할 인격권, 혼인과 가족생활에 관한 기본권을 침해한다'고 보았다. 이에 따라 민법 제844조는 개정되었고, 민법 제854조의2와 제855조의2가 신설되었다.

(3) 친생부인허가 청구의 전제요건

자는 민법 제844조의 제3항에 따라 혼인종료 후 300일 이내에 출생한 자이어야 하고, 출생신고가 되어 있지 않은 자어야 한다.

(4) 절차와 청구인

제854조의2는 가사비송사건(가소 제2조 제1항 ii 가. 라류 7의2)으로서 가사소송사건인 친생부인소송에 비하여 절차가 간이하다. 청구인은 모 또는 모의 전 남편이며(제854조의2 제1항), 자녀는 사건본인이다. 라류 가사비송사건의 성질상 청구의 상대방은 존재하지 않으며, 조정전치주의도 적용되지 않는다. 관할법원은 자녀의 주소지의 가정법원이다.

청구인이 친생부인허가 청구를 하는 경우 가정법원은 혈액채취에 의한 혈액형 검사, 유전인자의 검사 등 과학적 방법에 따른 검사결과 또는 장기간의 별거 등 그 밖의 사정을 고려하여 허가 여부를 정한다(제854조의2 제2항).

(5) 친생부인허가 심판의 효력

민법 제854조의2 제3항에서는 '제1항 및 제2항에 따른 허가를 받은 경우에는 제844조 제1항 및 제3항의 '추정이 미치지 아니한다'라고 규정하고 있다. 이는 본래 '추정을 받는자'이나 허가청구를 받은 경우 자의 신분이 '추정이 미치지 않는 자'로 변경된다. 추정이 미치지 않는다는 것은 친생부인의 소가 아닌 친생자관계부존재확인의 소를 통해 친생자관계를 확인할 수 있다는 것을 의미한다.

이에 대하여 판례는 갑과 을은 2001년에 자녀 병을 낳았으나, 당시 갑이 제3자와 혼인관계에 있어 출생신고를 하지 못하다가 갑과 을의 혼인신고 후 2003년에 병이 출생한 것으로 신고한 사안에서, 잘못 기재된 병의 가족관계등록부상 출생년은 실제와 같이 2001년으로 정정되어야 한다고 하였으며, 이에 '위 선례에서 어머니의 전(前) 남편의 친생추정이 미치는 혼외자의 출생연월일 정정을 위하여 요구하는 친생부인의 확정판결 또는 친생자관계부존재확인의 확정판결을 민법 제854조의2 친생부인허가 확정심판으로 갈음할 수 있다고 봄이 타당하다'라고 하였다(서울가정법원 2018. 7. 6.자 2018브19 결정).

결국 친생부인 허가 심판의 효력은 친생부인 판결의 효력과 동일하다고 하여야 할 것이다. 따라서 심판의 확정에 의해서 친생부인의 효력이 발생하고, 자녀는 모의 혼인외의 자가 된다. 친생부인의 허가 심판이 확정되면 모는 그 자녀를 혼인외의 자녀로 출생신고하여야 한다. 출생신고가 되면 생부가 인지할 수 있다(김주수·김상용, 314, 315면).

다만 친생부인허가청구를 하고 이에 대하여 법원의 확정을 받기 위해서는 시간이 소요되는 바 자녀의 출생 후 1개월 내에(가족관계등록법 제44조 제1항)에 출생신고가 이루어지는 어렵다고 보아야 할 것이다. 이 문제는 유엔아동권리협약에서 규정하고 있는 "아동은 출생 후 즉시 등록되어야 한다"(제7조 제1항)라는 규정에도 배치되고 있다는 점에서 이러한 문제점 등은 해결되어야 할 것이다.

5. 추정을 받지 못하는 자

혼인 성립 후 200일 이내에 출생하였거나 혼인해소 및 취소일로부터 300일 후에 출생한 자는 민법 제844조의 친생자추정을 받지 못한다. 판례에 의하면 당사자 간에 사실혼관계가 선행하는 경우에는 혼인성립 후 200일 이내에 태어난 자는 당연히 친생자추정을 받는다(대법원 1963. 6. 13. 선고 63다228 판결). 친생추정을 받지 못하는 자에 대해서는 친생부인의 소가 아닌 친자관계부존재확인의 소로 친자관계의 신분을 되돌리는 것이 가능하기 때문에 자의 법적 지위는 매우 불안정하다.

6. 추정이 미치지 않는 자

추정이 미치지 않는 자는 친생추정이 미치는 기간 내에 태어났지만 처가 임신기간 중에 부와 육체관계를 맺지 않은 것이 명확한 자를 말한다. 예를 들어 자가 민법 제844조에 따라 친생추정을 받는 자라고 하더라도 처와 부가 이혼하기 전 2년 이상 별거생활을 하고 있었다면, 그 자는 친생추정에 미치지 않는다(대법원 1990. 12. 11. 선고 90므637 판결; 대법원 2000. 8. 22. 선고 2000므292 판결). 판례는 "동서결여로 처가 부의 자를 포태할 수 없는 것이 외관상 명백한 사정이 있는 경우에는 친생추정이 미치지 않고 친생자관계존부확인의 소의 제기가 가능하다"라고 판시하고 있으며(대법원 1983. 7. 12. 선고 82므59 전원합의체 판결), 동서결여의 정도와 관련하여 "부가 다른 여자와 부첩관계를 맺고 처와 별거하고 있었어도 1년에 한번 정도로 찾아와 만났다면 객관적으로 명백할 정도로 동서를 결여한 때에 해당하지 아니한다"고 보았다(대법원 1990. 12. 11. 선고 90므637 판결).

친생추정에 미치지 않는 자의 소에 대해서는 친생부인의 소가 아닌 '친자관계부존재확인의 소'로 친자관계의 신분을 되돌리는 것이 가능하기 때문에 자의 법적 지위는 매우 불안정하다.

한편 유전자 감정을 통하여 부자관계의 가능성이 없는 것으로 판명된 때에도 실질적으로 친생자의 추정이 미치지 않는 것으로 해석하는 것이 가능할 것이다. 이런 경우 이해관계인이 친생자관계부존재확인의 소를 제기할 수 있게 된다.

7. 법원에 의한 부의 결정(추정이 중복되는 경우)

2005년 개정 전 민법에서는 여자가 재혼하기 위하여 전혼의 해소나 취소의 날로부터 6개월이 경과하지 않으면 안되었다. 그 출생일이 후혼 성립일로부터 200일 이전이고, 전혼의 해소나 취소의 날로부터 300일 이내인 경우에는 전후양혼의 어느 부의 자녀로도 추정될 수 있어서 부성추정의 경합이 일어날 수 있다. 이러한 경우 민법은 그 부를 가정법원이 결정하도록 하고 있다(제845조). 이것은 부를 정하는 소라 부르며 이 소에 관하여는 조정이 선행될 것을 제도화하고 있다(가소법 제50조). 개정민법에서는 6개월의 재혼기간제도가 폐지되었으므로 부성추정의 경합이 많아질 가능성이 있으며, 역시 부(父)를 정하는 소에 의하여 해결할 수 있다.

소의 제기권자는 자녀, 모, 모의 배우자 및 그 전배우자이다(가소법 제27조 제1항). 소의 상대방은 자가 제기하는 경우에는 모와 모의 배우자 및 그 전배우자이고, 모가 제기하는 경우에는 그 배우자 및 전배우자이며(가소법 제27조 제2항), 모의 배우자가 제기하면 모 및 그 전배우자이고 전배우자가 제기하면 모 및 그 배우자가 상대방이 된다(가소법 제27조 제3항). 한편 상대방이 된 자 중 사망한 자가 있으면 생존자를 상대방으로 하고, 생존자가 없는 때에는 검사를 상대방으로 하여 소를 제기할 수 있다(가소법 제27조 제4항).

부를 정하는 판결의 효력은 자녀의 출생시에 소급하여 자녀는 처음부터 혼인중의 자로 확정되며, 제3자에 대하여 그 효력을 미치게 된다.

민법의 규정은 매우 논리적이나 전혼의 해소 후 재혼하여 자를 낳는 대부분의 경우는 전혼에 관해서는 사실상 이혼 상태에 있고, 후혼에 있어서는 전혼과 중복된 사실혼관계가 존재하며, 전혼의 해소신고가 있고 또 후혼의 성립신고가 이루어지는 경우가 많다. 이러한 경우에 후혼의 부(夫)의 자로 추정함이 타당하다. 즉, 사실상 이혼관계에 있는 자에 대해서는 그 추정이 미치지 않으며, 후혼의 부(夫)의 자녀로 추정되어야 할 것이다. 이와 같은 부성추정의 경합은 처의 재혼이 잘못 성립되고 그 재혼의 성립 중 또는 전혼의 취소 후 300일 이내에 자녀를 출생한 경우도 생겨난다. 이때에도 마찬가지로 명문의 규정은 없으나 앞에서 말한 것과 같이 해석하여야 할 것이다.

Ⅱ. 혼인외의 출생자(혼외자)

혼인하지 않은 남녀 사이에 출생한 자를 혼인외의 자라 한다. 즉 동거관계, 사실혼관계, 중혼관계, 무효혼관계와 같은 법률상의 혼인으로 인정하지 않는 관계에서 출생한 자는 혼인외의 자이다. 그러나 취소혼의 경우에는 그 효과는 소급하지 않으므로 그 혼인관계 중에 출생한 자는 혼인중의 자이다(제824조).

1. 인 지

(1) 정 의

인지란 혼인외의 자와 그 부 또는 모 사이에 법률상의 친자관계를 형성하는 것을 말한다. 혼인외의 자는 생부나 생모가 이를 인지할 수 있다. 모자관계는 분만의 사실로 당연히 발생하므로 모의 인지는 예외적으로 기아(棄兒) 등의 상황에서 모자관계가 분명하지 않은 경우에 필요하다.

혼외자로 부가 인지하지 않은 자는 모에 대하여서만 친자관계가 생기고, 모의 성과 본을 따른다(제781조 제3항). 모자관계는 출생신고를 하지 않아도 당연히 자의 출생으로 생긴다(대법원 1986. 11. 11. 선고 86도1982 판결; 대법원 1967. 10. 4. 선고 67다1791 판결). 따라서 모와 모의 혈족 사이에서만 부양관계, 상속관계, 친족관계가 생긴다.

(2) 법적 성질

인지에 대한 법적 성질에 대해서는 다툼이 있는데, 이에는 주관주의와 객관주의가 있다.

1) 주관주의

이 설은 인지를 진실한 부가 혼외자를 자기의 자로 승인하여 법적 부자관계를 성립시키고자 하는 의사표시로 본다. 따라서 부가 스스로 자기의 자로 의사표시를 한 것을 임의인지라 하고, 임의인지하지 않은 부를 상대로 재판을 통해서 인지하게 되는 것을 강제인지로 본다.

2) 객관주의(혈연주의)

이 설은 임의인지를 자연적 혈연에 의한 부자관계의 존재에 대한 관념의 통지로서 혼인외의 부자관계를 추정하는 방법에 불과하다고 본다(이경희, 189면; 박병호, 165면).

(3) 임의인지

1) 정 의

부가 자유로운 의사에 따라 인지신고를 한 것을 임의인지라고 한다(제855조 제1항 전단).

2) 임의인지의 요건

혼인외의 출생자는 그 생부나 생모가 이를 인지할 수 있다(제855조 제1항). 인지능력은 일종의 친족법상의 행위이므로 의사능력만 있다면 행사하는 것이 가능하므로 부가 제한행위능력자인 경우에도 법정대리인의 동의를 요하지 않는다. 다만, 아버지가 피성년후견인인 경우에는 성년후견인의 동의를 받아 인지할 수 있다(제856조). 그 이외에 자가 사망한 후에도 그 직계비속이 있는 때에는 인지할 수 있으며(제857조), 부는 포태중인 자에 대해서도 인지할 수 있다(제857조).

인지는 원칙적으로 피인지자의 의사를 묻을 필요가 없다. 그러나 예외적으로 피인지자의 승낙이 필요한 경우도 있을 수 있다. 우리 민법은 이에 대하여 규정하고 있지 않으나 일본민법 제782조는 성년인지에 관한 규정으로는 우선 성년의 자를 인지하는 경우에는 그 자의 승낙을 얻도록하고 있다. 이는 자의 복리를 위한 것으로 예를 들어 부가 자녀가 어렸을 때 자에 대해서 부모로서의 의무를 다하지 않았으면서 자가 성장한 후 자에게 부양해 달라는 등의 생각으로, 인지하여 친자관계로부터 이익을 얻으려고 할 수 있기 때문이다. 이 경우 인지에 의해서 자가 불이익을 받는 것은 피해야 하고, 이것은 자의 이익을 보호하려는 취지에 의한 것이다.

3) 인지할 수 없는 경우

타인의 친생추정을 받는 자는 친생부인의 소에 의하지 않는 한 인지는 물론 친생자관계존부확인의 소도 불가하다(대법원 1987. 10. 13. 선고 86므129 판결). 친생추정을 받지 않으나 타인의 자로 신고되어 있는 자는 친생자관계부존재확인의 소로 부자관계를 부인한 후 인지가 가능하다. 타인이 인지하고 있는 자는 역시 인지할 수 없으며, 이들을 인지하기 위해서는 인지의 무효 또는 인지 이의의 소로 부자관계를 단절한 후 인지하여야 한다.

그러나 생부모가 호적상의 부모와 다른 사실이 객관적으로 명백한 경우, 친생추정을 깨뜨리지 않고도 생부모를 상대로 인지청구를 할 수 있다는 판례도 있다(대법원 2000. 1. 28. 선고 99므1817 판결).

4) 임의인지의 방식과 효력

① 인지신고

인지는 '가족관계의 등록 등에 관한 법률'의 정하는 바에 의하여 신고함으로써 그 효력이 생긴다(제859조 제1항). 이처럼 인지는 요식행위이고 신고가 없는 한 당사자 간에 법률상의 친자관계는 성립하지 않기 때문에 인지의 신고는 창설적 신고이다.

② 유언에 의한 인지

인지는 유언으로도 할 수 있는데(제859조 제2항), 유언인지의 효력은 유언자가 사망한 때에 발생하기(제1073조 제1항) 때문에 유언에 의한 인지는 보고적 신고이다. 인지자의 사망후 유언집행자는 그 취임일로부터 1개월 이내에 신고하여야 한다(가족관계등록법 제59조).

③ 인지신고는 부가하여야 하기 때문에 생모가 출생신고하여 가족관계등록부에 부의 자로 등재되어 있더라도 부자관계는 발생하지 않는다(대법원1984. 9. 25. 선고 84므73 판결; 대법원 1985. 10. 22. 선고 84다카1165 판결).

④ 혼중자로 출생신고한 경우

부모가 혼외자를 혼인중의 출생자인 것처럼 출생신고를 하더라도 인지의 효력이 있다(제855조). 그러나 후일 친자관계에 의한 다툼이 있을 경우 친생자 관계존부확인의 소를 제기하여야 한다(대법원 1993. 7. 27. 선고 91므306 판결).

첩과의 사이에서 태어난 혼외자를 본처와의 사이에서 태어난 자로서 혼인 중의 자로 출생신고를 한 경우 이 출생신고에는 인지의 효력이 인정된다. 왜냐하면 부가 자기의 자인 것을 부로서 승낙하고 그 신고에 의사표시가 포함되어져 있다고 해석되어지기 때문이다. 무효혼이 되어 혼외자가 되었다고 하더라도 생부가 친생자로 출생신고를 하면 인지의 효력이 있다(대법원 1993. 7. 27. 선고 91므306 판결).

5) 임의인지의 취소

인지를 하고 난 다음에는 원칙적으로 이를 취소할 수 없다. 그러나 사기, 강박 또는 중대한 착오로 인하여 인지를 한 때에는 취소할 수 있다(제861조). 인지의 취소는 사기나 착오를 안 날 또는 강박을 면한 날로부터 6개월 이내에 가정법원에 그 취소를 청구할 수 있다(제861조, 가소법 제2조 나류 7호). 그러나 사기·강박에 의한 인지를 취소할 수 있다고 하여도, 그것이 진실인 경우는 취소할 수 없다고 하여야 할 것이다.

인지를 취소하려면 먼저 가정법원에 조정을 신고하여야 한다(가소법 제2조 나류 제7호). 그리고 취소의 효과는 소급하여 효력이 생기며(제860조), 취소의 내용은 가족관계등록부에서 정정하여야 한다(가족관계등록법 제107조). 그러나 제3자의 취득한 권리를 해하지 못한다.

6) 임의인지의 무효

임의인지 무효에 대한 법규정은 없다. 그러나 인지 당시 인지자의 의사능력이 결한 상태에서 인지하였거나, 인지의 의사가 없거나 생리적으로 부자관계나 모자관계가 없는 경우에 행해진 인지는 무효이다. 인지의 무효는 실체법상 당연무효이며 인지무효의 소를 제기할 수 있음은 물론 상속회복청구나 친자관계존부확인청구 등의 소송에 있어 인지의 무효를 선결문제로 다툴 수 있다(대법원 1992. 10. 23. 선고 92다29399 판결). 그리고 그 무효를 확정하기 위하여 당사자나 그 밖의 이해관계인은 무효확정의 소를 제기할 수 있다(가소법 제26조, 가소법 제28조, 가소법 제2조 가류 3호). 단 부가 자를 인지할 의사를 가지고 있고 또한 타인에 대해서 인지신고의 위탁을 했을 때는 신고가 수리된 당시 부가 의식을 잃었다고 해도 그 수리 전에 의사를 바꾸는 등의 특단의 사정이 없는 한 신고의 수리에 의한 인지는 유효로 성립한다.

생부가 아닌 사람에 의하여 임의인지된 경우, 생부를 상대로 인지청구의 소를 제기하고 그 소송에서 선결문제로 그 임의인지의 무효를 주장할 수도 있다. 이때 생부가 그 임의인지에 대하여 인지무효의 소를 제기할 수도 있다.

7) 인지이의(異議)의 소

자녀 기타 이해관계인은 인지의 신고있음을 안 날로부터 1년내에 인지에 대한 이의의 소를 제기할 수 있다(제862조). 민법 제862조 및 제863조의 경우에 부 또는 모가 사망한 때에는 그 사망을 안 날로부터 2년 내에 검사를 상대로 하여 인지에 대한 이의 또는 인지청구의 소를 제기할 수 있다(제864조). 인지무효의 소와 인지 이의의 소는 임의 인지만을 대상으로 한다는 점에서 본질적으로 차이는 없다. 다만 인지무효의 소는 가사송법상 가류 사건이고, 소의 제기권자는 인지자 피인지자 및 법정대리인 또는 4촌 이내의 친족이고 제척기간이 존재하지 않는다는 점, 한편 인지 이의의 소는 가사송법상 나류사건이고, 인지자를 제외한 자녀 기타 이해관계인, 1년의 제척기간이 있다는 점에는 차이가 있다. 인지무효의 소와 인지 이의의 소는 본질적으로 차이점이 없기 때문에 일원화할 필요가 있다.

8) 인지의 허가청구

① 의 의

민법 제844조의 요건에 따라 모가 출산한 자는 부의 친생자로 추정된다. 이 경우 종래에는 모나 모의 전 남편이 친생부인의 소를 제기할 수 있었으며. 친생부인판결이 확정되어 그 자녀의 신분이 혼인외의 자로 변경되면 생부가 자를 인지할 수 있었다. 그러나 2017년 민법개정으로 신설된 제855조의2에 따라 혼인관계종료의 날로부터 300일 내에 출생한 자녀의 경우에는 친생부인소송이나 친생부인의 허가심판을 거치지 않아도 생부는 인지허가의 심판을 받아 인지할 수 있게 되었다.

② 인지허가 청구의 전제요건

자는 민법 제844조의 제3항에 따라 혼인종료 후 300일 이내에 출생한 자이어야 하고, 출생신고가 되어 있지 않은 자어야 한다. 모나 모의 전 남편이 자녀의 출생신고를 한 경우에는 생부는 인지의 허가를 청구할 수 없다. 이 경우 개정 전과 다름없이 모나 모의 전 남편이 친생부인의 소를 제기하여야 하며, 판결이 확정되면 생부가 인지할 수 있다.

③ 절차와 청구인

인지허가의 심판은 가사비송사건(가소 제2조 제1항 ii 가. 라류 7의3)이다. 청구인은 생부이며, 자녀는 사건본인이다. 라류 가사비송사건의 성질상 청구의 상대방은 존재하지 않으며, 조정전치주의도 적용되지 않는다. 관할법원은 자녀의 주소지의 가정법원이다.

청구인이 친생부인허가 청구를 하는 경우 가정법원은 혈액채취에 의한 혈액형 검사, 유전인자의 검사 등 과학적 방법에 따른 검사결과 또는 장기간의 별거 등 그 밖의 사정을 고려하여 허가 여부를 정한다(제855조의2 제2항).

④ 인지허가심판의 효력

인지허가심판이 확정되는 경우 친생부인의 효력이 발생하여 혼인관계종료의 날부터 300일 내에 출생한 자녀는 모의 혼인외의 자가 된다. 인지의 허가를 받은 생부는 가족관계등록법 제57조 제1항에 따라 출생신고를 할 수 있으며, 이로써 인지의 효력이 발생하여 부자관계가 창설된다.

민법 제855조2의 제3항에서는 동조 '제1항 및 제2항에 따라 허가를 받은 생부가 「가족관계의 등록 등에 관한 법률」 제57조 제1항에 따른 신고를 하는 경우에는 제844조 제1항 및 제3항의 추정이 미치지 아니한다'라고 규정하고 있다. 이 조항은 앞서 설명한 민법 제854조의2 제3항의 경우와 마찬가지로 입법상 오류로 보고 있다(김주수·김상용, 314, 321면). 인지허가 심판을 확정받은 경우 생부는 「가족관계의 등록 등에 관한 법률」 제57조 제1항에 따라 출생신고를 할 수 있다. 「가족관계의 등록 등에 관한 법률」 제57조는 생부의 출생신고를 통해 인지의 효력을 인정하고 있다.

⑤ 가족관계등록법에 의한 생부의 출생신고

혼외자는 모가 자녀에 대한 출생신고를 하도록 규정하고 있으나(가등법 제46조 제1항), 생부가 자녀의 출생신고를 하고자 하는 경우 모의 인적사항을 알 수 있거나 혹은 알지 못하는 경우 등의 조건에 따라 출생신고를 할 수 없는 상황이 발생하였다(개정 전 가등법 제57조). 그러나 최근 대법원 판례의 영향으로(대법원 2020. 6. 8.자 2020스575 결정), 2021년 4월 17일 가족관계등록법 제57조가 개정되어 미혼부의 혼외자 출생신고 시 문제를 해결하였다. 즉, 부가 모의 인적사항을 알고 있다고 하더라도 모의 소재불명 또는 모가 정당한 사유 없이 출생신고에 필요한 서류 제출에 협조하지 아니하는 등의 장애가 있는 경우에 가정법원의 확인을 얻어 신고할 수 있다(가등법 제57조 제1항). 부의 출생신고에 의한 인지는 모의 인적사항을 전부 또는 일부를 알 수 없어 기재할 수 없을 때도 가정법원의 확인을 통해 출생신고가 가능하다(가등법 제57조 제2항).

(4) 강제인지

1) 의 의

부 또는 모가 임의인지를 하지 않을 때에는 자녀가 재판으로 친자관계의 존재확인을 강제할 수 있다(제863조). 이를 강제인지 또는 재판인지라 하며, 인지청구를 위해서는 우선 가정법원에 조정을 신청하여야 한다(가소법 제2조 나류 제9호).

강제인지는 사실상 친자관계의 존재를 확인하여 판결로써 비로소 법률상의 친자관계를 창설하기 때문에 형성의 소로 보아야 할 것이다. 다만 모에 대한 인지청구는 확인의 소이다(대법원 1967. 10. 4. 선고 67다1791 판결). 인지의 소의 확정판결에 의하여 일단 부와 자 사이에 친자관계가 창설된 이상, 재심의 소로 다투는 것은 별론으로 하고, 확정판결에 반하여 친생자관계부존재확인의 소로써 당사자 사이에 친자관계가 존재하지 않는다고 다툴 수는 없다(대법원 2015. 6. 11. 선고 2014므8217 판결).

생모가 임의로 생부를 부로 출생신고 한 경우 생부가 인지무효를 주장하여 승소판결을 받았다고 하더라도 그 판결의 기판력은 인지청구에는 미치지 않는다. 따라서 자는 인지청구를 할 수 있다(대법원 1999. 10. 8. 선고 98므1698 판결).

또한 생부가 아닌자에 의하여 인지된 자는 그 인지의 무효를 주장하고 생부에 대하여 인지를 청구할 수 있다. 이러한 경우에도 인지무효의 소나 인지이의의 소를 제기할 필요는 없다. 또한 강제인지를 통해 부와 자의 친생자관계가 창설된 경우 이를 부정하기 위해서 친자관계부존재확인의 소를 제기할 수 없으며, 이 경우에는 그 판결에 대한 재심으로써 다툴 수 있을 뿐이다.

2) 인지청구의 당사자

재판의 원고는 자와 그 직계비속 또는 그 법정대리인이다(제863조). 실제로는 모가 자의 친권자로서 청구하는 경우가 많으며, 자의 직계비속은 자의 사망 후에 인지를 청구할 수 있다(제857조). 이에 자녀가 사망한 후에야 직계비속은 비로소 청구권자가 된다. 재판의 피고는 청구의 상대방인 부 또는 모이다.

민법 제844조의 친생추정을 받는 자는 친생부인의 소에 의하여 그 친생추정을 깨뜨리지 않고서는 다른 사람을 상대로 인지청구를 할 수 없다. 친생추정을 받지 않는 혼인중의 출생자(친생추정이 미치지 않는 자도 마찬가지로 해석할 수 있다)는 법률상의 부의 자로 등록부에 기록되어 있는 경우에도 사전에 친생자관계부존재확인의 소를 제기할 필요 없이 생부를 상대로 인지청구의 소를 제기할 수 있다(대법원 1981. 12. 22. 선고 80므103 판결). 또한 친생부모가 아닌 자가 타인의 혼인외의 출생자를 자신들의 자인 것처럼 허위출생신고를 한 경우 그 허위출생신고가 입양의 효력이 발생한 경우, 그 자는 생부를 상대로 하여 인지청구를 할 수 있다(대법원 2000. 1. 28. 선고 99므1817 판결).

3) 소의 관할 및 제척기간

임의인지에 있어서는 부가 생존중이라면 언제라도 가능하지만 부 또는 모가 사망한 때에는 그 사망을 안 날로부터 2년 이내에 검사를 상대로 하여 인지청구의 소를 제기할 수 있다(제864조)(대법원 1977. 3. 22. 선고 76므261 판결; 대법원 1977. 5. 24. 선고 77므7 판결).

4) 조정에 의한 인지

인지청구의 소를 제기하기 전에 법원에 조정을 신청하여야 한다(가소법 제2조 제1항 나류 제9호, 제50조). 조정이 성립되지 않으면 판결로써 한다. 만일 인지심판이 진실에 반하는 경우에는 인지에 대한 이의의 소가 아니라 재심의 소로 다투어야 한다(대법원 1981. 6. 23. 선고 80므109 판결).

5) 부자관계의 증명

① 부성 추정

법원은 직권조사에 의해서 자유로운 심증에 기초하여 판단한다(대법원 1985. 11. 26. 선고 85므8 판결; 대법원 2002. 6. 14. 선고 2001므1537 판결). 판례는 (ⅰ) 모의 회임시기에 부와 모의 성적 교섭이 있고, (ⅱ) 자와 부 사이에 혈액형상의 배치가 없으면 부성을 추정한다(대법원 1985. 11. 26. 선고 85므8 판결; 대법원 2002. 6. 14. 선고 2001므1537 판결).

② 혈액검사와 수검명령

(ⅰ) 가정법원은 당사자 또는 관계인 사이의 혈족관계의 존부를 확정할 필요가 있는 경우에 다른 증거조사에 의하여 심증을 얻지 못한 때에는 검사를 받을 자의 건강과 인격의 존엄을 해하지 아니하는 범위 안에서, 당사자 또는 관계인에게 혈액채취에 의한 혈액형의 검사 등 유전인자의 검사, 기타 상당하다고 인정되는 방법에 의한 검사를 받을 것을 명할 수 있다(가소법 제29조 제1항).

(ⅱ) 정당한 이유없이 이 명령에 위반한 때에는 1천만원 이하의 과태료를 부과할 수 있다. 100만원 이하의 과태료에 처할 수 있고(가소법 제67조 제2항), 제재를 받은 후에도 수검명령에 위반한 때에는 30일의 범위에서 그 의무를 이행할 때까지 위반자에 대한 감치(監置)를 명할 수 있다(가소법 제67조 제2항).

(5) 인지청구의 포기

인지청구권은 포기할 수 없고, 포기하더라도 효력이 발생할 수 없다. 이는 부와 혼인외의 자 간 후일 인지청구를 하지 않겠다고 약속하고 그 댓가로 부가 자에게 금전을 준 경우이다. 판례는 인지청구권의 포기는 혼외자의 보호가 침해될 우려가 있다는 이유로 이를 무효라고 하였다(대법원 1982. 3. 9. 선고 81므10 판결). 부가 아닌 모(母)가 인지청구권를 포기하더라도 그 효력은 본인인 자(子)에게 미칠 수 없다(대법원 1982. 3. 9. 선고 81다10 판결). 생모가 포기하기로 하는 재판상의 화해가 이루어졌더라도 이는 효력이 없다(대법원 1987. 1. 20. 선고 85므70 판결; 대법원 1999. 10. 8. 선고 98므1698 판결). 판례는 인지청구권의 행사가 상속재산에 대한 이해관계에서 비롯되었다 하더라도 정당한 신분관계를 확정하기 위해서라면 신의칙에 반하는 것이라 하여 막을 수 없다고 하였다(대법원 2001. 11. 27. 선고 2001므1353 판결).

2. 인지의 효과

(1) 서 설

인지가 있으면 친자관계가 발생하고 친자관계에서 인정되어지는 모든 효과가 발생한다. 그 효과는 출생시로 소급된다(제860조). 단 제3자의 권리를 해하는 것은 불가능하다. 예를 들어 인지가 있어도 미성년의 후견인이 인지 전에 행한 재산처분행위가 무효로 되는 것은 아니다.

인지의 소급효의 규정이 형법의 친족상도례에 적용되는가에 대하여, 형법 제344조, 제328조 제1항 소정의 친족간의 범행에 관한 규정이 적용되기 위한 친족관계는 원칙적으로 범행 당시에 존재하여야 하는 것이지만, 부가 혼인 외의 출생자를 인지하는 경우에 있어서는 민법 제860조에 의하여 그 자의 출생시에 소급하여 인지의 효력이 생기는 것이며, 이와 같은 인지의 소급효는 친족상도례에 관한 규정의 적용에도 미친다고 보아야 할 것이므로, 인지가 범행 후에 이루어진 경우라고 하더라도 그 소급효에 따라 형성되는 친족관계를 기초로 하여 친족상도례의 규정이 적용된다(대법원 1997. 1. 24. 선고 96도1731 판결).

(2) 친권자

부를 알 수 없는 자는 모의 성과 본을 따르며(제781조 제3항), 자에 대한 친권자는 모이다. 그러나 생부가 자를 인지한 후 자의 친권자는 부모의 협의로 정하여야 하고, 협의할 수 없거나 협의가 이루어지지 아니하는 경우에는 가정법원은 직권으로 또는 당사자의 청구에 따라 친권자를 지정하여야 한다. 다만, 부모의 협의가 자의 복리에 반하는 경우에는 가정법원은 보정을 명하거나 직권으로 친권자를 정한다(제909조 제4항).

부가 자를 인지한 후에도 부모가 공동생활을 하지 못하는 경우, 자의 양육은 일방이 행사하게 되는데, 이 때 자의 양육책임과 면접교섭권에 관하여 이혼시 적용되는 민법 제837조 및 제837조의2의 규정을 준용한다(제864조의2).

(3) 부 양

자에 대한 인지신고로 부와 혼인외의 자 사이의 법률상 친자관계는 그 자의 출생시로 소급하여 발생한다(제860조 본문). 따라서 부는 자녀가 출생한 때부터 그 자녀에 대한 부양의무를 지게 된다. 그 결과 모 일방이 자녀를 부양하였을 경우에는 모는 부에 대하여 부양비의 일부에 대한 반환을 청구할 수 있을 것이다.

과거 판례는 모가 행한 자의 양육에 대하여 모로서의 고유한 의무를 이행한 것으로 보아 과거의 양육비에 대한 구상청구를 부인하였다(대법원 1981. 5. 26. 선고 80다2515 판결). 그러나 대법원은 전원합의체 판결로서 종전 판례를 변경하여 과거의 양육비에 대한 구상청구를 인정하였다(대법원 1994. 5. 13. 92스211 전원합의체 결정). 어떠한 사정으로 인하여 부모 중 어느 일방 만이 자녀를 양육하게 된 경우에, 그와 같은 일방에 의한 양육이 그 양육자의 일방적이고 이기적인 목적이나 동기에서 비롯한 것이라거나 자녀의 이익을 위하여 도움이 되지 아니하거나 그 양육비를 상대방에게 부담시키는 것이 오히려 형평에 어긋나게 되는 등 특별한 사정이 있는 경우를 제외하고는, 양육하는 일방은 상대방에 대하여 현재 및 장래에 있어서의 양육비 중 적정 금액의 분담을 청구할 수 있음은 물론이고, 부모의 자녀양육의무는 특별한 사정이 없는 한 자녀의 출생과 동시에 발생하는 것이므로 과거의 양육비에 대하여도 상대방이 분담함이 상당하다고 인정되는 경우에는 그 비용의 상환을 청구할 수 있다.

(4) 상 속

자가 부로부터 인지되면 출생시로 소급하여 상속권을 갖는다. 그러나 제3자가 이미 취득한 권리를 해하지 못한다(제860조 단서). 이 규정은 유산분할 등이 이루어진 후의 법적 안정성과 피인지자의 이익을 보호하고자 한 것이다.

인지되기 전에 이미 부가 사망하여 상속이 개시되었다면 상속분은 어떻게 되는가? 상속분이 다른 공동상속인에 의하여 이미 분할 또는 제3자에게 처분되었다면 피인지자는 그 상속분에 상당한 가액의 지급을 청구할 권리를 갖는다(제1014조). 피인지자보다 후순위 상속인인 피상속인의 직계존속이나 형제자매가 상속한 경우에는 피인지자의 출현으로 이들은 자신이 취득한 상속권을 소급하여 잃게 되고 후순위상속권자는 상속받은 것을 인지 받은 상속인에게 반환하여야 한다(대법원 1993. 3. 12. 선고 92다48512 판결). 그런데 민법 제860조 단서, 제1014조 적용 여부가 문제될 수 있는데 혼인 외의 출생자와 생모 사이에는 생모의 인지나 출생신고를 기다리지 아니하고 자의 출생으로 당연히 법률상의 친자관계가 생기고, 가족관계등록부의 기재나 법원의 친생자관계존재확인판결이 있어야만 이를 인정할 수 있는 것이 아니기 때문에 이에 인지를 요하지 아니하는 모자관계에는 인지의 소급효 제한에 관한 민법 제860조 단서가 적용 또는 유추적용되지 아니한다(대법원 2018. 6. 19. 선고 2018다1049 판결).

또한 혼인외의 자의 생부가 사망한 경우, 혼인외의 출생자는 그가 인지청구의 소를 제기하였다고 하더라도 그 인지판결이 확정되기 전에는 상속인으로서의 권리를 행사할 수 없고, 그러한 인지판결이 확정되기 전의 정당한 상속인이 채무자에 대하여 소를 제기하고, 나아가 승소판결까지 받았다면, 채무자로서는 그 상속인이 장래 혼인외의 자에 대한 인지판결이 확정됨으로 인하여 소급하여 상속인으로서의 지위를 상실하게 될 수 있음을 들어 그 권리 행사를 거부할 수 없으므로, 그러한 표현상속인에 대한 채무자의 변제는, 특별한 사정이 없는 한, 채무자가 표현상속인이 정당한 권리자라고 믿은 데에 과실이 있다 할 수 없으므로, 채권의 준점유자에 대한 변제로서 적법하다(대법원 1995. 1. 24. 선고 93다32200 판결).

3. 준 정

(1) 정 의

부모의 혼인을 원인으로써 혼인외의 자가 혼인중의 자의 신분을 취득하는 것을 준정이라고 한다. 인지된 자의 부모가 혼인할 경우를 혼인준정이라고 하는데, 민법에서는 혼인에 의한 준정만을 규정하고 있다. 그러나 준정에는 이외에도 인지준정, 사망준정이 있다.

(2) 혼인준정

부가 인지한 자는 그 부모의 혼인에 의해서 혼인중의 자에 해당하는 신분을 취득한다. 일단 혼인준정이 생긴 이상은 그 후에 부모가 혼인이 해소되어도 자는 적출에 해당하는 신분을 잃지 않는다(제855조 제2항).

(3) 인지준정

부모의 혼인 중에 인지받지 못한 혼외자가 인지됨으로써 준정이 된다(가족관계등록법 제62조). 혼인해소 후에 인지한 경우에도 인지한 부와 모 사이에 혼인관계가 있다면 그 자는 혼인중 출생자에 해당하는 신분을 취득하는 것이 가능하다.

(4) 사망한 자의 준정

혼외자가 사망 후에 그 부모가 혼인한 경우도 부모가 혼인 후에 사망한 자를 인지하는 경우 그 자는 혼인중의 자가 된다. 단, 사망한 자에게 직계비속이 있는 경우로 제한된다(제857조).

(5) 준정의 효력

부모가 혼인한 때로부터 혼외자는 혼인중의 자가 되는 것이다(제855조 제2항). 준정은 인지와는 달리 소급효가 있는 것은 아니다. 준정에 의한 혼인중의 자는 친생추정을 받지 못하므로 친자관계에 대해 다툼이 생기면 친생자관계존부확인의 소에 의한다.

Ⅲ. 친생자관계존부확인의 소

(1) 정 의

친생자관계존부인확인의 소라 함은 특정인 사이의 불명확한 친생자관계에 대하여 이의 확정을 구하기 위하여 제기하는 소를 말한다. 이는 확인을 구하는 소이고, 확인판결이 확정되면 장래에 새로운 법률상태를 형성한다. 조정전치주의는 적용되지 않는다(가소 제2조 제1항 가류사건 4).

(2) 소를 제기할 수 있는 경우

1) 허위의 출생신고를 하여 외형상 친생자관계가 존재하는 것처럼 가족관계등록부상에 등재되어 있어서 그 친자관계를 다투는 경우이다.

(ⅰ) 허위친생자출생신고에 의한 입양의 경우: 당사자 사이에 양친자 관계

를 창설하려는 명백한 의사가 있고 기타 입양의 성립요건이 모두 구비된 경우에는 요식성을 갖춘 입양신고 대신 친생자 출생신고가 있다 하더라도 입양의 효력이 있다(대법원 1977. 7. 26. 선고 77다492 전원합의체 판결). 이러한 경우 입양신고로서 입양의 효력이 발생하였다면(무효행위전환), 파양에 의하여 양친자관계를 해소할 필요가 있는 등의 특별한 사정이 없는 한 가족관계등록부상의 기재를 말소하여 법률상 친자관계의 존재를 부정하게 되는 친생자관계부존재확인의 소는 확인의 이익이 없는 것으로 부적법하다.

(ii) 허위친생자출생신고에 의한 인지의 경우: 생부가 혼인 외의 출생자에 대하여 친생자 출생신고를 함으로써 인지의 효력이 인정된 경우, 그 신고는 인지신고가 아니라 출생신고이므로 그러한 신고로 인한 친자관계의 외관을 배제하고자 하는 때에도 인지에 관련된 소송이 아니라 친생자관계 부존재 확인의 소를 제기하여야 한다(대법원 1993. 7. 27. 선고 91므306 판결).

2) 친생자추정을 받지 못하는 혼인중의 출생자, 즉 혼인성립의 날로부터 200일 전에 출생한 자에 대한 경우(이 경우 사실혼성립의 날도 포함한다)

3) 친생추정에 미치지 않는 혼인중의 출생자(명백한 동서결여), 즉 혼인성립의 날로부터 200일 후, 혼인해소의 날로부터 300일 이내에 출생한 자녀이어서 외형상 친생자로 추정을 받는 것으로 보이지만 포태기간 중 부부 사이에 사실상 동거가 없었던 경우(대법원 1983. 7. 12. 선고 82므59 전원합의체 판결)

4) 혼인외의 자의 부자관계는 부의 인지를 통해서만 발생할 수 있다. 한편 혼인외 출생자의 경우에 있어서 모자관계는 인지를 요하지 아니하고 법률상의 친자관계가 인정될 수 있다. 생모는 부(父)가 사망한 경우에는 그 사망을 안 날로부터 1년 이내에 검사를 상대로 인지청구의 소를 제기하여야 하고, 생모가 혼인외 출생자를 상대로 혼인외 출생자와 사망한 부(父) 사이의 친생자관계존재확인을 구하는 소는 허용될 수 없다(대법원 1997. 2. 14. 선고 96므738 판결).

5) 양친자 중 일방이 원고로 되어 양친자관계존재확인의 소를 제기하는 경우에는 친생자관계존부확인소송의 경우에 준하여 양친자 중 다른 일방을 피고로 하여야 할 것이고, 피고가 되어야 할 다른 일방이 이미 사망한 경우에는 역시 검사를 상대로 소를 제기할 수 있다(대법원 1993. 7. 16. 선고 92므372 판결).

6) 인지청구의 소(사망을 안 날로부터 2년, 제864조)와 친생자관계부존재확인

의 소에서 제소기간의 기산점(사망을 안 날로부터 2년, 제865조)이 되는 '사망을 안 날'의 의미는 인지청구의 소와 친생자관계부존재확인의 소에서 제소기간을 둔 것은 친생자관계를 진실에 부합시키고자 하는 사람의 이익과 친생자관계의 신속한 확정을 통하여 법적 안정을 찾고자 하는 사람의 이익을 조화시킨다는데 의미가 있다. 이에 소 제소기간의 기산점이 되는 '사망을 안 날'은 사망이라는 객관적 사실을 아는 것을 의미하고, 사망자와 친생자관계에 있다는 사실까지 알아야 하는 것은 아니다(대법원 2015. 2. 12. 선고 2014므4871 판결).

7) 기타 부적법한 경우: 실무상 친생부인의 소, 인지에 대한 이의의 소, 인지무효의 소 등으로 다투어야 할 사항에 대하여 친생자관계존부확인의 소를 제기하는 경우가 흔히 있는데, 이때 법원은 청구의 취지와 원인을 석명하여 소를 변경하도록 하여야 하나, 이를 간과한 채 판결이 확정된 경우에도 그 판결은 당연무효라고 할 수는 없는 것이다(대법원 1992. 7. 24. 선고 91므566 판결; 대법원 1997. 2. 25. 선고 96므1663 판결). 구인사소송법(1990. 12. 31. 법률 제4300호 가사소송법에 의하여 폐지) 제35조, 제32조에 의하여 위 확정심판의 기판력은 제3자에게도 미친다고 할 것이다(대법원 1992. 7. 24. 선고 91므566 판결; 대법원 2021. 9. 30. 선고 2021두38635 판결).

「남북 주민 사이의 가족관계와 상속 등에 관한 특례법(약칭 남북가족특례법)」은 남한주민과 북한주민 사이의 가족관계와 상속·유증 및 이와 관련된 사항을 규정함으로써 남한주민과 북한주민 사이의 가족관계와 상속·유증 등에 관한 법률관계의 안정을 도모하고, 북한주민이 상속이나 유증 등으로 소유하게 된 남한 내 재산의 효율적인 관리에 이바지함을 목적으로 한다(동법 제1조). 혼인 중의 자(子)로 출생한 북한주민(북한주민이었던 사람을 포함한다)이 남한주민인 아버지 또는 어머니의 가족관계등록부에 기록되어 있지 아니한 경우에는 민법 제865조 제1항에 따라 소를 제기할 수 있는 사람이 친생자관계존재확인의 소를 제기할 수 있다(동법 제8조 제1항). 위 동법 제8조 제1항의 소(訴)는 민법 제865조 제2항에도 불구하고 분단의 종료, 자유로운 왕래, 그 밖의 사유로 인하여 소의 제기에 장애사유가 없어진 날부터 2년 내에 제기할 수 있다(동법 제8조 제2항). 위 동법 제2항과 마찬가지로 혼인 중의 자로 출생한 남한주민이 자신의 가족관계등록부에 북한주민(북한주민이었던 사람을 포함한다)인 아버지 또는 어머니가 기록되어 있지 아니한 경우 그 친생자관계존재확인의 소의 제기에 관하여는 제1항 및 제2항을 준용한다(제8조 제1항).

(3) 소의 실익

친생자관계존부확인의 소에 있어서 원고는 제기한 소에 대하여 반드시 친자관계의 존부확정에 따른 소의 이익(訴益)이 있어야 한다. 즉, 소를 통하여 자기의 신분간의 지위에 관하여 위험이나 불안을 제거할 수 있는 정도의 필요성이 존재해야 한다고 할 수 있다. 계부가 재혼한 처의 자를 입양하기로 그 대락권자인 생모(처)와 합의하여 그 입양신고의 방편으로 친생자로서의 출생신고를 한 경우에는 출생신고에 의하여 입양의 효력이 있게 되고, 그 양친자관계를 해소하여야 하는 등의 특단의 사정이 없는 한 친생자관계부존재확인을 구할 이익이 없다(대법원 1991. 12. 13. 선고 91므153 판결).

(4) 소의 원고·피고적격

소를 제기할 수 있는 원고적격자는 부를 정하는 소(제845조), 친생부인의 소(제846조, 제848조, 제850조, 제851조), 인지에 대한 이의의 소(제862조) 및 인지청구의 소(제863조)를 제기할 수 있는 자이다. 위의 소의 목적과 저촉되지 않는 다른 사유를 원인으로 하여 친생자관계존부확인의 소를 제기할 수 있다(제865조 제1항). 위의 규정에서 소의 당사자로서 제3자가 이해관계자가 되는 경우를 친족까지 범위를 넓혀서 5촌 당질 간의 친족관계 확인에 대해서도 소익이 있음을 인정하고 있으며(대법원 1981. 10. 13. 선고 80므60 전원합의체 판결), 친족은 특단의 사정이 없는 한 그와 같은 신분관계를 가졌다는 사실만으로써 당연히 친자관계존부확인의 소를 제기할 소송상의 이익이 있다고 한다(대법원 1991. 5. 28. 선고 90므347 판결; 반대판례: 대법원 1990. 7. 13. 선고 90므88 판결).

그러나 최근 판례에서 민법 제777조에서 정한 친족이라는 사실만으로 당연히 친생자관계존부확인의 소를 제기할 수 없다고 하였다. 즉 독립유공자인 甲의 장녀인 乙의 자녀인 丙(갑의 손자)이 독립유공자의 유족으로 인정되자, 甲의 장남인 丁의 손자인 戊(갑의 증손자)가 검사를 상대로 甲과 乙 사이에 친생자관계가 존재하지 않는다는 확인 등을 구한 사안에서, 戊가 甲과 친족관계에 있다는 사실만으로 민법 제865조 제1항에서 정한 원고적격이 인정된다고 할 수 없고, 戊는 친생자관계부존재확인 판결이 확정되더라도 이에 대해 법률상 이해관계를 가진다고 할 수 없으므로, 위 확인의 소는 원고적격을 갖추지 못한 사람이 제기한 것으로 부적법하다(대법원 2020. 6. 18 선고 2015므8351 전원합의체 판결).

소의 상대방인 피고적격자는 친생자관계가 있는 일방의 당사자가 소를 제기할 때에는 타방의 당사자를 상대방으로 하고(가소법 제28조, 제24조 제1항), 제3자가 제기하는 경우는 가족관계등록부 기재상 친생자관계가 있는 당사자 쌍방을 상대방으로 한다(가소법 제24조 제2항, 제28조). 제3자가 친자 쌍방을 상대로 제기한 친생자관계 부존재확인소송 계속 중 친자 중 어느 한편이 사망한 경우, 생존한 사람만 피고가 되고, 양쪽 모두 사망한 경우에는 검사를 상대방으로 한다(대법원 1971. 7. 27. 선고 71므13 판결. 다만 대법원 1970. 3. 10. 선고 70므1 판결은 반대이다).

그러나 가사소송법 제16조 제2항을 유추적용하여 원고는 피고가 사망한 때로부터 6개월 이내에 수계신청을 하여야 하고, 그 기간 내에 수계신청을 하지 않으면 그 소송절차는 종료된다고 보아야 한다. 이와 같은 법리는 친생자관계존부 확인소송 계속 중 피고에 대하여 실종선고가 확정되어 피고가 사망한 것으로 간주되는 경우에도 마찬가지로 적용된다(대법원 2014. 9. 4. 선고 2013므4201 판결; 대법원 2018. 5. 15. 선고 2014므4963 판결).

(5) 소의 제기 기간

친생자관계존부확인의 소는 제척기간이 없기 때문에 언제라도 가정법원에 소를 제기할 수 있다. 그러나 당사자 일방이 사망한 때에는 그 사망을 안 날로부터 2년 이내에 검사를 상대로 하여 제기할 수 있다(제865조 제2항, 대법원 1966. 7. 26. 선고 66므11 판결; 같은 취지 대법원 2004. 2. 12. 선고 2003므2503 판결).

민법 제865조 제2항에 대하여 위헌심사가 있었으나 헌법재판소는 심판대상조항이 과잉금지원칙을 위배하여 청구인의 인간의 존엄과 가치, 행복추구권, 재판청구권을 침해한다거나 혼인과 가족생활에 관한 기본권을 제한한다고 볼 수 없다고 하였다(헌재 2014. 3. 27. 선고 2010헌바397 결정).

(6) 판결의 효력

판결의 확정에 의하여 친생자관계의 존부가 확정되면 그 효력은 제3자에게도 미친다(가소법 제21조 제1항). 판결이 확정되면 소를 제기한 자는 그 확정일로부터 1개월 이내에 가족관계등록부의 정정을 신청하여야 한다(가족관계등록법 제107조).

〈도표 4-5〉 친생자관계존부확인의 소와 친생부인의 소의 비교

	친생자관계존부확인의 소	친생부인의 소
성질	확인의 소	형성의 소
대상	① 친생추정을 받지 않는 자 ② 친생추정이 미치지 않는 혼인중의 자 ③ 허위의 출생신고로 인해서 가족관계등록부상 부모와 자 사이에 혼인 중 친생자 관계가 존재하지 않는 경우 ④ 인지에 의한 친자관계가 존재하고 그 인지의 유효를 주장할 때 ⑤ 혼외자와 생모 사이의 모자관계	친생추정을 받는 자
상대방	상대방으로 제기된 자, 즉 부·모·자녀(사망시 검사)	다른 일방 또는 자(사망시 검사)
제소권자	부, 부의 후견인, 부의 유언집행자, 부의 직계존속 및 직계비속, 모, 자, 자의 직계비속 또는 그 법정대리인, 이해관계인('친족'이라고 당연히 원고적격을 인정하지 않는다)	① 부 또는 처 ② 성년후견인이 피성년후견인(성년후견감독인의 동의) ③ 유언으로 부인의 의사를 표시한 때=유언집행자가 ④ 사망한 때=부 또는 처의 직계존비속
제소기간	제한이 없다.	그 사유 있음을 안 날로부터 2년 내
소송절차	조정은 없다(가소법 제2조 제1항 가류 4호).	① 조정을 거쳐야 하나(가소법 제2조 제1항 나류 6호, 제50조 제1항) 조정성립만으로 친생부인의 효력은 발생 하지 않는다(가소법 제59조 제2항 단서). ② 소제기 위해 부 또는 모는 출생신고해야 한다(가족관계등록법 제47조).

Ⅳ. 인공수정과 대리모

1. 인공수정

(1) 정 의

인공수정은 남녀간의 자연적인 성적 교섭에 의하지 않고 인공적 기구를 이용하여 정자를 여성의 체내에 주입함으로써 정자와 난자를 수정시켜서 포태하는 것을 말한다. 인공수정은 불임치료의 획기적 방법으로 등장하면서 자녀를 가질 수 없는 부부에게 자녀를 가질 수 있는 희망을 안겨 주었다. 그러나 이러한 측면 이외에 한편으로는 보통의 자연적 방법에 의한 출생과는 다른 여러 사항의 발생으로 개인의 심리적 단계에서부터 사회 규율의 정점인 법학의 단계에까지 많은 난제를 제기하게 되었다.

인공수정은 단순한 체내수정의 차원에서 진일보하여 정자, 난자의 추출 및 냉동보관에 이은 체외수정의 개발로 자녀의 출산은 거의 혼인과는 무관할 정도로 사회적 변화를 가져왔다. 미국, 영국, 스웨덴 등의 여러 나라에서는 이들의 보호 및 시술과정에서 야기될 수 있는 문제까지를 염려한 각종 방안이 법적 측면에서 논의되고 단행법규로 마련되고 있다. 우리나라의 경우 정자의 냉동보존을 통한 자의 출산시술이 성공을 거두게 되면서 1978년에 태어난 인공수정아에 대한 법적 문제가 서울가정법원에 제기되어 1983년 7월에 확정판결을 내린 바 있다. 인공출산은 우리나라에서도 현실화되고 있지만 아직도 이를 규제할 법적 장비가 전혀 마련되지 못하고 있는 까닭으로 민법 제844조(친생자의 추정), 제846조(친생부인) 등의 규정에 고착된 해석론에 머물고 있는 실정이다.

(2) 인공수정의 방법

여러 가지 인공수정의 방법이 있겠으나 법적 측면에서 구분되는 세 가지 형태를 중심으로 설명하고자 한다.

1) 체내수정

체내수정은 정자채취의 상대방에 따라 AID(Artificial Insemination by Donor)와 AIH(Artificial Insemination by Husband), 그리고 제3의 유형인 CAI(Confused or Combined Artificial Insemination) 등이 있다.

이들 유형은 다음에 설명되는 다른 두 가지의 인공수정 방법에 있어서도 역시 적용될 수 있는 수정의 공통적 유형으로 설명될 수 있다. 즉 AID는 제3자의 정액에 의한 수정이고, AIH는 남편의 정액에 의한 것이며, CAI는 남편과 제3자의 정액을 혼합시켜 수정한 유형으로 설명될 수 있는 것이다. 따라서 출산된 자에 대하여 가족법상으로 여러 가지 문제의 가능성을 내포하고 있다.

2) 체외수정(In Vitro Fertilization: IVF)

정자와 난자를 추출하여 체외에서 결합시켜 수정난을 형성시킨 다음 다시 모체의 자궁에 이식하는 배이식(Embro Transfer: E.T.)의 2단계를 거치는 인공수정 방법이다. 따라서 기술상의 어려움이 체내수정보다 훨씬 더한 것으로, 이렇게 태어난 자를 일명 시험관아기(Test Tube Baby)로 부르고 있다. 이러한 시험관아기의 탄생을 위한 정자의 채취에는 체내수정에서 설명한 경우를 생각할 수 있겠으나 난자의 채취대상과 모체의 결정에 있어서는 더욱 복잡한 여러 경우의 조합이 가능하게 된다. 그러므로 체외수정의 경우에 제기될 수 있는 법적 측면의 문제점은 더욱 복잡하며 심각해진다고 할 것이다.

2. 인공수정에 의한 자의 법적 지위

(1) 체내수정

앞에서 살펴본 바와 같이 AID, AIH, CAI 등의 세 유형 중의 한 가지 선택에 의해 추출한 정액을 다시 처의 자궁에 주입하는 방법으로 이루어진 수정과 출산을 말하는 것이다.

AIH는 남편의 정액에 의하여 자를 출산하는 것이므로 법적으로 크게 문제되지 않는다. 따라서 민법 제844조의 규정에 따라 해석될 수 있다. 그러나 체내수정에서 가장 문제가 되는 방법은 AID에 의한 수정에 의한 자의 출생이다. 이 경우는 결국 생물학적 부(제3자의 정액)와 법률상의 부가 분리되기 때문이다. 하급심 판례에서 무정자증인 남편이 처가 다른 사람의 정자를 제공받아 인공수정을 통하여 자(子)를 출산하는 것에 동의한 경우, 그 후 처와 이혼하였다고 하여 그 자에 대한 친생을 부인하는 것은 신의칙에 반한다고 하였다(대구지법 가정지원 2007. 8. 23. 선고 2006드단22397 판결).

대법원은 혼인 중인 남편과 아내가 인공수정 자녀의 출생에 관하여 의사가 합치되어 이를 토대로 제3자의 정자를 제공받아 인공수정이라는 보조생식 시술에 동의함으로써 자녀가 출생하였다면 그 자녀는 그 부부의 친생자로 보아야 한다고 하였다(대법원 2019. 10. 23. 선고 2016므2510 전원합의체 판결).

또한 문제되는 것은 부의 동의를 얻지 않은 경우이다. 이때는 부의 자로 추정을 받고, 부의 친생부인의 소의 대상이 된다고 해석할 수 있다. 그러나 부부 사이에 동거의 결여가 있어 추정이 미치지 못하는 경우 친생자관계부존재확인 소송을 제기할 수 있을 것이다.

이에 대한 미국과 영국의 예를 보면, 미국의 경우는 1973년에 제정된 통일친자법(Uniform Parentage Act)에서도 역시 AID에 의해서 출생한 자의 적출성을 인정하는 내용을 규정하고 있다. 영국에서는 1987년의 개정가족법(The Family Law Reform Act) 제27조에서 혼인중에 처가 남편이 아닌 제3자의 정자로 인공수정하여 자를 출산한 경우 태어난 자는 법적으로 혼인중의 자로 되며, 부가 수정에 동의하지 않았다는 것이 충분히 입증되지 않는 한 다른 사람의 자로 되지 않는다고 규정하였다.

정자제공자와 인공수정으로 출생한 자와의 관계는 법률적으로 친자관계가 성립되지 않는다고 보아야 하며 정자제공자에 대한 강제인지를 인정할 것인가에 대하여 논란이 있을 수 있다. 그러나 자나 정자제공자에게 모두 인지청구가 인정되지 않는다고 보아야 할 것이다. 이렇듯 양당사자에게 인지청구는 인정되지 않는다고 하더라도 자가 부를 알권리를 인정할 것인가가 문제될 수 있다. 스웨덴은 1985년 인공수정자법에서 AID에 의한 인공수정자에게 생물학적 부(정자제공자)의 신원을 알권리를 인정하였다.

독신여성이 정자를 제공 받아 자를 출산한 경우 이 자는 모의 혼외자가 된다. 우리나라의 경우 「모자보건법」은 난임 부부만 인공수정 등 보조생식술 받을 수 있도록 규정하고 있다. 난임 시술을 받으려면 '부부'가 동의서를 내야 한다. 지난 2019년부터 사실혼 부부도 대상으로 포함해 결혼을 하지 않아도 시술이 가능하도록 했다. 「생명윤리법」·「모자보건법」 두 법령은 모두 '배우자'를 전제로 한다.

(2) 체외수정

체외수정은 난자와 정자 그리고 모체 선정의 다면성으로 인하여 일곱 가지 유형으로 구분될 수 있다. 체외에서의 수정(I.V.F.)과 배이식(E.T.)이라는 2단계의 결합이 요구되는 어려운 의료기술로 인하여 낮은 성공률과 함께 많은 비용을 필요로 하고 있다. 그러나 포태를 위한 정자·난자 및 모체결합의 다양성으로 인하여 자의 법적 지위 확정에 체내수정과는 다른 복잡성을 띠게 되므로 이들에 대한 법적 해결은 더욱 어려운 문제로 여겨지고 있다.

체외수정은 30여 년의 역사를 갖게 되는데 1978년에 있었던 영국의 Louis Brown 양의 탄생이 그 시작이다. 그 이후 시험관아기 문제는 영국을 중심으로 활발히 논의되며 법적 측면에서의 문제해결을 시도해 오고 있다. 따라서 영국은 1984년 7월 Warnock 위원회가 불임치료기술에 대한 보고서를 제출하면서 체외수정에 관한 논의를 본격화하였는데, 동보고서는 인공수정·시험관내수정, 난자 및 수정란 기증 등의 문제에 대하여 조건부로 긍정하는 내용을 규정하고 있다. 그 밖에도 의사들로 구성된 윤리위원회가 체외수정을 인정하는 등의 경향으로 나감으로써 점차 체외수정이 인공수정의 핵심적 문제로 진입하고 있음을 알 수 있다.

또 미국의 경우는 1975년 보건·교육부(Department of Health, Education and Welfare)의 특별연구 결과를 기초로 하여 인간생명의 보호를 위한 행정규칙을 제정하였는바, 시험관 수정시술은 기혼자에게만 한정하며 수정란은 14일 이상 시험관 안에 보관하지 못하도록 하는 등의 내용을 규정하게 되었다. 그 후 1981년 12월 동부 버지니아 외과대학(Eastern Virginia Medical School in Norfolk)에서 미국 최초의 체외수정아가 탄생되면서 광범한 논의를 불러일으켰다. 그러나 각 주에 따라서 체외수정을 더욱 부정하는 견해가 있는가 하면 반대로 Pennsylvania 주 등은 엄격한 규제하에 이를 허용하는 방향으로 입법화 해가는 경향을 보여주고 있다.

독일의 경우는 1982년부터 1985년까지 약 135명의 체외수정아가 탄생되었다는 보고와 관련하여 1985년 5월 15일의 제88차 독일의사회(der Deutsche Ärztetag)에서 체외수정에 이은 배이식(I.V.T와 E.T.)을 치료행위로 인정한다는 긍정적인 의견을 제시하게 되었다. 그 후 연방법무부는 배의 보호를 위한 법률초

안을 작성 발표하였는데 이식목적 이외의 배형성을 금지하는 등의 내용으로 배아의 형성단계에서부터 이를 규제·보호하려는 방향으로 나아가고 있다. 그 밖에도 오스트레일리아·프랑스·스위스 등이 체외수정에 대한 문제에 많은 연구를 집중시키고 있으며 보다 합리적이며 타당성 있는 내용으로서의 입법을 위한 노력이 경주되고 있음을 알 수 있다.

체외수정자의 법적 지위는 인공수정(체외수정)의 AIH·AID의 경우를 원용할 수 있겠으나 보다 더한 어려움이 따르게 됨을 알 수 있다. 즉 AIH의 경우에 있어서도 냉동 보존되었던 부의 정자에 있어서 부가 사망한 후에 이를 사용한 자의 출산을 어떻게 해야 할 것인가 등의 문제를 생각할 수 있다. 또 비배우자간의 체외수정은 전술한 바와 같이 다양한 경우를 예상할 수 있으므로 출생한 자의 법적 지위 또한 매우 어려운 논의를 제기하게 될 것이다. 현행 민법상 모자관계는 출생이라는 사실 자체에 의해서 당연히 발생되나, 단순히 금품거래에 의하여 자녀를 낳아주는 이른바 대리모(Hostmother) 같은 경우에는 자기의 자녀라는 의식이 전혀 없음을 감안한다면 자녀를 낳아 준 여성이 당연히 법률상의 모가 된다는 사실에는 의문이 제기될 수 있다. 따라서 민법상의 규정에 비추어 본다면 배우자간의 체외수정 이외의 경우에는 금지되어야 할 것으로 생각한다. 그 이유는 기존의 법질서에 비추어 보아 그것이 악용 내지 남용될 가능성이 있을 뿐 아니라 나아가 불임치료의 범위를 넘어선 출산이 될 수 있으며, 또한 윤리적으로도 용납될 수 없는 비난가능성이 내재되어 있기 때문이다. 이러한 점을 고려하여 일본의 경우에는 의과대학 내에 윤리위원회를 두어 구체적으로 체외수정의 실시기준을 제시하고 있는데 이는 바로 체외수정이 받게 될 비난을 최소화하며, 자를 포함한 당사자 보호에 대한 사회적 책임을 반영하는 것으로 평가할 수 있을 것이다.

그 밖에도 추출된 정자, 난자 및 수정난의 법적 지위라든가, 또 이를 제공한 제공자의 법적 지위, 그리고 이의 관리과정에서 발생하게 될 하자에 대한 의사의 책임 등에 대한 논의가 앞으로 더욱 연구되어야 할 과제이다.

3. 대리모의 법적 문제

대리모는 어떤 여자가 불임인 경우 유아인도와 수수료 수수 등의 일정한 조건하에 그 여자를 대신하여 부의 정액을 자신의 체내에 주입하여 아이를 낳아주는 여자를 말한다.

대리모계약은 아직 정형화된 계약 형태로 인정되고 있지는 않지만, 미국에서는 1970년대 후반부터 대리모 구인광고가 개인뿐만 아니라 대리모 협회, 출산 뱅크 등의 사회적 단체로 발전하고 있는 데서 대리모 문제에 대한 제도적 방안이 모색되어야 할 단계에 이르고 있다. 특히 미국에서 대리모에 대한 대표적 사례는 1988년 2월에 New Jersey Supreme Court에서 내린 Baby M 사건이다. 이 사건에서 한 부부는 대리모와 계약광고를 체결하고 인공수정 광고를 통해 출산을 하였다. 그러나 출산 후 대리모는 대가를 받지 않는 대신 아이를 포기할 수 없다고 주장하면서, 아이를 인도하지 않았다. 이 판결에서는 결국 의뢰인 부부에게 아기를 인도하도록 하였다. Baby M 사건을 통해 내려진 결론은 앞으로 미국 사회의 대리모계약에 대한 긍정적 방향 설정이라는 중요한 의미를 제시한 것으로 해석할 수 있게 된다.

현재 우리나라에서는 대리모관계를 규율하는 아무런 규정이 없다. 대리모계약에 관한 이행청구의 소송이 제기되는 경우 대부분 대리모계약이 공서양속의 위반으로 무효라고 보는 것이 일반적이다. 그러나 대리모계약이 그 자체는 무효이지만 무효행위 전환의 법리에 의해 친권자 결정의 사전약정으로서는 유효하다는 견해와 전면적으로 유효하다는 견해도 있다. 부부인 갑과 을이 갑과 을의 수정란을 대리모인 병에게 착상시켜 병이 정을 낳았는데, 갑이 정의 모를 '을'로 기재하여 출생신고를 하였으나, 가족관계등록공무원이 신고서에 기재한 모의 성명(을)과 출생증명서에 기재된 모의 성명(병)이 일치하지 않는다는 이유로 불수리처분을 한 사안에서, 출생신고서에 기재된 모(을)의 인적사항과 출생증명서에 기재된 모(병)의 인적사항이 일치하지 아니하므로 갑의 출생신고를 수리하지 아니한 처분은 적법하고, 이른바 '자궁(출산)대리모'는 우리 법령의 해석상 허용되지 아니하므로 이러한 대리모를 통한 출산을 내용으로 하는 계약은 선량한 풍속 기타 사회질서에 위반하는 것으로써 민법 제103조에 따라 무효라고 하였다(서울가정법원 2018. 5. 9.자 2018브15 결정).

3절 ≫ 양 자

Ⅰ. 서 설

1. 정 의

양친자는 인위적으로 만들어진 친자관계이고, 이러한 인위적·의제적(擬制的)으로 친자관계를 창설하는 것이 양자제도이다. 양친자관계는 혼인중 출생한 자와 마찬가지의 법률상 지위를 가지며, 양자제도에는 일반양자제도(보통양자제도)와 친양자제도(특별양자제도)가 있다.

2. 양자제도의 변천

오늘날의 입양은 보호를 필요로 하는 아동이 잘 성장할 수 있도록 가정을 마련해 주는데 그 목적이 있다. 그러나 기존 우리나라의 양자제도는 남계혈통 계속주의에 근거하여 가의 대를 잇거나 조상에게 제사를 지내기 위한 것을 목적으로 하였다.

이와 같이 전적으로 가계승을 위해 기능해 왔던 양자제도는 1991. 1. 13. 민법개정으로(법률 제4199호) 호주상속양자, 직계존속 장남의 거가 금지, 양호주파양금지, 사후양자, 유언양자, 서양자(婿養子) 등의 조항을 폐지함으로써 자를 위한 양자제도로 더욱 접근하게 되었다.

더욱이 2005년 친양자제도의 도입으로 보통양자제도와 함께 친양자제도는 자의 복리를 더욱 도모하는데 기여하게 되었다. 친양자제도는 2008년부터 시행되고 있다. 이로써 우리나라의 양자제도의 체계는 민법상 보통양자제도와 친양자제도 그리고 입양촉진 및 절차에 관한 특례법상의 입양제도로 구별할 수 있을 것이다.

입양에 관하여 2012년 다수의 개정(시행: 2013. 7. 1)이 있었다. 개정 전 미성년자의 입양(入養)과 파양(罷養)은 시·읍·면의 장에 대한 신고만으로 가능하였으나 이는 아동학대의 습벽이 있는 사람 등도 손쉽게 입양을 할 수 있고 그 결과 미성년자의 복리에 악영향을 끼치는 사례가 자주 발생하고 있으므로, 이를 방지하기 위하여 미성년자를 입양할 때에는 가정법원의 허가를 받도록 하였다(제867조, 제898조).

또한 미성년자에 대한 파양은 재판으로만 할 수 있도록 하였으며(제808조), 부모의 소재를 알 수 없는 등의 경우에는 부모의 동의 없이도 입양이 가능하게 하는 등 입양제도가 개선되었다(제870조, 제871조, 제908조의2 제2항).

친양자 입양 가능 연령을 15세에서 미성년자이면 친양자 입양을 할 수 있도록 하였다(제908조의2 제1항 제2호). 13세 미만의 경우 법정대리인이 대락하도록 하고, 13세 이상의 경우 법정대리인의 동의를 받아 직접 승낙하도록 하였다(제869조 제1항과 제2항). 법정대리인이 정당한 이유없이 동의 또는 승낙을 거부하는 경우 법정대리인의 동의 없이도 가정법원이 입양허가를 할 수 있도록 하였다(제869조 제1항과 제2항).

2013년 헌법재판소는 원칙적으로 3년 이상 혼인 중인 부부만이 친양자 입양을 할 수 있도록 규정하여 독신자는 친양자 입양을 할 수 없도록 한 구 민법(2005. 3. 31. 법률 제7427호로 개정되고, 2012. 2. 10. 법률 제11300호로 개정되기 전의 것) 제908조의2 제1항 제1호가 독신자의 평등권을 침해하지 않는다고 하였다(헌재 2013. 9. 26. 선고 2011헌가42 결정).

Ⅱ. 일반양자(보통양자)

1. 입양의 성립요건

(1) 실질적 성립요건

1) 당사자의 입양의사의 합치가 있어야 한다(제883조 제1호)

① 입양의사

입양의사는 사회통념상 친자로 인정되는 관계를 창설하려는 의사이어야 한다. 입양의사는 자유롭게 결정되어야 하며, 조건이나 기한을 붙일 수 없다. 입양의사는 입양 당사자 자신의 독립된 의사이어야 하고, 예외적으로 피성년후견인은 성년후견인의 동의를 얻어야 입양 당사자가 될 수 있다(제873조 제1항). 그러나 이러한 원칙에 있어서도 예외가 있는데 이는 대락입양(제869조)의 경우이다. 13세 미만의 아동의 경우 스스로 입양의사를 표시하기 어렵기 때문에 이

때에는 대락권자의 의사가 있어야 한다. 법정대리인이 그를 갈음하여 입양을 승낙한다(제869조 제1항).

입양의사는 입양 신고서를 작성할 때는 물론 신고가 수리될 때에도 존재해야 한다. 유효하게 작성된 신고서도 그 제출 전에 당사자의 일방이 입양의사를 철회하면 입양의 의사가 없게 되어 그것이 수리되더라도 효력이 없게 된다. 대법원 판례에서도 입양의 실질적 요건이 갖추어지지 않으면 효력이 없다고 하고 있다(대법원 1982. 2. 9. 선고 82므45 판결).

② 입양의 무효, 가장입양

입양의 실질적 요건 및 가족관계등록부상 형식적으로만 입양한 것처럼 가장하기로 하여 이루어진 입양신고의 효력이 있다고 할 수 있는가? '당사자 간에 입양의 합의가 없는 때'라 함은 당사자 간에 실제로 양친자로서의 신분적 생활관계를 형성할 의사를 가지고 있지 아니한 경우를 말하므로, 입양신고가 가족관계등록법상 형식적으로만 입양한 것처럼 가장하기로 하여 이루어진 것일 뿐 당사자 사이에 실제로 양친자로서의 신분적 생활관계를 형성한다는 의사의 합치가 없었던 것이라면 이는 당사자 간에 입양의 합의가 없는 때에 해당하여 무효라고 보아야 한다(대법원 1995. 9. 29. 선고 94므1553,1560 판결; 대법원 2000. 6. 9. 선고 99므1633,1640 판결 등 참조).

2) 양친이 성년이어야 한다(제866조)

성년에 달한 자는 입양할 수 있다. 성년은 19세 이상으로, 기혼과 미혼을 구별하지 않는다. 부부가 입양을 하는 경우 부부 모두 성년에 달하여야 한다. 혼인에 의하여 성년의제(제826조의2)된 미성년자가 양친이 될 수 있는가에 대해서는 긍정하는 견해(김용한, 195면)와 부정하는 견해(김주수)가 있다. 성년의제의 취지가 혼인한 미성년자의 독립성을 보장하기 위한 것이라는 점과 입양 될 자의 복지를 고려할 때 부정하는 것이 타당하다고 본다.

3) 가정법원의 허가를 받아야 한다(제867조)

앞서 개정민법이 일반입양 시 가정법원의 허가를 도입이유를 설명하였다. 가정법원의 허가는 실질적 요건의 하나이다. 따라서 입양당사자는 가족관계등록공무원에게 입양신고서를 제출할 때 법원이 발급한 입양허가서를 반드시 첨부하여야 한다. 이 요건을 갖추지 못하면 입양신고가 수리되더라도 그 입양은 무효이다(제883조 2호).

또한 가정법원은 양자가 될 미성년자의 복리를 위하여 그 양육 상황, 입양의 동기, 양부모의 양육능력, 그 밖의 사정을 고려하여 입양의 허가를 하지 아니할 수 있다(제867조 제2항). 이러한 판단을 위하여 법원은 면밀한 조사를 하여야 할 것이다.

4) 입양의 의사표시가 있어야 한다(제869조)

① 양자가 될 사람이 13세 이상인 경우 법정대리인의 동의를 받아 입양을 승낙한다(제869조 제1항). 13세에 달하면 스스로 입양의 의사표시를 할 수 있다. 이는 아동의 정신적 성숙도를 고려한 개정이라고 보며 자의 의사표시의 범위를 넓혔다고 할 수 있다. 그러나 13세는 여전히 미성년자이기 때문에 법정대리인의 동의를 받도록 하였다(제869조 제1항, 가소규 제62조의7 iii).

② 양자될 자가 13세 미만인 경우에는 법정대리인(친권자 또는 후견인)이 이에 갈음하여 입양의 승낙을 한다. 이를 대락입양이라 한다. 대락입양은 신분행위의 일반원칙에 대한 예외로 양자될 자가 자신의 의사표시를 할 수 없는 경우 허용하지 않을 수 없기 때문에 인정되는 것이다(입양되는 아이는 실제로 의사능력이 없는 경우가 대부분이다). 대락은 일종의 대리를 의미한다.

③ 대락권자는 입양될 아동의 법정대리인이다. 부모가 공동친권자인 경우에는 부모 쌍방이 공동으로 대락하여야 하며, 일방이 대락하지 않으면 입양은 성립하지 않는다. 부모가 이혼을 하여 일방 부모가 친권자가 되는 경우 또는 혼인외의 출생자의 일방 부모만이 친권자가 되는 경우 그 일방의 친권자가 법정대리인으로서 입양을 대락하고 다른 일방은 동의만으로 입양에 동의하게 된다(제870조 제1항). 결국 자녀의 입양에 있어서 부모 모두의 의사가 고려된다. 인지된 혼인외의 출생자의 경우에도 동일하다.

④ 입양 동의 또는 승낙의 철회권 보장(제869조 제5항, 제870조 제3항)

법정대리인이 입양에 동의하거나 승낙한 경우에도 가정법원의 허가가 있기 전에는 이를 철회할 수 있다. 이는 입양을 보다 숙고하도록 하게 한 제도로 일종의 '입양숙려기간'이다. 친생부모의 자기 결정권을 존중하고자 하는 취지에서 도입되었다.

⑤ 법정대리인의 승낙이나 동의없이도 입양이 가능

자녀의 복리를 위하여 입양이 필요한데 법정대리인이 자신의 의무를 이행하지 않으면서 정당한 이유없이 승낙이나 동의를 거부하여 자녀의 입양이 가능하지 않은 경우 가정법원은 법정대리인의 동의나 승낙없이 입양을 허가할 수 있다(이와 같은 규정은 친양자 입양의 경우에도 도입되었다(제908조의2 제2항 제1호)(위탁가정에서 성장하고 있는 아동의 입양의 기회를 열어줌). 다만 법정대리인이 친권자인 경우에는 민법 제870조 제2항의 사유가 있어야 한다(제869조 제2항 제1호). 이 경우에는 법정대리인이 소재불명 등의 사유로 동의나 승낙을 받을 수 없는 경우이다. 소재불명 이외에도 법정대리인이 장기간의 의식불명, 불치의 정신질환 등의 경우에도 해당한다.

⑥ 법정대리인이 심문(제869조 제4항)

가정법원은 법정대리인이 입양을 거부하는 경우 이에 대한 '정당한 이유'를 판단하여야 한다. 이는 사실을 확인하고 의견을 청취하는 절차이다.

5) 양자될 자가 미성년자인 경우 부모의 동의를 받아야 한다(제870조)

① 양자가 될 자는 미성년자 혹은 성년자라 할지라도 부모의 동의를 얻어야 한다. 다만 양자가 될 아동이 13세 이상인 경우 법정대리인의 승낙을 받았거나 13세 미만으로 법정대리인의 승낙에 갈음하여 입양을 하는 경우, 또는 부모가 친권상실 선고를 받을 경우 부모의 소재를 알 수 없는 사유로 동의를 받을 수 없는 경우 등에 있어서는 동의를 받지 않아도 된다. 계속해서 민법 제870조의 제2항에서 규정하고 있는 것은 부모가 동의를 거부하더라도 법원이 부모의 심문을 통해 사실과 이에 대한 이유를 듣고 이에 대한 사항을 판단할 수 있다. 1. 부모가 3년 이상 자녀에 대한 부양의무를 이행하지 아니한 경우, 2. 부모가 자녀를 학대 또는 유기(遺棄)하거나 그 밖에 자녀의 복리를 현저히 해친 경우 가정법원은 부모가 동의를 거부하더라도 입양의 허가를 할 수 있다.

② 입양동의의 철회권 보장(제780조 제3항)

부모가 입양에 동의한 경우에도 가정법원의 허가가 있기 전에는 언제든지 동의를 철회하여 입양의 성립을 저지할 수 있다.

6) 양자가 성년자는 부모의 동의를 받아야 한다(제871조)

성년자인 자가 양자가 되고자 하는 경우에도 부모의 동의를 받아야 한다. 그러나 이러한 상황에서 부모가 정당한 사유없이 동의를 하지 않거나 동의를 할 수 없는 경우가 발생하기 때문에 이러한 경우에도 가정법원은 부모를 심문하고 부모의 동의에 갈음하는 심판을 할 수 있다.

7) 피성년후견인의 입양시 성년후견인의 동의를 받아야 한다(제873조)

① 개정된 후견법은 금치산, 한정치산제도를 폐지하고 대신에 성년후견, 한정후견, 특정후견 등의 제도를 새로 도입하였다. 이 중에서 '질병, 장애, 노령, 그 밖의 사유로 인한 정신적 제약으로 사무를 처리할 능력이 지속적으로 결여된' 것으로 인정된 사람은 피성년후견인으로 법원에서의 성년후견개시의 심판이 있는 경우 성년후견이 선임되고 이에 피성년후견인은 성년후견인의 동의를 받아 신분행위를 할 수 있다. 그러나 피한정후견인과 특정후견인은 신분행위에 있어서는 능력의 제한을 받지 않는다. 피성년후견인은 성년후견인의 동의를 받아 입양을 할 수 있고 양자가 될 수 있다(제873조 제1항).

피성년후견인이 입양을 하거나 양자가 되는 경우에는 제867조(미성년자의 입양에 대한 가정법원의 허가)를 준용한다(제873조 제2항). 가정법원은 성년후견인이 정당한 이유 없이 제1항에 따른 동의를 거부하거나 피성년후견인의 부모가 정당한 이유 없이 제871조 제1항에 따른 동의를 거부하는 경우에 그 동의가 없어도 입양을 허가할 수 있다. 이 경우 가정법원은 성년후견인 또는 부모를 심문하여야 한다(제873조 제3항).

8) 배우자가 있는 경우 상대방 배우자의 동의가 있어야 한다(제874조)

배우자 있는 자가 양자를 할 때에는 배우자와 공동으로 하여야 하며(제874조 제1항), 배우자 있는 자가 양자가 될 때에는 다른 일방의 동의를 얻도록 하고 있다(제874조 제2항). 입양 후 공동으로 자녀를 양육해야 하는 상황에서 배우자가 있는 자는 상대배우자의 동의를 필요로 해야 하는 것은 당연하다. 그러나 종래에는 양자를 하거나 양자가 될 때 처는 입양 당사자가 되지 않았으며, 양부의 처는 당연히 양모가 되고 양자의 처도 그 의사와 관계없이 양자와 함께 양가에 입적하였다. 그러나 1991년의 개정 민법은 부부 각 개인에 대하여 입양 당사자의 지위를 부여하는 형태를 취하고 있다.

부부의 일방이 동의를 할 수 없는 경우(장기간 행방불명되었거나 의사능력이 없는 경우) 이를 인정할 것인가에 대하여는 긍정(김주수)하거나 부정하는(박병호) 견해가 있으나, 판례는 이를 긍정하고 있다(대법원 1998. 5. 26. 선고 97므25 판결).

9) 양자는 양친의 존속 또는 연장자가 아니어야 한다(제877조 제1항)

양자가 양친될 자의 존속이거나 또는 연장자인 경우 입양할 수 없다(제877조). 양자의 복리·보호를 위해서 양친과 양자 사이에 일정한 연령의 차이를 필요로 하는 것으로 보인다. 양친과 양자가 동갑인 경우도 가능하다.

(2) 형식적 요건

1) 입양신고

입양은 혼인과 마찬가지로 가족관계등록법에 정하는 바에 따라 신고함으로써 그 효력이 생긴다(제878조 제1항)(대법원 1963. 9. 26. 선고 63다462 판결; 대법원 1965. 9. 7. 선고 65다1265 판결).

양자가 13세 미만인 때에는 민법 제869조에 따라 입양을 승낙한 법정대리인이 신고하여야 한다. 그런데 미성년자의 입양 또는 피성년후견의 입양은 가정법원의 허가를 받도록 규정하고 있으므로 이에 신고 시 가정법원의 허가서를 첨부하여야 한다(가족관계등록법 제62조 제1항). 친양자의 경우 법원의 허가심판에 의하여 입양이 성립하지만(보고적 신고) 일반양자의 경우 가정법원의 허가를 받아 신고를 함으로써 입양이 성립(창설적 신고)한다는 점에서 차이가 있다.

2) 외국에서의 입양

외국에 있는 한국인 사이의 입양은 그 외국에 주재하는 대사·공사 또는 영사에게 신고할 수 있다(제882조, 제814조). 그리고 신고를 수리한 대사·공사 또는 영사는 1월 이내에 외무부 장관을 경유하여 그 신고서류를 본국에 관할하는 등록기준지의 시·읍·면의 장에게 송부하여야 한다(가족관계등록법 제36조). 공무원은 당해 입양 신고가 입양의 실질적 요건이나 형식적 요건 및 기타 법령에 위반함이 없는 때에는 이를 당연히 수리하여야 한다(제881조).

3) 허위출생신고에 의한 입양의 성립 여부

① 허위출생신고의 입양신고로서의 효력 인정 여부

우리 사회는 입양사실을 외부에 알리지 않으려고 하기 때문에 입양하려는 자를 자기의 친생자로서 출생신고를 하는 경향이 있다. 이 경우 비록 친자로 출생신고를 하였으나 실질적으로 양친자관계가 존재하였다면 법적으로 양친자관계의 성립을 인정하는 것이 타당하다고 본다. 판례는 입양의 실질적 요건을 모두 갖춘 8세 된 입양아를 양친이 신고 과정에 친생자로 출생 신고하였다면 그 형식이나 절차에 다소 잘못이 있더라도 입양으로서의 효력이 있다고 하였다(대법원 1977. 7. 26. 선고 77다492 전원합의체 판결; 대법원 1988. 2. 23. 선고 85므86 판결). 당사자가 입양의 의사로 양부모를 부 또는 모로 정정하는 호적정정신고를 하고 거기에 입양의 실질적 요건이 구비되어 있는 경우 입양의 효력을 인정하였다(대법원 2007. 12. 13. 선고 2007므1676 판결). 그러나 친생자신고를 하였다고 하여 입양의 효력이 모두 인정되는 것은 아니고, 친생자로 출생신고한 경우 입양으로서의 효력을 갖기 위해서는 이들 간에 실질적인 관계가 있어야 할 것이다. 양친자로서 생활한 사실이 없고, 입양의 의사없이 허위로 신고한 경우라면 입양의 실질적 요건을 구비하지 않았기에 입양의 효력을 인정할 수 없을 것이며, 이 경우 입양은 무효 내지 취소될 수 있다고 보아야 할 것이다(대법원 2000. 6. 9. 선고 99므1633,1640 판결; 대법원 2004. 11. 11. 선고 2004므1484 판결).

② 무효인 입양의 추인인정

한편 친생자의 출생신고 당시 입양의 실질적 요건을 갖추지 못하였다고 하더라도 그 후에 실질적 요건을 갖추었다면 무효인 친생자 출생신고는 소급적으로 효력을 갖는다(대법원 2000. 6. 9. 선고 99므1633,1640 판결; 대법원 2004. 11. 11. 선고 2004므1484 판결; 대법원 2009. 10. 29. 선고 2009다4862 판결). 그러나 당사자 간에 무효인 신고행위에 상응하는 신분관계가 실질적으로 형성되어 있지 아니한 경우에는 무효인 신분행위에 대한 추인의 의사표시만으로 그 무효행위의 효력을 인정할 수는 없다(대법원 1991. 12. 27. 선고 91므30 판결; 대법원 2000. 6. 9. 선고 99므1633,1640 판결; 대법원 2004. 11. 11. 선고 2004므1484 판결).

③ 허위출생신고와 친생자관계부존재확인의 문제

만약 허위출생신고에 입양의 효력을 인정하게 되면 친생자관계부존재확인청구에 의한 친생자관계의 다툼은 제한된다. 입양으로 인한 양친자관계가 성립된 이상 이들은 친생자와 동일한 법적 효력을 갖게 된다는 점에서 파양에 의하지 않는 한 이들 관계는 해소될 수 없으며, 친자관계의 존재를 부인하게 하는 친생자관계부존재확인청구의 소를 제기한 때에는 확인의 이익이 없으므로 청구를 각하하여야 한다(대법원 1988. 2. 23. 선고 86므25 판결; 대법원 1994. 5. 24. 선고 93므119 전원합의체 판결; 대법원 1995. 1. 24. 선고 93므1242 판결; 대법원 1997. 7. 11. 선고 96므1151 판결; 대법원 2001. 5. 24. 선고 2000므1493 전원합의체 판결).

4) 양친자관계존부확인의 소

과거 가사소송법은 입양무효확인의 소와 입양취소만 규정하고 있었을 뿐 양친자관계존부확인의 소는 규정하고 있지 않았다. 그러나 양친자관계에 관한 효력에 관한 분쟁이 야기될 경우 양친자관계존재확인의 소를 인정할 필요가 있다. 이에 대하여 판례는 양친자 중 일방이 원고로 되어 양친자관계존재확인의 소를 제기하는 경우에는 친생자관계존부확인소송의 경우에 준하여 양친자 중 다른 일방을 피고로 하여야 할 것이고, 피고가 되어야 할 다른 일방이 이미 사망한 경우에는 역시 친생자관계존부확인소송의 경우를 유추하여 검사를 상대로 소를 제기할 수 있다. 양자와 사망한 양부모 사이에 양친자관계가 존재함을 확인하는 확정판결이 있는 경우 제소자는 호적법 제123조의 정하는 바에 따라 호적정정의 신청을 할 수 있고, 양부모가 사망하였다고 하여 호적정정을 하지 못할 이유는 없다. 또한 민법 제864조와 제865조 제2항은 인지청구의 소와 친생자관계존부확인의 소에 관하여 당사자 일방이 사망한 경우에 검사를 상대로 하여 소를 제기할 수 있음을 규정하면서 그 소제기는 사망사실을 안 날로부터 1년(개정 전) 내에 하여야 하는 것으로 출소기간을 정하고 있으므로, 양친자관계존재확인의 소에 있어 위 각 법조의 유추적용에 의하여 검사를 상대로 하는 소제기를 허용하는 경우에도 그 각 법조가 정하는 출소기간의 적용을 받는 것으로 해석함이 타당하다(대법원 1993. 7. 16. 선고 92므372 판결). 2012년 개정된 법에 따라 2013. 7. 1. 이후에는 법원의 허가가 없이는 미성년자 입양은 무효이므로(제

883조 제2호), 이러한 판례는 개정법 시행 후의 입양에는 더 이상 적용되지 않을 것이다(윤진수, 184면).

관련판례 4.2 입양의 의사에 기한 출생자신고와 무효인 친생자 출생신고가 소급적으로 입양신고로서의 효력을 갖기 위한 요건

1. 사실관계

A가 일본에서 B를 만나 동거하다가 甲을 포태하여 1993. 9. 6. 甲을 출산한 다음, 甲의 조모인 C에게 甲의 양육을 맡기자, B의 동생인 D가 1993. 12. 11. 甲의 이름을 "길동이"라고 지어 甲이 D와 E 사이에서 태어난 것처럼 출생신고를 함으로써 호적부에 그와 같이 기재되었다.

乙(피고)은 1995년 5월경 B와 결혼하기로 하고 C에게 앞으로 甲을 양육하겠다고 승낙을 받고, 甲을 乙의 자로 입적시키기 위하여 D가 "길동이"에 대한 사망신고를 하여 D의 호적에서 제적시킨 다음, 乙이 1996. 3. 20. 甲의 이름을 "영길"이라고 지어 자신의 부(아버지)인 F의 호적에 甲의 "부"란을 공란으로 비워두고 乙이 甲을 출생한 것처럼 혼인외의 자로 출생신고를 함으로써 호적부에 그와 같이 기재되었으며, 乙과 B가 1996. 11. 8. 혼인신고를 마치고 B가 1996. 11. 16. 甲을 인지하여 신고를 함에 따라 甲은 F의 호적에서 제적되어 B의 호적에 입적되었는데, 乙이 甲을 양육하면서 B와의 혼인생활을 계속하다가 소외 B와 사이의 불화로 1999. 1. 12. 협의이혼신고를 한 후, 소외 B가 1999. 1. 18. 교통사고로 사망하였다.

그 후 甲(원고)는 친자관계부존재의 확인을 구하는 소를 제기하였고, 이에 乙(피고)은 양친자관계존재확인을 구하는 반소를 청구하였다.

2. 원심판결요지

원심(부산지방법원 2004. 6. 24. 2004르75)은 B와 피고 乙 사이에는 혈연적인 친생자관계가 존재하지 아니하지만, B는 피고 乙과 사이에 양친자관계를 창설할 의사로 친생자 출생신고를 하였고 피고 乙을 사실상 양육하였으며, 피고 乙도 15세가 된 이후에 위 출생신고를 묵시적으로 추인하였다고 할 것이고 이로써 입양의 실질적 요건이 구비되었다고 할 것이므로, B가 친생자로 출생신고를 한 것은 그 형식에 다소 잘못이 있다고 하더라도 입양의 효력이 발생하고, 따라서 B와 피고 乙 사이에는 양친자관계가 존재하므로 특별한 사정이 없는 한 법률상의 친자관계인 양친자관계를 공시하는 효력을 갖게 된 호적기재 자체를 말소하여 법률상 친자관계를 부정하게 되는 B와 피고 乙 사이의 친생자관계부존재확인청구의 소는 부적법하다고 판단하여, 이 부분에 해당하는 원고 甲의 소를 각하하였다.

3. 대법원판결요지(대법원 2000. 6. 9. 선고 99므1633,1640 판결)

당사자가 입양의 의사로 친생자 출생신고를 하고 거기에 입양의 실질적 요건이 구비되어 있다면 그 형식에 다소 잘못이 있더라도 입양의 효력이 발생하고, 이 경우의 허위의 친생자 출생신고는 법률상의 친자관계인 양친자관계를 공시하는 입양신고의 기능을 하게 되는 것인데, 여

기서 입양의 실질적 요건이 구비되어 있다고 하기 위하여는 입양의 합의가 있을 것, 15세 미만자는 법정대리인의 대락이 있을 것, 양자는 양부모의 존속 또는 연장자가 아닐 것 등 민법 제883조 각 호 소정의 입양의 무효사유가 없어야 함은 물론 감호·양육 등 양친자로서의 신분적 생활사실이 반드시 수반되어야 하는 것으로서, 입양의 의사로 친생자 출생신고를 하였다 하더라도 위와 같은 요건을 갖추지 못한 경우에는 입양신고로서의 효력이 생기지 아니한다.

친생자 출생신고 당시 입양의 실질적 요건을 갖추지 못하여 입양신고로서의 효력이 생기지 아니하였더라도 그 후에 입양의 실질적 요건을 갖추게 된 경우에는 무효인 친생자 출생신고는 소급적으로 입양신고로서의 효력을 갖게 된다고 할 것이나 민법 제139조 본문이 무효인 법률행위는 추인하여도 그 효력이 생기지 않는다고 규정하고 있음에도 불구하고 입양 등의 신분행위에 관하여 이 규정을 적용하지 아니하고 추인에 의하여 소급적 효력을 인정하는 것은 무효인 신분행위 후 그 내용에 맞는 신분관계가 실질적으로 형성되어 쌍방 당사자가 이의 없이 그 신분관계를 계속하여 왔다면, 그 신고가 부적법하다는 이유로 이미 형성되어 있는 신분관계의 효력을 부인하는 것은 당사자의 의사에 반하고 그 이익을 해칠 뿐만 아니라, 그 실질적 신분관계의 외형과 호적의 기재를 믿은 제3자의 이익도 침해할 우려가 있기 때문에 추인에 의하여 소급적으로 신분행위의 효력을 인정함으로써 신분관계의 형성이라는 신분관계의 본질적 요소를 보호하는 것이 타당하다는 데에 그 근거가 있다고 할 것이므로, 당사자 간에 무효인 신고행위에 상응하는 신분관계가 실질적으로 형성되어 있지 아니한 경우에는 무효인 신분행위에 대한 추인의 의사표시만으로 그 무효행위의 효력을 인정할 수 없다.

[관련조문]

민법 제139조(무효행위의 추인), 제878조(입양의 효력발생), 제883조(입양무효의 원인)

관련판례

4.3 허위의 친생자 출생신고와 입양의 효력, 양부모의 이혼과 양모자 관계의 소멸 여부

1. 사실관계

乙은 소외 C와 소외 D의 혼인외의 자로 1958년 출생하였다. 1961년 乙은 소외 C와 소외 D의 동의하에 소외 A와 소외 B의 혼인신고와 동시에 그들 사이에 출생한 딸로 출생신고가 되어 1966년까지 소외 A, 소외 B와 함께 생활하였다. 1966년 소외 A와 소외 B가 별거하게 되자 乙은 생모 소외 D와 함께 생활하였다.

한편 甲은 소외 B가 소외 A와 별거한 후 알게 된 소외 E와의 사이에서 1967년 출생한 자로 1971년 소외 A, 소외 B의 이혼신고 후 소외 B는 E와 혼인신고를 하면서 그들 사이의 자식으로 출생신고가 되었다.

甲(원고)은 소외 B가 1999년 사망하자 乙(피고)이 여전히 호적상 소외 B의 딸로 되어 있어 상속권을 주장할 염려가 있자 乙과 소외 B 사이에 친생자관계부존재확인의 소를 제기하였다.

2. 원심판결요지

원심(부산지방법원 2000. 9. 8. 선고 99르477)은 당사자가 입양의 의사로 친생자 출생신고를 하고 거기에 입양의 실질적인 요건이 구비되어 있다면 그 형식에 다소 잘못이 있더라도 입양의 효력이 발생하고, 이 경우의 허위의 친생자 출생신고는 법률상의 친자관계인 양친자관계를 공시하는 입양신고의 기능을 하게 되는 것인데, 여기에 입양의 실질적인 요건이 구비되어 있다고 하기 위하여는 입양의 합의가 있을 것, 15세 미만자는 법정대리인의 대락이 있을 것, 양자는 양부모의 존속 또는 연장자가 아닐 것 등 민법 제883조 각호 소정의 입양의 무효사유가 없어야 함은 물론 감호·양육 등 양친자로서의 신분적 생활사실이 반드시 수반되어야 할 것인바, 위 A와 위 망 B 및 피고 乙 사이에는 입양의 실질적 요건이 구비되어 있었다 할 것이고, 피고 乙에 대한 출생신고는 위 A와 위 망 B가 피고 乙과의 친생자관계를 창설할 의사로 한 것이라 할 것이므로, 위 출생신고는 비록 그 형식에 다소 잘못이 있다 하더라도 입양의 효력이 발생하여 피고 乙과 위 망 B 사이에는 양모자관계가 성립되었다 할 것인데, 양모자 사이의 친생관계는 파양에 의하여 해소될 수 있는 점을 제외하고는 법률적으로 친생자관계와 똑같은 내용을 갖게 되므로 이 경우의 허위의 친생자 출생신고는 법률상의 친자관계인 양친자관계를 공시하는 입양신고의 기능을 발휘하게 된다 할 것이고, 이와 같은 경우에는 그 양친자관계를 해소하여야 하는 등의 특단의 사정이 없는 한 그 호적기재를 말소하여 법률상 친자관계의 존재를 부정하게 되는 친생자관계의 부존재확인을 구할 이익이 없는 것으로서 부적법하다 할 것이므로 원고 甲의 위 주장은 이유 없다고 판시하였으며, 또한 입양으로 인한 친족관계의 소멸은 오직 입양의 취소나 파양으로 인하여만 종료한다 할 것이고, 양부모가 같은 호적에 있는지의 여부는 입양관계에 어떠한 영향을 미친다고 할 수 없어 원고 甲의 이 사건 소는 부적법하여 이를 각하할 것인바, 원고 甲의 이 사건 소를 각하하기로 하여 주문과 같이 판결한다고 판시하였다. 이에 원고가 상고하였다.

3. 대법원판결요지(대법원 2001. 5. 24. 선고 2000므1493 전원합의체 판결)

당사자가 양친자관계를 창설할 의사로 친생자출생신고를 하고 거기에 입양의 실질적 요건이 모두 구비되어 있다면 그 형식에 다소 잘못이 있더라도 입양의 효력이 발생하고, 양친자관계는 파양에 의하여 해소될 수 있는 점을 제외하고는 법률적으로 친생자관계와 똑같은 내용을 갖게 되므로 이 경우의 허위의 친생자출생신고는 법률상의 친자관계인 양친자관계를 공시하는 입양신고의 기능을 발휘하게 되는 것이며, 이와 같은 경우 파양에 의하여 그 양친자관계를 해소할 필요가 있는 등 특별한 사정이 없는 한 그 호적기재 자체를 말소하여 법률상 친자관계의 존재를 부인하게 하는 친생자관계부존재확인청구는 허용될 수 없는 것이다.

민법 제776조는 "입양으로 인한 친족관계는 입양의 취소 또는 파양으로 인하여 종료한다"라고 규정하고 있을 뿐 '양부모의 이혼'을 입양으로 인한 친족관계의 종료사유로 들고 있지 않고, 구관습시대에는 오로지 가계계승을 위하여만 양자가 인정되었기 때문에 입양을 할 때 처는 전혀 입양당사자가 되지 못하였으므로 양부모가 이혼하여 양모가 부의 家를 떠났을 때에는 입양당사자가 아니었던 양모와 양자의 친족관계가 소멸하는 것은 논리상 가능하였으나, 처를 부와 함께 입양당사자로 하는 현행 민법 아래에서는(1990. 1. 13. 개정 전 민법 제874조 제1항은 "처가 있는 자는 공동으로 함이 아니면 양자를 할 수 없고 양자가 되지 못한다"고 규정하였고, 개정 후 현행 민법 제874조 제1항은 "배우자 있는 자가 양자를 할 때에는 배우자와 공동으로 하여야 한다"고 규정하고 있다) 부부공동입양제가 되어 처도 부와 마찬가지로 입양당사자가 되기 때문에 양부모가 이혼하였다고 하여 양모를 양부와 다르게 취급하여 양모자관계만 소멸한다고 볼 수는 없는 것이다.

[관련조문]

민법 제138조(무효행위의 전환), 제776조(입양으로 인한 친족관계의 소멸), 제865조(다른사유를 원인으로 하는 친생자관계존부확인의 소), 제874조(부부의 공동입양) 제1항, 제878조(입양의 효력발생), 가사소송법 제2조(가정법원의 관장사항) 제1항 가 (1) 제4호/구민법(1990. 1. 13. 법률 제4199호로 개정되기 전의 것) 제874조 제1항(부부의 공동입양)

2. 입양의 무효와 취소

(1) 입양무효

1) 입양무효의 원인

① 당사자 간에 입양의 합의가 없는 때의 입양은 무효이다(제883조 제1호). 예를 들어 원고로 하여금 고소사건으로 인한 처벌을 모면할 목적으로 호적상 형식적으로만 입양한 것처럼 가장한 것일 때에는 무효라고 하였다(대법원 1995. 1. 24. 선고 93므1242 판결). 이처럼 특정한 목적을 성취하기 위하여 친자관계를 맺으려는 가장(假裝)입양, 의사무능력자의 입양행위, 동일성의 착오로 인한 입양, 양친자의 사망 후에 이루어진 입양신고, 배우자의 동의없이 이루어진 입양 등은 무효이다.

② 가정법원의 허가가 없이 이루어진 입양은 무효이다(제883조 제2호, 제867조 제1항, 제873조 제2항에 따라 준용되는 경우를 포함).

③ 13세 미만인 자의 입양에 대하여 대락권(代諾權)자의 승낙을 받지 않은 때는 무효이다. 대락 입양의 경우에는 대락권자의 입양 동의가 합의에 갈음하는 것이라고 할 수 있으므로, 그 승낙이 없는 입양은 무효가 되는 것이다.

④ 양자가 양친의 존속이거나 연장자인 경우는 사회 통념에 비추어 친자관념에 명백히 어긋난다고 할 수 있으므로 역시 무효가 되는 것이다(제883조

제2호, 제877조).

⑤ 양손입양(조부모가 손자를 입양하는 것)에 대하여 판례는 민법상 아무런 근거가 없는 양손입양은 강행법규인 신분법규정에 위반되어 무효라고 하였다(대법원 1988. 3. 22. 선고 87므105 판결). 그러나 최근 대법원은 조부모가 미성년인 자녀가 출산한 손자를 입양하는 것에 대하여 이를 무효라고 한 울산지방법원의 원심을 파기 환송하였다(대법원 2021. 12. 23.자 2018스5 전원합의체 결정).

⑥ 대법원은 2013. 7. 1. 민법 개정으로 입양허가제도가 도입되기 전에 민법 규정에 따라 적법하게 입양신고를 마친 사람이 단지 동성애자라는 이유만으로 그 입양이 선량한 풍속에 반하여 무효라고 할 수는 없다고 하였다(대법원 2014. 7. 24. 선고 2012므806 판결).

2) 무효의 효과와 성질

① 입양무효의 성질에 대해서 판례·다수설은 당연무효로 본다. 그 결과 무효의 판결 혹은 심판이 없어도 누구라도 언제든지 다른 소송에 있어서 그것을 주장 또는 항변의 근거로써 주장하는 것이 가능하다. 동시에 양자가 무효인가 혹은 유효인가는 그 밖에 미치는 영향이 크고 획일적으로 결정되는 것이 바람직하기 때문에 일정한 한 사람이 입양무효의 판결 혹은 심판을 청구하고(가소법 제2조 가류 5호, 가소법 제30조, 가소법 제31조), 입양의 무효·취소의 판결이 확정되면 소를 제기한 자는 판결의 확정일로부터 1개월 이내에 판결의 등본 및 확정증명서를 첨부하여 가족관계등록부의 정정을 신청하여야 한다(가족관계등록법 제107조).

② 입양무효판결이 확정되면 당사자 사이에 처음부터 입양이 없었던 것으로 된다. 이는 당사자뿐만 아니라 제3자에게도 효력이 미친다(가소법 제21조).

③ 입양무효판결이 확정되면 입양으로 발생한 친족관계가 소멸함은 물론(제776조), 일방은 과실있는 상대방에 대하여 이로 인한 재산적 정신적 손해의 배상을 청구할 수 있다(제897조, 제806조).

3) 당사자 적격

① 원고적격을 갖는 자는 당사자 그 법정대리인, 4촌 이내의 친족이다(가사소송법 제31조, 제23조).

② 양친과 양자는 서로를 피고로 삼아 제소할 수 있다. 상대방이 사망한 경우에는 검사를 피고로 한다.

③ 제3자가 제소할 경우에는 양친과 양자 모두를 공동피고로 삼아야 하고, 그 일방이 사망한 경우에는 나머지 생존자를 피고로 삼고, 모두 사망한 경우에는 검사를 상대로 제소한다(가사소송법 제31조, 제24조).

④ 입양무효확인청구의 당사자적격은 그 심판청구 당시에 존재하면 족하고 입양신고 당시에도 존재해야 하는 것은 아니다(대법원 1985. 12. 10. 선고 85므28 판결).

(2) 입양의 취소

입양의 취소는 일정한 사유가 있는 경우에 취소청구권자가 일방적으로 입양의 효력을 소멸하게 하는 제도이다. 입양의 취소사유에 해당하는 경우에는 입양의 효력은 발생하고 다만 이를 취소할 수 있을 뿐이다(대법원 1990. 3. 9. 선고 89므389 판결). 이에 입양을 취소하기 위해서는 가정법원에 취소청구를 하여야 하며(제884조 제1항), 입양취소판결이 확정되어야 입양이 취소된다.

1) 취소원인(입양요건을 결여한 경우)

① 미성년자가 입양을 한 때(제884조 제1호, 제866조). 혼인을 하지 않은 미성년자로 보아야 한다. 이 경우 취소권자는 양부모, 양자와 그 법정대리인 또는 직계혈족이다(제885조). 그러나 양친이 성년에 달한 후에는 취소청구권은 소멸한다(제889조).

② 양자될 자가 13세 이상의 미성년자인 경우에는 법정대리인의 동의를 받지 않고 입양승낙을 한 때(제869조 제1항). 그러나 이 경우 양자나 동의권자이가 취소를 청구할 수 있다(제886조 전단). 양자가 성년이 된 후 3개월이 지나거나 사망하면 취소를 청구하지 못하고(제891조 제1항), 또한 그 사유가 있음을 안 날로부터 6개월, 그 사유가 있은 날로부터 1년을 경과하면 취소청구권은 소멸된다(제894조).

③ 법정대리인의 소재를 알 수 있는데도 알 수 없다고 하는 등의 사유로 가정법원으로부터 입양의 허가를 받아 양자가 된 때(제884조 제1항 제1호, 제869 제3항 제2호). 이 경우 양자나 동의권자가 취소를 청구할 수 있다. 그러나 이 경

우 양자나 동의권자이가 취소를 청구할 수 있다(제886조 전단). 양자가 성년이 된 후 3개월이 지나거나 사망하면 취소를 청구하지 못하고(제891조 제1항), 또한 그 사유가 있음을 안 날로부터 6개월, 그 사유가 있은 날로부터 1년을 경과하면 취소청구권은 소멸된다(제894조).

④ 양자가 될 미성년자가 부모의 동의를 받지 않은 때(제884조 제1항 제1호, 제870조 제1항). 이 경우 양자나 동의권자가 취소를 청구할 수 있다. 그러나 양자가 성년에 이른 후 3개월이 지나거나 사망한 때에는 취소청구권이 소멸한다(제891조). 또한 그 사유가 있음을 안 날로부터 6개월, 그 사유가 있은 날로부터 1년을 경과하면 취소청구권은 소멸된다(제894조).

⑤ 양자가 될 성년자가 부모의 동의를 받지 못한 때(제884조 제1항 제1호, 제871조 제1항). 이 경우 양자나 동의권자가 취소를 청구할 수 있다. 그 사유가 있음을 안 날로부터 6개월, 그 사유가 있은 날로부터 1년을 경과하면 취소청구권은 소멸된다(제894조).

⑥ 배우자와 공동으로 입양행위를 하지 않았을 때(제884조 제1호, 제874조) 취소권자는 배우자이나(제888조), 그 사유가 있음을 안 날로부터 6개월, 그 사유가 있었던 날로부터 1년을 경과하면 취소청구권은 소멸한다(제894조).

⑦ 피성년후견인이 입양을 하거나 양자가 되면서 성년후견인의 동의를 받지 않은 때(제884조 제1호, 제873조). 이 경우 피성년후견인이나 성년후견인이 취소를 청구할 수 있다(제887조 후단). 그러나 사유가 있음을 안 날부터 6개월, 그 사유가 있었던 날부터 1년이 지나면 취소를 청구하지 못한다(제894조). 그러나 성년후견개시의 심판이 취소된 후 3개월이 지나면 취소청구권은 소멸한다(제893조).

⑧ 입양 당시 양친자의 일방에게 악질(惡疾) 기타 중대한 사유가 있음을 알지 못한 때(제884조 제2호) 양친자의 일방이 그 취소를 청구할 수 있다. 그러나 이 경우에도 그 사유가 있음을 안 날로부터 6개월을 경과하면 취소를 청구할 수 없게 된다(제896조). 그리고 민법 제884조 제2호의 「기타 중대한 사유」라고 하는 것은 그러한 사유가 존재하는 것을 입양할 때에 알았더라면 입양하지 않았을 것이라고 사회통념상 인정될 정도의 것을 말한다.

⑨ 사기 또는 강박으로 인하여 입양의 의사표시를 한 때(제884조 제3호)

취소권자는 사기 또는 강박으로 인하여 입양을 한 자이나, 사기를 안 날 또는 강박을 면한 날로부터 3개월이 지나면 취소를 청구하지 못한다(제897조, 제823조). 취소권자는 사기 또는 강박으로 입양을 한 자로 보아야 할 것이다.

판례에서 민법 제884조 제3호가 규정하는 '사기 또는 강박으로 인하여 입양의 의사표시를 한 때'의 입양취소는 친생자관계존부확인의 소와는 구별되는 것이므로, 입양의 취소를 구하여야지 친생자관계부존재확인을 구할 수는 없다(대법원 2010. 3. 11. 선고 2009므4099 판결).

2) 당자자적격

취소권자에 대한 것은 취소사유에서 함께 설명하였다. 제3자가 입양취소의 소를 제기한 경우에는 원칙적으로 당사자 쌍방을 상대방으로 하고 당사자 중 일방이 사망한 때에는 그 생존자를, 쌍방이 모두 사망한 경우에는 검사를 상대로 한다(가소법 제31조, 제24조 제2항, 제3항).

3) 취소의 방법

입양취소는 위와 같은 원인이 있는 경우에 한하여 취소권자가 가정법원에 심판을 청구하여 그 선고로써 이루어지는 것이지만, 반드시 조정이 선행되어야 하는 사항이다(가소법 제2조 제1항, 제50조).

4) 취소의 효과

입양 취소의 효력은 기왕에 소급하지 않는다(제897조, 제824조). 그리고 입양으로 인하여 발생한 친족 관계는 그 취소로 인하여 소멸한다(제776조). 입양이 취소된 경우 과실이 있는 당사자는 상대방에 대하여 손해배상의 책임을 지게 된다. 이에는 재산상의 손해뿐만 아니라 정신상의 고통도 포함된다고 하여야 할 것이나, 정신적 손해는 일신전속권이므로 그에 관한 계약 또는 소송이 있기 전에는 양도 또는 승계할 수 없다(제897조, 제806조).

3. 입양의 효과

양자는 양자가 된 날부터 양친의 혼인중의 자로써의 신분을 취득한다. 이것에 관련한 효과로는 다음과 같다.

(1) 양자에 대한 친권은 친생부모가 아닌 양부모에게 있다(제909조 제1항 후단).

(2) 양친자는 상호간에 상속권을 가지고 부양의무를 진다. 한편 양자는 친생부모와의 관계가 단절되지 않으므로 양자와 친생부모 간에도 상속권이 있다. 그러므로 양자는 양부모와 친생부모 모두에게서 상속을 받을 수 있고, 양자가 사망하면 양부모와 친생부모 모두 상속인이 될 수 있다(대법원 1995. 1. 20.자 94마535 결정).

(3) 보통양자의 경우 양자의 성은 변경되지 않는다. 그러나 보통양자로 입양된 경우라도 민법에서는 자의 복리를 위하여 자의 성과 본을 변경할 필요가 있을 때에는 부, 모 또는 자의 청구에 의하여 법원의 허가를 받아 이를 변경할 수 있다(제781조 제6항)고 함으로써, 이성 양자의 경우도 양친의 성과 본을 따를 수 있도록 하였다.

(4) 일방 배우자의 자를 상대방 배우자가 단독으로 입양한 경우 양부모와 친생부(혹은 모)는 공동친권자가 된다.

(5) 입양이 행해지면 양친자 사이에는 친자관계만이 생기는 것이 아니고, 양자와 양친의 혈족과의 사이에도 친족관계(법정혈족관계)가 발생한다. 이러한 입양의 효과는 양자와 친생부모에게 영향을 주지 않는다. 따라서 양자는 친생부모와 양부모 양방과의 친족관계를 갖게 된다. 양친과 양자를 중심으로 형성된 혈족, 인척 사이에는 혼인장애가 생긴다.

(6) 양친이 이혼을 하게 되는 경우라도 부부가 공동입양을 하기 때문에 이혼으로 인하여 양모 혹은 양부와 양자간의 법정친자관계는 소멸하지 않는다(대법원 2001. 5. 24. 선고 2000므1493 전원합의체 판결). 과거 판례에서는 양친의 이혼으로 인하여 호적상 양모가 가를 떠났기 때문에 양모관계는 소멸한다고 하였다(대법원 1979. 9. 11. 선고 79므35,36 판결). 그러나 이 판결은 학설상 비판을 받았다.

(7) 양자는 입양된 때로 부터 친생자와 동일한 권리를 갖는다.

관련판례 4.4 부부 일방만의 입양의사에 의한 친생자 출생신고의 효력

1. 사실관계

A가 1967. 12. 5. 甲과 혼인신고를 마치고 법률상 부부가 되었으나 불화로 별거하던 중 1982년 당시 생후 5개월 가량의 乙을 입양하기로 하고 입양의 승낙을 받은 다음 자신의 집에 데려와 양육하다가 A는 1988. 7. 20. 혼자서 乙을 자신과 甲 사이에 태어난 친생자로 출생신

고를 하여 그대로 호적에 등재하였다. 그러나 A는 乙을 입양함에 있어서나 친생자로 출생신고함에 있어서 甲에게 상의한 바 없었다. 그러던 중 A는 1995년 사망하였다.

이에 호적상의 모인 甲은 甲과 乙 사이 및 망인 A와 피고 乙 사이에는 각 친생자관계가 존재하지 않음을 확인해 달라는 판결을 청구하였다.

2. 원심판결요지

원심은 위 망인 A가 피고 乙과의 사이에 양친자관계를 창설할 의사로 위 출생신고를 하였고, 피고 乙의 부모로부터 입양승낙을 받는 등 입양을 함에 있어서 구비하여야 할 다른 실질적 요건을 갖추었으나, 다만 처가 있는 자는 처의 부재 기타 사유로 인하여 공동으로 할 수 없는 때를 제외하고는 공동으로 함이 아니면 양자를 할 수 없다는 위 출생신고 당시의 민법 제874조가 규정한 요건을 갖추지 못한 것이 아닌가 하는 의심의 여지는 있지만 위 요건은 입양취소사유에 불과할 뿐으로서 법원에 그 취소를 청구하였다는 점에 대한 주장·입증이 없고, 또 취소를 청구할 수 있는 기간도 이미 지났음이 역수상 명백한 이상 원고 및 위 망인과 피고 사이에 각 양친자관계가 유효하게 성립하였다 할 것이고, 그 양친자관계를 파양에 의하여 해소할 필요가 있는 등의 특별한 사정도 없으므로, 위 법률상 친자관계의 존재를 부정하게 되는 이 사건 친생자관계부존재확인청구의 소는 부적법하여 허용될 수 없다는 이유로 이를 전부 각하하였다. 이에 원고 甲이 상고하였다(서울가법 1996. 11. 6. 96르298).

3. 대법원판결요지(대법원 1998. 5. 26. 선고 97므25 판결)

입양이 개인 간의 법률행위임에 비추어 보면 부부의 공동입양이라고 하여도 부부 각자에 대하여 별개의 입양행위가 존재하여 부부 각자와 양자 사이에 각각 양친자관계가 성립한다고 할 것이므로, 부부의 공동입양에 있어서도 부부 각자가 양자와의 사이에 민법이 규정한 입양의 일반 요건을 갖추는 외에 나아가 위와 같은 부부 공동입양의 요건을 갖추어야 하는 것으로 풀이함이 상당하므로, 처가 있는 자가 입양을 함에 있어서 혼자만의 의사로 부부 쌍방명의의 입양신고를 하여 수리된 경우, 처의 부재 기타 사유로 인하여 공동으로 할 수 없는 때에 해당하는 경우를 제외하고는, 처와 양자가 될 자 사이에서는 입양의 일반요건 중 하나인 당사자 간의 입양합의가 없으므로 입양이 무효가 되고, 한편 처가 있는 자와 양자가 될자 사이에서는 입양의 일반 요건을 모두 갖추었어도 부부 공동입양의 요건을 갖추지 못하였으므로 처가 그 입양의 취소를 청구할 수 있으나, 그 취소가 이루어지지 않는 한 그들 사이의 입양은 유효하게 존속한다.

[관련조문]

구 민법(1990. 1. 13. 법률 제4199호로 개정되기 전의 것) 제874조(부부의 공동입양), 제883조 제1호(입양무효의 원인), 제884조 제1호(입양취소의 원인)

4. 파 양

(1) 정 의

파양은 유효하게 성립한 양자관계를 종료하는 것이다. 파양에는 협의파양과 재판상파양이 있다.

(2) 협의파양의 성립

1) 실질적 요건

① 파양의 당사자는 원인이 어떠한가를 묻지 않고, 그 협의로 파양하는 것이 가능하다. 다만, 양자가 미성년자 또는 피성년후견인인 경우에는 그러하지 아니하다(제898조). 2012년 개정법은 미성년자와 피성년후견인이 양자인 경우 재판상 파양만 가능하도록 하였다(제898조).

② 피성년후견인인 양부모는 성년후견인의 동의를 받아 파양을 협의할 수 있다(제902조).

③ 양부모가 공동으로 입양한 경우 공동으로 파양하여야 한다(통설). 다만 부부 중 일방이 사망하거나 이혼 등으로 인하여 일방이 의사표시를 할 수 없는 경우에는 부부일방이 단독으로 파양할 수 있다(대법원 2001. 8. 21. 선고 99므2230 판결). 따라서 양모는 단독으로 양자와 협의상 또는 재판상 파양을 할 수 있으되 이는 양부와 양자 사이의 양친자관계에 영향을 미칠 수 없는 것이고, 또 양모가 사망한 양부에 갈음하거나 또는 양부를 위하여 파양을 할 수는 없다(대법원 2001. 8. 21. 선고 99므2230 판결).

2) 형식적 요건

민법 제898조, 제902조, 그 밖의 법령을 위반하지 아니한 파양 신고는 수리하여야 한다(제903조).

(3) 협의파양의 무효와 취소

1) 협의파양의 무효

협의파양이 무효인 경우는 파양의사가 없을 경우에 한한다. 무효의 주장 및 방법등은 이혼무효, 양자무효의 경우와 같다. 의사무능력자의 파양, 가장파양, 조건부 파양, 당사자가 모르는 사이에 제3자가 행한 파양 등에 해당하는 경우 이는 당연무효이다.

2) 협의파양의 취소

사기 또는 강박으로 인한 파양 취소 청구권의 소멸에 관하여는 민법 제823조를 준용하고, 협의상 파양의 성립에 관하여는 제878조를 준용한다. 협의파양의 취소는 사기 또는 강박에 의한 경우이며, 이는 사기를 안 날 또는 강박을 면한 날로부터 3개월 내에 취소를 청구하여야 한다(제823조). 파양취소의 효과는 입양취소의 경우와는 달리 소급효가 있다.

(4) 재판상 파양

재판상 파양은 양친이나 양자가 상대방에게 민법상 파양원인이 있다고 주장하고 이를 증명하여 법원의 판결을 받아 파양하는 것이다.

1) 재판상 파양원인(제905조)

양부모, 양자 또는 제906조에 따른 청구권자는 다음 각 호의 어느 하나에 해당하는 경우에는 가정법원에 파양을 청구할 수 있다.

1. 양부모가 양자를 학대 또는 유기하거나 그 밖에 양자의 복리를 현저히 해친 경우
2. 양부모가 양자로부터 심히 부당한 대우를 받은 경우
3. 양부모나 양자의 생사가 3년 이상 분명하지 아니한 경우
4. 그 밖에 양친자관계를 계속하기 어려운 중대한 사유가 있는 경우

양자에게 양친자관계의 주된 책임이 있다고 판단한 사례(대법원 2002. 12 26. 선고 2002므852 판결).

2) 조정전치주의

재판상 파양은 당사자의 임의처분이 가능한 나류 가사소송사건이므로(가사소송법 제2조 제1항) 조정전치주의에 따라 조정절차가 선행한다(가사소송법 제50조 제1항).

3) 파양청구(제906조)

① 양자가 13세 미만인 경우에는 민법 제869조 제2항에 따른 승낙을 한 사람이 양자를 갈음하여 파양을 청구할 수 있다. 다만, 파양을 청구할 수 있는 사람이 없는 경우에는 민법 제777조에 따른 양자의 친족이나 이해관계인이 가정

법원의 허가를 받아 파양을 청구할 수 있다.

② 양자가 13세 이상의 미성년자인 경우에는 제870조 제1항에 따른 동의를 한 부모의 동의를 받아 파양을 청구할 수 있다. 다만, 부모가 사망하거나 그 밖의 사유로 동의할 수 없는 경우에는 동의 없이 파양을 청구할 수 있다.

③ 양부모나 양자가 피성년후견인인 경우에는 성년후견인의 동의를 받아 파양을 청구할 수 있다.

④ 검사는 미성년자나 피성년후견인인 양자를 위하여 파양을 청구할 수 있다.

4) 파양소멸

파양 청구권자는 민법 제905조 제1호·제2호·제4호의 사유가 있음을 안 날부터 6개월, 그 사유가 있었던 날부터 3년이 지나면 파양을 청구할 수 없다(제907조).

(5) 재판상 파양의 효과

1) 친족관계의 소멸

파양에 의하여 입양으로 인한 법정친자관계는 물론 그 밖의 친족관계도 소멸한다. 양부모 중 일방이 사망한 양친과 자 사이의 파양의 효력이 미칠 수 없다(대법원 2001. 8. 21. 선고 99므2230 판결). 양부모가 이혼하는 경우 양부모의 일방이 단독으로 양자와 파양한 경우 다른 일방과의 양친자관계는 존속된다.

2) 법률효과의 소멸

파양 시 그들 사이의 친족관계, 부양관계, 상속관계 등은 소멸한다.

3) 친권자 지정

기존에는 양자가 미성년자이면 친생부모의 친권은 부활한다고 해석되었다(가족관계등록예규 제286호 제11조 제2항; 호적선례 200512-2). 그러나 양자 관계가 해소된 후 친생부모의 친권이 자동적으로 부활하는 경우 자녀의 복리에 부합되지 않는 경우가 발생할 수 있다. 입양 후 친생부모와 양자의 관계가 단절될 수 있기 때문에 이러한 경우 친생부모와의 관계가 자동 부활되는 것은 자의 복리에 반할 수 있다. 이러한 문제는 2013년 개정된 민법 제909조의 2 제2항의 규정에 따라 친권이 자동으로 부활하지 않고 가정법원이 심판을 통해 친권자를 지정할 수 있게 되었다. 민법 제909조의2 제2항은 '입양이 취소되거나 파양된 경우 또는 양부모가 모두 사망한 경우 친생부모 일방 또는 쌍방, 미성년자, 미성년자의 친족은 그 사실을 안 날부터 1개월, 입양이 취소되거나 파양된 날 또는 양부모가 모두 사망한 날부터 6개월 내에 가정법원에 친생부모 일방 또는 쌍방을 친권자로 지정할 것을 청구할 수 있다. 다만, 친양자의 양부모가 사망한 경우에는 그러하지 아니하다'라고 규정하고 있다.

4) 손해배상청구

재판상 파양을 한 때에는 당사자 일방은 유책한 상대방에 대하여 파양으로 인한 손해배상을 청구할 수 있다(제908조에 의한 제806조의 준용). 파양에 의한 손해배상청구는 원칙적으로 양도 또는 승계할 수 없다(제806조).

관련판례 4.5 사망한 양친 일방과 양자 사이의 양친자관계의 해소를 위한 재판상 파양에 갈음하는 친생자관계부존재확인의 소를 제기할 이익이 있는지 여부

1. 사실관계

부부인 A와 甲이 타인의 자 乙을 입양하기 위하여 입양의 요건을 갖추어 자신들의 친생자로 출생신고한 후 A가 사망하였다. 그 후 생존한 배우자 甲(원고)이 망인 A와 乙(피고) 사이의 파양을 위하여 乙을 상대로 친생자관계부존재확인을 구하는 소를 제기하였다.

2. 원심판결요지

원심은 소외 망 A와 피고 乙 사이에 비록 혈연적인 친생자관계가 존재하지는 아니하나, 소외 A와 원고 甲이 피고 乙을 친생자로 출생신고할 당시 피고 乙을 입양할 의사가 있었고, 피고 乙이 15세가 된 이후 위 입양에 갈음하는 출생신고를 묵시적으로 추인함으로써 입양의 실질적 요건을 모두 갖추었으므로 피고 乙에 대한 출생신고는 입양신고의 효력을 갖는다고 판단하였고, 또한 친생자 출생신고가 입양신고의 효력을 갖는 경우 이를 해소하기 위한 방편으로 파양에 갈음하여 친생자관계부존재확인청구를 하려면 당사자 일방에 파양사유가 존재하는 외에 현실적으로 상대방이 재판상 파양을 구할 수 있어야 할 것인데, 양부인 A는 이미 사망하였으므로 그 자신이 양자인 피고 乙을 파양할 수 없고, 양친자관계 또한 양자와 양부모별로 따로 성립하고 파양은 그 당사자만이 할 수 있을 뿐이어서 원고 甲이 소외 A의 처라 하더라도 그에 갈음하거나 그를 위하여 피고 乙을 파양할 수 없으므로 소외 A와 피고 乙 사이의 실질적인 양친자관계는 해소될 수 없다 할 것이고, 양친자관계는 파양에 의하여 해소될 수 있는 점을 제외하고는 법률적으로 친생자관계와 똑같은 내용을 갖게 되므로 비록 A와 피고 乙 사이에 혈연적인 친생자관계가 존재하지 아니한다 하더라도 둘 사이에 실질적인 양친자 관계가 존속되는 한 그 호적기재 자체를 말소하여 법률상 친자관계의 존재를 부정하는 친생자관계부존재의 확인을 구할 실제

상의 이익이 없다고 판단하였다. 이에 원고가 상고하였다(대전지방법원 1999. 11. 12. 선고 99르157).

3. 대법원판결요지(대법원 2001. 8. 21. 선고 99므2230 판결)

당사자 사이에 양친자관계를 창설하려는 명백한 의사가 있고 기타 입양의 실질적 성립요건이 모두 구비된 경우 입양신고 대신 친생자 출생신고가 있다면 형식에 다소 잘못이 있더라도 입양의 효력이 있다.

민법 제874조 제1항은 "배우자 있는 자가 양자를 할 때에는 배우자와 공동으로 하여야 한다"고 규정함으로써 부부의 공동입양원칙을 선언하고 있는바, 파양에 관하여는 별도의 규정을 두고 있지는 않고 있으나 부부의 공동입양원칙의 규정 취지에 비추어 보면 양친이 부부인 경우 파양을 할 때에도 부부가 공동으로 하여야 한다고 해석할 여지가 없지 아니하나(양자가 미성년자인 경우에는 양자제도를 둔 취지에 비추어 그와 같이 해석하여야 할 필요성이 크다), 그렇게 해석한다고 하더라도 양친 부부 중 일방이 사망하거나 또는 양친이 이혼한 때에는 부부의 공동파양의 원칙이 적용될 여지가 없다고 할 것이고, 따라서 양부가 사망한 때에는 양모는 단독으로 양자와 협의상 또는 재판상 파양을 할 수 있으되 이는 양부와 양자 사이의 양친자관계에 영향을 미칠 수 없는 것이고, 또 양모가 사망한 양부에 갈음하거나 또는 양부를 위하여 파양을 할 수는 없다고 할 것이며, 이는 친생자부존재확인을 구하는 청구에 있어서 입양의 효력은 있으나 재판상 파양 사유가 있어 양친자관계를 해소할 필요성이 있는 이른바 재판상 파양에 갈음하는 친생자관계부존재확인청구에 관하여도 마찬가지라고 할 것이다. 왜냐하면 양친자관계는 파양에 의하여 해소될 수 있는 점을 제외하고는 친생자관계와 똑같은 내용을 갖게 되는데, 진실에 부합하지 않는 친생자로서의 호적기재가 법률상의 친자관계인 양친자관계를 공시하는 효력을 갖게 되었고 사망한 양부와 양자 사이의 이러한 양친자관계는 해소할 방법이 없으므로 그 호적기재 자체를 말소하여 법률상 친자관계를 부인하게 하는 친생자관계존부확인청구는 허용될 수 없는 것이기 때문이다.

[관련조문]

민법 제865조(다른 사유를 원인으로 하는 친생자관계존부확인의 소), 제874조 제1항(부부의 공동입양), 제878조(입양의 효력발생), 제905조(재판상 파양원인)

Ⅲ. 친양자(특별양자)

1. 서 설

친양자제도는 2005. 3. 31. 도입되어 2008. 1. 1. 시행되었다. 친양자를 하려는 자는 일정한 요건을 갖추어 가정법원에 친양자를 청구할 수 있고, 가정법원의 심판을 거쳐 친양자를 입양할 수 있다. 양자의 파양에서 일반양자가 협의파양과 재판상파양을 인정하는 반면, 친양자의 파양은 재판에 의해서만 가능하다. 일반양자는 입양 후에도 양자의 성 및 양자와 친생부모 및 그 친족관계가 계속 유지되는 반면, 입양촉진 및 절차에 관한 특례법 제8조 제1항에 의하면 양자는 양친의 성과 본을 따를 수 있다. 친양자의 경우 친양자의 입양전 친족관계는 친양자 입양이 확정된 때에 종료한다(민법 제908조의3). 어떤 의미에서 양친과 친양자와의 관계는 일반양자에서의 양친자관계보다는 보다 확고한 신분관계를 형성한다고 할 수 있을 것이다.

일반양자제도와 함께 친양자제도의 도입으로 양자에 대한 선택의 폭이 더욱 넓어졌을 뿐만 아니라 무엇보다도 '자의 복리' 차원에서 일반양자제도만으로는 충분치 않았던 문제들을 해결할 수 있게 되었다. 이 점은 '자의 복리'라는 양자법의 기본이념에 진일보한 것으로 평가될 수 있을 것이다.

2. 친양자 입양의 성립요건(제908조의2)

① 친양자(親養子)를 입양하려는 사람은 다음 각 호의 요건을 갖추어 가정법원에 친양자 입양을 청구하여야 한다.

1. 3년 이상 혼인 중인 부부로서 공동으로 입양할 것. 다만, 1년 이상 혼인 중인 부부의 한쪽이 그 배우자의 친생자를 친양자로 하는 경우에는 그러하지 아니하다.
2. 친양자가 될 사람이 미성년자일 것
3. 친양자가 될 사람의 친생부모가 친양자 입양에 동의할 것. 다만, 부모가 친권상실의 선고를 받거나 소재를 알 수 없거나 그 밖의 사유로 동의할 수 없는 경우에는 그러하지 아니하다.
4. 친양자가 될 사람이 13세 이상인 경우에는 법정대리인의 동의를 받아 입양을 승낙할 것
5. 친양자가 될 사람이 13세 미만인 경우에는 법정대리인이 그를 갈음하여 입양을 승낙할 것

헌법재판소는 혼인 중인 부부만이 친양자 입양을 할 수 있도록 한 것은 위헌이 아니라고 하였다. 그러나 위 결정에는 위헌으로 보아야 한다는 반대의견

이 5인이나 되었다. 그러나 위헌 정족수 6인을 채우지 못하여 합헌이 되었다(헌재 2013. 9. 26. 선고 2011헌가42 결정).

② 가정법원은 다음 각 호의 어느 하나에 해당하는 경우에는 제1항 제3호·제4호에 따른 동의 또는 같은 항 제5호에 따른 승낙이 없어도 제1항의 청구를 인용할 수 있다. 이 경우 가정법원은 동의권자 또는 승낙권자를 심문하여야 한다.

1. 법정대리인이 정당한 이유 없이 동의 또는 승낙을 거부하는 경우. 다만, 법정대리인이 친권자인 경우에는 제2호 또는 제3호의 사유가 있어야 한다.
2. 친생부모가 자신에게 책임이 있는 사유로 3년 이상 자녀에 대한 부양의무를 이행하지 아니하고 면접교섭을 하지 아니한 경우
3. 친생부모가 자녀를 학대 또는 유기하거나 그 밖에 자녀의 복리를 현저히 해친 경우

③ 가정법원은 친양자가 될 사람의 복리를 위하여 그 양육상황, 친양자 입양의 동기, 양부모의 양육능력, 그 밖의 사정을 고려하여 친양자 입양이 적당하지 아니하다고 인정하는 경우에는 제1항의 청구를 기각할 수 있다.

3. 친양자의 성립

우리 민법은 친양자 입양의 요건을 구비하였다고 하더라도 가정법원은 친양자로 될 자의 복리를 기준으로 친양자 입양의 성립 여부를 정한다(제908조의2 제2항). 가정법원이 자의 복리를 판단함에 있어서는 양육상황, 친양자 입양의 동기, 양친의 양육능력 기타 사정을 고려한다. 여기서 기타 사정에는 혼인생활의 안정성, 경제력, 양육의 목적, 양친의 적격성, 양친자 사이의 화합가능성, 가정환경, 건강상태, 연령차이 등을 종합적으로 검토하여야 할 것이다.

4. 친양자 입양의 효력

친양자는 부부의 혼인중 출생자로 본다. 친양자의 입양전의 친족관계는 제908조의2 제1항의 청구에 의한 친양자 입양이 확정된 때에 종료한다고 규정하고 있다. 다만, 부부의 일방이 그 배우자의 친생자를 단독으로 입양한 경우에

있어서의 배우자 및 그 친족과 친생자 간의 친족관계는 그러하지 아니한다(제908조의3).

따라서 친양자는 입양한 때로부터 친생부모와의 관계에 있어서 친권, 상속권, 부양의 권리의무, 면접교섭권 그 밖의 친족관계로 인해 발생하는 법률효과는 소멸한다. 이와는 달리 친양자와 양부모 및 그 혈족 사이에는 서로 부양관계, 상속관계가 발생하며, 양친은 친양자의 친권자가 되는 등(제909조) 친양자는 양친의 친생자와 동일한 신분을 취득한다.

5. 친양자의 파양

우리나라의 경우 친양자는 친생부모와의 친자관계를 법률상으로 단절하고 양친과의 관계에서 확고하게 친자관계를 형성하는 것이므로 원칙적으로 파양을 인정하지 않거나 인정하는 경우에도 극히 제한하여 인정한다(한봉희, 229면). 이에 민법 제908조의5 제2항에서는 제898조 및 제905조는 친양자 파양에 관하여 이를 적용하지 아니한다고 규정하여 친양자의 경우 재판상 파양만을 인정하고 있다.

(1) 파양청구권자

우리 민법은 파양청구의 당사자를 양친, 친양자, 친생부 또는 모나 검사로 규정하고 있다(제908조의5 제1항). 여기서 양친이 파양청구의 당사자가 될 수 있다는 것에 대하여 비판의 여지가 있다. 이는 친양자를 "친생자처럼" 받아들이고자 하였으면서 양친이 친양자를 파기한다는 것은 타당하지 않기 때문이다.

(2) 파양의 사유

친양자의 파양사유는 양친이 친양자를 학대 또는 유기하거나 그 밖에 친양자의 복리를 현저히 해하는 때(제908조의5 제1호), 친양자의 양친에 대한 패륜행위로 인하여 친양자관계를 유지시킬 수 없게 된 때(민법 제908조의5 제2호)이다. '친양자의 복리를 현저히 해하는 때'는 사안에 따라 구체적으로 판단되며, 친양자의 복리를 현저히 해하는 사유는 반드시 양친의 고의나 과실을 요건으로 하지 않는다. 친양자의 패륜행위에 대해서 친양자가 양친을 모욕, 학대 또는 유기하는 등의 행위를 패륜행위로 볼 수 있으며, 이로 인해 더 이상 친양자관계를 유지할 수 없게 된 때 파양을 청구할 수 있다. 가정법원은 친양자로 될 자의 복리를 위하여 그 양육상황, 친양자 입양의 동기, 양친의 양육능력 그 밖의 사정을 참작하여 친양자의 파양이 적당하지 아니하다고 인정되는 경우에는 파양의 청구를 기각할 수 있다(제908조의2 제2항).

(3) 친양자 입양의 취소

친양자로 될 사람의 친생(親生)의 아버지 또는 어머니는 자신에게 책임이 없는 사유로 인하여 제908조의2 제1항 제3호 단서에 따른 동의를 할 수 없었던 경우에 친양자 입양의 사실을 안 날부터 6개월 안에 가정법원에 친양자 입양의 취소를 청구할 수 있다(제908조의4 제1항).

친양자 입양에 관하여는 제883조, 제884조를 적용하지 아니한다(제908조의4 제1항).

(4) 친양자 입양의 취소 및 파양의 효력

1) 친양자 소멸로 인한 친생부모관계 부활

우리 민법상 친양자 입양이 취소되거나 파양된 때에는 친양자관계는 소멸하고 입양 전의 친족관계는 부활한다(제908조의7 제1항). 여기서 입양 전의 친족관계는 친양자로서 입양되기 전의 친생부모와 그 친족과의 관계를 말한다. 친양자 입양의 취소의 효력은 소급하지 아니한다(제908조의7 제2항).

이와 관련하여 민법 제908조의8은 친양자에 관하여 이 관에 특별한 규정이 있는 경우를 제외하고 그 성질에 반하지 아니하는 범위 안에서 양자에 관한 규정을 준용한다라고 규정하고 있다. 이에 친생부모 부활에 관하여도 앞의 양자와 마찬가지로 민법 제909조의 2 제2항에 따라 친생부모의 친권이 자동으로 부활하지 않고 민법 제909조의 2 제2항의 적용에 따라 당사자는 가정법원에 친권자 지정에 대한 심판을 청구할 수 있다고 보아야 한다.

2) 친양자의 성과 본

우리 민법상 친양자 입양의 취소 혹은 파양으로 친양자의 성과 본은 자동으로 종전의 성과 본으로 변경되는지 혹은 양친의 성과 본을 그대로 유지하는지 등의 문제가 발생한다. 친양자 관계가 해소되는 경우 자녀는 자신의 의사와는 관계없이 자동적으로 친생부모의 성과 본을 따르게 되어 결과적으로 성의 변경을 겪게 된다. 파양으로 인한 자의 성 변경은 민법 제781조 제6항의 자의 복리를 위하여 성을 변경하는 것이 아니라 민법 제781조 제1항의 친생부모의 자로 다시 돌아왔기 때문에 부의 성을 따르게 되는 것이다.

그러나 친양자의 파양 후 친생부모로부터 양육받는 경우 문제가 없겠지만 그렇지 못한 경우 성만 변경하는 것도 자에게 오히려 정체성의 혼란을 가져올 수 있다. 이에 자동적으로 부의 성을 따르도록 하기보다는 파양 후 가정법원이 양친의 성을 사용한 기간, 자의 연령, 파양의 원인 등의 객관적인 사정 혹은 자녀의 의사를 고려하여 양친의 성을 계속 사용할 수 있는 여지를 남겨 두는 것이 보다 합리적인 해결책이라고 할 수 있을 것이다(김주수·김상용, 421면).

(5) 친양자 파양확정과 신고

친양자 파양의 재판이 확정되면 소를 제기한 사람은 재판의 확정일로부터 1개월 이내에 재판서의 등본 및 확정증명서를 첨부하여 신고를 해야 한다(가등법 제69조 제1항). 이 때 그 소의 상대방도 신고할 수 있다(동법 제69조 제3항). 그리고 이들 신고서에는 재판확정일을 기재해야 한다. 이 신고는 보고적 신고이다.

Ⅳ. 입양특례법상의 양자

1961년 제정된 「고아입양특례법」은 고아 등 불우아동의 복리증진을 도모하기 위하여 마련한 입법이다. 그러나 동법은 고아의 외국 입양을 간편하게 하기 위한 것이었을 뿐 자의 편에서 본격적으로 「자를 위한」 양자법은 되지 못하였다. 이에 1976. 12. 입양특례법이 제정·공포되었다. 이는 당시 자녀의 보호와 교양에 관한 일련의 아동 입법 촉진과 더불어 보호 시설에 수용 중인 아동의 입양을 촉진함으로써 가정의 애정이 결핍된 그들을 가정적 분위기에 안착시켜 양자로 되는 자의 안전과 복리증진을 도모하기 위한 제도화의 요청에 의한 것이었다. 그러나 동법은 계속해서 1995. 1. 5.(법률 4913호) 전면 개정되어 「입양촉진 및 절차에 관한 특례법」으로 자를 위한 양자법으로 나아갔다. 그러나 이 법 역시 주로 입양을 촉진하기 위한 것으로 자를 입양이라고 할 수 없었다. 이에 2011년 동법은 전면 개정되어 「입양특례법」으로 바뀌고 2012. 8. 5.부터 시행되었다.

1. 법의 목적

이 법은 요보호아동의 입양(入養)에 관한 요건 및 절차 등에 대한 특례와 지원에 필요한 사항을 정함으로써 양자(養子)가 되는 아동의 권익과 복지를 증진하는 것을 목적으로 한다(제1조).

2. 입양의 요건

(1) 양자의 요건

입양특례법 제9조에 따라 양자가 될 사람은 요보호아동으로서 다음 각 호의 어느 하나에 해당하는 사람이어야 한다. <개정 2020. 12. 29.>

1. 보호자로부터 이탈된 사람으로서 특별시장·광역시장·특별자치시장·도지사 및 특별자치도지사(이하 “시·도지사”라 한다) 또는 시장·군수·구청장(자치구의 구청장을 말한다. 이하 같다)이 부양의무자를 확인할 수 없어 「국민기초생활 보장법」에 따른 보장시설(이하 “보장시설”이라 한다)에 보호의뢰한 사람
2. 부모(부모가 사망이나 그 밖의 사유로 동의할 수 없는 경우에는 다른 직계존속을 말한다) 또는 후견인이 입양에 동의하여 보장시설 또는 제20조에 따른 입양기관에 보호의뢰한 사람
3. 법원에 의하여 친권상실의 선고를 받은 사람의 자녀로서 시·도지사 또는 시장·군수·구청장이 보장시설에 보호의뢰한 사람
4. 그 밖에 부양의무자를 알 수 없는 경우로서 시·도지사 또는 시장·군수·구청장이 보장시설에 보호의뢰한 사람

(2) 양친의 요건

동법 제10조에 따라 양친이 될 요건은 ① 이 법에 따라 양친이 될 사람은 다음 각 호의 요건을 모두 갖추어야 한다.

1. 양자를 부양하기에 충분한 재산이 있을 것
2. 양자에 대하여 종교의 자유를 인정하고 사회의 구성원으로서 그에 상응하는 양육과 교육을 할 수 있을 것
3. 양친이 될 사람이 아동학대·가정폭력·성폭력·마약 등의 범죄나 알코올

등 약물중독의 경력이 없을 것

4. 양친이 될 사람이 대한민국 국민이 아닌 경우 해당 국가의 법에 따라 양친이 될 수 있는 자격이 있을 것

5. 그 밖에 양자가 될 사람의 복지를 위하여 보건복지부령으로 정하는 필요한 요건을 갖출 것

② 양친이 될 사람은 양자가 될 아동이 복리에 반하는 직업이나 그 밖에 인권침해의 우려가 있는 직업에 종사하지 아니하도록 하여야 한다.

③ 양친이 되려는 사람은 입양의 성립 전에 입양기관 등으로부터 보건복지부령으로 정하는 소정의 교육을 마쳐야 한다.

(3) 친생부모 또는 후견인의 동의

동법 제12조에 따라 입양을 할 때는 ① 양자가 될 자의 친생부모의 동의를 얻어야 한다. 다만, 다음 각 호의 어느 하나에 해당하는 경우에는 그러하지 아니한다.

1. 친생부모가 친권상실의 선고를 받은 경우
2. 친생부모의 소재불명 등의 사유로 동의를 받을 수 없는 경우

② 친생부모가 제1항 단서의 사유로 인하여 입양의 동의를 할 수 없는 경우에는 후견인의 동의를 받아야 한다.

③ 제9조 제2호에 해당하는 아동을 양자로 하고자 할 경우에는 보호의뢰시의 입양동의로써 제1항에 따른 입양의 동의를 갈음할 수 있다.

④ 13세 이상인 아동을 입양하고자 할 때에는 제1항 또는 제2항에 따른 동의권자의 동의 외에 입양될 아동의 동의를 받아야 한다.

⑤ 제1항부터 제4항까지의 규정에 따른 동의는 제11조 제1항의 허가가 있기 전에는 철회할 수 있다.

⑥ 제1항부터 제4항까지의 규정에 따른 입양의 동의 또는 제5항에 따른 입양동의의 철회는 서면으로 하며, 동의에 필요한 사항은 보건복지부령으로 정한다.

(4) 가정법원의 허가

동법 제11조에 따라 ① 제9조에서 정한 아동을 입양하려는 경우에는 다음 각 호의 서류를 갖추어 가정법원의 허가를 받아야 한다.

1. 양자가 될 아동의 출생신고 증빙 서류
2. 제9조 및 제10조의 자격을 구비하였다는 서류
3. 제12조 및 제13조에 따른 입양동의 서류
4. 그 밖에 아동의 복리를 위하여 보건복지부령으로 정하는 서류

② 가정법원은 양자가 될 사람의 복리를 위하여 양친이 될 사람의 입양의 동기와 양육능력, 그 밖의 사정을 고려하여 제1항의 허가를 하지 아니할 수 있다.

③ 제1항에서 정한 가정법원의 입양 허가에 필요한 서류는 대통령령으로 정하는 기관이 서류의 작성에 필요한 사항을 조사·확인한 후 이를 발급하되, 서류의 작성 등에 필요한 사항은 보건복지부령으로 정한다.

④ 제1항에 따른 허가신청 절차, 심리 및 허가 등에 필요한 사항은 대법원 규칙으로 정한다.

(5) 입양의 효과

동법 제14조에 따라 입양된 아동은 「민법」상 친양자와 동일한 지위를 가진다.

(6) 입양의 효력발생

동법 제15조에 따라 이 법에 따른 입양은 가정법원의 인용심판 확정으로 효력이 발생하고, 양친 또는 양자는 가정법원의 허가서를 첨부하여 「가족관계의 등록 등에 관한 법률」에서 정하는 바에 따라 신고하여야 한다.

(7) 입양의 취소

동법 제16조에 따라 ① 입양아동의 친생의 부 또는 모는 자신에게 책임이 없는 사유로 인하여 제12조 제1항 제2호에 따라 입양의 동의를 할 수 없었던 경우에는 입양의 사실을 안 날부터 6개월 안에 가정법원에 입양의 취소를 청구할 수 있다.

② 가정법원은 입양의 취소 청구에 대한 판결이 확정되거나 심판의 효력이 발생한 때에는 지체 없이 그 뜻을 가정법원 소재지 지방자치단체에 통보한다.

(8) 입양의 파양

동법 제17조에 따라 ① 양친, 양자, 검사는 다음 각 호의 어느 하나의 사유가 있는 경우에는 가정법원에 파양을 청구할 수 있다.

1. 양친이 양자를 학대 또는 유기하거나 그 밖에 양자의 복리를 현저히 해하는 경우
2. 양자의 양친에 대한 패륜행위로 인하여 양자관계를 유지시킬 수 없게 된 경우

② 가정법원은 파양이 청구된 아동이 13세 이상인 경우 입양아동의 의견을 청취하고 그 의견을 존중하여야 한다.

③ 가정법원은 파양의 청구에 대한 판결이 확정되거나 심판의 효력이 발생한 때에는 지체 없이 그 뜻을 가정법원 소재지 지방자치단체에 통보한다.

(9) 국내입양 우선 추진

동법 제7조에 따라 ① 국가 및 지방자치단체는 입양의뢰 된 아동의 양친(養親)될 사람을 국내에서 찾기 위한 시책을 최우선적으로 시행하여야 한다.

② 입양기관의 장은 보건복지부령으로 정하는 바에 따라 입양의뢰된 아동의 양친을 국내에서 찾기 위한 조치를 취하고, 그 결과를 보건복지부장관에게 보고하여야 한다.

③ 입양기관의 장은 제2항에 따른 국내입양을 위한 조치에도 불구하고 양친을 찾지 못한 경우 「아동복지법」 제15조의2에 따른 아동통합정보시스템을 활용한 관련 기관과의 정보공유를 통하여 국내입양을 추진하여야 한다. <개정 2020. 12. 29.>

④ 입양기관의 장은 제2항 및 제3항에도 불구하고 국내에서 양친이 되려는 사람을 찾지 못하였을 경우에 한하여 국외입양을 추진할 수 있다.

또한 국가는 아동에 대한 보호의무와 책임을 이행하기 위하여 국외입양을 줄여나가기 위하여 노력하여야 한다(제8조).

(10) 입양정보의 공개

양자는 입양정보의 공개를 청구할 수 있다. 그러나 친생부모가 이를 동의하지 않으면 친생부모의 인적사항을 제외하고 정보를 공개하여야 한다. 다만 친생부모가 사망이나 그 밖의 사유로 동의할 수 없는 경우에는 양자가 된 사람의 의료상 목적이나 특별한 사정이 있는 경우에 친생부모의 동의 없이도 입양정보를 공개할 수 있다.

4절 ≫ 친 권

Ⅰ. 친권의 의의

현행법에서는 친권에 대한 개념을 명확히 정의하고 있지 않으나 친권자는 자를 보호하고 교양할 권리의무가 있다라고 규정하고 있다(제913조). 친권은 부모가 미성년자녀를 보호·교양할 권리의무를 모두 포괄한다.

우리는 민법에서는 친권이라는 용어를 여전히 사용하지만 독일민법에서는 친권(Elternliche Gewalt)에서 부모의 양육(Elterliche Sorge)이라는 용어를 사용하고 있으며, 영국에서는 부모의 책임이라는 면을 강조하여 Parental right 혹은 Parental Power(친권)를 Parental responsibility(부모의 책임)이라는 용어를 사용하고 있다. 친권은 외국의 입법례에서 부모의 권리보다는 의무가 더욱 강조되고 있으며, 우리 민법에서도 친권은 부모의 권리보다는 의무가 강조되고 있다(대법원 1993. 3. 4.자 93스3 결정).

Ⅱ. 친권의 변천과정

기존 대가족 제도가 보편화되고 가족권이 강하던 시대에 있어서의 친자는 가장에 의한 지배와 통솔을 받아야 했으며, 독자적인 친권은 인정될 수 없었다. 그러나 대가족제도가 사회적·경제적 기반을 상실하게 되자 가장권은 약화되었으며, 그에 따라 부부, 친자를 중심으로 하는 친족 공동체가 사회 활동의 단위로 되면서 가장권에 흡수되었던 부권(夫權)과 친권도 분화되었다. 그러나 친권은 다분히 가장권과 비슷한 특권을 띠고 있었으며 자녀의 독자적인 지위 보장과는 거리가 있었다. 그리하여 부모의 권위에 의한 친자 공동체의 통제가 가장권과 유사한 내용으로 행하여졌으며, 친자 관계 역시 부모를 본위로 하는 지배복종의 관계로 전개되었을 뿐 아니라, 자는 부모의 이익을 위해 봉사하여야 하는 존재에 불과하였다.

그 후 산업혁명을 통한 근대 사회로의 변화는 친권 제도에 있어 개인의 존엄·양성의 평등이 전제로 되는 친권 관계로 발전하였으며 특히 미성년자의 보호·교양을 중심으로 하는 자녀를 위한 것으로 바뀌어졌다. 오늘날의 자는 「가의 자」에서 「부모의 자」를 거쳐 개인의 인격이 중시되는 기초 위에 정립된 「사회의 자」로 개념의 발전을 가져왔으며, 피보호자의 건전한 육성을 위하여 친권에 대한 사회적 제약이 가해지고 있다. 친권 남용의 금지, 아동 복지법의 제도, 근로기준법에서의 친권에 대한 제한 등은 그 대표적인 법적 조치들로 볼 수 있는 것이다.

우리나라에 있어서는 비교적 근대까지도 대가족 제도가 유지되어 왔으며 그에 따라 친권도 자의 부모에 대한 절대 지배 복종의 관례로만 인식되어 왔던 것이다. 그러다가 1921년 12월 1일부터 일본민법의 친권 규정을 의용하게 됨으로써 기존의 친권관습에서 유리되는 기초가 놓여지게 되었다(구민법 제879조). 이러한 변화를 거친 민법은 친권을 자의 보호와 교양을 위한 권리 의무로 파악하고 있으며(제913조), 친권에 따르는 자녀를 미성년자에 한정시킴으로써(구 제909조 제1항), 미성년자에 대한 권리·의무로서의 친권의 본질을 명백히 하고 있다.

이 밖에 아동복지법과 근로기준법 등에서 친권에 대한 국가적 감독을 강화한 점 등은 자녀를 난순히 「부모의 자」가 아닌 「사회의 자」로 인정하고 있는 입법으로 볼 수 있는 것이다. 그리고 종전에는 가부장제 가족제도의 영향으로 친권 행사에 있어 결과적으로 부우선주의를 채택하고 있었으나, 1990년 민법 개정에서는 친권행사에 있어서 남녀평등의 원칙에 입각한 디수의 개정이 이루어졌다(제909조 제2항). 이로 인해 부모의 공동친권이 규정되었다. 그 후 2005년의 민법 개정은 자의 복리실현을 위한 자의 복리 우선의 원칙을 더욱 강화하였다. 2011년 친권자의 지정 등(제909조의2)의 규정이 신설되면서 친권자의 지정에 있어서 가정법원의 역할이 보다 확대·강화되었다. 그리고 2021년 민법 제915조의 부모의 징계권 조항이 폐지되었다. 민법 제909조 제1항에서 '미성년자는 부모의 친권에 복종한다'를 '부모는 미성년자의 친권자가 된다'로 개정하였다. 또한 민법 제912조 자의 복리우선 조항을 신설하였다.

2014년 '친권자의 동의를 갈음하는 재판' 규정이 신설되었다. 가정법원은 친권자가 정당한 이유없이 동의하지 아니하므로 '자녀의 복리가 위험'한 경우 친권자의 동의를 갈음하는 재판을 할 수 있다(제922조의2).

Ⅲ. UN아동권리협약

「아동의 권리에 관한 국제협약」은 20세기 인권존중의 법이념에 부응하는 아동 고유의 권리와 인간으로서 향유할 일반적 인권을 규정함으로써 국가와 가정에 있어서 아동의 행복추구를 최대 목표로 하고 있다. 이 협약은 전문과 총 54개 조문으로 되어 있으며 3부로 구성된다(아동권리협약은 1989. 11.에 국제연합에서 채택되었으며, 우리나라는 1990. 11. 20. 비준, 1991. 12. 20.부터 효력을 발생하게 되었다).

18세 미만에게 적용되는 아동협약은 아동 고유권과 아동의 일반적 인권으로 나뉜다. 아동의 고유권으로서는 부모를 알고 부모의 보호를 받을 권리(아동권리협약 제7조), 부모와 별거당하지 않을 권리(동협약 제9조), 부모와의 만남을 유지하기 위한 출입국의 권리(동협약 제10조), 의사를 표명할 수 있는 권리(동협약 제12조), 부모로부터 1차적으로 양육받고 국가로부터 후원을 받을 권리(동협약 제18조), 부모 등의 학대로부터의 보호(동협약 제19조), 가족이 없는 아동이 보호받을 권리(동협약 제20조), 입양시 보호받을 권리(동협약 제21조) 등을 들 수 있다.

협약 당사국은 모든 조치에 있어서 아동의 이익과 권리 및 보호를 최우선적으로 고려하여야 한다(동협약 제3조). 민법도 이러한 협약의 정신을 반영하여 부모의 이혼 등의 경우에 자의 복리를 위하여 가정법원의 직권개입을 강화하고, 친권을 행사함에 있어서 자의 복리를 최우선적으로 고려할 것을 명문화하고 있다(제912조).

Ⅳ. 친권관계

1. 친권자

(1) 부모가 혼인 중인 경우

1) 공동친권의 원칙

부모가 혼인 중인 경우 친권은 원칙적으로 부모가 공동으로 행사하여야 한다(제909조 제2항). 양부모의 경우도 양자의 친권자가 된다. 양자의 친생부모는 친권을 행사할 수 없다. 따라서 양부모가 모두 사망한 경우에는 친생부모가 있더라도 후견이 개시된다(제928조). 부모의 의견이 일치하지 않은 경우에는 당사자의 청구에 의하여 가정법원이 이를 정한다(제909조 제2항). 부모가 친권을 「공동으로 행사한다」는 것은 친권이 부모 쌍방의 의사에 따라 행사되는 것임을 뜻하는 것이다. 행사 자체가 부와 모의 명의로 되어야 하는 것은 아니다. 따라서 일방의 친권행사에 대해서 타방이 동의하든가 사후에 추인하여도 무방하다.

2) 일방의 의사

① 일방이 단독명의로 친권을 행사한 경우

(ⅰ) 무권대리: 부모 중 일방이 타방의 동의 없이 단독명의로 친권을 행사한 때에는 부모의 법정대리인으로서의 행위의 효과는 생기지 않는다. 즉 그것이 대리행위라면 통상의 무권대리로서 추인이 없는 이상 아무런 효력이 생기지 않고, 미성년자가 부모의 동의를 얻지 않고 한 행위는 부모의 추인이 없는 한 취소할 수 있다(제5조 제5항).

(ⅱ) 표현대리의 성립 여부: 무권대리의 경우라도 상대방의 선의·무과실(반대 악의·과실) 경우에는 표현대리를 통해 보호를 받을 수 있다는 견해가 있다(김주수·김상용, 425면; 한봉희, 241면). 또한 이러한 경우 임의대리에 있어서의 공동대리의 경우와 마찬가지로 보아, 부모 중 1인이 공동의 의사결정에 참여하지 않으면 적법한 대리행위가 성립하지 않은 것으로 보고 있다(이경희, 227면).

② 일방이 공동명의로 대리하거나 동의한 경우

부모 중 일방이 공동명의로 자를 대리하거나 자의 법률행위에 동의한 때에는 다른 일방의 의사에 반하는 때에도 그 효력이 있지만 상대방이 악의인 때에는 효력이 생기지 않는다고 규정하고 있다(제920조의2). 민법 제920조의2는 제126조의 권한을 넘은 표현대리 규정에 대한 특칙이라고 볼 수 있다.

③ 문제점

민법 제920조의2는 공동친권자 중의 일방이 공동명의로 대리권을 행사한 경우에는 다른 일방의 친권자의 동의가 없는 경우에도 대부분 유효하게 될 가능성이 있기 때문에 친권자 일방이 경솔 혹은 이기심으로 인한 친권행사가 이루어지는 것을 막을 수 없는 문제점이 있다. 이는 자의 복리에도 부합한다고 볼 수 없어 개정이 요구되는 부분이다(이경희, 227면).

3) 부모의 일방이 친권을 행사할 수 없을 경우

부모의 일방이 친권을 행사할 수 없을 때에는 다른 일방이 이를 행사할 수 있도록 하고 있다(제909조 제3항). 예를 들어 사실상(질병·장기 복역·행방불명·장기여행·심신상실) 또는 법률상(친권상실선고·관리권상실선고·피성년후견신고·피한정후견개시심판) 등이다.

〈도표 4-6〉 부모의 단독행위

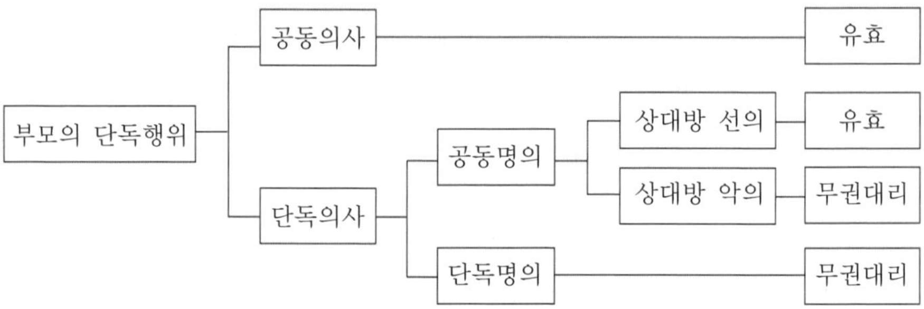

(2) 부모가 혼인 중이 아닌 경우

1) 이혼시 친권자

부모가 혼인 중이 아닌 경우에는 공동친권을 행사하기 곤란하다. 이에 혼인외의 자가 인지된 경우와 부모가 이혼하는 경우에는 부모의 협의로 친권자를 정하고, 협의를 할 수 없거나 협의가 이루어지지 아니하는 경우에는 가정법원이 직권으로 또는 당사자의 청구에 따라 친권자를 지정하여야 한다. 다만 부모의 협의가 자의 복리에 반하는 경우에는 가정법원은 보정을 명하거나 직권으로 친권자를 정한다(제909조 제4항 본문).

혼인외의 자가 인지되지 않은 경우에는 생모만이 친권자가 될 수 있다(대법원 1968. 9. 24. 선고 67므6 판결). 2005년과 2007년 두 차례 개정된 것으로 개정 전에는 당사자의 청구에 의해서만 가정법원이 이를 정할 수 있도록 하였다. 이로 인해 당사자의 청구가 없으면 법원이 개입할 여지가 없어 자의 복리에 공백이 생길 우려가 있었으나, 개정법에서는 부모의 협의를 의무화하고 협의가 이루어지지 않을 경우에는 법원에의 청구를 의무화함으로써 자녀의 복리에 공백이 발생할 여지를 없앤 것이다. 그러나 이 규정으로 친권자를 정하지 않은 상태는 이혼을 할 수 없게 되었다(김주수·김상용, 430면).

가정법원은 혼인의 취소, 재판상 이혼 또는 인지 청구의 소의 경우에는 직권으로 친권자를 정한다(제909조 제5항). 재판상 이혼을 협의이혼과는 달리 구별하여 규정하고 있으며, 당사자의 청구에 의하여 친권자를 정하도록 하지 않고 법원의 직권으로 친권자를 정하도록 한 것은 부모의 사적자치를 침해하는 결과를 가져올 수 있다고 본다(이화숙, 103면). 한편 가사소송법 제25조 제1항에서는 친권자 지정에 대하여 부모의 합의를 권고하도록 규정하고 있다(가사소송법 제25조).

2) 공동친권자·단독친권자

이혼한 후 부모가 공동친권자가 될 수 있는가 하는 문제에 대하여 민법은 규정을 두고 있지 않다. 실무에서는 일반적으로 단독친권이 이루어지고 있다. 한편 판례는 이혼 후 자에 대한 양육권이 부모 중 어느 일방에, 친권이 다른 일방에 또는 부모에 공동으로 귀속되는 것으로 정하는 것은, 비록 신중한 판단이 필요하다고 하더라도, 일정한 기준을 충족하는 한 허용된다고 하였다(대법원 2012. 4. 13. 선고 2011므4719 판결). 그러나 적어도 부모인 양육자는 특별한 사정이 없는 한 친권을 가져야 할 것이다. 친권이 없이 자녀를 양육한다는 것은 자녀의 복리를 해칠 수 있기 때문이다.

3) 친권자 변경

가정법원은 자의 복리를 위하여 필요하다고 인정되는 경우에는 자의 4촌 이내의 친족의 청구에 의하여 정하여진 친권자를 다른 일방으로 변경할 수 있다(제909조 제6항).

(3) 친권자 지정(친권자 일방이 사망하거나 친권상실선고를 받은 경우)

1) 단독친권자의 사망 및 입양취소, 파양, 양부모 사망의 경우

민법의 해석상 일방이 단독으로 친권을 행사하게 되면 다른 일방의 친권은 정지되는 것이라고 본다. 부모는 미성년자녀의 친권자(제909조 제1항)가 되기 때문에 일방이 친권자가 되어 상대방이 친권자가 되지 않았다고 해서 친권자로서의 의무가 없어진 것은 아니다. 이에 현행법의 규정 내용상 일방 부모가 사망하였다고 하더라도 다른 일방부모가 생존하고 있는 이상 민법 제928조의 후견인을 두어야 하는 것은 아니다(친권상실의 경우도 마찬가지이다). 그렇다면 일방 단독친권자가 사망한 경우 생존하는 다른 일방이 친권자가 되어야 하는가? 민법 제909조의2가 신설되기 전 이 경우 민법 제909조 제3항이 적용되는 것으로 보았다. 그러나 이 경우 '자의 복리'와는 관계없이 생존부모의 친권이 자동적으로 부활하게 된다는 문제점이 지적되었으며, 이 문제는 2011. 5. 19. 민법 제909조의2가 신설되면서 입법으로 문제를 해결하였다.

민법 제909조의2의 내용은 다음과 같다: 민법 제909조 제4항, 제5항, 제6항에 따라 단독 친권자로 정하여진 부모의 일방이 사망한 경우 생존하는 부 또는 모, 미성년자, 미성년자의 친족은 그 사실을 안 날부터 1개월, 사망한 날부터 6개월 내에 가정법원에 생존하는 부 또는 모를 친권자로 지정할 것을 청구할 수 있다(제909조의2 제1항). 생존친이 당연히 친권자가 되는 것이 아니고 우선 청구를 하여야 하며, 법원이 친권자를 지정한다.

입양이 취소되거나 파양된 경우 또는 양부모가 모두 사망한 경우 친생부모 일방 또는 쌍방, 미성년자, 미성년자의 친족은 그 사실을 안 날부터 1개월, 입양이 취소되거나 파양된 날 또는 양부모가 모두 사망한 날부터 6개월 내에 가정법원에 친생부모 일방 또는 쌍방을 친권자로 지정할 것을 청구할 수 있다. 다만, 친양자의 양부모가 사망한 경우에는 그러하지 아니하다(제909조의2 제2항).

친양자의 경우 친권자가 사망 후 친생부모의 친권이 부활하지 않는다. 이 경우에는 후견이 개시되며, 유언으로 미성년후견인이 선임되지 않은 경우에는(제931조) 가정법원이 이를 정한다.

즉, 위의 제1항, 제2항의 기간 내에 친권자 지정의 청구가 없을 때에는 가정법원은 직권으로 또는 미성년자, 미성년자의 친족, 이해관계인, 검사, 지방자치단체의 장의 청구에 의하여 미성년후견인을 선임할 수 있다(제909조의2 제3항). 이 경우 생존하는 부 또는 모, 친생부모 일방 또는 쌍방의 소재를 모르거나 그가 정당한 사유 없이 소환에 응하지 아니하는 경우를 제외하고 그에게 의견을 진술할 기회를 주어야 한다(제909조의2 제3항).

또한 가정법원은 제1항 또는 제2항에 따른 친권자 지정 청구나 제3항에 따른 후견인 선임 청구가 생존하는 부 또는 모, 친생부모 일방 또는 쌍방의 양육의사 및 양육능력, 청구 동기, 미성년자의 의사, 그 밖의 사정을 고려하여 미성년자의 복리를 위하여 적절하지 아니하다고 인정하면 청구를 기각할 수 있다. 이 경우 가정법원은 직권으로 미성년후견인을 선임하거나 생존하는 부 또는 모, 친생부모 일방 또는 쌍방을 친권자로 지정하여야 한다(제909조의2 제4항).

결국 가정법원은 제1항 또는 제2항, 제3항의 모든 청구에도 그 청구에 의한 친권자로 적정하지 않다면 이를 기각할 수 있다. 그 이후 가정법원은 청구와의 다른 적합자를 친권자로 지정할 수도 있다는 의미이다.

가정법원은 다음 각 호의 어느 하나에 해당하는 경우에 직권으로 또는 미성년자, 미성년자의 친족, 이해관계인, 검사, 지방자치단체의 장의 청구에 의하여 제1항부터 제4항까지의 규정에 따라 친권자가 지정되거나 미성년후견인이 선임될 때까지 그 임무를 대행할 사람을 선임할 수 있다. 이 경우 그 임무를 대행할 사람에 대하여는 제25조 및 제954조를 준용한다.

1. 단독 친권자가 사망한 경우
2. 입양이 취소되거나 파양된 경우
3. 양부모가 모두 사망한 경우(제909조의2 제5항)

가정법원은 제3항 또는 제4항에 따라 미성년후견인이 선임된 경우라도 미성년후견인 선임 후 양육상황이나 양육능력의 변동, 미성년자의 의사, 그 밖의 사정을 고려하여 미성년자의 복리를 위하여 필요하면 생존하는 부 또는 모, 친생부모 일방 또는 쌍방, 미성년자의 청구에 의하여 후견을 종료하고 생존하는 부 또는 모, 친생부모 일방 또는 쌍방을 친권자로 지정할 수 있다(제909조의2 제6항).

2. 미성년의 자

친권의 대상이 되는 자는 미성년의 자이다(제909조 제1항). 그 자녀는 친생자와 양자 모두를 포함한다. 미성년자도 혼인하면 성년으로 의제되므로(제826조의2), 혼인한 미성년자는 친권에 따르지 않게 된다. 그리고 일단 성립된 혼인의 취소, 이혼, 배우자 일방의 사망 등에 의하여 해소되더라도 그 혼인의 당사자는 다시 친권의 대상자가 되지 않는다.

3. 친권행사의 능력

친권자는 행위능력을 가지고 있어야 한다. 따라서 미성년자 피성년후견인과 같은 좁은 의미의 제한능력자는 친권자가 되지 못한다.

미성년자도 혼인하면 성년으로 의제되므로(제826조의2) 친권자가 될 수 있다. 그러나 미혼의 미성년자가 자녀를 출산한 경우 친권자가 될 수 있는가가 문제인데, 미성년자의 자의 친권자는 미성년자녀의 친권자가 그 자(손자)에 대한 친권을 행사한다(제910조).

4. 친권행사의 기준

친권을 행사함에 있어서는 자의 복리를 우선적으로 고려하여야 한다(제912조).

자녀의 복리라는 개념은 민법뿐만 아니라 사회보장법, 아동복지법, 아동심리학 등 아주 다양한 영역에서 사용되고 있다. 그러나 '자의 복리'라는 추상성을 완전히 해소할 수 있는 구체적이고 명확한 기준을 제시하기는 어려울 것이다. 또한 어떠한 것에 개념을 정의한다는 것은 그 자체가 한계를 짓는 것이기 때문에 그것이 현실에 적용될 경우에도 개별적인 개인, 가정, 사회가 처한 상황에 따라 유동적일 수밖에 없다. 이에 무언가를 완전히 포괄할 수 있는 하나의 개념을 찾기는 어렵다. 한편 아동복지법 제3조 2호에서는 "아동복지"란 아동이 행복한 삶을 누릴 수 있는 기본적인 여건을 조성하고 조화롭게 성장·발달할 수 있도록 하기 위한 경제적·사회적·정서적 지원을 말한다라고 하였다.

2005년에 새로 신설된 민법 제912조는 친권행사의 기준이 될 뿐만 아니라 친권자를 지정할 때 그리고 양육에 관한 사항을 정할 때, 면접교섭권을 제한하거나 배제할 때 등 자녀를 위한 모든 영역에서 판단기준이 되고 있다.

Ⅴ. 친권의 내용

친권의 내용은 자녀를 보호·교양한다는 자의 신상에 관한 사항이 되는 것이다. 친권의 내용은 자의 신분에 관한 권리·의무와 재산에 관한 권리 의무로 나누어진다.

1. 자녀의 신분상의 권리의무

(1) 보호·교양의 권리의무

친권자는 자를 보호하고 교양할 권리의무가 있다(제913조). 보호라 함은 자녀의 신체 및 정신의 발달을 도모하고 위해를 방어하는 정도의 소극적 행위이며, 교양이라 함은 자녀의 신체·정신의 발달을 위한 적극적 의미의 교육 제공을 뜻하는 것이다. 이것은 자녀를 정신과 육체의 양면에서 건전한 인격체로의 형성을 위해 가장 기본이 되는 권리·의무 사항을 친권관계에 부여한 것이다. 친권자는 자녀의 교육 및 종교교육에 관한 권리도 가진다(헌재 2009. 4. 30. 선고 2005헌마514 결정). 그 정도와 방법은 친권자의 자력과 사회통념에 비추어 어긋나지 않는 범위에서 재량에 따라 할 수 있을 것이다. 이러한 보호·교양의 권리의무 이행을 위해서 제3자가 이를 침해하는 경우 이를 배제하는 것이 가능하다(대법원 1970. 11. 30. 선고 70므28 판결).

한편 책임능력 없는 미성년자가 타인에게 손해를 가한 경우에는 감독할 법정의무 있는 자가 손해배상할 책임이 있고, 책임능력 있는 미성년자의 경우 그 손해가 감독의무자의 의무위반과 상당인과관계가 있으면 감독의무자인 친권자는 불법행위로 인한 손해배상책임이 있다(대법원 1994. 2. 8. 선고 93다13605 전원합의체 판결).

(2) 거소지정권

자는 친권자가 지정한 장소에 거주하여야 한다(제914조). 친권자의 거소지정권은 보호·교양의 효과를 거두기 위하여 인정되는 것이며, 타당한 거소지정에 불응하는 자녀에 대해서는 사회 통념의 범위 내에서 지정 장소에 강제로 거주하게 할 수 있다.

자녀가 친권자의 거소지정에 불응하는 경우 법적으로 강제할 방법은 없다. 다만 사회통념상 허용되는 범위 내에서 간접적인 방법을 통해 지정한 거소에 거주하게 할 수 있을 뿐이다.

(3) 징계권

2021년 민법 제915조는 '친권자는 자를 보호·교육하기 위하여 징계할 수 있다'라고 규정하고 있었으나 2021년 1월 26일 이 조항은 삭제되었다. 부모의 징계권을 폐지한 목적은 민법상 징계권이 자녀에 대한 부모의 체벌을 허용하는 것으로 오인될 수 있어 삭제되었으며, 이에 자녀에 대한 부모의 체벌금지 취지를 명확히 하고자 하는데 있다. 이에 따라 징계권과 함께 부모의 자녀에 대한 '감화 및 교정기관 위탁'할 수 있는 부분도 폐지된다. 이와 관련된 민법 제924조의2, 민법 제945조, 부칙 제2조 등의 법률 규정에서 '징계권' 부분이 개정(삭제)되었다.

(4) 영업허락·취업동의권

친권자는 법정대리인으로서 미성년자에게 특정한 영업을 허락할 수 있다(제8조 제1항). 취업이라 함은 일반적으로 영리를 목적으로 하는 사업을 말하고, 아울러 공장이나 상점에 취업하는 고용계약도 포함한다. 따라서 친권자가 미성년자의 영업을 허락함에는 원칙적으로 아무런 제한이 없으나, 이밖에도 근로기준법의 근로계약 규정 등에 대해서는 별도의 특약이 마련되어 있다.

(5) 신분상 행위의 대리권·동의권

1) 대리권

친권자는 미성년의 자의 법정대리인으로서 법률에 특별히 정하는 경우에 한하여 자의 신분상의 행위를 대리할 수 있다. 법률이 정하는 예외 규정으로는, 혼인연령 위반에 대한 취소(제817조), 친생 부인의 소의 피고가 되는 것(제847조), 인지청구의 소(제863조), 입양 또는 파양의 승낙을 하는 경우(제869조, 제899조)를 들 수 있다.

2) 동의권

자의 친족행위에 대한 동의는 친권자로서 보다는 부모의 자격으로 한다.

(6) 자의 인도청구권(引導請求權)

제3자가 불법적으로 자녀를 억류하고 있는 경우 친권자는 자의 인도를 청구할 수 있다. 이 경우 인도청구는 가사소송, 가사비송사건이 아니므로 민사소송에 의하여야 한다. 인도청구 재판이 있는 경우 강제집행이 이루어진다.

의사능력이 없는 자가 억류되거나 자가 자유의사에 반하여 억류되어 있는 경우 친권자는 자녀의 인도를 청구할 수 있다(가사소송법 제2조 제1항, 제64조 제1항, 제68조 제1항 제2호 마류 가사소송사건). 다만 유아가 의사능력이 있는 경우 유아 자신이 인도를 거부하는 경우에는 집행할 수 없다. 법원은 의사결정능력이 있는 자녀가 자유로운 의사에 따라 제3자의 승낙 하에 제3자의 거주지에 머물러 있기를 원하는 경우 친권자의 아동의 인도청구를 기각하였다(대구고등법원 2012. 11. 16. 선고 2012나3662 판결).

부모가 이혼한 경우 부모 일방이 다른 일방의 의사에 반하여 자녀를 다른 곳으로 데려가면 미성년자 약취죄가 성립하는가? 판례는 베트남 국적 여성인 피고인이 남편 甲의 의사에 반하여 생후 약 13개월 된 자녀 乙을 주거지에서 데리고 나와 약취하고 베트남에 함께 입국함으로써 乙을 국외에 이송하였다고 하여 국외이송약취 및 피약취자국외이송으로 기소된 사안에서, 공동친권자인 부모의 일방이 상대방의 동의나 가정법원의 결정이 없는 상태에서 유아를 데리고 공동양육의 장소를 이탈함으로써 상대방의 친권행사가 미칠 수 없도록 하였다면, 이는 특별한 사정이 없는 한 다른 공동친권자의 유아에 대한 보호·양육권을 침해한 것으로서 민법을 위반한 행위라고 할 것이다. 그뿐 아니라 유아로서도 다른 공동친권자로부터 보호·양육을 받거나 받을 수 있는 상태에서 배제되는 결과를 강요당하게 되어 유아의 이익을 현저히 해치게 될 것이므로 그 점에서도 위법성을 면할 수 없다. 따라서 어느 모로 보나 부모의 일방이 유아를 임의로 데리고 가면서 행사한 사실상의 힘은 특별한 사정이 없는 한 불법적이라고 할 것이며, 특히 장기간 또는 영구히 유아를 데리고 간 경우에는 그 불법성이 훨씬 더 크다는 점을 부인할 수 없을 것이다. 그러나 제반 사정을 종합할 때 피고인의 행위를 약취행위로 볼 수 없다는 이유로, 피고인에게 무죄를 인정한 원심판단을 정당하다고 하였다(대법원 2013. 6. 20. 선고 2010도14328 전원합의체 판결).

다른 판례에서는 피고인과 甲은 각각 한국과 프랑스에서 따로 살며 이혼소송 중인 부부로서 자녀인 피해아동 乙(만 5세)은 프랑스에서 甲과 함께 생활하였는데, 피고인이 乙을 면접교섭하기 위하여 그를 보호·양육하던 甲으로부터 乙을 인계받아 국내로 데려온 후 면접교섭 기간이 종료하였음에도 乙을 데려다

주지 아니한 채 甲과 연락을 두절한 후 법원의 유아인도명령 등에도 불응한 사안에서, 피고인의 행위가 미성년자약취죄의 약취행위에 해당한다고 하였다(대법원 2021. 9. 9. 선고 2019도16421 판결).

2. 자의 재산에 관한 권리의무

(1) 재산관리권

자가 자기의 명의로 취득한 재산은 그 특유재산으로 하고 법정대리인인 친권자가 이를 관리한다(제916조). 재산의 관리라 함은 재산의 보존·이용·개량을 목적으로 하는 행위이나 그 목적의 범위안에서의 처분행위도 무방하다.

친권자가 그 자에 대한 법률행위의 대리권 또는 재산관리권을 행사함에는 자기의 재산에 관한 행위와 동일한 주의를 하여야 한다(제922조). 친권자의 재산관리에 관한 주의의무는 선량한 관리자의 주의의무보다 낮다고 볼 수 있다. 부적당한 관리는 경우에 따라 대리권과 재산관리권의 상실원인이 된다(제925조). 친권자가 이 정도의 주의를 하지 않아서 손해를 끼치면 손해배상의 책임을 져야 한다.

(2) 재산관리권의 배제

자녀에게 처분을 허락한 재산에 관한 경우(제6조)와 영업을 허락한 자녀의 영업상의 재산에 관한 행위(제8조) 등에는 친권자의 관리권이 배제된다. 그 외에도 무상으로 자녀에게 재산을 준 제3자가 친권자의 관리에 반대하는 의사를 표시한 때에는 친권자가 그 재산을 관리할 수 없다(제918조 제1항). 이때 제3자가 재산관리인을 지정하여야 하는데, 제3자가 관리인을 지정하지 아니한 때에는 법원은 재산의 수여를 받은 자 또는 민법 제777조의 규정에 의한 친족의 청구에 의하여 관리인을 선임한다(제918조 제2항).

제3자가 지정한 관리인의 권한이 소멸되거나 관리인을 해임할 필요가 있음에도 제3자가 다시 관리인을 지정하지 아니한 때에도 마찬가지이다(제918조 제3항). 관리인의 직무·권한·담보제공·보수에 관하여는 부재자재산관리인의 규정이 준용된다(제918조 제4항, 제24조 제1항, 제2항, 제4항, 제25조 전단, 제26조 제1항, 제2항).

(3) 재산관리권의 종료

법정대리인인 친권자의 권한이 소멸한 때에는 그 자의 재산에 대한 관리의 계산을 하여야 한다(제923조 제1항). 제1항의 경우에 그 자의 재산으로부터 수취한 과실은 그 자의 양육, 재산관리의 비용과 상계한 것으로 본다. 그러나 무상으로 자에게 재산을 수여한 제삼자가 반대의 의사를 표시한 때에는 그 재산에 관하여는 그러하지 아니하다(제923조 제2항).

(4) 자의 재산적 행위에 대한 대리권과 동의권

1) 대리권

① 대리권의 원칙

친권자는 자녀의 재산에 관한 법률행위에 대하여 그 자녀를 대리한다(제920조). 이 경우 재산에 관한 법률 행위에는 자녀가 소유하고 있는 재산에 관한 법률행위뿐만 아니라 상속의 승인·포기 및 일반적인 재산상의 법률행위도 포함한다.

친권자가 자의 재산에 대한 대리권을 행사함에 있어 대리권 남용이 발생할 수 있다. 판례는 이에 해당하기 위한 요건에 관하여 친권자가 자를 대리하는 법률행위는 친권자와 자 사이의 이해상반행위에 해당하지 않는 한, 그것을 할 것인가 아닌가는 자를 위하여 친권을 행사하는 친권자가 자를 둘러싼 여러 사정을 고려하여 행할 수 있는 재량에 맡겨진 것으로 보아야 하므로, 이와 같이 친권자가 자를 대리하여 행한 자 소유의 재산에 대한 처분행위에 대해서는 그것이 사실상 자의 이익을 무시하고 친권자 본인 혹은 제3자의 이익을 도모하는 것만을 목적으로 하여 이루어졌다고 하는 등 친권자에게 자를 대리할 권한을 수여한 법의 취지에 현저히 반한다고 인정되는 사정이 존재하지 않는 한 친권자에 의한 대리권의 남용에 해당한다고 쉽게 단정할 수 없다고 하였다(대법원 2009. 1. 30. 선고 2008다73731 판결).

한편 법정대리인인 친권자의 대리행위가 객관적으로 볼 때 미성년자 본인에게는 경제적인 손실만을 초래하는 반면, 친권자나 제3자에게는 경제적인 이익을 가져오는 행위이고, 그 행위의 상대방이 이 사실을 알았거나 알 수 있었을 때에는, 대리권 남용 이론에 따라 민법 제107조 제1항 단서의 규정이 유추적용되므로 그 행위의 효과는 자(子)에게는 미치지 않는다고 하였다(대법원 2011. 12. 22. 선고 2011다64669 판결).

② 대리권의 제한

재산상의 행위라도 그 자의 행위를 목적으로 하는 채무를 부담할 경우에는 자의 동의를 얻어야 한다(제920조 후단). 자의 동의없이 이루어진 채무부담행위는 무권대리행위로서 무효가 된다. 이에 친권자는 자녀를 대신하여 근로계약을 맺을 수 없다. 친권자의 동의와 친권자의 대리행위 자체를 금지하고 있는 근로계약의 체결과는 구별되어야 한다(근로기준법 제67조 제1항).

2) 동의권

친권자는 자녀의 재산상의 행위에 관하여 동의할 권리를 가진다. 즉 의사능력을 가진 미성년자라 하더라도 단순히 권리만을 얻거나 의무를 면하는 행위가 아닌 한 친권자의 동의를 얻지 않으면 유효한 재산상의 법률행위를 할 수 없다(제5조 제1항). 자가 친권자의 동의없이 한 재산상의 행위는 취소할 수 있다(제5조 제2항).

3) 친권자의 동의를 갈음하는 재판

가정법원은 친권자의 동의가 필요한 행위에 대하여 친권자가 정당한 이유 없이 동의하지 아니함으로써 자녀의 생명, 신체 또는 재산에 중대한 손해가 발생할 위험이 있는 경우에는 자녀, 자녀의 친족, 검사 또는 지방자치단체의 장의 청구에 의하여 친권자의 동의를 갈음하는 재판을 할 수 있다(제922조의2, 2014. 10. 15. 신설, 2015. 10. 16. 시행).

(5) 이해상반행위

1) 이해상반행위의 의미

친권자와 자 사이에 이해가 충돌하는 경우에는 공정한 친권의 행사를 기대할 수 없기 때문에 이러한 경우는 친권자의 법정대리권을 제한하고, 가정법원에 특별대리인의 선임을 친권자로부터 청구하게 하여 이 특별대리인과 친권자 간의 행위로 공정성이 보장되도록 하고 있다(제921조).

이해상반행위라 함은 친권자에게는 이익이 되나 미성년자에게는 불이익한 행위, 또는 여러 명의 자가 있는 경우 그 자와 자 사이에 이해가 상반되는 경우이다. 친권자가 자기의 책임에 관하여 미성년자인 자를 대리하여 한 중첩적 인수계약, 친권자의 채무에 대하여 미성년자인 자를 연대채무자로 한 행위, 채권자가 자의 재산으로 자기의 채무를 이행한 행위, 친권자가 자의 재산으로 자기의 채무에 대한 담보를 제공한 행위 등이다. 그리고 실제 판례는 법정대리인인 친권자가 부동산을 매수하여 이를 그 자에게 증여하는 행위는 그 자에게 이익만을 주는 행위이므로 자기 계약이지만 이해상반 행위에 속하지 않는 유효한 행위로 판단함으로써 자의 이익 보호라는 기준을 제시하고 있다(대법원1981. 10. 13. 선고 81다649 판결).

어느 부동산에 관하여 등기가 경료되어 있는 경우 특별한 사정이 없는 한 그 원인과 절차에 있어서 적법하게 경료된 것으로 추정된다. 전 등기명의인이 미성년자이고 당해 부동산을 친권자에게 증여하는 행위가 이해상반행위라 하더라도 일단 친권자에게 이전등기가 경료된 이상, 특별한 사정이 없는 한, 그 이전등기에 관하여 필요한 절차를 적법하게 거친 것으로 추정된다(대법원 2002. 2. 5. 선고 2001다72029 판결).

2) 특별대리인 선임

법정대리인인 친권자와 그 자 사이에 이해상반 되는 행위를 함에는 친권자는 법원에 그 자의 특별대리인의 선임을 청구하여야 한다(제921조 제1항). 법정대리인인 친권자가 그 친권에 따르는 수인의 자 사이에 이해상반되는 행위를 함에는 법원에 그 자 일방의 특별대리인의 선임을 청구하여야 한다(제921조 제2항).

특별대리인을 선임하지 않고 한 경우에는 무권대리행위로 보고, 본인의 추인이 있으면 소급하여 유효로 된다(대법원 1964. 8. 31. 선고 63다547 판결). 특별대리인은 각 자들마다 선임하여야 한다(제921조 제2항)(대법원 2001. 6. 29. 선고 2001다28299 판결).

민법 제921조의 특별대리인 제도는 친권자와 그 미성년자녀 사이 또는 미성년자녀들 사이에 서로 이해가 충돌하는 경우에는 친권자에게 친권의 공정한 행사를 기대하기 어려우므로 친권자의 대리권 및 동의권을 제한하여 법원이 선임한 특별대리인으로 하여금 이들 권리를 행사하게 함으로써 친권의 남용을 방지하고 미성년인 자의 이익을 보호하려는 데 그 취지가 있으므로, 특별대리인은 이해가 상반되는 특정의 법률행위에 관하여 개별적으로 선임 되어야 한다.

따라서 특별대리인선임신청서에는 선임되는 특별대리인이 처리할 법률행위를 특정하여 적시하여야 하고 법원도 그 선임 심판시에 특별대리인이 처리할 법률행위를 특정하여 이를 심판의 주문에 표시하는 것이 원칙이며, 특별 대리인에게 미성년자가 하여야 할 법률행위를 무엇이든지 처리할 수 있도록 포괄적으로 권한을 수여하는 심판을 할 수는 없다. 또한 법원이 특별대리인 선임 심판을 함에 있어서 그 주문에 특별대리인이 처리할 법률행위를 적시하지 아니한 채 단지 특정인을 미성년자를 위한 특별대리인으로 선임한다는 내용만 기재하는 것은 바람직하지 아니한 것이나, 이러한 내용의 심판이 있는 경우에도 그 특별대리인의 권한은 그 사건 선임신청서에서 신청의 원인으로 적시한 특정의 법률행위에 한정되는 것이며 그 밖의 다른 법률행위에 대하여는 그 처리 권한이 없다(대법원 1996. 4. 9. 선고 96다1139 판결).

3) 이해상반행위의 기준

① 판단기준

(ⅰ) 형식적 판단설: 다수설과 판례

법정대리인인 친권자의 대리행위가 이해상반행위인지 여부는 그 행위자체를 객관적으로 관찰하여 판단하여야 할 것이지 그 행위의 동기나 연유를 고려하여 판단할 것은 아니다(대법원 1993. 4. 13. 선고 92다54524 판결; 대법원 2002. 1. 11. 선고 2001다65960 판결).

적모(嫡母, 서자가 아버지의 정실을 이르는 말)와 미성년자인 수인의 자 사이에 상속재산분할협의를 하게 되는 경우에는 미성년자 각자마다 특별대리인을 선임하여 그 각 특별대리인이 각 미성년자를 대리하여 상속재산분할의 협의를 하여야 하고, 만약 특별대리인 1인이 수인의 미성년자를 대리하여 상속재산분할협의를 하였다면 이는 민법 제921조에 위반된 것으로서 이러한 대리행위에 의하여 성립된 상속재산분할협의는 피대리자의 전원에 의한 추인이 없는 한 무효이다(대법원 1994. 9. 9. 선고 94다6680 판결).

(ⅱ) 실질적 판단설

이에 대하여 형식 여하를 불문하고 행위의 의도나 목적·동기·행위·효과 등을 고려하여 광범위하게 이해상반행위를 인정하자는 견해이다.

② 구체적 사례

(i) 이해상반행위에 해당하는 경우

자의 재산관리에 관한 포괄적 위임을 받은 부가 자신의 채무지급을 위하여 자를 대리하여 공동명의로 어음을 발행한 행위(대법원 1971. 2. 23. 선고 70다2916 판결), 친권자가 자기의 채무를 위하여 미성년자인 자의 부동산을 담보에 제공한 행위(대법원 1971. 7. 27. 선고 71다1113 판결), 친권자가 친권에 따르는 미성년인 자의 일방을 위하여 다른 미성년인 자 소유의 부동산에 저당권을 설정하는 행위(대법원 1976. 3. 9. 선고 75다2340 판결). 친권자인 모가 자기의 연대보증채무의 담보로 자기와 자 공유인 토지 중 자의 공유지분에 관하여 법정대리인 자격으로 근저당을 설정하는 행위(대법원 2002. 1. 11. 선고 2001다65960 판결), 양모가 미성년의 양자를 상대로 한 소유권이전등기청구소송(대법원 1991. 4. 12. 선고 90다17491 판결), 피상속인의 처가 미성년자인 자와 동순위로 공동상속인이 된 경우에 미성년자인 자의 친권자로서 상속재산을 분할하는 협의를 하는 행위는 민법 제921조 소정의 '이해상반되는 행위'에 해당하므로 특별대리인을 선임받아 미성년자를 대리하게 하여야 한다(대법원 1993. 3. 9. 선고 92다18481 판결; 대법원 2001. 6. 29. 선고 2001다28299 판결) 등이다.

(ii) 이해상반행위에 해당하지 않는 경우

친권자인 모가 자기 오빠의 제3자에 대한 채무의 담보로 미성년자인 자의 부동산에 근저당권을 설정한 행위(대법원 1991. 11. 26. 선고 91다32466 판결), 망인 명의의 토지가 명의신탁된 것이었을 가능성이 있다는 점 등을 고려하여, 친권자(망인의 처)가 미성년자인 딸과 공동으로 상속받은 토지를 망인의 형에게 증여한 행위가 친권의 남용에 해당하지 않는다고 하였다(대법원 2009. 1. 30. 선고 2008다73731 판결).

그 밖에도 자녀를 대리하여 근저당설정계약을 체결하여 그 등기를 하는 행위, 친권자가 자녀를 수증자로 하는 단순한 증여계약에 자녀를 대리하여 수증의 의사표시를 하는 행위, 성년인 자와 미성년인 자 사이의 이해가 상반되는 행위를 친권자가 미성년인 자를 대리하여 하는 것(대법원 1989. 9. 12. 선고 88다카28044 판결), 법정대리인인 친권자가 부동산을 미성년자인 자에게 명의신탁하는 행위는 친권자와 사이에 이해상반되는 행위에 속한다고 볼 수 없으므로, 이를 특별대리인에 의하여 하지 아니하였다고 하여 무효라고 볼 수 없다(대법원 1998. 4. 10. 선고 97다4005 판결). 친권자인 모가 자신이 대표이사로 있는 주식회사의 채무 담보를 위하여 자신과 미성년인 자(子)의 공유재산에 대하여 자의 법정대리인 겸 본인의 자격으로 근저당권을 설정한 행위는, 친권자가 채무자 회사의 대표이사로서 그 주식의 66%를 소유하는 대주주이고 미성년인 자에게는 불이익만을 주는 것이라는 점을 감안하더라도, 그 행위의 객관적 성질상 채무자 회사의 채무를 담보하기 위한 것에 불과하므로 친권자와 그 자 사이에 이해의 대립이 생길 우려가 있는 이해상반행위라고 볼 수 없다(대법원 1996. 11. 22. 선고 96다10270 판결) 등이다.

4) 이해상반행위의 효과

특별대리인을 선임하지 않은 친권자의 대리행위는 무권대리로서 미성년자가 성년이 된 후 본인의 추인이 있거나 상대방으로부터 표현대리라는 주장 내지 입증이 없는 한 자에게 그 효력이 미치지 않는다(대법원 1964. 8. 31. 선고 63다547 판결). 자가 성년이 되기 전에 특별대리인이 추인할 수 있는지에 대해서는 다툼이 있다. 특별대리인에게 대리할 수 있는 권한까지 주어지는 만큼 추인권도 있다고 볼 수 있다.

부(父)의 사망으로 상속된 토지 중 미성년자 甲과 乙명의의 각 2/7 지분에 관하여 이모인 丙에게 소유권이전등기되었다가 다시 乙및 모(母) 丁에게 각 2/7 지분에 관하여 매매를 원인으로 한 소유권이전등기가 경료되자 과세관청이 위 취득을 甲의 丁에 대한 증여로 추정하여 丁에게 증여세를 부과하였다가 구 상속세및 증여세법 제4조 제4항 제2호에 따라 甲을 증여세연대납부의무자로 지정통지처분을 한 사안에서, 丁이 甲의 2/7 지분을 자신 명의로 이전한 행위는 민법 제921조 제1항의 친권자와 그 자 사이의 이해상반행위이므로 특별대리인에 의하여 행하지 아니한 이상 무효이다. 이에 그로 인한 소유권이전의 효력이 처음부터 발생하지 아니하므로 소유권이전등기의 말소를 명하는 판결의 유무와 관계없이 증여세의 과세대상이 될 수 없다고 하였다(대법원 2013. 1. 24. 선고 2010두27189 판결).

관련판례 4.6 친권자의 이해상반행위

1. 사실관계

이 사건 토지는 T의 소유이었는데, T가 1990. 4. 20. 사망하여 그 처인 갑, 자녀인 A, B가 이를 공동으로 상속하였다.

갑은 고철도매업을 경영하면서 1995년 5월경 S로부터 금원을 차용하였는데, 1998년 10월경까지 차용금 합계액이 1억 2,000만원에 이르렀다.

갑은 1998. 10. 15. 당시 성년이던 A의 동의를 얻어 피고와 사이에, 위 1억 2,000만원의 채무에 관하여 주채무자를 A로 하고, 갑을 연대보증인으로 하는 채무인수계약을 체결하였고, 같은 날 A의 위 1억 2,000만원의 채무를 담보하기 위하여 S와 사이에, 이 사건 토지 중 자신의 공유지분에 관하여는 공유지분권자로서, 이 사건 토지 중 미성년자이던 원고의 공유지분에 관하여는 그 법정대리인의 자격으로, 각각 근저당권설정계약을 체결함으로써 이 사건 토지 중 원고의 공유지분에 관하여 이 사건 근저당권설정등기가 경료되었다.

이후 성년이 된 원고 B는 피고 S에게 자신의 공유지분에 관한 저당권설정등기의 말소를 청구하였다.

2. 대법원판결요지(대법원 2002. 1. 11. 선고 2001다65960 판결)

친권자인 모가 자신이 연대보증한 차용금 채무의 담보로 자신과 자의 공유인 토지 중 자신의 공유지분에 관하여는 공유지분권자로서, 자의 공유지분에 관하여는 그 법정대리인의 자격으로 각각 근저당권설정계약을 체결한 경우, 위 채권의 만족을 얻기 위하여 채권자가 위 토지 중 자의 공유지분에 관한 저당권의 실행을 선택한 때에는, 그 경매대금이 변제에 충당되는 한도에 있어서 모의 책임이 경감되고, 또한 채권자가 모에 대한 연대보증책임의 추구를 선택하여 변제를 받은 때에는, 모는 채권자를 대위하여 위 토지 중 자의 공유지분에 대한 저당권을 실행할 수 있는 것으로 되는바, 위와 같이 친권자인 모와 자 사이에 이해의 충돌이 발생할 수 있는 것이, 친권자인 모가 한 행위 자체의 외형상 객관적으로 당연히 예상되는 것이어서, 모가 자를 대리하여 위 토지 중 자의 공유지분에 관하여 위 근저당권설정 계약을 체결한 행위는 이해상반행위로서 무효라고 보아야 한다.

법정대리인인 친권자와 그 자 사이의 이해상반의 유무는 전적으로 그 행위 자체를 객관적으로 관찰하여 판단하여야 할 것이지 그 행위의 동기나 연유를 고려하여 판단하여야 할 것은 아니다.

[관련조문]

민법 제921조(친권자와 그 子간 또는 수인의 子간의 이해상반행위)

Ⅳ. 친권의 상실, 일시 정지, 일부 제한 및 회복

1. 서 설

헌법 제36조 제1항은 국가는 가족생활이 개인의 존엄과 양성의 평등을 기초로 성립되고 유지되도록 보장하여야 할 의무가 있음을 규정하고 있다. 이에 가족의 구성원인 아동은 한 개인의 주체로써 존중되어야 하고 성인의 보호를 필요로 하는 약자로서 이에 누구보다도 법적 보호가 요구되는 것이 명백하기 때문에 국가는 아동을 보호하여야 할 의무가 있는 것이다.

현행법상 아동학대는 아동에 대한 구타, 성폭행, 노동착취 등의 경우 형법, 근로기준법 등에 의하여 범죄로 규율되고 있으며, 가정 내에서 발생하는 아동학대의 경우는 특수성을 감안하여 1997년 12월 13일 가정폭력을 예방하고 가정폭력의 피해자를 보호·지원하기 위하여 「가정폭력범죄의 처벌등에 관한 특례법」이 제정되었다.

2014년 「아동학대범죄처벌 등에 관한 특례법」 도 마련되어 아동학대가 발생하는 경우 아동학대범죄에 대한 처벌을 강화하고 경찰이 적극적으로 사건에 대처하여 문제해결을 할 수 있도록 하였다. 「아동학대범죄의 처벌 등에 관한 특례법」은 아동학대 범죄의 처벌 및 피해아동의 보호절차에 관한 내용을 중심으로 하고, 아동복지법은 아동학대의 예방 및 피학대아동을 지원하기 위한 내용을 중심으로 하고 있다.

또한 2014년 10월 15일 개정된(2015년 10. 16. 시행) 친권법은 부모가 아동을 학대하는 경우 친권상실(민법 제924조 제1항), 친권일시정지(민법 제924조 제1항), 일부제한 하거나(민법 제924조의 2), 친권자의 동의에 갈음하는 재판(제922조의2) 등 상황에 따라 폭넓게 친권을 제한하는 제도를 도입하여 가정법원이 친권남용뿐만이 아니라 부적절한 친권행사 및 친권자의 역량이 부족한 경우 친권에 개입할 수 있도록 하였다. 이는 약화된 가족의 기능을 보완하고 자의 복리를 도모하였다는 점에서 긍정적으로 평가되고 있다.

2. 친권의 상실

(1) 친권상실선고의 요건

2014년 민법이 개정되기 전에는 '부 또는 모가 친권을 남용하거나 현저한 비행 기타 친권을 행사할 수 없는 중대한 사유가 있을 때'라고 규정하였다. 그러나 개정민법은 '가정법원은 부 또는 모가 친권을 남용하여 자녀의 복리를 현저히 해치거나 해칠 우려가 있는 경우에는 자녀, 자녀의 친족, 검사 또는 지방자치단체의 장의 청구에 의하여 그 친권의 상실 또는 일시 정지를 선고할 수 있다'라고 규정하고 있다(제924조 제1항). 친권남용 이외의 사유는 모두 삭제되었다.

친권상실의 요건으로 부모의 친권의 남용이 있어야 하고, 이로 인해 자녀의 복리를 현저히 해치거나 해칠 우려가 있어야 한다. 친권의 남용이란 친권을 자의 복리실현에 현저하게 반하는 방식으로 행사하는 것이다. 예를 들어 자녀에 대한 신체적·정신적 학대, 자녀의 취학거부, 친권자의 이익을 위한 자녀의 재산처분이 그에 해당한다.

기존의 판례에서 자녀들의 양육과 보호에 관한 의무를 소홀히 하지 아니한 모의 간통행위로 말미암아 부가 사망하는 결과가 초래된 사실만으로써는 모에 대한 친권상실선고사유에 해당한다고 볼 수 없다고 하였다(대법원 1993. 3. 4.자 93스3 결정). 한편 모가 남편 및 그 시부모들과의 불화로 남편과 자식들을 남겨두고 집을 나가 별거한 이후에는 전혀 자녀들을 돌보지 않았을 뿐 아니라 남편이 교통사고로 사망하게 되었는데도 그 장례식에 참석하지도 않았고 장래문제를 의논하러 자녀들이 찾아가도 만나주지도 않으면서 남편의 교통사고에 대한 보상금을 전부 수령하여 거의 다 소비하여 버리는 등 자녀들의 부양에 대하여 전혀 노력하지 않고 있고, 자녀들도 동거시 자신들에게 가혹하게 대하였던 모를 불신하며 현재와 같이 할아버지 밑에서 보호·양육되기를 희망하고 있다면, 모에게 자식들에 대한 친권을 행사시킬 수 없는 중대한 사유가 있다고 보았다(대법원 1991. 12. 10. 선고 91므641 판결).

개정 이후 판례는 갑이 사찰의 행자로 수행 중에 협의이혼하면서 을의 친권자로 지정되었는데, 대한불교조계종의 출가자등록자격에 미성년 자녀가 있는 경우 친권 및 양육권을 포기하여야 한다고 정하고 있어 을에 대한 친권을 포기하기 위하여 갑의 모친이 갑을 상대로 을에 대한 친권상실을 청구한 사안에서 법원은 수행생활을 한다는 사정이 친권을 행사할 수 없는 중대한 사유라고 보기는 어려운 점, 수행생활 중 협의를 통하여 갑 스스로 을의 친권 및 양육자로 지정된 점, 모친이 양육보조자로 도움을 주고 있는 점에 비추어, 갑에게 친권남용의 객관적 우려가 있다고 하기는 어려우므로, 민법 등이 정하는 친권상실사유가 있다고 보기 어렵다고 하였다(대전가정법원 2018. 10. 18.자 2018느단10074 심판).

판례는 입양아 甲에 대한 양모 乙의 친권상실이 문제된 사안에서, 또 다른 입양아 丙을 폭행하여 사망케 하는 등 제반 사정에 비추어 보면 乙이 甲의 건전한 성장을 위하여 적정하게 친권을 행사하리라 기대할 수 없다고 봄이 타당하다는 이유로, 乙의 친권상실을 선고하였다(서울가정법원 2012. 10. 12. 2012느합5 심판).

(2) 친권상실선고의 청구

자녀, 자녀의 친족, 검사 또는 지방자치단체의 장의 청구에 의하여 그 친권의 상실 또는 일시 정지를 선고할 수 있다(제924조 제1항). 친권상실의 재판이 확정되면 재판을 청구한 사람이나 그 재판으로 친권자 또는 임무를 대행할 사람으로 정하여진 사람이 재판의 확정일부터 1개월 이내에 그 취지를 신고하여야 한다(가등법 제59조 제2항 단서).

민법 제924조 제1항에 따라 친권 상실 청구가 있고, 가정법원이 민법 제925조의2의 판단 기준을 참작하여 친권 상실사유에는 해당하지 않지만 자녀의 복리를 위하여 친권의 일부 제한이 필요하다고 볼 경우, 청구취지에 구속되지 않고 친권의일부 제한을 선고할 수 있다고 하였다(대법원 2018. 5. 25.자 2018스520 결정).

(3) 친권상실제도의 보충성·최후성

민법 제924조에 따른 친권 상실의 선고는 같은 조에 따른 친권의 일시 정지, 제924조의2에 따른 친권의 일부 제한, 제925조에 따른 대리권·재산관리권의 상실 선고 또는 그 밖의 다른 조치에 의해서는 자녀의 복리를 충분히 보호할 수 없는 경우에만 할 수 있다(제925조의2).

(4) 친권상실의 효과

친권상실의 선고를 받아 친권을 상실한 친권자는 자녀의 보호 및 재산 관리의 권능을 상실하며 자녀의 신분상·재산상 행위의 대리권도 상실하게 된다. 그러나 그 선고는 친자관계를 소멸시키는 것은 아니기 때문에 부양 의무나 상속권 등에는 영향을 주지 않는다. 하지만 친권상실선고의 본질상 자녀의 혼인, 이혼, 입양, 파양 등에 대한 동의권 및 대락권은 행사할 수 없는 것으로 보아야 할 것이다.

친권상실의 선고를 받은 후 그 원인이 소멸한 때에는 가정법원은 민법 제924조, 제924조의2 또는 제925조에 따른 선고의 원인이 소멸된 경우에는 본인, 자녀, 자녀의 친족, 검사 또는 지방자치단체의 장의 청구에 의하여 실권(失權)의 회복을 선고할 수 있다(제926조).

(5) 아동학대 및 아동학대범죄처벌 등에 관한 특례법

부모가 아동을 학대하는 행위는 민법상 법원의 심판을 받아 친권이 상실이 되지만 형사처벌의 대상이 된다. 「아동학대범죄처벌 등에 관한 특례법」 제2조 제4호에서는 아동학대가 더 이상 아동훈육이라는 미명하에 용인되지 않는 행위이고, 형사처벌대상이 되는 범죄행위가 되는 것을 명확히 하고 있다. 「아동학대범죄처벌 등에 관한 특례법」 제2조 제4호는 "아동학대범죄"란 보호자에 의한 아동학대로서 다음 각 목의 어느 하나에 해당하는 죄를 말한다.

1) 「형법」 제2편 제25장 상해와 폭행의 죄 중 제257조(상해) 제1항·제3항, 제258조의2(특수상해) 제1항(제257조 제1항의 죄에만 해당한다)·제3항(제1항 중 제257조 제1항의 죄에만 해당한다), 제260조(폭행) 제1항, 제261조(특수폭행) 및 제262조(폭행치사상)(상해에 이르게 한 때에만 해당한다)의 죄

2) 「형법」 제2편 제28장 유기와 학대의 죄 중 제271조(유기) 제1항, 제272조(영아유기), 제273조(학대) 제1항, 제274조(아동혹사) 및 제275조(유기등 치사상)(상해에 이르게 한 때에만 해당한다) 등

「아동복지법」 제2조 제4호는 아동학대의 개념을 정의하고 있다. 즉, "아동학대라 함은 보호자를 포함한 성인에 의하여 아동의 건강·복지를 해치거나 정상적 발달을 저해할 수 있는 신체적, 정신적, 성적 폭력 또는 가혹행위 및 아동

의 보호자에 의하여 이루어지는 유기와 방임을 말한다."

이에 자의 복리가 위험에 빠진 구체적인 범주를 살펴보면 다음과 같다: 예를 들어 자녀의 신체적 욕구는 음식, 돌봄, 부양을 통한 신체적인 만족이다. 이러한 것들이 위험한 상황은 결핍된 음식제공, 결핍된 건강상의 돌봄, 필요한 치료조치를 하지 않음, 중독물질로부터 결핍된 보호 등이다. 또한 아동은 정서적인 욕구를 필요로 하는데, 이는 지속적으로 사회적 관계를 갖는 것이다. 이것이 결핍되는 경우 아동의 복리는 위험한 상태에 빠지게 된다. 즉, 자주 관계인, 특히 양육자가 변경되거나, 적대적인 감정을 경험하거나, 거절, 의미 없는 사람으로 대우받거나, 관계인(양육자)으로부터의 무관심이나 학대를 당하는 경우이다. 이외에도 안정에 대한 욕구, 안정적인 관계유지의 욕구, 소속감, 인정, 발전 등에 대한 욕구 등이 있으며, 이러한 욕구 혹은 필요는 충족되어야 하고, 이러한 것들은 생활에서 보다 구체화될 수 있다. 이러한 것들이 충족되지 않은 상태는 자의 복리가 위험한 상태에 빠졌다고 볼 수 있으며, 이러한 경우 국가는 자의 복리를 회복하기 위하여 개입하여야 한다.

「아동복지법」 제17조에서는 자녀의 복리에 반하는 학대행위를 아동학대의 11가지 유형으로 구체화하고 있다. 누구든지 다음 각 호의 어느 하나에 해당하는 행위를 하여서는 아니 된다.

1. 아동을 매매하는 행위
2. 아동에게 음란한 행위를 시키거나 이를 매개하는 행위 또는 아동에게 성적 수치심을 주는 성희롱 등의 성적 학대행위
3. 아동의 신체에 손상을 주거나 신체의 건강 및 발달을 해치는 신체적 학대행위
4. 삭제 [2014. 1. 28] [[시행일 2014. 9. 29]]
5. 아동의 정신건강 및 발달에 해를 끼치는 정서적 학대행위
6. 자신의 보호·감독을 받는 아동을 유기하거나 의식주를 포함한 기본적 보호·양육·치료 및 교육을 소홀히 하는 방임행위
7. 장애를 가진 아동을 공중에 관람시키는 행위
8. 아동에게 구걸을 시키거나 아동을 이용하여 구걸하는 행위
9. 공중의 오락 또는 흥행을 목적으로 아동의 건강 또는 안전에 유해한 곡

예를 시키는 행위 또는 이를 위하여 아동을 제3자에게 인도하는 행위

10. 정당한 권한을 가진 알선기관 외의 자가 아동의 양육을 알선하고 금품을 취득하거나 금품을 요구 또는 약속하는 행위
11. 아동을 위하여 증여 또는 급여된 금품을 그 목적 외의 용도로 사용하는 행위

3. 친권의 일시정지

(1) 의 의

친권의 남용이 있을 시 자녀의 복리를 위하여 가정법원은 부 또는 모가 친권을 남용하여 자녀의 복리를 현저히 해치거나 해칠 우려가 있는 경우에는 자녀, 자녀의 친족, 검사 또는 지방자치단체의 장의 청구에 의하여 그 친권을 일시적으로 정지를 선고할 수 있다(제924조 제1항). 이는 재판을 하여 자녀의 치료를 강제하는 조치를 취하더라도 부모가 자녀의 거소지정권이나 인도청구권을 주장할 경우 법원의 조치를 무력화할 수 있기 때문에 미성년 자녀를 보호하는 차원에서 친권을 일시적으로 정지시키는 것이다.

(2) 성립요건

성립요건으로는 친권의 남용으로 자녀의 복리를 현저하게 해치거나 해칠 우려가 있을 것, 또한 일정한 자의 청구가 요구된다. 민법 제924조에 따른 친권의 일시정지 선고는 민법 제922조의2에 따른 동의를 갈음하는 재판 또는 그 밖의 다른 조치에 의해서는 자녀의 복리를 충분히 보호할 수 없는 경우에만 할 수 있다(제925조의2 제2항).

(3) 효 과

가정법원은 친권의 일시 정지를 선고할 때에는 자녀의 상태, 양육상황, 그 밖의 사정을 고려하여 그 기간을 정하여야 한다. 이 경우 그 기간은 2년을 넘을 수 없다(제924조 제2항). 가정법원은 자녀의 복리를 위하여 친권의 일시 정지 기간의 연장이 필요하다고 인정하는 경우에는 자녀, 자녀의 친족, 검사, 지방자치단체의 장, 미성년후견인 또는 미성년후견감독인의 청구에 의하여 2년의 범위에서 그 기간을 한 차례만 연장할 수 있다(제924조 제3항). 친권이 일시정지 선

고 되면 친권자는 정지된 기간 동안 친권을 행사하지 못한다. 그러나 일시정지가 선고된 경우에도 부모의 자녀에 대한 그 밖의 권리와 의무는 변경되지 않는다(제925조의3).

4. 친권의 일부제한

(1) 성립요건

가정법원은 거소의 지정이나 그 밖의 신상에 관한 결정 등 특정한 사항에 관하여 친권자가 친권을 행사하는 것이 곤란하거나 부적당한 사유가 있어 자녀의 복리를 해치거나 해칠 우려가 있는 경우에는 자녀, 자녀의 친족, 검사 또는 지방자치단체의 장의 청구에 의하여 구체적인 범위를 정하여 친권의 일부 제한을 선고할 수 있다(제924조의2). 예를 들어 종교적 신념으로 자녀의 치료에 수혈을 거부하는 경우 친권의 일부제한제도를 활용할 수 있다. 친권의 일부제한과 일시정지 그리고 대리권과 재산관리권의 상실제도는 필요에 따라 선택적으로 사용할 수 있는 장점이 있다.

(2) 친권을 일부제한한 판례

1) 친권자가 친권을 행사하는 것이 곤란하거나 부적당한 사유가 있지만 친권상실사유에 해당한다고 보기 어려울 경우 친권 상실 대신 친권의 일부 제한 등을 선고할 수 있다.

2) 상대방이 사건본인을 보호 없는 상태로 둔 적이 없고 사건본인에 대한 친권자로서 권한과 의무를 포기하지 않고 일관되게 양육의사를 밝혀 왔으며 친권을 행사하는 데 장애가 될 만한 개인적 소질이 있어 보이지 않는 등 친권 상실사유가 있다고 보기 어렵다.

3) 다만 현재 사건본인이 상대방에 대하여 심한 거부감을 보이고 있고 이러한 상태가 상당 기간 지속될 것으로 보여, 상대방이 실제로 친권을 전면적으로 행사하여 직접 사건본인을 양육하는 것은 사건본인의 복리를 심히 해칠 우려가 있으므로 상대방의 친권 중 양육과 관련된 권한을 제한하는 것이 적당하다고 하였다(대법원 2018. 5. 25.자 2018스520 결정).

(3) 친권일부제한선고의 보충성

민법 제924조에 따른 친권의 일부 제한선고는 제922조의2에 따른 동의를 갈음하는 재판 또는 그 밖의 다른 조치에 의해서는 자녀의 복리를 충분히 보호할 수 없는 경우에만 할 수 있다(제925조의2 제2항).

(4) 친권일부제한선고의 효과

가정법원은 제한에 대한 구체적인 범위를 정해서 해야 한다(제924조의2). 친권일부 제한선고가 있으면 그 범위에서 친권을 행사하지 못한다. 그러나 부모의 자녀에 대한 그 밖의 권리와 의무는 변경되지 아니한다(제925조의3).

5. 대리권·관리권의 사퇴와 회복

가정법원은 법정대리인인 친권자가 부적당한 관리로 인하여 자녀의 재산을 위태롭게 한 경우에는 자녀의 친족, 검사 또는 지방자치단체의 장의 청구에 의하여 그 법률행위의 대리권과 재산관리권의 상실을 선고할 수 있다(제925조).

친권은 자를 보호·교양하는 권리인 동시에 의무이기 때문에 친권자는 임의로 사퇴할 수 없다. 그러나 절대적으로 금지하는 것은 자의 복리에 반하는 결과를 야기시킬 수도 있으므로 민법은 자녀의 이익을 고려하여 친권자의 장기여행, 중병, 복역과 같이 친권을 사실상 효과적으로 행사할 수 없는 정당한 사유가 있는 경우, 가정법원의 허가를 얻어 친권의 일부인 법률행위 대리권·재산관리권을 사퇴할 수 있도록 규정하고 있다(제927조).

공동친권자의 일방이 대리권·관리권을 사퇴하면 다른 일방이 단독친권자가 된다. 공동친권자 쌍방이 대리권·관리권을 사퇴하거나 단독친권자가 사망한 경우에는 후견이 개시된다. 법률행위 대리권과 재산관리권을 사퇴한 후에 그 사퇴의 사유가 소멸하면 친권자는 가정법원의 허가를 얻어 사퇴한 권리를 회복할 수 있다(제927조).

6. 친권의 상실, 일시 정지, 일부 제한과 친권자의 지정

부모의 일방이 친권을 행사할 수 없거나 부모의 이혼이나 혼인외의 자가 인지되거나 혼인이 취소되는 등 민법 제909조 제4항부터 제6항까지의 규정에 따라 이러한 경우 단독 친권자가 지정되어야 한다. 이것은 일방 부모가 친권이 상실, 일시 정지 또는 일부 제한 등의 경우에도 마찬가지이다. 이렇게 정하여진 단독친권자가 사망하게 되면 민법 제909조의2 제1항 및 제3항부터 제5항까지의 규정을 준용한다. 다만 민법 제927조의2 제1항에 따라 제1호의3·제2호 및 제3호의 경우 새로 정하여진 친권자 또는 미성년후견인의 임무는 제한된 친권의 범위에 속하는 행위에 한정된다.

1. 제924조에 따른 친권상실의 선고가 있는 경우
1의2. 제924조에 따른 친권 일시 정지의 선고가 있는 경우
1의3. 제924조의2에 따른 친권 일부 제한의 선고가 있는 경우
2. 제925조에 따른 대리권과 재산관리권 상실의 선고가 있는 경우
3. 제927조 제1항에 따라 대리권과 재산관리권을 사퇴한 경우
4. 소재불명 등 친권을 행사할 수 없는 중대한 사유가 있는 경우(제927조의2 제1항)

제927조의2 제2항은 단독친권자가 정하여진 경우에는 후일 친권이 상실, 제한, 정지되었던 부모 일방이 다시 친권을 회복한 경우 다시 친권을 지정할 수 있도록 규정하고 있다. 이는 친권을 상실한 부모 일방에게 다시 친권을 행사할 수 있도록 한 것이다. 이러한 경우에도 무조건 자동적으로 친권자가 되는 것은 아니라고 보아야 한다.

단독 친권자이었던 부 또는 모, 양부모 일방 또는 쌍방에게 다음 각 호의 어느 하나에 해당하는 사유가 있는 경우에는 그 부모 일방 또는 쌍방, 미성년자, 미성년자의 친족의 청구에 의하여 친권자를 새로 지정할 수 있다.

1. 제926조에 따라 실권의 회복이 선고된 경우
2. 제927조 제2항에 따라 사퇴한 권리를 회복한 경우
3. 소재불명이던 부 또는 모가 발견되는 등 친권을 행사할 수 있게 된 경우(제927조의2 제2항)

친족상속법

5장

후 견

Chapter 05

후 견

Ⅰ. 후견제도의 의의

민법은 미성년자나 제한능력자 그 밖에 보호가 필요한 사람을 보호하고 협조하는 후견제도를 두고 있다. 미성년후견제도는 친권자가 없거나 친권이 제한된 경우 미성년자를 보호하기 위한 제도이며, 또한 성년자를 보호하기 위한 성년후견제도이다.

2011년 3월 7일 민법 개정으로 성년후견제도를 도입하면서, 가정법원이 미성년자의 후견인을 직권으로 정하는 미성년후견제도를 함께 시행했다. 성년후견제도로 종래의 한정치산 및 금치산제도는 폐지되고 새롭게 성년후견, 한정후견, 특정한정후견 그리고 후견계약으로 세분화되었다. 개정된 후견제도는 미성년후견제도에서 종래의 법정후견제도를 폐지하고 지정후견과 선임후견으로 하였다. 또한 후견인의 감독기관인 친족회는 폐지하고 이를 대신하는 후견감독인 제도를 신설하였다. 그러나 후견감독인은 반드시 두어야 하는 것은 아니며 가정법원이 필요하다고 인정할 때 선임한다(제940조의2 이하). 또한 후견계약은 가정법원이 임의후견감독인을 선임한 때부터 효력이 발생하므로(제959조의14 제3항) 후견감독인의 선임이 필수적이다.

민법은 우선 미성년후견과 성년후견에 관하여 공통으로 적용하는 규정을 두고 있으며, 이러한 규정들을 한정후견과 특정후견 및 후견계약에 준용하는 방식을 취하고 있다.

Ⅱ. 미성년후견과 성년후견

1. 후견의 개시

(1) 미성년후견의 개시

미성년자의 후견개시는 미성년자에게 친권자가 없거나 친권자가 제924조, 제924조의2, 제925조 또는 제927조 제1항에 따라 친권의 전부 또는 일부를 행사할 수 없는 경우이며, 이때 미성년후견인을 두어야 한다(제928조)(개정 2014. 10. 15, 시행일 2015. 10. 16).

친권자가 없는 경우는 공동권자 모두 사망하거나 혹은 최후의 친권자가 사망하거나 행방불명, 의사능력의 상실 등 친권을 행사할 수 없을 때이다. 또한 단독친권자의 친권이 일시정지(제924조), 친권의 일부제한(제924조의2), 친권상실선고(제925조) 또는 대리권·관리권을 박탈당하거나 사퇴할 경우이다(제927조 제1항).

미성년후견이 개시되는 시기는 개시원인이 발생할 당시에 후견이 개시되어야 한다고 보아야 하나, 가정법원의 후견인 선임이 있어야 하는 경우(제932조)에는 후견인을 선임한 때로부터 후견이 개시된다. 한편 후견이 개시되면 후견인은 그 취임일로부터 1개월 이내에 가족관계등록법에 정한 바에 의하여 신고하여야 한다(가등법 제80조).

(2) 성년후견의 개시

가정법원은 질병, 장애, 노령, 그 밖의 사유로 인한 정신적 제약으로 사무를 처리할 능력이 지속적으로 결여된 사람에 대하여 본인, 배우자, 4촌 이내의 친족, 미성년후견인, 미성년후견감독인, 한정후견인, 한정후견감독인, 특정후견인, 특정후견감독인, 검사 또는 지방자치단체의 장의 청구에 의하여 성년후견개시의 심판을 한다(제9조 제1항). 가정법원의 성년후견개시심판이 있는 경우에는 그 심판을 받은 사람의 성년후견인을 두어야 한다(제929조, 제936조). 가정법원이 성년후견개시의 심판을 할 때에는 본인의 의사를 고려하여야 한다(제9조

제2항). 성년후견개시의 공시는 후견등기부에 의한다(「후견등기에 관한 법률」 제1조, 제2조).

2. 후견인

(1) 미성년 후견인

2011년 개정민법에 따라 미성년후견은 종래 지정후견인, 법정후견인, 선임후견인으로 나뉘었으나, 법정후견인을 폐지하면서 지정후견인과 선임후견인으로 분류되었다.

1) 미성년후견인의 수

미성년후견인의 수(數)는 한 명으로 한다(제930조). 미성년후견인은 자연인이며, 법인이 될 수 없다.

2) 지정후견인과 선임후견인

① 지정후견인

지정후견인은 친권을 행사하는 부모가 유언으로 후견인을 지정할 수 있다. 다만, 친권상실 등의 사유로 친권을 행사할 수 없는 부모는 후견인을 지정할 수 없으며, 법률행위의 대리권과 재산관리권이 없는 친권자도 후견을 지정할 수 없다(제931조 제1항 단서조항). 한편 가정법원은 제1항에 따라 미성년후견인이 지정된 경우라도 미성년자의 복리를 위하여 필요하면 생존하는 부 또는 모, 미성년자의 청구에 의하여 후견을 종료하고 생존하는 부 또는 모를 친권자로 지정할 수 있다(제931조 제2항).

보호시설에 있는 아동의 경우 「보호시설에 있는 미성년자의 후견직무에 관한 법률」에 적용을 받게 되는데, 동법 제3조의 규정을 보면, 국가나 지방자치단체가 설치·운영하는 보호시설에 있는 미성년자인 고아에 대하여는 그 보호시설의 장이 후견인이 된다. 국가 또는 지방자치단체 외의 자가 설치·운영하는 보호시설에 있는 미성년자인 고아에 대하여는 대통령령으로 정하는 바에 따라 그 보호시설의 소재지를 관할하는 특별자치시장·시장·군수·구청장이 후견인을 지정한다. 또한 보호시설에 있는 고아가 아닌 미성년자에 대하여도 제1항과 제2항을 준용하되, 대통령령으로 정하는 바에 따라 법원의 허가를 받아야 한다.

② 선임후견인

선임후견인은 지정후견인이 없는 경우 가정법원에 의하여 후견인을 선임하는 것을 말한다. 가정법원은 제931조에 따라 직권으로 또는 미성년자, 친족, 이해관계인, 검사, 지방자치단체의 장의 청구에 의하여 미성년후견인을 선임한다(제932조 제1항). 한편 미성년후견인이 있었으나 사망, 결격(제937조), 사임(제939조) 등을 이유로 미성년후견인이 없게 된 경우에도 마찬가지이다(제932조 제1항 제2문).

가정법원은 친권상실의 선고나 대리권 및 재산관리권 상실의 선고에 따라 미성년후견인을 선임할 필요가 있는 경우에는 직권으로 미성년후견인을 선임한다(제932조 제2항). 친권자가 대리권 및 재산관리권을 사퇴한 경우에는 지체 없이 가정법원에 미성년후견인의 선임을 청구하여야 한다(제932조 제3항). 그 이외에도 법률에 따라 일정한 경우 가정법원이 미성년후견인을 선임할 수 있다. 제909조의2 제3항, 제4항(친권자 지정신청 사유가 발생하였음에도 신청이 없는 경우), 제927조의2(친권자로 지정된 자에게 친권상실 등의 사유가 발생한 경우) 제1항 제1호, 제1호의2, 제1호의3, 제2호, 제3호, 제4호에 의한 경우이다.

甲이 乙과 협의이혼신고를 하면서 자녀인 丙, 丁 중 丙에 대한 친권자로 어머니인 乙을, 丁에 대한 친권자로 아버지인 甲을 각각 지정하였는데, 甲이 사망하자 丙·丁의 조부인 戊가 자신을 丙·丁의 미성년후견인으로 선임하여 달라고 청구한 사안에서, 丁의 경우 복리를 위하여 戊를 미성년후견인으로 선임하는 것이 옳고, 丙의 경우 乙에게 丙의 친권을 행사할 수 없는 중대한 사유가 있으므로 戊를 미성년후견인으로 선임하는 것이 타당하다고 하였다(제주지방법원 2015. 6. 3. 2014느단513 심판).

(2) 성년후견인

1) 성년후견인의 수

성년후견은 여러 명 둘 수도 있고 법인도 성년후견인이 될 수 있다(제930조).

2) 피성년후견인의 후견인

성년후견에는 지정후견인을 인정하고 있지 않으며, 법원이 선임하는 후견인만을 인정한다. 이에 제929조에 따른 성년후견인은 가정법원이 직권으로 선임한다(제936조 제1항). 가정법원은 성년후견인이 사망, 결격, 그 밖의 사유로 없게 된 경우에도 직권으로 또는 피성년후견인, 친족, 이해관계인, 검사, 지방자치단체의 장의 청구에 의하여 성년후견인을 선임한다(제936조 제2항). 가정법원은 성년후견인이 선임된 경우에도 필요하다고 인정하면 직권으로 또는 제2항의 청구권자나 성년후견인의 청구에 의하여 추가로 성년후견인을 선임할 수 있다(제936조 제3항).

가정법원이 성년후견인을 선임할 때에는 피성년후견인의 의사를 존중하여야 하며, 그 밖에 피성년후견인의 건강, 생활관계, 재산상황, 성년후견인이 될 사람의 직업과 경험, 피성년후견인과의 이해관계의 유무(법인이 성년후견인이 될 때에는 사업의 종류와 내용, 법인이나 그 대표자와 피성년후견인 사이의 이해관계의 유무를 말한다) 등의 사정도 고려하여야 한다(제936조 제4항).

(3) 후견인의 결격·사임·변경

1) 후견인의 결격사유

다음 각 호의 어느 하나에 해당하는 자는 후견인이 되지 못한다.

1. 미성년자
2. 피성년후견인, 피한정후견인, 피특정후견인, 피임의후견인
3. 회생절차개시결정 또는 파산선고를 받은 자
4. 자격정지 이상의 형의 선고를 받고 그 형기(刑期) 중에 있는 사람
5. 법원에서 해임된 법정대리인
6. 법원에서 해임된 성년후견인, 한정후견인, 특정후견인, 임의후견인과 그 감독인
7. 행방이 불분명한 사람
8. 피후견인을 상대로 소송을 하였거나 하고 있는 사람
9. 제8호에서 정한 사람의 배우자와 직계혈족. 다만, 피후견인의 직계비속은 제외한다.

2) 후견인의 사임

후견인은 임의로 사퇴할 수 없고 다만 정당한 사유가 있는 경우에는 가정법원의 허가를 받아 사임할 수 있다. 이 경우 그 후견인은 사임청구와 동시에

가정법원에 새로운 후견인의 선임을 청구하여야 한다(제939조).

3) 후견인의 변경

가정법원은 피후견인의 복리를 위하여 후견인을 변경할 필요가 있다고 인정하면 직권으로 또는 피후견인, 친족, 후견감독인, 검사, 지방자치단체의 장의 청구에 의하여 후견인을 변경할 수 있다(제940조). 2011년 개정 민법은 그 청구권자에 피후견인 본인과 후견감독인, 지방자치단체의 장을 추가하였다.

후견인의 변경 사유는 현저한 비행, 부정행위 기타 후견의 임무를 감당할 수 없는 사유는 당연히 포함되고, 제3자가 후견인으로서 보다 적합하다는 것도 이에 해당한다. 이 제도에 의하여 실제로 자녀를 양육하고 있던 계모, 계부가 후견인으로 정해질 수도 있게 되었다.

또한 시·도지사, 시장·군수·구청장, 아동복지시설의 장, 학교의 장 또는 검사는 후견인이 해당 아동을 학대하는 등 현저한 비행을 저지른 경우에는 후견인 변경을 법원에 청구하여야 한다(아동복지법 제19조 제2항) 이외에도 「아동학대범죄의 처벌 등에 관한 특례법」 제9조 제1항, 「아동청소년의 성보호에 관한 법률」 제23조 제1항의 규정에 따라 아동에 대한 범죄행위가 있는 경우 검사는 법원에 친권상실을 선고하거나 후견인 변경 심판 청구를 하여야 한다.

성년후견의 변경에 관한 사례를 예를 들면, 甲이 뇌출혈 발병으로 거동이나 의사소통 등을 할 수 없게 되자, 甲의 큰형인 乙이 성년후견개시심판을 청구하여 甲에 대한 성년후견개시 및 乙을 성년후견인으로 선임하는 내용 등의 심판이 선고되어 확정되었다. 위 심판절차에서 '乙이 성년후견인이 되는 것에 동의한다'는 취지의 후견동의서를 제출하였던 甲의 자녀 丙이 위 심판 확정 직후 乙 등이 甲의 재산을 빼앗고 후견동의서를 위조하여 제출하는 등 불법을 저질렀다고 주장하면서 성년후견인 변경청구를 하였다. 이 사안에서 원심법원은 성년후견인 변경사유가 있고 丁 사단법인이 乙보다 더 성년후견인으로 적합하다고 보았으나, 대법원은 변경심판을 한 원심판단에 성년후견인 변경에 대한 법리오해 등의 잘못이 있다고 하였다(대법원 2021. 2. 4.자 2020스647 결정).

4) 후견인 변경신고

미성년후견인이 경질된 경우에는 후임자는 취임일부터 1개월 이내에 신고

하여야 한다(가등법 제81조 제1항). 민법 제939조(후견인의 사임) 또는 제940조(후견인의 변경)에 따라 미성년후견인이 사임하거나 변경된 경우(재판이 확정된 경우)에는 그 재판을 청구한 사람이나 선임된 미성년후견인이 재판의 확정일부터 1개월 이내에 재판서의 등본 및 확정증명서를 첨부하여 신고하여야 한다(가등법 제81조 제3항, 제79조 제2항 제58조 제1항). 성년후견인이 변경된 경우에는 새로운 성년후견인이 변경사실을 안 날부터 3개월 이내에 변경등기를 신청하여야 한다(후견등기법 제28조 제1항). 다만 촉탁에 의하여 등기가 이루어지는 경우에는 그렇지 않다(후견등기법 제28조 제1항 단서).

3. 후견감독기관

가정법원과 후견감독인이 후견감독기관이며, 후견감독인에는 미성년후견감독인 성년후견감독인이 있다.

(1) 가정법원의 후견감독

가정법원의 감독 내용은 다음과 같다.

① 미성년후견인·성년후견인의 선임 또는 추가선임(제932조·제936조)

② 성년후견인의 법정대리권의 범위결정과 변경(제938조 제2항·제4항)

③ 피성년후견인의 신상결정에 대한 성년후견인의 권한범위의 결정과 변경(제938조 3항·4항)

④ 후견인의 사임허가(제939조)

⑤ 후견인의 변경(제940조)

⑥ 미성년후견감독인·성년후견감독인의 선임 또는 추가선임(제940조의3·제940조의4·제940조의7·제936조 제3항)

⑦ 미성년후견감독인·성년후견감독인의 사임허가(제940조의7·제939조)

⑧ 미성년후견감독인·성년후견감독인의 변경(제940조의7·제940조)

⑨ 재산조사 및 목록작성의 기간의 연장허가(제941조 제1항 단서)

⑩ 성년후견인이 피성년후견인을 정신병원 등에 격리하려는 경우의 허가(제947조의2 제2항)

⑪ 피성년후견인이 의료행위의 직접적인 결과로 사망하거나 상당한 장애

를 입을 위험이 있을 때의 허가(제947조의2 제4항)

⑫ 성년후견인이 피성년후견인을 대리하여 피성년후견인이 거주하고 있는 건물 또는 그 대지에 대하여 매도 등을 하는 경우의 허가(제947조의2 제5항)

⑬ 성년후견인이 여러 명인 경우의 그들의 권한행사방법 결정과 그것의 변경·취소(제949조의2 제1항·제2항)

⑭ 여러 명의 성년후견인이 공동으로 권한을 행사하여야 하는 경우에 권한행사에 협력하지 않는 성년후견인의 의사표시를 갈음하는 재판(제949조의2 제3항)

⑮ 위의 ⑪ 내지 ⑭를 성년후견감독인이 하는 경우의 가정법원의 권한(제940조의7·제947조의2 제3항~5항·제949조의2)

⑯ 후견임무 수행에 필요한 처분명령(제955조·제940조의7)

⑰ 후견인 또는 후견감독인에 대한 보수 수여(제955조·제940조의7)

⑱ 후견사무 종료시 관리계산기간의 연장허가(제957조 제1항 단서)

(2) 후견감독인

후견감독인은 후견인을 감독하는 역할을 하는 것으로 종래 친족회가 후견인을 감독하였으나 2011년 개정법은 친족회를 폐지하고, 후견감독인제도를 도입하였다. 후견감독인은 필수기관은 아니고 임의기관이다. 후견감독인에는 미성년후견감독인과 성년후견감독인이 있다.

1) 후견감독인의 지정 및 선임

① 미성년후견감독인 지정 및 선임

(ⅰ) 유언에 의한 지정

미성년후견인을 지정할 수 있는 사람은 유언으로 미성년후견감독인을 지정할 수 있다(제940조의2).

(ⅱ) 법원에 의한 선임

가정법원은 제940조의2에 따라 지정된 미성년후견감독인이 없는 경우에 필요하다고 인정하면 직권으로 또는 미성년자, 친족, 미성년후견인, 검사, 지방자치단체의 장의 청구에 의하여 미성년후견감독인을 선임할 수 있다(제940조의3

제1항).

가정법원은 미성년후견감독인이 사망, 결격, 그 밖의 사유로 없게 된 경우에는 직권으로 또는 미성년자, 친족, 미성년후견인, 검사, 지방자치단체의 장의 청구에 의하여 미성년후견감독인을 선임한다(제940조의3 제2항).

② 성년후견감독인의 선임

가정법원은 필요하다고 인정하면 직권으로 또는 피성년후견인, 친족, 성년후견인, 검사, 지방자치단체의 장의 청구에 의하여 성년후견감독인을 선임할 수 있으며(제940조의4 제1항), 가정법원은 성년후견감독인이 사망, 결격, 그 밖의 사유로 없게 된 경우에는 직권으로 또는 피성년후견인, 친족, 성년후견인, 검사, 지방자치단체의 장의 청구에 의하여 성년후견감독인을 선임한다(제940조의4).

③ 미성년후견감독인 성년후견감독인 선임과 관련된 공통사항

후견감독인은 여러 명을 둘 수 있다(제940조의7, 제930조 제2항). 법인도 후견감독인이 될 수 있다(제940조의7, 제930조의2).

후견감독인이 선임된 경우에도 필요하다고 인정되면 가정법원은 직권으로 또는 미성년자나 피성년후견인 친족, 이해관계인, 검사, 지방자치단체의 장, 후견감독인의 청구에 의하여 추가로 성년후견인을 선임할 수 있다(제940조의7, 제936조 제3항).

후견감독인을 선임할 때에는 피성년후견인의 의사를 존중하여야 하며, 그 밖 사정도 고려하여야 한다(제940조의7, 제936조 제4항).

가정법원은 후견감독인의 청구에 의하여 이에 따르는 보수를 수여할 수 있으며, 필요한 비용도 지출한다.

2) 후견감독인의 결격·사임·변경

후견감독인의 경우에도 후견인의 결격사유에 관한 제937조가 준용되고, 제779조에 따른 후견감독인의 가족은 후견감독인이 될 수 없다(제940조의5).

후견감독인은 정당한 사유가 있는 경우에는 가정법원의 허가를 받아 사임할 수 있고(제940조의7, 제939조), 가정법원은 피후견인의 복리를 위하여 후견감독인에 대한 변경도 가능하다(제940조의7, 제940조).

3) 후견감독인의 직무

후견감독인은 후견인의 사무를 감독하며, 후견인이 없는 경우 지체 없이 가정법원에 후견인의 선임을 청구하여야 한다(제940조의6 제1항). 후견감독인은 피후견인의 신상이나 재산에 대하여 급박한 사정이 있는 경우 그의 보호를 위하여 필요한 행위 또는 처분을 할 수 있다(제940조의6 제2항). 후견인과 피후견인 사이에 이해가 상반되는 행위에 관하여는 후견감독인이 피후견인을 대리한다(제940조의6 제3항).

후견감독인은 후견인의 대리 또는 동의에 대한 동의권 및 위반행위에 대한 취소(제950조), 피후견인의 재산 등의 양수에 대한 동의권(제951조) 재산조사와 목록자성에의 참여(제941조), 후견인과 피후견인 사이의 채권 채무를 제시받고(제942조 제1항), 후견인과 피후견인의 행위에 대한 동의권(제945조)이 있다.

후견감독인은 언제든지 후견인에게 그의 임무 수행에 관한 보고와 재산목록의 제출을 요구할 수 있고 피후견인의 재산상황을 조사할 수 있다(제953조).

4. 후견인의 임무

후견임무는 신분에 관한 임무와 재산에 관한 임무로 나눌 수 있다. 후견인은 피후견인의 법정대리인이 된다(제938조). 대부분의 후견임무는 법정대리인으로서 행하는 임무이다. 그리고 후견인은 친권자와는 달리 선량한 관리자의 주의로써 그 임무를 수행하여야 한다(제956조, 제681조).

(1) 미성년자의 신분 관한 임무

1) 교양·보호의무

미성년후견인은 제913조(교양·보호의무) 및 제914조(거소지정권)에서 규정한 사항에 관하여는 친권자와 동일한 권리와 의무가 있다. 다만, 다음 각 호의 어느 하나에 해당하는 경우에는 미성년후견감독인이 있으면 그의 동의를 받아야 한다.

1. 친권자가 정한 교육방법, 양육방법 또는 거소를 변경하는 경우
2. 삭제 [2021. 1. 26.]
3. 친권자가 허락한 영업을 취소하거나 제한하는 경우

2) 대리권·동의권에 대한 권리·의무

원칙적으로 미성년후견인은 친권자와 동일한 권리를 행사한다(제한되는 부분은 있으나). 다만 친생부인의 소에서 그 피고는 될 수 없다(제847조 제1항).

2012년 2월 10일 개정된 부분은 민법개정 전에는 입양대락권 혹은 협의상 파양대락권을 행사함에 있어서 미성년후견인은 가정법원의 허가를 받아야 했다. 그러나 개정 후 미성년후견인이 13세 미만의 미성년자를 갈음하여 대락입양의 의사표시를 할 수 있으며(제869조 제2항), 양자가 미성년자 또는 피성년후견인인 경우에는 협의상 파양은 불가하다(제898조). 그렇기 때문에 후견인의 대락권이 필요하지 않게 되었다. 미성년후견인이 친권자와 동일하게 동의권을 갖는 경우는 18세가 된 자의 약혼(제801조), 미성년자의 혼인(제808조 제1항), 13세 이상인 미성년자의 입양(제869조 제1항), 13세 이상인 미성년자의 친양자(제908조의2 제1항 제4호) 입양 등이다.

2014. 10. 15. 민법 개정으로 가정법원은 친권 상실사유에 이르지 않더라도 미성년 자녀의 복리를 위해서 친권의 일부를 제한할 수 있게 되었다(제924조의2). 가정법원은 미성년 자녀의 보호에 공백이 생기는 것을 막기 위해 친권의 일부 제한 등으로 그 제한된 범위의 친권을 행사할 사람이 없는 경우 미성년후견인을 직권으로 선임하며(제932조 제2항, 제928조), 이 경우 미성년후견인의 임무는 제한된 친권의 범위에 속하는 행위에 한정되는 것으로 정하였다(제946조). 이에 따라 가정법원은 부모가 미성년 자녀를 양육하는 것이 오히려 자녀의 복리에 반한다고 판단한 경우 부모의 친권 중 보호·교양에 관한 권리(제913조), 거소지정권(제914조) 등 자녀의 양육권과 관련된 권한 만을 제한하여 미성년후견인이 부모를 대신하여 그 자녀를 양육하도록 하는 내용의 결정도 할 수 있게 되었다(대법원 2021. 5. 27.자 2019스621 결정).

(2) 미성년자의 재산에 관한 권리·의무

1) 재산관리권·대리권·동의권

미성년후견인은 미성년자에 대한 법정대리인이다(제938조 제1항). 피후견인의 재산을 관리하고 그 재산에 관한 법률행위에 대하여 피후견인을 대리하고(제949조 제1항) 또한 미성년후견인은 피후견인의 법률행위에 대하여 동의권을 갖는다(제5조 제1항). 미성년후견인의 권한이 제한되는 경우에는 그 권한의 범위 내에서 친권을 행사한다(제946조). 후견인이 그 재산을 관리함에 있어서는 선량한 관리자의 주의의무를 부담한다(제956조).

2) 미성년자의 친권의 대행

미성년후견인은 미성년자를 갈음하여 미성년자의 자녀에 대한 친권을 행사한다(제948조 제1항). 제1항의 친권행사에는 미성년후견인의 임무에 관한 규정을 준용한다(제948조 제2항).

(3) 성년후견인의 신분에 관한 권리·의무

1) 성년후견인이 여러 명인 경우의 권리행사

성년후견인이 여러 명인 경우 가정법원은 직권으로 여러 명의 성년후견인이 공동으로 또는 사무를 분장하여 그 권한을 행사하도록 정할 수 있다(제949조의2 제1항). 가정법원은 직권으로 제1항에 따른 결정을 변경하거나 취소할 수 있다(제949조의2 제2항). 여러 명의 성년후견인이 공동으로 권한을 행사하여야 하는 경우에 어느 성년후견인이 피성년후견인의 이익이 침해될 우려가 있음에도 법률행위의 대리 등 필요한 권한행사에 협력하지 아니할 때에는 가정법원은 피성년후견인, 성년후견인, 후견감독인 또는 이해관계인의 청구에 의하여 그 성년후견인의 의사표시를 갈음하는 재판을 할 수 있다(제949조의2 제3항).

2) 피성년후견인의 복리와 의사존중

성년후견제도는 피성년후견인의 잔존능력 및 그에 기초한 자기결정을 가능한 한 최대한 존중하고자 하는 제도이다. 이에 성년후견인은 피성년후견인의 재산관리와 신상보호를 할 때 여러 사정을 고려하여 그의 복리에 부합하는 방법으로 사무를 처리하여야 한다. 이 경우 성년후견인은 피성년후견인의 복리에 반하지 아니하면 피성년후견인의 의사를 존중하여야 한다(제947조).

3) 피성년후견인의 신상보호

후견인은 피성년후견인의 신상에 관하여 제947조의2에서 규정에 따라 결정할 수 있다. 피성년후견인은 자신의 신상에 관하여 그의 상태가 허락하는 범위에서 단독으로 결정한다(제947조의2 제1항). 성년후견인이 피성년후견인을 치료 등의 목적으로 정신병원이나 그 밖의 다른 장소에 격리하려는 경우에는 가정법원의 허가를 받아야 한다(제947조의2 제2항).

피성년후견인의 신체를 침해하는 의료행위에 대하여 피성년후견인이 동의할 수 없는 경우에는 성년후견인이 그를 대신하여 동의할 수 있다(제947조의2 제3항). 위의 제3항의 경우 피성년후견인이 의료행위의 직접적인 결과로 사망하거나 상당한 장애를 입을 위험이 있을 때에는 가정법원의 허가를 받아야 한다. 다만, 허가절차로 의료행위가 지체되어 피성년후견인의 생명에 위험을 초래하거나 심신상의 중대한 장애를 초래할 때에는 사후에 허가를 청구할 수 있다(제947조의2 제4항).

성년후견인이 피성년후견인을 대리하여 피성년후견인이 거주하고 있는 건물 또는 그 대지에 대하여 매도, 임대, 전세권 설정, 저당권 설정, 임대차의 해지, 전세권의 소멸, 그 밖에 이에 준하는 행위를 하는 경우에는 가정법원의 허가를 받아야 한다(제947조의2 제5항).

4) 성년후견인의 친족법 상속법상의 행위에 관한 동의권·대리권

성년후견인은 피성년후견인의 약혼(제802조), 혼인(제808조 제2항), 협의이혼(제835조), 인지(제856조), 입양(제873조 제1항), 협의상 및 재판상 파양(제902조, 제906조 제3항) 등에 관하여 동의권을 가진다. 그리고 혼인취소(제817조), 인지청구의 소제기(제863조), 입양취소(제887조), 상속의 포기(제1019조, 제1020조) 가사소송법에 의한 신분관계의 소제기(가소 제23조, 제28조, 제31조) 등에 관하여 대리권을 가진다.

(4) 성년후견인의 재산에 관한 임무

1) 재산조사와 목록작성

후견인은 지체 없이 피후견인의 재산을 조사하여 2개월 내에 그 목록을 작성하여야 한다. 다만, 정당한 사유가 있는 경우에는 법원의 허가를 받아 그 기간을 연장할 수 있다(제941조 제1항). 후견감독인이 있는 경우 제1항에 따른 재산조사와 목록작성은 후견감독인의 참여가 없으면 효력이 없다(제941조 제2항).

또한 후견인은 재산조사와 목록작성을 완료하기까지는 긴급 필요한 경우가 아니면 그 재산에 관한 권한을 행사하지 못한다. 그러나 이로써 선의의 제삼자에게 대항하지 못한다(제943조). 전3조(제941~제943조)의 규정은 후견인의 취임 후에 피후견인이 포괄적 재산을 취득한 경우에 준용한다(제944조).

후견인과 피후견인 사이에 채권·채무의 관계가 있고 후견감독인이 있는 경우에는 후견인은 재산목록의 작성을 완료하기 전에 그 내용을 후견감독인에게 제시하여야 한다(제942조 제1항). 후견인이 피후견인에 대한 채권이 있음을 알고도 제1항에 따른 제시를 게을리한 경우에는 그 채권을 포기한 것으로 본다(제942조 제2항).

2) 재산관리권·대리권

후견인은 피후견인의 재산을 관리하고 그 재산에 관한 법률행위에 대하여 피후견인을 대리한다(제949조 제1항). 후견인이 피후견인의 재산을 관리함에 있어서는 선량한 관리자의 주의로써 하여야 한다(제956조, 제681조).

후견인은 피후견인의 법정대리인으로써 재산관리권과 법정대리권을 가진다. 한편 가정법원은 성년후견인이 가지는 법정대리권의 범위를 정할 수 있다(제938조 제2항).

가정법원은 법정대리인의 권한의 범위가 적절하지 아니하게 된 경우에 가정법원은 본인, 배우자, 4촌 이내의 친족, 성년후견인, 성년후견감독인, 검사 또는 지방자치단체의 장의 청구에 의하여 그 범위를 변경할 수 있다(제938조 제4항).

3) 후견인의 권한에 대한 제한

무상으로 피후견인에게 재산을 수여한 제3자가 후견인의 관리에 반대하는 의사를 표시한 때에는 후견인은 그 재산을 관리하지 못한다. 이 경우에 제삼자가 그 재산관리인을 지정하지 아니한 때에는 법원은 재산의 수여를 받은 자 또는 제777조의 규정에 의한 친족의 청구에 의하여 관리인을 선임한다(제956조, 제918조).

후견인이 피후견인의 행위를 목적으로 하는 채무를 부담할 경우에는 피후견인의 동의를 얻어야 한다(제949조 제2항, 제920조 단서). 후견인도 친권자와 마찬가지로 미성년자인 피후견인을 대리하여 근로계약을 체결할 수 없다(근로기준법 제67조 제1항).

후견인에 대하여는 제921조를 준용한다(제949조의3). 다만, 후견감독인이 있는 경우에는 그러하지 아니하다. 민법 제921조는 이해상반행위에 관한 것으로 후견인과 피후견인 사이에 이해상반 되는 행위를 함에는 후견인은 법원에 그 피후견인의 특별대리인의 선임을 청구하여야 한다(제921조 제1항 참조). 마찬가지로 후견인이 그의 후견을 받는 수인의 피후견인 사이에 이해상반되는 행위를 함에는 법원에 그 피후견인인 일방의 특별대리인의 선임을 청구하여야 한다(제921조 제2항). 그러나 후견감독인이 있는 경우에는 그가 피후견인을 대리하게 되므로(제940조의6 제3항), 특별대리인의 선임을 청구할 필요가 없다(제949조의3 단서).

후견인이 피후견인을 대리하여 다음가 같은 행위를 하거나 미성년후견인이 중요한 재산의 처분 등의 권한을 행사하는 경우에는 후견감독인의 동의를 얻어야 한다. 미성년후견감독인이 선임되지 않은 경우에는 그러하지 아니하다. 후견감독인의 동의를 필요로 하는 행위는 민법 제950조에 규정하고 있으며, 다음과 같다.

후견인이 피후견인을 대리하여 다음 각 호의 어느 하나에 해당하는 행위를 하거나 미성년자의 다음 각 호의 어느 하나에 해당하는 행위에 동의를 할 때는 후견감독인이 있으면 그의 동의를 받아야 한다.

1. 영업에 관한 행위
2. 금전을 빌리는 행위
3. 의무만을 부담하는 행위
4. 부동산 또는 중요한 재산에 관한 권리의 득실변경을 목적으로 하는 행위
5. 소송행위
6. 상속의 승인, 한정승인 또는 포기 및 상속재산의 분할에 관한 협의(제950조 제1항)

후견감독인의 동의가 필요한 행위에 대하여 후견감독인이 피후견인의 이익이 침해될 우려가 있음에도 동의를 하지 아니하는 경우에는 가정법원은 후견인의 청구에 의하여 후견감독인의 동의를 갈음하는 허가를 할 수 있다(제950조 제2항).

후견감독인의 동의가 필요한 법률행위를 후견인이 후견감독인의 동의 없이 하였을 때에는 피후견인 또는 후견감독인이 그 행위를 취소할 수 있다(제950조 제3항).

후견감독인의 동의가 없었지만 그 행위가 상대방으로 하여금 동의가 있었다고 믿을 만한 정당한 사유가 있는 경우에는 민법 제126조의 표현대리가 적용되어 미성년자 혹은 피성년후견인이 책임을 져야 하는가가 문제이다. 여기에 대하여 긍정설과 부정설이 대립되고 있으나 판례는 과거 한정치산자의 경우에 친족회의 동의에 관하여 126조가 적용된다고 하였다(대법원 1997. 6. 27. 선고 97다3828 판결).

4) 피후견인의 재산 등의 양수에 대한 취소

후견인이 피후견인에 대한 제3자의 권리를 양수(讓受)하는 경우에는 피후견인은 이를 취소할 수 있다(제951조 제1항). 제1항에 따른 권리의 양수의 경우 후견감독인이 있으면 후견인은 후견감독인의 동의를 받아야 하고, 후견감독인의 동의가 없는 경우에는 피후견인 또는 후견감독인이 이를 취소할 수 있다(제951조 제2항).

후견감독인의 동의가 필요한 법률행위를 후견인이 후견감독인의 동의 없이 하였을 때에는 당연무효는 아니고 피후견인 또는 후견감독인이 그 행위를 취소할 수 있을 뿐이다. 이에 대한 추인 여부는 확답을 촉구할 수 있다(제952조에 의한 제15조). 이 취소권은 행사상의 일신전속권이므로 채권자대위권의 목적이 될 수 없다(대법원 1996. 5. 31. 선고 94다35985 판결).

미성년자의 재산을 후견인이 양수하는 경우에는 특별대리인이 선임되어야 하고(제949조), 특별대리인이 이를 처리하여야 할 것이다.

5) 감독기관에 대한 의무

후견감독인은 언제든지 후견인에게 그의 임무 수행에 관한 보고와 재산목록의 제출을 요구할 수 있고 피후견인의 재산상황을 조사할 수 있다(제953조).

가정법원은 직권으로 또는 피후견인, 후견감독인, 민법 제777조에 따른 친족, 그 밖의 이해관계인, 검사, 지방자치단체의 장의 청구에 의하여 피후견인의 재산상황을 조사하고, 후견인에게 재산관리 등 후견임무 수행에 관하여 필요한 처분을 명할 수 있다(제954조).

6) 지출금액의 예정과 사무비용

후견인의 청구에 의하여 피후견인의 재산상태 기타사정을 참작하여 피후견인의 재산 중에서 상당한 보수를 후견인에게 수여할 수 있고(제955조), 후견인이 후견사무를 수행하는 데 필요한 비용은 피후견인의 재산 중에서 지출한다(제955조의2).

5. 후견의 종료

(1) 후견종료의 원인

후견종료의 원인에는 후견 자체가 종료하는 절대적 종료와 후견 자체는 아직 소멸하지 않고 후견인의 임무만 종료하는 상대적 종료의 두 가지로 나누어진다.

1) 절대적 종료원인

① 피후견인의 사망

② 피후견인이 성년의 된 경우(제4조)

③ 혼인하여 성년에 도달한 것으로 의제된 경우(제826조의2)

④ 미성년자에 대하여 친권을 행사할 자가 있게 된 경우(입양, 인시)

⑤ 성년후견의 종료의 심판(제11조, 제14조)

2) 상대적 종료원인

다음과 같은 사유가 있는 경우에는 후견은 종국적으로 종료하지 않고 후견인의 교체만 있게 된다.

① 후견인이 사망한 경우

② 후견인이 사퇴하거나(제939조), 변경된 경우(제940조), 또는 후견결격자로 된 경우(제937조)

③ 피후견의 배우자가 후견인인 때에 혼인 관계의 종료로 인하여 그 신분을 잃은 경우(제932조, 제934조)

(2) 후견종료의 효과

1) 관리계산(管理計算)

후견인의 임무가 종료된 때에는 후견인 또는 그 상속인은 1개월 내에 피후견인의 재산에 관한 계산을 하여야 한다. 다만, 정당한 사유가 있는 경우에는 법원의 허가를 받아 그 기간을 연장할 수 있다(제957조 제1항). 제1항의 계산은 후견감독인이 있는 경우에는 그가 참여하지 아니하면 효력이 없다(제957조 제2항).

2) 이자계산

후견인이 피후견인에게 지급할 금액이나 피후견인이 후견인에게 지급할 금액에는 계산종료의 날로부터 이자를 부가하여야 하며(제958조 제1항), 후견인이 자기를 위하여 피후견인의 금전을 소비한 경우에는 그 소비한 날로부터 이자를 부가하고 피후견인에게 손해가 있으면 이를 배상하여야 한다(제958조 제2항).

3) 후견종료와 긴급처리

후견이 종료한 때에는 위임 종료시의 긴급처리에 관한 규정(제691조)과 위임종료의 대항요건에 관한 규정(제692조)이 준용되며(제959조) 급박한 사정이 있는 때에는 후견인, 그 상속인이나 법정대리인은 피후견인, 그 상속인이나 법정대리인이 스스로 그 사무를 처리할 수 있을 때까지 그 사무의 처리를 계속하여야 한다.

4) 후견종료신고

후견인의 업무가 종료한 경우에는 후견인은 가족관계등록법에 정한 바에 따라서 1개월 이내에 후견 종료의 신고를 하여야 한다(가족관계등록법 제86조).

Ⅲ. 한정후견과 특정후견

1. 한정후견

(1) 한정후견의 개시

한정후견은 종래 한정치산선고에 대응하는 것으로 가정법원은 질병, 장애, 노령, 그 밖의 사유로 인한 정신적 제약으로 사무를 처리할 능력이 부족한 사람에 대하여 본인, 배우자, 4촌 이내의 친족, 미성년후견인, 미성년후견감독인, 성년후견인, 성년후견감독인, 특정후견인, 특정후견감독인, 검사 또는 지방자치단체의 장의 청구에 의하여 한정후견개시의 심판을 한다(제12조 제1항). 한정후견개시의 경우에 가정법원은 성년후견개시의 심판을 할 때 본인의 의사를 고려하여야 한다(제12조 제2항).

가정법원의 한정후견개시의 심판이 있는 경우에는 그 심판을 받은 사람의 한정후견인을 두어야 한다(제959조의2).

(2) 한정후견인의 선임

성년후견인과 마찬가지로 한정후견인은 여러 명을 둘 수 있고 법인도 한정후견인이 될 수 있다(제959조의3 제2항). 한정후견개시의 심판이 있는 경우에 한정후견인은 가정법원이 직권으로 선임한다(제959조의3 제1항). 그리고 한정후견인에 대하여는 민법 제930조 제2항·제3항, 제936조 제2항부터 제4항까지, 제937조, 제939조, 제940조 및 제949조의3을 준용한다(제959조의3 제1항). 후견인의 결격사유, 사임, 변경 및 이해상반에 관한 규정들은 한정후견에도 적용된다(제959조의3 제2항).

(3) 피한정후견인의 행위와 동의

민법 제13조에서는 피한정후견인이 한정후견인의 동의를 받아야 하는 경우를 규정하고 있는데 이는 다음과 같다. 가정법원은 피한정후견인이 한정후견인의 동의를 받아야 하는 행위의 범위를 정할 수 있다(제13조 제1항). 가정법원은 본인, 배우자, 4촌 이내의 친족, 한정후견인, 한정후견감독인, 검사 또는 지방자치단체의 장의 청구에 의하여 제1항에 따른 한정후견인의 동의를 받아야만 할 수 있는 행위의 범위를 변경할 수 있다(제13조 제2항). 한정후견인의 동의를 필요로 하는 행위에 대하여 한정후견인이 피한정후견인의 이익이 침해될 염려가 있음에도 그 동의를 하지 아니하는 때에는 가정법원은 피한정후견인의 청구에 의하여 한정후견인의 동의를 갈음하는 허가를 할 수 있다(제13조 제3항). 한정후견인의 동의가 필요한 법률행위를 피한정후견인이 한정후견인의 동의 없이 하였을 때에는 그 법률행위를 취소할 수 있다. 다만, 일용품의 구입 등 일상생활에 필요하고 그 대가가 과도하지 아니한 법률행위에 대하여는 그러하지 아니하다(제13조 제4항).

(4) 한정후견인의 대리권

피한정후견인은 신분행위에 관하여 성년자와 같이 취급되므로 대리권 혹은 동의권은 인정될 수 없다. 그러나 가정법원은 한정후견인에게 대리권을 수여하는 심판을 할 수 있다(제959조의4 제1항). 한정후견인의 대리권 등에 관하여는 민법 제938조 제3항 및 제4항을 준용한다(제959조의4 제1항).

(5) 한정후견감독인

가정법원은 필요하다고 인정하면 직권으로 또는 피한정후견인, 친족, 한정후견인, 검사, 지방자치단체의 장의 청구에 의하여 한정후견감독인을 선임할 수 있다(제959조의5 제2항). 한정후견감독인에 대하여는 민법 제681조, 제691조, 제692조, 제930조 제2항·제3항, 제936조 제3항·제4항, 제937조, 제939조, 제940조, 제940조의3 제2항, 제940조의5, 제940조의6, 제947조의2 제3항부터 제5항까지, 제949조의2, 제955조 및 제955조의2를 준용한다. 이 경우 제940조의6 제3항 중 "피후견인을 대리한다"는 "피한정후견인을 대리하거나 피한정후견인이 그 행위를 하는 데 동의한다"로 본다(제959조의5 제2항).

(6) 한정후견사무

한정후견의 사무에 관하여는 민법 제681조, 제920조 단서, 제947조, 제947조의2, 제949조, 제949조의2, 제949조의3, 제950조부터 제955까지 및 제955조의2를 준용한다(제959조의6).

(7) 한정후견인의 임무의 종료

한정후견인의 임무가 종료한 경우에 관하여는 제691조, 제692조, 제957조 및 제958조를 준용한다(제959조의7).

관련판례 5.1 성년후견개시

1. 사실관계

갑은 오랫동안 사업을 경영해 왔으나 갑은 의사로부터 기억력 장애와 장소 등에 관한 지남력 등의 진단을 받았다. 갑이 정신적 문제로 인해 더 이상 사무를 처리하는 능력이 충분하지 않은 상태에 이르게 되었다고 판단한 갑의 아들 을은 법원에 자신을 후견인으로 하는 한정후견개시 심판을 청구하였다. 그러나 법원의 한정후견개시 심판이 청구가 확정되기 전 갑의 아들 병은 자신이 갑과 임의후견계약을 체결하고 등기하였다고 주장하였다. 법원은 한정후견개시심판 청구가 제기된 후 심판이 확정되기 전에 후견계약이 등기된 경우에도 한정후견개시심판을 할 수 있는가?

2. 대법원판결요지(대법원 2017. 6. 1.자 2017스515 결정)

민법 제959조의20 제1항은 "후견계약이 등기되어 있는 경우에는 가정법원은 본인의 이익을 위하여 특별히 필요할 때에만 임의후견인 또는 임의후견감독인의 청구에 의하여 성년후견, 한정후견 또는 특정후견의 심판을 할 수 있다. 이 경우 후견계약은 본인이 성년후견 또는 한정후견 개시의 심판을 받은 때 종료된다"라고 규정하고, 같은 조 제2항은 "본인이 피성년후견인, 피한정후견인 또는 피특정후견인인 경우에 가정법원은 임의후견감독인을 선임함에 있어서 종전의 성년후견, 한정후견 또는 특정후견의 종료 심판을 하여야 한다. 다만 성년후견 또는 한정후견 조치의 계속이 **본인의 이익을 위하여 특별히 필요하다고 인정하면** 가정법원은 임의후견감독인을 선임하지 아니한다"라고 규정하고 있다. 이와 같은 민법 규정은 후견계약이 등기된 경우에는 사적자치의 원칙에 따라 본인의 의사를 존중하여 후견계약을 우선하도록 하고, 예외적으로 본인의 이익을 위하여 특별히 필요할 때에 한하여 법정후견에 의할 수 있도록 한 것으로서, 민법 제959조의20 제1항에서 후견계약의 등기 시점에 특별한 제한을 두지 않고 있고, 같은 조 제2항 본문이 본인에 대해 이미 한정후견이 개시된 경우에는 임의후견감독인을 선임하면서 종전 한정후견의 종료 심판을 하도록 한 점 등에 비추어 보면, 위 제1항은 본인에 대해 한정후견개시심판 청구가 제기된 후 심판이 확정되기 전에 후견계약이 등기된 경우에도 적용이 있다고 보아야 하므로, 그와 같은 경우 가정법원은 본인의 이익을 위하여 특별히 필요하다고 인정할 때에만 한정후견개시심판을 할 수 있다.

그리고 위 규정에서 정하는 후견계약의 등기에 불구하고 한정후견 등의 심판을 할 수 있는 '본인의 이익을 위하여 특별히 필요할 때'란 후견계약의 내용, 후견계약에서 정한 임의후견인이 임무에 적합하지 아니한 사유가 있는지, 본인의 정신적 제약의 정도, 기타 후견계약과 본인을 둘러싼 제반 사정 등을 종합하여, 후견계약에 따른 후견이 본인의 보호에 충분하지 아니하여 법정후견에 의한 보호가 필요하다고 인정되는 경우를 말한다.

[참조조문]
민법 제959조의20(후견계약과 성년후견·한정후견·특정후견의 관계)

2. 특정후견

(1) 특정후견의 의의

특정한정후견은 질병, 장애, 노령, 그 밖의 사유로 인한 정신적 제약으로 일시적 후원 또는 특정한 사무에 관한 후원이 필요한 사람에 대하여 일정한 자의 청구에 의하여 가정법원으로부터 특정후견의 심판을 받은 자다(제14조의2).

특정후견은 본인, 배우자, 4촌 이내의 친족, 미성년후견인, 미성년후견감독인, 검사 또는 지방자치단체의 장의 청구에 의하여 특정후견의 심판이 이루어진다(제14조의2 제1항). 특정후견은 본인의 의사에 반하여 할 수 없으며(제14조의2 제2항), 특정후견의 심판을 하는 경우에는 특정후견의 기간 또는 사무의 범위를 정하여야 한다(제14조의2).

(2) 특정후견에 따른 보호조치

특정후견심판이 있는 경우 가정법원은 피특정후견인의 후원을 위하여 필요한 처분을 명할 수 있다(제959조의8). 이 처분은 피특정후견인의 재산관리 혹은 신상보호에 관한 것이거나 혹은 관계인에게 특정행위를 명하는 것일 수도 있고, 부작위를 명하는 것일 수도 있다.

(3) 특정후견인의 선임 등

가정법원은 제959조의8에 따른 처분으로 피특정후견인을 후원하거나 대리하기 위한 특정후견인을 선임할 수 있다(제959조의9 제1항).

특정후견인도 여러 명을 둘 수 있고(제959조의9 제2항) 법인도 특정후견인이 될 수 있다(제959조의9 제2항, 제930조 제3항). 그리고 특정후견인에 대하여는 제930조 제2항·제3항, 제936조 제2항부터 제4항까지, 제937조, 제939조 및 제940조를 준용한다.

(4) 특정후견감독기관

특정후견인의 감독기관으로는 가정법원과 특정후견감독인이 있다.

1) 가정법원

가정법원이 하는 감독의 내용은 피특정후견인의 후원을 위하여 필요한 처분을 명하는 것, 특정후견의 선임 또는 추가선임, 특정후견인의 사임허가, 변경, 특정후견감독인의 선임 또는 추가선임, 특정후견감독인의 사임허가와 변경, 성년후견의 경우의 가정법원의 후견감독 내용 중 949조의2에 해당하는 사항, 특정후견감독인에 대한 보수수여, 특정후견인의 대리권행사에 가정법원이나 특정후견감독인의 동의를 받도록 명하는 것 등이 있다.

2) 특정후견감독인

가정법원은 필요하다고 인정하면 직권으로 또는 피특정후견인, 친족, 특정후견인, 검사, 지방자치단체의 장의 청구에 의하여 특정후견감독인을 선임할 수 있다(제959조의10 제1항).

특정후견감독인에 대하여는 제681조, 제691조, 제692조, 제930조 제2항·제3항, 제936조 제3항·제4항, 제937조, 제939조, 제940조, 제940조의5, 제940조의6, 제949조의2, 제955조 및 제955조의2를 준용한다(제959조의10 제2항).

3) 특정감독인의 임무

① 특정후견인의 대리권

피특정후견인의 후원을 위하여 필요하다고 인정하면 가정법원은 기간이나 범위를 정하여 특정후견인에게 대리권을 수여하는 심판을 할 수 있다(제959조의11 제1항). 제1항의 경우 가정법원은 특정후견인의 대리권 행사에 가정법원이나 특정후견감독인의 동의를 받도록 명할 수 있다(제959조의11 제2항).

② 특정후견사무

특정후견의 사무에 관하여는 제681조, 제920조 단서, 제947조, 제949조의2, 제953조부터 제955조까지 및 제955조의2를 준용한다(제959조의12).

4) 특정후견인의 임무의 종료

특정후견인의 임무가 종료한 경우에 관하여는 제691조, 제692조, 제957조 및 제958조를 준용한다(제959조의13).

Ⅳ. 후견계약

1. 후견계약의 의의

후견계약은 이를 임의 후견이라고도 하는데, 이는 질병, 장애, 노령, 그 밖의 사유로 인한 정신적 제약으로 사무를 처리할 능력이 부족한 상황에 있거나 부족하게 될 상황에 대비하여 자신의 재산관리 및 신상보호에 관한 사무의 전부 또는 일부를 다른 자에게 위탁하고 그 위탁사무에 관하여 대리권을 수여하는 것을 내용으로 한다(제959조의14).

2. 후견계약의 체결

후견계약은 임의후견을 받을 본인과 임의후견인으로 될 자 사이의 합의에 의하여 성립한다. 임의후견을 받을 본인은 후견계약이 가지는 의미와 결과를 합리적으로 이해할 수 있는 정도의 정신능력을 갖추고 있으면 족하다.

후견계약은 공정증서로 체결하여야 한다(제959조의14 제2항). 미성년후견은 제외하고, 성년후견, 한정후견, 특정후견 및 후견계약에 관한 사항을 등기하도록 하고 있다(제2조). 성년후견제도에 관한 공시절차로서 후견등기에 관한 법률이 제정되었다. 후견계약은 가정법원이 임의후견감독인을 선임한 때부터 효력이 발생한다(제959조의14 제3항).

3. 후견계약의 종료

임의후견감독인의 선임 전에는 본인 또는 임의후견인은 언제든지 공증인의 인증을 받은 서면으로 후견계약의 의사표시를 철회할 수 있다(제959조의18 제1항). 임의후견감독인의 선임 이후에는 본인 또는 임의후견인은 정당한 사유가 있는 때에만 가정법원의 허가를 받아 후견계약을 종료할 수 있다(제959조의18 제2항).

4. 임의후견인

가정법원, 임의후견인, 임의후견감독인 등은 후견계약을 이행·운영할 때 본인의 의사를 최대한 존중하여야 한다(제959조의14 제4항). 임의후견인이 제937조 각 호에 해당하는 자 또는 그 밖에 현저한 비행을 하거나 후견계약에서 정한 임무에 적합하지 아니한 사유가 있는 자인 경우에는 가정법원은 임의후견감독인을 선임하지 아니한다(제959조의17 제1항). 임의후견감독인을 선임한 이후 임의후견인이 현저한 비행을 하거나 그 밖에 그 임무에 적합하지 아니한 사유가 있게 된 경우에는 가정법원은 임의후견감독인, 본인, 친족, 검사 또는 지방자치단체의 장의 청구에 의하여 임의후견인을 해임할 수 있다(제959조의17 제2항).

5. 임의후견감독인

가정법원은 후견계약이 등기되어 있고, 본인이 사무를 처리할 능력이 부족한 상황에 있다고 인정할 때에는 본인, 배우자, 4촌 이내의 친족, 임의후견인, 검사 또는 지방자치단체의 장의 청구에 의하여 임의후견감독인을 선임한다(제959조의15 제1항). 제1항의 경우 본인이 아닌 자의 청구에 의하여 가정법원이 임의후견감독인을 선임할 때에는 미리 본인의 동의를 받아야 한다. 다만, 본인이 의사를 표시할 수 없는 때에는 그러하지 아니하다(제959조의15 제2항). 가정법원은 임의후견감독인이 없게 된 경우에는 직권으로 또는 본인, 친족, 임의후견인, 검사 또는 지방자치단체의 장의 청구에 의하여 임의후견감독인을 선임한다(제959조의15 제3항). 가정법원은 임의후견임감독인이 선임된 경우에도 필요하다고 인정하면 직권으로 또는 제3항의 청구권자의 청구에 의하여 임의후견감독인을 추가로 선임할 수 있다(제959조의15 제4항). 임의후견감독인에 대하여는 제940조의5를 준용한다(제959조의15 제1항).

6. 임의후견감독인의 직무

임의후견감독인은 임의후견인의 사무를 감독하며 그 사무에 관하여 가정법원에 정기적으로 보고하여야 한다(제959조의16 제1항). 가정법원은 필요하다고 인정하면 임의후견감독인에게 감독사무에 관한 보고를 요구할 수 있고 임의후견인의 사무 또는 본인의 재산상황에 대한 조사를 명하거나 그 밖에 임의후견감독인의 직무에 관하여 필요한 처분을 명할 수 있다(제959조의16 제2항). 임의후견감독인에 대하여는 제940조의6 제2항·제3항, 제940조의7 및 제953조를 준용한다(제959조의16 제1항).

임의후견인의 대리권 소멸은 등기하지 아니하면 선의의 제3자에게 대항할 수 없다(제959조의19).

7. 후견계약과 성년후견·한정후견·특정후견의 관계

후견계약이 등기되어 있는 경우에는 가정법원은 본인의 이익을 위하여 특별히 필요할 때에만 임의후견인 또는 임의후견감독인의 청구에 의하여 성년후견, 한정후견 또는 특정후견의 심판을 할 수 있다. 이 경우 후견계약은 본인이 성년후견 또는 한정후견 개시의 심판을 받은 때 종료된다(제959조의20 제1항).

본인이 피성년후견인, 피한정후견인 또는 피특정후견인인 경우에 가정법원은 임의후견감독인을 선임함에 있어서 종전의 성년후견, 한정후견 또는 특정후견의 종료 심판을 하여야 한다. 다만, 성년후견 또는 한정후견 조치의 계속이 본인의 이익을 위하여 특별히 필요하다고 인정하면 가정법원은 임의후견감독인을 선임하지 아니한다(제959조의20 제2항).

친족상속법

6장

친족부양

Chapter 06

친족부양

1절 ≫ 서 설

Ⅰ. 부양의 의의

부양(support, maintenance)이란 자기 스스로의 노동이나 재산으로 생활할 수 없는 자 또는 자신의 재산으로 교육을 받을 수 없는 자 등에세 누군가가 이에 대한 생활비나 생존수단(source or means of living)을 제공하는 것이다. 이에 민법상 부양청구권은 어떠한 사람이 생활을 유지할 수 없을 때, 그 사람과 일정한 친족관계에 있는 사람에게 생활에 필요한 금전 혹은 자원 등을 청구할 수 있는 권리이다. 친족법에서는 친족관계에 있는 자들 간에 부양의 권리의무관계를 규정하고 있다.

Ⅱ. 부양청구권 및 부양의무의 종류

1. 부양청구권의 성질

부양청구권은 한 개인이 스스로의 생계를 책임질 수 없을 때 다른 누군가에게 생활자원이나 이에 필요한 것을 청구할 수 있는 권리로써 이 청구권은 특별한 법적 행위를 통해서 발생하는 것이 아니라 부양권자와 부양의무자가 존재하느냐에 따라 발생하는 권리의무관계이다. 이에 부양청구권은 일종의 가족법상 가족관계와 결합된 일신전속권이고, 처분하는 것이 불가능하다. 이는 요부양자 본인의 생존보장이 목적이기 때문이다. 따라서 부양청구권은 양도나 상속 등의 대상이 되지 않고 장래에 포기하는 것도 허용되지 않는다. 요부양자를 실제로 부양한 사람은 그 부양의무자에게 구상권을 행사할 수 있다.

2. 부양의무의 종류

우리 민법상 인정되는 부양은 배우자간의 부양(제826조·제833조), 부모의 미성년 자녀에 대한 교양과 양육의무(제913조) 그리고 친족부양(제974조) 등을 규정하고 있다. 전자를 제1차적 부양의무 또는 생활유지의 의무라고 하고 후자를 제2차적 부양의무 또는 생활부조의 의무라고 한다.

부모의 미성년자에 대한 부양은 민법 제974조의 '직계혈족'에 근거하고 있기는 하지만 민법 제974조의 다른 친족부양과 구별되어야 한다는 점에서 의견이 대립되고 있다. 즉, 미성년자녀는 부모와 직계혈족관계에 있으므로 미성년자녀에 대한 부양의 법적 근거는 민법 제974조로도 충분하다고 보는 견해가 있다(이경희). 그러나 미성년자녀에 대한 부양의 법적 근거를 민법 제974조보다는 민법 제913조에서 찾기도 한다. 또 다른 견해로는 미성년자녀에 대한 부양은 다른 친족 간 부양(부모의 성인자녀에 대한 부양 혹은 성인 자녀의 부모에 대한 부양 등)과 구별되어야 하기 때문에 민법 제974조로는 충분치 않고 입법론적으로 해결해야 한다고 본다(김주수·김상용, 528면).

Ⅲ. 부양당사자

1. 부양당사자의 범위

민법 제974조에서는 부양당사자의 범위를 직계혈족 및 그 배우자 사이, 기타 생계를 같이하는 친족 사이에 생긴다고 규정하고 있다(제974조). 여기서 직계혈족 및 배우자 사이란 부모와 자녀 사이를 비롯하여 조부모와 손자녀 간이 이에 해당되며, 그 배우자 간이란 시부모와 며느리 간 및 장인·장모와 사위 간의 관계 등이 이에 속한다. 또한 여기서 직계혈족은 부계와 모를 전부 포함한다. 그리고 더 나아가 민법은 기타 생계를 같이하는 친족의 경우 부양의무를 부여하고 있는데, 민법 제777조에 규정하고 있는 친족의 범위는 8촌 이내의 혈족, 4촌 이내의 인척, 배우자이다.

시부모가 사망한 아들의 처에게 부양을 청구할 수 있는가에 대하여 법원은 민법 제775조 제2항에 의하면 부부의 일방이 사망한 경우에 혼인으로 인하여 발생한 그 직계혈족과 생존한 상대방 사이의 인척관계는 일단 그대로 유지되다가 상대방이 재혼한 때에 비로소 종료하게 되어 있으므로 부부의 일방이 사망하여도 그 부모 등 직계혈족과 생존한 상대방 사이의 친족관계는 그대로 유지되나, 그들 사이의 관계는 민법 제974조 제1호의 '직계혈족 및 그 배우자 간'에 해당한다고 볼 수 없다. 그러나 민법 제974조 제3호에 따라 생계를 같이하고 있다면 부양의무가 있다(대법원 2013. 8. 30.자 2013스96 결정).

2. 부양당사자의 우선순위

부양당사자가 다수인 경우는 부양의무자가 다수일 수 있으며, 혹은 부양권리자가 나수일 수 있다. 이 경우 우선 누구를 먼저 부양하여야 하는가 혹은 누가 우선적으로 부양되어야 하는가에 대한 우선순위의 문제가 발생한다.

민법은 부양의무자가 수인인 경우에 부양을 할 자의 순위에 관하여 당사자 간에 협정이 없는 때에는 법원은 당사자의 청구에 의하여 이를 정하도록 하고 있으며, 또한 부양을 받을 권리자가 수인인 경우에 부양의무자의 자력이 그 전원을 부양할 수 없는 때에도 같다(제976조 제1항). 전항의 경우에 법원은 수인의 부양의무자 또는 권리자를 선정할 수 있다(제976조 제2항, 대법원 1994. 6. 2.자 93스11 결정). 부양을 할 자 또는 부양을 받을 자의 순위에 대한 법원의 판결이 있은 후 이에 관한 사정변경이 있는 때에는 가정법원은 당사자의 청구에 의하여 그 협정이나 판결을 취소 또는 변경할 수 있다(제978조, 가소법 제2조 제1항 마류사건 8호).

민법에서는 부양의무에 대한 성질 및 우선순위 및 각 부양의 정도에 대한 차별적 규정을 두고 있지 않아 이에 대한 학설이 대립되고 있다. 민법상 학설에서는 부양의무를 제1차적 부양의무와 제2차적 부양의무(2원형론)로 구분하고 있는 것이 일반적이며, 우리나라 대다수의 학자는 이러한 전통적 2원형론을 긍정하는 입장에 있다.

제1차적 부양의무는 부양을 받을 자의 생활을 부양의무자의 생활과 같은 정도로 보장하여 공동생활의 유지를 가능하게 하는 것을 내용으로 하는 의무를 말하며, 이를 생활유지의무(生活維持義務)라고 한다. 이는 현실적 공동생활 그 자체에 입각하여 당연히 요청되는 것으로서 생활의무자는 자신의 생활수준을 낮추어서라도 상대방의 생활을 자기와 같은 수준으로 보장해야 한다는 것이다.

제2차적 부양의무는 부양의무자가 자기의 사회적 지위에 상응하는 생활을 하면서 생활에 여유가 있고, 부양받을 자가 자력 또는 근로에 의하여 생활을 유지할 수 없는 경우에 한하여 그의 생활을 지원하는 것을 말하며, 이를 생활부조의무(生活扶助義務)라고 한다. 이는 자신의 생활을 유지하면서 여유가 있을 때 비로소 상대방을 부양하는 것을 의미한다.

부양의무자는 모든 요부양자를 부양하여야 할 의무가 있으나 제1차적 부양의무는 제2차적 부양의무에 우선하기 때문에 부양의무자에게 부양능력이 제한될 때 우선적으로 제1차 부양에 속하는 자를 부양하여야 하며, 이에 특별한 경우가 아닌 한 부양의무자는 제2차적 부양의무를 지지 않는다. 판례는 부모의 미성년 자녀에 대한 부양(대법원 1993. 10. 21. 선고 93느3757 판결), 배우자간 부양의무를 제1차적 부양의무로 보았다(대법원 2012. 12. 27. 선고 2011다96932 판결). 노부모부양을 제2차적 부양의무로 보았다(대법원 1998. 12. 8. 선고 97므513 판결).

Ⅳ. 부양청구권

1. 부양청구의 전제요건

부양의무는 일정한 친족관계를 기초로 하여 발생한다. 그러므로 부양을 청구하기 위해서는 우선 친족관계에 대한 규정이 있어야 한다. 현행법상 민법 제974조의 규정이 유일한 친족당사자에 대한 규정이므로 현행법의 체계상 민법 제974조가 당사자의 범위를 규정하는 조항에 해당한다고 할 수 있을 것이다. 그 다음은 부양청구의 요건으로 부양청구권자의 부양필요와 부양의무자의 부양여력이 전제되어야 한다.

(1) 부양의 필요

부양의무는 원칙적으로 부양을 받을 자가 자기의 자력 또는 근로에 의하여 생활을 유지할 수 없는 경우에 한하여 생긴다(제975조).

(2) 부양의 여력

부양의무는 부양의무자가 부양할 여력이 있어야 부양할 수 있다. 자신의 생활에 위험을 느끼면서까지 타인을 부양한다는 것은 기대하기 어렵다. 미성년자에 대한 부모의 부양의무는 빵 한 조각이라도 함께 나누어 먹는다는 측면에서 이와는 구별되어야 할 것이다.

V. 부양의 정도와 방법

1. 부양의 정도

우리 민법의 경우 부양의 정도는 당사자의 협의에 의해서 정하고 협의가 되지 않거나 또는 불능의 경우에는 가정법원이 심판에 의해서 결정한다(민법 제977조).

부양의 정도나 방법은 그 제반사정을 참작하여 정하게 되어 있는바, 부양을 받을 자의 연령, 재능, 신분, 지위 등에 따른 교육을 받는데 필요한 비용도 부양료에 해당된다(대판 1986. 6. 10. 선고 86므46 판결). 구체적으로 판례는 부양의 정도를 의식주에 필요한 비용, 의료비, 최소한도의 문화비, 오락비, 교제비와 보통의 교육비(대법원 1986. 6. 10. 선고 86므46 판결) 등이 이에 해당한다고 한다. 한편 성년의 자가 부모에게 유학비용을 청구할 수 있는가? 이에 대하여 판례는 특별한 사정이 없는 한 통상적인 생활필요비라고 보기 어려운 유학비용의 충당을 위해 성년의 자녀가 부모를 상대로 부양료를 청구할 수는 없다고 하였다(대법원 2017. 8. 25.자 2017스5 결정).

반면에 자녀의 혼인비용에 대하여 부모는 부담의무를 갖지 않는 것이므로 자녀는 부모에 대하여 혼인비용을 양육비로서 청구할 수 없다고 한다(대법원 1979. 6. 12. 선고 79다249 판결). 이에 그 판단의 기준은 부양권자의 수요, 부양의무자의 자력, 친족관계의 종류와 원근, 당사자의 생활상태나 과거의 교제관계, 생활곤궁에 빠져있는 원인 외에 모든 사정이 종합적으로 고려된다.

2. 부양료지급의 방법

부양료는 금전부양을 원칙으로 하여야 할 것이나, 현물 또는 급부부양도 가능하며, 부양의무자의 주거에서 동거하거나 하는 형태도 부양하는 방법도 사정에 따라 인정하여야 할 것이다. 금전부양의 경우 매월 정기금의 형식으로 지급되는 것이 원칙이다. 일시금으로 지급하는 것은 바람직하지 않다. 부양의 성질상 급부는 선급이어야 한다.

Ⅵ. 부양료의 구상청구(求償請求)

1. 과거의 부양료

(1) 미성년자녀에 대한 부양료

과거의 부양료는 이미 지나간 일정기간의 생활에 필요한 비용을 그 후에 청구하는 것이다. 부양의무자가 부양의무를 이행하지 않은 경우 이를 이행한 자가 부양의무자에게 구상하는 것이다.

부양의무는 부양의 필요상태와 가능상태가 병존하는 경우 비로소 발생하는 것으로 그 필요성은 시간이 지나면 소멸한다. 그러나 계속되는 이행지체로 의무가 소멸되어 버린다면 불공평한 결과가 발생하게 될 것이다. 한편 부양의무자의 입장에서 어느 날 과거의 부양료를 일시적으로 부담해야 한다면 그에 대한 부담 역시 너무 가혹하다고 할 수 있다. 부양청구권은 3년의 단기소멸시효에 걸린다(제163조). 그러나 공동부양의무자 상호간의 체당부양료 구상권, 의무없이 부양한 제3자의 체당부양료 구상권은 10년의 시효에 걸린다고 보고 있다(송덕수, 268면; 박동섭, 437면).

부모의 자녀에 대한 부양의무에 있어서 종래에 대법원은 과거의 부양료청구에 대한 부정적 견해를 갖고 있었으나(대법원 1967. 2. 21. 선고 65므5 판결; 대법원 1967. 1. 31. 선고 66므40 판결). 그러나 법원은 「… 부모의 양육의무는 특별한 사정이 없는 한 자녀의 출생과 동시에 발생하는 것이므로 과거의 양육비에 대하여도 상대방이 분담함이 상당하다고 인정되는 경우에는 그 비용의 상환을 청구할 수 있다」라고 하여 과거의 양육비 청구를 긍정하게 되었다(대법원 1994. 5. 13.자 92스21 전원합의체 결정).

이에 대하여 대법원은 「한쪽의 양육자가 양육비를 청구하기 이전의 과거의 양육비 모두를 상대방에게 부담시키게 되면 상대방은 예상하지 못하였던 양육비를 일시에 부담하게 되어 지나치고 가혹하며 신의성실의 원칙이나 형평의 원칙에 어긋날 수도 있으므로, 이와 같은 경우에는 반드시 이행청구 이후의 양육비와 동일한 기준에서 정할 필요는 없고, 여러 사정을 고려하여 적절하다고 인정되는 분담의 범위를 정할 수 있다」라고 하였다(대법원 1994. 5. 13.자 92스21 전원합의체 결정). 다만 판례는 양육자가 일방으로 결정되어 있음에도 타방이 무단으로 양육한 경우에는 그 양육비 상당액을 구상할 수 없다고 하였다(대법원 2006. 4. 17.자 2005스18,19 결정).

(2) 배우자 간의 부양료

한편 부부간의 상호부양의무에 대한 과거부양료청구에 대하여 법원은 부부간의 상호부양의무는 부부의 일방에게 부양을 받을 필요가 생겼을 때 당연히 발생하는 것이기는 하지만, 과거의 부양료에 관하여는 부양을 받을 자가 부양의무자에게 부양의무의 이행을 청구하였음에도 불구하고 부양의무자가 부양의무를 이행하지 아니함으로써 이행지체에 빠진 이후의 것에 대하여만 부양료의 지급을 청구할 수 있을 뿐, 부양의무자가 부양의무의 이행을 청구받기 이전의 부양료의 지급은 청구할 수 없다고 보았다(대법원 2008. 6. 12.자 2005스50 결정).

(3) 부모와 자녀 간 부양료

원고인 모가 아들의 병원비 등을 지출하였다면 이는 모가 아들에 대한 부양료를 지출한 것이고, 이에 피고인 며느리는 남편에 대한 1차 부양의무자로서 원고에게 자신이 부담할 부양의무의 범위 내에서 이를 상환할 의무가 있다. 그러나 부부의 일방에 대하여 상대방 친족이 구하는 부양료 상환청구는 가사소송법 제2조 제1항 제2호 나. 마류사건의 어디에도 해당하지 아니하기 때문에 이를 가사비송사건으로 가정법원의 전속관할에 속하는 것이라고 할 수는 없고, 이는 민사소송사건에 해당한다고 하였다(대법원 2012. 12. 27. 선고 2011다96932 판결).

(4) 후견인의 양육비 청구

가정법원이 민법 제924조의2에 따라 부모의 친권 중 양육권만을 제한하여 미성년후견인으로 하여금 자녀에 대한 양육권을 행사하도록 결정한 경우, 민법 제837조를 유추적용하여 미성년후견인이 비양육친을 상대로 가사소송법 제2조 제1항 제2호 (나) 목 3)에 따른 양육비심판을 청구할 수 있다고 하였다(대법원 2021. 5. 27.자 2019스621 결정). 위 판례는 외조부가 손자를 양육하였고 외조부의 청구에 따라 사위는 외손자에 대한 친권 중 일부의 권한을 제한받게 되어 외조부가 미성년후견인이 된 사안인데, 외조부가 사위에게 양육비를 청구한 사안에서 사실상 외조부가 양육비청구의 청구적격자가 될 수 있다는 근거규정은 없다. 이에 가정법원은 민사법의 실정법 조항의 문리해석 또는 논리해석만으로는 현실적인 법적 분쟁을 해결할 수 없거나 사회적 정의관념에 현저히 반하게 되는 결과가 초래되는 경우에는 법원이 실정법의 입법정신을 살려 법적 분쟁을 합리적으로 해결하고 정의관념에 적합한 결과를 도출할 수 있도록 유추적용을 할 수 있다(대법원 1994. 8. 12. 선고 93다52808 판결 등 참조)고 보았다(대법원 2021. 5. 27.자 2019스621 결정).

2. 부양료청구권의 확정 및 채권자 취소권의 제척기간

부양에 관하여 당사자의 협정이 없고, 당사자의 청구에 의한 법원의 결정도 없는 이상, 부양의무는 추상적인 의무의 성격을 가지고, 당사자의 협정이나 법원의 결정이 있어야만 비로소 구체적으로 확정된다(대법원 2006. 7. 4. 선고 2006므751 판결). 한편 민법 제974조, 제975조에 의하여 부양의 의무 있는 사람이 여러 사람인 경우에 그중 부양의무를 이행한 1인이 다른 부양의무자에 대하여 이미 지출한 과거 부양료의 지급을 구하는 권리는 당사자의 협의 또는 가정법원의 심판 확정에 의하여 비로소 구체적이고 독립한 재산적 권리로 성립하게 되지만, 그러한 부양료청구권의 침해를 이유로 채권자취소권을 행사하는 경우의 제척기간은 부양료청구권이 구체적인 권리로서 성립한 시기가 아니라 민법 제406조 제2항이 정한 '취소원인을 안 날' 또는 '법률행위가 있은 날'로부터 진행한다(대법원 2015. 1. 29. 선고 2013다79870 판결).

관련판례 6.1 부양의무자의 권리남용

1. 사실관계

외국에 이민을 가 있어 주택에 입주하지 않으면 안 될 급박한 사정이 없는 딸(원고)이 고령과 지병으로 고통을 겪고 있는 상태에서 달리 마땅한 거처도 없는 아버지(피고2)와 그를 부양하면서 동거하고 있는 남동생(피고1)을 상대로 자기 소유 주택의 명도 및 퇴거를 청구하는 행위가 인륜에 반하는 행위로서 권리남용에 해당하는가?

2. 대법원판결요지(대법원 1998. 6. 12. 선고 96다52670 판결)

원심판결 이유에 의하면 원심은, 원고 소유의 원심판시 주택(이하 '이 사건 주택'이라 한다)을 피고 1이 점유하고 있고, 피고 2는 피고 1의 허락을 받아 이 사건 주택에서 함께 거주하고 있는 사실을 인정한 다음, 원고의 이 사건 청구가 권리남용에 해당한다는 피고들의 주장을 배척하고, 피고들에 대하여 이 사건 주택의 명도·퇴거를 구하는 원고의 이 사건 청구를 인용하였다. 그러나 원심판결 이유와 기록에 의하면, 원고는 피고 2의 딸이자 피고 1의 누나인 사실, 피고 1은 간염 등의 지병을 앓고 있으면서도 그 처자와 더불어 이 사건 주택에 거주하면서 80세가 넘은 고령으로 고혈압, 당뇨, 심장질환 등을 앓고 있는 피고 2와 70세가 넘은 고령의 모친을 모시고 있고, 다른 형제들의 도움과 피고 1의 처가 벌어오는 돈으로 부모를 부양하고 있는 사실, 원고는 이 사건 주택을 소유하는 등 비교적 여유 있는 생활을 하고 있으나, 원고를 제외한 다른 형제들은 별다른 자력이나 경제적 여유가 없는 사실, 피고들은 원고가 이 사건 주택을 구입함에 있어서 그 비용의 일부를 부담하였고 원고가 이 사건 주택을 매수한 이래 계속하여 이 사건 주택에서 거주하여 왔으며 이 사건 주택을 명도하여 줄 경우에는 피고들의 가족 6명이 거주할 만한 별다른 거처도 없는 반면, 원고는 외국에 이민을 가 있어 스스로 이 사건 주택에 입주하지 않으면 안되는 등의 급박한 사정이 있는 것도 아닌 사실을 알 수 있다. 사정이 이와 같다면 피고 2의 경우에는 고령과 지병으로 인하여 자기의 자력 또는 근로에 의하여 생활을 유지할 수 없으므로 원고로서는 피고 2를 부양할 의무와 책임이 있다 할 것이고, 이처럼 부양의무 있는 자가 특별한 사정도 없이 또한 부의 주거에 관하여 별다른 조치를 취하지 아니한 채 단지 이 사건 주택의 소유권자임을 내세워 고령과 지병으로 고통을 겪고 있는 상태에서 달리 마땅한 거처도 없는 부인 피고 2에 대하여 이 사건 주택에서의 퇴거를 청구하는 것은 부자간의 인륜을 파괴하는 행위로서 권리남용에 해당된다고 할 것이고, 한편 원고는 피고 1과 생계를 같이하지는 아니하므로 위 피고에 대하여 부양의무를 부담하는 것은 아니라고 할 것이지만, 위 피고는 스스로의 어려운 처지에도 불구하고 연로한 부모를 모시면서 그 부양의무를 다하고 있고 피고 2 등 부모의 입장에서도 생활을 함에 있어서 피고 1과 그 가족의 도움을 받지 않을 수 없는 처지에 있다고 할 것이므로, 이와 같은 상황에서 달리 마땅한 거처도 없는 피고 1과 그 가족에 대하여 이 사건 주택의 명도를 청구하는 행위 또한 인륜에 반하는 행위로서 권리남용에 해당된다고 할 것이다.

[관련조문]
민법 제2조(신의성실), 민법 제974조(부양의무), 제975조(부양의무와 생활능력)

3. 제3자의 부양료구상청구

부양의무 없는 제3자가 부양을 필요로 하는 자에 대하여 부양을 한 경우에 부양의무자에게 구상을 청구할 수 있는가? 제3자는 법률상 의무없이 부양의무자의 사무를 대신 처리해 준 것이 되므로 사무관리(제739조)에 해당하여 비용상환을 청구할 수 있다(김주수·이은영). 부양의 위임을 받은 경우는 위임에서의 비용상환청구를 근거로 상환을 청구할 수 있다(제688조). 이러한 경우 부양의무자는 부양의무를 면하였기 때문에 이에 대하여 법률상 원인없는 이득을 얻었으므로 제3자는 부당이득을 이유로 반환청구를 할 수도 있을 것이다(제741조).

혼인외 출생자를 양육 및 교육한 자가 동 혼인외 출생자의 생부에 대하여 하는 부당이득반환 또는 사무관리 비용상환청구한 사안에서 법원은 제3자인 원고가 피고의 혼인외 출생자를 양육 및 교육하면서 그 비용을 지출하였다고 하여도 피고가 동 혼인외 출생자를 인지하거나 부모의 결혼으로 그 혼인중의 출생자로 간주되지 않는 한 실부인 피고는 동 혼인외 출생자를 부양할 법률상 의무는 없으므로 피고가 원고의 위 행위로 인하여 부당이득을 하였다거나 원고가 피고의 사무를 관리하였다고 볼 수 없다고 하였다(대법원 1981. 5. 26. 선고 80다2515 판결).

제 2 편

상속법

친족상속법

1장

상속법 총론

Chapter 01

상속법 총론

1절 ≫ 서 설

Ⅰ. 상속제도

1. 상속제도의 변천

일반적으로 상속이라 함은 사람이 사망한 경우에 그의 재산이 그 사람과 일정한 신분관계에 있는 사람에게 승계되는 것을 의미한다. 이러한 상속제도는 역사적으로 살펴볼 때 각 시대의 가족생활을 영위하도록 한 사회적·경제적 작용에 의하여 변천해 왔음을 알 수 있다.

그러나 상속제도가 각각의 다양한 사회 모습에 따라서 여러 가지 형태로 정립되어 있기는 하였지만, 거기에는 언제나 재산의 승계라는 것이 기본이 되었던 것으로 제사상속이나 신분상속이라는 개념의 뿌리에도 항상 재산상속의 의미를 내포하고 있었음을 알 수 있다.

종교사회에 있어서는 조상의 제사가 주된 상속문제였으며, 정치사회에 있어서는 부족 내지 씨족원의 통솔을 위하여 지위의 승계문제가 주를 이루었던 것이다. 이러한 두 가지 요소는 씨족사회가 진전됨에 따라 점차적으로 분해되어 가장은 제사상속권과 가계상속권을 차지하게 되었다. 부계적 가족사회로의 발달은 가장권을 더욱 강대하게 하였으며, 사유재산권의 확립과 더불어 가장은 제사상속권과 가계상속권을 단독으로 상속하는 이외에 재산상의 많은 특권을 아울러 가지게 되었다. 또 가산개념의 형성은 가산의 씨족외 분산을 싫어한 나머지 그것을 가족 내에 집중하려고 함에 따라 장남의 재산상의 지위를 한결 높여 주었다.

씨족사회의 이러한 장남우월의 지위는 단독상속으로 보기 쉬우나 공동상속의 형태를 취하였음을 역사적 문헌에서 찾아볼 수 있다. 물론 고대로 거슬러 갈수록 신분상속적인 면이 강하였으며 재산상속의 측면은 신분상속에 수반되는 부수적 효과로 파악함이 타당한 것이었다.

이러한 상속관념은 봉건사회에 들어오면서 의미의 변화를 가져오게 되었다. 봉건사회의 기본적 구도는 봉주가 가신에게 봉토를 부여하고, 가신은 그 대가로 봉주에게 신종봉임의 인적 지배관계를 형성하게 되었던 것이다. 따라서 봉주에게는 무엇보다도 봉토의 불가분이 요청되었으며, 이것이 재산과 신분을 단독상속하게 한 원인이었다. 이러한 봉건사회의 단독상속은 각 사회의 특성이나 필요성에 따라 강약을 달리하면서 유지되어 왔으나, 봉건사회의 해체와 더불어 단독상속 형태도 필연적 모습을 바꾸지 않을 수 없었다.

근대시민사회의 근본원칙인 자유와 평등은 상속법 분야에도 커다란 영향을 주어, 피상속인쪽에는 유언자유의 원칙으로, 상속인쪽에는 재산에 대한 균분상속 내지 공동상속의 원칙으로 나타났다. 그리고 유언이 없는 경우라도 사자의 의사를 추측하여 상속분을 정하는 법정상속제가 확립되었다.

근대적 사유재산제도의 확립과 의사자치의 원칙은 가산승계적 기반을 무너뜨리고 공동균분상속제도를 채택하게 하였으나, 현대사회로의 변화와 함께 다시 큰 변혁을 겪고 있다. 그 이유는 첫째, 사유재산이란 단순한 개인의 성과만이 아닌 사회생활의 상호관계에서 얻어진 것이므로 개인재산의 처분에 있어서도 사회적 제약이 수반되게 되며, 둘째, 친족 사이의 부양이 점차 사회가 담당하는 공동의 책임으로 전환됨에 따라 부양의 연장이라고 볼 수 있는 상속 역시 부분적이나마 사회공동의 재산으로 승계되어야 하며, 셋째, 혈연만을 기초로 한 상속의 허용은 일정한 친족의 생활보장책은 되겠지만 일반적으로 유산의 승계를 지나치게 기대하는 반사회적 상속인을 만들어내는 불합리를 가져오기 때문이다. 그리하여 각국의 현행 상속법은 상속에 관한 인적 범위를 제한하면서 점차 국가 및 사회공동체 전체의 이익을 위한 상속제도로의 확립을 도모하고 있다.

2. 상속제도의 근거와 형태

(1) 상속제도의 근거

오늘날 모든 사회가 상속제도를 인정하고 있지만, 사람의 사망을 원인으로 일정한 사람에게 재산이 이전되어야 할 이유에 대한 근본적 해답의 요구가 논쟁의 대상으로 계속되고 있다. 즉 상속제도의 존재이유 내지 상속권의 근거에 관한 여러 가지 학설의 제기가 그것인데, 대표적으로 논의되는 몇 가지 주장은 다음과 같다.

1) 상속제도부인설

초기 자연법학자들은 권리는 그 주체에 수반하여 존재하는 것이므로, 그 주체의 사망과 동시에 소멸되어야 한다는 주장으로 상속권의 불합리를 지적하며 이를 부인하고 있다. 또 초기 사회주의자의 이론에 의하면, 「상속은 인간으로 하여금 출발점에 있어서 불평등을 야기하는 원인이 되므로 정의와 사회의 이익에 반한다. 설사 개인의 활동능력에 따른 소유의 불평등은 인정될 수 있을지 모르나, 상속에서 생기는 불평등은 용서할 수 없다」고 하여 상속제도를 근본적으로 부인하였다. 구 소련은 일시적이나마 이러한 이론에 따라 1918년에 상속제도를 폐지하였으나, 1922년에 다시 기본재산령을 제정함으로써 상속제도를 인정하여 오늘에 이르고 있다. 이는 사유재산제도가 완전히 폐지되지 않는 한, 상속제도는 부정될 수 없음을 말해 주는 것이며, 공동상속제도가 가지고 있는 생활보장책으로서의 사회적 역할에서 비롯되고 있는 것이다.

2) 상속제도인정설

종래 상속제도를 인정하는 중요한 근거로는 대체로 다음과 같은 주장을 들 수 있다.

① 혈연대가설

상속을 혈연의 대가로 보는 가장 원초적인 주장으로 인성설, 영혼불멸설,

유전설등의 논거 위에서 상속을 혈연적 대가로 본다.

② 의사설

상속은 피상속인의 자유의사에 의한 것이라고 보는 학설이다. 곧 유언자유설이나 사유재산제도 아래서는 재산의 자유처분이 인정되기 때문에 사후처분의 자유도 인정되어야 한다. 따라서 이 학설에 의하면 유언상속이 원칙이며, 법정상속은 유언이 없는 경우 그 사자의 의사를 추측한 것에 불과한 것으로 보게 된다.

③ 부양의무설

부양의무자는 살아 있을 때는 물론 사망한 다음에도 그 의무를 부담하여야 할 것이며, 이에 따라 부양청구권은 상속권으로 바뀌게 되는 것이다. 즉, 공동생활자 중의 한 부양의무자가 사망한 경우에는 그 유산이 그에 갈음하여 사자에 의하여 부양을 받고 있었던 자를 부양하는 것이라고 보는 견해이다.

④ 애정설

부모가 사망 당시에 소유하고 있었던 소유재산이 그 자녀에게 평등하게 분배되는 것은 가장 자연스러운 인정의 정형화에 불과한 것으로, 상속의 근거는 부부, 친자, 형제 등의 사이에 존재하는 자연적 애정에서 비롯된다고 보는 입장이다.

⑤ 가산공유설

재산은 형식적으로 일단 개인의 소유로 되지만, 그 실질은 가족단체의 잠재적 공유물이다. 따라서 그 공유자 중 1인이 사망하면 그 권리는 당연히 나머지 가족단체 구성원에게 귀속되어야 한다고 보는 견해이다.

⑥ 공익설

재산의 이용을 소유자의 생전에만 제한시키고 사후의 재산을 당연히 사회나 국가에 귀속시킨다면, 필연적으로 각자의 근로의욕은 위축되고 사회생활이 마비될 뿐만 아니라, 생전의 거래관계가 무질서하게 되어 경제상 한없는 혼란과 불안이 발생할 것이고, 따라서 재산의 상속을 인정하여 그 보전을 꾀하여야 한다고 보는 학설이다.

3) 사 견

이상의 여러 학설은 상속제도의 일면들을 설명하고 있는 것이다. 따라서 현대에 있어서 상속제도의 존재이유는 어느 한 학설만으로 해결할 수 없는 복잡한 문제를 내포하고 있다. 사회제도로서의 상속제도는 각 시대와 사회의 특수성을 바탕으로 하여 그 사회의 요구와 정당성에 기초를 두고 있는 것이다. 상속제도가 피상속인의 의사에 일정한 기초를 두고 있음은 부인할 수 없으나, 상속이 최대의 불로소득으로서 부의 편재를 더욱 조장하는 경향에 대하여는 될 수 있는 한 법적 제재조치를 강구할 필요가 있으며, 자녀에 대한 평등한 상속재산의 분배인식과 배우자상속권의 확보 및 사회정의의 추구라는 시대적 요구 또한 고려하여야 할 것이다. 따라서 현대 상속권의 근거는 잠재적 공유관계의 현재화와 생존가족원의 생활보장 및 사유재산제의 유지·계속에 대한 사회적 요구와 그 정당성에서 찾아야 할 것이다.

(2) 상속의 형태

1) 법정상속과 유언상속

상속의 형태는 크게 법정상속과 유언상속의 두 가지로 나누어진다. 즉 법과 관습에 따라 미리 상속인이 확정되는 형태가 법정상속이며, 일정한 준칙없이 피상속인이 임의로 상속인을 선정하는 형태를 유언상속이라 한다. 이러한 양자간의 관계에서 역사적인 변천은 대체로 법정상속에서 유언상속으로의 경향을 살펴볼 수 있다.

혈연단체의 조직과 기능이 강하여 집단소유를 보호하여야 하는 것이 중요했던 시대에는 집단유지를 위하여 상속인을 일정한 준칙에 맞추어 예정해 둘 필요가 있었다. 그러나 집단에서 점차 개인가치를 중시하는 현대적 변화에 따라, 재산은 집단적 제약에서 벗어나 자유로운 처분대상이 되었으며, 사적 자치와 계약자유의 원리를 바탕으로 유언자유의 사상이 정착되게 되었다. 그러나 개인의 자유와 가치의 존중만이 법의 절대적 보호대상이 될 수는 없는 것이다.

오늘날의 실제는 영미법계의 상속법을 제외하고는 유언자유에 일정한 제한을 가함으로써 개인의 의사자유와 가족전체의 보호라는 두 가지 요청에 조화를 모색하고 있다. 이러한 결과로서 유류분제도 내지 의무분제도는 가족보호의 관념 아래 마련된 것이다.

2) 법정상속의 여러 형태

법정상속은 상속인이 될 자의 범위와 순위가 법률상 정해져 있는 상속이 법정상속이다. 이는 말자상속, 방계상속, 장자상속, 공동상속의 여러 형태가 있다. 여기서 말하는 공동상속이란 중자균분상속(衆子均分相續)(적출의 차남 이하)의 의미를 지니는 것이며 다른 일면으로는 단독상속에 대한 개념이기도 하다.

서구의 상속법은 게르만법의 영향으로 공동균분상속을 원칙으로 하였으나, 그것이 봉건제도와 농경경제의 요청으로 단독상속으로 바뀌었다가, 다시 공동균분상속으로 바뀌었다. 현재 세계의 상속법은 대개가 공동균분상속을 원칙으로 하고 있으며, 우리나라의 경우도 공동균분상속을 법규화하고 있다.

한편 상속의 내용이 무엇인지에 따라 제사상속, 신분상속, 재산상속으로 나누게 되며, 상속의 포기를 허용하는가에 따라 강제상속과 임의상속으로 분류하고 있다. 또 피상속인의 생존 중 일정한 원인으로 인하여 행해지는 상속을 생전상속, 사후에 행하여지는 것을 사후상속이라 한다.

Ⅱ. 우리나라의 상속제도

우리나라의 씨족적·가부장적 사회에 있어서의 상속은 족장 또는 가부장의 지위승계가 가장 주된 목적이었으며, 구관습에서 찾을 수 있는 상속의 종류로는 제사상속, 호주상속 및 재산상속의 세 가지로 나타난다.

제사상속은 조상봉사자의 지위를 계승하는 것으로, 한국 상속제도에 있어서 기본적인 상속이라 할 수 있고, 호주상속과 재산상속은 이에 부수되는 상속이었다. 상속인은 예외없이 남계혈통계속주의에 의하여 장자손이 하고, 장자손이 없는 경우에는 중자(적출의 차남 이하) 또는 서남자가 적·서·장·유의 순위로 상속하였다. 실제도 여자손, 처 또는 며느리 등이 상속하는 경우도 있었으나 이는 사후양자가 선정될 때까지 대행하는 잠정적인 것이다.

호주상속은 제사상속에 수반되는 것으로 제사상속에 준하여 상속인 및 그 순위가 결정되고 남자손이 단절되었을 때에는 조모, 모, 유처, 여식 등이 호주를 상속하나, 이는 잠정적일 뿐 망호주의 사후양자가 선정되면 양자가 이들로부터 호주를 상속하였다.

재산상속에 있어서도 피상속인이 호주 또는 가족임을 불문하고 원칙으로 남자손이 관습상의 비율에 의해 공동상속하고, 남자손이 단절되었을 경우에 한하여 사후양자가 선정될 때까지 호주상속의 예에 좇아 상속하였다. 이러한 상속은 구민법시대에도 계속되었으나, 다만 제사상속은 1933년 3월 3일 조선고등법원의 판례에 의하여 법 밖의 관습으로만 인정되었다. 그러나 고려말에서 조선조 중후기까지 시행된 남녀자손에 대한 균분상속은 사회전반의 평등요구와 함께 재평가를 요구받고 있다.

그리고 우리 민법은 종래 호주상속과 재산상속을 분리하여 각각 독립된 형태의 체제를 취해오고 있으나, 상속인 전원의 확대, 여자 상속분의 차별 및 장자 우선 등의 문제점을 가지고 있는 관계로 민법제정 이후 계속적으로 상속법 개혁이 대두되었다. 결국 1977년의 개정민법은 동순위 상속인의 상속분은 균분하게 함으로 종전의 남녀 사이의 상속분의 차이를 없애고, 피상속인의 처의 상속분은 직계비속과 공동으로 상속하는 때에는 동일가적 내에 있는 직계비속의 상속분의 5할을 가산하고, 직계존속과 공동으로 상속하는 때에는 직계존속의 상속분의 5할을 가산하였으며, 다만 동일가적 내에 없는 여자의 상속분(기혼녀)은 종전과 같이 하였다.

그러나 1990년 개정된 민법에서는 호주상속이란 표현 대신에 호주승계로 바꾸고, 실질적인 호주의 권리·의무를 거의 삭제함으로써 호주제는 그 명칭만 남게 되었다. 따라서 호주상속으로 인한 상속분 가산이 철폐되고, 딸의 상속분이 동일가적 내인지 여부를 불문하고 아들과 같아졌다. 그리고 부(夫)와 처(妻)의 상속법상의 지위도 완전히 같아졌다. 또 상속의 범위에 있어서도 현행의 8촌 이내의 방계혈족에서 4촌 이내의 방계혈족으로 축소시켰으며(제1000조 제1항 제3호), 자녀가 없이 사망한 남편에 대한 상속은 시부모와 아내가 공동상속하게 하고 아내가 자녀 없이 사망한 경우는 남편과 친정부모가 재산을 공동상속하게 하였다. 그리고 기여상속제도의 도입으로 상속재산관계에서 공동상속인으로서 상속재산에 특별히 기여한 자나 피상속인을 부양한 사람이 있을 때에는 상속인들 간의 협의를 통해 당해 관련자의 몫을 뺀 잔여분으로 상속인 간에 분배가 이루어지도록 하였으며, 나아가서 특별연고자에 대한 분여제도(제1057조의2)가 신설되었다.

2002년의 상속법 개정은 헌법재판소에서 상속법 규정들 중 일부가 위헌 내지 헌법불합치 결정을 받은 데 기인한 것이다. 이에 상속회복청구권의 제척기간을 상속재시된 때부터 10년이 아니라 상속권이 침해행위가 있은 날로부터 10년으로 바뀌었고(제999조 제2항), 상속포기나 한정승인을 할 수 있는 날이 지난 후에도 상속채무가 상속재산을 초과하는 사실을 '중대한 과실' 없이 알지 못하고 단순승인한 경우에는 다시 한정승인(특별한정승인)을 할 수 있도록 하였다(제1019조 제3항).

2005년 상속법 개정은 기여분제도를 다소 수정하고 2002년 특별한정승인에 대한 보완 규정으로 제1030조, 제1034조, 제1038조 등을 수정하였다. 이러한 상속법의 개정은 남녀평등의 문제점들을 상당히 제거한 것이며, 공동상속인 간의 이해관계를 적정하게 조정한 것으로 볼 수 있을 것이다.

2011년 새로운 후견제도의 민법개정으로 이와 관련된 기존의 제한무능력자에 대한 관련 규정이 개정되었다.

친족상속법

2장

법정상속

Chapter 02

법정상속

1 절 ≫ 상속의 개시

Ⅰ. 상속개시의 원인

1. 상속개시의 의의

상속의 개시란 상속에 의한 법률효과가 발생하는 것이다.

2. 상속개시의 원인

상속은 사망으로 인하여 개시된다(제997조). 사망에는 실종선고와 인정사망 및 부재선고도 포함된다.

Ⅱ. 상속개시의 시기

1. 자연사망

사람의 생존이 끝나는 것을 사망이라고 한다. 상속개시는 현실적으로 사망이라는 사실이 발생한 때이다. 그렇기 때문에 사망이 가족관계등록부상 사망신고된 때와는 아무런 관계가 없다. 그러나 규정상 사람이 사망한 때에는 사망신고 의무자(가등법 제85조 참조)가 사망의 사실을 안 날부터 1개월 이내에 신고하여야 한다(동법 제84조 제1항). 일반적으로 사람의 사망시기의 확정은 의사의 진단에 의한다(동법 제84조).

2. 실종선고

실종선고는 사망을 의제하므로 실종선고를 받은 자는 실종기간이 만료한 때에 사망한 것으로 보아 그것에 의하여 상속이 개시된다. 보통실종은 실종일로부터 5년의 기간이 만료한 때(제27조 제1항), 특별실종의 경우는 1년의 기간이 만료한 때(제27조 제2항) 사망한 것으로 본다. 그러나 실종선고가 취소되면, 선의의 경우에는 받은 이익 중 현존하는 것만을 반환하고, 악의인 경우에는 받은 이익에 이자를 붙여서 반환하며 손해가 있으면 그 손해도 배상하여야 한다(제29조).

3. 인정사망

인정사망은 수난·화재 등의 재난으로 인한 사망이다. 인정사망(가등법 제87조)은 가족관계등록부에 기재된 사망연월일시가 사망시기이다. 판례는 인정사망이나 실종선고에 의하지 아니하고 법원이 사망사실을 인정할 수 있다고 보았다. 즉, 수난, 전란, 화재 기타 사변에 편승하여 타인의 불법행위로 사망한 경우에 있어서는 확정적인 증거의 포착이 손쉽지 않음을 예상하여 법은 인정사망, 위난실종선고 등의 제도와 그 밖에도 보통실종선고제도도 마련해 놓고 있으나 그렇다고 하여 위와 같은 자료나 제도에 의함이 없는 사망사실의 인정을 수소법원이 절대로 할 수 없다는 법리는 없다고 하였다(대법원 1989. 1. 31. 선고 87다카2954 판결).

4. 부재선고에 의한 사망

「부재선고 등에 관한 특별조치법」에 의하여 부재선고를 받은 자는 실종선고를 받은 것으로(동법 제4조) 부재선고의 심판절차가 확정되는 때에 상속이 개시된다.

5. 동시사망의 추정

2인 이상이 동일한 위난으로 사망한 경우에 민법은 동시사망추정주의를 채용하고 있다(제30조). 동시사망의 추정을 받은 경우에는 사망자 상호간에는 상속이 개시되지 않는다. 그러나 다만 대습상속이 가능하기 때문에 부와 자가 동시에 사망하게 된 경우 자에게 배우자나 자(손자)가 있는 경우 자의 상속분에 대하여 자(손자)와 배우자가 상속하게 된다(제1001조, 제1003조)(이설 없으며, 판례도 같다: 대법원 2001. 3. 9. 99다13157 판결). 사망시기의 선후가 증거에 의하여 증명되는 경우 그 추정은 반복된다.

예를 들어 부 A는 처 B, A의 아버지 D 그리고 미혼의 자 C를 두고 있었는데, A가 C와 동일비행기로 여행하다가 추락하여 모두 사망하였다. 이 때 A는 재산이 3,000만원 있고 C는 재산이 없다고 전제한다면, A와 C는 동시에 사망한 것으로 추정되므로 A의 재산은 B와 D에게 상속된다. A가 C보다 먼저 죽었을 때에는 B는 1,800만원을 상속하고, C는 나머지 1,200만원을 일단 상속하고, C의 상속분은 다시 B가 상속하게 되어 결국 B가 3,000만원을 전부 상속하게 된다. 반면에 C가 A보다 먼저 사망하였다면 A의 상속재산 3,000만원은 처 B가 1,800만원, A의 부 D가 1,200만원을 상속하게 된다.

Ⅲ. 상속개시의 장소 및 비용

1. 상속개시의 장소

상속개시의 장소는 피상속인의 주소지인데(제998조), 피상속인의 주소를 알 수 없는 경우 또는 국내에 주소를 가지지 않는 경우에는 국내에 있는 거소를(제19조, 제20조), 거소도 알 수 없는 경우에는 사망지를 상속개시의 장소로 보는 것이 타당하다.

2. 상속의 비용

상속의 비용은 상속재산에서 지급하는데(제998조의2), 이에 상속비용은 상속인 개인의 채무는 아니고 채권자는 상속재산에 대해서만 집행을 할 수 있다.

그러므로 여기서 말하는 상속비용은 상속재산에 관한 이해관계자를 보호하기 위하여 지출되는 비용으로 관리비용, 소송비용, 상속재산경매비용(제1037조), 재산목록작성비용, 유언집행비용(제1107조), 조세 기타 공과 및 장례비용(대법원 1997. 4. 25. 97다3996 판결) 등을 말한다. 부의금의 경우는 장례비용에 충당하고, 남은 것은 특별한 사정이 없는 한 공동상속인들이 각자의 상속분에 따라 권리를 취득한다(대법원 1992. 8. 18. 92다2998 판결).

한편 유류분 산정 시 공제되어야 할 채무란 상속채무, 즉 피상속인의 채무를 가리키는 것이고, 여기에 상속세, 상속재산의 관리·보존을 위한 소송비용 등 상속재산에 관한 비용은 포함되지 아니한다(대법원 2015. 5. 14. 선고 2012다21720 판결).

3. 한정승인 및 단순승인 시의 상속비용

한정승인의 경우 상속비용은 고유재산에서 지급되지 않고 그 모두가 상속재산에서 변상된다고 본다. 상속포기(제1041조), 재산분리(제1045조), 상속재산의 파산(파산법 제12조)의 경우에도 동일하게 취급하여야 한다(곽윤직, 78~79면).

단순승인의 경우에는 상속재산은 상속인에게 귀속하여 그의 고유재산과 하나가 되기 때문에 민법 제998조의2는 특별한 의미를 갖지 않는다. 즉 상속비용채무가 상속인의 부담이 된다거나 혹은 수인의 상속인이 있는 경우에는 상속비용은 공동상속인이 각자의 상속분의 비율에 따라 부담하게 된다.

2절 ≫ 상속인

Ⅰ. 상속인의 의의

상속인이란 피상속인의 재산상의 법적 지위를 포괄적으로 승계한 자를 말한다. 상속인을 분류하면 포괄적 수유자나 수증자 그리고 법정상속인으로 세분화할 수 있다. 그리고 상속인은 단순히 상속인이 될 수 있는 자격을 갖는 자와는 다르다. 부모 중 일방이 사망하였을 때 그 사망자의 배우자나 자는 상속인이나, 사망한 자의 부모는 상속인이 될 가능성을 갖고 있는 자이나 상속인은 아니다. 포괄적 수유자나 수증자는 피상속인의 의사에 따른 포괄적 승계인이지 법정상속인은 아니다.

태아는 재산상속순위에 관하여는 이미 출생한 것으로 본다(제1000조 제3항). '이미 출생한 것으로 본다'의 의미에 관하여는 다수설은 해제조건설을, 소수설과 판례는 정지조건설을 따르고 있다(대법원 1976. 9. 14. 선고 76다1365 판결).

1. 해제조건설

상속에 있어서 태아는 이미 출생한 것으로 보고 개별사항의 범위 내에서 제한된 권리능력을 갖는다고 한다(다수설). 현행민법에서는 태아를 위한 법정대리제도가 없지만 이러한 예외적인 경우에는 법정대리의 규정이 태아에게 적용된다고 본다. 해제조건설에 의하면 태아가 살아서 출생하지 아니한 경우에는 비로소 소급하여 권리능력이 소멸한다(다수설). 해제조건설은 태아의 보호에 유리하지만, 상대방에게 불측의 손해를 줄 우려가 있다는 단점이 있다.

2. 정지조건설

정지조건설에 의하면 태아로 있는 동안에는 권리능력이 없으나 태아가 살아서 출생하는 경우 비로소 권리능력을 취득하고, 그 권리능력 취득의 효과가 문제의 시점까지 소급한다고 본다(판례, 소수설). 정지조건설에 따르면 태아가 사산되더라도 타인에게 불측의 손해를 줄 우려는 없지만, 태아가 취득 또는 상속할 재산을 출생 전에는 보존·관리할 수 없다(대법원 1976.9. 14. 선고 74다1365 판결).

Ⅱ. 상속인의 상속순위

친족상속법은 상속인에 관하여 직계비속과 배우자, 직계존속, 형제자매, 4촌 이내의 방계혈족의 순위로 규정하고, 직계비속, 형제자매, 배우자에 관하여는 대습상속을 인정하며, 상속권을 주장하는 자가 없는 경우에는 특별연고자의 청구(제1057조의2)에 의하여 가정법원이 분여에 대해 결정하며 그에 따른 잔여

재산은 국고로 귀속시킨다(제1058조). 이 경우 국가는 피상속인의 채권자에 대하여는 의무를 부담하지 않으므로(제1059조), 국가는 적극재산만을 취득한다. 이는 상속이라고 하지 않고 국가가 법규에 따라 취득하였다고 보아야 한다.

예를 들어 A가 처(B), 자(C), 아버지(D), 제(E), 종형(F)을 남겨두고 사망한 경우, 처(B)와 자(C)가 공동상속하고 D, E, F는 상속할 수 없다. 만약 A에게 자(C)가 없으면 처(B)와 아버지(D)가 공동상속하고, 아버지(D)가 없으면 처(B)가 단독상속한다. 또 처(B)도 없으면 제(E)만이 상속하고, 제(E)도 없으면 종형(F)이 상속한다.

1. 제1순위 — 피상속인의 직계비속

피상속인의 직계비속과 배우자는 제1순위 상속인이 된다. 피상속인의 직계비속이라면 성별·혼인중의 자와 혼인외의 자, 연령, 친권에의 복종 여부에 의한 차별은 없다. 또 자연혈족이건 법정혈족이건 차별이 없으므로 양자는 양부모와 생부모에 대하여 각각 제1순위의 상속인이 된다. 혼인·분가 등으로 인한 가족관계등록부의 동일 여부에 의하여 상속순위상의 차별은 없으며, 여자에 대해서도 상속분의 차이가 없다.

직계비속이 수인인 때에 촌수가 같으면 공동상속하고, 촌수가 다르면 최근친자가 상속인이 된다(제1000조 제2항). 즉, 자가 수인이면 이 자들은 동순위의 상속인이 되고, 자와 손자가 있으면 자가 손자보다 우선하여 상속인이 된다. 자녀가 한 명도 없으면 손자녀(부계·모계·남녀·서자)가 상속한다.

계모자관계나 적모서자관계는 1990년 12월 31일까지 상호간 상속인이 될 수 있었다. 구 민법(1990. 1. 13. 부칙 제4조) 제773조는 "전처의 출생자와 계모 및 그 혈족, 인척 사이의 친계와 촌수는 출생자와 동일한 것으로 본다"라고 하여 친생자와 동일한 지위를 갖게 되는 전처의 출생자는 계모의 상속인이 될 수 있었다. 그러나 민법개정으로 제773조는 삭제되고 1990년 1월 이후부터는 상속인이 될 수 없도록 하였다. 헌법재판소는 피상속인이 계모인 경우 전처소생자녀를 상속인의 범위나 순위에 포함시키지 않는 것은 헌법에 위반되지 아니한다고 하였다(헌재 2009. 11. 26. 선고 2007헌마1424).

2. 제2순위 — 피상속인의 직계존속

피상속인에게 직계비속이 없으면 직계존속이 다음으로 제2순위의 상속인이 된다. 2순위의 상속인은 부계, 모계 또는 양가, 생가를 불문한다. 따라서 이혼한 부모도 상속권이 있으며 양부모도 양자에 대하여 각각 상속권이 있다. 단 친양자의 경우 생가의 직계존속은 상속인이 아니다.

직계존속에 대하여 대습상속은 인정하지 않는다. 따라서 부모 중 부만 살아 있을 때에는 그 부가 모두 상속하며, 모의 부모가 상속할 수 없다. 이 때 부모가 모두 사망한 경우 조부모가 살아 있을 때에는 조부모가 상속하지만 이는 대습상속이 아니고 본위상속이다. 직계존속이 수인인 경우 최근친을 선순위로 하고 동일한 촌수의 상속인이 수인인 경우에는 동순위로 공동상속인이 된다(제1000조 제2항). 양자가 사망하면 양부모 모두 상속권을 갖는다(대법원 1995. 1. 20.자 94마535 결정). 그러나 친양자의 친생부모는 친양자를 상속하지 못한다.

3. 제3순위 — 피상속인의 형제자매

피상속인의 배우자, 직계비속, 직계존속이 없으면 다음으로 피상속인의 형제자매 가 제3순위가 된다(제1000조 제1항 제3호). 이때에도 부계·모계를 불문한다. 자연혈족과 법정혈족에 따른 차별, 남녀에 의한 차별 등은 인정하지 않는다. 부가 다르고 모가 같은 동복형제자매나 모가 다르고 부가 같은 이복형제자매 사이는 모두 제3순위 상속인이다(종전의 판례는 피상속인의 부계의 방계혈족만을 의미하였다(대법원 1975. 1. 14. 선고 74다1503 판결). 그러나 판례변경으로 모계방계혈족도 포함하게 되었다. 부계방계혈족이란 이복형제자매를 의미하고 모계방계혈족이란 이성동복형제자매를 말한다(대법원 1997. 11. 28. 선고 96다5421 판결).

관련판례 2.1 이성동복형제자매의 상속

1. 사실관계

갑은 1991. 6. 19. 생명회사(피고)와 이 사건 연금보험계약을 체결하면서 갑의 사망시의 보험수익자를 그의 상속인으로 정하였다. 그 후 갑은 1994. 12. 24. 상속할 배우자나 직계비속, 직계존속 없이 사망하였다. 그의 유족으로는 아버지는 다르고 어머니가 같은 갑의 형제자매 을

1과 을2가 있다. 을1과 을2는 갑의 상속인으로서 생명회사에 대하여 보험금을 청구하였다. 이들은 상속인이 될 수 있는가?

2. 판결요지(대법원 1997. 11. 28. 선고 96다5421 판결)

민법 제1000조 제1항 제3호 소정의 '피상속인의 형제자매'라 함은, 민법 개정 시 친족의 범위에서 부계와 모계의 차별을 없애고, 상속의 순위나 상속분에 관하여도 남녀 간 또는 부계와 모계 간의 차별을 없앤 점 등에 비추어 볼 때, 부계 및 모계의 형제자매를 모두 포함하는 것으로 해석하는 것이 상당하다.

[관련조문]

민법 제1000조(상속의 순위), 제1003조(배우자의 상속순위) 제1항

4. 제4순위 — 4촌이내의 방계혈족

피상속인의 배우자, 직계비속, 직계존속 그리고 피상속인의 형제자매가 없으면 다음으로 제4순위의 상속인은 피상속인의 4촌 이내의 방계혈족이다(제1000조 제1항 제4호). 4촌 이내의 방계혈족 사이에서는 근친자는 원친자에 우선하여 상속인이 되고 동일한 촌수의 혈족이 수인인 경우에는 동순위로 공동상속인이 된다(제1000조 제2항).

1990년 개정 전에는 8촌 이내의 방계혈족을 의미하였으나 4촌 이내의 방계혈족으로 축소되었다. 3촌이 되는 방계혈족은 백부, 숙부, 고모, 외숙모와 이모 및 질이고, 4촌이 되는 방계혈족은 종형제·자매, 고종형제·자매, 외종형제·자매, 이종형제·자매이다.

헌법재판소는 4촌 이내의 방계혈족을 제4순위의 법정상속인으로 규정한 것은 위헌이 아니라고 하였다(헌재 2018. 5. 31. 선고 2015헌바78 결정).

형제자매의 사망이나 상속결격으로 그의 직계비속인 조카가 대습상속 및 재대습상속을 하게 되므로 4순위에는 포함되지 않는다는 견해가 있다(곽윤직, 53면). 그러나 상속결격이나 사망의 경우 대습상속이 이루어지지만 상속포기의 경우에는 대습상속의 사유가 아니므로 이들은 제4순위의 상속인이 된다.

5. 배우자

(1) 법률혼 배우자

피상속인의 배우자는 그 직계비속과 동순위로 1순위의 공동상속인이 되고, 직계비속이 없는 때에는 제2순위의 직계존속과 다시 공동상속인이 되며, 그 상속인이 없는 때에는 단독상속인이 된다(제1003조 제1항).

생존배우자는 유책배우자라도 상속권이 있다. 주의할 것은 중혼이나 사망 후 혼인취소(대법원 1996. 12. 23. 선고 95다48308 판결)의 경우에도 상속권이 인정되지만 혼인무효의 경우 상속권이 인정되지 않는다. 이혼소송 시 일방 배우자가 사망하는 경우 생존배우자가 상속인이 될 수 있는가라는 문제가 발생할 수 있다. 피상속인의 처가 가출하여 재혼을 하고 피상속인의 처로 기재된 호적까지 말소한 경우 피상속인 사망 후에 상속인임을 주장하는 청구가 신의칙상 허용될 수 없다고 하였다(대법원 1993. 9. 28. 선고 93다26007 판결).

(2) 사실혼 배우자

상속권은 법률상 배우자에게만 인정되며, 첩이라든지 사실혼관계에 있던 배우자에게 인정되지 않는다(대법원 1987. 10. 13. 선고 86누1565 판결). 헌법재판소도 사실혼 배우자에게 상속권이 인정되지 않는 것은 위헌이 아니라고 하였다. 그 근거로 사실혼 배우자에게 상속권을 인정하지 아니하는 것은 상속인에 해당하는지 여부를 객관적인 기준에 의하여 파악할 수 있도록 함으로써 상속을 둘러싼 분쟁을 방지하고, 상속으로 인한 법률관계를 조속히 확정시키며, 거래의 안전을 도모하기 위한 것이다. 사실혼 배우자는 혼인신고를 함으로써 상속권을 가질 수 있고, 증여나 유증을 받는 방법으로 상속에 준하는 효과를 얻을 수 있으며, 근로기준법, 국민연금법 등에 근거한 급여를 받을 권리 등이 인정된다. 따라서 이 사건 법률조항이 사실혼 배우자의 상속권을 침해한다고 할 수 없다고 하였다(헌재 2014. 8. 28. 선고 2013헌바119 결정).

관련판례 2.2 이혼소송 중의 상속개시

1. 사실관계

(1) 부(A)와 처(B)는 혼인한 부부로 슬하에 2녀 1남의 자녀를 두고 있다. A의 유책사유로 인

해 혼인관계가 파탄에 이르렀다. B는 이혼을 원하였으나 A가 이혼에 합의해 주지 않자 B는 법원에 이혼소송을 제기하였다. 그러나 이혼소송 중 B가 교통사고로 사망하였다. A는 B의 상속인이 될 수 있는가?

(2) B가 A와의 이혼에서 이혼위자료를 청구한 상태이다. 이에 대한 승계가 가능한가?

2. 대법원판결요지(대법원1993. 5. 27. 선고 92므143 판결)

(1) 재판상 이혼청구권은 부부의 일신전속적 권리이므로 이혼소송 계속중 배우자 일방이 사망한 때에는 상속인이 수계할 수 없음은 물론 검사가 수계할 수 있는 특별한 규정도 없으므로 이혼소송은 종료된다.

이에 A와 B의 혼인관계가 유지되고 A는 B의 상속인이 된다.

(2) 이혼위자료청구권은 상대방 배우자의 유책불법한 행위에 의하여 혼인관계가 파탄상태에 이르러 이혼하게 된 경우 그로 인하여 입게 된 정신적 고통을 위자하기 위한 손해배상청구권으로서 이혼시점에서 확정·평가되고 이혼에 의하여 비로소 창설되는 것이 아니며, 이혼위자료청구권의 양도 내지 승계의 가능 여부에 관하여 민법 제806조 제3항은 약혼해제로 인한 손해배상청구권에 관하여 정신상 고통에 대한 손해배상청구권은 양도 또는 승계하지 못하지만 당사자간에 배상에 관한 계약이 성립되거나 소를 제기한 후에는 그러하지 아니하다고 규정하고 같은 법 제843조가 위 규정을 재판상 이혼의 경우에 준용하고 있으므로 이혼위자료청구권은 원칙적으로 일신전속적 권리로서 양도나 상속 등 승계가 되지 아니하나 이는 행사상 일신전속권이고 귀속상 일신전속권은 아니라 할 것인바, 그 청구권자가 위자료의 지급을 구하는 소송을 제기함으로써 청구권을 행사할 의사가 외부적 객관적으로 명백하게 된 이상 양도나 상속 등 승계가 가능하다.

[관련조문]
제1000조(상속의 순위), 제1003조(배우자의 상속순위) 제1항

Ⅲ. 대습상속

1. 대습상속의 의의

대습상속이란 상속인이 될 직계비속 또는 형제자매가 상속개시 전에 사망하거나 결격자가 된 경우에 그 직계비속이 있는 때에, 그 직계비속이 사망하거나 결격된 자의 순위에 갈음하여 상속인이 된다(제1001조). 또 상속개시 전에 사망 또는 결격된 자의 배우자도 그 직계비속과 함께 동순위로 공동상속인이 되며, 그 상속인이 없을 때에는 단독상속인이 된다(제1003조 제2항). 이를 대습상

속이라 한다. 예를 들어 피상속인 갑에게 A·B·C 3명의 자녀가 있는 경우, 상속개시 전에 B가 사망하고 B에게 B1과 B2인 두 아들이 있으면 B1과 B2는 A·C와 동순위로 상속인이 된다.

대습상속제도를 인정하는 이유는 본래 선순위의 상속권을 가져야 할 자가 사망 또는 결격의 이유로 상속권을 잃은 경우에 그 자의 직계비속으로 하여금 그 자에 갈음하여 동일순위로 상속시키는 것이 공평의 이념에 맞고, 직계상속이라는 상속의 본질에도 합치하기 때문이다.

2. 대습상속의 요건

(1) 피대습인의 사망

대습상속이 인정되기 위해서는 추정상속인(피대습자)이 상속개시 전에 사망, 실종선고, 결격 등의 사유로 인하여 상속권을 상실할 것을 요한다. 여기서 상속포기는 그 원인이 되지 않는다. 그러나 대습상속을 대습자의 고유권이라고 한다면 상속을 포기하는 경우에도 마땅히 대습상속을 인정해야 한다고 보는 견해도 있다(곽윤직, 63면).

(2) 피대습인

대습상속은 상속인이 될 피상속인의 직계비속이나 형제자매가 사망한 경우에는 피대습인의 직계비속이 대습상속을 한다. 직계비속은 상속개시시에 반드시 생존하고 있어야 하는 것은 아니지만 적어도 포태하고 있어야 한다(제1000조 제3항). 미래의 대습자란 법률상 불확실한 것이므로 이를 인정할 수 없기 때문이다. 피대습자가 결격자가 된 이후에 피대습자의 배우자가 되었다고 하더라도 상속개시시에 배우자의 지위에 있다면 대습상속을 부정할 필요는 없을 것이다.

피상속인과 피대습인이 동시사망으로 추정되는 경우 대법원은 민법 제1001조의 상속인이 될 직계비속이 상속개시 전에 사망한 경우에는 상속인이 될 직계비속이 상속개시와 동시에 사망한 것으로 추정되는 경우도 포함하는 것으로 합목적적으로 해석하는 것이 상당하다고 하였다(대법원 2001. 3. 9. 선고 99다13157 판결). 문제는 피상속인의 배우자와 자녀들이 모두 피상속인보다 먼저 사망하였으나 그들에게 자녀가 있는 경우 그 손자녀는 대습상속을 하는가 아니면 본래의 상속을 하는가이다. 여기서 본위상속설과 대습상속설이 구분된다.

<본위상속설과 대습상속설의 구분>

본위상속설은 대습상속의 본질을 상속개시 당시 대습자가 피상속인과 자신의 관계에서 상속한다고 보는 견해이고, 대습자가 피대습자의 지위에서 상속한다고 보는 견해가 대습상속설이다. 각 학설에 따른 구체적인 예를 들면, 할아버지인 갑과 그의 손자녀들 a, b, c가 있고, 그들이 형제자매라면 본위상속설이든 대습상속설이든 차이는 없다. 그러나 이들이 사촌지간이면 문제가 다르다. a, b의 부가 A이고, c의 부는 C인데, A와 C가 상속개시 전에 이미 상속권을 상실하였다고 가정하면, 본위상속설에 따르면 a, b, c의 상속분은 모두 1/3로 동일하지만 대습상속설에 따르면 a, b는 각각 1/4(1/2×1/2)인 반면 c는 1/2이다.

우리나라에서는 비대습설(김주수·김상용, 611면)과 대습설(곽윤직, 49~50면, 64면)이 대립하고 있다. 대법원은 피상속인의 자녀가 상속개시 전에 전부 사망한 경우 피상속인의 손자녀는 본위상속이 아니라 대습상속을 한다고 하였다(대법원 2001. 3. 9. 선고 99다13157 판결).

(3) 피대습인의 상속결격

민법 제1001조에서는 상속개시 전에 사망하거나 결격자가 된 경우라고 하여 피대습인에게 상속결격사유가 있는 때에도 대습상속이 인정된다.

(4) 상속포기가 피대습의 원인이 될 수 있는지의 여부

피상속인의 사망으로 상속이 개시된 후 상속인이 상속을 포기하면 상속이 개시된 때에 소급하여 그 효력이 생긴다(제1042조). 따라서 제1순위 상속권자인 배우자와 자녀들이 상속을 포기하면 제2순위에 있는 사람이 상속인이 된다. 상속포기의 효력은 피상속인의 사망으로 개시된 상속에만 미치고, 그 후 피상속인을 피대습자로 하여 개시된 대습상속에까지 미치지는 않는다. 대습상속은 상속과는 별개의 원인으로 발생하는 것인 데다가 대습상속이 개시되기 전에는 이를 포기하는 것이 허용되지 않기 때문이다. 이는 종전에 상속인의 상속포기로 피대습자의 직계존속이 피대습자를 상속한 경우에도 마찬가지이다. 또한 피대습자의 직계존속이 사망할 당시 피대습자로부터 상속받은 재산 외에 적극재산이든 소극재산이든 고유재산을 소유하고 있었는지에 따라 달리 볼 이유도 없다

(대법원 2017. 1. 12. 선고 2014다39824 판결).

(5) 피대습인의 배우자

배우자의 대습상속을 인정하는 경우는 우리나라 이외에는 찾아보기 어렵다. 아래 판례에서 소개한 바와 같이 형제자매보다 사위가 단독으로 대습상속한다. 그러나 이 것이 공평한가에는 의문의 여지가 있다(대법원 2001. 3. 9. 선고 99다13157 판결).

(6) 대습상속인의 상속결격

대습상속인에게 피상속인에 대한 상속결격사유가 있는 경우 대습상속을 하지 못한다. 그러나 대습상속인이 피대습인에 대한 관계에서 상속결격사유가 있더라도 이는 대습상속에는 영향을 주지 않는다(곽윤직, 64면; 송덕수, 308면).

(7) 재대습상속

재대습상속이란 대습상속을 할 지위에 있는 자가 상속개시 전에 다시 사망하거나 상속결격이 된 때에는 그의 직계비속 또는 배우자가 다시 대습상속을 하는 것을 의미한다. 재대습상속이 인정되는가에 대하여 통설은 이를 긍정한다. 다만 대습상속한 피대습자(사망자 또는 결격자)의 배우자가 대습상속의 상속개시 전에 사망하거나 결격자가 된 경우, 그 배우자에게 다시 피대습자로서의 지위가 인정될 수 있는가에 대해서 판례는 이를 부정한다(대법원 1999. 7. 9. 선고 98다64318·64325 판결). 예를 들어 처의 남편에게는 전처소생의 아들이 있는 경우 처가 피상속인인 부보다 먼저 사망하고 부가 사망하여 남편이 대습상속인이 되었으나 남편마저 사망하게 되는 경우 남편이 다시 피대습자가 된다면 그의 전처와의 관계에서 출생한 자가 이를 재대습되는 것은 부정된다.

관련판례 2.3 사위의 대습상속

1. 사실관계

A는 처 B와의 사이에 딸 C, 아들 D을 두었다. 딸 C는 을(사위)과 혼인하여 그 사이에 외손녀 E, 외손자 F를 두었고, 아들 D는 G와의 사이에 손녀 H를 두었다. 사위 을을 제외한 가족 전원이 1997. 8. 6. 미합중국의 자치령 괌(Guam)의 니미츠 언덕(Nimitz Hill)에서 함께 탑승 중이던 항공기의 추락 사고로 모두 사망하였다. 당시 망 A에게 다른 직계비속이나 직계존속은

없었다(이상의 사실관계에 의하면 망 A는 그의 처는 물론 직계비속인 아들, 딸과 손자 손녀들 및 직계비속의 배우자인 며느리 등과 함께 동일한 위난으로 사망한 것으로서 민법 제30조에 의하여 모두 동시에 사망한 것으로 추정된다).

망 A의 유족으로는 사위 을과 A의 7명의 형제자매(갑1, 갑2, 갑3, 갑4, 갑5, 갑6, 갑7)가 있었다. 을은 A의 소유이던 X 토지를 1997년 상속을 원인으로 소유권이전등기를 경료하였으며, A의 형제자매들(갑1, 갑2, 갑3, 갑4, 갑5, 갑6, 갑7)은 X 토지에 대한 소유권이전등기말소를 청구하였다.

2. 대법원판결요지(대법원 2001. 3. 9. 선고 99다13157 판결)

우리나라에서는 전통적으로 오랫동안 며느리의 대습상속이 인정되어 왔고, 1958. 2. 22. 제정된 민법에서도 며느리의 대습상속을 인정하였다. 그러나 1990. 1. 13. 개정된 민법에서 며느리에게만 대습상속을 인정하는 것은 남녀평등·부부평등에 반한다는 것을 근거로 하여 사위에게도 대습상속을 인정하는 것으로 개정하였다. 헌법 제11조 제1항이 누구든지 성별에 의하여 정치적·경제적·사회적·문화적 생활의 모든 영역에 있어서 차별을 받지 아니한다고 규정하고 있고, 헌법 제36조 제1항이 혼인과 가족생활은 양성의 평등을 기초로 성립되고 유지되어야 하며 국가는 이를 보장한다고 규정하고 있다. 현대 사회에서 딸이나 사위가 친정 부모 내지 장인 장모를 봉양, 간호하거나 경제적으로 지원하는 경우가 드물지 아니하며, 배우자의 대습상속은 혈족상속과 배우자상속이 충돌하는 부분인데 이와 관련한 상속순위와 상속분은 입법자가 입법정책적으로 결정할 사항으로서 원칙적으로 입법자의 입법형성의 재량에 속한다고 할 것이다. 상속순위와 상속분은 그 나라 고유의 전통과 문화에 따라 결정될 사항이지 다른 나라의 입법례에 크게 좌우될 것은 아니며, 피상속인의 방계혈족에 불과한 피상속인의 형제자매가 피상속인의 재산을 상속받을 것을 기대하는 지위는 피상속인의 직계혈족의 그러한 지위만큼 입법적으로 보호하여야 할 당위성이 강하지 않은 점 등을 종합하여 볼 때, 외국에서 사위의 대습상속권을 인정한 입법례를 찾기 어렵고, 피상속인의 사위가 피상속인의 형제자매보다 우선하여 단독으로 대습상속하는 것이 반드시 공평한 것인지 의문을 가져볼 수는 있다 하더라도, 이를 이유로 곧바로 피상속인의 사위가 피상속인의 형제자매보다 우선하여 단독으로 대습상속할 수 있음이 규정된 민법 제1003조 제2항이 입법형성의 재량의 범위를 일탈하여 행복추구권이나 재산권보장 등에 관한 헌법규정에 위배되는 것이라고 할 수 없다.

원래 대습상속제도는 대습자의 상속에 대한 기대를 보호함으로써 공평을 꾀하고 생존 배우자의 생계를 보장하여 주려는 것이고, 또한 동시사망 추정규정도 자연과학적으로 엄밀한 의미의 동시사망은 상상하기 어려운 것이나 사망의 선후를 입증할 수 없는 경우 동시에 사망한 것으로 다루는 것이 결과에 있어 가장 공평하고 합리적이라는 데에 그 입법 취지가 있는 것인바, 상속인이 될 직계비속이나 형제자매(피대습자)의 직계비속 또는 배우자(대습자)는 피대습자가 상속개시 전에 사망한 경우에는 대습상속을 하고, 피대습자가 상속개시 후에 사망한 경우에는 피대습자를 거쳐 피상속인의 재산을 본위상속을 하므로 두 경우 모두 상속을 하는데, 만일 피대습자가 피상속인의 사망, 즉 상속개시와 동시에 사망한 것으로 추정되는 경우에만 그 직계비속 또는 배우자가 본위상속과 대습상속의 어느 쪽도 하지 못하게 된다면 동시사망 추정 이외의 경우에 비하여 현저히 불공평하고 불합리한 것이라 할 것이고, 이는 앞서 본 대습상속제도 및 동시사망 추정규정의 입법 취지에도 반하는 것이므로, 민법 제1001조의 상속인이 될 직계비속이 상속개시 전에 사망한 경우에는 상속인이 될 직계비속이 상속개시와 동시에 사망한 것으로 추정되는 경우도 포함하는 것으로 합목적적으로 해석함이 상당하다.

피상속인의 자녀가 상속개시 전에 전부 사망한 경우 피상속인의 손자녀는 본위상속이 아니라 대습상속을 한다.

[관련조문]

민법 제30조(동시사망), 제1001조(대습상속), 제1003조(배우자의 상속순위) 제2항, 헌법 제11조 제1항, 제36조 제1항

3. 대습상속의 효과

민법 제1001조의 규정에 의하여 사망 또는 결격된 자에 가름하여 상속인이 된 자의 상속분은 사망 또는 결격된 자의 상속분에 의한다(제1010조). 예를 들어 A는 갑, 을, 병 자녀 그리고 처 B가 있는데, A는 아버지 C가 사망하기 전에 이미 상속권을 상실하였다면, 피상속인 C가 사망한 경우 상속은 어떻게 되는가? A의 상속분에 대하여 B(1.5), 갑(1), 을(1), 병(1)이 각각 그 지분대로 대습상속한다.

Ⅳ. 상속인의 결격

1. 상속능력

권리능력자는 상속의 능력을 갖는다. 상속은 그 본질상 자연인에 대해서만 인정되며, 법인은 권리능력이 있어도 상속능력은 인정될 수 없다. 다만 법인의 경우는 포괄유증에 의하여 상속과 같은 효과를 가져올 수 있다.

또한 상속인이 될 자는 상속개시시에 존재하여야 한다. 이를 '동시존재의 원칙'이라고 한다. 그러나 상속개시 전에 포태되었으나, 상속개시 후에 출생한 아이에 대해서는 예외를 두고 있다. 아이의 출생후 법적 소급효가 생긴다. 그래서 태아는 상속개시 전에 이미 출생한 것으로 본다(제1000조 제3항)(앞의 부분에

서 상속인의 상속순위 중 제1순위 참조).

상속개시시에 이미 사망한 사람은 상속능력이 없다. 그러나 대습상속은 예외이다.

2. 상속결격의 사유

(1) 의 의

재산상속인에 대하여 법정사유가 발생하였을 경우에 특별히 재판상의 선언을 기다리지 않고, 법률상 당연히 그 상속인이 피상속인의 재산을 상속하는 자격을 잃는 것을 상속결격이라고 한다. 우리 민법의 결격사유에 대한 규정은 다른 나라에 비해 그 범위가 넓고, 상속결격사유의 용서에 대한 규정도 두고 있지 않다.

헌법재판소는 피상속인에 대한 부양의무를 이행하지 않은 직계존속의 경우를 상속결격사유로 규정하지 않은 민법 제1004조(이하 '심판대상조항'이라 한다)가 청구인의 재산권을 침해한다고 보기 어렵다고 하여 위헌이 아니라고 하였다(헌재 2018. 2. 22.자 2017헌바59 결정).

(2) 결격사유

상속결격의 사유는 다음의 다섯 가지가 있다.

1) 고의로 직계존속·피상속인 그 배우자 또는 재산상속의 선순위나 동순위에 있는 자를 살해하거나 살해하려 한 경우이다. 민법 제1004조는 고의범에 한해서 인정된다. 살해의 고의의 의미에 대하여 상속결격사유가 되기 위해서 상속에 있어서 유리하다는 인식이 필요하지 않다는 것이 다수설이나, 재산취득질서를 교란시켜서 위법하게 이득을 얻으려고 하는 형태에 대한 제재라고 보는 입장에서는 상속결격의 요건으로 상속에 있어 유리하다는 인식을 필요로 한다. 판례는 살해의 고의 외에 상속에 있어 유리하다는 인식이 필요하지 않다고 하여 낙태의 경우에 상속결격사유가 된다고 한다(대법원 1992. 5. 22. 선고 92다2127 판결). 그러나 여기에는 의문의 여지가 있다. 태아는 출생하지 않은 이상 선순위 또는 동순위의 상속인이라고 볼 수 없으며, 태아의 상속능력에 해제조건설을 따르더라도 태아가 낙태된 이상 선순위 또는 동순위의 상속인은 아니라고 본다.

또한 태아의 낙태에 대하여 신의칙(제150조)에 반한다고 보기 어렵다. 한편 헌법재판소(헌재 2019. 4. 11. 선고 2017헌바127 결정)는 낙태죄를 규정한 형법 제269조, 제270조 제1항이 위헌이라고 하면서 2020. 12. 31.을 시한으로 입법자가 개정할 때까지 계속 적용 된다고 하였다. 헌법불합치 의견에서 임신 22주 내외 이후의 낙태에 대하여 처벌할 수 있다는 취지를 설명하고 있는데, 이에 개선입법이 만들어진다면 법원은 낙태의 처벌과 관련하여 판단하여야 할 것이다. 이에 위의 판례는 변경되어야 할 것이다(윤진수, 2022, 354면).

2) 고의로 직계존속·피상속인과 그 배우자에게 상해를 가하여 사망에 이르게 한 경우 상속의 선순위나 동순위자에게 상해를 가하여 사망에 이르게 한 경우이다.

3) 사기 또는 강박으로 피상속인의 양자 기타 상속에 관한 유언 또는 유언의 철회를 방해한 경우이다. 여기서 방해한다는 것은 유언자를 고의적으로 기망하거나 공포에 빠뜨리려 하거나 자기에게 상속을 유리하게 하려고 하거나 혹은 불리하게 되는 것을 방해하려는 것을 요한다(통설). '상속에 관한 유언'이라 함은 상속재산분할방법의 지정 또는 위탁 등과 같이 상속자체에 관한 것뿐만 아니라 유산의 범위에 영향을 미치는 유증, 상속인의 범위에 영향을 미치는 인지를 포함하는 유언과 재단법인 설립의 유언 등을 들 수 있다.

4) 피상속인의 양자 기타 상속에 관한 유언서를 위조·변조·파기 또는 은닉한 경우이다. 상속개시시에 본호의 행위가 없었다면 유효하게 존재하였을 유언서를 위조, 변조, 파기 또는 은닉한 경우이다. 유언서를 은닉한 자라 함은 유언서의 소재를 불명하게 하여 그 발견을 방해하는 일체의 행위를 한 자를 의미한다(대법원 1998. 6. 12. 선고 97다38510 판결).

관련판례 2.4 낙태의 경우 상속결격사유

1. 사실관계

소외 망 조○○은 1989.8.16. X(피고)의 불법행위로 사망하였다. Y(공동원고)는 소외 망 조○○의 처로서 그 호주상속인이고 다른 원고들은 조○○의 부모로, 소외 망인의 피고에 대한 손해배상채권은 그 법정상속분에 따라 상속됨으로써 Y가 그 중 2/4를, 원고들이 그중 1/4씩을 승계취득하였다.

Y는 1989.9.18. 소외 망인과의 사이에서 잉태한 태아를 출산할 경우 결손가정에서 키우기

어려우리라는 우려와 남편의 사망으로 인한 정신적 충격 및 신체적 쇠약으로 고민 끝에 아이를 낙태하였다. 조○○의 부모는 Y의 낙태행위는 고의로 상속의 동순위에 있는 자를 살해한 자에 해당하므로 Y는 상속결격자가 되어 망 조○○의 재산을 상속할 수 없고 배상청구권은 조○○의 부모(A, B)에게 상속되어야 한다고 주장한다. 낙태의 경우 상속결격사유가 되는가?

2. 원심판결요지

이에 대하여 원심은 "낙태를 하면 민법 제1004조 제1호에 해당하는 경우가 있을 수 있지만, 상속결격제도의 중심적 의의는 개인법적 재산취득질서의 파괴 또는 이를 위태롭게 하는 데에 대한 민사적 제재라고 보아야 할 것이고, 그러한 이상 상속결격자라고 하기 위하여는 민법 제1004조 소정의 범죄를 범한 자의 고의 안에는 적어도 그 범행으로 말미암아 상속에 유리하게 된다는 인식도 함께 있을 것을 필요로 할 것인바, 위 Y가 조○○와의 사이에서 포태한 태아를 낙태하기는 하였지만, 이 범행은 위 태아를 출산할 경우 결손가정에서 키우기 어려우리라는 우려와 남편의 사망으로 인한 정신적 충격 및 신체적 쇠약으로 고민 끝에 이루어진 사실이 인정되고, 또한 위 Y가 낙태를 하지 아니하였다 하더라도 Y는 호주상속을 할 태아와 공동상속인이 되어 그 상속분은 1/2이 되고, 낙태한 경우에도 부모(A, B)와 공동상속인이 되어 그 상속분은 역시 1/2이 되므로, 그가 낙태죄를 범한 이유는, 그 범행으로 말미암아 자신이 재산상속에 유리하게 된다는 인식 없이, 오로지 장차 태어날 아기의 장래에 대한 우려 등에 기인하였으므로, 동인은 상속결격자에 해당한다고 할 수 없다"는 이유로, 이를 배척하였다(광주고법 1991. 11. 29. 선고 90나6889,6896 판결).

3. 대법원판결요지(대법원 1992. 5. 22. 선고 92다2127 판결)

태아가 호주상속의 선순위 또는 재산상속의 선순위나 동순위에 있는 경우에 그를 낙태하면 구 민법(1990. 1. 13. 법률 제4199호로 개정되기 전의 것) 제992조 제1호 및 제1004조 제1호 소정의 상속결격사유에 해당한다.

위 규정들 소정의 상속결격사유로서 '살해의 고의' 이외에 '상속에 유리하다는 인식'을 필요로 하는지 여부에 관하여는, (1) 우선 같은 법 제992조 제1호 및 제1004조 제1호는 그 규정에 정한 자를 고의로 살해하면 상속결격자에 해당한다고만 규정하고 있을 뿐, 더 나아가 '상속에 유리하다는 인식'이 있어야 한다고까지는 규정하고 있지 아니하고, (2) 위 법은 "피상속인 또는 호주상속의 선순위자"(제992조 제1호)와 "피상속인 또는 재산상속의 선순위나 동순위에 있는 자"(제1004조 제1호) 이외에 "직계존속"도 피해자에 포함하고 있고, 위 "직계존속"은 가해자보다도 상속순위가 후순위일 경우가 있는바, 같은 법이 굳이 동인을 살해한 경우에도 그 가해자를 상속결격자에 해당한다고 규정한 이유는, 상속결격요건으로서 "살해의 고의" 이외에 '상속에 유리하다는 인식'을 요구하지 아니한다는 데에 있다고 해석할 수밖에 없으며, (3) 같은 법 제992조 제2호 및 이를 준용하는 제1004조 제2호는 "고의로 직계존속, 피상속인과 그 배우자에게 상해를 가하여 사망에 이르게 한 자"도 상속결격자로 규정하고 있는데, 이 경우에는 '상해의 고의'만 있으면 되고, 이 '고의'에 '상속에 유리하다는 인식'이 필요 없음은 당연하므로, 이 규정들의 취지에 비추어 보아도 그 제1호의 요건으로서 '살해의 고의' 이외에 '상속에 유리하다는 인식'은 필요로 하지 아니한다고 할 것이다.

[관련조문]
제1004조(상속인의 결격사유)

3. 상속결격의 효과

상속결격 사유를 발생시킨 상속인은 그로 말미암아 상속개시 전이면 즉시, 개시 후면 상속시에 소급하여 당연히 상속할 자격을 잃는다. 상속결격자가 상속재산을 선의 무과실의 제3자에게 양도한 경우 그 양도행위는 당연무효이며, 양수인은 선의취득의 보호를 받지 않는 한 권리를 취득할 수 없다(대법원 1964. 7. 14. 선고 64다135 판결).

결격의 효과는 결격자의 일신에만 그치므로 결격자의 직계비속이나 배우자는 대습상속할 수 있다. 우리 민법은 독일 민법과는 달리 상속결격에 대한 피상속인의 용서를 이유로 상속자격의 회복을 규정하고 있지 않다. 이에 상속결격의 회복은 불가능하다고 보는 것이 통설이나(김용한, 280면; 김주수, 538면), 소수설은 피상속인의 용서로 인해 회복이 가능하다고 본다(곽윤직, 45면; 박병호, 312면; 이경희).

3절 ≫ 상속의 효력

Ⅰ. 일반적 효과

1. 당연포괄승계의 원칙

상속인은 상속이 개시된 때로부터 피상속인의 재산에 관한 포괄적 권리의무를 승계한다(제1005조 본문). 즉 피상속인의 사망으로 인하여 상속인은 피상속인의 재산법적 지위를 당연히 승계하는 것이다(제187조). 이러한 상속개시 후 당연승계가 위헌이라는 주장이 제기되었다. 그러나 헌법재판소는 우리의 상속법제는 법적 안정성이라는 공익을 도모하기 위하여 포괄·당연승계주의를 채택하는 한편, 상속의 포기·한정승인제도를 두어 상속인으로 하여금 그의 의사에 따라 상속의 효과를 귀속시키거나 거절할 수 있는 자유를 주고 있으며, 상속인과 피상속인의 채권자 및 상속인의 채권자 등의 이해관계를 조절할 수 있는 다양한 제도적 장치도 마련하고 있으므로, 민법 제1005조는 입법자가 입법형성권을 자의적으로 행사하였다거나 헌법상 보장된 재산권이나 사적 자치권 및 행복추구권을 과도하게 침해하여 기본권제한의 입법한계를 벗어난 것으로서 헌법에 위반된다고 할 수 없다고 하였다(헌재 2004. 10. 28. 선고 2003헌가13 결정).

그러나 피상속인의 일신에 전속한 권리나 의무는 상속에 의하여 승계하지 못한다(제1005조 단서). 상속재산은 포괄적 일체로서 하나의 물건, 즉 집합물을 구성하는 것은 아니고, 다만 개개의 적극적·소극적인 재산의 집합에 지나지 않는다. 따라서 포괄승계한 모든 개개의 적극적·소극적 재산이 피상속인의 사망이라는 단일한 원인에 의하여 포괄적으로 상속인에게 이전되는 것을 의미한다. 상속은 상속인이 상속개시를 알고 있거나 모르거나 당연히 행하여진다.

2. 상속재산의 범위

상속의 대상이 되는 재산은 적극적 재산이거나 소극적 재산이거나 상속개시 당시에 현존하고 있으면 족하다. 그리고 순수한 재산권이 아닌 재산상의 권리의무와 관계 있는 것도 상속의 대상이 된다. 민법은 재산에 관한 권리의무를 승계한다고 규정하고 있기 때문에 재산에 관한 것이 아닌 권리의무는 승계하지 않는다.

(1) 재산적 권리

1) 형성권, 무체재산권

재산권이면 인격적 색채를 지니는 것도 상속된다. 즉 저작권(저작권법 제46조), 상표권(상표법 제96조), 특허권(특허법 제124조) 등 무체재산권도 상속의 대상이 된다.

2) 물 권

물권은 전부 상속의 대상이 된다. 일반적으로 부동산물권의 변동은 등기하여야 그 효력이 발생하나(제186조), 상속으로 인한 부동산물권의 취득은 등기를 필요로 하지 않는다(제187조). 동산물권에 관해서도 역시 인도를 요하지 않고 당연히 이전되는 것으로 본다.

상속재산은 소유권뿐만 아니라 제한물권, 용익물권이나 담보물권 역시 상속된다. 점유를 요건으로 하는 유치권이나 질권도 점유의 상속이 인정(제193조)되므로 상속이 된다. 다만 특수지역권은 특정지역의 주민이라는 자격과 결합되어 있기 때문에 상속의 대상이 되지 않는다(제302조 참조). 합유자의 합유지분은 상속되지 않는다(대법원 1994. 2. 25. 선고 93다39225 판결). 이에 2인 이상의 합유부동산의 합유자 중 1인이 사망하는 경우 잔존합유자에게 재산이 귀속된다(대법원 1996. 12. 10. 선고 96다23238 판결).

3) 점유권의 상속

점유권도 상속인에게 상속된다(제193조). 이는 피상속인의 점유와 상속인의 점유 사이에 중단이 생기는 것을 막기 위한 규정이다. 이에 피상속인의 점유권은 당연히 그 재산상속인에게 상속되는 것이며, 이 경우에 그 점유를 포기하는 등 특단의 사유가 없는 한 상속인들은 공동으로 본건 상속재산을 점유하고 있다고 해석함이 타당하다.

그런데 예를 들어 취득시효에 있어서 피상속인의 점유가 타주점유이거나 과실 있는 점유인 경우 상속인은 자신만의 점유를 분리 주장할 수 있는가? 이에 대하여 판례는 상속에 의하여 점유권을 취득한 경우에는 상속인은 새로운 권원에 의하여 자기 고유의 점유를 시작하지 않는 한 피상속인의 점유의 성질과 하자를 떠나 자기만의 점유를 주장할 수 없다고 판시하고 있다(대법원 1992. 9. 22. 선고 92다22602·22619 판결; 대법원 1995. 2. 10. 선고 94다22651 판결 참조). 그러나 학설상 이 경우 점유의 승계인은 자기의 점유만을 주장할 수 있다는 민법 제199조의 적용을 인정하는 것이 다수설이다.

또한 공유 부동산은 공유자 한 사람이 전부를 점유하고 있다고 하여도, 다른 특별한 사정이 없는 한 권원의 성질상 다른 공유자의 지분비율의 범위 내에서는 타주점유라고 볼 수밖에 없는 것인바(대법원 1988. 12. 13. 선고 87다카1418, 1419 판결; 대법원 1994. 9. 9. 선고 94다13190 판결; 대법원 1995. 1. 12. 선고 94다19884 판결 등 참조), 점유자가 공동소유의 토지 전부를 점유하여 왔다고 하더라도 다른 특별한 사정이 없는 한 권원의 성질상 피고 1의 상속지분을 초과하는 부분(다른 상속인들의 상속지분에 해당하는 부분)의 점유는 타주점유라고 봄이 상당할 것이다(대법원 1996. 7. 26. 선고 95다51861 판결).

4) 채 권

채권도 상속되는 것이 원칙이나 성격상 일신전속적인 것은 상속되지 않기 때문에 이를 주의해야 한다. 채권자가 변경됨으로써 이행의 내용이 변경되는 것은 상속성이 없다.

① 임차권

임차권은 재산권이고 임차인의 사망으로 효력을 잃는다고 규정되어 있지 않으므로 임차인이 사망하여도 임대차는 존속하고 임차권은 상속인에게 상속된다(대법원 1966. 9. 20. 선고 66다1238 판결). 다만 주택임대차보호법에 따라 법률혼이 아닌 사실상의 혼인관계에 있는 배우자가 임차권을 승계할 수 있도록 보호조항을 두고 있다(주택임대차보호법 제9조 참고).

② 통상의 손해배상청구권

통상의 손해배상청구권은 당연히 상속된다(제1005조). 그것이 재산상 손해이든 정신상 손해이든 마찬가지이다. 그런데 약혼해제, 이혼, 혼인의 무효 및 취소, 입양의 무효 및 취소, 파양 등을 이유로 한 위자료청구권은 사망한 피해자가 생전에 위자료청구를 하거나 배상에 관한 계약이 성립된 경우에만 상속된다.

③ 생명침해로 인한 손해배상청구권

생명침해로 인한 재산상의 손해 및 정신적 손해에 대한 배상청구권의 상속 여부에 대해서는 학설이 대립된다.

상속을 긍정하는 설에 의하면 피해자의 재산상의 손해인 일실이익에 대한 손해배상청구권이든 정신적 고통으로 인한 위자료청구권이든 손해배상청구권은 일단 사망자에게 귀속되었다가 상속인에게 승계된다(곽윤직, 75면; 김용한,

313면). 판례는 "피해자가 이를 포기하거나 면제하였다고 볼 수 있는 특별한 사정이 없는 한 생전에 청구의 의사표시를 할 필요 없이 원칙적으로 상속한다"고 하여 이를 인정하고 있다(대법원 1966. 10. 18. 선고 66다1335 판결; 대법원 1970. 2. 24. 선고 69다2160 판결).

특히 즉시사망의 경우 치명상을 받은 때에도 원인행위와 사망 사이에 이론상 시간적 간격이 인정된다고 하여 상속성을 긍정하는 것이 통설과 판례의 입장이다(대법원 1971. 3. 9. 선고 70다3031 판결; 대법원 1995. 5. 12. 선고 93다48373 판결).

판례에 의하면 '정신적 고통에 대한 피해자의 위자료청구권도 재산상의 손해배상 청구권과 구별하여 취급할 근거가 없으며, 그 위자료청구권이 일신전속권이라 할 수 없고 피해자의 사망으로 인하여 상속된다. 피해자가 즉사한 경우라 하여도 피해자가 치명상을 받은 때와 사망과의 사이에는 이론상 시간적 간격이 인정될 수 있는 것이므로 피해자의 위자료 청구권은 당연히 상속의 대상이 된다'(대법원 1969. 4. 15. 선고 69다268 판결).

상속을 부정하는 설에 의하면 사망자의 위자료청구권 또는 명예훼손이나 신체상해로 인한 위자료청구권은 피해자 본인에게 지급되어야 할 일신전속권이므로 상속인에게 상속되지 않는다(김주수·김상용, 이은영). 다만, 피해자가 생전에 위자료의 배상청구를 한 때에는 그것이 금전채권으로 구체화되어 상속재산에 포함된다.

④ 생명보험청구권 및 상해보험금

생명보험금에는 보험계약자, 피보험자 그리고 보험수익자가 있다. 보험계약자는 보험을 계약한자로 보험금을 지불하는 자이다. 피보험자는 보험사고가 발생하므로써 손해를 입은자이다. 또한 보험수익자는 사망보험금을 지급받는자이다.

보험계약자인 피상속인이 자신을 피보험자 및 수익자로 한 경우 이견이 있으나 판례는 생명보험청구권은 상속재산이라고 보고 있다(대법원 2000. 10. 6. 선고 2000다38848 판결; 대법원 2002. 2. 8. 선고 2000다64502 판결). 그러나 보험계약자인 피상속인이 상속인을 보험수익자로 하였을 때 이때에는 보험수익자를 성명만으로 특정하였거나, 아니면 "상속인"이라고 특정하였거나 간에 이는 피상속인의 사망으로 인하여 생기는 것으로 상속재산에는 포함되지 않는 것이 일반적이다(대법원 2001. 12. 28. 선고 2000다31502 판결; 대법원 2004. 7. 9. 선고 2003다

29463 판결 등). 이때 보험수익자로 지정된 상속인 중 1인이 자신에게 귀속된 보험금청구권을 포기하더라도 그 포기한 부분이 당연히 다른 상속인에게 귀속되지는 아니한다. 이러한 법리는 단체보험에서 피보험자의 상속인이 보험수익자로 인정된 경우에도 동일하게 적용된다(대법원 2020. 2. 6. 선고 2017다215728 판결).

보험수익자인 제3자가 피보험자보다 먼저 사망한 경우, 보험계약자인 피상속인이 수익자를 다시 지정하기 전에 사망하였다면 제3자인 수익자의 상속인이 보험수익자가 된다고 규정하고 있다(상법 제733조). 대법원은 이 규정에 의하여 피보험자의 상속인이 보험수익자가 된 경우 이때의 보험금청구권 또한 상속재산이 아니라 상속인의 고유재산이라고 보았다(대법원 2004. 7. 9. 선고 2003다29463 판결).

또한 보험계약자가 자기 이외의 제3자를 피보험자로 하고 자기 자신을 보험수익자로 하여 맺은 생명보험계약에 있어서 보험존속 중에 보험수익자가 사망한 경우에는 상법 제733조 제3항 후단 소정의 보험계약자가 다시 보험수익자를 지정하지 아니하고 사망한 경우에 준하여 보험수익자의 상속인이 보험수익자가 되고, 이는 보험수익자와 피보험자가 동시에 사망한 것으로 추정되는 경우에도 달리 볼 것은 아니며, 이러한 경우 보험수익자의 상속인이 피보험자의 사망이라는 보험사고가 발생한 때에 보험수익자의 지위에서 보험자에 대하여 가지는 보험금지급청구권은 상속재산이 아니라 상속인의 고유재산이다(대법원 2007. 11. 30. 선고 2005두5529 판결).

다만 보험금은 과세대상이 된다. 실질적으로 상속이나 유증 등에 의하여 재산을 취득한 경우와 동일하게 볼 수 있는 보험금을 상속재산으로 간주하는 상속세 및 증여세법 제8조의 규정이 헌법의 재산권보장 원칙 또는 실질적 조세법률주의에 위배된다고 볼 수 없다(대법원 2007. 11. 30. 선고 2005두5529 판결). 헌법재판소는 이 규정이 위헌이 아니라고 하였다(헌재 2009. 11. 26. 선고 2007헌바137 결정). 생명보험금은 상속재산에 포함되지 않으나 특별수익에는 해당된다.

상해의 결과로 피보험자가 사망한 때에 사망보험금이 지급되는 상해보험에서 보험계약자가 보험수익자를 단지 피보험자의 '법정상속인'이라고만 지정한 경우, 특별한 사정이 없는 한 그와 같은 지정에는 장차 상속인이 취득할 보험금청구권의 비율을 상속분에 의하도록 하는 취지가 포함되어 있다고 해석함이 타당하다. 따라서 보험수익자인 상속인이 여러 명인 경우, 각 상속인은 특별한 사정이 없는 한 자신의 상속분에 상응하는 범위 내에서 보험자에 대하여 보험금을 청구할 수 있다(대법원 2017. 12. 22. 선고 2015다236820, 236837 판결).

⑤ 유족의 손해배상청구권

유족의 손해배상청구권은 재산적 손해와 정신적 손해 부분이 인정된다.

직계존속, 직계비속, 배우자(민법 제752조)의 경우 정신적 손해 부분에 대해 별도의 입증 없이 인정된다.

민법 제752조 규정 이외의 자는 정신적 손해를 입증하면 민법 제750조, 제751에 의해 청구가 가능하다.

판례는 민법 제752조에 규정된 친족 이외의 친족도 그 정신적 고통에 관한 입증을 함으로써 위자료를 청구할 수 있는바, 타인의 불법행위로 생명을 잃은 피해자의 직계비속의 배우자는 경험칙상 그 직계비속에 비견할 정신적 고통을 받는다 할 것이므로 그에 대한 위자료를 청구할 수 있다고 하였다(대법원 1978. 1. 17. 선고 77다1942 판결).

그 외에도 판례는 시어머니(대법원 1967. 12. 18. 선고 67다2047 판결), 누나(대법원 1967. 9. 5. 선고 67다1307 판결), 외조부(대법원 1967. 9. 5. 선고 67다2460 판결), 사실상의 친족관계에 있는 자(대법원 1967. 9. 5. 선고 62다72 판결), 사실상의 배우자(대법원 1967. 9. 5. 선고 66다2216 판결)에게도 위자료 청구권을 인정한바 있다.

⑥ 부양청구권

부양청구권 같은 것 일신전속권이므로 상속성이 없다. 그러나 부양의무의 내용이 확정되어 이행기에 달한 연체부양료청구권은 상속대상이 된다(대법원 2006. 7. 4. 선고 2006므751 판결).

⑦ 재산분할청구권

재산분할청구권은 상속된다. 예를 들어 부모가 이혼한 후 모의 재산분할청구권의 상속으로 모가 분할받을 수 있는 재산은 모의 자녀들에게 상속된다. 그러나 재산분할청구권에서 '부양적 요소'에 의한 부분은 일신전속적인 것이므로 상속되지 않는다. 한편 이혼소송 중 부부의 당사자 일방이 사망한 경우 이혼소송은 종료되고 재산분할청구권도 소멸된다(대법원 1994. 10. 28. 선고 94므246·253

판결; 대법원 2009. 2. 9.자 선고 2008스105 결정).

⑧ 사망퇴직금·유족연금

사망퇴직금·유족연금은 모두 유족 고유의 권리이다(대법원 1996. 9. 24. 선고 95누9945 판결). 대법원은 사업재해보상법에 의한 유족급여의 수급권도 업무상 재해로 인하여 사망한 근로자의 상속재산에 포함되지 아니한다고 보았다(대법원 2009. 5. 21. 선고 2008다13104 전원합의체 판결). 그러나 폐광된 광산에서 업무상 재해를 입은 근로자가 폐광 및 퇴직 후 업무상 재해로 사망한 경우 구 석탄산업법 시행령 제41조 제3항 제5호에 따른 유족보상일시금 상당의 재해위로금 수급권은 민법의 상속에 관한 규정에 따라 그 상속인이 상속한다고 하였다(대법원 2020. 9. 24. 선고 2020두31699 판결).

5) 부의금

부의금은 상주에게 하는 증여이다. 이는 상속재산은 아니며, 장례비용에 충당하고 남은 것이 있으면 특별한 사정이 없는 한 공동상속인들에게 각각 귀속된다(대법원 1992. 8. 18. 선고 92다2998 판결).

6) 형성권

취소권, 해제권, 해지권, 상계권 등의 형성권도 상속의 대상이 된다. 그러나 이들은 어떤 법률관계 또는 법률상의 지위에 부수하는 것이어서 그러한 법률관계 등의 상속에 따라 일체로 되어 승계된다.

7) 광업권·어업권

광업권·어업권 등도 원칙적으로 상속된다. 그러나 공동광업권자의 지위는 조합계약에서 그 지위를 상속인이 승계하기로 약정하지 않은 이상, 상속인에게 승계되지 않는다(대법원 1981. 7. 28. 선고 81다145 판결).

8) 유가증권

유가증권상의 권리도 피상속인의 사망으로 상속인에 의한 취득을 증권상에 기입하지 않아도 당연히 승계된다.

(2) 재산적 의무

1) 채 무

채무 기타 재산적 의무도 일반적으로 상속된다. 따라서 상속재산 중에 적극적인 재산인 채권은 없고 소극적 재산인 채무만이 있는 경우에도 그 채무는 상속된다.

2) 보증채무

보통의 보증은 보증의 책임범위가 확정되어 있기 때문에 보증인이 사망하더라도 그 채무는 상속인에게 승계된다. 그러나 채무자의 변경으로 이행의 내용이 변경되는 채무, 채무자의 주관적 색채가 강한 보증채무, 신원보증채무 등은 상속되지 않는다(대법원 2003. 12. 26. 선고 2003다30784 판결). 보증기간과 보증한도액이 정함이 없는 계속적 보증계약의 경우 보증인이 사망하면 보증인의 지위가 상속인에게 상속될 수 없고, 다만 기왕에 발생한 보증채무만이 상속된다(대법원 2001. 6. 12. 선고 2000다47187 판결).

(3) 일신전속권

1) 일신전속권의 범위

신분법상의 지위 또는 그 지위에 의거하는 권리의무는 일신전속인 것이 원칙이다. 따라서 부양청구권, 혼인동의권, 부부 사이의 계약취소권, 이혼청구권, 친권 등은 상속되지 않는다(제1005조 단서). 또한 유언집행자, 후견인 또는 후견감독인의 권한 등은 상속되지 않는다. 그리고 상호 신용관계를 바탕으로 하는 무상임치, 무상수임관계, 종신정기금의 채권관계 등도 상속되지 않는다.

2) 일신전속의 채무

채무의 이행이 피상속인의 인격과 결합된 예술가·기술자·저술가의 예술상·기술상·저술상의 작위채무 등은 일신전속이다. 그 밖에 피상속인의 친족관계, 그의 지위를 기초로 하는 채무도 일신전속이다. 따라서 이러한 채무는 상속되지 않는다(제1005조 단서).

(4) 상속 불가능한 재산권

본래 상속이 가능한 재산권이더라도 피상속인의 사망을 종기 또는 해제조건으로 하는 것 또는 피상속인의 법률행위에 의하여 상속으로부터 제외된 것은 상속되지 않는다. 신탁재산은 신탁자의 소유이며 수탁자의 상속재산이 될 수 없다.

(5) 법률상 지위의 상속

포괄승계하게 되는 상속이라 함은 상속에 관한 모든 권리의무를 포괄적으로 승계하는 것임은 물론 피상속인의 지위까지도 승계하는 것을 의미한다.

1) 권원의 하자의 상속

피상속인의 권리취득에 관한 권원의 하자 즉, 피상속인이 행한 사기·강박 또는 피상속인이 받은 사기·강박, 피상속인이 가졌던 선의·과실 등도 상속으로 당연히 상속인에게 승계된다.

2) 대리인의 지위

① 대리인

대리인의 지위는 상속되지 않는다(제127조 제2호). 그러나 사망시까지 발생한 본인 또는 대리인의 대리상의 권리·의무 내지 그 법적인 지위는 상속인에게 승계된다. 한편 무권대리인의 지위가 상속되는가는 문제가 될 수 있다.

② 무권대리인의 지위

(ⅰ) 무권대리인이 본인을 상속한 경우

무권대리인이 본인을 상속함으로써 본인과 대리인의 자격이 동일인에게 귀속하게 된 경우에는 무권대리인이 한 법률행위는 본인 자신이 스스로 한 행위로 보아야 한다(다수설). 판례는 대리권한 없이 타인의 부동산을 매도한 자가 그 부동산을 상속한 후 소유자의 지위에서 자신의 대리행위가 무권대리로 무효임을 주장하여 등기말소 등을 구하는 것이 금반언원칙이나 신의칙상 허용될 수 없다고 하였다(대법원 1994. 9. 27. 선고 94다20617 판결).

(ⅱ) 본인이 무권대리인을 상속한 경우

타인의 권리를 처분한 자의 지위를 그 타인이 상속한 경우 처분계약에 따른 무조건적인 이행의무를 부담하는지 여부에 있어서 대법원은 갑이 을등 명의의 주식에 관하여 처분권한 없이 은행과 담보설정계약을 체결하였다 하더라도 이는 일종의 타인의 권리의 처분행위로서 유효하다 할 것이므로 갑은 을등으로부터 그 주식을 취득하여 이를 은행에게 인도하여야 할 의무를 부담한다 할 것인데, 갑의 사망으로 인하여 을등이 갑을 상속한 경우 을등은 원래 그 주식의 주주로서 타인의 권리에 대한 담보설정계약을 체결한 은행에 대하여 그 이행에 관한 아무런 의무가 없고 이행을 거절할 수 있는 자유가 있었던 것이므로, 을등은 신의칙에 반하는 것으로 인정할 특별한 사정이 없는 한 원칙적으로는 위 계약에 따른 의무의 이행을 거절할 수 있다(제135조)(대법원 1994. 8. 26. 선고 93다20191 판결; 대법원 1994. 8. 26. 선고 93다20191 판결; 대법원 2001. 9. 25. 선고 99다19698 판결).

3) 사원권

① 민법상 사단법인의 사원권의 지위에 관하여는 영리법인에 있어서의 사원관계는 상속되나 비영리법인의 그것은 상속되지 않는다(제56조). 그리고 단체의 의사결정기관의 구성원으로서의 지위는 일신전속권으로서 상속의 대상이 되지 않는다(대법원 2004. 4. 27. 선고 2003다64381 판결).

② 민법상 조합에서 조합원이 사망하면 당연히 탈퇴하게 되고, 조합원의 자위가 상속인에게 승계되지 않는다(대법원 1981. 7. 16.자 80마370 결정; 대법원 1987. 6. 23. 선고 86다카2951 판결). 그러나 소합세약에서 싱속인이 승계하기로 특약을 한 경우는 그 특약이 유효하다.

③ 골프회원권 헬스클럽회원권 등에 관하여는 그 회원권의 양도의 자유가 인정된 경우에만 상속이 된다.

④ 상법상 주식회사의 주주로서의 지위(상법 제335조), 합자회사의 유한책임회사의 지위(상법 제283조)는 상속된다(대법원 1987. 6. 23. 선고 86다카2951 판결).

4) 명의신탁에 있어서 수탁자의 지위

부동산명의신탁의 수탁자가 사망하면 명의신탁관계는 수탁자의 생전에 신탁계약이 해지되지 않는 한 당연히 소멸하는 것이 아니라 수탁자의 상속인에게 승계된다(대법원 1981. 6. 23. 선고 80다2809 판결 등).

5) 소송상의 지위

소송은 당사자의 사망에 의하여 중단된다(민소법 제233조 제1항 전단). 이 경우 소송물이 일신전속적인 성격이 아닌 한 상속인 등은 소송절차를 수계하여 소송을 계속할 수 있다(민소법 제233조 제1항 후단; 가소법 제16조). 그러나 상속인은 상속포기를 할 수 있는 동안 소송절차를 수계하지 못한다(민소법 제233조

제2항). 소송대리인이 있는 경우에는 제233조 제1항, 제234조 내지 제237조의 규정을 적용하지 아니한다(제238조).

재판상의 이혼청구권은 부부의 일신전속의 권리이므로 이혼소송 계속중 배우자의 일방이 사망한 때에는 상속인이 그 절차를 수계할 수 없음은 물론이고, 또 그러한 경우에 검사가 이를 수계할 수 있는 특별한 규정도 없으므로 이 혼소송은 종료된다(대법원 1994. 10. 28 선고 94므246 판결).

이혼위자료청구권의 양도 내지 승계의 가능 여부에 관하여 민법 제806조 제3항은 약혼해제로 인한 손해배상청구권에 관하여 정신상 고통에 대한 손해배상청구권은 양도 또는 승계하지 못하지만 당사자간에 배상에 관한 계약이 성립되거나 소를 제기한 후에는 그러하지 아니하다(대법원 1993. 5. 27. 선고 92므143 판결).

이혼심판이 확정된 경우, 그 심판에 재심사유가 있지만 그 재심피청구인이 될 청구인이 사망하였거나 재심소송의 계속중 본래 소송의 청구인이며 재심피청구인이었던 당사자가 사망하였다면 검사로 하여금 그 소송을 수계하도록 함이 합당하다(대법원 1992. 5. 26 선고 90므1135 판결).

관련판례 2.5 점유권의 상속

1. 사실관계

분할되기 전 토지는 임야 3,590평이였으나 1985. 4. 4. 같은 리 887-1 임야 3,469평(11,468㎡)과 같은 리 887-2 임야 121평으로 분할되었다. 위 887-1 임야 11,468㎡는 1992. 11. 2. 같은 리 887-1 임야 7,880㎡, 같은 리 887-3 임야 1,983㎡, 같은 리 887-4 임야 1,230㎡, 같은 리 887-5 임야 214㎡, 같은 리 887-6 전 161㎡(이하 위 887-4 임야 1,230㎡와 887-6 전 161㎡를 '이 사건 토지'라 한다)로 각 분할되었다. 이 토지는 1937. 3. 7. 갑(원고)의 부 김○○ 명의로 소유권이전등기가 경료되었다가 1961. 5. 2. 매매를 원인으로 하여 을(피고) 명의로 소유권이전등기가 경료되었다.

갑(원고)의 부 김○○는 을 명의의 소유권이전등기가 경료된 이후에도 분할 후의 이 사건 토지 부분을 논으로 경작하여 왔고, 김○○가 1970. 5. 29. 사망한 이후에는 상속인인 갑(원고)이 사건 토지 부분을 논으로 경작하여 왔다.

갑은 을에 대하여 점유취득시효 완성에 기한 소유권이전등기를 청구하였다.

2. 원심판결요지(울산지법 2004. 4. 29. 선고 2004나223 판결)

원심은, 소외인은 피고 명의의 소유권이전등기가 경료된 이후에도 분할 후의 이 사건 토지 부분을 논으로 경작하여 왔고, 소외인이 1970. 5. 29. 사망한 이후에는 상속인인 원고가 이 사건 토지 부분을 논으로 경작하여 온 사실을 인정한 다음, 원고는 소외인을 승계하여 이 사건 토지를 소유의 의사로 평온·공연하게 점유한 것으로 추정되므로, 피고 명의의 소유권이전등기가 경료된 1961. 5. 2.경부터 20년이 경과한 1981. 5. 2. 이 사건 토지에 관한 점유취득시효가 완성되었다고 판단하였다.

3. 대법원판결요지(대법원 2004. 9. 24. 선고 2004다27273 판결)

원심의 판단은 다음과 같은 이유로 수긍하기 어렵다. 원심이 인정한 사실관계와 기록에 의하면, 이 사건 토지가 속한 분할 전 토지는 1937. 3. 7. 원고의 부김○○ 소외인 명의로 소유권이전등기가 경료되었다가 1961. 5. 2. 같은 해 3. 25. 매매를 원인으로 하여 소외인으로부터 피고 앞으로 소유권이전등기가 경료되었음을 알 수 있는바, 소유권이전등기가 경료되어 있는 경우에는 그 등기명의자는 제3자에 대하여서뿐만 아니라 그 전소유자에 대하여도 적법한 등기원인에 의하여 소유권을 취득한 것으로 추정되는 것이므로(대법원 1977. 6. 7. 선고 76다3010 판결; 대법원 1982. 6. 22. 선고 81다791 판결 등 참조), 특별한 사정이 없는 한 소외인은 1961. 3. 25. 이 사건 토지를 포함한 분할 전 토지 전부를 피고에게 매도한 것으로 추정된다고 할 것이다.

한편, 부동산을 다른 사람에게 매도하여 그 인도의무를 지고 있는 매도인의 점유는 특별한 사정이 없는 한 타주점유로 변경된다고 할 것이고(대법원 1992. 12. 24. 선고 92다26468, 26475 판결; 대법원 1996. 6. 28. 선고 94다50595, 50601 판결; 대법원 1997. 4. 11. 선고 97다5824 판결; 대법원 1997. 12. 12. 선고 97다40100 판결 등 참조), 또한 상속에 의하여 점유권을 취득한 경우에는 상속인이 새로운 권원에 의하여 자기 고유의 점유를 시작하지 않는 한 피상속인의 점유를 떠나 자기만의 점유를 주장할 수 없고, 선대의 점유가 타주점유인 경우 선대로부터 상속에 의하여 점유를 승계한 자의 점유도 그 성질 내지 태양을 달리하는 것이 아니어서 특단의 사정이 없는 한 그 점유가 자주점유로 될 수 없고, 그 점유가 자주점유가 되기 위하여는 점유자가 소유자에 대하여 소유의 의사가 있는 것을 표시하거나 새로운 권원에 의하여 다시 소유의 의사로써 점유를 시작하여야 하는 것이다(대법원 1996. 9. 20. 선고 96다25319 판결; 대법원 1997. 5. 30. 선고 97다2344 판결 등 참조).

따라서 소외인이 이 사건 토지가 포함된 분할 전 토지를 피고에게 매도한 이후에도 이 사건 토지를 점유하다가 1970. 5. 29. 사망한 후 원고가 소외인의 점유를 상속에 의하여 승계취득하였다면, 매도인 소외인의 점유는 피고 앞으로 소유권이전등기를 경료한 이후에는 타주점유로 전환되었다고 할 것이고, 상속에 의하여 소외인의 점유를 승계한 원고의 점유 역시 타주점유로 보아야 할 것이므로, 원고가 소유자인 피고에 대하여 소유의 의사가 있다는 것을 표시하였거나 새로운 권원에 의하여 소유의 의사로 점유를 시작하였다는 등의 특단의 사정이 없는 이상, 원심은 원고의 이 사건 토지의 점유가 타주점유라는 피고의 항변을 배척할 수 없을 것임에도 불구하고 그 판시와 같은 이유만으로 소외인 및 원고의 이 사건 토지에 대한 점유를 자주점유라고 판단한 것은 등기의 추정력 및 취득시효에 있어서 자주점유에 관한 법리를 오해하여 판결에 영향을 미친 위법을 저질렀다 할 것이다.

[관련조문]
민법 제1005조(상속과 포괄적 권리의무의 승계), 제193조(상속으로 인한 점유권의 이전), 제197조(점유의 태양)

Ⅱ. 제사용 재산의 특별승계

1. 서 설

제사용 재산은 포괄승계되지 않는다. 종래 호주상속에 수반되어 호주의 권리 내지 의무로 규정되던 분묘 및 제사 등의 승계를 1991년의 개정가족법에서는 호주승계로의 변경에 따른 호주권의 실질적 소멸로 인하여 새로운 형태의 재산상속의 한 효력으로 다루어지게 되었다. 즉, 분묘에 속한 1정보 이내의 금양임야와 600평 이내의 묘토인 농지, 족보와 제구의 소유권은 제사를 주재하는 자가 이를 승계한다(제1008조의3)는 내용이 그것이다.

2. 제사용 재산의 내용

제사용 재산은 분묘에 속한 1정보(3천 평=9,917㎡) 이내의 금양임야와 600평 이내의 묘토인 농지, 족보와 제구이다. 여기에서 금양임야란 분묘가 소재하거나 세워질 예정으로 벌목을 금하고 나무를 기르는 임야를 말한다. 묘토는 위토라고도 하는데, 묘토인 농지는 그 농지를 경작하여 얻은 수확으로 분묘의 수호, 관리비용이나 제사비용을 조달하는 자원인 농토를 의미한다. 판례는 분묘에 부속된 묘비는 분묘와 일체를 이루는 제구로서 제사주재자의 소유로 된다고 한다(대법원 1976. 9. 14. 선고 76다1095 판결; 대법원 1993. 8. 27. 선고 93도648 판결).

금양임야를 포함하는 제사용 자원이 되는 모든 재산의 주체는 혈통을 같이 하는 가족의 재산이므로, 이것을 종중재산, 제위, 묘, 혈 따위로 별칭하고 이것은 종손이라도 임의로 처분할 수 없는 것이 종래의 관습이다. 족보란 계보, 계첩, 세보, 세존, 세보, 가승, 가보, 성보라고 불리우는 일가의 계통을 표시하는 것으로 동족의 여부나 동족간의 소목지친 및 촌수 등을 판별하는 중요자료이기 때문에 선조봉사에 사용되는 제구와 함께 호주가 보존해야 할 의무적 승계물품이 되어 왔던 것이다.

그러나 1991년의 개정민법에서는 이를 호주권에서 삭제하여 따로이 제사주재자에게 이양하였다. 따라서 호주의 절대적 권위는 가족의 제사주재자의 선정에 따라 자유로운 관리의 대상으로 이양됨으로써 새로운 상속의 형태로 변화되었다고 설명할 수 있을 것이다.

3. 제사용 재산의 승계자(상속인)

제사용 재산은 제사를 주재하는 자가 이를 승계한다(제1008조의3). 분묘에 인치되어 있는 선조의 유체 유골은 제1003조의3 소정의 제사용 재산인 분묘와 함께 제사주재자에게 승계되고, 피상속인 자신의 유체·유골 역시 위 제사용 재산에 준하여 그 제사주재자에게 승계된다(대법원 2008. 11. 20. 선고 2007다27670 전원합의체 판결). 그러나 제사용 재산은 우리전통의 제사습속에 관련된 것으로 제사주재자가 독자적으로 처분할 수 없는 특별상속재산으로 보아야 할 것이다. 제사용 재산은 재산송인 중에서 제사를 주재하는 자가 승계한다(대법원 1993. 5. 25. 선고 92다50676 판결; 대법원 1997. 11. 28. 선고 96누18069 판결; 대법원 2006. 7. 4. 선고 2005다45452 판결).

제사주재자는 공동상속인들 사이의 협의에 의해 정해져야 하고 협의가 이루어지지 않으면 제사주재자의 지위를 유지할 수 없는 특별한 사정이 있지 않은 한 망인의 장남, 장남이 사망한 경우 장손이 제사주재자가 되고, 공동상속인들 중 아들이 없는 경우에는 망인의 장녀가 제사주재자가 된다(대법원 2008. 11. 20. 선고 2007다27670 전원합의체 판결). 이러한 제사주제자의 순위에 대한 판단은 여성을 후순위로 하였다는 점에서 여성을 차별한 것으로 볼 수 있다.

제사주재자와 제3자 사이에 제사용 재산의 소유권 등에 관한 다툼이 있는 경우 대법원은 공동상속인들 사이의 민법 제1008조의3에 의한 제사용 재산의 승계 내지 그 기초가 되는 제사주재자 지위에 관한 다툼이 아니라 일반적인 재산 관련 다툼에 지나지 않으므로, 제사주재자로서는 제3자를 상대로 민법 제1008조의3에서 규정하는 제사주재자 지위 확인을 구할 것이 아니라 제3자를 상대로 직접 이행청구나 권리관계 확인청구를 하여야 한다고 하였다(대법원 2012. 9. 13. 선고 2010다88699 판결).

관련판례 2.6 제사용 재산의 귀속주체

1. 사실관계

피상속인 A가 1991. 7. 16.에 사망함에 따라 을(원고) 등이 금양임야를 상속하였는데, 그 임야는 원고의 증조부와 조부, 백부의 분묘가 존재하였으며, 이들의 봉사자(奉祀者)는 을(원고) 등이 아닌 소외인 甲으로서 甲은 상속인이 아니었고, 원고들의 피상속인의 분묘는 위 금양임야에 설치되지 않았다.

관할세무서는 위 임야를 상속세법상의 상속세가 면제되는 금양임야로 보지 않고 상속세를 부과하였다. 이에 대하여 원고는 원고들의 피상속인인 소외 망 A가 소외 망 C의 호주상속인이었고 원고가 A의 호주상속인으로서 제사를 주재하는 자라는 주장을 하였다. A는 세금을 지불해야 하는가?

2. 대법원판결요지(대법원 1994. 10. 14. 선고 94누4059 판결)

민법 제1008조의3 및 상속세법 제8조의2 제2항 제2호의 규정은 일가의 제사를 계속하게 하기 위한 제사용 재산을 승계할 경우 이를 일반상속재산과 구별되는 특별재산이라고 보아 상속세 과세가액에서 제외시키기 위한 것으로서, 금양임야와 묘토인 농지, 족보와 제구 등을 소유하던 피상속인이 사망한 후 상속인들이 수인이 있을 경우 금양임야 등의 승계권을 그 금양임야로서 수호하는 분묘의 제사를 주재하는 상속인에게 귀속시키기 위한 규정이라고 보아야 한다.

금양임야 등의 소유자가 사망한 후 상속인과 그 금양임야로서 수호하는 분묘의 제사를 주재하는 자가 다를 경우에는 그 금양임야 등은 상속인들의 일반상속재산으로 돌아간다고 보아야 할 것이며 상속인이 아닌 제사를 주재하는 자에게 금양임야 등의 승계권이 귀속된다고 할 수는 없다.

[관련조문]

민법 제1008조의3(특별수익자의 상속분)

Ⅲ. 법정상속분

1. 서 설

(1) 상속분의 의의

고유의 의미로 상속분이란 일반적으로 공동상속의 경우에 상속재산 전체에 대하여 수인의 공동상속인이 각각 배당받을 몫의 비율을 말한다. 그러나 한편으로 상속법상의 비율에 의한 재산액을 의미하기도 하며(제1009조), 상속재산분할 전의 공동상속인의 지위를 의미하기도 한다.

상속분은 보통 상속개시시에 있어서의 전 상속재산에 대한 수학적 비율에 의하여 표시되며, 지정상속분과 법정상속분의 두 가지가 있다.

(2) 지정상속분

피상속인이 유언에 의하여 유증을 할 경우 수증자가 받는 수증재산을 지정상속분(유언상속분)이라고 한다. 판례에서도 지정상속분이라는 용어를 사용하고 있으나(대법원 2001. 2. 9. 선고 2000다51797 판결), 유언상속분이라는 용어가 바람직하다고 보는 견해도 있다(윤진수, 271면). 지정수증자는 상속인이든 아니든 또한 법인이든 아니든 제한이 없고, 장남이든 차남이든 딸이든 상관없다.

한편 수증자는 법정상속분에 우선하여 상속재산의 일부 또는 전부에 걸쳐 제한없이 권리를 취득한다. 따라서 상속재산의 일부에 대하여 지정이 있는 경우에는 잔여상속재산의 한도에서 법정상속분이 결정된다. 그러나 유류분에 반하지 않아야 하는 것으로 만약에 위반된 경우 당연 무효는 아니지만 유류분을 침해당한 상속인이 반환을 청구할 수 있게 된다.

(3) 법적상속분

피상속인이 유언으로 상속분을 지정하지 않은 경우에는 법률이 정한 바에 따라서 상속분이 결정된다. 이를 법정상속이라고 하며, 1991년에 개정된 가족법은 철저히 균분주의를 취하고 있다. 그러나 배우자의 공동상속에 대해서는 5할 가산의 특별 규정을 두고 있다(제1009조 제2항).

〈도표 2-1〉 법정상속분의 개정변화

상속인 \ 개정연도	1960년 이후	1979년 이후	1991년 이후
배우자	0.5(직계비속과 공동상속)/ 1(직계존속과 공동상속)	1.5	1.5
장 남	1.5(호주)	1.5(호주)	1
차 남	1	1	1
미혼딸	0.5	1	1
기혼딸	0.25	0.25	1

2. 법정상속분

(1) 동순위 사이의 상속분

동순위의 상속인이 수인인 때에는 그 상속분은 균분으로 한다(제1009조 제1항). 혼인중의 자와 혼인외의 자 사이에는 차별이 없으며, 남녀의 차별도 없다. 1990년의 민법 개정으로 상속분이 평등하게 개정되었다.

(2) 배우자의 상속분

현행법에서 피상속인의 배우자의 상속분은 직계비속과 공동으로 상속하는 때에는 직계비속의 상속분의 5할을 가산하고, 직계존속과 공동으로 상속하는 때에는 직계존속의 상속분의 5할을 가산한다(제1009조 제2항). 그러나 앞으로 배우자의 상속분이 강화될 필요가 있다. 이는 고령화로 인한 평균수명이 연장으로 생존 배우자의 생계유지 및 부양문제와 관련되며, 또한 일방 배우자의 사망시 부부재산분할은 하지 않고, 상속분할만 이루어지고 있다는 점에서 생존배우자에게 상당한 불이익이 발생할 수 있기 때문이다.

3. 대습상속인의 상속분

대습상속인의 상속분은 피대습상속인의 상속분에 의한다(제1010조 제1항). 대습상속인이 수인인 때에는 그 상속분은 피대습상속인의 상속분의 한도에서 위에서 설명한 방법에 의하여 결정된다(제1010조 제2항 단서). 처가 대습상속하는 경우도 동일하다.

이상의 법정상속분의 비율을 실례를 들어 설명하면 다음과 같다.

(1) 夫가 사망한 경우

상속인: 처·장녀·장남·차남·차녀

상속분: 1.5=③·1=②·1=②·1=②·1=②

분배율: $\frac{3}{11} \cdot \frac{2}{11} \cdot \frac{2}{11} \cdot \frac{2}{11} \cdot \frac{2}{11}$

(2) 처가 사망한 경우

상속인 : 夫·장녀·장남·차남

상속분 : 1.5=③·1=②·1=②·1=②

분배율 : $\frac{3}{9}\cdot\frac{2}{9}\cdot\frac{2}{9}\cdot\frac{2}{9}$

(3) 혼인한 장남이 사망한 경우

상속인 : 父·母·처

상속분 : 1=②·1=②·1.5=③

분배율 : $\frac{2}{7}\cdot\frac{2}{7}\cdot\frac{3}{7}$

(4) 대습상속인 경우(父가 피상속인인 경우)

상속인: 모·장남(사망·대습·처·子)·장녀

상속분: 1.5=⑮·1=⑩(0.6=⑥·0.4=④)·1=⑩

분배율: $\frac{3}{7}\cdot\frac{2}{7}(\frac{6}{35}\cdot\frac{4}{35})\cdot\frac{2}{7}$

(5) 대습상속인 경우(母가 피상속인인 경우)

상속인: 父·장남·장녀(사망·대습·夫·子)·차녀

상속분: 1.5=⑮·1=⑩·1=⑩(0.6=⑥·0.4=④)·1－⑩

분배율: $\frac{3}{9}\cdot\frac{2}{9}\cdot\frac{2}{9}(\frac{6}{45}\cdot\frac{4}{45})\cdot\frac{2}{9}$

4. 특별수익자의 상속분

(1) 특별수익자 상속분의 의의

공동상속인 중에 피상속인으로부터 재산증여를 받거나 또는 유증을 받은 특별수익자가 있는 경우, 공동상속인 간에 재산상속의 분배는 불공평하게 이루어질 수 있다. 이에 이 규정은 공동상속인 간의 공평을 기하기 위하여 그 수증재산을 상속분의 선급으로 취급하여 구체적인 상속분을 산정함에 있어서 이를 참작하도록 한 것이다(대법원 1998. 12. 8. 선고 97므513·529, 97스12 판결). 따라서 상속인이 받는 특별수익이 상속분과 같거나 초과하는 경우에는 현존 상속재산에서 상속분을 받을 수 없게 된다고 보아야 할 것이다.

(2) 특별수익분의 반환의무자

1) 공동상속인

공동상속인 중 특별수익분을 수증한 자는 이를 반환할 의무가 있다. 상속을 포기한 자(제1042조)는 다른 공동상속인의 유류분을 침해하지 않는 한 반환의무를 부담하지 않는다. 그러나 한정승인을 한 상속인은 특별수익자가 될 수 있다. 상속결격 사유가 발생한 이후에 상속에 결격된 자가 피상속인으로부터 직접 증여를 받은 경우에는 그 증여는 상속인으로 받은 것이 아니므로 특별수익에 해당하지 않는다(대법원 2015. 7. 17.자 2014스206, 207 결정).

2) 포괄적 수유자

상속인이 아닌 자로서 포괄적 유증을 받은 포괄적 수유자는 상속인과 동일한 권리의무가 있다(제1078조). 이 점에서 공동상속인이 아닌 포괄적 수유자도 특별수익 조정의 의무가 있는가 문제이다. 일반적으로 포괄적 수유자에 대한 증여는 생전분재의 성질이 없고, 피상속인의 의사도 포괄적 수유자에 대하여 유증한 전액을 증여할 의사를 가진 것이지 그 비율의 증감을 예상하지는 않은 것으로 봄이 타당하다고 하여 이를 부정한다(윤진수, 2022, 427면).

3) 대습상속인

대습상속으로 인하여 공동상속인이 된 자도 반환의무를 진다. 그러나 판례는 대습상속인(아들)이 피대습인(아버지)가 사망하기 전에 피상속인(할아버지)의 사망하기 전에 받은 것은 특별수익이 아니라고 보았다(대법원 2014. 5. 29. 선고 2012다31802 판결).

(3) 특별수익의 범위

1) 생전증여

민법에 규정을 두고 있지는 않으나, 특별수익에 해당하는 생전증여는 피상속인이 생전에 장차 상속인이 될 자에게 상속재산 중 그의 몫을 미리 주는 경우라고 볼 수 있다면 이는 특별수익에 포함시킬 수 있다(대법원 1998. 12. 8. 선고 97므513·520, 97스12 판결). 자의 생계를 위한 자본을 주는 것, 직업준비교육비용을 주거나 아파트 구입자금을 준다거나 하는 것은 전형적인 특별수익금이 될 수 있다(대법원 2011. 12. 8. 선고 2010다66644 판결; 대법원 2012. 4. 16.자 2011스191, 192 결정).

민법 제1008조는 공동상속인 중에 피상속인으로부터 재산의 증여 또는 유증을 받은 자가 있는 경우에 그 수증재산이 자기의 상속분에 달하지 못한 때에는 그 부족한 부분의 한도에서 상속분이 있다고 규정하고 있는바, 이는 공동상속인 중에 피상속인으로부터 재산의 증여 또는 유증을 받은 특별 수익자가 있는 경우에 공동상속인들 사이의 공평을 기하기 위하여 그 수증재산을 상속분의 선급으로 다루어 구체적인 상속분을 산정함에 있어 이를 참작하도록 하려는 데 그 취지가 있는 것이므로, 어떠한 생전증여가 특별수익에 해당하는지는 피상속인의 생전의 자산, 수입, 생활수준, 가정상황 등을 참작하고 공동상속인들 사이의 형평을 고려하여 당해 생전 증여가 장차 상속인으로 될 자에게 돌아갈 상속재산 중의 그의 몫의 일부를 미리 주는 것이라고 볼 수 있는지에 의하여 결정하여야 할 것이다(대법원 1998. 12. 8. 선고 97므513, 520, 97스12 판결 참조; 대법원 2011. 7. 28. 선고 2009다64635 판결).

민법 제1008조는 공동상속인 중에 피상속인으로부터 재산의 증여 또는 유증을 받은 특별수익자가 있는 경우에 공동상속인들 사이의 공평을 기하기 위하여 그 수증재산을 상속분의 선급으로 다루어 구체적인 상속분을 산정할 때 이를 참작하도록 하려는 데 그 취지가 있다. 피대습인이 생전에 피상속인으로부터 특별수익을 받은 경우 대습상속이 개시되었다고 하여 피대습인의 특별수익을 고려하지 않고 대습상속인의 구체적인 상속분을 산정한다면 대습상속인은 피대습인이 취득할 수 있었던 것 이상의 이익을 취득하게 된다. 이는 공동상속인들 사이의 공평을 해칠 뿐만 아니라 대습상속의 취지에도 반한다. 따라서 피대습인이 대습원인의 발생 이전에 피상속인으로부터 생전 증여로 특별수익을 받은 경우 그 생전 증여는 대습상속인의 특별수익으로 봄이 타당하다(대법원 2022. 3. 17. 선고 2020다267620 판결).

민법 제1008조의2 제4항, 제1013조 제2항, 제1014조는 기여분결정의 심판청구는 상속재산의 분할청구가 있는 경우 또는 피인지자, 재판의 확정에 의하여 공동상속인이 된 자의 상속분에 상당한 가액의 지급청구가 있는 경우에 할 수 있다고 규정하고 있다. 따라서, 기여분은 상속재산분할의 전제문제로서의 성격을 갖는 것이므로 상속재산분할의 청구나 조정신청이 있는 경우에 한하여 기여분결정청구를 할 수 있고 다만 예외적으로 상속재산분할 후에라도 피인지자나 재판의 확정에 의하여 공동상속인이 된 자의 상속분에 상당한 가액의 지급청구가 있는 경우에는 기여분의 결정청구를 할 수 있다고 해석되며, 상속재산분할의 심판청구가 없음에도 단지 유류분반환청구가 있다는 사유만으로는 기여분결정청구가 허용된다고 볼 것은 아니다(대법원 1999. 8. 24.자 99스28 결정).

또한 판례는 피상속인으로부터 생전 증여를 받은 상속인이 피상속인을 특별히 부양하였거나 피상속인의 재산의 유지 또는 증가에 특별히 기여하였고, 피상속인의 생전 증여에 상속인의 위와 같은 특별한 부양 내지 기여에 대한 대가의 의미가 포함되어 있는 경우와 같이 상속인이 증여받은 재산을 상속분의 선급으로 취급한다면 오히려 공동상속인들 사이의 실질적인 형평을 해치는 결과가 초래되는 경우에는 그러한 한도 내에서 생전 증여를 특별수익에서 제외할 수 있다고 하였다(대법원 2022. 3. 17. 선고 2021다230083, 230090 판결).

2) 유 증

유증은 일반적으로 유언으로 피상속인의 재산의 일부 혹은 전부를 무상으로 타인에게 주는 행위를 뜻한다(유증은 유언에 의하여 유산의 전부 또는 일부를 무상으로 타인에게 주는 행위를 말한다. 유증에 의하여 재산을 받는 자를 수유자, 유증을 이행하는 상속인을 유증의무자라 한다. 유증은 몇 분의 1이라는 방식으로도(포괄유증), 특정한 재산에 대하여도 할 수 있고(특정유증), 수유자에게 일정한 급부를 할 의무를 지운 유증(부담부 유증)도 있다(제1078조)). 유증은 그 목적을 불문하고 반환의 대상이 된다. 사망퇴직금을 공동상속인 중 특정 한 사람이 받은 경우 이것은 유증에 해당하며, 생명보험청구권도 유증 내지 사인증여에 준하는 것이므로 특별수익재산에 포함된다고 볼 수 있다.

3) 생명보험·사망퇴직금 등

생명보험·사망퇴직금·유족연금 등은 상속재산에 포함되지 않으나 특별수익에는 해당된다.

(4) 특별수익자가 있는 경우의 구체적 상속분의 산정

1) 특별수익의 평가시기와 평가방법

특별수익으로 반환하는 것은 현물이 아니라 가액이다. 이에 생전증여의 평가를 하는데 있어서 그 시점은 상속개시시, 상속재산분할시, 중여이행시 등 여러 가지 견해가 있을 수 있다. 판례는 상속개시시를 기준으로 하고 있다(대법원 1997. 3. 21. 선고 96스62 판결).

증여의 목적물이 멸실하거나 가액이 증감하거나 혹은 자연적으로 낡게 되는 경우 상속개시시에 원상태대로 존재하는 것으로 의제하여 평가한다. 금전의 경우에는 상속개시시의 화폐가치로 환산평가하여야 한다.

2) 특별수익의 구체적 산정

피상속인이 상속개시 당시 가지고 있었던 재산은 상속재산이다 이 가액에 공동상속인들의 생전증여를 가산한다. 이 상정상속재산에 각 법정상속율을 곱하면 이것이 각 공동상속인의 본래의 상속분이다. 여기서 유증된 재산이나 사인증여된 재산은 상속재산에 포함되어 있기 때문에 따로 가산할 필요는 없다.

{상속재산+공동상속인에 대한 생전증여}=상정상속재산
상정상속재산×법정상속분율=당해 상속인의 본래의 상속분
본래의 상속분−특별수익=구체적 상속분

상속개시 후 수용·매각되었으면 대상재산인 보상금, 매매대금 등을 간주 상속재산으로 보아 구체적 상속분이다.

예를 들어 처 M과 4인의 자녀 W, X, Y, Z가 공동상속인이다. 상속재산은 7억원이며, 자녀 W에게는 혼인을 위한 증여로서 2억원, 자녀 X에게는 생계의 자본으로서 2억원, 처 M에게는 유증으로서 2억원을 준 경우 각자의 상속재산분배액과 상속분은 어떻게 되는가?

각 공동상속인의 구체적 상속분의 산정은 상속개시시에 현존하는 상속재산의 가액 7억원에 특별수익인 생전증여의 가액 2억원(W)+2억원(X)을 가산하여 상정상속재산으로 하면 11억원이다. 이때에 유증은 가산되지 않는다. 그리고 이 상속재산은 각 공동상속인별로 상속분비율에 따라 처 $\frac{3}{11}$, 자녀는 각각 $\frac{2}{11}$으로 나눈다. 따라서 처 M는 (7억+2억+2억)×$\frac{3}{11}$= 3억−2(유증)=1억

장남 W, X는 (7억+2억+2억)×$\frac{2}{11}$−2억(특별수익)= 0 (더이상 받을 것이 없다)

Y, Z는 (7억+2억+2억)×$\frac{2}{11}$=2억을 상속한다.

3) 특별수익자가 있는 경우 상속채무의 분담

공동상속인 중에 특별수익자가 있는 경우에도 상속채무의 분담은 법정상속분에 의한다(이설은 없음, 아래 판례 대법원 1995. 3. 10 선고 94다16571 판결 참조).

관련판례 2.7 특별수익자의 상속분

1. 사실관계

A의 사망 후 그의 재산은 자녀 A1, A2, A3, A4이 공동으로 상속하게 되었다. A의 사망 당시 A가 가지고 있던 재산의 시가로는, 적극재산으로 이 사건 부동산의 가액을 포함한 합계 금 598,749,200원 중에서, 소극재산으로 제세공과금채무, 사업용부채, 이 사건 부동산에 관한 근저당채무, 차용금채무 등 합계 금 270,821,705원을 공제하면 모두 금 327,927,495원 정도에 달한다.

상속 후 A4가 다른 상속인들과 협의하여 이 사건 부동산에 대하여만은 사실상 상속포기를 하기로 약정함에 따라 1989.5.18. 부동산 중 위 A1이 3/7 지분, A2(원고), A3(피고)가 각 2/7 지분에 관하여 상속을 원인으로 한 소유권이전등기를 마치고, 다시 A2 원고 소유 명의의 위 지분에 관하여 1990. 12. 23. A3 피고 앞으로 매매를 원인으로 한 소유권이전등기가 마쳤다.

한편, A는 사망하기 전인 1988. 6. 1. A2 앞으로 장래 그의 교육비 등에 사용하도록 대비하기 위하여 Y투자신탁주식회사에 액면 금 5,000만원짜리 장기공사채 2구좌 합계 금 1억원을 예탁하여 두었다. A2는 위 사건 부동산 중 2/7 지분은 A2가 상속받은 것인데, A4가 전혀 대리권없이 A3 앞으로 위와 같이 소유권이전등기를 마친 것이므로 이는 원인 없는 무효의 등기로서 A3에게 소유권이전등기 말소를 청구하였다.

2. 원심판결요지

이에 대하여 원심은, A가 사망 당시 가지고 있던 위 금 327,927,495원 상당의 상속재산 가액(598,749,200원-270,821,705원)과 A가 A2에게 생전증여한 금 1억원을 합한 금 427,927,495원이 A의 공동상속인들이 상속받게 될 총상속재산가액이 되고, A2의 법정상속분율은 2/9가 되므로, 이를 기초하여 A2의 상속분을 계산하면 금 95,094,998원(427,927,495×2/9)이 됨이 분명하고 따라서 A2는 이미 A로부터 그의 생전에 금 1억원을 증여받음으로써 자신의 상속분보다 많은 이익을 얻은 특별수익자에 해당하므로, 결국 A2는 민법 제1008조의 정한 바에 따라 위 사건 부동산에 관하여 더 이상 상속할 권리가 없다고 보아 A2의 청구를 이유 없다고 배척하였다(대구고등법원 1994. 2. 17. 선고 92나2234판결).

3. 대법원판결요지(대법원 1995. 3. 10. 선고 94다16571 판결)

공동상속인 중에 특별수익자가 있는 경우의 구체적인 상속분의 산정을 위하여는, 피상속인이 상속개시 당시에 가지고 있던 재산의 가액에 생전 증여의 가액을 가산한 후, 이 가액에 각 공동상속인별로 법정상속분율을 곱하여 산출된 상속분의 가액으로부터 특별수익자의 수증재산인 증여 또는 유증의 가액을 공제하는 계산방법에 의하여 할 것이고, 여기서 이러한 계산의 기초가 되는 "피상속인이 상속개시 당시에 가지고 있던 재산의 가액"은 상속재산 가운데 적극재산의 전액을 가리키는 것으로 보아야 옳다. 그렇지 않고 이를 상속의 대상이 되는 적극재산으로부터 소극재산, 즉 피상속인이 부담하고 있던 상속채무를 공제한 차액에 해당되는 순재산액이라고 파악하게 되면, 자기의 법정상속분을 초과하여 특별이익을 얻은 초과특별수익자는 상속채무를 전

> 혀 부담하지 않게 되어 다른 공동상속인에 대하여 심히 균형을 잃게 되는 부당한 결과에 이르기 때문에 상속인들은 상속의 대상이 되는 적극재산에 증여재산을 합한 가액을 상속분에 따라 상속하고, 소극재산도 그 비율대로 상속한다고 보아야 할 것이다.
>
> 그럼에도 불구하고, 원심은 이와 반대의 견해에 서서, A의 사망 당시 가지고 있던 적극재산 중에서 일체의 상속채무에 해당되는 소극재산을 공제한 차액 해당의 순 재산액만을 원고의 수증재산가액에 합산하여 이를 상속재산가액으로 상정하고, 여기에 원고의 법정상속분율을 곱하여 산출된 금액 상당의 상속분이 그의 수증재산가액에 미달한다고 보아, 원고는 이 사건 부동산에 관하여 더 이상 상속할 권리가 없다고 단정하고 말았으니, 거기에는 위에서 본 바와 같은 특별수익자의 상속분에 관한 법리를 오해한 위법이 있다 할 것이다.
>
> [관련조문]
> 민법 제1008조(특별수익자의 상속분)

4) 특별수익이 상속분을 초과하는 경우

공동상속인 사이에서 특별수익을 산정한 결과 특별수익(수증재산)이 수증자의 법정상속분에 미날하는 경우에는 부족한 부분의 한도에서 상속분을 더 받을 수 있다.

특별수익이 상속분을 초과하는 경우 이를 다른 공동상속인에게 반환할 의무가 있는가에 대하여 1977년 개정 전 민법 제1008조는 반환의무를지지 않는다는 조항을 두고 있었다. 그러나 1977년 개정민법에서는 이를 삭제하였으며, 이와 동시에 1977년 유류분이 신설되면서 위와 같은 경우 판례는 공동상속인의 유류분이 침해되지 않는 한 초과분이 있더라도 반환할 필요가 없다고 보았다(광주고법 1989. 6. 9. 선고 88르367 판결; 서울고법 1991. 1. 18. 선고 89르2400 판결; 대법원 2016. 5. 4.자 2014스122 결정). 학설도 이렇게 보는 것이 통설이다. 사실상 생전증여 받은 것을 특유재산으로 다른 공동상속인에게 반환되어야 한다면 피상속인이 유언이나 자율적인 재산의 증여를 제한하는 것이 되며, 받은 재산이 소멸되거나 소비될 수도 있기 때문에 이에 대한 초과수익을 반환하는 것이 불공평할 수도 있다. 그런 의미에서 다른 공동상속인의 유류분울 침해한 경우 초과된 부분에서 반환해야 하지만 그렇지 않은 한 반환하지 않는 것이 타당할 것이다.

5. 기여자가 있을 때의 상속분(기여분)

(1) 기여분의 의의(헌재 2011. 11. 24. 선고 2010헌바2 결정)

기여분이란 공동상속인 중에서 상당한 기간 동안 동거, 간호, 그 밖의 방법으로 피상속인을 특별히 부양하거나 피상속인의 재산의 유지 또는 증가에 특별하게 기여한 자가 있는 경우, 이러한 기여를 인정하여 상속분과는 별도로 그 기여분을 산정지급하는 것을 말한다.

이의 구체적인 지급방법은 상속개시 당시의 피상속인의 재산가액에서 기여분을 공제한 것을 상속재산으로 하여 공동상속인들의 상속분을 산정하고 이 상속분에 기여분을 더하여 기여상속인의 상속분으로 하게 된다(제1008조의2 제1항).

기여제도는 피상속인을 특별히 부양하거나 그 재산형성에 특별히 기여한 자의 상속분을 높여 공동상속인 간 실질적 공평을 도모하고자 하는 것이다. 기여분제도는 1990년의 신설되었고 이 때에는 '공동상속인 중에 피상속인의 재산의 유지 또는 증가에 관하여 특별히 기여한 자(피상속인을 특별히 부양한 자를 포함한다)가 있을 때에는'이라고 규정하였으나, 2005년 민법일부개정에는 특별부양 부분을 좀 더 구체화하여 '상당기간 동거·간호 그 밖의 방법으로 피상속인을 특별히 부양하거나'로 개정하였다. 이로 인해 기여분의 특별부양 및 재산상의 특별기여로 나뉜다.

(2) 기여분 권리자

기여분 권리자는 공동상속인이어야 한다. 기여분 권리자는 공동상속인에 한하므로, 공동상속인이 아닌 자가 아무리 상당한 기간 동안 동거·간호 그 밖의 방법으로 피상속인을 특별히 부양하거나 피상속인의 재산의 유지 또는 증가에 기여하였더라도 기여분의 청구를 할 수 없다. 이에 피상속인의 자녀가 있으면 피상속인의 직계존속 또는 형제자매가 특별기여를 한 경우 기여분을 청구하지 못한다(대법원 2001. 3. 9. 선고 99다13157 판결). 또한 사실혼의 배우자, 포괄적 수증자(제1078조) 등은 상속인이 아니므로 기여분 권리자가 될 수 없다. 이외에도 상속포기자(제1041조), 상속결격자(제1004조)도 기여분을 청구할 수 없다.

그러나 대습상속인도 공동상속인이 되는 경우 피대습자의 기여를 주장할 수 있다. 기여분 권리자는 1인에 한하지 않으며 수인의 기여자도 가능한 것으로 그 때의 기여분은 각자의 기여도에 따라 다르게 산정한다.

(3) 기여의 내용

기여는 상속재산을 본래의 상속분으로 분할하는 것이 기여자에게 명백히 불공평한 정도의 특별한 것이어야 한다(대법원 2014. 11. 25.자 2012스156,157 결정; 대법원 2015. 7. 17.자 2014스206,207 결정).

1) 결격자 제외

민법 제1008조는 공동상속인 중 피상속인에게서 재산의 증여 또는 유증을 받은 특별수익자가 있는 경우 공동상속인들 사이의 공평을 기하기 위하여 수증재산을 상속분의 선급으로 다루어 구체적인 상속분을 산정할 때 이를 참작하도록 하려는 데 취지가 있는 것이므로, 상속결격사유가 발생한 이후에 결격된 자가 피상속인에게서 직접 증여를 받은 경우, 그 수익은 상속인의 지위에서 받은 것이 아니어서 원칙적으로 상속분의 선급으로 볼 수 없다. 따라서 결격된 자의 수익은 특별한 사정이 없는 한 특별수익에 해당하지 않는다(대법원 2015. 7. 17.자 2014스206,207 결정).

2) 특별부양

기여분에는 피상속인의 재산증가를 위해 특별한 기여나 특별한 부양이 있음이 명백한 경우 인정되는데, 판례는 성년인 자가 부양의무의 존부나 그 순위에 구애됨이 없이 스스로 장기간 그 부모와 동거하면서 생계유지의 수준을 넘는 부양자 자신과 같은 생활수준을 유지하는 부양을 한 경우 기여분을 인정하였다(대법원 1998. 12. 8. 선고 97므513·520, 97스12 판결).

그러나 처의 부양 혹은 재산증가에 있어 특별한 기여가 있다고 보지 않은 판례도 있다. 즉 피상속인이 교통사고를 당하여 치료를 받으면서 처로부터 간병을 받았다고 하더라도 이는 부부간의 부양의무 이행의 일환일 뿐, 망인의 상속재산 취득에 특별히 기여한 것으로 볼 수 없으며, 또한 처가 위 망인과는 별도로 쌀 소매업, 잡화상, 여관업 등의 사업을 하여 소득을 얻었다고 하더라도 이는 위 망인의 도움이 있었거나 망인과 공동으로 이를 경영한 것이지 특별히 기여한 경우에 해당한다고는 볼 수 없다(대법원 1996. 7. 10.자 95스30,31 결정).

피상속인의 배우자가 장기간 피상속인과 동거하면서 피상속인을 간호한 경우, 그 배우자에게 민법 제1008조의2에 따른 기여분을 인정할 것인지 여부와 그 정도를 판단하는 기준에 있어서 대법원은 배우자가 장기간 피상속인과 동거하면서 피상속인을 간호한 경우, 민법 제1008조의2의 해석상 가정법원은 배우자의 동거·간호가 부부 사이의 제1차 부양의무 이행을 넘어서 '특별한 부양'에 이르는지 여부와 더불어 동거·간호의 시기와 방법 및 정도뿐 아니라 동거·간호에 따른 부양비용의 부담 주체, 상속재산의 규모와 배우자에 대한 특별수익액, 다른 공동상속인의 숫자와 배우자의 법정상속분 등 일체의 사정을 종합적으로 고려하여 공동상속인들 사이의 실질적 공평을 도모하기 위하여 배우자의 상속분을 조정할 필요성이 인정되는지 여부를 가려서 기여분 인정 여부와 그 정도를 판단하여야 한다고 하였다(대법원 2019. 11. 21.자 2014스44,45 전원합의체 결정).

3) 재산상 특별기여

재산상 특별기여는 상속인이 피상속인이 경영하는 기업등의 사업에 노무를 제공하거나 재산을 제공하여 피상속인의 재산을 유지 증가시키는 경우가 이에 해당한다.

부부간의 재산상의 특별기여는 고용계약이나 조합계약에 의하여 기여를 한 경우에서처럼 특별한 기여이여야 한다. 특별한 기여의 구체적인 사례에서처는 피상속인과 함께 분식점 등을 운영하면서 종업원을 관리하는 등 피상속인의 사업에 주도적으로 노무를 제공함으로써 상속재산을 형성하는 데 기여하여, 처에게 적극재산의 20%의 기여분을 인정하였다(서울가정법원 1995. 9. 7.자 94느2926 심판). 부부간에는 부부로서의 부양·협조의무가 있기 때문에 일반적인 부부간의 의무를 넘어서는 '특별함'이 있어야 특별기여로 인정될 수 있다. 특별한 기여로 인정되려면 상속인의 기여행위와 상속재산의 유지·증가 사이에 인과관계가 있어야 한다(이설없음).

(4) 기여의 결정

기여분은 상속재산분할의 전제 문제로서의 성격을 가지는 것으로서, 상속인들의 상속분을 일정 부분 보장하기 위한 것이다. 기여분을 결정하기 위해서는 공동상속인 전원이 협의하여야 한다(제1008조의2 제2항). 그러나 협의가 되지 아니하거나 협의를 할 수 없을 때에는 기여자의 청구에 의하여 가정법원이 기여분을 정한다(제1008조의2 제2항).

기여분은 유언사항이 아니며, 상속재산분할 후에는 이를 주장할 수 없다고 하여야 한다. 왜냐하면 앞서 설명하였듯이 상속재산을 분할하는 과정에서 기여분이 고려되었다고 보아야 하기 때문이다.

기여분의 결정에는 조정전치주의가 적용된다(가소 제2조 제1항 마류사건 9) 50조). 기여분 결정에 관한 심판은 기여한 상속인이 청구하여야 하고, 그 심판 상대방은 나머지 상속인 전원이다(가소법 제47조, 가소규 제110조). 그러므로 기여분 결정은 상속재산 분할청구나 조정신청이 있는 경우에 한하여 할 수 있다. 다만 예외적으로 상속재산 분할 후에도 피인지자나 재판의 확정에 의하여 공동상속인이 된 자의 상속분에 상당한 가액의 지급청구가 있는 경우에도 할 수 있다(대법원 1999. 8. 24.자 99스28 결정).

기여분과 유류분과의 관계를 어떻게 보아야 할 것인가가 문제이다. 기여분과 유류분과는 서로 관계가 없다. 따라서 공동상속인 중에 특별히 기여한 사람이 있을지라도 공동상속인의 협의 또는 가정법원의 심판으로 기여분이 결정되지 않은 이상 유류분반환청구소송에서 기여분을 주장할 수 없음은 물론이거니와, 설령 공동상속인의 협의 또는 가정법원의 심판으로 기여분이 결정되었다고 하더라도 유류분을 산정함에 있어 기여분을 공제할 수 없고, 기여분으로 유류분에 부족이 생겼다고 하여 기여분에 대하여 반환을 청구할 수도 없다고 하였다(대법원 2015. 10. 29. 선고 2013다60753 판결).

기여분은 금액으로도 정할 수 있으며, 동산이나 부동산과 같이 현물로 정할 수 있다.

(5) 기여분이 있는 경우의 상속분의 산정방법

1) 산정방법

우선 기여분의 산정에 있어서는 기여의 시기·방법 및 정도와 상속재산의 액, 기타 사정을 참작하여 기여분을 정한다(제1008조의2 제2항). 기여분은 피상속인의 재산 중에서 기여분을 공제한 것을 상속재산으로 보아 민법 제1009조 및 제1010조에 의한 상속분을 정하며, 기여상속인의 상속분은 고유상속분에 기여분을 가산한 것이다(제1008조의2 제1항).

① 기여분과 유증

기여분은 상속이 개시된 때의 피상속인의 재산가액에서 유증의 가액을 공제한 액을 넘지 못한다(제1008조의2 제3항). 그렇기 때문에 예를 들어 상속재산 1억 중에 타인에게 7천만원을 유증하면 기여분은 3천만원을 넘지 못한다. 기여분보다는 유증을 우선이다.

② 기여분과 특별수익

공동상속인 중 기여자뿐만 아니라 특별수익자가 있는 경우 기여분과 특별수익의 가산은 어떻게 이루어지는가가 문제이다.

이 경우 학설은 기여분을 확정하여 기여분을 공제한 유산을 상속재산으로 정한 후 이 상속재산을 기초로 하여 특별수익자의 상속분을 산정한다는 견해(김주수·김상용, 724면)가 있다. 다른 한편으로는 상속개시 시의 상속재산에 생전증여를 가산한 가액에서 기여분의 가액을 공제한 것을 상속재산으로 보고 여기에 공동상속인의 상속분을 곱하여 구체적인 상속분을 산정하며, 기여상속인의 상속분은 계산된 상속분가액에 기여분을 합한 것이 구체적인 상속분이라는 견해(박병호, 가족법, 1994, 373면)가 있다. 이처럼 각각 우선순위를 정해 특별수익을 우선, 혹은 기여분을 우선 적용하여 계산하는 방법을 취할 수 있으나 또 다른 방법으로는 양자를 동시에 적용하는 동시적용설이 주장되고 있다(윤진수, 435면). 민법 제1008조와 제1008조의2는 그 법규정의 취지가 동일하므로 동시적용설이 타당하다고 보는 견해가 있으며, 이 방법에 의한 산정이 가장 간편하다고 본다(신용호, 412면).

예를 들어 피상속인 갑이 사망한 후 처 M과 자녀 W, X, Y가 공동상속인이 있는 경우, 상속재산은 7억원이며, 갑이 생전에 W에게는 혼인을 위한 증여로서 2억원, X에게는 생계의 자본으로서 2억원을 증여하였다. 상속 개시 후 공동상속인들은 Y에게 기여분 2억원을 합의하였다. 각자의 상속분은 어떻게 되는가?

상정상속재산은 (7억+2억+2억)−2억(기여분)=9억원 이를 법정상속분으로 나누면

M : 9억×3/9= 3억원

W : 9억×2/9−2(특별수익)= 0

X : 9억×2/9−2(특별수익)= 0

Y : 9억× 2/9+2억(기여분)=4억원

즉, M이 3억원, Y가 4억원을 갖게 된다.

다만 동시적용설을 적용한다고 하더라도 이들 특별수익이 초과특별수익이 없는 경우와 초과특별수익이 있는 경우는 산정에 있어서 결과가 다르게 나타난다는 문제점이 있다.

③ 기여분과 유류분반환청구

기여분은 유류분과 관계가 없다고 하였다. 단지 유증과 증여만 이 유류분 반환청구의 대상이 된다(제1115조). 그러므로 기여분으로 인해 유류분의 부족액이 생기더라도 이에 대하여 반환을 청구할 수 없다(대법원 2015. 10. 29. 선고 2013다60753 판결). 이런 의미에서 기여분을 정할 때 유류분을 참작하는 것이 필요할 수도 있다.

(6) 기여분의 승계 및 포기

상속이 개시되기 전에는 상속포기도 가능하지 않고 기여분도 당연히 이를 포하거나 양도할 수 없다. 그러나 상속이 개시된 후에도 견해나 나뉘어지는데, 기여분은 그 결정이 있기 전에는 내용이 불확실한 것이므로 이에 대한 양도를 인정하는 것은 타당하지 못하다고 보는 견해가 있으나 그 후에는 가능하다고 보아야 할 것이다. 그러나 기여분의 결정되기도 전 이를 양도나 상속이 가능하다고 보는 견해도 있다. 다수설은 양도할 수 없으나 상속은 가능하다고 본다(김주수·김상용, 652면; 김용한, 330면). 그러나 상속분과 기여분을 분리하여 생각할 수 없으므로 이를 분리하여 인정하는 것은 어렵다고 보는 견해도 있다(신영호, 413면). 생각건대 상속은 가능하나 양도할 수는 없을 것으로 생각된다. 기여분은 상속개시 후에 상속포기가 가능한 것처럼(제1019조 제1항) 기여분의 포기도 가능하다고 볼 수 있을 것이다.

관련판례 2.8 기여분의 결정

1. 사실관계

갑 B1(원고)은 A(어머니)의 4녀 중 둘째 딸로서 1965. 3.경 T와 혼인한 이후 A가 사망할 때까지(1994. 1. 26) 계속 모시고 함께 살면서 부양하였다.

B1은 A의 아버지 조○○이 1967. 8. 20. 사망한 후에는 홀로된 어머니, 미혼인 피고 B2, B3함께 생활하였는데 특히 B1의 남편이 독자적으로 아모레 화장품 특약점을 경영하기에 이른 1974. 1.경부터는 A의 나이가 61세를 넘어 육체적으로 노약해졌으므로 원고 소유의 주택에서 모시고 생활하면서 A의 유일한 수입원인 임대주택의 수리 등 관리를 계속하였고 1977. 7.경 막내딸인 B3를 마지막으로 딸들이 모두 혼인 분가한 이후에도 A를 계속 부양하여 그의 가사를 도맡아 하면서 아버지 조○○의 제사를 계속 모셔왔고, A가 81세되는 1993. 8.경부터 병환으로 입원 치료를 받거나 집에서 요양하는 동안 치료비를 체당·선납하고 간호를 계속하였다. 어머니 A는 1994. 1. 26. 사망하였으며, B1은 A로부터 금 6,200만원을 증여받았다.

B1은 자매 B1, B2, B3을 상대로 법원에 기여분 결정을 청구하였다.

2. 원심판결요지

원심은 어머니 A가 억척스럽게 재산을 관리·증식하여 왔음에도 예금만 약간 늘어났을 뿐 그 명의로 부동산을 새로이 취득한 바 없음에 반하여 B1 부부는 무일푼으로 결혼생활을 시작하였음에도 A와 함께 사는 동안 많은 부동산을 취득한 점에 비추어 보면, 이 사건 상속재산의 취득과 유지에 있어 A가 딸로서 통상 기대되는 정도를 넘어 특별히 기여한 경우에 해당한다고는 볼 수 없다 하여 B1의 기여분 결정 청구를 받아들이지 아니하였다(서울고등법원 1997. 2. 18. 선고 96르2910,2927·96브30 판결).

3. 대법원결정요지(대법원 1998. 12. 8. 선고 97스12 결정)

민법이 친족 사이의 부양에 관하여 그 당사자의 신분관계에 따라 달리 규정하고, 피상속인을 특별히 부양한 자를 기여분을 인정받을 수 있는 자에 포함시키는 제1008조의2 규정을 신설함과 아울러 재산상속인이 동시에 호주상속을 할 경우에 그 고유의 상속분의 5할을 가산하도록 한 규정(1990. 1. 13. 법률 제4199호로 개정되기 전의 제1009조 제1항 단서)을 삭제한 취지에 비추어 볼 때, 성년(成年)인 자가 부양의무의 존부나 그 순위에 구애됨이 없이 스스로 장기간 그 부모와 동거하면서 생계유지의 수준을 넘는 부양자 자신과 같은 생활수준을 유지하는 부양을 한 경우에는 부양의 시기·방법 및 정도의 면에서 각기 특별한 부양이 된다고 보아 각 공동상속인 간의 공평을 도모한다는 측면에서 그 부모의 상속재산에 대하여 기여분을 인정함이 상당하다.

[관련조문]

민법 제1008조의2(기여분)

6. 공동상속분의 양수(환수)

(1) 의 의

공동상속인 중에 그 상속분을 제3자에게 양도한 자가 있는 때에는, 다른 공동상속인이 그 가액과 양도비용을 상환하고 그 상속분을 양수할 수 있다(제1011조). 이것을 상속분의 양수라고 한다. 양도된 상속분을 환수할 수 있도록 한 이 규정의 취지는 공동상속인이 분할 전에 각자의 상속분을 타인에게 양도하는 것은 자유이지만, 그것을 무조건 허용하는 경우에는 제3자가 상속재산의 분할에 참가하게 되어 다른 공동상속인에게 중대한 영향을 미칠 염려가 있으므로 이러한 사태를 피하고자 하는 데 있다. 그런데 이 규정은 가(家) 중심적인 가산(家産) 옹호의 제도이고 이용가능성도 적으로 폐지하자는 견해가 있다(김주수·김상용; 이경희, 452면). 한편 민법 제1011조에서는 양수라는 용어를 사용하고 있으나 환수라는 표현이 더 적합하다(송덕수, 333면).

(2) 요 건

상속분의 양수를 위하여는 일정한 상속인의 상속분이 있어야 한다. 또한 다른 공동상속인의 동의없이 한 무단 양도의 경우에 한한다. 이 때 상속분이란 소극새산까지 포힘히는 상속재산 전부에 관하여 공동상속인이 가지는 포괄적인 상속인의 지위이기 때문에 개별재산을 양도하는 것은 이에 해당하지 않는다(대법원 2006. 3. 24. 선고 2006다2176 판결).

상속분은 제3자에게 양도되어야 하며, 다른 공동상속인에게 양도하였을 경우에는 환수할 필요는 없다. 그러나 그가 다시 제3자에게 이를 양도한 경우에도 이를 다시 환수할 수 있다고 보아야 한다. 그러나 상속분의 양도는 상속재산 분할 전에 이루어졌어야 한다.

(3) 행 사

환수에 대한 행사는 양수인 또는 그 전득자에 대한 일방적인 양수의 의사표시로 한다. 공동상속인 중 1인이 단독으로 행사할 수 있다. 상속분을 양도한 것을 안 날로부터 3월 또는 양도가 있은 날로부터 1년이 경과하면 양도권을 행사할 수 없다(제1011조 제2항). 양도된 것은 취지상 전부 환수되어야 하며, 일부만 환수할 수는 없다. 환수할 때는 환수할 당시의 상속분의 가액(시가)과 양도비용을 상환하여야 한다(제1011조). 양수인이 환수를 수령하지 않을 경우 공탁으로도 환수할 수 있다고 보아야 한다.

(4) 양수의 효과

양수권의 행사에 의하여 제3자에게 양도되었던 상속분은 양도인 이외의 공동상속인 전부에 그 상속분의 비율로 귀속하며, 또 그 양수권 행사에 쓴 상속분의 가액과 비용도 상속분에 의거하여 공동상속인이 부담한다.

관련판례 2.9 상속분의 양수

1. 사실관계

임야 29,980㎡(이하, 이 사건 임야라 한다)는 A의 소유였는데, A가 1991. 6. 12. 사망하자 그의 자식들인 A1, A2, A3, A4, A5, A6 가 이 사건 임야를 각 1/7 지분씩 공동상속하였다.

A6은 A1, A3, A5으로부터 그들의 각 1/7 지분에 관한 매도권한을 위임받아 2002. 11. 24. 을1, 을2에게 이 사건 임야 중 16,529㎡를 특정하여 이를 매도하면서, 매도인은 계약일로부터 12개월 내에 매매부동산에 관한 분필등기 및 상속등기를 마치고 매수인은 공유물분할등기가 완료되었을 때 잔금을 지급하며, 매매잔금의 지급은 분필등기 및 상속등기가 마쳐진 후에 소유권이전서류 일체의 교부와 동시에 공동매수인들이 연대하여 부담하기로 약정하였다.

한편, A의 상속인들은 이 사건 임야에 관하여 상속을 원인으로 하여 2003. 5. 17. 각 1/7 지분에 대하여 지분소유권이전등기를 마쳤고, 을1은 매매를 원인으로 하여 같은 법원 2003. 5. 17. A2와 A4의 각 지분에 대한 지분소유권이전등기를 마쳤으며, 을2는 매매를 원인으로 하여 같은 법원 같은 날 A5와 A6의 각 지분에 대한 지분소유권이전등기를 마쳤다.

A1은 을1과 을2에 대하여 상속분 양수권을 행사하여 각 2/7 지분에 관하여 지분소유권이전등기를 청구하였다.

제1심은 이를 인용하였으며(춘천지방법원 2004. 11. 12. 선고 2003가단8353 판결), 제2심은 이를 기각하였다(춘천지방법원 2005. 12. 16. 선고 2004나3912판결).

2. 대법원판결요지(대법원 2006. 3. 24. 선고 2006다2179 판결)

민법 제1011조 제1항에서 말하는 '상속분의 양도'란 상속재산분할 전에 적극재산과 소극재산을 모두 포함한 상속재산 전부에 관하여 공동상속인이 가지는 포괄적 상속분, 즉 상속인 지위의 양도를 의미하므로, 상속재산을 구성하는 개개의 물건 또는 권리에 대한 개개의 물권적 양도는 이에 해당하지 아니한다.

이에 공동상속인 중 일부가 상속재산인 임야 중 자신들의 상속지분을 양도한 경우, 이는 민법 제1011조 제1항에 규정된 '상속분의 양도'에 해당하지 아니하고 상속받은 임야에 관한 공유지분을 양도한 것에 불과하여, 다른 공동상속인에게 민법 제1011조 제1항에 규정된 상속분 양수권이 있다고 볼 수 없다고 한 원심의 판단은 타당하다 할 것이다.

[관련조문]
민법 제1011조(상속분의 양수)

Ⅳ. 공동상속

1. 공동상속의 의의

상속인이 1인인 경우에는 상속재산은 단독소유로 귀속되나, 상속인이 수인으로 상속인과 포괄적 수증자가 병존하는 경우 상속재산은 결국 분할될 것이다. 분할이 있기 전까지는 상속재산을 일시적으로 상속인들의 공유로 되고(제1006조), 공동상속인은 각자의 상속분에 비례하여 피상속인의 권리의무를 승계한다(제1007조). 이를 공동상속이라고 한다.

2. 상속재산공유의 성질

민법은 상속재산을 상속인들의 공유로 한다라고 규정하고 있다(제1006조). 그럼에도 불구하고 과거에는 상속재산의 공동소유적 귀속을 합유로 볼 것인가 공유로 볼 것인가에 관해서는 학설의 대립이 있었다. 합유설에 의하면, 상속재산의 공유는 개개의 상속재산의 공유가 아니라 상속재산 전체에 대하여 상속분에 따라서 권리·의무를 가지는데 불과하고, 공동상속인은 전상속재산에 대하여 가지는 상속분은 처분할 수 있지만(제1011조) 개개의 재산에 대한 지분은 처분할 수 없다고 한다. 그리고 채권·채무는 분할될 때까지는 공동상속인에게 연대적으로 귀속하게 된다고 본다(한봉희, 413면). 민법 시행 전에 공동상속재산의 성질을 합유로 본 판례도 있다(대법원 1957. 5. 2. 선고 4289 민상379 판결).

민법에서는 상속재산에 대해 공유임을 규정하고 있고(제1006조), 상속재산의 공평한 이전이라는 상속제도의 이념에의 부합과 거래의 안전보호라는 견지에서 볼 때 공유설이 더 타당하다. 따라서 공유설에 따라 공동상속인은 각자 개개의 상속재산에 대하여 상속분에 응하여 물권적 지분을 가지고 그 지분을 자유로 양도할 수 있으며, 저당권·용익권 등을 설정할 수 있다. 다만, 개개의 상속재산 전부를 처분하기 위하여는 모든 공동상속인의 동의가 있어야 하고, 개개의 채권·채무가 불가분적인 것이면 공유관계가 생기나, 가분적이면 당연히 공동상속인 사이에 분할된다.

판례도 민법 개정 이후 공유설의 입장을 취하고 있으며, 따라서 그에 관한 소송은 필수적 공동소송이 아니라고 보고 있다(대법원 1964. 12. 29 선고 64다1054 판결; 대법원 1996. 2. 9. 선고 94다61649 판결; 대법원 1988. 2. 23. 선고 87다카961 판결 등).

3. 채권·채무의 공동상속

공동상속의 경우 각 상속인은 상속재산의 상속분에 대하여 자신의 공유지분을 갖는다(제262조). 이에 구체적인 공동상속 재산을 불가분채권·채무 또는 가분채권· 채무로 분류할 수 있다. 채권이나 채무가 성질상 불가분채권 또는 채무일 때에는 별 문제가 없고, 성질상의 가분채권 또는 채무일 때에 대하여는 견해의 대립이 있다.

(1) 불가분채권과 채무

불가분채권(不可分債權)이 상속된 경우 이것은 공동상속인 전원에게 귀속되고, 공동상속인들은 공동으로 또는 단독으로 공동상속인 모두를 위해서 전액 이행을 청구할 수 있으며 수령한 급부가 분배되어야 한다(제409조 참조). 공동상속인은 마찬가지로 채무 전부에 대해서 이행책임부담을 부담한다(제411조, 제414조 참조).

판례는 임대인의 지위를 공동으로 상속하여 건물의 공유자가 공동으로 건물을 임대하고 보증금을 수령한 경우, 특별한 사정이 없는 한 그 임대는 각자 공유지분을 임대한 것이 아니고 임대목적물을 다수의 당사자로서 공동으로 임대한 것이고 그 보증금 반환채무는 성질상 불가분채무에 해당된다고 보았다(대법원 1998. 12. 8. 선고 98다43137 판결; 대법원 2021. 1. 28. 선고 2015다59801 판결).

또한 판례는 한국토지공사가 택지개발예정지구 내의 이주자택지 공급대상자의 선정기준에 따라 이주자택지 공급대상자를 확정하면 그 공급대상자에게 구체적인 수분양권이 발생하는데, 그 공급대상자가 사망하여 공동상속인들이 청약권을 공동으로 상속하는 경우에는 공동상속인들이 그 상속지분비율에 따라 피상속인의 청약권을 준공유하게 되며, 공동상속인들은 단독으로 청약권 전부는 물론 그 상속지분에 관하여도 이를 행사할 수 없고, 그 청약권을 준공유하고 있는 공동상속인들 전원이 공동으로만 이를 행사할 수 있는 것이므로 위 청약권에 기하여 청약의 의사표시를 하고, 그에 대한 승낙의 의사표시를 구하는 소송은 청약권의 준공유자 전원이 원고가 되어야 하는 고유필수적 공동소송이다(대법원 2003. 12. 26. 선고 2003다11738 판결).

(2) 가분채권·채무

민법상 분할채권·채무에 관한 규정(제408조)이 공유에 관한 규정보다 우선 적용되어 분할채권 또는 분할채무가 된다면 상대방 채권자 혹은 채무자에게 불이익을 가져올 수 있다. 이에 공동상속재산의 경우 공유설을 취하면서도 가분채권에 관하여는 상속채무자는 상속인 전원에 대하여만 이행할 수 있고, 가분채무에 관하여는 불가분채무 또는 연대채무가 된다는 설, 가분채무의 경우에는 불가분채무가 된다는 설 등이 있다. 판례 및 통설은 민법 제408조가 공유에 관한 규정에 우선 적용된다는 이유로 분할채권 또는 분할채무가 된다고 본다. 즉, 판례는 가분채권·채무가 상속된 경우 공동상속인 간 분할되어 각 상속인은 상속분에 따라 분할채권을 취득한다고 보고 있다(곽윤직)(대법원 2013. 3. 14. 선고 2010다42624,42631 판결).

예를 들어 갑, 을, 병이 3,000만원의 연대채무를 부담하고 있었는데, 갑의 사망으로 상속인 갑1, 갑2의 상속분이 동일하다면 갑1, 갑2는 각각 1,000만원씩 다른 연대채무자인 을, 병에 대하여 지급할 의무가 있다.

금전채무가 공동상속된 경우, 상속재산 분할의 대상이 될 수 있는가가 문제될 수 있는데 이에 대하여 판례는 금전채무와 같이 급부의 내용이 가분인 채무가 공동상속된 경우, 이는 상속 개시와 동시에 당연히 법정상속분에 따라 공동상속인에게 분할되어 귀속되는 것이므로, 상속재산 분할의 대상이 될 여지가 없다고 보았다.

그렇다면 상속재산 분할의 대상이 될 수 없는 금전채무에 관하여 공동상속인들 사이에 분할의 협의가 있는 경우 그 협의의 의미는 무엇인가? 판례는 상속재산 분할의 대상이 될 수 없는 상속채무에 관하여 공동상속인들 사이에 분할의 협의가 있는 경우라면 이러한 협의는 민법 제1013조에서 말하는 상속재산의 협의분할에 해당하는 것은 아니지만, 위 분할의 협의에 따라 공동상속인 중의 1인이 법정상속분을 초과하여 채무를 부담하기로 하는 약정은 면책적 채무인수의 실질을 가진다고 할 것이어서, 채권자에 대한 관계에서 약정에 의하여 다른 공동상속인이 법정상속분에 따른 채무의 일부 또는 전부를 면하기 위해서는 민법 제454조의 규정에 따른 채권자의 승낙을 필요로 한다고 보았다(대법원 1997. 6. 24. 선고 97다8809 판결).

상속인이 2인 이상인 경우에 그 중의 한사람이 피상속인의 재산을 실질적으로 단독상속하였다 하더라도 그 상속인에게 승계되는 피상속인의 국세등에 관한 납부의무는 민법의 규정에 의한 자기의 상속분에 따라 계산한 금액범위에 한정되는 것이다(대법원 1983. 6. 14. 선고 82누175 판결).

관련판례 2.10 상속재산의 공유

1. 사실관계

이 사건 토지와 건물은 갑1 갑2(원고)와 을(피고)이 각 1/3 지분씩을 공동상속한 그들의 공유이다. 그런데 을이 상속개시 전부터 이 사건 건물에 거주하면서 그 건물 전부를 점유하고 있고 이 사건 토지를 그 부지로 사용하였다.

갑1과 갑2는 이 사건 토지와 건물 중 갑1, 갑2의 공유지분에 해당하는 부분의 부당이득 반환을 청구하였다. 갑1과 갑2는 을에 대하여 이를 반환 받을 수 있는가?

2. 원심판결요지

원심은 을은 위 사건 건물의 점유·사용으로 인한 이득 중 갑1, 갑2의 공유지분에 해당하는 부분은 부당이득으로서 원고들에게 반환할 의무가 있다고 판단하면서도, 위 사건 토지 부분에 관하여는 특별한 사정이 없는 한 건물의 공유자 중 일부만이 그 건물을 점유하고 있는 경우라도 그 건물의 부지는 건물의 소유를 위하여 공유자 전원이 공동으로 이를 점유하고 있는 것으로 볼 것이어서 토지를 을이 단독으로 점유하고 있다고 할 수 없다는 이유로 그 부분에 관한 갑1과 갑2의 부당이득반환청구를 배척하였다(수원지법 2006. 6. 23. 선고 2005나746, 791 판결).

3. 대법원판결요지(대법원 2006. 11. 24. 선고 2006다49307, 49314판결)

공유물의 구체적인 사용·수익의 방법에 관하여 공유자들 사이에 지분의 과반수의 합의 없이 공유자 중 1인이 이를 배타적으로 점유·사용하고 있는 경우, 다른 공유자에 대하여 그 지분에 상응하는 부당이득을 하고 있다.

> 공동상속인 중의 1인이 상속재산인 건물에 거주함으로써 상속재산인 그 건물 부지를 사용·수익하고 있는 경우, 그 사용·수익이 공유지분 과반수의 결의에 기한 것이라는 등의 특별한 사정이 없다면, 위 공동상속인은 건물뿐만 아니라 토지에 관하여도 다른 공동상속인의 공유지분에 해당하는 부분을 부당이득으로서 반환하여야 한다.
>
> [관련조문]
> 민법 제1006조(공동상속과 재산의 공유), 제1007조(공동상속인의 권리의무의 승계), 제263조(공유지분의 처분과 공유물의 사용, 수익), 제265조(공유물의 보존, 관리), 제741조(부당이득의 내용)

V. 상속재산의 분할

1. 서 설

(1) 상속재산분할의 의의

공동상속제도는 상속재산이 상속분에 맞추어 될 수 있는 대로 빨리 각 공동상속인에게 배분·귀속시키는 것을 필요로 한다. 민법은 이러한 취지에서 상속재산분할제도에 의하여 상속개시와 더불어 발생한 공동상속인 사이의 공동소유관계를 종료시켜 최종적으로 상속재산을 각 공동상속인에게 귀속하게 하고 있다. 즉 상속재산의 분할은 각 공동상속인에 대하여 상속분에 따른 분배, 그에 따른 재산귀속을 확정할 것을 목적으로 하는 일종의 청산행위이다. 이에 민법은 분할 절차에 관하여 지정분할, 협의분할 및 심판분할의 3가지를 규정하고 있다.

상속재산의 분할은 피상속인이 유언을 통해 이를 지정분할을 할 수 있으며, 이를 제3자에게 위탁할 수 있다(제1012조). 지정분할이 없으면, 공동상속인 간 협의분할을 할 수 있고, 협의가 성립되지 않는 경우 가정법원의 심판에 의하여 분할하는 심판분할(제1013조 제2항, 제269조, 가소 제2조 제1항 마류사건 10)이 있다.

(2) 상속재산분할의 요건

상속재산을 분할하기 위해서는 다음과 같은 요건이 필요하다.

1) 상속재산에 있어서 공유관계가 존재할 것

상속인이 1인이면 단독으로 상속되고 공동소유관계는 있을 수 없다. 다만 피상속인의 금전채무는 분할채무의 성질을 가지는 것이어서 상속개시로부터 상속인에게 분속한다고 보아야 하므로 상속재산분할의 대상이 아니라고 할 것이다(대법원 1997. 6. 24. 선고 97다8809 판결).

2) 공동상속인이 확정될 것

상속인이 누구인가는 일단 가족관계등록부에 의하여 확정할 수 있지만, 인지되지 않은 혼인외의 출생자가 있다든가 행방불명자가 있는 경우와 같이 다른 어떤 상속인이 있는지 명백하지 않을 경우에는 상속인을 확정할 필요가 있다.

3) 분할의 금지가 없을 것

피상속인은 유언으로 상속개시의 날로부터 5년을 초과하지 않는 기간 내의 상속재산의 분할금지가 가능하며(제1012조 후단), 이러한 공유물의 분할금지 계약은 물권적 성질에 의해서도 유효해야 할 것이다(제268조 제1항, 제2항).

2. 지정분할(유언분할)

피상속인은 유언으로 상속재산의 분할방법을 정하거나 이를 정할 것을 제3자에게 위탁할 수 있다(제1012조 전단). 이는 유언으로 이루어져야 하기 때문에 생전행위로 한 것은 효력이 없다(대법원 2001. 6. 29. 선고 201다28299 판결). 지정분할한 유언이 무효이거나 위탁을 받은 제3자가 이를 실행하지 않는 경우에는 위탁에 대한 승낙이 거절된 것으로 본다(제1097조 3항 유추). 이때 협의에 의한 분할이나 심판분할을 할 수 있다(제131조, 제384조 참조).

지정할 수 있는 분할방법은 어떠한 것이든 상관없다. 따라서 현물분할이거나 대금분할(상속재산을 환가처분한 후 그 가액을 상속인 사이에서 나누는 것), 대상분할(공동상속인 중 1인이 상속재산을 전부 취득하고 그 대가를 다른 상속인들이 나누는 것) 또는 기타의 방식도 무방하다. 반드시 공동상속인의 법정상속분에 따라서 하는 것은 아니다. 유언에 의한 지정이 공동상속인의 법정상속분과 다른 지정이 있는 경우 이는 유증으로서 유효하다고 보는 것이 타당하다. 상속재산을 지정을 하는데 있어서 특정재산을 특정상속인에게 주는 처분도 이에 해당한다. 이에 나머지 재산을 매각하여 똑같이 나눈다고 하여도 상관은 없다.

상속재산분할방법이 지정되었다고 하더라도 공동상속인 사이에서는 그 지정에 따라 분할하여야 하는 채권적 효과만을 발생시킬 뿐이다. 이것은 특정재산이 상속인에게 지정되었다고 하더라도 그 특정재산 전체에 관하여 곧 바로 소유권을 취득하는 것은 아니다. 지정분할은 공동상속인을 구속하지만 공동상속인 전원이 다르게 분할할 것을 합의하면 달리 분할할 수 있다.

3. 협의분할

공동상속인은 유언에 의한 분할방법의 지정이 없을 때 또는 분할금지가 없을 때 분할요건이 갖추어지면 언제든지 협의에 의하여 분할할 수 있다(제1013조 제1항).

(1) 협의분할 당사자

1) 공동상속인

협의분할은 상속인 중 1인이 분할을 청구하면 다른 상속인은 분할협의를 하여야 한다. 따라서 공동상속인 전원이 협의에 참여하여 전원이 합의하여야 한다.

피상속인의 배우자 그리고 미성년자가 공동으로 상속하는 경우 미성년자녀를 위한 특별대리인이 선임되어야 한다. 분할협의에 있어서 특별대리인은 본인의 취득분을 전혀 없게 할 수는 없다. 미성년자 각자마다 특별대리인을 선임하여 그 각 특별대리인이 각 미성년자인 자를 대리하여 상속재산분할의 협의를 하여야 하고, 만약 친권자가 수인의 미성년자의 법정대리인으로서 상속재산 분할협의를 한 것이라면 이는 민법 제921조에 위반된 것으로서 이러한 대리행위에 의하여 성립된 상속재산 분할협의는 적법한 추인이 없는 한 무효라고 할 것이다(대법원 2001. 6. 29. 선고 2001다28299 판결).

공동상속인 중 제한능력자가 있는 경우에는 특별대리인을 선임하여야 하며, 특별대리인을 선임하지 않고 한 분할은 무효이다(대법원 1987. 3. 10. 선고 85므80 판결; 대법원 1993. 3. 9. 선고 92다18481 판결; 대법원 2001. 6. 29. 선고 2001다28299 판결).

후견인이 피후견인을 대리하여 상속분할협의를 하거나 이에 동의를 하는 경우 후견감독인이 있으면 그의 동의를 받아야 한다(제950조 제1항 제6호).

상속인이 상속개시 당시 행방불명된 경우라면 부재자재산관리인을 선임하고(제22조) 분할하여야 유효할 것이다. 상속인이 실종된 경우에는 실종선고의 절차를 밟아야 할 것이며, 또는 「부재선고 등에 관한 특별조치법」에 의한 부재선고절차를 밟아야할 것이다(대법원 1982. 12. 28. 선고 81다451·453 판결).

2) 상속인인지 불분명한 자

① 태아인 경우

태아는 이미 출생한 것으로 의제되고 있으나(제1000조 제3항), 판례는 태아에 대하여 정지조건설의 입장(대법원 1976. 9. 14. 선고 76다1365 판결)을 취하고 있기 때문에 태아가 출생되기 전까지는 상속인으로 보지 않기 때문에 그를 제외하고 상속분할을 한 후 나중에 태아가 살아서 출생하면 민법 제1014조를 유추적용하게 된다. 한편 해제조건설을 따른다면 태아가 출생하기 전이라도 분할에 참여할 수 있다고 본다.

② 상속인의 지위에 대한 발생과 소멸의 문제가 있는 경우

상속인의 지위가 발생하는 경우는 피상속인의 사후의 인지의 소가 제기되는 경우, 혹은 이혼무효 또는 파양무효, 부를 정하는 소 등을 들 수 있다. 상속인의 지위가 소멸하는 경우는 상속결격이라든지 친생부인, 친자관계부존재확인, 인지무효, 혼인무효 등을 들 수 있는데, 이러한 경우에는 재판이 확정된 후 분할하는 것이 타당하다. 재판이 확정되기 전에 상속인 지위가 불분명한 위의 당사자를 제외하고 분할할 수는 있으나 나중에 상속인이 아니었던 자가 상속인이 되기 전에 이미 공동상속인 간 상속재산의 분할협의가 있었다면 이는 유효하다. 다만 후일 상속인으로 확정된 자는 가액지급청구할 수 있다(제1014조).

③ 포괄적 수유자, 상속분의 양수인

포괄적 수증자(제1078조)나 상속분의 양수인(제1011조)도 협의의 당사사자이다. 그러나 상속분 양도인이 분할에 참가할 수 있는가에 대하여는 찬반의견이 있다.

(2) 협의분할의 방법

협의분할의 성립에는 공동상속인 전원의 참가와 합의가 필요하므로 일부 공동상속인이 제외되거나 그 의사의 무시가 있는 협의분할은 무효이다(대법원 1995. 4. 7. 선고 93다54736 판결). 협의분할은 반드시 한 자리에서 이루어져야 하는 것은 아니고 순차적으로 이루어질 수도 있다(대법원 2001. 11. 27. 선고 2000두9731 판결). 상속인 중 한 사람이 만든 분할 원안을 다른 상속인이 후에 돌아가며 승인하여도 무방하다(대법원 2004. 10. 28. 선고 2003다65438,65445 판결).

구체적인 상속분이 없는 자라도 상속분할의 협의에 참가할 수 있다(광주고법 1989. 6. 9. 선고 88르367 판결). 상속재산분할협의에 이미 상속을 포기한 자가 참여하였다 하더라도 그 분할협의의 내용이 이미 포기한 상속지분을 다른 상속인에게 귀속시킨다는 것에 불과하여 나머지 상속인들 사이의 상속재산분할에 관한 실질적인 협의에 영향을 미치지 않은 경우라면 그 상속재산분할협의는 효력이 있다고 본다(대법원 2007. 9. 6. 선고 2007다30447 판결; 대법원 2011. 6. 9. 선고 2011다29307 판결). 협의에 의한 분할의 경우에는 반드시 각 공동상속인의 상속분에 따른 분할이어야 하는 것은 아니므로 공동상속인 중의 1인이 분할시 그 권리를 다른 공동상속인에게 양도하여 상속분보다 적은 몫을 받거나 또는 전혀 받지 않을 수도 있다. 판례는 공동상속인들 사이에서는 1인이 고유의 상속분을 초과하여 상속재산 전부를 취득하고 나머지 상속인들은 이를 전혀 취득하지 않기로 하는 내용의 상속재산에 관한 협의분할의 효력을 인정하고 있다(대법원 1996. 3. 26. 선고 95다45545,45552,45569 판결). 또한 판례는 공동상속인 3인 중 2인이 그 상속지분을 다른 1인에게 양도한 경우에 이는 상속재산의 협의분할의 취지에서 한 것으로 볼 수 있다고 하였다(대법원 1995. 9. 15. 선고 94다23067 판결).

(3) 협의분할과 사해행위취소

상속재산의 분할협의는 상속이 개시되어 공동상속인 사이에 잠정적 공유가 된 상속재산에 대하여 그 전부 또는 일부를 각 상속인의 단독소유로 하거나 새로운 공유관계로 이행시킴으로써 상속재산의 귀속을 확정시키는 것으로 그 성질상 재산권을 목적으로 하는 법률행위이므로 이러한 행위가 사해행위의 요건을 충족한다면(제406조) 사해행위가 될 수 있다(대법원 2001. 2. 9. 선고 2000다

51797 판결). 한편 채무자가 자기의 유일한 재산인 부동산을 매각하여 소비하기 쉬운 금전으로 바꾸거나 타인에게 무상으로 이전하여 주는 행위는 특별한 사정이 없는 한 채권자에 대하여 사해행위가 되는 것이므로, 이미 채무초과 상태에 있는 채무자가 상속재산의 분할협의를 하면서 자신의 상속분에 관한 권리를 포기함으로써 일반 채권자에 대한 공동담보가 감소한 경우에도 원칙적으로 채권자에 대한 사해행위에 해당한다(대법원 2007. 7. 26. 선고 2007다29119 판결).

(4) 협의분할의 무효와 취소

상속 무자격자가 분할협의에 참가한 경우이거나 공동상속인 중 일부가 협의에서 제외된 경우에는 분할협의무효의 원인이 되며, 이때에는 상속회복청구가 아닌 분할무효확인 및 재분할을 청구할 수 있다(가소법 제2조 마류 제10호). 분할협의의 의사표시에 하자가 있는 경우에는 표의자는 의사표시의 취소나 무효를 주장할 수 있으며, 따라서 분할은 없었던 것으로 된다. 그러나 판례는 상속회복청구로 보는 듯하다(대법원 1987. 3. 10. 선고 85므80 판결). 분할협의가 무효로 되거나 취소된 경우 분할에 의하여 동산을 취득한 제3자는 선의취득으로 보호될 수 있으나(제249조), 부동산인 경우에는 그러하지 아니하다. 다만, 부동산을 처분한 공동상속인의 지분범위 내에서 그 취득이 유효하므로(대법원 1965. 8. 24. 선고 65다1086 판결), 다른 공동상속인은 자기의 지분범위 내에서 무효를 주장할 수 있고, 그 주장은 상속회복청구가 아니라 일반적인 물권적 청구권의 행사에 의해서 실현해야 할 것이다. 상속회복청구로 보자는 견해도 있다(김주수·김상용).

상속재산 협의분할로 부동산을 단독으로 상속한 자가 협의분할 이전에 공동상속인 중 1인이 그 부동산을 제3자에게 매도한 사실을 알면서도 상속재산 협의분할을 하였을 뿐만 아니라, 매도인의 배임행위를 유인, 교사하거나 이에 협력하는 등 적극적으로 가담한 경우에는 위 상속재산 협의분할 중 매도인의 법정상속분에 관한 부분은 제103조 소정의 반사회적 법률행위에 해당한다고 하였다(대법원 1996. 4. 26. 선고 95다54426, 54433 판결).

(5) 협의분할의 합의해제

상속재산 분할협의의 전부 또는 일부를 합의해제한 후 다시 새로운 분할협의를 할 수 있는지 여부가 문제될 수 있는데, 이것은 가능하다(대법원 2004. 7. 8. 선고 2002다73203 판결). 그러나 상속재산 분할협의가 합의해제된 경우에도 민법 제548조 제1항 단서의 규정이 적용되는지 여부가 문제될 수 있다. 상속재산 분할협의가 합의해제 되면 그 협의에 따른 이행으로 변동이 생겼던 물권은 당연히 그 분할협의가 없었던 원상태로 복귀하지만, 민법 제548조 제1항 단서의 규정상 이러한 합의해제를 가지고서는, 그 해제 전의 분할협의로부터 생긴 법률효과를 기초로 하여 새로운 이해관계를 가지게 되고 등기·인도 등으로 완전한 권리를 취득한 제3자의 권리를 해하지 못한다(대법원 2004. 7. 8. 선고 2002다73203 판결).

(6) 협의분할의 대상

상속재산의 전부가 협의분할 대상이 된다. 채권·채무가 모두 분할 대상이 될 수 있다.

1) 가분채권

가분채권은 성질이나 가치를 해치지 않고 나눌 수 있는 급부를 목적물로 하는 채권이다. 금전채권과 같이 급부의 내용이 가분인 채권은 공동상속되는 경우 상속개시와 동시에 당연히 법정상속분에 따라 공동상속인들에게 분할되어 귀속되므로 상속재산분할의 대상이 될 수 없는 것이 원칙이다.

그러나 가분채권을 일률적으로 상속재산분할의 대상에서 제외하면 부당한 결과가 발생할 수 있다. 예를 들어 공동상속인들 중에 초과특별수익자가 있는 경우 초과특별수익자는 초과분을 반환하지 아니하면서도 가분채권은 법정상속분대로 상속받게 되는 부당한 결과가 나타난다. 그 외에도 특별수익이 존재하거나 기여분이 인정되어 구체적인 상속분이 법정상속분과 달라질 수 있는 상황에서 상속재산으로 가분채권만이 있는 경우에는 모든 상속재산이 법정상속분에 따라 승계되므로 수증재산과 기여분을 참작한 구체적 상속분에 따라 상속을 받도록 함으로써 공동상속인들 사이의 공평을 도모하려는 민법 제1008조, 제1008조의2의 취지에 어긋나게 된다.

따라서 이와 같은 특별한 사정이 있는 때는 상속재산분할을 통하여 공동상속인들 사이에 형평을 기할 필요가 있으므로 가분채권도 예외적으로 상속재산분할의 대상이 될 수 있다(대법원 2016. 5. 4.자 2014스122 결정).

불가분채권에 대하여도 협의분할이 가능하다. 상속인들 간에 이루어진 협의가 자신의 상속분보다 더 많은 상속분을 취득하는 경우 이는 상속인 간에 채권양도가 이루어진 것으로 보아 채무자에게 대한 통지를 하여야 한다.

2) 가분채무(금전채무)

금전채무가 공동상속된 경우, 상속재산 분할의 대상이 될 수 있는가 혹은 상속재산이 될 수 없는 상속채무에 대하여 상속분할협의가 이루어진 경우 이것이 민법 제1015조가 적용될 여지가 있는가가 문제될 수 있다. 판례는 전자의 경우, 금전채무와 같이 급부의 내용이 가분인 채무가 공동상속된 경우, 이는 상속개시와 동시에 당연히 법정상속분에 따라 공동상속인에게 분할되어 귀속되는 것이므로, 상속재산 분할의 대상이 될 여지가 없다고 보고 있다.

후자인 경우 상속재산 분할의 대상이 될 수 없는 상속채무에 관하여 공동상속인들 사이에 분할의 협의가 있는 경우라면 이러한 협의는 민법 제1013조에서 말하는 상속재산의 협의분할에 해당하는 것은 아니지만, 위 분할의 협의에 따라 공동상속인 중의 1인이 법정상속분을 초과하여 채무를 부담하기로 하는 약정은 면책적 채무인수의 실질을 가진다고 할 것이어서, 채권자에 대한 관계에서 위 약정에 의하여 다른 공동상속인이 법정상속분에 따른 채무의 일부 또는 전부를 면하기 위하여는 민법 제454조의 규정에 따른 채권자의 승낙을 필요로 하고, 여기에 상속재산 분할의 소급효를 규정하고 있는 민법 제1015조가 적용될 여지는 전혀 없다고 판시하고 있다(대법원 1997. 6. 24. 선고 97다8809 판결).

3) 멸실·소멸된 상속재산

상속개시 당시에는 상속재산을 구성하던 재산이 그 후 처분되거나 멸실·훼손되는 등으로 상속재산분할 당시 상속재산을 구성하지 아니하게 되었다면 그 재산은 상속재산분할의 대상이 될 수 없다. 다만 상속인이 그 대가로 처분대금, 보험금, 보상금 등 대상재산을 취득하게 된 경우에는, 대상재산은 종래의 상속재산이 동일성을 유지하면서 형태가 변경된 것에 불과할 뿐만 아니라 상속재산분할의 본질이 상속재산이 가지는 경제적 가치를 포괄적·종합적으로 파악하여 공동상속인에게 공평하고 합리적으로 배분하는 데에 있는 점에 비추어, 대상재산이 상속재산분할의 대상으로 될 수는 있다(대법원 2016. 5. 4.자 2014스122 결정).

4) 상속재산으로부터 발생한 과실

상속개시 후 상속재산분할이 완료되기 전까지 상속재산으로부터 발생하는 과실(이하 '상속재산 과실'이라 한다)은 상속개시 당시에는 존재하지 않았던 것이다. 상속재산분할심판에서 이러한 상속재산 과실을 고려하지 않은 채, 분할의 대상이 된 상속재산 중 특정 상속재산을 상속인 중 1인의 단독소유로 하고 그의 구체적 상속분과 특정 상속재산의 가액과의 차액을 현금으로 정산하는 방법(이른바 대상분할의 방법)으로 상속재산을 분할한 경우, 그 특정 상속재산을 분할받은 상속인은 민법 제1015조 본문에 따라 상속개시된 때에 소급하여 이를 단독소유한 것으로 보게 되지만, 상속재산 과실까지도 소급하여 상속인이 단독으로 차지하게 된다고 볼 수는 없다. 이러한 경우 상속재산 과실은 특별한 사정이 없는 한, 공동상속인들이 수증재산과 기여분 등을 참작하여 상속개시 당시를 기준으로 산정되는 '구체적 상속분'의 비율에 따라, 이를 취득한다고 보는 것이 타당하다(대법원 2018. 8. 30. 선고 2015다27132, 27149 판결).

4. 법원에 의한 분할

상속재산의 분할방법에 관하여 협의가 성립되지 않는 경우에는 각 공동상속인은 가정법원에 분할을 청구할 수 있다(제1013조 제2항). 이 때 각 공동상속인은 먼저 가정법원에 조정을 신청하고(가소법 제2조 제1항 마류 제10호), 조정이 성립하지 않으면 심판을 청구하여 심판분할을 하게 된다. 공동상속인이 협의할 수 없는 경우에 가사소송법이 정하는 바에 따라 가정법원에 상속재산분할심판을 청구할 수 있을 뿐이고, 그 상속재산에 속하는 개별 재산에 관하여 민법 제268조의 규정에 의한 공유물분할청구의 소를 제기할 수는 없다. 이 경우 법원은 석명권을 행사하여 청구가 상속재산분할청구로 인정되면 가정법원에 이송하여야 한다(대법원 2015. 8. 13. 선고 2015다18367 판결).

심판청구는 각 공동상속인이 단독으로 할 수 있으나 신청인을 제외한 다른 공동상속인 전원을 상대방으로 하여야 한다(가소규칙 제110조). 이 분할심판은 상대방의 보통재판적 소재지의 가정법원이 관할한다. 상속재산에 대하여 기여분결정청구사건이 있으면 병합하여야 한다(가소규칙 제112조).

(1) 심판청구의 전제문제

상속재산분할심판에 있어서는 분할당사자와 상속재산의 범위와 그 액수의 확정이 있어야 한다. 상속인이 아직 확정되지 않았다면 분할심판을 청구할 수 없으며, 특정재산이 상속재산인지 아닌지에 대한 다툼으로 소가 제기되어 있는 경우라면 그 판결이 확정될 때까지 심판절차를 중지하여야 한다.

1) 상속인 확정

태아가 아직 출생하지 않은 경우에는 출생할 때까지 분할심판을 연기하여야 한다. 그러나 상속분할을 하여야 할 급박한 상황이라면 심판분할을 하여야 할 것이며, 이때에는 민법 제1014조가 유추적용된다. 또한 상속인 자격을 가진 자의 자격형성에 문제가 있는 경우, 예를 들어 상속결격, 친생자관계부존재, 인지의 무효, 혼인무효 입양무효 등의 소가 제기된 때에는 판결이 확정될 때까지 심리를 중지하여야 한다. 위의 경우와 같이 무효소송이 제기된 경우에는 재판이 확정된 후 분할하는 것이 타당하다. 재판이 확정되기 전에 상속인 지위가 불분명한 위의 당사자를 제외하고 분할할 수는 있으나 나중에 다시 민법 제1014조에 따른 공동상속인들 간의 재분배가 있어야 할 것이다.

공동상속인 중에 아직 상속의 승인이나 포기를 위한 고려기간 중에 있는자(제1019조)가 있으면 공동상속인이 확정되어 있지 않으므로 분할심판을 청구할 수 없다. 한정승인이 있은 경우(제1028조, 제1029조)에는 상속재산 전체에 대하여 청산이 행하여지므로 그 청산이 행하여지는 동안에는 상속재산분할이 행하여질 여지가 없다. 그런데 대법원은 한정승인에 따른 청산절차가 종료되지 않은 경우에도 상속재산분할청구가 가능하다고 하였다(대법원 2014. 7. 25.자 2011스226 결정). 이에 대한 근거는 우리 민법이 한정승인 절차가 상속재산분할 절차보다 선행하여야 한다는 명문의 규정을 두고 있지 않고, 공동상속인들 중 일부가 한정승인을 하였다고 하여 상속재산분할이 불가능하다거나 분할로 인하여 공동상속인들 사이에 불공평이 발생한다고 보기 어려우며, 상속재산분할의 대상이 되는 상속재산의 범위에 관하여 공동상속인들 사이에 분쟁이 있을 경우에는 한정승인에 따른 청산절차가 제대로 이루어지지 못할 우려가 있는데 그럴 때에는 상속재산분할청구 절차를 통하여 분할의 대상이 되는 상속재산의 범위를 한꺼번에 확정하는 것이 상속채권자의 보호나 청산절차의 신속한 진행을 위하여 필요하다는 점 등을 설명하고 있다(판결에 대한 반대의견, 윤진수, 471면 참조).

이외에도 상속재산의 분리가 있는 경우(제1045조), 상속재산에 대하여 파산선고가 있는 경우(채무자 회생 및 파산에 관한 법률 제299조), 유언이나 또는 공동상속인의 합의에 의하여 상속재산분할이 금지된 경우, 유언에 의하여 상속재산분할의 방법이 지정된 경우, 제3자가 분할방법에 대하여 지정위탁된 경우 등이 있다.

특히 문제가 될 수 있는 사항은 공동상속인의 채권자가 채권자대위권에 따라 상속재산분할을 청구할 수 있는가가 문제이다. 채권자가 자신의 금전채권을 보전하기 위하여 채무자를 대위하여 부동산에 관한 공유물분할청구권을 행사하는 것은, 책임재산의 보전과 직접적인 관련이 없어 채권의 현실적 이행을 유효·적절하게 확보하기 위하여 필요하다고 보기 어렵고 채무자의 자유로운 재산관리행위에 대한 부당한 간섭이 되므로 보전의 필요성을 인정할 수 없다. 또한 특정 분할 방법을 전제하고 있지 않은 공유물분할청구권의 성격 등에 비추어 볼 때 그 대위행사를 허용하면 여러 법적 문제들이 발생한다. 따라서 극히 예외적인 경우가 아니라면 금전채권자는 부동산에 관한 공유물분할청구권을 대위행사할 수 없다고 보았다(대법원 2020. 5. 21. 선고 2018다879 전원합의체 판결).

상속인들 일부가 이북에 있어 생사불명인 경우에 상속재산분할에서 북한에 있는 상속인들을 고려한다면 도저히 상속인을 확정할 방법이 없으므로, 우선 이들을 제외한 채 상속재산분할을 함이 상당하다(서울가정법원 2004. 5. 20.자 98느합1969, 2000느합25 심판). 또한 대법원은 피상속인의 딸이 이북에 있어 생사불명이라는 이유만으로는 재산상속인에서 제외될 수 없다고 하였다(대법원 1982. 12. 28. 선고 81다452, 453 판결).

2) 상속재산의 범위

상속재산의 범위내용이 확정되지 않으면 상속인에게 상속재산을 분배할 수 없다. 이에 가정법원은 상속재산의 분할심판청구가 있는 경우 상속재산의 범위구성에 관하여 상속인 사이에 혹은 제3자 사이에 다툼이 있을 때에는 상속재산의 전제문제로서 그 귀속에 대하여 판단을 내린 다음에 분할심판을 하여야 할 것이다.

3) 가액의 평가

상속재산을 분할하기 위해서는 상속재산의 가액을 평가할 필요가 있는데, 여기서 문제가 되는 것은 그 평가의 시점이다. 구체적인 상속분의 산정을 위한 기준시점은 두 가지가 있는데, 하나는 상속개시시이고, 다른 하나는 상속인의 구체적인 상속재산취득의 공평을 꾀하기 위해서 상속재산의 현실적 취득시점인 분할 시를 표준으로 하여 상속재산을 평가하는 것이며, 이것이 합리적이라고 할 수 있다(대법원 1997. 3. 21.자 96스62 결정; 서울가법 1985.8.19, 83드6029).

결국 상속개시시 상속재산의 가액과 상속분, 반환되어야 할 생전증여의 가액을 정하고, 그 다음 분할하는 시일에 그 분할대상이 되는 상속재산을 평가하고 각 상속인이 분할 취득하여야 할 가액을 확정한다.

예를 들어 피상속인의 상속인은 자녀 갑, 을이 있다. 상속개시 당시 상속재산 3,000만원, 갑에 대한 생전증여 1,000만원이었다. 5년 후 상속재산을 분할하고자 할 때 상속재산이 6,000만원으로 증가했다. 이에 대한 가액의 산정은?

산정상속재산: 3,000(상속재산)+1,000(특별수익)=4,000

갑은 4000×1/2=2,000−1,000=1,000만원 을은 4,000×1/2=2,000만원이다. 그러나 분할 시 상속재산이 3,000만원에서 6,000만원이 되었다면 1,000 : 2,000 분할은 1 : 2의 분할비율로 갑은 6,000×1/3=2000만원, 을은 6000×2/3=4000만원을 분할하게 된다.

(2) 분할 방법

1) 상속재산분할의 방법에 있어서 심판분할은 현물분할을 원칙으로 하지만 현물분할이 불가능하거나 가치가 현저히 감소하는 경우 법원은 그 물건의 경매를 명할 수 있다(제1013조 제2항, 제269조 제2항). 경매를 명하는 가정법원의 상속재산분할심판이 확정되면 심판의 당사자는 이 심판에 기하여 상속재산에 대한 경매를 신청하고 경매에 따른 매각대금을 수령할 권리가 있다(가소법 제40조 단서).

2) 가격배상

가사소송규칙 제115조에 따라 가정법원은 제1심 심리종결 시까지 분할이 청구된 모든 상속재산에 대하여 동시에 분할의 심판을 하여야 한다(제115조 제1항). 가정법원은 분할의 대상이 된 상속재산 중 특정의 재산을 1인 또는 수인의 상속인의 소유로 하고, 그의 상속분 및 기여분과 그 특정의 재산의 가액의 차액을 현금으로 정산할 것을 명할 수 있다(제115조 제2항).

가사소송규칙 제115조의 규정은 현실적으로 당사자가 분할을 청구하여 심판의 대상이 된 재산 전부를 동시에 심판하라는 취지일 뿐, 상속재산분할의 청구의 대상이 되지 않은 상속재산까지 모두 동시에 분할심판하라는 취지는 아니라고 하였다(대법원 2000. 11. 14.자 99스38, 39 결정).

3) 즉시항고

상속재산분할의 심판에 대하여는 당사자 또는 이해관계인이 즉시항고를 할 수 있다(제116조 제1항). 가사소송규칙 제112조 제3항 또는 제115조 제1항의 규정에 의한 심판이 있는 경우에, 즉시항고권자 중 1인의 즉시항고는 당사자 전원에 대하여 그 효력이 있고, 심판의 일부에 대한 즉시항고는 심판 전부에 대하여 그 효력이 있다(제116조 제2항).

5. 상속재산분할의 효과

(1) 분할의 소급효

상속재산의 분할은 상속이 개시된 때에 소급하여 그 효력이 생긴다(제1015조 본문). 상속재산의 분할의 의미는 상속개시 당시 상속인들 각자가 피상속인으로부터 직접 상속하는 것이다. 이에 판례는 소급효의 의미를 상속인들 간의 증여로 보지 않고 피상속인으로부터의 직접승계로 본다(대법원 1985. 10. 8. 선고 85누70 판결; 대법원 1992. 3. 27. 선고 91누7729 판결). 그러므로 공동상속인 상호간에 상속재산에 관하여 민법 제1013조에 의한 협의분할이 이루어짐으로써 공동상속인 중 1인이 고유의 상속분을 초과하는 재산을 취득하게 되었다 하더라도 이는 상속개시 당시에 피상속인으로부터 승계받은 것으로 보아야 하고, 따라서 협의분할에 의한 재산상속을 원인으로 피상속인으로부터 상속인 중 1인 앞으로 소유권이전등기가 이루어진 경우로서 그 부동산에 관한 피상속인 명의의 소유권등기가 원인무효의 등기라면, 협의분할에 의하여 이를 단독상속한 상속인만이 이를 전부 말소할 의무가 있고 다른 공동상속인은 이를 말소할 의무가 없다 할 것이다(대법원 1989. 9. 12. 선고 88다카5836 판결, 대법원 1991. 8. 27. 선고 90다8237 판결; 대법원 2009. 4. 9. 선고 2008다87723 판결).

그러나 이러한 소급효는 현물분할의 경우에만 인정되고, 상속재산을 매각하여 그 대금을 분배하는 경우(대금분할)나 상속재산 자체를 취득하지 않는 대상(代償)으로 상속재산에 속하지 않는 재산을 취득하는 경우 등에는 인정되지 않는다.

(2) 제3자 보호

제3자를 보호하기 위하여 민법은 「소급효는 제3자의 권리를 해하지 못한다(제1015조 단서)」고 하여 거래의 안전을 보호하고 있다. 여기서의 제3자는 일반적으로 상속재산분할의 대상이 된 상속재산에 관하여 상속재산분할 전에 새로운 이해관계를 가졌을 뿐만 아니라 등기, 인도 등으로 권리를 취득한 사람을 말한다(대법원 2020. 8. 13. 선고 2019다249312 판결). 상속인으로부터 개개의 상속재산에 대한 지분을 양수하거나 담보로 제공받거나 또는 압류한 자를 들 수 있다. 그러나 상속분의 양수인은 포함되지 않는다.

판례는 협의분할 이전에 공동상속인 중 1인으로부터 토지를 매수하였을 뿐, 그 소유권이전등기를 경료하지 아니한 자는 여기서 말하는 제3자에 해당하지 아니한다고 보고 있다(대법원 1992. 11. 24. 선고 92다31514 판결; 대법원 1996. 4. 26. 선고 95다54426, 54433 판결). 이처럼 제3자가 되려면 권리변동의 성립요건이나 대항요건을 갖추어야 한다.

상속재산인 부동산의 분할 귀속을 내용으로 하는 상속재산분할심판이 확정되면 민법 제187조에 의하여 상속재산분할심판에 따른 등기 없이도 해당 부동산에 관한 물권변동의 효력이 발생한다. 다만 민법 제1015조 단서의 내용과 입법 취지 등을 고려하면, 상속재산분할심판에 따른 등기가 이루어지기 전에 상속재산분할의 효력과 양립하지 않는 법률상 이해관계를 갖고 등기를 마쳤으나 상속재산분할심판이 있었음을 알지 못한 제3자에 대하여는 상속재산분할의 효력을 주장할 수 없다고 보아야 한다. 이 경우 제3자가 상속재산분할심판이 있었음을 알았다는 점에 관한 주장·증명책임은 상속재산분할심판의 효력을 주장하는 자에게 있다고 할 것이다(대법원 2020. 8. 13. 선고 2019다249312 판결).

(3) 분할 후의 피인지자의 청구권

1) 피상속인의 사망 후 인지청구의 심판에 의하여 인지가 확정되면(제864조), 그 인지의 효력은 출생시에 소급하므로 피인지자도 당연히 상속개시시부터 상속인이 된다. 또한 재판의 확정에 의하여 공동상속인이 된 자도 마찬가지이다. 따라서 이와 같이 상속개시 후의 인지 또는 재판확정에 의하여 공동상속인이 된 자도 상속재산이 분할되기 전이면 당연히 그 분할에 참가할 수 있다. 한편 분할이나 그 밖의 처분이 행하여진 후라면 재분할을 청구할 수 있으나, 이는 상속재산에 관한 권리관계의 안정을 방해하고 복잡하게 하는 결과를 야기한다. 따라서 민법은 인지 또는 재판의 확정에 의하여 공동상속인이 된 자는 다른 공동상속인에 대하여 자기의 상속분에 상당하는 가액의 지급을 청구할 수 있도록 하고 있다(제1014조)(대법원 2007. 7. 26. 선고 2006다83796 판결; 대법원 2007. 7. 26. 선고 2006므2757, 2764 판결).

2) 피인지자는 그의 상속분에 상당하는 가액을 청구할 수 있는데, 이 때의 상속분은 모든 상속재산에 대한 것이 아니고 적극재산만을 의미한다(통설). 상속채무는 피인지자 등까지 포함하여 따로 상속분에 따라 승계하기 때문이다.

3) 피인지자가 가액지급청구를 한 경우 그 상대방은 다른 공동상속인이다. 그런데 여기서 재판 확정으로 상속인으로 된 자보다 후순위의 상속인이 상속을 하였던 경우에도 민법 제1014조가 유추적용될 것인가가 문제된다. 이를 긍정하는 학설도 있으나(곽윤직, 156면; 김주수·김상용, 692면; 이경희, 499면 등), 판례는 "후순위상속인에게 제1014조를 적용하기는 문리상 안 될 것이 분명한데"라고 하면서, 피인지자보다 후순위 상속인이 취득한 상속권은 민법 제860조 단서의 제3자의 취득한 권리에 포함시킬 수 없다고 하였다(대법원 1974. 2. 26. 선고 72다1739 판결).

4) 가액반환청구권의 성질에 관하여는 상속회복청구권설과 재산분할청구권설로 나뉘고 있다. 전자는 가액반환청구권의 본질은 혼인외의 자의 상속회복청구권이라고 보며(김주수, 604면), 따라서 민법 제999조 제2항의 제척기간의 제한이 있다고 한다. 그러나 후자는 이 청구권을 단순한 재산분할청구권이라고

본다(박병호, 387면; 곽윤직, 156면).

판례는 상속회복청구권설의 입장에 있다. 즉, 재산상속에 관하여 진정한 상속인임을 전제로 그 상속으로 인한 소유권 또는 지분권 등 재산권의 귀속을 주장하고 참칭상속인 또는 자기들만이 재산상속을 하였다는 일부 공동상속인들을 상대로 상속재산인 부동산에 관한 등기의 말소 또는 기타 지분권의 반환 등을 구하는 경우에도 그 소유권 또는 지분권이 귀속되었다는 주장이 상속을 원인으로 하는 것인 이상 그 청구원인 여하에 불구하고 이는 민법 제999조 소정의 상속회복청구의 소라고 해석함이 상당한바, 이 사건 청구인들은 인지심판 확정으로 피상속인의 사망시에 소급하여 상속재산을 공동상속하였음을 원인으로 하여 그 상속분에 따른 지분권을 취득하였음을 전제로 그 지분권에 기하여 공동상속인들에 대하여 상속재산을 처분한 대금의 반환청구를 하는 것이므로 이 사건 소는 상속회복청구의 소에 해당한다는 것이다(대법원 1982. 9. 28. 선고 80므20 판결).

다른 판례에서도 가액지급청구권은 상속회복청구권의 일종이므로 이 가액은 피인지자 등이 상속분을 청구하는 때의 시가를 의미하는 것이고, 따라서 이 가액은 다른 공동상속인들이 상속재산을 실제 처분한 가액 또는 처분할 때의 시가가 아니라 사실심 변론종결시의 시가를 의미한다고 하였다(대법원 1993. 8. 24. 선고 93다12 판결).

5) 피상속인이 사망한 뒤 친생자로 인지된 상속인이 이미 상속재산을 협의분할 한 다른 공동상속인들을 상대로 상속분에 해당하는 가액의 지급을 구할 경우 상속재산의 평가시점에 관하여 학설과 판례의 입장이 대립된다. 평가시점시는 피인지자가 인지를 받은 후 재산반환을 청구하는 때라는 설이 있다(김주수). 그러나 판례는 상속개시 후의 인지 또는 재판의 확정에 의하여 공동상속인이 된 사람이 민법 제1014조에 따라 그 상속분에 상당한 가액의 지급을 소송으로 청구하는 경우 상속재산의 가액은 사실심 변론종결 당시의 시가를 기준으로 산정하여야 한다고 한다(대법원 2002. 11. 26. 선고 2002므1398 판결). 가액반환범위는 다른 공동상속인들의 선의나 악의에 좌우되지 않고 또한 부당이득법리가 유추적용되지 않는다(대법원 1993. 8. 24. 선고 94다12 판결).

6) 판례는 상속재산의 소유권을 취득한 자는 민법 제102조에 따라 그 과실

을 수취할 권능도 보유하므로, 피인지자에 대한 인지 이전에 상속재산을 분할한 공동상속인이 그 분할 받은 상속재산으로부터 발생한 과실을 취득하는 것은 피인지자에 대한 관계에서 부당이득이 된다고도 할 수 없다고 보았다(대법원 2007. 7. 26. 선고 2006다83796 판결).

(4) 제척기간

상속분할 또는 처분이 있은 후 인지 또는 재판이 확정된 경우에는 10년의 제척기간 기산점인 상속권의 침해행위가 있은 날은 언제로 보아야 하는가? 이 점에 관한 대법원 판례는 보이지 않고, 하급심 판례는 분할 기타 처분을 한 때부터 10년의 제척기간이 진행한다고 보았다(서울중앙지법 2005. 9. 30. 선고 2005가합36293 판결; 서울고법 2006. 9. 7. 선고 2005나89423 판결).

판례는 혼인 외의 자가 법원의 인지판결 확정으로 공동상속인이 된 때에는 그 인지판결이 확정된 날에 상속권이 침해되었음을 안 것이라고 보고 있다(대법원 1977. 2. 22. 선고 76므55 판결; 대법원 2007. 7. 26. 선고 2006므2757,2764 판결). 헌법재판소는 적어도 인지의 경우에는 인지가 있기 전까지는 그 후 인지된 자가 상속권을 주장할 수 없었으므로, 분할 기타 처분을 한 것만으로는 상속권의 침해가 있다고 할 수 없고, 따라서 인지가 있은 때부터 10년의 제척기간이 진행한다고 보아야 할 것이다(헌재 2010. 7. 29. 선고 2005헌바89 결정).

헌법재판소의 다수의견에 의하면 제1014조의 가액지급청구권에 상속권의 침해가 있은 날부터 10년이라는 상속회복청구권의 제척기간을 적용하는 것은 위헌이 아니라고 보았다(헌재 2010. 7. 29. 선고 2005헌바89 결정).

(5) 공동상속인의 담보책임

1) 공동담보의 취지

본래 공동상속인이 서로 담보책임을 질 이유는 없다. 다만 민법은 상속인 상호간의 공평을 기하기 위하여 특히 매도인과 동일한 담보책임을 상속분에 따라 지도록 하고 있으며, 채권에 대하여는 채무자의 자력을 담보하고 무자력 공동상속인의 담보책임을 분담하도록 하고 있다(제1016조 내지 제1018조).

2) 매도인과 동일한 담보책임

공동상속인은 다른 공동상속인이 분할로 인하여 취득한 재산에 대하여 그 상속분에 따라서 매도인과 같은 담보책임이 있다(제1016조). 손해배상의 책임뿐만 아니라 해제권도 포함되며 그 책임을 져야 할 기간은 사실을 안 날로부터 1년 이내이다.

해제에 관하여는 거래의 안전이 문제되므로 특히 필요한 경우에만 인정하여야 할 것인가에 대하여는 견해가 대립된다(긍정설: 곽윤직, 157면; 김주수·김상용, 676면; 이경희, 497면).

3) 상속채무자의 무자력에 대한 담보책임

분할에 의하여 채권을 받은 공동상속인이 채무자의 무자력으로 인하여 그 채권을 회복할 수 없는 경우에는, 다른 공동상속인은 그 상속분에 응하여 분할 당시의 채무자의 자력을 담보한다(제1017조 제1항).

다만 분할시에 변제기에 달하지 않은 채권이나 정지 조건이 있는 채권에 대하여는, 변제를 청구할 수 있는 때의 채무자의 자력을 담보한다(제1017조 제2항).

6. 무자력 공동상속인의 담보책임의 분담

담보책임이 있는 공동상속인 중에 상환의 자력이 없는 자가 있는 때에는 그 담보부분은 구상권자와 자력이 있는 다른 공동상속인이 그 상속분에 응하여 담보한다(제1018조 본문). 그러나 구상권자의 과실로 상환을 받지 못한 때에는 다른 공동상속인에게 분담을 청구하지 못한다(제1018조 단서).

4 절 ≫ 상속회복청구권

Ⅰ. 서 설

1. 의 의

상속회복청구권은 진정한 상속인이 그 상속권의 내용의 실현을 방해하고 있는 자에 대하여 상속권을 주장함으로써 그 방해를 배제하고 현실로 상속권의 내용을 실현하는 것을 목적으로 하는 청구권을 말한다.

2. 입법취지

피상속인의 사망과 동시에 상속인은 등기, 인도 등을 불문하고 상속재산의 소유권을 갖기 때문에 진정한 상속인은 소유권에 기한 물권적 청구권을 행사할 수 있을 것이다. 그럼에도 불구하고 민법이 상속회복청구권을 별도로 규정한 취지는 어디에 있는가? 이는 상속인을 보호하고자 하는 측면과 상속으로 인한 권리관계를 조속히 확정함으로써 거래의 안전을 실현하고자 함이다. 상속인은 상속회복청구권을 통하여 상속재산을 일괄적으로 회복할 수 있으며, 또한 개별적인 권리로서 청구할 때에는 그 목적물에 대한 피상속인의 권원까지 입증해야 하지만, 상속회복청구권을 행사할 때에는 자신이 상속권자라는 사실과 목적물이 상속개시 당시에 피상속인의 점유에 속하고 있었다는 사실만 입증하면 족하다는데 그 취지가 있다.

3. 상속회복청구권의 성질

(1) 학 설

상속회복청구권의 성질에 관하여 학설은 크게 세 가지로 나눌 수 있다.

1) 독립권리설

상속회복청구권은 개별적·물권적 청구권과는 다른 독립된 청구권이라고 본다. 따라서 각 청구권들은 서로 경합하므로 상속회복청구권의 제척기간이 경과하더라도 개별적 물권적 청구권을 행사할 수 있다고 본다(곽윤직, 164면; 박병호, 316면; 송덕수, 2018, 36면). 판례는 민법상 상속권회복청구의 소에 관한 제도가 있다 하더라도 이와 별도로 상속재산에 관한 물권에 기한 소송을 제기할 수 있으며, 이 소는 상속권회복청구에 관한 민법규정에 영향을 받지 아니한다(대법원 1977. 11. 22. 선고 77다1744 판결).

2) 상속자격확정설

상속회복청구권은 상속인의 자격을 확정하는 권리로서 소송법상 상속확인의 소이며, 민법 제999조가 정한 제척기간이 경과하더라도 개별적 물권적 청구가 가능하다고 본다.

3) 집합권리설

상속회복청구권은 독립된 청구권이 아니라 상속재산을 구성하는 개개의 재산에 대하여 생기는 개별적 청구권의 집합에 불과하다고 보며, 상속재산의 포괄승계의 원칙 때문에 편의상 한 개의 청구권으로 구성되어 있다고 본다. 이에 청구원인을 불문하고 상속인이 참칭상속인을 상대로 상속을 원인으로 상속재산의 반환을 청구하는 이상 단기제척기간이 적용되고, 물권적 청구권과의 경합을 부정한다(김주수·김상용, 635면; 윤진수, 2018, 354면). 판례는 집합권리설의 입장에 따른다(대법원 1978. 12. 13. 선고 78다1811 판결; 대법원 1994. 10. 21. 선고 94다18249 판결 등).

4) 독립권리설과 집합권리설의 비교

독립설의 견해에 따르면 물권적 청구권과 상속회복청구권은 서로 경합하게 되어 소유자는 자신에게 유리한 권리를 선택하여 행사하거나 중복하여 행사할 수 있다. 그러나 집합권리설에 따르면 상속회복청구권을 물권적 청구권의 특별규정으로 이해하여 진정상속인은 참칭상속인에게 청구원인을 불문하고 민법 제999조만 적용을 받게 된다. 이 두 경우의 가장 큰 차이점은 물권적 청구권은 소멸시효의 대상이 되지 않는다(판례나 통설)는 점에서 전자에 의하면 소멸시효에 상관없이 상속인은 반환을 청구할 수 있으나 후자인 경우는 제척기간의 적용을 받는다. 제척기간을 두는 것은 신속한 거래안전을 꾀하는데는 유익하나 상속인의 입장에서는 독립권리설에 근거하는 경우 더 유리하다고 볼 수 있다.

(2) 판 례

판례는 '상속회복의 소'는 상속권이 참칭상속인으로 인하여 침해된 때에 진정한 상속권자가 그 회복을 청구하는 소를 가리키는 것이나, 재산상속에 관하여 진정한 상속인임을 전제로 그 상속으로 인한 소유권 또는 지분권 등 재산권의 귀속을 주장하고, 참칭상속인 또는 자기들만이 재산상속을 하였다는 일부 공동상속인들을 상대로 상속재산인 부동산에 관한 등기의 말소 등을 청구하는 경우에도 그 소유권 또는 지분권이 귀속되었다는 주장이 상속을 원인으로 하는 것이면 그 청구원인 여하에 불구하고 이는 상속회복청구의 소라고 해석함이 상당하다고 하였다(대법원 1991. 12. 24. 선고 90다5740 전원합의체 판결; 대법원 1994.

4. 15. 선고 94다798 판결 등 참조).

4. 상속회복청구권자

(1) 재산상속권이 참칭상속인으로 인하여 침해된 때에는 상속권자 또는 그 법정대리인이 가정법원에 상속회복청구를 할 수 있다(제999조).

(2) 상속개시 후에 인지된 혼인외의 출생자, 상속개시 후의 인지 또는 재판의 확정에 의하여 공동상속인이 된 자도 다른 공동상속인에 대하여 상속회복청구를 할 수 있다. 다만 상속재산이 이미 분할되었거나 그 밖에 상속재산이 처분된 후라면 자기의 상속분에 상당한 가액의 지급을 청구할 수 있다(제1014조). 민법 제1014조에 의한 피인지자 등의 상속분상당가액지급청구권은 그 성질상 상속회복청구권의 일종이므로 민법 제999조 제2항에 정한 제척기간이 적용되고, 동조 제3항에서 3년의 제척기간의 기산일로 규정한 '그 침해를 안 날'이라 함은 피인지자가 자신이 진정상속인인 사실과 자신이 상속에서 제외된 사실을 안 때를 가리키는 것으로 혼인외의 자기 법원의 인지판결 확정으로 공동상속인이 된 때에는 그 인지판결이 확정된 날에 상속권이 침해되었음을 알았다고 할 것이다(대법원 1981. 2. 10. 선고 79다2052 판결; 대법원 2001. 10. 12. 선고 2000다22942 판결; 대법원 2006. 7. 4. 선고 2005다45452 판결; 대법원 2007. 7. 26. 선고 2006므2757,2764 판결).

(3) 상속분의 양수인은 상속인의 포괄승계인으로 상속회복청구권을 행사할 수 있다. 그러나 상속재산의 특정승계인은 청구권자라고 할 수 없다.

(4) 상속회복청구권자가 사망하는 경우 그 상속권자도 청구권자라고 볼 수 있는가에 대하여는 이를 긍정하거나 부정하는 견해가 있는데(김용한, 294면; 박병호, 318면), 긍정하는 견해와 부정하는 견해가 있다(김주수, 479면). 긍정하는 견해에 의하면 상속회복청구권은 재산법적 성격이 짙은 권리이기 때문이라고 하며, 부정하는 견해는 상속회복청구권자가 사망으로 그 권리는 소멸되므로 승계되지 않지만 그의 상속인이 자신의 상속권이 침해되었음을 이유로 고유의 상속회복청구권을 갖는 것으로 보고 있다(곽윤직, 165면; 김주수·김상용, 632면).

(5) 포괄적 유증을 받은 수유자가 법정상속인들을 상대로 그들의 법정상속분에 따라 상속회복청구권을 행사할 수 있다(대법원 2001. 10. 12. 선고 20003다

22942 판결).

(6) 진정한 상속인임을 전제로 그 상속으로 인한 재산권의 귀속을 주장하고, 참칭상속인 또는 자기들만이 재산상속을 하였다는 일부 공동상속인들을 상대로 상속재산인 부동산에 관한 등기의 말소 등을 청구하는 경우, 청구원인 여하에 불구하고 민법 제999조에 정한 상속회복청구의 소를 제기할 수 있다(대법원 2006. 7. 4. 선고 2005다45452 판결).

(7) 청구원인이 소외인이 참칭상속인임을 이유로 동인으로부터 부동산을 매수한 피고들 명의의 소유권이전등기의 말소를 구하는 것이 아니라 소외인이 아무런 권한없이 부동산에 관한 원고들의 지분을 피고들에게 매도하고 등기서류를 위조하여 피고들 명의의 소유권이전등기를 경료해 주었으므로 그 등기가 원인무효이니 말소를 구한다는 소는 상속회복청구의 소에 해당하지 않는다(대법원 1986. 2. 11. 선고 85다카1214 판결).

(8) 청구원인으로 주장하는 바가 피상속인이 사망하자 그 공동상속인 중의 1인이 함부로 망인의 인감증명서와 망인 명의의 등기소요서류를 위조하여 아무런 원인도 없이 제3자 앞으로 불법등기를 경료하였다고 하여 위 제3자에게 그 등기의 말소를 구하고 있는 것이라면 그 소는 상속회복청구의 소에 해당하지 아니한다(대법원 1991. 10. 22. 선고 91다21671 판결).

(9) 상속회복청구의 소는 진정상속인과 참칭상속인이 주장하는 피상속인이 동일인임을 전제로 하는 것이므로 진정상속인이 주장하는 피상속인과 참칭상속인이 주장하는 피상속인이 다른 사람인 경우에는 진정상속인의 청구원인이 상속에 의하여 소유권을 취득하였음을 전제로 한다고 하더라도 이를 상속회복청구의 소라고 할 수 없다(대법원 1998. 4. 10. 선고 97다54345 판결).

5. 상속회복청구권의 상대방

(1) 참칭상속인

참칭상속인이란 통설이나 판례에 따르면 상속인인 것을 신뢰시키는 외관을 지니는 자나 상속인이 아닌데도 상속인이라고 하여 상속재산의 전부 또는 일부를 점유하는 자이다(대법원 1991. 12. 24. 선고 90다5740 판결; 대법원 1994. 4. 15. 선고 94다798 판결 등 참조). 자신을 상속인이라고 주장하더라도 상속재산을 점유하고 있지 않은 자는 참칭상속인이 아니다(대법원 1992. 5. 22. 선고 92다7955 판결). 참칭상속인의 상속인도 참칭상속인이며 상속재산을 점유하는 한 상대방이 된다.

상속인 아닌 자가 자신이 상속인이라고 주장하거나 또는 공동상속인 중 1인이 자신이 단독상속인이라고 주장하였다 하더라도 달리 상속권의 침해가 없다면 그러한 자를 가리켜 상속회복청구의 소에서 말하는 참칭상속인이라고 할 수는 없는 것이다(대법원 1994. 11. 18. 선고 92다33701 판결).

(2) 상속권을 주장하지 않고 상속재산을 점유하는 자와 특정의 권원을 주장하여 상속재산을 점유하는 자

이러한 유형에 해당하는 자들이 상속회복청구의 상대방적격을 갖는가에 대해서는 긍정설(김주수·김상용, 646면)과 부정설(박병호·윤진수, 316면)이 있다. 판례는 이에 해당하는 자들에 대하여 상대방적격을 부정하고 있다(대법원 1982. 1. 26. 선고 81다851 판결; 대법원 1994. 1. 14. 선고 93다49802 판결; 대법원 1994. 4. 15. 선고 94다798 판결; 대법원 1995. 4. 14. 선고 93다5840 판결).

(3) 다른 상속인이 상대방을 침해하는 공동상속인

참칭상속인에는 상속권이 전혀 없이 재산상속인임을 신뢰케 하는 외관을 갖춘 자뿐만 아니라 다른 상속인의 상속분을 침해하는 공동상속인도 포함된다고 보는 것이 다수설과 판례의 태도이다(대법원 1985. 7. 23. 선고 83다632 판결; 대법원 1991. 12. 24. 선고 90다5740 판결; 대법원 1997. 1. 21. 선고 96다4688 판결). 이는 자신의 지분을 초과하는 부분에 대해서까지 재산상속인임을 신뢰케 하는 외관을 갖추고 있다는 점에서 참칭상속인이라고 보는 것이다. 그러나 이러한 침해를 알지 못하는(선의의) 공동상속인은 참칭상속인이 아니다(대법원 1997. 1. 21. 선고 96다4688 판결). 또한 판례는 공동상속인 중 1인이 협의분할에 의한 상속을 원인으로 상속부동산에 관한 소유권이전등기를 마친 경우, 협의분할이 무효라는 이유로 다른 공동상속인이 구하는 소유권이전등기 등기말소청구의 소가 상속회복청구의 소에 해당한다고 하였다(대법원 2011. 3. 10. 선고 2007다17482 판결).

공동상속인의 한 사람인 갑의 단독 명의로 경료된 소유권보존등기가 갑이 다른 상속인인 을의 상속권을 부정하고 자기만이 상속권이 있다고 참칭하여 경료한 것이 아니라 제3자가 갑의 의사와는 아무런 상관없이 관계서류를 위조하여 경료한 것이고, 달리 갑이 자기만이 상속한 것이라고 주장하였다고 볼만한 아무런 자료도 없다면, 갑을 상속회복청구의 소에서 말하는 참칭상속인이라고는 할 수 없다(대법원 1994. 3. 11. 선고 93다24490 판결).

(4) 위의 제3자로부터 상속재산을 취득한 제3자

진정상속인이 참칭상속인으로부터 상속재산을 양수한 제3자를 상속회복청구의 상대방으로 인정하는 데 다툼이 없다(통설: 곽윤직·김주수). 위의 제3자를 상대로 등기말소청구를 하는 경우에도 상속회복청구권의 단기의 제척기간이 적용된다(대법원 1981. 1. 27. 선고 79다854 판결).

6. 상속회복청구권의 행사

(1) 상속회복청구는 가정법원에 대한 재판청구로 한다(제999조)(대법원 1993. 2. 26. 선고 92다3083 판결). 그리고 상속회복을 청구하는 상속인은 자기가 상속권을 가지는 사실과 청구의 목적물이 상속개시 당시 피상속인의 점유에 속하였던 사실을 입증하여야 한다. 상대방이 청구를 배척하려면 자신이 당해 목적물에 대하여 특정의 권원을 가지고 있다는 것을 증명해야 한다.

(2) 청구인의 승소판결이 확정되면 참칭상속인은 진정상속인에게 그가 점유하는 상속재산을 반환하여야 한다. 그리고 반환의무의 범위는 물권적 청구권의 규정이 유추적용되나, 과실에 대해서도 선의의 참칭상속인은 보호되지 않는다.

(3) 그러나 참칭상속인으로부터 양수한 제3자는 재산이 동산, 지시채권, 무기명채권, 지명소지인 출급채권 또는 유가증권이면 선의취득이 인정되어 보호되며, 부동산의 경우는 보호되지 않는다. 한편 공동상속인으로부터 상속재산을 양수한 제3자는 동산에 관해서도 선의취득을 주장할 수 없다. 공동상속인은 무권리자가 아니기 때문이다.

(4) 피상속인의 채무자가 선의·무과실로 그 채무를 참칭상속인에게 변제하였을 경우에는 그 변제는 채권의 준점유자에 대한 변제로서 유효하며(제470조), 진정상속인은 참칭상속인에 대하여 부당이득의 반환청구를 할 수 있을 뿐이다.

7. 상속회복청구권의 소멸

(1) 상속포기의 자유를 인정하고 있으므로 상속회복청구권을 행사하느냐의 여부는 진정상속인의 자유이며 포기해도 무방하다.

(2) 상속회복청구권은 그 침해를 안 날로부터 3년, 상속권의 침해행위 있는 날로부터 10년을 경과하면 소멸한다(제999조 제2항). 이는 제척기간이다. '상속권의 침해를 안 날'이란 자기가 진정상속인임을 알고 상속에서 제외된 사실을 안 때를 가리킨다(대법원 1981. 2. 10. 선고 79다2052 판결; 헌재 2004. 4. 29. 2003헌바5 결정).

상속회복청구권의 제척기간 기산점이 되는 민법 제999조 제2항 소정의 '상속권의 침해를 안 날'이라 함은 자기가 진정한 상속인임을 알고 또 자기가 상속에서 제외된 사실을 안 때를 가리키는 것으로서, 단순히 상속권 침해의 추정이나 의문만으로는 충분하지 않으며, 언제 상속권의 침해를 알았다고 볼 것인지는 개별적 사건에 있어서 여러 객관적 사정을 참작하고 상속회복청구가 사실상 가능하게 된 상황을 고려하여 합리적으로 인정하여야 한다.

공동상속인 중 1인이 나머지 공동상속인들을 상대로 제기한 상속재산분할심판 사건에서 공동상속인 일부의 소송대리권이 흠결된 채로 소송대리인 사이에 재판상 화해나 조정이 성립하여 화해조서 또는 조정조서가 작성되고, 그 조서에 기하여 공동상속인 중 1인 명의로 상속재산협의분할을 원인으로 한 소유권이전등기가 경료된 경우, 위와 같은 화해나 조정은 무효라 할 것이나, 그 조서에 확정판결과 같은 효력이 있는 이상 그 조서가 준재심에 의해 취소되기 전에는 당사자들로서는 위 화해나 조정의 무효를 확신할 수 없는 상태에 있다고 할 것이고, 그 후 소송대리권의 흠결 여부가 다투어진 끝에 준재심에 의해 화해조서나 조정조서가 취소되었다면, 나머지 공동상속인들은 그 준재심의 재판이 확정된 때에 비로소 공동상속인 중 1인에 의해 자신들의 상속권이 침해된 사실을 알게 되었다고 봄이 상당하므로, 상속회복청구권의 제척기간은 그때부터 기산된다(대법원 2007. 10. 25. 선고 2007다36223 판결).

상속회복청구의 소에서 제척기간의 준수 여부는 법원의 직권조사사항이다. 제척기간 도과 후 제기된 소에 대하여 법원은 참칭상속인의 최초의 침해행위가 행하여진 날로부터 10년의 제척기간이 도과하여 제기된 사건의 소를 부적법하다고 하여 각하하였다(대법원 1993. 2. 26. 선고 92다3083 판결; 대법원 2010. 1. 14. 선고 2009다41199 판결).

(3) 상속회복청권은 포기하는 것도 가능하다. 다만 상속개시 전에는 포기할 수 없다.

(4) 상속회복청구권이 제척기간의 경과로 소멸하게 되면 상속인은 상속권을 상실하게 되고, 반사적 효과로서 참칭상속인이 상속이 개시된 때로 소급하여 상속재산에 대한 정당한 권리를 취득한다(대법원 1994. 3. 25. 선고 93다57155 판결). 상속회복청구권이 제척기간의 경과로 소멸하게 되면 상속인은 상속인으로서의 지위를 상실하게 되고, 참칭상속인은 그 지위가 확정되어 상속이 개시된 때로 소급하여 상속인으로서의 지위를 취득한다(대법원 1994. 3. 25. 선고 93다57155 판결; 대법원 1998. 3. 27. 선고 96다37398 판결).

(5) 상속회복청구에 관한 제척기간의 취지, 남북가족특례법의 입법 목적 및 관련 규정들의 내용, 가족관계와 재산적 법률관계의 차이, 법률해석의 한계 및 입법적 처리 필요성 등의 여러 사정을 종합하여 보면, 남북가족특례법 제11조 제1항은 피상속인인 남한주민으로부터 상속을 받지 못한 북한주민의 상속회복청구에 관한 법률관계에 관하여도 민법 제999조 제2항의 제척기간이 적용됨을 전제로 한 규정이며, 따라서 남한주민과 마찬가지로 북한주민의 경우에도 다른 특별한 사정이 없는 한 상속권이 침해된 날부터 10년이 경과하면 민법 제999조 제2항에 따라 상속회복청구권이 소멸한다(대법원 2016. 10. 19. 선고 2014다46648 전원합의체 판결).

관련판례 2.11 상속회복청구권의 권리행사 기간

1. 사실관계

충남 금산군 대 172㎡(이하 '이 사건 토지'라 한다)는 A의 소유였는데, A가 1978. 12. 1. 사망하자 그의 처인 B, 장남인 C, 차남인 D, 장녀인 E, 차녀인 F가 공동상속하였다. 그런데 B와 C는 이 사건 토지의 각 2분의 1 지분에 관하여 대전지방법원 금산등기소 1995. 6. 19. 접수 제13093호로 1978. 12. 1. 재산상속을 원인으로 한 소유권이전등기를 마쳤고, C는 다시 자신의 지분을 아들인 C1에게 대전지방법원 금산등기소 2004. 12. 4. 접수 제18661호로 2004. 11. 30. 증여를 원인으로 한 소유권이전등기를 경료해 주었다.

청구인 F와 E는 대전지방법원에 C와 C1을 상대로 소유권이전등기말소 등을 구하는 소송을

제기하였는데(대전지방법원 2005가단58073), 위 법원은 이 사건 소가 상속권의 침해행위가 있은 날부터 10년이 경과된 2005. 11. 23. 제기되었다는 이유로 소각하 판결을 선고하였다. 청구인은 위 판결에 불복하여 대전지방법원에 항소를 제기하였으나(대전지방법원 2006나13368), 위 법원은 항소기각판결을 선고하였고, 이에 청구인은 다시 대법원에 상고한 후(대법원 2007다57244) 그 소송 계속 중 민법 제999조가 헌법에 위반된다고 주장하면서 위헌법률심판제청신청을 하였으나(2007카기159) 기각되자 이 사건 헌법소원심판을 청구하였다.

2. 결정요지(헌법재판소 2009. 9. 24. 2008헌바2 결정)

이 사건 법률조항 중 "상속권의 침해행위가 있은 날부터 10년" 부분은 종전 규정상의 "상속개시일로부터 10년"을 "침해행위가 있은 날부터 10년"이라고 규정하여 종전보다 상속회복청구권자에게 유리하게 기간을 규정하였다. 일반적으로 상속제도나 상속권의 구체적 내용은 입법자가 입법정책적으로 결정할 사항으로서 원칙적으로 입법형성의 자유에 속하며 이 사건 법률조항 중 "상속권의 침해행위가 있은 날부터 10년" 부분은 종전 규정보다도 상속회복청구권의 행사기간을 상당히 연장한 것인 점을 감안하면 이 사건 법률조항 중 "상속권의 침해행위가 있은 날부터 10년" 부분은 재산권이나 평등권을 침해한 것이라고 할 수 없고, 달리 다른 헌법상의 기본권을 침해하였다고 볼 사정도 없다.

이 사건 법률조항 중 "그 침해를 안 날부터 3년" 부분은 그 침해행위를 안 날로부터 3년으로 상속회복청구권 행사기간을 규정하고 있고, 대법원은 상속권의 침해를 안 날이라고 함은 자기가 진정상속인임을 알고 또 자기가 상속에서 제외된 사실을 안 때라고 해석하고 있어 그 기산점이 불합리하게 책정되었다고 할 수 없으며, 상속으로 인한 재산권의 이전이 법률상 당연히 포괄적으로 이루어진다는 법률적 특성과 이에 따른 선의의 제3자 보호의 필요성을 감안할 때 위 3년이라는 기간은 상속인이 자신의 상속재산을 회복하기 위하여 권리를 행사하기에 충분한 기간이라고 보일 뿐만 아니라, 현행법상 인정되는 다른 소멸시효 및 제척기간 관련규정이 정하고 있는 권리행사기간과 비교하여 보더라도 그 권리행사에 상당한 기간이라고 보이므로 이 사건 법률조항 중 "그 침해를 안 날부터 3년" 부분은 헌법 제37조 제2항에서 정하는 기본권 제한의 한계 내의 정당한 입법권의 행사로서 과잉금지원칙에 위배되지 아니하므로, 상속인의 재산권, 사적자치권, 재판청구권을 침해하는 것이 아니며 평등의 원칙을 침해하는 것도 아니다.

따라서 이 사건 법률조항은 상속인의 재산권을 침해하거나 평등원칙에 위반되지 않으며, 이 사건 법률조항은 상속권 자체를 부인하는 것이 아니라 상속회복청구권의 행사기간만을 제한하는 것이므로 자유시장경제질서에 위반되는 것으로 볼 수도 없다.

[관련조문]

제999조(상속회복청구권)

5 절 ≫ 재산상속의 승인과 포기

Ⅰ. 서 설

1. 승인·포기제도의 의의

상속이 개시되면 상속인은 상속의 효과로서 상속개시의 사실을 알거나 모르거나 상속인의 의사와는 관계없이 당연히 피상속인의 재산상 지위를 승계하게 된다. 그러나 이는 승계될 권리의무의 내용에 따라 상속인에게 타당하지 못한 결과를 야기하기도 한다. 즉, 상속재산 중에 채무가 채권을 초과하는 경우에는 상속인에게 부담이 될 뿐이다. 따라서 민법은 상속의 승인 및 포기의 제도를 두어 상속인의 의사에 따라서 일단 발생한 상속재산의 효과를 확정적인 것으로 할 것인가 또는 상속자체를 부인할 것인가에 대한 선택의 자유를 인정하고 있는 것이다.

상속의 승인이란 재산상속의 개시에 의하여 발생하는 효과를 거부하지 않는 것을 스스로 선언하는 것을 말하며, 이에는 단순승인과 한정승인 그리고 포기가 있다. 상속의 포기란 상속의 개시에 의하여 발생하는 효과를 상속개시 당시에 소급하여 소멸시키는 의사표시이다.

상속인은 아직 상속 승인, 포기 등으로 상속관계가 확정되지 않은 동안에도 잠정적으로나마 피상속인의 재산을 당연 취득하고 상속재산을 관리할 의무가 있으므로, 상속채권자는 그 기간 동안 상속인을 상대로 상속재산에 관한 가압류결정을 받아 이를 집행할 수 있다. 그 후 상속인이 상속포기로 인하여 상속인의 지위를 소급하여 상실한다고 하더라도 이미 발생한 가압류의 효력에 영향을 미치지 않는다. 따라서 위 상속채권자는 종국적으로 상속인이 된 사람 또는 민법 제1053조에 따라 선임된 상속재산관리인을 채무자로 한 상속재산에 대한 경매절차에서 가압류채권자로서 적법하게 배당을 받을 수 있다(대법원 2021. 9. 15. 선고 2021다224446 판결).

상속재산 중 채무가 적극재산을 초과하는 경우의 상속인은 한정승인이나 포기 이외에도 상속재산의 파산이 있다. 파산은 「채무자 회생 및 파산에 관한 법률」에 의한다. 한정승인을 한 경우 반드시 파산절차를 하여야 하는 것은 아니다. 상속재산으로 상속채권자 및 유증을 받은 자에 대한 채무를 완제(완전히 갚을 수 없을 때)할 수 없는 때에는 법원에 이를 신청하고, 법원은 파산을 결정, 선고한다(채무자 회생 및 파산에 관한 법률 제307조). 상속재산에 대하여 파산선고가 있는 때에는 상속인은 한정승인 한 것으로 본다. 다만, 민법 제1026조 제3호에 의하여 상속인이 단순승인 한 것으로 보는 때에는 그러하지 아니하다(동조 제389조 제3항).

채무자가 한정승인을 하였으나 채권자가 제기한 소송의 사실심 변론종결시까지 이를 주장하지 아니하는 바람에 책임의 범위에 관하여 아무런 유보 없는 판결이 선고·확정된 경우라 하더라도 채무자가 그 후 위 한정승인 사실을 내세워 청구에 관한 이의의 소를 제기하는 것이 허용되는 것은, 한정승인에 의한 책임의 제한은 상속채무의 존재 및 범위의 확정과는 관계없이 다만 판결의 집행 대상을 상속재산의 한도로 한정함으로써 판결의 집행력을 제한할 뿐으로, 채권자가 피상속인의 금전채무를 상속한 상속인을 상대로 그 상속채무의 이행을 구하여 제기한 소송에서 채무자가 한정승인 사실을 주장하지 않으면 책임의 범위는 현실적인 심판대상으로 등장하지 아니하여 주문에서는 물론 이유에서도 판단되지 않는 관계로 그에 관하여는 기판력이 미치지 않기 때문이다. 위와 같은 기판력에 의한 실권효 제한의 법리는 채무의 상속에 따른 책임의 제한 여부만이 문제되는 한정승인과 달리 상속에 의한 채무의 존재 자체가 문제되어 그에 관한 확정판결의 주문에 당연히 기판력이 미치게 되는 상속포기의 경우에는 적용될 수 없다(대법원 2009. 5. 28. 선고 2008다79876 판결).

2. 승인·포기의 요건

(1) 행위능력

상속의 승인이나 포기는 재산법상의 법률행위이므로 이를 행하기 위해서는 행위능력이 있어야 한다. 미성년자나 제한행위능력자는 법정대리인인 친권자 또는 후견인이 대리하거나 동의하여야 한다. 법정대리인이 이들 미성년자와 함께 공동상속인인 경우 상속의 승인이나 포기는 상호 간 이해상반행위가 될 수있으므로 미성년 자녀를 위한 특별대리인을 선임하여야 한다. 그렇지 않고 행하여진 승인이나 포기는 무효이다(대법원 1987. 3. 10. 선고 85므80 판결). 그러나 법정대리인과 미성년자 전원이 상속을 포기할 경우는 이해상반행위라고 할 수 없다(대법원 1989. 9. 12. 선고 88다카28044 판결).

이외에도 후견인이 피후견인을 대리하는 경우 혹은 피후견인의 행위에 동의를 하는 경우 후견감독인이 있으면 동의를 얻어야 한다(제950조). 민법 제950조 6호에는 상속의 승인, 한정승인 또는 포기 및 상속재산의 분할에 관한 협의의 경우 후견감독인의 동의를 필요로 한다는 것을 규정하고 있다.

(2) 승인·포기의 시점 및 방식

상속의 승인이나 포기는 상속개시 후에만 가능하다. 또한 상속포기는 상속이 개시된 후 일정한 기간 내에만 가능하며, 일정한 절차와 방법을 이행하여야만 효력이 있다(대법원 1998. 7. 24. 선고 98다9021 판결). 상속의 한정승인과 포기는 가정법원에 신고하여야 효력이 생기는 요식행위이지만 단순승인은 아무런 방식을 요하지 않는다.

상속인은 상속개시된 때부터 피상속인의 재산에 관한 포괄적 권리의무를 승계한다(민법 제1005조 본문). 다만 상속인은 상속개시 있음을 안 날로부터 3월 내에 단순승인이나 한정승인 또는 포기를 할 수 있고(제1019조 제1항 본문), 상속의 포기는 상속개시된 때에 소급하여 그 효력이 있다(제1042조).

상속인은 상속포기를 할 때까지는 그 고유재산에 대하는 것과 동일한 주의로 상속재산을 관리하여야 한다(제1022조). 상속인이 상속을 포기할 때에는 민법 제1019조 제1항의 기간 내에 가정법원에 포기의 신고를 하여야 하고(민법 제1041조), 상속포기는 가정법원이 상속인의 포기신고를 수리하는 심판을 하여 이를 당사자에게 고지한 때에 효력이 발생하므로, 상속인은 가정법원의 상속포기 신고 수리 심판을 고지받을 때까지 민법 제1022조에 따른 상속재산 관리의무를 부담한다.

(3) 상속인 채권자의 채권자 대위권

피상속인의 채권자나 상속인의 채권자가 채권자대위권을 행사할 수 있는가에 대한 문제에는 일반적으로 부정되고 있다. 다만 이들은 상속인이 상속의 승인이나 포기를 하지 않은 동안은 전항의 기간경과 후에도 재산의 분리를 법원에 청구할 수 있다(제1045조 제1항).

(4) 포괄적 상속승인·포기

상속의 승인이나 포기는 상속재산에 대한 포괄적인 승인이나 포기를 의미한다. 부분적인 승인이나 포기는 허용되지 않는다. 또한 상속의 승인이나 포기에는 조건이나 기한을 붙일 수 없고 조건부 또는 기한부의 승인이나 포기는 무효이다.

3. 승인·포기의 기간

(1) 상속개시 있음을 안 날로부터 3월내

1) 승인과 포기를 할 수 있는 기간은 상속인이 상속개시가 있음을 안 날로부터 3월 이내이다(제1019조 제1항). 위 기간 내에 상속인은 자신이 상속을 단순승인 또는 한정승인을 할 것인가, 아니면 상속을 포기할 것인가를 숙고하여 그 기간 내에 결정을 하여야 하며, 이 기간은 제척기간이다(대법원 2003. 8. 11.자 2003스32 결정). '상속개시 있음을 안 날'이란 상속개시의 사실과 자기가 상속인이 되었다는 사실을 안 날로 해석된다(대법원 1991. 6. 11. 선고 91스1 판결). 이 때 상속재산이나 채무가 존재하는지, 상속포기가 무엇인지를 안 날을 의미하는 것은 아니라고 보고 있다(대법원 1974. 11. 26. 선고 74다163 판결). 사실의 오인이나 또는 법률에 대한 무지로 인해 자신이 상속인이 되었다는 사실을 알지 못한 경우에도 이 상속고려기간에 산정되지 않는다(대법원 1988. 8. 25. 선고 88스10·13 판결). 판례는 선순위 상속권자인 피상속인의 처와 자녀가 상속을 포기하여 그 다음의 상속순위에 있는 손자녀가 상속인이 되는 경우, 상속인이 상속개시의 원인사실을 아는 것만으로 자신이 상속인이 된 사실을 알기 어려운 특별한 사정이 있다고 보았다(대법원 2006. 2. 10. 선고 2004다33865,33872 판결). 이에 법원으로서는 '상속개시 있음을 안 날'을 확정함에 있어 상속개시의 원인사실뿐 아니라 더 나아가 그로써 자신의 상속인이 된 사실을 안 날이 언제인지까지도 심리·규명하여야 마땅하다고 보고 있다(대법원 2005. 7. 22. 선고 2003다43681 판결; 대법원 2012. 10. 11. 선고 2012다59367 판결; 대법원 2013. 6. 14. 선고 2013다15869 판결; 대법원 2015. 5. 14. 선고 2013다48852 판결).

2) 한편 헌법재판소의 헌법불합치 결정에 따라(헌재 1998. 8. 27.자 96헌가 22 결정) 민법이 2002년 특별한정승인제도가 생김으로써, 상속부채가 상속재산보다 많다는 사실을 중대한 과실 없이 알지 못한 경우에는 부채가 재산보다 많다는 사실을 안 날로부터 3개월 내에 한정승인을 할 수 있게 되었다(제2019조 3항).

3) 상속인은 승인 또는 포기하기 전에 상속재산을 조사할 수 있으며(제1019조 제2항), 필요한 경우 이해관계인 또는 검사의 청구에 의하여 가정법원이 이 기간을 연장할 수 있다(가소법 제2조 라류 제26호).

4) 3월의 기간에 있어 상속인이 미성년자 제한능력자이거나 또는 피성년후견인, 피한정후견인인 경우 제1019조 제1항의 기간은 그의 친권자 또는 후견인이 상속이 개시된 것을 안날부터 기산한다(제1020조). 성년후견인이 개시되지 않은 의사무능력자에 대하여도 이 규정이 유추적용되어야 할 것이다. 그러나 법정대리인이 민법 제1019조 제1항의 사유가 있음을 안 때에는 1019조 제1항의 기간이 진행한다(대법원 2020. 11. 19. 선고 2019다232918 전원합의체 판결). 그러나 2022년 11월 법안이 국회를 통과하여 법정대리인이 한정승인을 미성년자가 성년이 된 후 상속재산보다 상속채무가 많다는 사실을 안 날부터 3개월 내에 한정승인을 할 수 있게 되었다.

5) 만약 상속인이 승인이나 포기를 하지 않고 위 3월의 기간 내에 사망한 때에는, 그의 상속인이 자기의 상속개시가 있음을 안 날로부터 3월을 기산한다(제1021조).

6) 채권자가 채무자의 사망 이후 그 1순위 상속인의 상속포기 사실을 알지 못하고 1순위 상속인을 상대로 소를 제기하였다가 실제 상속인을 피고로 하는 피고경정신청을 한 경우, 원고가 피고의 사망 사실을 모르고 사망자를 피고로 표시하여 소를 제기한 경우에, 청구의 내용과 원인사실, 당해 소송을 통하여 분쟁을 실질적으로 해결하려는 원고의 소제기 목적 내지는 사망 사실을 안 이후 원고의 피고표시정정신청 등 여러 사정을 종합하여 볼 때에, 실질적인 피고는 당사자능력이 없어 소송당사자가 될 수 없는 사망자가 아니라 처음부터 사망자의 상속자이고 다만 그 표시에 잘못이 있는 것에 지나지 않는다고 인정되면 사망자의 상속인으로 피고의 표시를 정정할 수 있다(대법원 2009. 10. 15. 선고 2009다49964 판결).

관련판례 2.12 상속승인 및 포기의 신고기간
[민법 제1019조 제1항 소정의 '상속개시 있음을 안 날'의 의미]

1. 사실관계

X(원고)에 대해 구상금채무를 지고 있던 A가 1997. 1. 4. 사망하자 그 제1순위 상속인인 처와 자녀들 전원이 적법한 기간 내에 상속포기신고를 하여 1997. 2. 21. 그 신고가 수리되었고, 이로 인해 A의 손자녀들로서 그 다음의 상속순위에 있던 피고들이 상속인이 되었다. 피고들은 2002. 11. 7. 서울가정법원 2002느단7298호로 상속포기신고를 하였고 위 신고는 2003. 4. 3. 수리되었다.

위 상속포기신고 당시 피고 1, 피고 2를 제외한 나머지 피고들은 미성년자였고 피고 1, 피고 2는 혼인 전으로 그 부모와 주소를 같이 하고 있었다.

X는 '상속개시 있음을 안 날부터 3개월'은 상속재산이 있는 것(채무있는 사실)을 안 날부터 3개월을 기산하여야 한다고 주장하면서 구상채무를 피고에게 요구하였다.

2. 대법원판결요지(대법원 2005. 7. 22. 선고 2003다43681 판결)

상속인은 상속개시 있음을 안 날로부터 3월 내에 상속의 포기를 할 수 있는바(민법 제1019조 제1항), 여기서 '상속개시 있음을 안 날'이라 함은 상속개시의 원인이 되는 사실의 발생을 알고 이로써 자기가 상속인이 되었음을 안 날을 말한다고 할 것인바(대법원 1969. 4. 22. 선고 69다232 판결), 피상속인의 사망으로 인하여 상속이 개시되고 상속의 순위나 자격을 인식함에 별다른 어려움이 없는 통상적인 상속의 경우에는 상속인이 상속개시의 원인사실을 앎으로써 그가 상속인이 된 사실까지도 알았다고 보는 것이 합리적이다(대법원 1984. 8. 23.자 84스17-24 결정; 대법원 1986. 4. 22.자 86스10 결정; 대법원 1988. 8. 25.자 88스10, 11, 12, 13 결정 등 참조). 그러나 종국적으로 상속인이 누구인지를 가리는 과정에 사실상 또는 법률상의 어려운 문제가 있어 상속개시의 원인사실을 아는 것만으로는 바로 자신의 상속인이 된 사실까지 알기 어려운 특별한 사정이 존재하는 경우도 있으므로, 이러한 때에는 법원으로서는 '상속개시 있음을 안 날'을 확정함에 있어 상속개시의 원인사실뿐 아니라 더 나아가 그로써 자신의 상속인이 된 사실을 안 날이 언제인지까지도 심리, 규명하여야 마땅할 것이다.

선순위 상속인으로서 피상속인의 처와 자녀들이 모두 적법하게 상속을 포기한 경우에는 피상속인의 손자녀 등 그 다음의 상속순위에 있는 사람이 상속인이 되는 것이나(대법원 1995. 4. 7. 선고 94다11835 판결; 대법원 1995. 9. 26. 선고 95다27769 판결 등 참조), 이러한 법리는 상속의 순위에 관한 민법 제1000조 제1항 제1호(1순위 상속인으로 규정된 '피상속인의 직계비속'에는 피상속인의 자녀뿐 아니라 피상속인의 손자녀까지 포함된다)와 상속포기의 효과에 관한 민법 제1042조 내지 제1044조의 규정들을 모두 종합적으로 해석함으로써 비로소 도출되는 것이지 이에 관한 명시적 규정이 존재하는 것은 아니어서 일반인의 입장에서 피상속인의 처와 자녀가 상속을 포기한 경우 피상속인의 손자녀가 이로써 자신들이 상속인이 되었다는 사실까지 안다는 것은 오히려 이례에 속한다고 할 것이다. 따라서 이와 같은 과정에 의해 피고들이 상속인이 된 이 사건에 있어서는 상속인이 상속개시의 원인사실을 아는 것만으로 자신이 상속인이 된 사실을 알기 어려운 특별한 사정이 있다고 보는 것이 상당하다 하겠다.

[참고조문]
민법 제1019조(승인, 포기의 기간)

4. 승인·포기하기 전의 상속재산의 관리

상속이 개시되면 상속인은 상속의 승인 또는 포기를 하기까지 그 고유재산의 관리와 동일한 주의로 상속재산을 관리하여야 한다. 그러나 단순승인 또는 포기한 때에는 그러하지 아니하다(제1022조 본문). 관리인으로서의 상속인이 할 수 있는 행위의 내용은 상속재산의 보존행위 또는 성질을 변경하지 않는 범위 내에서의 이용·개량행위이다.

재산상속인의 상속재산에 대한 관리의무는 그 상속을 단순승인 또는 포기할 때까지 계속하는 것이 원칙이다(제1022조 단서). 상속인이 단순승인하면 상속재산과 상속인의 고유재산이 혼동되어 일체가 되며, 포기하면 새로운 상속인이 이를 관리하여야 하기 때문에 더 이상 관리의 의무가 없다.

5. 승인·포기의 취소·무효

(1) 승인·포기의 취소금지

상속의 승인과 포기를 한 이상 3월의 기간 내에도 이를 취소할 수 없다. 왜냐하면 승인이나 포기로 형성된 이해관계인의 신뢰를 배반하는 것이 되어 그들에게 손해를 줄 염려가 있기 때문이다. 그러나 무능력, 사기, 강박, 착오 등의 원인으로 승인·포기한 경우에는 민법총칙의 규정에 의하여 취소할 수 있다. 다만 이 취소권은 추인할 수 있는 날로부터 3월, 승인 또는 포기한 날로부터 1년 내에 행사하지 아니하면 시효로 인하여 소멸된다(제1024조 제2항).

(2) 승인·포기의 무효·철회

1) 민법은 상속의 승이나 포기의 무효에 대하여 특별히 규정하고 있지 않다. 그러나 무효사유가 있으면 이를 주장할 수 있다. 상속인에게 승인·포기의

의사가 없었거나 신고가 잘못된 경우에는 승인·포기는 무효가 된다. 의사무능력상태에서 이루어진 승인이나 포기, 허위표시에 의한 의사표시가 있는 경우에는 무효로 본다(대법원 1983. 6. 28. 선고 82도2421 판결 등).

상속재산 전부를 상속인 중 1인(을)에게 상속시킬 방편으로 그 나머지 상속인들이 상속포기신고를 하였으나 그 상속포기가 민법 제1019조 제1항 소정의 기간을 초과한 후에 신고된 것이어서 상속포기로서의 효력이 없더라도 을과 나머지 상속인들 사이에는 을이 고유의 상속분을 초과하여 상속재산 전부를 취득하고 나머지 상속인들은 그 상속재산을 전혀 취득하지 않기로 하는 의사의 합치가 있었다고 할 것이므로 그들 사이에 위와 같은 내용의 상속재산의 협의분할이 이루어진 것이라고 보아야 하고 공동상속인 상호간에 상속재산에 관하여 협의분할이 이루어짐으로써 공동상속인 중 1인이 고유의 상속분을 초과하여 상속재산을 취득하는 것은 상속개시당시에 피상속인으로부터 상속에 의하여 직접 취득한 것으로 보아야 한다(대법원 1989. 9. 12. 선고 88누9305 판결).

2) 상속의 승인이나 포기는 철회하지 못한다. 민법 제1024조 제1항은 '상속의 승인이나 포기는 제1019조 제1항의 기간 내에도 이를 취소하지 못한다'라고 규정하고 있으나 여기서의 취소란 승인이나 포기의 어떤 의사표시에 아무런 하자가 없었는데도 그 효력을 발생시키지 않겠다는 이른바 철회를 의미하는 것이다.

6. 법원에 의한 '보전에 필요한 처분'

상속재산의 공동관리 또는 그 밖의 사정으로 상속재산관리가 부적당한 경우에는 가정법원은 이해관계인 또는 검사의 청구에 의하여 상속재산의 보존에 필요한 처분을 명할 수 있다(제1023조 제1항). 여기서 '이해관계인'이란 상속채권자, 공동상속인, 상속의 포기에 의하여 상속인이 될 자 등 널리 법률상 이해관계가 있는 자를 의미한다. 또한 '보전에 필요한 처분'이란 상속인에게 재산을 관리시키는 것이 부적당한 경우 제3자를 상속재산관리인으로 선임하는 것이다. 또한 재산목록을 작성하거나 제출 또는 상속재산의 환가 등을 하도록 하는 것이다.

이 처분의 하나로 상속재산관리인을 선임한 경우에는 부재자의 재산관리에 관한 규정(제24조 내지 제26조)이 준용된다(제1023조 제2항). 판례는 이러한 상속재산 보존에 관한 처분은 상속개시 후 그 고려기간이 경과되기 전에 한하여 청구할 수 있고, 그 심판에서 정한 처분의 효력은 심판청구를 할 수 있는 시적 한계 시까지만, 즉 고려기간이 경과되기 전까지만 존속한다(대법원 1999. 6. 10.자 99으1 결정).

Ⅱ. 단순승인

1. 단순승인의 의의

단순승인이란 피상속인의 권리의무를 어떠한 제한 또는 조건을 붙이지 않고 승계하거나 이를 승인하는 상속방법을 말한다. 단순승인은 일방적 의사표시로 성립되는 불요식행위이다. 상속인이 단순승인을 한 때에는 제한없이 피상속인의 권리의무를 승계한다(제1025조).

2. 법정단순승인

다음과 같은 경우에는 상속인이 단순승인한 것으로 본다(제1026조).

(1) 상속인이 상속재산에 대한 처분행위를 한 때(동조 제1호)

처분행위는 상속재산의 일부에 대한 행위이건 전부에 대한 행위이건 또는 사실행위이건 법률행위이건 묻지 않는다. 예를 들어 상속재산이 분할된 경우는 처분행위로 보며(대법원 1983. 6. 28. 선고 82도2421 판결), 상속인이 자신의 이름으로 상속등기하는 것도 처분행위에 해당된다(대법원 1964. 4. 3. 선고 63마54 판결). 산림의 벌채, 가옥의 파괴 등은 사실적 처분행위로 산림의 매각, 주식의 질권설정 등은 법률적 처분행위로 볼 수 있다. 채권의 추심도 처분행위에 해당한다(대법원 2010. 4. 29. 선고 2009다84936 판결).

상속재산에서 상당한 장례비용을 지출하거나 채권자를 해치지 않는 것으로 타인에게 상속재산을 무상으로 사용하게 하는 것, 혹은 단기 임대차는 처분행위에 해당하지 않는다. 권원 없이 공유물을 점유하는 자에 대한 공유물의 반환청구는 공유물의 보존행위로서 처분행위가 아니다(대법원 1996. 10. 15. 선고 96다23283 판결).

상속인 자신이 한정승인 또는 포기를 할 수 있는 기간 내에 상속등기를 한 때에는 상속의 단순승인으로 인정된 경우가 있을 것이나 상속등기가 상속재산에 대한 처분행위라고 볼 수 없으니 만큼 채권자가 상속인을 대위하여 상속등기를 하였다 하여 단순승인의 효력을 발생시킬 수 없다(대법원 1964. 4. 3. 선고 63마54 결정).

상속의 한정승인이나 포기는 상속인의 의사표시만으로 효력이 발생하는 것이 아니라 가정법원에 신고를 하여 가정법원의 심판을 받아야 하며, 심판은 당사자가 이를 고지받음으로써 효력이 발생한다. 상속인이 가정법원에 상속포기의 신고를 하였더라도 이를 수리하는 가정법원의 심판이 고지되기 이전에 상속재산을 처분하였다면, 이는 상속포기의 효력 발생 전에 처분행위를 한 것이므로 민법 제1026조 제1호에 따라 상속의 단순승인을 한 것으로 보아야 한다(대법원 2016. 12. 29. 선고 2013다73520 판결).

(2) 상속인이 승인 또는 포기를 하여야 할 기간 내에(3개월) 한정승인 또는 포기를 하지 않은 때(동조 제2호)

민법 제1019조 제1항의 규정에 의하여 기간이 연장된 경우에는 연장기간이 도과된 때 단순승인한 것으로 본다. 또한 민법 제1019조의 규정에도 불구하고 상속인은 상속채무가 상속재산을 초과하는 사실을 중대한 과실 없이 알지 못하고 그 고려기간이 진행된 경우에는 민법 제1029조 제3항에 의하여 법정단순승인은 아니라고 할 것이다.

(3) 상속인이 한정승인 또는 포기를 한 후에 상속재산을 은닉하거나 부정소비하거나 고의로 재산목록에 기입하지 않은 때(동조 제3호)

여기서 부정소비란 '정당한 사유없이' 상속재산을 소비하거나 없애서 그 재산적 가치를 상실시키는 행위를 의미한다. 그러므로 상속재산을 처분하여 그 대금을 그 물건상의 우선변제권자에게 주었다면 부정소비에 해당되지 않는다(대법원 2004. 3. 12. 선고 2003다63586 판결). 그리고 고의로 재산목록에 기입하지 않는 것은 상속인이 상속재산을 은닉하거나 또는 부정소비로 상속채권자를 사해할 의사로 기입하지 않는 것을 의미한다(대법원 2003. 11. 14. 선고 2003다30968 판결). 재산목록은 한정승인에서만 문제되므로 상속인이 상속을 포기함으로써 차순위 상속인이 상속을 승인한 때에는 상속인이 재산목록에 기입하지 않더라도, 상속의 승인으로 보지 아니한다(제1027조).

또한 판례는 상속인이 상속을 포기한 후 상속재산관리인이 상속채무에 관하여 채권자와 사이에 채무의 액수를 감액하기로 약정하였다 하여도 이는 법정단순승인의 사유에 해당하지 않는다고 하였다(대법원 1998. 6. 23. 선고 97누5022 판결).

3. 단순승인의 효과

단순승인이 되면 상속인은 피상속인의 일신전속권을 제외한 모든 권리의무를 제한 없이 승계하게 된다. 법정단순승인이 인정되는 경우에도 동일하다. 그러므로 이 때 상속재산과 상속인 고유의 재산은 혼동된다.

상속인은 피상속인의 적극재산은 물론 소극재산에 대하여도 제한없이 책임을 진다. 단순승인의 효과가 확정되면, 그 후 한정승인, 포기의 신고가 수리되더라도 그것은 무효이다. 그리고 단순승인에 있어서 상속인은 상속재산에 대한 관리를 종결하고 자유로이 처분할 수 있다.

Ⅲ. 한정승인

1. 서 설

(1) 한정승인의 의의

한정승인이란 상속인이 상속으로 인하여 얻은 재산의 한도에서 피상속인 채무와 유증을 변제할 것을 조건으로 상속을 승인하는 것을 말한다(제1028조). 민법은 단순승인을 원칙으로 하지만, 피상속인의 채무가 상당히 많은 경우에 그 전부를 상속인이 부담하여야 한다는 것은 너무 가혹하므로 상속인의 보호를 위한 하나의 방법으로 상속포기와 함께 한정승인의 제도를 두고 있는 것이다.

한정승인을 한 경우 파산을 반드시 하여야 하는 것은 아니다. 상속재산이 많지 않은 경우 임의변제를 통해서 청산절차를 진행할 수 있다. 그러나 상속재산(적극·소극재산)이 많은 경우 상속재산의 채권자들 간 분쟁이 첨예화될 수 있기 때문에 법원의 파산선고를 통해서 공평하게 처리할 수 있다. 파산은「채무자 회생 및 파산에 관한 법률」에 의하여 규율되고 있다. 한정승인제도는 한정승인의 사실이 따로 공시되지도 않고, 채권자 집회도 개최되지 않아 상속재산을 공평하게 분재하는데 충분하지 않기 때문에 한정승인제도를 폐지하고, 상속재산의 파산제도를 보완하는 것이 바람직하다고 보는 견해도 있다(윤진수, 493면).

(2) 한정승인의 방식

상속인이 한정승인을 함에는 상속개시 있음을 안 날로부터 3개월 내에 상속재산의 목록을 첨부하여 가정법원에 한정승인의 신고를 하여야 한다(제1030조, 가소법 제2조 라류 제28호).

상속인이 수인인 때에는 각 상속인은 그 상속분에 응하여 취득할 재산의 한도에서 그 상속분에 응한 피상속인의 채무와 유증을 변제할 것을 조건으로 상속을 승인할 수 있다(제1029조). 민법에는 공동상속인 중 일부만이 한정승인을 하는 경우에 관하여 특별한 규정이 없다. 이러한 경우에는 일단 공동상속인 전원이 한정승인을 한 것처럼 청산절차를 밟은 다음 상속채무가 남아 있는 경우에는 그 남아 있는 상속채무를 단순승인을 한 상속인이 자신의 상속분에 따라 변제하게 하여야 한다는 견해가 있다(곽윤직, 187면). 실제로는 채무초과의 경우에는 공동상속인 중 한 사람을 제외하고는 모두 상속을 포기하고, 남은 한 사람만이 한정승인을 하는 방법이 자주 이용된다. 공동상속인 중 1인이 한정승인을 하지 않고 모두 포기하면 다음 상속순위에 따라 다음 상속인이 피상속인의 채무를 물려받기 때문에 한정승인을 통해 처리하는 것이 바람직할 수 있다.

한편 한정승인에 따른 청산절차가 종료되지 않은 경우 상속재산분할청구가 가능한지 여부가 문제될 수 있다. 판례는 우리 민법이 한정승인 절차가 상속재산분할 절차보다 선행하여야 한다는 명문의 규정을 두고 있지 않고, 공동상속인들 중 일부가 한정승인을 하였다고 하여 상속재산분할이 불가능하다거나 분할로 인하여 공동상속인들 사이에 불공평이 발생한다고 보기 어렵다고 하였다. 상속재산분할의 대상이 되는 상속재산의 범위에 관하여 공동상속인들 사이에 분쟁이 있을 경우에는 한정승인에 따른 청산절차가 제대로 이루어지지 못할 우려가 있는데 그럴 때에는 상속재산분할청구 절차를 통하여 분할의 대상이 되는 상속재산의 범위를 한꺼번에 확정하는 것이 상속채권자의 보호나 청산절차의 신속한 진행을 위하여 필요하다는 점 등을 고려하면, 한정승인에 따른 청산절차가 종료되지 않은 경우에도 상속재산분할청구가 가능한 것으로 보았다(대법원 2014. 7. 25.자 2011스226 결정).

2. 한정승인의 효과

한정승인의 효력은 상속의 효력 그 자체로서는 단순승인과 마찬가지이다. 다만 한정승인을 한 상속인은 상속에 의하여 얻을 재산의 한도에서만 피상속인의 채무와 유증을 변제하면 된다(제1028조). 따라서 상속채권자는 한정승인자에게 채무의 전액을 청구할 수 있으며, 한정승인자가 임의변제를 하면 유효한 변제가 된다. 그러나 한정승인을 한 상속인이 피상속인에 대하여 가졌던 권리·의무는 소멸하지 아니한다(제1031조).

한정승인을 한 자도 상속받은 부동산에 대하여는 취득세 납부의무를 부담한다(대법원 207. 4. 12. 선고 2005두9491 판결; 헌재 2006. 2. 23. 선고 2004헌바43 결정: 위헌이 아니라고 함). 상속인이 상속을 포기할 경우와 비교하여 한정승인을 하는 경우 세금비용이 발생한다는 점은 단점이 될 수 있다.

상속의 한정승인은 채무의 존재를 한정하는 것이 아니라 단순히 그 책임의 범위를 한정하는 것에 불과하기 때문에, 상속의 한정승인이 인정되는 경우에도 상속채무가 존재하는 것으로 인정되는 이상, 법원으로서는 상속재산이 없거나 그 상속재산이 상속채무의 변제에 부족하다고 하더라도 상속채무 전부에 대한 이행판결을 선고하여야 하고, 다만, 그 채무가 상속인의 고유재산에 대해서는 강제집행을 할 수 없는 성질을 가지고 있으므로, 집행력을 제한하기 위하여 이행판결의 주문에 상속재산의 한도에서만 집행할 수 있다는 취지를 명시하여야 한다(대법원 2003. 11. 14. 선고 2003다30968 판결).

상속채무의 이행을 구하는 소송에서 피고의 한정승인 항변이 받아들여져서, 원고 승소판결인 집행권원 자체에, '상속재산의 범위 내에서만' 금전채무를 이행할 것을 명하는 이른바 유한책임의 취지가 명시되어 있음에도 불구하고, 상속인의 고유재산임이 명백한 임금채권 등에 대하여 위 집행권원에 기한 압류 및 전부명령이 발령되었을 경우에, 상속인인 피고로서는 책임재산이 될 수 없는 재산에 대하여 강제집행이 행하여졌음을 이유로 제3자이의의 소(민사집행법 제48조)를 제기하거나, 그 채권압류 및 전부명령 자체에 대한 즉시항고(민사집행법 제227조 제4항, 제229조 제6항)를 제기하여 불복하는 것은 별론으로 하고, 청구에 관한 이의의 소(민사집행법 제44조)에 의하여 불복할 수는 없다(대법원 2005. 12. 19.자 2005그128 결정).

상속채권자는 특별한 사정이 없는 한 상속인의 고유재산에 대하여 강제집행을 할 수 없다. 그런데 민법은 한정승인을 한 상속인이 한정승인을 하고도 상속재산을 은닉하거나 부정소비한 경우 단순승인을 한 것으로 간주한다(제1026조 제3호).

민법에서는 한정승인자가 상속재산으로 상속채권자 등에게 변제하는 절차는 규정하고 있다(제1032조 이하). 그러나 한정승인만으로 상속채권자에게 상속재산에 관하여 한정승인자로부터 물권을 취득한 제3자에 대하여 우선적 지위를 부여하는 규정은 두고 있지 않으며, 민법 제1045조 이하의 재산분리 제도와 달리 한정승인이 이루어진 상속재산임을 등기하여 제3자에 대항할 수 있게 하는 규정도 마련하고 있지 않다. 따라서 한정승인자로부터 상속재산에 관하여 저당권 등의 담보권을 취득한 사람과 상속채권자 사이의 우열관계는 민법상의 일반원칙에 따라야 하고, 상속채권자가 한정승인의 사유만으로 우선적 지위를 주장할 수는 없다. 그리고 이러한 이치는 한정승인자가 그 저당권 등의 피담보채무를 상속개시 전부터 부담하고 있었다고 하여 달리 볼 것이 아니다(대법원 2010. 3. 18. 선고 2007다77781 전원합의체 판결).

가정법원의 한정승인신고 수리의 심판은 일응 한정승인의 요건을 구비한 것으로 인정한다는 것일 뿐 그 효력을 확정하는 것이 아니고, 한정승인의 효력이 있는지 여부에 대한 최종적인 판단은 실체법에 따라 민사소송에서 결정될 문제이다(대법원 2002. 11. 8. 선고 2002다21882 판결).

가사소송규칙 제75조 제3항은 가정법원의 한정승인신고 수리 심판서에 신고 일자와 대리인에 관한 사항을 기재하도록 정할 뿐 민법 제1019조 제1항의 한정승인과 같은 조 제3항의 특별한정승인을 구분하여 사건명이나 근거조문 등을 기재하도록 정하고 있지 않고, 재판실무상으로도 이를 특별히 구분하여 기재하지 않고 있다. 따라서 민법 제1019조 제3항이 신설된 후 상속인이 단순승인을 하거나 단순승인한 것으로 간주된 후에 한정승인신고를 하고 가정법원이 특별한정승인의 요건을 갖추었다는 취지에서 수리심판을 하였다면 상속인이 특별한정승인을 한 것으로 보아야 한다. 그렇다면 민법 제1019조 제3항이 적용되는 사건에서 상속인이 단순승인을 하거나 민법 제1026조 제1호, 제2호에 따라 단순승인한 것으로 간주된 다음 한정승인신고를 하여 이를 수리하는 심판을 받았다면, 상속채권에 관한 청구를 심리하는 법원은 위 한정승인이 민법 제1019조 제3항에서 정한 요건을 갖춘 특별한정승인으로서 유효한지 여부를 심리·판단하여야 한다(대법원 2021. 2. 25. 선고 2017다289651 판결).

관련판례 2.13 구상금·파기, 변경

1. 사실관계

X는 B로부터 정○○의 대출금 채무에 대하여 보증보험계약을 체결하였다. 그는 보증채무를 이행함으로써 금 2,199만960원의 구상금채권을 가지고 있었다. 정○○가 사망하자 망 정○○의 상속인들(피고들)은 망 정○○이 가지고 있던 소외 대한생명보험 주식회사에 대한 보험계약 해약환급금 8,793,540원을 수령하여 이를 망인의 장례비용에 충당하였다. 피고들(피고1, 피고2, 피고3)이 상속재산인 해약환급금은 상속에 관한 비용으로 모두 지출되어 남지 않게 되었다. 피고들은 한정승인 신고 시 이 해약환급금을 상속재산의 목록에 기재하지 아니하였다. 피고들은 2001. 11. 13. 한정승인신고를 하여 이것은 2002.1.24. 수리되었다.

(1) 장례비용이 민법 제998조의2 소정의 상속에 관한 비용에 해당하는가?

(2) 법정단순승인 사유인 민법 제1026조 제3호 소정의 '고의로 재산목록에 기입하지 아니한 때'의 의미는 무엇인가?

(3) 상속의 한정승인에 있어서 상속재산이 없거나 그 상속재산이 상속채무의 변제에 부족한 경우 상속채무 전부에 대한 이행판결을 선고하여야 하는가?

2. 대법원판결요지(대법원 2003. 11. 14. 선고 2003다30968 판결)

(1) 상속에 관한 비용은 상속재산 중에서 지급하는 것이고(민법 제998조의2), 상속에 관한 비용이라 함은 상속재산의 관리 및 청산에 필요한 비용을 의미하는바, 장례비용도 피상속인이나 상속인의 사회적 지위와 그 지역의 풍속 등에 비추어 합리적인 금액 범위 내라면 이를 상속비용으로 보아야 한다(대법원 1997. 4. 25. 선고 97다3996 판결 참조).

그리고 법정단순승인 사유인 민법 제1026조 제3호 소정의 "고의로 재산목록에 기입하지 아니한 때"라는 것은 한정승인을 함에 있어 상속재산을 은닉하여 상속채권자를 사해할 의사로써 상속재산을 재산목록에 기입하지 않는 것을 의미한다. 원심이 확정한 사실과 기록에 의하면, 피고들은 소외 망 정○○이 사망한 후 정○○이 가지고 있던 소외 대한생명보험 주식회사에 대한 보험계약 해약환급금 8,793,540원을 수령하여 이를 망인의 장례비용에 충당하였다는 것인바, 위 법리에 비추어 볼 때, 피고들이 상속재산인 해약환급금을 정○○의 장례비용으로 지출한 것은 합리적인 범위 내의 금액으로서 정당하여, 해약환급금은 상속에 관한 비용으로 모두 지출되어 남지 않게 되었다 할 것이므로, 피고들이 한정승인 신고 시 해약환급금을 상속재산의 목록에 기재하지 아니하였다 하여 상속재산을 은닉하여 상속채권자를 사해할 의사로써 기입하지 아니한 것이라고 볼 수는 없다.

따라서 원심이 이 사건 한정승인을 유효하다고 판단한 것은 정당하고, 거기에 상고이유 주장과 같은 심리미진이나 판단유탈의 위법이 없다.

(2) 원심은, 원고가 소외 망 정한철의 상속인들인 피고들에 대하여 원고 주장과 같은 구상금채권을 가지고 있는 사실을 인정한 다음, 피상속인인 정○○이 사망한 후 그의 유일한 상속부동산이 근저당권자가 신청한 임의경매절차에서 제3자에게 경락되고, 그 경락대금 전부에 대하여 배당이 이루어진 것을 보고 비로소 상속채무가 상속재산을 초과한다는 사실을 알고 한정승인을 하였다는 피고들의 주장을 받아들여 원고의 이 사건 청구를 전부 기각하였다.

상속의 한정승인은 채무의 존재를 한정하는 것이 아니라 단순히 그 책임의 범위를 한정하는 것에 불과하기 때문에, 상속의 한정승인이 인정되는 경우에도 상속채무가 존재하는 것으로 인정되는 이상, 법원으로서는 상속재산이 없거나 그 상속재산이 상속채무의 변제에 부족하다고 하더라도 상속채무 전부에 대한 이행판결을 선고하여야 하고, 다만, 그 채무가 상속인의 고유재산에 대해서는 강제집행을 할 수 없는 성질을 가지고 있으므로, 집행력을 제한하기 위하여 이행판결의 주문에 상속재산의 한도에서만 집행할 수 있다는 취지를 명시하여야 한다. 그럼에도 불구하고, 원심이, 피고들이 한정승인을 하였고, 남아 있는 상속재산이 없다는 이유로 원고의 이 사건 청구를 전부 기각한 것은 한정승인의 효력에 관한 법리를 오해한 위법을 범한 것이라 할 것이다.

(3) 그러므로 원고의 나머지 상고이유 주장에 관한 판단을 생략한 채 원심판결을 파기하고, 민사소송법 제437조에 의하여 이 법원이 직접 재판하기로 하되, 원심이 적법하게 확정한 바와 같이, 소외 망 정○○은 원고에게 금 21,990,960원 및 이에 대하여 보험금 지급 다음날인 2000. 11. 18.부터 30일이 되는 2000. 12. 17.까지는 연 14%, 그 다음날부터 다 갚는 날까지는 시중은행의 일반대출 연체이율 중 최고의 범위 내에서 원고가 정하는 연체이율인 연 19%에 의한 지연손해금을 지급할 의무가 있고, 망인의 상속인으로는 처인 피고1와 자녀들인 피고2, 피고3가 있는데, 모두 한정승인을 하였다는 것이므로, 각 그 상속분에 상응하는 금액인 피고1은 금 9,424,697원(21,990,960원×3/7), 피고2, 피고3은 각 금 6,283,131원(21,990,960원×2/7) 및 이에 대한 지연손해금을 망 정○○부터 상속받은 재산의 한도에서 지급할 의무가 있다 할 것이다.

[관련조문]

민법 제998조의2(상속개시의 장소), 제1019조(승인, 포기의 기간), 제1026조 제3호(법정단순승인), 제1028조(한정승인의 효과)

3. 상속재산의 관리

한정승인자는 그 고유재산에 있어서와 동일한 주의로 상속재산의 관리를 계속하여야 한다(제1040조 제3항, 제1022조). 한정승인자가 수인인 경우에는 가정법원은 각 상속인 기타 이해관계인의 청구에 의하여 공동상속인 중에서 상속재산관리인을 선임할 수 있다(가소법 제2조 라류 30호). 그리고 법원이 선임한 관리인은 공동상속인을 대표하여 상속재산의 관리와 채무의 변제에 관한 모든 행위를 할 권리의무가 있다(제1040조 제2항).

4. 한정승인에 의한 청산절차

(1) 공고와 최고

한정승인자는 한정승인을 한 날로부터 5일 내에 상속채권자와 수유자에 대하여 한정승인의 사실과 일정한 기간 내에 그 채권 또는 수증을 신고할 것을 공고하여야 하며, 그 기간은 2월 이상이어야 한다(제1032조 제1항). 그러나 상속인이 수인인 경우에 상속재산관리인이 가정법원에 의하여 선임된 때에는 공고해야 할 5일의 기간은 관리인이 그 선임을 안 날로부터 기산한다(제1040조 제3항 단서). 이 공고에는 기간 내에 신고하지 않으면 청산에서 제외된다는 것을 표시하여야 하며, 공고의 방법은 법원의 등기사항의 공고의 경우와 동일하게 하여야 한다(제1032조 제2항, 제88조 제2항, 제3항). 한편 한정승인자가 알고 있는 채권자와 유증을 받은 자에 대하여는 공고 이외에 각각 별도로 신고의 최고를 하여야 한다(제1032조 제2항, 제89조). 이 의무를 해태함으로써 상속채권자 또는 유증받은 자에게 손해를 입혔을 때에는 그 손해를 배상하여야 한다(제1038조 제1항).

(2) 변제의 순서와 방법

1) 한정승인자는 제1032조 제1항의 기간만료 후에 상속재산으로서 그 기간 내에 신고한 채권자와 한정승인자가 알고 있는 채권자에 대하여 각 채권액의 비율로 변제하여야 한다. 그러나 우선권 있는 채권자의 권리를 해하지 못한다(제1034조 제1항).

신고기간 동안은 상속채권자와 유증받은 자에 대하여 상속채권의 변제를 거절할 수 있다(제1033조). 신고기간이 만료되었을 때에는 한정승인자는 그 기간 내에 신고한 채권자와 한정승인자가 알고 있는 채권자에 대하여 각 채권액의 비율에 의거하여 상속재산으로써 배당변제를 하여야 한다. 그 배당변제의 우선순위는 다음과 같다.

제1순위－유치권·질권·저당권 등 우선권이 있는 채권자(제1034조 단서)

제2순위－일반채권자(제1034조 본문)

제3순위－유증을 받은 자(제1036조 본문)

상속채권자가 아닌 한정승인자의 고유채권자가 상속재산에 관하여 저당권 등의 담보권을 취득한 경우, 담보권을 취득한 채권자와 상속채권자 사이의 우열관계는 민법상 일반원칙에 따라야 하고 상속채권자가 우선적 지위를 주장할 수 없다. 그러나 상속재산에 관하여 담보권을 취득하였다는 등 사정이 없는 이상, 한정승인자의 고유채권자는 상속채권자가 상속재산으로부터 채권의 만족을 받지 못한 상태에서 상속재산을 고유채권에 대한 책임재산으로 삼아 이에 대하여 강제집행을 할 수 없다고 보는 것이 형평의 원칙이나 한정승인제도의 취지에 부합하며, 이는 한정승인자의 고유채무가 조세채무인 경우에도 그것이 상속재산 자체에 대하여 부과된 조세나 가산금, 즉 당해세에 관한 것이 아니라면 마찬가지이다(대법원 2016. 5. 24. 선고 2015다250574 판결).

상속부동산에 관하여 민사집행법 제274조 제1항에 따른 형식적 경매절차가 진행된 것이 아니라 담보권 실행을 위한 경매절차가 진행된 경우에는 비록 한정승인 절차에서 상속채권자로 신고한 자라고 하더라도 집행권원을 얻어 그 경매절차에서 배당요구를 함으로써 일반채권자로서 배당받을 수 있다(대법원 2010. 6. 24. 선고 2010다14599 판결).

한정승인자는 한정승인을 한 날로부터 5일 내에 일반상속채권자와 유증받은 자에 대하여 한정승인의 사실과 일정한 기간(이하 '신고기간'이라고 한다) 내에 그 채권 또는 수증을 신고할 것을 공고하여야 하고, 알고 있는 채권자에게는 각각 그 채권신고를 최고하여야 한다(민법 제1032조 제1항, 제2항, 제89조). 신고기간이 만료된 후 한정승인자는 상속재산으로서 그 기간 내에 신고한 채권자와 '한정승인자가 알고 있는 채권자'에 대하여 각 채권액의 비율로 변제(이하 '배당변제'라고 한다)하여야 한다(민법 제1034조 제1항 본문). 반면 신고기간 내에 신고하지 아니한 상속채권자 및 유증받은 자로서 '한정승인자가 알지 못한 자'는 상속재산의 잔여가 있는 경우에 한하여 변제를 받을 수 있다(민법 제1039조 본문). 여기서 민법 제1034조 제1항에 따라 배당변제를 받을 수 있는 '한정승인자가 알고 있는 채권자'에 해당하는지 여부는 한정승인자가 채권신고의 최고를 하는 시점이 아니라 배당변제를 하는 시점을 기준으로 판단하여야 한다. 따라서 한정승인자가 채권신고의 최고를 하는 시점에는 알지 못했더라도 그 이후 실제로 배당변제를 하기 전까지 알게 된 채권자가 있다면 그 채권자는 민법 제1034조 제1항에 따라 배당변제를 받을 수 있는 '한정승인자가 알고 있는 채권자'에 해당한다(대법원 2018. 11. 9. 선고 2015다75308 판결).

2) 민법 제1019조 제3항의 규정에 의하여 특별한정승인을 한 경우 그 상속인은 상속재산 중에서 남아있는 상속재산과 함께 이미 처분한 재산의 가액을 합하여 제1항의 변제를 하여야 한다. 다만, 한정승인을 하기 전에 상속채권자나 유증받은 자에 대하여 변제한 가액은 이미 처분한 재산의 가액에서 제외한다(제1034조 제2항, 신설 2005. 3. 31).

3) 신고기간 내에 신고하지 않은 상속채권자와 유증을 받은 자로서 한정승인자가 알지 못한 자의 청구에 대하여는 전술한 변제를 완료하고, 상속재산의 잔여가 있는 경우에 비로소 변제가 된다(제1039조 본문). 그러나 상속재산에 대하여 특별담보권이 있는 때에는 그 담보가액의 한도 내에서 변제를 받는다(제1039조 단서). 그 결과, 이미 변제를 받은 채권자와 유증을 받은 자는 한정승인자로부터 반환청구를 받게 된다.

4) 변제를 위하여 상속재산을 매각할 필요가 있을 때에는, 민사집행법에 의하여 경매하여야 한다(제1037조). 판례는 일반채권자인 상속채권자로서는 민법 제1037조에 근거하여 민사집행법 제274조에 따라 행하여지는 상속재산에 대한 형식적 경매의 경우에는 일반채권자의 배당요구가 허용되지 않는다고 하였다(대법원 2013. 9. 12. 선고 2012다33709 판결).

(3) 한정승인자의 부당변제로 인한 책임

1) 한정승인자의 손해배상책임

한정승인자 또는 민법 제1019조 제3항에 의한 특별한정승인자는 청산절차를 해태하거나 또는 부당한 변제를 하였기 때문에 정당한 변제를 할 수 없게 된 경우에는, 손해를 입은 상속채권자·유증을 받은 자에 대하여 손해배상의 책임을 져야 한다(제1038조 제1항). 이 손해배상청구권은 손해를 안 날로부터 3년, 변제의 날로부터 10년을 경과하면 소멸한다(제1038조 제3항, 제766조).

2) 악의의 상속채권자·수유자의 구상책임과 소멸시효

또한 위의 사유에 의하여 변제를 받지 못하게 된 상속채권자·유증을 받은 자는 그 사정을 알고 변제를 받은 상속채권자나 유증을 받은 자에 대하여 구상권을 행사할 수 있다(제1038조 제2항). 이 때 이 구상권에는 민법 제766조의 소멸시효기간이 적용된다(제1038조 제3항, 제766조).

Ⅳ. 특별한정승인

민법 제1026조 제2호는 상속인의 귀책사유 없이 상속채무가 상속재산을 초과하는 사실을 알지 못하여, 상속개시 있음을 안 날로부터 3월의 기간 내에 한정승인이나 포기를 하지 아니하는 경우 이를 (법정)단순승인하는 것으로 보았다(제1026조). 동 조항에 대하여 헌법재판소는 1998년 8월 헌법불합치 결정을 내렸다. 헌법재판소는 그 이유에 대하여 다음과 같이 설명하고 있다.

첫째, 상속인이 귀책사유 없이 상속채무가 적극재산을 초과하는 사실을 알지 못하여 상속개시 있음을 안 날로부터 3월 내에 한정승인 또는 포기를 하지 못한 경우에도 단순승인을 한 것으로 보는 민법 제1026조 제2호는 기본권제한의 입법한계를 일탈한 것으로 재산권을 보장한 헌법 제23조 제1항, 사적자치권을 보장한 헌법 제10조에 위반된다.

둘째, 민법 제1026조 제2호에 대하여 단순위헌결정을 하여 당장 그 효력을 상실시킬 경우에는 상속인이 상속개시 있음을 안 날로부터 3월 내에 한정승인이나 포기를 하지 아니할 때에 상속으로 인한 법률관계를 확정할 수 있는 법률근거가 없어지는 법적 공백상태가 예상된다고 하여 동 조항 개정시까지 동 조항의 적용을 중지하여야 하였다. 그리고 위헌적인 규정을 합헌적으로 조정하는 임무는 원칙적으로 입법자의 형성재량에 속하는 사항이라고 할 것인데, 위 법률조항의 위헌성을 어떤 방법으로 제거하여 새로운 입법을 할 것인가에 관하여는 여러 가지 방안이 있을 수 있고, 그 중에서 어떤 방안을 채택할 것인가는 입법자가 우리의 상속제도, 상속인과 상속 채권자 등 이해관계인들의 이익, 법적 안정성 등 여러 가지 사정을 고려하여 입법정책적으로 결정할 사항이므로, 위 법률조항에 대하여 헌법불합치 결정을 선고한다고 하였다(헌결 1998.8.27, 96헌가22결정; 헌결 97헌가2·3·9, 96헌바81, 98헌바24·25 결정).

그에 따라 민법은 2002. 1. 14. 개정민법(법률6591호)에서 상속인이 상속재산을 초과하는 사실을 중대한 과실없이 알지 못하여, 상속개시일로부터 3월의 기간내에 단순승인을 하거나 민법 제1026조 제2호의 법정단순승인으로 보는 경우에는 초과사실을 안 날로부터 3월 내에 한정승인을 할 수 있도록 하여 특별한정승인제도를 신설하였다(제1019조 제3항).

Ⅴ. 상속의 포기

1. 의 의

상속의 포기란 상속인이 자기에게 발생된 상속의 효력을 부정할 것을 목적으로 하는 단독의 의사표시이다. 상속포기제도는 개인책임의 원칙과 개인의사의 존중이라는 근대법의 대원칙에 근거를 두고 있는 것이다.

2. 포기의 방식

상속을 포기하려는 자는 상속개시가 된 것을 안 날로부터 3월 이내에 가정법원에 포기의 신고를 하여야 한다(가소법 제2조 라류 제28호). 따라서 이러한 방식에 따르지 않고 일반인에게 고지하는 것은 효력이 없다. 포기의 이유를 표시할 필요는 없으며, 신고의 수리에 의하여 성립된다. 상속개시 전에는 포기할 수 없으며, 일단 포기하면 취소할 수 없다.

상속포기는 재산목록에 포함되지 않은 재산이라도 상속포기의 효력이 미치며(대법원 1995. 11. 14. 선고 95다27554 판결), 포기기간이 경과한 후에 한 포기신고는 효력이 없으나 이는 상속재산분할의 합의로 볼 수 있다(대법원 1996. 3. 26. 선고 95다45545,4552,45569 판결).

3. 상속포기 항변의 시기

한정승인의 경우에는 채무자가 한정승인을 하고도 채권자가 제기한 소송의 사실심 변론종결시까지 그 사실을 주장하지 아니하여 책임의 범위에 관한 유보가 없는 판결이 선고되어 확정되었다고 하더라도, 채무자는 그 후 위 한정승인 사실을 내세워 청구에 관한 이의의 소를 제기할 수 있다(대법원 2006. 10. 13 선고 2006다23138 판결). 그러나 상속포기의 경우에 있어서는 상속인이 상속을 포기하였으나 상속채권자가 제기한 소송에서 사실심변론종결시 까지 이를 주장하지 않았으면 채권자의 승소판결 확정 후 청구이의의 소를 제기할 수 없다(대법원 2009. 5. 28. 선고 2008다79876 판결). 이처럼 상속포기의 경우는 한정승인의 항변과 달리 상속포기의 항변에는 기판력의 차단효의 적용을 받는다. 이는 사실심변론종결 시까지 주장하지 않고, 판결은 확정된 상황에서 그 구속력은 지속되어 그 후에 어떤 사유를 주장하여 항변하고자 하여도 이것이 차단되어 확정판결의 효력을 갖는다는 것이다.

4. 상속포기의 효과

상속포기의 효력은 상속이 개시된 때로부터 소급하여 포기자는 처음부터 상속인이 아니었던 것으로 된다(제1042조)(대법원 2002. 11. 13. 선고 2002다41602 판결). 따라서 제1순위 상속권자인 배우자와 자녀들이 상속을 포기하면 제2순위에 있는 사람이 상속인이 된다(본위상속)(대법원 1995. 4. 7. 선고 94다11835 판결). 피상속인의 손자녀와 직계존속이 존재하지 아니하면 배우자가 단독으로 상속인이 된다(대법원 2015. 5. 14. 선고 2013다48852 판결).

상속인이 수인인 경우에는 포기자의 상속분은 다른 상속인의 상속분의 비율로 그 상속인에게 귀속된다(제1043조). 자기의 상속분을 특정인에게 주려는 포기는 허용되지 않는다. 따라서 자기의 상속분을 특정인에게 주려면 상속을 받은 후 양도 하여야 한다.

5. 포기자의 상속재산관리의무

상속을 포기한 자는 그 포기로 인하여 상속인이 된 자가 상속재산을 관리할 수 있을 때까지 재산의 관리를 계속하여야 한다(제1044조 제1항). 이러한 경우의 관리는 자기재산에 대한 것과 동일한 주의의무를 갖고 하여야 하며, 가정법원은 상속재산보존에 필요한 처분을 명할 수 있다(제1044조 제2항).

6. 상속포기와 대습상속

상속포기의 효력은 피상속인의 사망으로 개시된 상속에만 미치고, 그 후 피상속인을 피대습자로 하여 개시된 대습상속에까지 미치지는 않는다. 대습상속은 상속과는 별개의 원인으로 발생하는 것인 데다가 대습상속이 개시되기 전에는 이를 포기하는 것이 허용되지 않기 때문이다(대법원 2017. 1. 12. 선고 2014다39824 판결). 공동상속인이 다른 공동상속인에게 무상으로 자신의 상속분을 양도하는 것은 특별한 사정이 없는 한 제1008조의 증여에 해당한다(대법원 2021. 7. 15. 선고 2016다210498 판결).

7. 상속포기와 채권자취소권

피상속인의 채권자가 상속인의 상속포기를 사해행위라 하여 취소하는 것은 허용되지 않는다. 판례는 상속인 甲이 상속포기 신고를 하였는데, 나머지 공동상속인들이 위 신고가 수리되면 甲은 처음부터 상속인에 해당하지 않는다고 생각하여 甲을 제외한 채 상속재산분할협의를 한 사안에서, 상속포기가 사해행위취소의 대상이 될 수 없다고 하였다(대법원 2011. 6. 9. 선고 2011다29307 판결).

판례는 채무초과 상태에 있는 채무자가 상속재산의 분할협의를 하면서 상속재산에 관한 권리를 포기함으로써 결과적으로 일반 채권자에 대한 공동담보가 감소되었다 하더라도, 그 재산분할결과가 채무자의 구체적 상속분에 상당하는 정도에 미달하는 과소한 것이라고 인정되지 않는 한 사해행위로서 취소되어야 할 것은 아니고, 구체적 상속분에 상당하는 정도에 미달하는 과소한 경우에도 사해행위로서 취소되는 범위는 그 미달하는 부분에 한정하여야 한다(대법원 2001. 2. 9. 선고 2000다51797 판결).

8. 상속포기와 상속회복청구권

상속을 유효하게 포기한 공동상속인 중 한 사람이 그 사실을 숨기고 여전히 공동상속인의 지위에 남아 있는 것처럼 참칭하여 그 상속지분에 따른 소유권이전등기를 한 경우에도 참칭상속인에 해당할 수 있으나, 이러한 상속을 원인으로 하는 등기가 그 명의인의 의사에 기하지 않고 제3자에 의하여 상속 참칭의 의도와 무관하게 이루어진 것일 때에는 위 등기명의인을 상속회복청구의 소에서 말하는 참칭상속인이라고 할 수 없다(대법원 1994. 3. 11. 선고 93다24490 판결; 대법원 1997. 1. 21. 선고 96다4688 판결 등 참조). 그리고 수인의 상속인이 부동산을 공동으로 상속하는 경우 그와 같이 공동상속을 받은 사람 중 한 사람이 공유물의 보존행위로서 공동상속인 모두를 위하여 상속등기를 신청하는 것도 가능하므로, 부동산에 관한 상속등기의 명의인에 상속을 포기한 공동상속인이 포함되어 있다고 하더라도 그 상속을 포기한 공동상속인 명의의 지분등기가 그의 신청에 기한 것으로서 상속 참칭의 의도를 가지고 한 것이라고 쉽게 단정하여서는 아니 된다(대법원 2012. 5. 24. 선고 2010다33392 판결).

관련판례 2.14 상속의 포기

1. 사실관계

A는 예금에 가입하여 이 사건 소장부본 송달일인 1997. 3. 13. 현재 예금액이 금 115,271,557원이다. A가 1994. 12. 6. 사망하여 그 자인 A1(원고), 보조참가인 등이 망 A의 공동재산상속인이 되었다. A1은 1994. 4. 9. A1의 어머니인 C의 사망 후 A가 C에게 명의신탁하여 두었던 원심판시 부동산을 협의분할을 원인으로 단독상속하되 그 대신 A의 상속재산에 대하여는 상속을 포기하기로 약속하였다. 그러나 A가 사망한 후에도 A1은 가정법원에 상속포기 신고를 하지 않았다.

이에 원고 A1은 A의 재산상속인임을 주장하나 피고 보조참가인은 이는 신의측에 반하는 행위라고 주장하고 있다. 원고의 주장이 받아들여질 수 있는가?

2. 대법원판결요지(대법원 1998. 7. 24. 선고 98다9021판결)

상속재산에 대하여는 상속포기를 하기로 약정하였고, 다시 1994. 4. 9. 원고가 위와 같은 취지의 상속포기서를 작성하여 A에게 교부한 사실은 인정되나, 상속개시 전에 한 상속포기약정은 민법이 정하는 절차와 방식에 따르지 아니한 것으로 그 효력이 없다 할 것이므로 상속인이 상속개시 전에 상속포기약정을 하고도 상속개시 후에 자기의 상속권을 주장하는 것은 정당한 권리의 행사로서 신의칙에 반하는 행위라고 할 수 없다는 이유로 피고보조참가인의 위 주장을 배척하고, 원고의 이 사건 청구의 일부를 인용하고 있다.

유류분을 포함한 상속의 포기는 상속이 개시된 후 일정한 기간 내에만 가능하고 가정법원에 신고하는 등 일정한 절차와 방식을 따라야만 그 효력이 있으므로, 상속개시 전에 한 상속포기약정은 그와 같은 절차와 방식에 따르지 아니한 것으로 그 효력이 없다 할 것이고(대법원 1994. 10. 14. 선고 94다8334 판결 참조), 따라서 상속인 중의 1인이 피상속인의 생존시에 피상속인에 대하여 상속을 포기하기로 약정하였다고 하더라도, 상속개시 후 민법이 정하는 절차와 방식에 따라 상속포기를 하지 아니한 이상, 상속개시 후에 자신의 상속권을 주장하는 것은 정당한 권리행사로서 권리남용에 해당하거나 또는 신의칙에 반하는 권리의 행사라고 할 수 없다고 할 것이다.

[관련조문]
민법 제2조(신의성실), 제1019조(승인, 포기의 기간)

6 절 ≫ 재산의 분리

Ⅰ. 서 설

1. 재산분리의 의의

상속이 행하여지면 상속재산은 상속인 고유의 재산과 혼합된다. 재산의 분리란 상속재산과 상속인 고유의 재산을 혼합시키지 않게 하기 위하여 상속재산과 상속인의 고유재산을 분리하도록 하는 재판상의 처분을 말한다.

상속에 의하여 혼합이 생기는 경우 상속재산이 채무초과이면 상속인의 채권자가 불이익을 입게 되고, 상속인의 채무가 상속인의 고유재산을 넘게 되면 상속채권자가 불이익을 입게 된다. 따라서 상속채권자와 수유자 또는 상속인의 채권자 사이에 상속으로 인하여 일어나는 이러한 대립을 막기 위하여 재산상속인의 고유재산을 상속재산과 분리하여 각자의 재산에 대한 관계를 명확히 함으로써 모든 채권자에게 본래의 지위를 확보하게 하려는데 이 제도의 존재의의가 있다.

2. 재산분리의 종류

제1형의 재산분리는 상속채권자 및 수유자의 청구에 의한 재산분리이다.

상속재산 자체는 채무초과가 아니나 상속인 자신의 부채가 많은 경우에 필요한 제도이다.

제2형의 재산분리는 상속인의 채권자의 청구에 의한 재산분리이다. 상속재산이 채무초과인 경우 필요한 것이다.

3. 재산의 분리와 다른 제도와의 관계

(1) 한정승인과의 관계

재산분리의 목적은 상속인의 단순승인에 의한 상속재산과 고유재산의 혼합을 막는 데 있으므로 한정승인의 경우나 포기에 의하여 상속인에 변동이 생긴 경우는 재산분리의 필요성이 없다. 그러나 한정승인이 무효로 되어 법정단순승인으로 인정되는 경우 또는 한정승인의 고려기간 중에는 재산을 분리할 필요가 있다.

(2) 상속포기와의 관계

재산분리가 있어도 고려기간 내에 상속인은 한정승인 또는 상속을 포기를 할 수 있다. 이 경우 재산분리의 절차도 정지된다.

(3) 파산과의 관계

상속인에 대하여 파산선고가 있을 때에는 상속인의 채권자의 채권은 상속채권자 또는 수증자의 채권보다 우선하며, 상속재산이 파산인 경우에는 상속채권자 또는 수유자의 채권이 상속인의 채권자의 채권보다 우선하여 재산분리와 동일한 효력이 발생한다.

Ⅱ. 재산분리의 청구

1. 청구권자

제1형의 청구권자는 상속채권자나 유증을 받은 자이고, 제2형은 청구권자는 상속인의 채권자이다(제1045조 제1항). 상대방은 상속인 또는 상속재산의 관리인, 파산관재인, 유언집행자이다.

2. 청구기간

청구기간은 상속이 개시된 날로부터 3월 이내이다(제1045조 제1항). 그러나 재산상속인이 상속의 승인이나 포기를 하지 아니한 동안은 3월의 기간이 경과한 후라도 재산분리의 청구가 허용된다(제1045조 제2항).

Ⅲ. 재산분리의 절차

1. 재산분리의 공고와 최고

재산분리의 처우가 있으면 가정법원은 상속재산과 상속인의 고유재산의 상태 기타의 사정을 종합하여 그 필요성을 판단한 후에 재산분리를 명하는 심판을 하여야 한다.

가정법원의 분리명령이 있을 때에는 그 청구자는 3일 이내에 일반 상속채권자와 유증받은 자에 대하여 재산분리의 명령이 있은 사실과, 2월 이상의 기간을 정하여 그 기간 내에 채권 또는 수증을 신고할 것을 공고하여야 한다(제1046조 제1항). 또 알고 있는 상속채권자 또는 유증받은 자에 대하여는 각각 별도로 채권신고를 최고하여야 한다(제1046조 제2항).

2. 상속인의 권리의무의 계속

상속재산과 상속인의 고유재산이 아직 혼합되지 않은 경우에는 상속인은 그 상태를 유지하여야 하며, 이미 혼합된 경우에는 양 재산을 분리하여야 한다. 피상속인에 대한 상속인의 재산상 권리·의무는 소멸하지 않는다(제1050조).

3. 상속재산의 관리

법원이 재산의 분리를 명한 때에는 상속재산의 관리에 관하여 필요한 처분을 명할 수 있으며(제1047조 제1항), 법원이 재산관리인을 선임한 경우에는 부재자의 재산관리인에 관한 규정 제24조 내재 제26조의 규정이 준용된다(제1047조 제2항).

4. 단순승인자의 관리의무

상속인이 단순승인을 한 후에도 재산분리의 명령이 있는 때에는 상속재산에 대하여 자기의 고유재산과 동일한 주의로 관리하여야 한다(제1048조 제1항). 이 경우 단순승인을 한 상속인의 관리의무는 위임에 의한 수임인의 권리의무에 관한 규정이 준용된다(제1048조 제2항).

5. 재산분리의 대항요건

재산의 분리는 상속재산인 부동산에 관하여는 이를 등기하지 아니하면 제3자에게 대항하지 못한다(제1049조). 여기서의 등기란 처분제한의 등기를 말한다(부동산등기법 제3조). 상속인은 제1048조에 기해 재산분리명령이 있은 후에는 상속재산에 대한 처분행위를 할 수 없게 되고, 처분행위를 하게 되면 무효가 된다. 이에 제1049조는 부동산에 대한 재산분리사실을 공지함으로써 거래안전을 도모하기 위하여 만든 규정이다.

6. 변제의 거절과 배당변제

상속인은 상속재산의 분리청구기간에는 상속채권자와 유증을 받은자에 대하여 공고기간이 만료하기 전에는 변제를 거절할 수 있다(제1051조 제1항).

위 기간이 만료한 후에 상속인은 상속재산으로써 상속분리의 청구 또는 그 기간 내에 신고한 상속채권자, 유증받은 자와 상속인이 알고 있는 상속채권자, 유증 받은 자에 대하여 각 채권액 또는 수증액의 비율로 변제하여야 한다. 그러나 우선권이 있는 채권자의 권리를 해하지 못한다(제1051조 제2항).

7. 고유재산으로부터의 변제

신고기간 내에 신고한 상속채권자, 유증 받은 자와 상속인이 알고 있는 상속채권자와 유증 받은 자는 상속재산으로써 전액의 변제를 받을 수 없는 경우에 한하여 상속인의 고유재산으로부터 그 변제를 받을 수 있다(제1052조 제1항). 그러나 이 경우 상속인의 채권자는 상속인의 고유재산으로 우선변제를 받을 권리가 있다(제1052조 제2항).

7절 ≫ 상속인의 부존재와 상속재산

Ⅰ. 서 설

1. 상속인 부존재제도의 의의

상속이 개시된 경우에 상속인의 존재가 명백하지 않은 상태, 즉 법정상속인인 자 또는 법정상속인이라고 주장하는 자가 나타나지 않는 상태를 상속인의 부존재라고 한다. 이 제도는 일방으로는 상속인을 수색하거나 확정을 구하고, 타방으로는 상속재산을 관리하고 청산하여 상속채권자 및 수유자에게 관련된 재산을 변제·정리하기 위하여 인정되는 제도이다.

2. 상속인의 부존재의 종류

(1) 상속인은 없고 포괄수증자만 있는 경우

이 경우에도 포괄수증자가 전 상속재산의 유증을 받은 경우와 일부 재산에 대하여만 유증을 받은 경우가 있다. 후자의 경우에는 일부를 뺀 나머지 부분에 대하여는 상속인 부존재 절차를 밟아야 할 필요가 생긴다. 이에 이 부분에 대해서만 절차를 밟아야 할 필요가 있다고 본다(김주수·김상용, 798면). 한편 포괄수증자만 있는 경우라면 상속부존재의 절차를 밟아야 한다는 견해가 있다(곽윤직, 340면). 포괄적 유증자도 상속인과 동일한 권리의무를 갖는다는 점에서 전자의 의견이 더 타당하다고 본다.

(2) 참칭상속인만 있는 경우

상속인은 없고 참칭상속인만 있는 경우 상속관리인은 상속인부존재 절차를 밟아야 할 것이다. 상속관리인은 참칭상속인에게 부당이득으로 인한 반환청구를 하여 재산을 반환받아야 할 것이다. 참칭상속인에 대한 상속회복청구권을 행사할 수 있는가가 문제이다. 그러나 이를 인정하는 견해도 있으나(곽윤직, 340면), 상속회복청구권은 상속권자 또는 법정대리인만이 할 수 있기 때문에 이를 인정하는 것은 타당하지 않다고 본다(김주수·김상용, 798면).

(3) 인지청구의 소나 이혼무효의 소 등 상속권에 대한 소송이 계속 중인 경우

위와 같이 소가 계속 중인 경우에는 상속인이 불명확한 상태이므로 확정판결이 있을 때까지 기다려야 할 것이며, 그동안에서 상속재산의 관리과 요구된다. 상속재산관리는 제1022조를 유추적용할 것이며, 가정법원은 이에 대한 적정한 조치를 취하여야 할 것이다(곽윤직, 340면).

(4) 가족관계등록부상 상속인이 없다는 것이 명확하게 확정된 경우

상속재산청산절차의 필요 및 특별연고자에 대한 상속재산의 분여의 필요상 상속인 부존재절차를 일정한 부분 준용해야 할 것이다.

Ⅱ. 상속재산의 관리와 청산

1. 상속재산의 관리

재산상속인의 존부가 분명하지 않은 때에는, 가정법원은 민법 제777조의 규정에 의한 피상속인의 친족 기타 이해관계인 또는 검사의 청구에 의하여 상속재산관리인을 선임하고 지체없이 이를 공고하여야 한다(1차 공고)(가소법 제2조 라류 33호). 재산상속인의 존재가 분명하지 아니한 상속재산에 관한 소송에 있어서 정당한 피고는 법원에서 선임된 상속재산관리인이라 할 것이다(대법원 1976. 12. 28. 선고 76다797 판결; 대법원 2007. 6. 28. 선고 2005다55879 판결).

재산관리인은 부재자의 재산관리인과 동일한 권리의무를 가진다(제1053조 제2항). 상속인의 존재가 분명해지면 상속재산관리인의 임무는 종료하나 바로 종료하는 것은 아니며, 상속인이 승인을 한 때에 종료한다(제1055조 제1항). 상속인이 그 상속을 승인하면 지체없이 그 상속인에 대하여 관리의 계산을 하여야 한다(제1055조 제2항).

2. 상속재산의 청산

상속재산관리인의 선임을 공고한 날로부터 3월 내에 상속인의 존부를 알 수 없는 때에는 관리인은 청산을 위한 공고를 하여야 한다(2차 공고). 이 공고는 일반 채권자와 유증받은 자에 대해 2월 이상의 기간 내에 그 채권 또는 유증을 신고할 것을 공고하는 것이다(제1056조 제1항). 또한 관리인은 자기가 알고 있는 채권자와 유증받은 자에 대해서는 각각 그 채권과 수증액을 신고할 것을 최고하여야 하며, 알고 있는 채권자와 유증받을 자를 청산에서 제외하지 못한다(제1056조 제2항, 제89조). 상속채권자와 유증받은 자에 대하여는 한정승인의 경우와 동일한 방법으로 변제하여야 한다(제1056조, 제1033조 내지 제1039조).

민법 제1056조 제1항의 기간이 경과하여도 상속인의 존부를 알 수 없는 때에는 법원은 관리인의 청구에 의하여 상속인이 있으면 일정한 기간 내에 그 권리를 주장할 것을 공고하여야 한다. 그 기간은 1년 이상이어야 한다(3차 공고).

Ⅲ. 특별연고자에 대한 재산분여

1. 의 의

상속인수색공고가 있은 후 1년 이상의 공고 기간 내(제1057조)에 상속권을 주장하는 자가 없는 경우 피상속인과 생계를 같이하고 있던 자, 피상속인을 요양·간호한 자 기타 피상속인과 특별한 연고가 있었던 자의 청구에 의하여 가정법원은 상속재산의 전부 또는 일부를 분여할 수 있다. 이는 피상속인과 사실혼관계에 있는 자와 같이 법률상 상속인이 아니라는 이유만으로 사실상의 관계에서 상속권 부여가 가능한 경우에 대해서까지 상속에서 배제시키는 것은 사회적 정의에 어긋나는 것이므로 1991년의 개정가족법에서 이의 보호규정을 신설한 것이다.

2. 재산분여청구권의 성질

특별연고자의 지위는 상속인이 갖는 법적 지위와는 다르다. 즉, 특별연고자가 분여를 청구한 것이 상당한 경우 가정법원은 재산분할을 결정하여야 하므로, 그러한 범위 내에서 특별연고자의 지위는 일종의 기득권으로 보면 될 것이다.

3. 특별연고자의 범위

특별연고자인가를 판단하는 것은 가정법원의 재량이므로 가정법원이 특별연고자라고 인정한 때에 비로소 특별연고자로 결정된다. 따라서 상속인이 일정한 신분에 기인하여 당연히 인정되는 것과는 다르다. 그러므로 특별연고자로 인정하기 위해서는 피상속인과 생계를 같이하고 있던 자, 피상속인의 요양·간호를 한 자 등과 같이 실질적·구체적인 일체의 사정을 참작하여 연고관계를 판단하여야 할 것이다.

한편 특별연고자에는 과거에 연고가 있었던 자도 포함될 수 있으며, 또한 재산분여는 상속이 아니므로 법인 등도 이에 포함될 수 있다.

4. 청구방법

재산분여를 원하는 자가 가정법원에 이의 청구를 하여야 하는 것으로 제1057조의 기간이 만료된 후 2월 이내에 청구하여야 한다(제1057조의2 제2항).

5. 재산분여의 효과

가정법원의 재량에 의해 상속재산에서 상당한 정도로 인정되는 전부 또는 일부가 특별연고자에게 분여된다. 그러나 상속이 아니므로 상속채무 등은 승계되지 않으며, 또한 특별연고자의 지위는 상속되지 않는 것으로 보아야 한다.

6. 주택임대차승계권(주택임대차보호법 제9조 제1항)

사실혼관계의 배우자에 대하여 재산분여제도와 같은 의미를 갖는다. 상속인이 존재하여도 사실혼관계에 있던 배우자는 주택임대차권을 승계할 수 있다.

Ⅳ. 상속재산의 국가귀속

가정법원에 의한 상속인수색의 공고에서 명시된 기간 내에 상속권을 주장하는 자가 없고, 또한 특별연고자에 대한 분여 등을 고려한 후 남은 상속재산은 국가에 귀속한다(제1058조 제1항). 이 경우 관리인은 지체 없이 관할국가기관에 대하여 관리의 계산을 하여야 한다(제1058조 제2항). 잔여재산의 국가귀속은 상속에 의한 승계가 아니고 법률의 규정에 의한 원시취득이다. 일단 국가에 귀속되면 상속재산으로 변제받지 못한 상속채권자나 유증을 받을 자가 있더라도 국가에 대하여 그 변제를 청구하지 못한다(제1059조).

대법원은 갑이 일제시대 사정받은 토지에 대하여 소유자 미복구를 원인으로 국가 명의의 소유권보존등기가 되어 있는 상태에서, 피고인이 제1심 공동피고인과 공모하여 을이 사정명의인 갑의 소유권을 대습상속한 것처럼 상속인의 사망 시기 등을 조작한 다음 을을 원고로 하여 국가를 상대로 소유권보존등기 말소등기 청구소송을 제기하여 이를 일부 인용하는 취지의 화해권고결정이 확정된 사안에서, 위 부동산에 대하여 민법 제1053조 이하의 절차에 따른 국가귀속 절차가 이루어지거나 국가가 소유권을 가지게 된 다른 특별한 사정이 있지 않는 한 당연히 국가 소유가 되는 것은 아니라고 할 것이나, 이미 국가 명의로 소유권보존등기가 되어 있는 상태에서 소유권보존등기의 말소 청구를 하고 청구의 일부인용 판결에 준하는 화해권고결정이 확정된 이상, 청구인용 부분에 대하여는 법원을 기망하여 유리한 결정을 받음으로써 '대상 토지의 소유명의를 얻을 수 있는 지위'라는 재산상 이익을 취득하였다고 할 것이고, 이는 사기죄의 대상인 재산상 이익의 편취에 해당한다는 이유로, 위 청구인용 부분에 대하여 사기죄, 그리고 화해권고결정에 의하여 등기말소청구를 포기한 부분에 대하여 사기미수죄를 각 인정하였다(대법원 1999. 2. 23. 선고 98다59132 판결; 대법원 2011. 12. 13. 선고 2011도8873 판결).

3장

유 언

Chapter 03

유 언

1절 ≫ 서 설

Ⅰ. 유언제도

1. 유언제도의 변천

유언은 재산제도와 깊은 관련을 가지며 사유재산제도가 상당히 발달된 사회에 들어와서야 발생되었다. 고대사회에서는 로마 이외의 유언제도가 인정되지 않았다. 로마시대에 있어서는 가장이 직계비속이 없어서 타인을 상속인으로 지정하는 경우, 또는 직계비속이 수인인 때 그 지인을 상속인으로 지정하는 경우에 한하여 유언이 인정되었다. 그러나 중세사회 초기까지만 해도 유언에 관한 법규가 그렇게 뚜렷하지 않았는데, 12세기를 지나면서부터 유언에 관한 본격적 입법이 시작되고 일반적으로 공인되기에 이르렀다. 이 당시의 유언은 상속인의 지정보다는 사유재산의 사후처분이라는 데 중점을 두었다. 오늘날 근대 제국은 모두 유언으로써 자유롭게 자기 사후의 법률관계 특히 재산관계를 정하는 것을 승인하고 있다.

우리나라에 있어서는 일찍부터 유언이 관행되었다. 조선시대의 경국대전에는 유언에 관한 규정이 많이 포함되어 있다. 그러나 유언은 소유재산인 노비·

전택 등을 자손에게 분급하기 위하여 조부모·부모 또는 외조부모에 국한되어 인정되었으며, 엄격한 요식주의를 취하였다. 그리고 유언의 자유를 신분과 관련하여 제한하고 있는데, 법규에 위반되거나 혼인중의 장남에게는 근소한 분재를 하고 혼인외의 자에게 과분한 분재를 하는 것은 난명이라 하여 유언의 효력을 부인하였다. 따라서 유류분제도를 실질적으로 인정하는 결과를 가져오기도 하였다. 그러나 일제시대에 들어와 일제 당국은 유언에 요식행위를 요구하지도 않고 구술에 의한 유언도 그 효력을 인정하였다. 또한 유류분제도도 인정하지 않았다. 그러므로 유언의 자유가 상당히 보장되었다. 제정 당시의 민법은 일제시대의 관습을 버리고 유언을 요식행위로 하였으나 유류분제도는 인정하지 않았다. 그러나 유언의 자유에서 생겨나는 폐단을 줄이고, 상속제도 자체가 안고 있는 유가족의 보호라는 최소한의 목적을 실현하기 위하여 1977년 12월 31일의 민법개정으로 유류분제도가 신설되었다.

2. 유언제도의 근거

유언제도가 인정되는 이유에는 여러 가지 견해가 있겠으나, 다음의 3가지로 요약할 수 있다. 첫째, 유언을 법률제도로서 공인하는 근거를 사유재산제도의 관철이라는 재산적인 측면에서 고찰할 수 있으며, 둘째, 사자의 의사존중이라는 정신적 측면과, 셋째, 소유권의 사회성과 관련하여 사회복리의 실현이라는 사회적인 측면에서 찾을 수 있다. 그런데 유언제도를 인정하는 가장 주된 이념적 기초는 사람의 최종의사의 존중이다. 그러나 무제한한 유언자유는 그것을 인정하는 본래의 목적과 다른 결과를 빚어낼 수도 있으므로 일정한 범위 내에서 또는 특정한 방식에 의해서만 유언이 유효하도록 하는 것이 일반적이다.

Ⅱ. 유언의 의의와 법적 성질

1. 의 의

유언은 유언자의 사망과 동시에 일정한 법률효과를 일으킬 것을 목적으로 하는 법률행위로 일정한 형식을 필요로 하는 상대방이 없는 단독행위이다.

2. 법적 성질

유언은 유언자 본인의 독립한 최종적인 의사표시에 의하여 그의 사후의 법률효과를 인정하는 일종의 법률행위이며 최종적인 사후처분이다. 유언은 단독행위이다. 따라서 유증의 경우 유증을 받은 자의 승낙을 필요로 하지 않는다. 다만 유증을 받은 자는 이를 거절할 수 있다(제1074조).

법률행위로서 유언의 의사표시는 법률상 의의를 갖는 사항에 관한 것이어야 한다. 따라서 단순히 사교적이거나 의례적인 정도에 불과한 사항은 법률제도상의 내용은 되지 못한다. 그리하여 유언은 그 내용이 신분에 관한 것과 같이 성질상 허용되지 않는 경우를 제외하고는 엄격한 제한을 하지 않으며 조건적이거나 기한부이어도 상관없다. 또한 유언은 최종적 처분이기 때문에 유언은 유언자의 사망이 있기 전에는 어느 때라도 유언의 방식과 동일한 방식으로 그것을 철회할 수 있다(제1108조).

유언은 그것을 필요로 하는 까닭이 특수한 것처럼 그 효력이 발생에는 다른 법률행위와는 달리 유언자의 사망이라는 특별효력요건을 필요로 한다. 유언은 요식행위로(제1065조 이하) 그 방식에 따라 이루어진 유언이 아니면 무효이나(제1060조). 이는 유인이 유언자의 사망 후에 그 효력이 생기기 때문에 미리 본인의 진의를 확보해 두어야 할 필요가 있기 때문이다.

Ⅲ. 유언의 능력 및 내용

1. 유언의 능력

유언도 다른 법률행위와 마찬가지로 의사표시이기 때문에 의사능력이 없는 사람은 유언을 하더라도 무효이다. 그러나 유언은 사망한 자의 최종의사를 존중하려는 데 그 존재의의가 있으므로 연소자나 정신이상자라도 상당한 의사능력을 갖추고 있는 경우라면 유언을 할 수 있다. 따라서 민법은 행위능력에 관한 제5조, 제10조, 제13조의 규정은 유언에 관하여는 적용되지 않는다(제1062조). 피성년후견인도 그 의사능력이 회복된 때에는 유언을 할 수 있다(제1063조

제1항). 이 경우에는 의사가 심신회복의 상태를 유언서에 부기(附記)하고 서명날인하여야 한다(제1063조 제2항). 미성년자에 대하여서는 만 17세를 능력을 표준으로 하고 그 이하의 유언은 무효이다(제1061조). 예를 들면, 현재 18세인 X남은 부가 사망하자 많은 유산을 상속받았다. X남은 아버지가 갑자기 사망한 데 충격을 받아, 만약의 경우를 대비하여 유언을 하려고 한다. 그는 미성년자로서 유언을 할 수 있는가? 17세 이상인 자는 누구든지 유언할 수 있기 때문에(제1061조) 18세인 X남은 미성년자이지만 혼자 유언할 수 있는 능력이 있다. 이 때 법정대리인의 동의를 필요로 하지 않는다(제1062조). 이에 그 유언은 동의가 없다는 이유로 취소될 수 없다(제13조). 유언은 생전에 하더라도 유효하다. 다만 그 효과는 유언자가 사망한 후에 발생한다.

2. 유언의 내용

(1) 유언사항

제도로서의 유언은 법률에서 정하는 특정한 방식을 필요로 하기 때문에 유언으로 정할 수 있는 사항은 법률이 정한 것에 한한다. 그 구체적인 것으로는, 친생부인, 인지, 미성년후견인의 지정, 재단법인의 설립을 위한 재산의 출연, 유증, 상속재산분할방법의 지정 또는 위탁, 상속재산분할금지, 유언집행자의 지정 또는 위탁, 신탁, 유족보상수급권자의 지정 등이다.

(2) 유언증인의 자격

증인은 유언이 진정한 의사에 의한 것인가를 증명한 의무를 지는 자이다. 유언의 방식중에서 자필증서에 의한 유언을 제외하고는 모두 증인의 참여가 요구되는데, 이러한 증인이 될 사람에게는 일정한 제한이 있다. 즉 미성년자, 피성년후견인과 피한정후견인, 유언에 의하여 이익을 받을 자, 그 배우자와 직계혈족은 증인이 되지 못한다(제1072조 제1항). 그러나 유언집행자(대법원 1999. 11. 26. 선고 97다57733 판결)는 증인이 될 수 있다.

또한 공정증서에 의한 경우에는 「공증인법」이 정하는 결격자도 증인이 되지 못한다(동조 제2항). 「공증인법」 제33조 제3항에서 다음 각 호의 어느 하나에 해당하는 사람은 참여인이 될 수 없다. 다만, 제29조 제2항에 따라 촉탁인이 참

여인의 참여를 청구한 경우에는 그러하지 아니하다. <개정 2017. 12. 12.>

1. 미성년자

1의 2. 피성년후견인 또는 피한정후견인

2. 시각장애인이거나 문자를 해득하지 못하는 사람

3. 서명할 수 없는 사람

4. 촉탁 사항에 관하여 이해관계가 있는 사람

5. 촉탁 사항에 관하여 대리인 또는 보조인이거나 대리인 또는 보조인이었던 사람

6. 공증인의 친족, 피고용인 또는 동거인

7. 공증인의 보조자

여기서는 유언자가 참여인의 참여를 청구한 경우는 위의 사람들도 참여인이 될 수 있다는 것을 의미한다(대법원 1992. 3. 10. 선고 91다45509 판결).

2 절 ≫ 유언의 방식

Ⅰ. 서 설

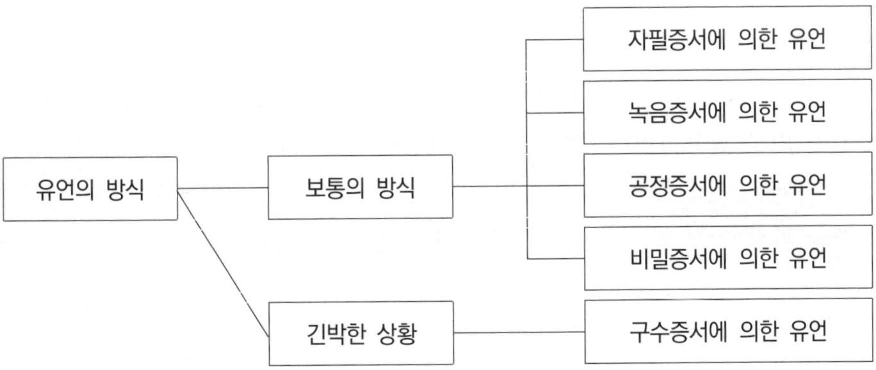

유언은 민법에서 정하는 방식에 의하지 아니하면 그 효력이 생기지 아니한다(제1060조). 법률이 유언에 대하여 엄격한 방식을 요구하는 것은 유언이 유언자의 사망 후에 그 효력이 발생하므로 그 내용이 유언자의 진의인지 또는 유언이 진정으로 성립하고 있었는지의 여부를 확인하는 것이 곤란하기 때문이다.

민법이 인정하는 유언의 방식에는 다섯 가지가 있다(제1065조). 보통의 경우에는 자필증서, 녹음, 공정증서, 비밀증서 중에서 어느 하나의 형식으로 유언서를 작성하여야 한다. 그러나 질병이나 기타 긴박한 사유로 인하여 이러한 보통방식에 의할 수 없는 경우, 구수증서에 의하여 할 수 있다. 이러한 요식의 5가지 방식에 해당하지 않는 유언은 무효가 된다.

Ⅱ. 보통의 방식

1. 자필증서에 의한 유언

자필증서에 의한 유언은 가장 간단한 방식으로 유언자가 전문, 연월일, 주소, 성명을 자서하고 날인함으로써 성립한다(제1066조 제1항). 자필증서는 말 그대로 자필이여야 하므로 타인이 쓰거나 타자기, 컴퓨터로 작성한 것은 유효하지 않다(대법원 1994. 12. 22. 선고 94다13695 판결; 대법원 1998. 6. 12. 선고 97다38510 판결). 본문의 일부만 자서된 경우에는 기계나 대필을 이용한 부분이 부수적인 내용에 지나지 않고, 그 부분을 제외하더라도 유언의 취지가 충분히 표현되고 있으면 적어도 자서한 부분은 유효하다.

자필증서는 증인이 필요 없는 유일한 유언방식이다. 따라서 유언을 한 연월일은 매우 중요하며, 이것이 없는 유언서는 무효이다(대법원 2009. 5. 14. 선고 2009다9768 판결). 연월일을 작성함에 있어서 '회갑날'이라고 적은 경우 이처럼 날짜를 특정할 수 있는 경우라면 반드시 연월일 전부를 기재해야 하는 것은 아니다.

자필증서에 의한 유언은 유언자가 그 전문과 연월일, 주소, 성명을 자서(自書)하고 날인하여야 하는바(제1066조 제1항), 유언자의 날인이 없는 유언장은 자필증서에 의한 유언으로서의 효력이 없다(대법원 2006. 9. 8. 선고 2006다25103,

25110 판결 참조).

유언증서 자체에 유언자의 주소가 자서되어 있지 아니한 유언증서에 대하여, 자필증서에 의한 유언의 효력이 인정되지 않는다(대법원 2007. 10. 25. 선고 2006다12848 판결; 대법원 2014. 10. 6. 선고 2012다29564 판결). 유언자가 주소를 '암사동에서'이라고 기재한 사안에서 판례는 자서가 필요한 주소는 반드시 주민등록법에 의하여 등록된 곳일 필요는 없으나, 적어도 민법 제18조에서 정한 생활의 근거되는 곳으로서 다른 장소와 구별되는 정도의 표시를 갖추어야 한다고 하였다(대법원 2014. 9. 26. 선고 2012다71688 판결).

유언자의 주소는 반드시 유언 전문과 동일한 지편에 기재하여야 하는 것은 아니고, 유언증서로서 일체성이 인정되는 이상 그 전문을 담은 봉투에 기재하더라도 무방하며, 그 날인은 무인에 의한 경우에도 유효하다고 할 것이다(대법원 1998. 5. 29. 선고 97다38503 판결; 대법원 1998. 6. 12. 선고 97다38510 판결 등 참조).

헌법재판소는 '주소의 자서'는 다른 유효요건과는 다소 다른 측면에서 의연히 유언자의 인적 동일성 내지 유언의 진정성 확인에 기여하는 것이므로 기본권침해의 최소성원칙에 위반되지 않을 뿐 아니라 법익균형성의 요건도 갖추고 있으며, 유언자의 재산권과 일반적 행동자유권을 침해하지 않는다고 하여 합헌이라고 하였다(헌재 2011. 9. 29. 선고 2010헌바250,456 결정).

또한 후일의 변조를 방지하기 위하여 문자의 삽입, 삭제 또는 변경을 함에는 유언자가 이를 자서하고 날인하여야 한다(제1066조 제2항). 그러나 성명의 기재는 그 유서가 누구의 것인가를 확인할 수 있을 정도면 된다.

관련판례 3.1 자필증서 유언과 검인 개봉절차

1. 사실관계

G는 1994년 7월 후처인 B, 자식들은 甲(원고), 乙(피고), C D E F G 8인의 상속인을 두고 사망하였다. G는 생전인 1989년 3월 재산 분할에 대한 유서를 작성하였다. 유서는 한글과 한자를 혼용하여 종서로서 전문 4장의 분량이었고, 그 마지막 말미에 '서기 1989. 3. 12.' '서울에서' 부 G '7형제앞'을 종서로서 넉줄로 자서하는 외에 사인을 한 후 그 이름과 사인의 좌우에 무인을 하였다. 그리고 그 유서전체를 2부 복사한 뒤 원본과 복사본 각 전문 4장의 연결부분에 자신의 무인으로 간인을 하고, 그 복사본에도 그 마지막 장의 뒷면에 자신의 주소를 자필로 기재한 뒤 이를 각각 봉함하였다. 그 후 원본은 자신이 보관하고, 복사본 2통은 원고 갑과 장녀

C에게 보관시켰다.

그 다음해(1990년) 5월 G는 乙과 C D E 등 자식들 앞에서 유서의 내용을 공개하였고, 그 해(1990년) 12월 B와 재혼을 앞두고 유서의 원본도 장녀인 C에게 맡겼다.

G는 이 사건 부동산 X(토지)를 취득하여 등기명의를 乙 앞으로 명의신탁하였다. 그러나 위 유언증서 제1항에 의하면 해당토지의 2/3 지분은 甲에게 특정유증하였다.

이에 甲은 乙에게 지분의 반환을 청구하였으나, 乙은 유언증서의 무효를 주장하였다.

2. 원심판결요지

원심은 유언증서 제1항에 의하여 부동산 X의 2/3 지분을 甲에게 특정유증 하였다고 인정하고, 乙이 명의신탁에 의하여 부동산 X의 소유자로 등기된 이상 그 점유 권원의 성질상 자주점유라고 할 수 없다는 이유로 乙의 등기부취득시효 주장을 배척하여 원고 甲의 청구를 인용하였다. 피고 乙은 이에 불복하여 상고하였다(광주고법 1997. 7. 11. 선고 (제주)95나728 판결).

3. 대법원판결요지(대법원 1998. 5. 29. 선고 97다38503 판결)

자필증서에 의한 유언은 유언자가 그 전문과 연월일, 주소, 성명을 자서(自書)하고 날인 하여야 하는바(민법 제1066조 제1항), 유언자의 주소는 반드시 유언 전문과 동일한 지면에 기재하여야 하는 것은 아니고, 유언증서로서 일체성이 인정되는 이상 그 전문을 담은 봉투에 기재하더라도 무방하며, 그 날인은 무인에 의한 경우에도 유효하고, 유언증서에 문자의 삽입, 삭제 또는 변경을 함에는 유언자가 이를 자서하고 날인하여야 하나(민법 제1066조 제2항), 증서의 기재 자체로 보아 명백한 오기를 정정함에 지나지 아니하는 경우에는 그 정정 부분에 날인을 하지 않았다고 하더라도 그 효력에는 영향이 없다.

민법 제1091조 제1항에 규정된 유언증서에 대한 법원의 검인은 유언의 방식에 관한 사실을 조사함으로써 위조·변조를 방지하고 그 보존을 확실히 하기 위한 절차에 불과할 뿐 유언증서의 효력 여부를 심판하는 절차가 아니고, 민법 제1092조는 봉인된 유언증서를 검인하는 경우 그 개봉 절차를 규정한데 불과하므로, 적법한 유언증서는 유언자의 사망에 의하여 곧바로 그 효력이 발생하고 검인이나 개봉 절차의 유무에 의하여 그 효력에 영향을 받지 않는다.

망인이 유언증서를 작성한 후 재혼하였다거나, 유언증서에서 유증하기로 한 일부 재산을 처분한 사실이 있다고 하여 다른 재산에 관한 유언을 철회한 것으로 볼 수 없다. 이에 G의 유언증서는 유효하다고 할 것이다.

[관련조문]

민법 제1066조(자필증서에 의한 유언), 제1091조(유언증서, 녹음의 검인) 제1항, 제1092조(유언증서의 개봉), 제1109조

2. 녹음에 의한 유언

녹음에 의한 유언은 과학문명의 이기를 이용하는 유언방식으로 유언자의 목소리를 그대로 보존할 수 있다는 점에서 그리고 녹음기만 있으면 간단히 유언할 수 있다는 장점이 있다. 그러나 잘못하면 녹음된 것이 소멸되는 흠이 있다. 녹음이외에도 영상녹화물이라도 무방할 것이다.

유언자가 유언의 취지 및 성명과 연월일을 구술하고, 이에 참여한 증인이 유언의 정확함과 그 성명을 구술함으로써 성립한다(제1067조).

3. 공정증서에 의한 유언

민법은 유언에 관하여 엄격한 요식성을 요구하고 있는바, 민법 제1068조 소정의 '공정증서에 의한 유언'이 유효하기 위해서는 ① 증인 2인의 참여가 있을 것, ② 유언자가 공증인의 면전에서 유언의 취지를 구수할 것, ③ 공증인이 유언자의 구수를 필기해서 이를 유언자와 증인에게 낭독할 것, ④ 유언자와 증인이 공증인의 필기가 정확함을 승인한 후 각자 서명 또는 기명날인할 섯 등을 필요로 한다(대법원 2002. 10. 25. 선고 2000다21802 판결). 증인이 없는 유언은 공증인의 인증을 받았다고 하더라도 공정증서에 의한 유언이라고 볼 수 없다(대법원 1994. 12. 22. 선고 94다13695 판결).

유언자의 구술은 언어로 하여야 하고 거동으로 표하는 것은 구수하였다고 볼 수 없을 것이다. 유언자인 위 소외 1은 변호사 소외 2가 일정 내용의 유언취지를 묻자 고개를 끄덕거렸을 따름이므로 이를 들어 유언자인 위 소외 1이 변호사 소외 2의 면전에서 유언의 취지를 "구수"하여 그 공정증서가 작성된 것으로 볼 수는 없다. 따라서 위 소외 1의 공정증서에 의한 유언은 무효라고 판단하였다(대법원 1980. 12. 23. 선고 80므18판결; 대법원 1993. 6. 8. 선고 92다8750 판결; 대법원 1993. 6. 8. 선고 92다8750 판결).

유언자가 공증인의 면전에서 유언서를 필기하여 작성한 것이 아니라 유언자의 취지에 따라 공증 변호사가 미리 작성하여 온 공정증서에 따라, 의식이 명료하고 언어소통에 지장이 없는 유언자에게 질문하여 유증의사를 확인하고 그 증서의 내용을 읽어주어 이의 여부도 확인한 다음 자필서명을 받은 경우, 위 공정증서에 의한 유언은 민법 제1068조에서 정한 요건을 모두 갖추었다고 하였다(대법원 2007. 10. 25. 선고 2007다51550, 51567; 대법원 2008. 2. 28. 선고 2005다75019, 75026 판결).

공정증서 유언에는 법원의 검인은 요구하지 않는다. 이는 글을 모르는 사람이나 병 중에 있어서 글을 쓸 수 없는 사람이 이용하기 좋은 제도로 유언의 존재를 명확히 하고, 그 내용을 확고히 할 수 있는 특징이 있으며, 유언을 확실히 할 수 있다는 점에서 유용한 방식이다. 그러나 비밀을 확보하기가 어렵다.

관련판례 3.2 공정증서에 의한 유언의 효력

1. 사실관계

G는 1987. 8. 22.경 폐기종으로 순천향대학병원에 입원하여 치료를 받았는데, 호흡부전으로 의식을 회복하지 못하자 같은 해 9. 11.경 기관지절제수술 후 인공호흡 중이어서 말을 할 수 없어 몸짓, 표정, 입모양으로 의사표현하거나, 차트판 종이와 필기도구를 이용하여 자신의 의사를 표현하였다. 1989년 10월 이후 상태가 몹시 악화되었고, 같은 해 12월에 반혼수상태(semi-coma state: 통증자극에 대하여 환자가 기본적인 동물적 또는 체계화되지 못한 반응을 나타내며 의식이 각성을 유발할 수 없는 상태로서 의사소통이 불가능하며 환자의 판단능력이나 의사결정능력을 기대할 수 없는 상태)에 빠지자 처인 乙1(공동피고)의 의뢰에 의하여 공증인 N이 G가 입원 중이던 병실에서 W1 W2를 증인으로 참여시킨 가운데 N의 직원 M이 G에게 미리 작성된 유언증서의 초안의 취지대로 유증하겠느냐고 묻자 G는 고개를 끄떡거렸고, 이에 그의 침대를 반쯤 일으킨 상태에서 乙1이 G의 팔목을 잡아 유언증서의 유언자란에 서명하게 하였다. 유언의 내용은 乙1과 장남 乙2(공동피고)에게 임야 X의 각 1/2 지분을 乙2에게 G가 설립하여 30년 동안 경영하던 Y 주식회사의 주권 전부를 유증한다는 것이었다.

G는 내연관계에 있는 B와 사이에 아들 甲(원고)이 있었는데, 甲은 위 공정증서에 의한 유언의 무효를 주장하며 乙1과 乙2를 상대로 임야 및 주권 중 甲의 법정상속분에 해당하는 부분을 반환할 것을 주장하며 상속에 기한 소유권이전등기의 말소 등을 청구하였다.

원심은 이 사건 유언을 민법 제1068조의 방식을 위배한 것으로 무효로 판단하고 甲의 청구를 인용하였고 乙1 등은 상고하였다(서울고법 1995. 6. 9. 선고 94나486 판결).

2. 대법원판결요지(대법원 1996. 4. 23. 선고 95다34514 판결)

유언공정증서를 작성할 당시에 유언자가 반혼수상태였으며, 유언공정증서의 취지가 낭독된 후에도 그에 대하여 전혀 응답하는 말을 하지 아니한 채 고개만 끄덕였다면, 유언공정증서를 작성할 당시에 유언자에게는 의사능력이 없었으며 그 공정증서에 의한 유언은 유언자가 유언의 취지를 구수(口授)하고 이에 기하여 공정증서가 작성된 것으로 볼 수 없어서, 민법 제1068조가

정하는 공정증서에 의한 유언의 방식에 위배되어 무효라고 판단하였다.

[관련조문]
민법 제1065조(유언의 보통방식), 제1068조(공정증서에 의한 유언)

4. 비밀증서에 의한 유언

비밀증서에 의한 유언은 유언자가 필자의 성명을 기입한 증서를 엄봉날인하고, 이를 2인 이상의 증인의 면전에 제출하여 자기의 유언서임을 표시한 후, 그 봉서표면에 제출연월일을 기재하고 유언자와 증인이 각자 서명 또는 기명날인하여 작성한 다(제1069조). 이는 자기의 성명을 자서할 수 있는 사람이면 누구나 할 수 있을 뿐만 아니라, 자필증서에 의한 유언과 공정증서에 의한 유언을 절충한 유언방식이므로, 유언내용의 비밀을 유지하고 그 누설을 방지하는 동시에 유언의 존재와 내용을 확실하게 할 수 있는 장점이 있다. 증서의 전문과 연월일, 주소, 성명을 자서하고 날인하기 때문에 자필증서의 방식에 적합한 때에는 비밀증서로서의 방식에 흠결이 있는 경우라도 자필증서로서 유효하게 된다(제1071조). 그리고 봉서는 그 표면에 기재된 날로부터 5일 내에 공증인 또는 법원서기에게 제출하여 그 봉인상에 확정일자인을 받아야 한다(제1069조 제2항).

5. 구수증서에 의한 유언

유언은 원칙으로 보통방식에 의하여야 하나 유언자가 질병 기타 사망의 위급에 임박한 경우 구수방식에 의할 수 있다. 판례는 자필증서·녹음·공정증서 및 비밀증서의 방식에 의한 유언이 객관적으로 가능한 경우, 구수증서에 의한 유언의 허용될 수 있는가에 대하여 민법 제1065조 내지 제1070조가 유언의 방식을 엄격하게 규정한 것은 유언자의 진의를 명확히 하고 그로 인한 법적 분쟁과 혼란을 예방하기 위한 것이므로, 법정된 요건과 방식에 어긋난 유언은 그것이 유언자의 진정한 의사에 합치하더라도 무효라고 하지 않을 수 없는바, 민법 제1070조 제1항이 구수증서에 의한 유언은 질병 기타 급박한 사유로 인하여 민법 제1066조 내지 제1069조 소정의 자필증서, 녹음, 공정증서 및 비밀증서의 방식에 의하여 할 수 없는 경우에 허용되는 것으로 규정하고 있는 이상, 유언자가 질병 기타 급박한 사유에 있는지 여부를 판단함에 있어서는 유언자의 진의를 존중하기 위하여 유언자의 주관적 입장을 고려할 필요가 있을지 모르지만, 자필증서, 녹음, 공정증서 및 비밀증서의 방식에 의한 유언이 객관적으로 가능한 경우까지 구수증서에 의한 유언을 허용하여야 하는 것은 아니라고 하였다(대법원 1999. 9. 3. 선고 98다17800 판결).

구수증서에 의한 유언은 형식이 간단한 것이 특징이나 다음과 같은 요건이 필요하다.

(1) 유언자가 질병 기타 급박한 사유로 다른 방식에 의한 증언을 할 수 없어야 한다.

(2) 2인 이상의 증인의 참여로 유언자가 2인 중 1인에게 유언의 취지를 구수하여야 한다.

(3) 그 구수를 받은 자가 이를 필기낭독하여 유언자와 증인이 그 정확함을 승인한 후 각자 서명 또는 기명날인하여야 한다.

(4) 이 유언은 그 증인 또는 이해관계인(유증을 받은 사람, 추정상속인, 유언집행자)이 위급한 사유가 종료한 날로부터 7일 내에 가정법원에 검인을 신청하여야 한다(가소법 제2조 라류 제36호).

(5) 민법 제1063조 제2항의 규정은 구수증서에 의한 유언에 적용하지 아니한다(제1070조 제3항).

관련판례 3.3 구수증서에 의한 유언

1. 사실관계

G는 만성 골수성 백혈병 및 위암으로 입원치료 중이던 1998. 1. 3.경 가족들에게 유언을 하겠다는 의사를 밝혀서, 사망 이틀 전에 병실에서 변호사 L 입회하고 증인 W1, W2의 참여하에 구수증서에 의한 유언을 하였다. 그러나 유언서가 작성될 당시에 G는 사리판단을 할 정도로 의식이 뚜렷하지 못하였을 뿐만 아니라 자신의 의사를 명백하게 표현할 만큼 자유롭게 언어를 구사하지도 못하는 상태에서 변호사들 중 한 사람이 그 쪽지의 내용에 따라 유언서에 들어갈 내용을 불러주면 망인은 고개를 끄덕이거나 "음", "어" 하는 정도의 말을 하는 방식으로 전 재산을 배우자인 B가 상속한다는 내용의 유언을 하였다.

유족으로는 배우자 C와 사이에 2남 2녀의 4자녀와 전처와의 사이에 앞서 사망한 아들 B의 자녀인 갑1, 갑2의 손자가 있었다.

대습상속인 갑1, 갑2(공동원고)는 유언집행자로 지정된 乙을 상대로 유언의 무효를 주장하는 소를 제기하였다.

2. 원심판결요지

원심은 G의 상태가 사리분별을 못할 정도는 아니었고, 입회변호사의 질문에 간단하게나마 답변한 이상 유언의 취지를 구수한 것으로 볼 수 있으며, G의 이름 다음에 타인의 도움을 받아 서명한 이상 유효한 유언이라고 판단하여 원고의 청구를 기각하였으나(대전고법 2005. 9. 7. 선고 2004나3602 판결), 갑은 이에 불복하여 상고하였다.

3. 대법원판결요지(대법원 2006. 3. 9. 선고 2005다57899 판결)

민법 제1065조 내지 제1070조가 유언의 방식을 엄격하게 규정한 것은 유언자의 진의를 명확히 하고 그로 인한 법적 분쟁과 혼란을 예방하기 위한 것이므로, 법정된 요건과 방식에 어긋난 유언은 그것이 유언자의 진정한 의사에 합치하더라도 무효라고 하지 않을 수 없다.

민법 제1070조 소정의 '구수증서에 의한 유언'은 유언자가 2인 이상의 증인의 참여로 그 1인에게 유언의 취지를 구수하고 그 구수를 받은 자가 이를 필기낭독하여 유언자와 증인이 그 정확함을 승인한 후 각자 서명 또는 기명날인하여야 하는 것인바, 여기서 '유언취지의 구수'라 함은 말로써 유언의 내용을 상대방에게 전달하는 것을 뜻하는 것이므로, 증인이 제3자에 의하여 미리 작성된, 유언의 취지가 적혀 있는 서면에 따라 유언자에게 질문을 하고 유언자가 동작이나 간략한 답변으로 긍정하는 방식은, 유언 당시 유언자의 의사능력이나 유언에 이르게 된 경위 등에 비추어 그 서면이 유언자의 진의에 따라 작성되었음이 분명하다고 인정되는 등의 특별한 사정이 없는 한 민법 제1070조 소정의 유언취지의 구수에 해당한다고 볼 수 없다.

위 유언은 유언 당시에 자신의 의사를 제대로 말로 표현할 수 없는 유언자가 유언취지의 확인을 구하는 변호사의 질문에 대하여 고개를 끄덕이거나 "음", "어"라고 말한 것만으로는 민법 제1070조가 정한 유언의 취지를 구수한 것으로 볼 수 없다.

[관련조문]

민법 제1070조(구수증서에 의한 유언)

6. 유언의 검인

공정증서 및 구수증서를 제외한 나머지 유언의 경우는 유언자의 사망 후에 법원의 검인을 받아야 한다(제1091조). 검인절차는 유언서 자체를 확정하기 위한 것이지 유언의 효력을 판단하기 위한 것이 아니므로 검인절차의 유무는 유언의 효력에 영향을 주지 않는다(대법원 1980. 11. 19.자 80스23 결정; 대법원 1998.

5. 29. 선고 97다38503 판결). 공정증서 유언은 검인을 필요로 하지 않는다. 그러나 구수증서 유언의 경우 특별한 사정이 없는 한 그 유언이 있은 날에 급박한 사유가 종료한 날로부터 7일 이내에 그 검인신청을 하여야 한다. 위 기간 내에 검인을 받지 않으면 유언은 무효가 된다(대법원 1992. 7. 14. 선고 91다39719 판결). 구수증서에 의한 검인(제1070조)은 민법 제1019조에서 규정하고 있는 검인과는 다르므로 주의해야 한다.

3절 ≫ 유언의 효력

Ⅰ. 유언의 효력발생시기

유언은 유언을 하는 당시에 성립하지만 그 효력은 유언자가 사망한 때에 발생한다(제1073조 제1항). 따라서 유언자는 유언의 방식에 의하여 언제든지 자유롭게 철회 또는 변경할 수 있으며, 유언에 의한 수익자는 유언자가 사망하기까지 아무런 조건부권리도 취득할 수 없는 것이다.

유언으로 혼인외의 자를 인지할 수 있으며, 이 경우 유언집행자는 이를 신고하여야 한다(제859조 제2항). 유언집행자는 그 취임일부터 1개월 이내에 인지에 관한 유언서등본 또는 유언녹음을 기재한 서면을 첨부하여 가족관계등록법 제55조 또는 제56조에 따라 신고를 하여야 한다(가족관계등록법 제59조). 따라서 이러한 경우에도 신고에 의하여 인지의 효력이 발생하는 것으로 볼 수 있지만, 유언의 성격상 유언에 의한 인지는 유언자의 사망시에 효력을 발생하고, 유언집행자에 의한 신고는 보고적인 것에 지나지 않는다고 하여야 한다.

유언으로 부 또는 처가 친생부인의 소를 한 경우 유언집행자는 부인의 소를 제기하고(제850조), 판결의 확정으로 자녀는 모의 혼인외의 자가 된다.

유언에 정지조건이 있는 경우에 그 조건이 유언자의 사망 후에 성취한 때에는, 그 조건 성취한 때로부터 유언의 효력이 생긴다(제1073조 제2항). 해제조건부 유언에 관하여도 민법은 규정을 두고 있지 않다. 그러나 조건의 일반 규정에 의하여 해재조건부 유언은 유언자가 사망한 때 효력이 발생하고, 그 조건이 유언자의 사망 후에 성취되면 효력을 잃는다(제147조 제2항, 제151조 참조). 시기부 유언은 유언자가 사망한 때로부터 그 효력을 발생하나 그 시기가 유언자의 사망후 일정한 기간의 경과를 필요로 하는 유언이라면 시기도래시까지 그 유언의 이행을 청구할 수 없다(제151조 제1항). 종기부 유언은 유언자가 사망한 때로부터 그 효력을 발생하며 부가된 종기의 도래로 인하여 효력을 상실한다(제152조 제2항).

유언으로 재단법인을 설립하는 경우 유언자가 사망한 때에 재단법인이 성립되는 것은 아니며, 유언집행자 또는 상속인이 주무관청의 허가를 얻어 설립등기를 하여야 비로소 성립한다(제32조, 제33조). 출연재산이 재단법인에 귀속되는 시기는 유언의 효력이 발생한 때(제48조 제2항)이나 부동산의 경우에는 부동산이 재단법인 앞으로 등기를 한 때라고 보는 의견도 있으나 판례는 출연재산은 민법의 위 조항에 의하여 법인성립시에 법인에게 귀속되어 법인의 재산이 되는 것이고, 출연재산이 부동산인 경우에 있어서도 위 출연자와 법인간의 관계에 있어서는 법인의 성립 외에 등기를 필요로 하는 것이 아니다라고 판단하고 있다. 그러나 제3자에 대한 관계에 있어서는 출연행위가 법률행위이므로 출연재산의 법인에의 귀속에는 부동산의 권리에 관해서는 법인성립 외에 등기를 필요로 한다고 하였다. 이로써 등기를 마치지 아니하였다면 유언자의 상속인의 한 사람으로부터 부동산의 지분을 취득하여 이전등기를 마친 선의의 제3자에 대하여 대항할 수 없다고 하였다(대법원 1993. 9. 14. 선고 93다8054 판결).

Ⅱ. 유언의 철회

1. 의 의

유언의 철회란 완전히 유효하게 성립된 유언에 대하여 유언자가 특별한 이유 없이 유언의 효력이 발생하기 전에 그 효력발생을 막는 것을 목적으로 하는 행위이다. 유언자는 언제든지 유언 또는 생전행위로써 유언의 전부나 일부를 철회할 수 있다(제1108조 제1항). 예를 들어 X는 3명의 자녀를 두었는데, 3년 전 막내 딸에게 전 재산을 준다는 유언서를 작성하였으나, 최근 심경의 변화로 둘째 아들에게 다시 전 재산을 주는 유언서를 작성하였다.

유언의 철회는 유언자가 직접하여야 하며, 대리인이 철회할 수 없다. 판례는 유언 후의 생전행위가 유언과 저촉되는 경우에는 민법 제1109조에 의하여 그 저촉된 부분의 전 유언은 이를 철회한 것으로 보지만(대법원 2002. 6. 25. 선고 2000다64427 판결 등 참조), 이러한 생전행위를 철회권을 가진 유언자 자신이 할 때 비로소 철회 의제 여부가 문제될 뿐이고 타인이 유언자의 명의를 이용하여 임의로 유언의 목적인 특정 재산에 관하여 처분행위를 하더라도 유언 철회로서의 효력은 발생하지 아니한다(대법원 1998. 6. 12. 선고 97다38510 판결).

유언자는 그 유언을 철회할 권리를 포기하지 못한다(제1108조 제2항). 갑이 자녀들인 을과 병 등에게 갑 소유 부동산을 유증하기로 하는 공정증서를 작성한 후, 갑이 공정증서의 내용을 수정하려면 을과 병 등 모두의 동의를 거쳐야 하고, 갑이 임의로 공정증서의 내용을 수정하는 경우 갑과 을 등은 공정증서에 따라 협의하는 것으로 하며, 갑의 소유 재산을 을과 병 등에게 증여하는 경우에는 공정증서에 따른 분배로 보아 처리하기로 하는 등 갑 소유 재산의 관리와 처분 및 공정증서 등에 관한 약정을 체결한 사안에서, 갑의 유언철회의 자유를 제한하고 사실상 유언철회를 무력화하는 셈이 되며, 유언의 효력이 발생하기도 전에 유언에 따라 취득한 권리의 처리에 관한 사항을 미리 정하고 있는 것이므로, 약정이 무효라고 하였다(대법원 2015. 8. 19. 선고 2012다94940 판결).

2. 임의철회·법정철회

유언의 철회에는 임의철회와 법정철회가 있다

(1) 임의철회

유언자가 유언 또는 생전행위로서 유언의 전부 또는 일부를 철회할 수 있다(제1108조 제1항). 철회의 의사표시를 하지 않고 유언증서를 파훼해 버리면 철회한 것으로 본다(제1110조). 그러나 공정증서에 의한 유언은 유언이나 생전행위로만 철회할 수 있다.

(2) 법정철회

다음과 같은 사실이 있는 경우에는 법률상 유언의 철회가 있는 것으로 본다. 이것을 법정철회라고 한다.

1) 전후의 유언이 저촉되는 경우에 그 저촉되는 부분의 전(前) 유언은 철회된 것으로 본다(제1109조 전단).

2) 유언 후의 생전행위가 유언과 저촉되는 경우에는 저촉된 부분의 전(前) 유언은 철회된 것으로 본다(동조 후단).

3) 유언자가 고의로 유언증서나 유증의 목적물을 파훼한 때에는 그 파훼한 부분에 관한 유언은 철회된 것으로 본다(제1110조). 그러나 유언자의 과실로 인한 경우나 제3자 또는 불가항력에 의하여 유언증서가 파훼된 경우에는 이해관계인은 유언증서의 내용을 입증하여 유언의 유효를 주장할 수 있다. 유언자가 유언을 철회한 것으로 볼 수 없는 이상, 유언증서가 그 성립 후에 멸실되거나 분실되었다는 사유만으로 유언이 실효되는 것은 아니고 이해관계인은 유언증서의 내용을 입증하여 유언의 유효를 주장할 수 있다(대법원 1996. 9. 20. 선고 96다21119 판결).

4) 유언증서에서 유증하기로 한 재산을 유언자가 처분하면 이는 그 재산에 관한 유언의 법정철회가 된다(대법원 1998. 5. 29. 선고 97다38503 판결).

3. 유언철회의 효과

유언이 철회된 경우에는 유언은 처음부터 없었던 것과 마찬가지의 결과가 되어 유언자가 사망하여도 유언은 아무런 효력이 생기지 않는다. 유언의 철회가 사기 또는 강박으로 인한 때에는, 그 내용이 신분상의 것이면 인지취소의 규정이 준용될 것이나, 재산상의 것이면 민법총칙상의 일반원칙이 적용될 것이다.

Ⅲ. 유언의 무효와 취소

1. 의 의

유언의 무효란 유언자의 후 유언의 내용상 또는 형식상 요건의 흠결로 인하여 처음부터 유언으로서 성립될 수 없는 경우이고, 유언의 취소란 유언자의 사망 후 사기·강박 등을 원인으로 하여 상속인, 유언집행자, 그 밖의 이해관계인이 유언의 효력발생을 방지하는 행위이다.

2. 무효사유

(1) 방식이 흠결된 유언(제1060조)
(2) 수증결격자에 대한 유언(제1064조)
(3) 17세 미만자(제1061조)와 의사능력이 없는 자의 유언
(4) 선량한 풍속 기타 사회질서에 위반한 사항을 내용으로 하는 유언
(5) 강행법규를 위반하는 사항의 유언
(6) 법정사항 이외의 사항을 내용으로 하는 유언 등은 무효이다.

판례는 자필증서에 의한 유언으로 유언자가 남긴 유언장이, 본문은 자필로 작성했지만 그에 첨부된 '재산목록'이 자필이 아닌 컴퓨터로 작성 후 복사된 것이라면, 유언장 중 자서한 본문 부분만으로는 유언의 완결성이 없으므로, 이 유언장은 유언자가 전문을 자서해야 한다는 요건을 결여해 효력이 없다며 '무효'라고 판결하였다(서울고등법원 2020나2021150 유언무효확인 청구소송).

3. 취소사유

(1) 중요부분의 착오가 있는 경우
(2) 사기·강박에 의한 경우의 유언은 취소할 수 있다.

사기·강박으로 인하여 유언의 의사를 표시하거나, 착오로 인하여 유언이 행하여진 때에는 일단 유언이 성립하므로, 그 효력발생을 저지하기 위해서는 유언자 생전에는 유언자가 유언을 '철회'하면 되지만, 유언자 사후에는 상속인이 유언을 취소해야 한다.

4절 ≫ 유 증

Ⅰ. 유증의 의의

개인의 소유재산에 대하여 생전처분의 자유가 인정되는 이상 그의 사후처

분의 자유도 역시 허용되어야 한다. 피상속인이 사후에 자기 재산을 자유로이 처분할 수 있는 방법으로 민법이 인정한 제도가 바로 유증이다. 즉, 유증이란 유언자가 유언에 의하여 그 재산상의 이익을 수증자에게 무상으로 증여하는 단독행위를 말한다(대법원 2018. 7. 12. 선고 2017다235647 판결).

유증과 구별되어야 하는 것은 증여, 사인증여 등이다. 증여는 생전에 성립과 동시에 효력이 생긴다는 점에서 유증과 다르다. 증여는 한쪽 당사자(증여자)가 대가없이 자기의 재산을 상대방(수증자)에게 주겠다는 의사를 표시하고 상대방이 이를 승낙함으로써 성립하게 되는 계약이다(제554조~제562조). 증여는 낙성계약(諾成契約)이며, 또 무상(無償)·편무계약(片務契約)이다. 증여계약의 성립에는 따로 이 방식을 요하지 않으나, 서면에 의하지 않은 증여는 아직 이행하지 않은 부분에 대하여 언제라도 각 당사자가 이를 해제할 수가 있다(제555조, 제558조). 이것은 증여자에게 신중을 기하게 함과 동시에 그 진의를 명확히 하고 증거의 확실을 도모하기 위한 제도이다. 또 수증자가 증여자에 대하여 중대한 망은행위를 한 때 또는 증여계약 후에 증여자의 재산상태가 현저히 악화하여 그 이행으로 생계에 중대한 영향을 미칠 경우에는 증여자는 아직 이행하지 아니한 부분에 대하여 해제할 수 있다(제556조~제558조). 또한 증여는 무상계약이므로 증여자는 담보책임을 지지 않는 것(제559조)이 원칙이지만, 특약이 있을 경우, 증여자가 하자·흠결을 알고서 고지하지 아니한 경우(악의의 경우) 및 부담부증여(負擔附贈與)의 경우에는 예외로서 담보책임을 진다(제559조 1항단·2항). 증여의 특수한 형태로는 부담부증여(負擔附贈與)·현실증여(現實贈與)·사인증여(死因贈與)가 있다.

여기서 사인증여란 증여자의 사망으로 인하여 효력이 생기는 증여를 말한다. 사인증여는 증여자와 수증자 사이의 "계약"이다. 단지 그 효과가 증여자의 사망시점에 발생한다는 점에서 유증과 유사하여, 민법의 상속편중 유증에 관한 규정이 준용된다. 사인증여의 법적 성질은 수증자의 승낙의사를 요건으로 하는 낙성계약이고, 특정방식을 요하지 않는 불요식 행위이며. 사인증여의 수증자는 증여자의 사망시 상속인에 대해 사인증여계약에 따른 의무이행을 청구할 수 있을 뿐, 수증자는 상속인과 동일한 권리, 의무를 갖지는 못한다. 유증이 방식 위배로 무효라고 하더라도 사인증여의 요건을 갖춘 때에는 사인증여의 효력이 인정될 여지가 있게 된다(대법원 2005. 11. 25. 선고 2004두930 판결).

Ⅱ. 유증의 당사자

1. 수증자

(1) 수유능력

1) 유증은 타인에게 이익을 주는 행위이기 때문에 이익을 받는 타인이 별개로 존재하여야 한다. 이에 유언으로 인하여 재산상 이익을 받는 자를 수증자라 한다. 자연인이나 법인 또는 상속인도 수증자가 될 수 있지만, 이들은 유언의 효력이 발생할 때 존재하는 자가 아니면 안된다. 태아는 유증의 경우에 있어서도 이미 출생한 것으로 보기 때문에 수유능력이 인정된다(제1064조, 제1000조 제3항). 법인도 유증을 받기 위해서는 유언자 사망 당시 존재하고 있어야 한다. 설립 중의 법인은 자연인의 태아에 관한 규정을 준용하여 수증자가 될 수 있다고 할 것이다. 그러므로 유언에 의한 재단법인설립과 같은 것은 유증이 아니다.

2) 수증자가 유언자의 사망 전에 사망한 경우에는 유증의 효력은 발생하지 않는다(제1089조 제1항)(대습유증). 즉, 대습유증은 원칙적으로 인정되지 않는다. 다만 유언 중에 특히 수증자의 상속인에게 승계를 인정하는 의사표시를 한 때에는 이에 의한다(제1090조 단서). 정지조건 있는 유증은 수증자가 그 조건 성취 전에 사망한 때에는 그 효력이 생기지 아니한다(제1089조 제2항).

증여자와 수증자의 관계가 피상속인과 상속인의 관계에 있다하여 이를 특별한 사정이 없는 한 유증 내지는 사인증여의 의미로 보아야 한다고 할 수는 없다(대법원 1991. 8. 13. 선고 90다6729 판결).

(2) 수유결격

상속결격의 원인은 수증자에 대하여도 결격의 원인이 된다(제1064조). 이에 제1004조의 상속결격 사유에 해당하는 수증자는 유증을 받을 수 없다. 수증결격도 역시 결격사유의 존재로 당연히 발생하지만 그 효력의 발생시기는 유언자의 사망시라고 보아야 한다.

2. 유증의무자

유증을 이행할 의무를 지는 자를 유증의무자라고 한다. 유증의무자는 다음과 같다. 지정유언집행자(제1093조), 상속인(제1095조) 및 선임유언집행자(제1096조). 지정유언집행자가 없는 때에는 상속인이 유언집행자가 되고(제1095조), 상속인 없는 경우에는 재산관리인(제1053조) 등이 담당하는 경우도 있다. 포괄적 유증을 받은 자도 특정유증에 대하여는 유증을 실행할 의무가 있다.

Ⅲ. 유증의 효력

유증의 효력은 포괄적 유증과 제한적 특정적 유증에 따라 각각 다르다. 단순유증인 때에는 그 효력은 유언자가 사망한 때로부터 발생하지만 정지조건이 있는 유언이면 그 효력은 조건이 성취한 때부터 발생한다(제1073조 제2항). 예를 들어 A가 혼인하게 되면 그 집(특정 부동산)을 준다는 경우이다. 이 경우 유언자의 사망 후에 그 조건이 성취되면 다시 말해 A가 혼인하면 그 때 수증자인 A는 그 부동산의 소유권이전등기청구권이 생기는 것이다. 이렇듯 조건이 있는 경우 유언의 효력은 사망과 동시에 그 효력이 발생하는 것이기 때문에 수증자는 유증의 목적물에 관해서는 일체의 보전행위를 할 수 있다. 예를 들어 유증의무자에게 담보책임을 물을 수 있으며(제1082조), 재산분리를 청구할 수도 있다(제1045조).

다만 수증자가 유언자의 사망 전에 사망한 경우나 정지조건이 있는 유증에 있어서 수증자가 그 조건성취 전에 사망한 경우에는 유증의 효력이 생기지 않는다(제1089조). 그러나 유언자가 유언으로 다른 의사를 표시한 때에는 그 의사에 의한다(제1090조 단서).

Ⅳ. 유증의 종류

유증은 포괄적 유증과 제한적 유증으로 구별된다. 그 밖에 유증에는 조건 있는 유증, 기한 있는 유증, 부담 있는 유증과 그러한 조건·기한 및 부담이 없는 단순유증이 있다.

1. 포괄적 유증

(1) 의 의

포괄적 유증은 적극·소극의 재산을 포함하는 상속재산의 전부 또는 일정한 비율에 의한 유증을 말한다. 예컨대 상속재산의 3분의 1 또는 2할을 준다는 형태의 유언을 말한다. 이때 상속재산이란 적극재산은 물론 소극재산도 포함되며, 특정한 부동산이나 채권, 채무는 그 객체가 될 수 없다.

(2) 효 과

1) 포괄적 수유자는 상속인과 동일한 권리의무가 있다(제1078조). 포괄적 수유자는 유언집행자와 함께 유증을 원인으로 하는 소유권 이전등기를 공동으로 신청할 수 있고, 그러한 등기를 마치는 것에 관하여 다른 상속인들의 동의나 승낙을 받아야 하는 것은 아니다(대법원 2014. 2. 13. 선고 2011다74277 판결). 포괄적 수유자는 법률상 인도없이 당연히 승계한다(대법원 2003. 5. 27. 선고 2000다73445 판결).

포괄적 수유자는 상속채무도 승계한다. 따라서 포괄적 유증을 받지 못한 원래의 법정상속인은 포괄적 유증이 된 비율만큼은 상속채무를 면한다(대법원 1980. 2. 26. 선고 79다2078 판결). 그 이외에 포괄적 수유자는 상속인과 마찬가지로 상속재산분할에 참가할 수 있다.

또한 포괄적 수유자는 상속회복청구권도 행사할 수 있다. 포괄적 유증을 받은 수유자가 법정상속인들을 상대로 그들이 법정상속분에 따라 한 소유권이전등기의 말소를 구하는 청구에는 상속인의 상속회복청구권 및 그 제척기간에 관하여 규정한 민법 제999조가 적용된다(대법원 2001. 10. 12. 선고 2000다22942 판결). 이 판결은 민법 제999조가 유추적용된다고 하였으나, 제1078조에 의하여 제999조가 준용되는 것으로 보아야 할 것이다.

2) 포괄적 수유자가 상속인과 구별되는 사항은 대습상속, 기여분, 특별수익자의 조정의무, 상속분양수, 유류분권 등이다. 위의 경우에는 포괄적 수유자에게 적용되지 않는다.

3) 유증에 있어서도 상속과 마찬가지로 승인·포기를 규정하지만, 포괄적 수유자는 상속인과 동일한 권리의무를 가지고 있기 때문에 이에 통설은 유증의

승인·포기에 관한 민법 제1074조 내지 제1077조는 특정적 유증에 대해서만 적용되고, 포괄적 유증의 승인과 포기에는 상속의 승인 또는 포기에 관한 제1019조 내지 1044조의 규정이 적용된다. 또한 유증의 효력이 생기지 아니하거나 수증자가 이를 포기한 때에는 유증의 목적인 재산은 상속인에게 귀속한다(제1090조 본문).

4) 포괄유증과 사인증여와의 관계

민법 제562조가 사인증여에 관하여 유증에 관한 규정을 준용하도록 규정하고 있다고 하여, 이를 근거로 포괄적 유증을 받은 자는 상속인과 동일한 권리의무가 있다고 규정하고 있는 민법 제1078조가 포괄적 사인증여에도 준용된다고 해석하면 포괄적 사인증여에도 상속과 같은 효과가 발생하게 된다. 그러나 포괄적 사인증여는 낙성·불요식의 증여계약의 일종이고, 포괄적 유증은 엄격한 방식을 요하는 단독행위이며, 방식을 위배한 포괄적 유증은 대부분 포괄적 사인증여로 보여질 것인바, 포괄적 사인증여에 민법 제1078조가 준용된다면 양자의 효과는 같게 되므로, 결과적으로 포괄적 유증에 엄격한 방식을 요하는 요식행위로 규정한 조항들은 무의미하게 될 것이다. 따라서 민법 제1078조가 포괄적 사인증여에 준용된다고 하는 것은 사인증여의 성질에 반한다고 할 것이어서 준용되지 아니한다고 해석함이 상당하다(대법원 1996. 4. 12. 선고 94다37714,37721 판결).

관련판례 3.4 포괄적 유증

1. 사실관계

소외 망 박○○는 자녀와 배우자가 없는 자로 그는 이 사건 각 부동산을 학교법인 ○○학원에 증여하였는데, 학교법인 ○○학원 명의로 소유권이전등기를 경료할 경우 이 사건 각 부동산의 처분시 감독기관의 승인을 받기 어렵고, 비업무용 부동산의 취득으로 인하여 취득세를 중과세 당할 우려가 있기 때문에 학교법인 ○○학원이 Y(피고)에게 이 사건 각 부동산을 명의신탁하여 Y 명의로 소유권이전등기를 경료하였다.

그 후에 그는 증여의사를 번복하고 ○○학원과 Y 등을 상대로 법원에 증여 의사표시의 취소 및 증여계약의 해제 등을 주장하면서 해당 부동산에 관하여 Y 앞으로 마친 소유권이전등기의 말소등기를 구하는 소송을 제기하였다.

1990. 6. 29. 박00는 F1과 F2 등을 회원으로 하고 그 중 F1을 이사장으로 하는 甲 학회를 설립하고 1991. 3. 13. ○○학원에 기부한 일부 재산을 甲 학회에 유증하고 유언집행자로 H를

지정한 유언공정증서를 작성한 후, 1991. 8. 15. 사망하였다.

甲학회는 박○○의 포괄유증자로서 박○○의 권리의무를 포괄적으로 승계하였고, 해당 부동산에 대한 이전등기는 박○○가 Y에게 편의상 마쳐둔 명의신탁에 의한 등기라고 할 것인데, 부동산실권리자명의등기에관한법률에 따라 명의신탁자인 박○○가 유예기간 내에 실명등기를 하지 아니함으로써 명의신탁 약정 및 그에 따라 행하여진 이 사건 이전등기는 모두 무효가 되었으므로, Y는 주위적으로 현재의 소유권자인 갑 학회에 이 사건 부동산에 관하여 진정한 등기명의의 회복을 원인으로 한 소유권이전등기절차를 이행할 의무가 있다고 주장하여 소를 제기하였다.

(1) 갑 학회가 받은 유증은 포괄적 유증인가 아니면 특정유증인가?

(2) 특정유증을 받은 자의 법적 지위 및 그가 유증받은 부동산에 대하여 직접 진정한 등기명의의 회복을 원인으로 한 소유권이전등기청구권을 행사할 수 있는가?

2. 원심은 갑의 주장을 인정하지 않았고(서울고법 2000. 11. 30. 선고 98나52515 판결), 패소한 갑은 상고하였다.

3. **대법원판결요지**(대법원 2003. 5. 27. 선고 2000다73445 판결)

(1) 명의신탁 사실의 인정 여부에 대하여

원심이 채용한 증거들을 기록에 비추어 살펴보면 원심이, 소외 망 박동호가 이 사건 각 부동산을 학교법인 ○○학원에 증여하였는데, 학교법인 ○○학원 명의로 소유권이전등기를 경료할 경우 이 사건 각 부동산의 처분시 감독기관의 승인을 받기 어렵고, 비업무용 부동산의 취득으로 인하여 취득세를 중과세 당할 우려가 있기 때문에 학교법인 정양학원이 피고에게 이 사건 각 부동산을 명의신탁하여 피고 명의로 소유권이전등기를 경료하였다고 인정한 것은 정당하다.

(2) 포괄적 유증이 있었는지 여부에 대하여

당해 유증이 포괄적 유증인가 특정유증인가는 유언에 사용한 문언 및 그 외 제반 사정을 종합적으로 고려하여 탐구된 유언자의 의사에 따라 결정되어야 하고, 통상은 상속재산에 대한 비율의 의미로 유증이 된 경우는 포괄적 유증, 그렇지 않은 경우는 특정유증이라고 할 수 있지만, 유언공정증서 등에 유증한 재산이 개별적으로 표시되었다는 사실만으로는 특정유증이라고 단정할 수는 없고 상속재산이 모두 얼마나 되는지를 심리하여 다른 재산이 없다고 인정되는 경우에는 이를 포괄적 유증이라고 볼 수도 있다고 할 것이다(대법원 1978. 12. 13. 선고 78다1816 판결 참조).

또 포괄적 유증을 받은 자는 민법 제187조에 의하여 법률상 당연히 유증받은 부동산의 소유권을 취득하게 되나, 특정유증을 받은 자는 유증의무자에게 유증을 이행할 것을 청구할 수 있는 채권을 취득할 뿐이므로, 특정유증을 받은 자는 유증받은 부동산의 소유권자가 아니어서 직접 진정한 등기명의의 회복을 원인으로 한 소유권이전등기를 구할 수 없다.

원심이 채용한 증거들을 기록에 비추어 살펴보면 원심이, 이 사건 유언공정증서의 유증대상 부동산 목록에 소외 망 박○○ 소유의 부동산 중 일부가 누락되어 있고, 이 사건 유언공정증서에 망 박○○의 채무에 관한 아무런 기재가 없는 점을 들어 위 박○○가 이 사건 각 부동산을 원고에게 특정유증 하였다고 인정한 다음, 특정유증을 받은 원고는 유증받은 부동산의 소유권자가 아니라 유증의무자에 대한 채권자에 불과하여 제3자인 피고에 대하여 직접 진정한 등기명의의 회복을 원인으로 한 소유권이전등기절차의 이행을 구할 수 없다고 판단한 조치는 앞서 본 법리에 따른 것으로 정당하다.

[관련조문]
민법 제1078조(포괄적 수증자의 권리의무), 제1087조(상속재산에 속하지 아니한 권리의 유증

2. 특정적 유증

(1) 의 의

특정적 유증은 개개의 재산상의 이익을 구체적으로 특정하여 유증의 내용으로 하는 것이다. 예컨대 고흐의 해바라기 그림을 준다든가, 현금 몇 만원을 준다든가 하는 것이다. 유증의 목적은 권리에 한하며 의무는 포함되지 않는다. 특정적 수증자는 특정의 재산권에 관하여 증여계약에 있어서의 수증자와 동일한 지위에 선다.

(2) 효 과

1) 유증목적물의 귀속시기

「유증의무자」 또는 「유증의 이행을 청구할 수 있는 때」와 같은 문구가 나오는 것을 보아 수증자는 상속인에 대하여 유증의 이행을 청구할 수 있는 권리 즉, 채권적 효력이 있다고 하여야 한다. 이에 특정유증의 수유자는 유증의무자에게 유증의 이행을 청구할 권리만을 가진다(대법원 2003. 5. 27. 선고 2000다73445 판결). 따라서 유증의 목적물인 특정재산권은 그 이행에 의하여 비로소 이전된다.

판례는 유증자가 사망한 경우 그의 소송상 지위도 일단 상속인에게 당연승계되고, 특정유증을 받은 자가 이를 당연승계할 여지는 없다고 하였다(대법원 2010. 12. 23. 선고 2007다22859 판결). 또한 판례는 특정유증의 수유자가 수인의 유언집행자에게 유증의무의행을 구하는 소송은 유언집행자 전원을 피고로 하는 고유필수적 공동소송이라고 하였다(대법원 2011. 6. 24. 선고 2009다8345 판결).

2) 유증이행청구권

특정유증의 수증자는 유증의무자에게 유증의 내용에 따른 이행을 청구할

수 있으며, 그 목적물의 과실을 취득한다. 그러나 유언자가 다른 의사를 표시한 때에는 그 의사에 의한다.

3) 과실취득권

특정수증자는 유증의 이행을 청구할 수 있는 때로부터 그 목적물의 과실을 취득한다(제1079조 본문). 과실은 천연과실인건 법정과실이건 묻지 않는다. 그러나 유언자가 유언으로 다른 의사를 표시한 때에는 그 의사에 의한다(제1079조 단서). 「유증의 이행을 청구할 수 있는 때」란 단순유증의 경우에는 '유언자의 사망시', 정지조건부 유증의 경우에는 '정지조건의 성취시', 그리고 시기부 유증의 경우에는 '시기의 도래시'이다.

4) 비용상환의 권리의무

유증의무자가 유언자의 사망 후에 그 목적물의 과실을 수취하기 위하여 필요비를 지출한 때에는 과실의 가액 한도에서 과실을 수취한 수유자에게 상환을 청구할 수 있다(제1080조).

유증의무자가 유언자의 사망 후에 그 목적물에 대하여 비용을 지출한 때에는 그 가액의 증가가 현존하는 경우 한하여 수유자의 선택에 좇아 그 지출한 금액이나 증가액의 상환을 청구할 수 있다(제1081조, 제325조).

5) 권리소멸청구권의 부인

유증의 목적인 물건이나 권리가 유언자의 사망당시에 제3자의 권리의 목적인 경우에는 수유자는 유증의무자에 대하여 그 제3자의 권리를 소멸시킬 것을 청구하지 못한다(제1085조). 이 규정은 유언자의 의사를 추측한 것이므로 유언자가 유언으로 다른 의사를 표시한 때에는 그 의사에 의한다(제1086조).

6) 유증의무자의 담보책임

특정물이 유증의 목적인 때에는 유증의무자에게는 담보책임이 없다. 유증의 목적이 된 권리가 유언자의 사망 당시 상속재산에 속하지 않은 경우 그 유증은 효력이 없으며(제1087조 제1항), 이를 권리매매(제569조)처럼 그 권리를 취득하여 수유자에게 이전해 주어야 할 의무가 있는 것도 아니다.

제3자의 권리의 목적인 물건 또는 권리의 유증목적물이 특정되었을 경우에는 유언자의 사망 당시의 현상대로 유증목적물을 인도하면 된다. 따라서 민법도 유증의 목적인 물건이나 권리가 유언자의 사망 당시에 제3자의 권리의 목적인 경우에는, 수유자는 유증의무자에 대하여 그 제3자의 권리를 소멸시킬 것을 청구하지 못한다고 규정하고 있다(제1085조). 제3자의 권리는 유증의 목적과 양립하는 제한물권(制限物權)이나 임차권(賃借權) 등을 의미하고, 제3자의 권리가 유증목적물에 성립된 시기는 유언의 성립 전·후를 불문한다. 담보책임이 인정되지 않는 이와 같은 특정물 유증이라고 하더라도 유언자가 유언으로 다른 의사표시를 한 때에는 그 의사에 의한다(제1086조).

한편 불특정물을 유증의 목적으로 한 경우에 유증의무자는 그 목적물에 대하여 매도인과 같은 담보책임이 있다(제1082조 제1항). 그리고 이러한 경우 목적물에 하자가 있는 때에는 유증의무자는 하자 없는 물건으로 인도하여야 한다(제1082조 제2항). 유증이 단독행위라는 점에서 매도인의 담보책임에서 인정되는 계약해제는 인정될 수 없고 손해배상과 완전물급부청권이 인정된다. 그 내용도 손해배상과 완전물급부를 선택해서 행사하는 것이 아니라 완전물의 급부를 우선해서 청구하여야 한다(제1082조 제2항). 이점은 민법 제581조와 다르다.

유증목적물이 제3자의 소유에 속하는 등으로 인해 하자 없는 물건으로 인도할 수 없는 경우에는 유증의무자는 손해배상을 하여야 한다.

7) 유증의 물상대위성

유증자가 유증목적물의 멸실, 훼손 또는 점유의 침해로 인하여 제3자에게 손해배상을 청구할 권리가 있는 때에는 그 권리를 유증의 목적으로 한 것으로 본다(제1083조). 또 채권을 유증의 목적으로 한 경우에 유언자가 그 변제를 받은 물건이 상속재산 중에 있는 때에는 그 물건을 유증의 목적으로 한 것으로 보며 그 채권이 금액을 목적으로 한 경우에는 그 변제받은 채권액에 상당한 금액이 상속재산 중에 없는 때에도 그 금액을 유증의 목적으로 한 것으로 본다(제1084조).

유증의 목적물은 소멸되었으나 이 대신 다른 대가로 권리를 취득하였다면, 이는 그 권리가 유증되었다고 보아야 할 것이다. 또한 앞서 설명하였듯이 유증목적이 상속재산에 있지 않으면 그 유증은 효력이 없다고 보아야 할 것이나, 금전채권이 유증의 목적물인 경우에는 문제될 것이 없으므로 유언자로서는 수유자에게 그 금액을 유증할 목적이 있었다고 보는데는 문제가 없다.

8) 상속재산에 속하지 않은 권리의 유증

민법 제1085조는 "유증의 목적인 물건이나 권리가 유언자의 사망 당시에 제3자의 권리의 목적인 경우에는 수증자는 유증의무자에 대하여 그 제3자의 권리를 소멸시킬 것을 청구하지 못한다"라고 규정하고 있다. 이는 유언자가 다른 의사를 표시하지 않는 한 유증의 목적물을 유언의 효력발생 당시의 상태대로 수증자에게 주는 것이 유언자의 의사라는 점을 고려하여 수증자 역시 유증의 목적물을 유언의 효력발생 당시의 상태대로 취득하는 것이 원칙임을 확인한 것이다. 그러므로 유증의 목적물이 유언자의 사망 당시에 제3자의 권리의 목적인 경우에는 그와 같은 제3자의 권리는 특별한 사정이 없는 한 유증의 목적물이 수증자에게 귀속된 후에도 그대로 존속하는 것으로 보아야 한다(대법원 2018. 7. 26. 선고 2017다289040 판결).

유언의 목적이 된 권리가 유언자의 사망 당시에 상속재산에 속하지 않는 때에는 유언은 효력을 발생하지 못하지만 유언자가 자기의 사망 당시에 목적물이 상속재산에 속하지 않는 것이라도 유언의 효력이 있게 할 의사인 때에는 유증의무자는 그 권리를 취득하여 수증자에게 이전할 의무가 있다(제1087조 제1항). 그리고 이러한 경우에 그 권리를 취득할 수 없거나 취득에 지나친 비용이 필요할 때에는 그 가액으로써 변제할 수 있다(제1087조 제2항).

(3) 특정적 유증의 승인과 포기

유증을 받은 자는 유언자의 사망 후에 언제든지 유증을 승인 또는 포기할 수 있으며(제1074조 제1항), 그 효력은 유언자가 사망한 때에 소급한다(제1074조 제2항).

유증을 받을 자는 유언자의 사망 후에 언제든지 유증을 승인 또는 포기할 수 있고, 그 효력은 유언자가 사망한 때에 소급하여 발생하므로(민법 제1074조), 채무초과 상태에 있는 채무자라도 자유롭게 유증을 받을 것을 포기할 수 있다. 또한 채무자의 유증 포기가 직접적으로 채무자의 일반재산을 감소시켜 채무자의 재산을 유증 이전의 상태보다 악화시킨다고 볼 수도 없다. 따라서 유증을 받을 자가 이를 포기하는 것은 사해행위 취소의 대상이 되지 않는다고 보는 것이 옳다(대법원 2019. 1. 17. 선고 2018다260855 판결).

유증의무자나 이해관계인은 상당한 기간을 정하여 그 기간 내에 승인 또는 포기를 확답할 것을 수증자 또는 그 상속인에게 최고할 수 있다(제1077조 제1항). 그러나 그 기간 내에 수증자 또는 상속인이 유증의무자에 대하여 최고에 대한 확답을 하지 아니한 때에는 유증을 승인한 것으로 본다(제1077조 제2항).

유증의 승인이나 포기는 원칙적으로 취소하지 못한다(제1075조 제1항). 그러나 사기·강박 또는 무권한을 이유로 하여 취소할 수 있으며 이 취소권은 단기소멸시효에 걸린다(제1075조 제2항). 수증자가 승인이나 포기를 하지 않고 사망한 때에는 그 상속인은 상속분의 한도에서 승인 또는 포기할 수 있다. 그러나 유언자가 유언으로 다른 의사를 표시한 때에는 그 의사에 의한다(제1076조).

(4) 특정유증의 무효·실효의 효과

유증의 효력이 생기지 않거나 수증자가 이를 포기한 때에는 유증의 목적인 재산은 상속인에게 귀속한다. 그러나 유언자가 유언으로 다른 의사를 표시한 때에는 그 의사에 의한다(제1090조).

3. 부담있는 유증

(1) 의 의

부담있는 유증이란 유언자가 유언증서 중에서 수증자에게 자기, 그 상속인, 제3자를 위하여 일정한 의무를 이행하는 부담을 과한 유증이다. 예를 들어 건물을 유증할 터이니 유언자의 딸이 유학을 마칠 때까지 생활비를 부담하는 부탁을 하는 경우이다.

(2) 내 용

부담의 내용은 금액적 가치가 없는 것이라도 되지만 도덕적 유훈(遺訓)같은 것은 포함되지 않는다. 그리고 부담이 불능이든가 선량한 풍속 기타 사회질서에 반하는 사항을 목적으로 하는 것이면 그 부담은 무효이다. 부담이 무효일 때, 그 부담이 없었으면 유증이 없었을 것이라고 인정될 만한 경우에는 부담부 유증 그 자체도 무효가 된다.

(3) 효 력

부담의 이행의무자는 수증인과 유증을 승인한 수증자의 상속인이다. 한편 유증의 부담인 채무의 이행을 수증자에 대하여 청구할 권리가 있는 자는 상속인, 유언집행자, 부담의 이행청구권자로 지정된 자 및 수익자이다.

부담이 있는 유증을 받은 자는 유증의 목적의 가액을 초과하지 않는 한도에서 부담한 의무를 이행할 책임이 있다(제1088조 제1항). 그러나 유증의 목적의 가액이 한정승인 또는 재산분리로 인하여 감소된 때에는 수증자는 그 감소된 한도에서 부담할 의무를 면한다(제1088조 제2항).

(4) 부담있는 유증의 무효와 취소

유증 자체에 일반적인 무효 또는 취소의 사유가 있으며, 무효 또는 취소할 수 있다. 유증에 있어서는 유증이 선량한 풍속 기타 사회질서에 위반되느냐가 문제이다.

유증과 직접적으로 관련된 것은 아니지만 대법원은 피고가 원고와의 부첩관계를 해소하기로 하는 마당에 그동안 원고가 피고를 위하여 바친 노력과 비용등의 희생을 배상 내지 위자하고 또 원고의 장래 생활대책을 마련해 준다는 뜻에서 금원을 지급하기로 약정한 것이라면 부첩관계를 해소하는 마다에 위와 같은 의미의 금전지급약정은 공서양속에 반하지 않는다고 보는 것이 상당하다고 하였다(대법원 1980. 6. 24. 선고 80다458 판결).

또한 부담있는 유증을 받은 자가 그 부담의무를 이행하지 않은 때에는 상속인 또는 유언집행자는 상당한 기간을 정하여 이행할 것을 최고하고, 그 기간 내에 이행하지 않을 때에는 가정법원에 유언의 취소를 청구할 수 있다(가소법 제2조 라류 제44호). 그러나 제3자의 이익을 해하지 못한다(제1111조 단서).

5절 ≫ 유언의 집행

Ⅰ. 유언집행의 의의 및 준비절차

1. 유언집행의 의의

유언의 집행이란 유언의 내용을 법적으로 실현하는 수단이다. 이를 위하여

행위 또는 절차를 그 내용으로 한다. 유언집행을 다음과 같이 분류할 수 있다.

(1) 반드시 유언집행자를 두어 집행하여야 하는 것

친생부인, 인지 등은 상속인과 관련된 사항이므로 반드시 유언집행자를 두어 집행해야 한다.

(2) 상속인 자신도 집행할 수 있는 것

특정적 유증, 재단법인의 설립, 신탁 등

(3) 유언집행자가 필요 없는 경우

후견인 지정, 유언집행자의 지정, 상속재산분할금지

2. 유언집행의 준비절차

유언을 집행하기 위하여는 먼저 유언집행의 준비절차가 필요하다. 이에는 검인과 개봉이 있다.

(1) 검 인

유언의 증서나 녹음을 보관한 자 또는 이를 발견한 자는 유언자의 사망 후 지체없이 가정법원에 제출하여 그 검인을 청구하여야 한다(가소법 제2항 라류 제37호). 그러나 공정증서나 구수증서에 의한 유언에는 검인이 필요없다(제1091조 제2항). 판례에 따르면 민법 제1091조 제1항에 규정된 유언증서에 대한 법원의 검인은 유언의 방식에 관한 사실을 조사함으로써 위조·변조를 방지하고 그 보존을 확실히 하기 위한 절차에 불과할 뿐 유언증서의 효력 여부를 심판하는 절차가 아니고, 민법 제1092조는 봉인된 유언증서를 검인하는 경우 그 개봉절차를 규정한 데 불과하므로, 적법한 유언증서는 유언자의 사망에 의하여 곧바로 그 효력이 발생하고 검인이나 개봉 절차의 유무에 의하여 그 효력이 영향을 받지 않는다고 하였다(대법원 1980. 11. 19. 80스23 결정; 대법원 1998. 6. 12. 선고 97다38510 판결).

(2) 개 봉

가정법원에서 봉인된 유언증서를 개봉할 때에는 유언자의 상속인, 그 대리인, 기타 이해관계인의 참여가 있어야 한다(제1092조, 가소법 제2조 라류 제38호). 적법한 유언은 검인이나 개봉절차를 거치지 않더라도 유언자의 사망에 의하여 곧바로 효력이 발생한다(대법원 1998. 5. 29. 선고 97다38503 판결).

Ⅱ. 유언집행자

1. 유언집행자의 결정

(1) 지정유언자집행자

지정유언집행자란 유언자가 유언으로 유언집행자를 지정하거나 제3자에게 그 지정을 위탁하여 결정된 자이다(제1093조). 이러한 유언집행자는 유언자의 사망 후 지체없이 이를 승낙하거나 사퇴할 것을 상속인에게 통지하여야 한다(제1097조 제1항). 상속인 기타 이해관계인은 상당한 기간을 정하여 그 기간 내에 승낙 여부를 확답할 것을 지정에 의한 유언집행자에게 최고할 수 있다. 그 기간 내에 최고에 대한 확답을 받지 못한 때에는 유언집행자가 그 취임을 승낙한 것으로 본다(제1097조 제3항).

(2) 법정유언집행자

지정유언집행자가 없을 때에는 상속인이 유언집행자가 된다(제1095조). 판례는 민법 제1095조는 유언자가 유언집행자의 지정 또는 지정위탁을 하지 아니하거나 유언집행자의 지정을 위탁받은 자가 위탁을 사퇴한 때에 한하여 적용되는 것이므로, 유언자가 지정 또는 지정위탁에 의하여 유언집행자의 지정을 한 이상 그 유언집행자가 사망·결격 기타 사유로 자격을 상실하였다고 하더라도 상속인은 민법 제1095조에 의하여 유언집행자가 될 수는 없다(대법원 2010. 10. 28. 선고 2009다20840 판결). 또한 유언집행자로 지정된 자가 취임을 승낙하였는지를 묻지 않는다(대법원 2007. 10. 18.자 2007스31 결정).

(3) 선임유언집행자

유언집행자가 없거나 사망·결격 기타 사유로 인하여 없게 된 때에는 가정법원은 이해관계인의 청구에 의하여 유언집행자를 선임한다(제1096조 제1항, 가소법 제2조 라류 제39호). 이 경우에 가정법원은 재량에 따라 유언집행자를 선임하고(대법원 1995. 12. 4. 95스32 결정), 가정법원에 의하여 선임된 유언집행자는 선임통지를 받은 후 지체 없이 이를 승낙하거나 사퇴할 것을 법원에 통지하여야 한다(제1007조 제2항). 이 통지가 없는 경우 상속인 기타 이해관계인은 상당한 기간을 정하여 그 기간 내에 승낙 여부를 확답할 것을 지정에 의한 유언집행자에게 최고할 수 있다. 그 기간 내에 최고에 대한 확답을 받지 못한 때에는 유언집행자가 그 취임을 승낙한 것으로 본다(제1097조 제3항). 가정법원은 유언집행자의 임무에 관하여 필요한 처분을 명할 수 있다(제1096조 제2항).

2. 유언집행자의 지위

유언집행자는 상속인의 대리인으로 본다(제1103조). 그러나 유언집행자가 반드시 상속인의 이익을 위하여만 유언을 집행하는 것은 아니다. 경우에 따라서는 유언에 의한 친생부인이나 인지 또는 제3자에 대한 유증의 이행과 같이 유언의 집행이 상속인의 이익과 부합되지 않을 수 있다. 그런 의미에서 대리인이고 하기 보다는 유언의 직무를 수행하는 권한을 부여받은 자라고 보는 것이 타당하다고 보았다(곽윤직, 272~273면). 대법원은 민법 제1103조 제1항은 "지정 또는 선임에 의한 유언집행자는 상속인의 대리인으로 본다"고 규정하고 있으나, 이 조항은 유언집행자의 행위의 효과가 상속인에게 귀속함을 규정한 것이지, 유언집행자의 소송수행권과 별도로 상속인 본인의 소송수행권도 언제나 병존함을 규정한 것은 아니라고 하였다(대법원 2001. 3. 27. 선고 2000다26920 판결; 대법원 2010. 10. 28. 선고 2009다20840 판결). 따라서 유언집행자의 관리처분권 또는 상속인과의 법률관계에 대하여서는 위탁관계의 규정을 유언집행자에 준용한다(제1103조 제2항).

유언집행자는 유언집행을 위한 등기의무자로서 등기권리자인 포괄적 수증자와 함께 유증을 원인으로 하는 소유권이전등기를 공동으로 신청할 수 있고, 그러한 등기를 마치는 것에 관하여 다른 상속인들의 동의나 승낙을 받아야 하는 것은 아니다(대법원 2014. 2. 13. 선고 2011다74277 판결).

유언의 집행에 관련된 소송에서는 유언집행자가 이른바 법정소송담당으로서 원고적격을 가지고, 상속인에게는 원고적격이 없다(대법원 2001. 3. 27. 선고

2000다26920 판결; 대법원 2010. 10. 28. 선고 2009다20840 판결).

3. 유언집행자의 임무

유언집행자가 그 취임을 승낙한 때에는 지체없이 그 임무를 이행하여야 한다(제1099조).

(1) 재산목록의 작성

유언이 재산에 관한 것인 때에는 지정 또는 선임에 의한 유언집행자는 그 재산목록을 작성하여 상속인에게 교부하여야 한다(제1100조 제1항). 상속인의 청구가 있는 때에는 재산목록작성에 상속인을 참여하게 하여야 한다(제1100조 제2항).

(2) 유언집행자의 권리·의무

유언집행자는 유증의 목적인 재산의 관리 기타 유언의 집행에 필요한 권리의무가 있다(제1101조). 유언집행자의 재산관리의무에 관하여는 위탁에 있어서의 수임인에 관한 규정이 준용된다(제1103조 제2항).

(3) 공동유언집행자

유언집행자가 수인이라도 무방하며, 유언집행자가 수인인 경우에는 임무의 집행은 그 과반수의 찬성으로 결정한다. 그러나 보존행위는 각자가 이를 할 수 있다(제1102조). 상속인이 유언집행자가 되는 경우를 포함하여 유언집행자가 수인인 경우에는 유증 목적물에 대한 관리처분권은 유언의 본지에 따른 유언의 집행이라는 공동의 임무를 가진 수인의 유언집행자에게 합유적으로 귀속되고, 그 관리처분권 행사는 과반수의 찬성으로써 합일하여 결정하여야 하므로, 유언집행자가 수인인 경우 유언집행자에게 유증의무의 이행을 구하는 소송은 유언집행자 전원을 피고로 하는 고유필수적 공동소송이라고 하였다(대법원 2011. 6. 24. 선고 2009다8345 판결).

(4) 보 수

유언자가 유언으로 그 집행자의 보수를 정하지 않는 경우에는 가정법원은 상속재산의 상황 기타 사정을 참작하여 지정 또는 선임에 의한 유언집행자의 보수를 정할 수 있다(가소법 제2조 라류 제41호). 이 보수에 관하여는 위임의 경우의 수임인의 보수 규정이 준용된다(제1104조 제2항).

(5) 유언집행의 비용

유언의 집행에 관한 비용은 상속재산 중에서 이를 지급한다(제1107조).

4. 유언집행자의 결격

제한능력자, 즉 미성년자·피성년후견인·피한정후견인 그리고 파산선고를 받은 자는 유언집행자가 되지 못한다(제1098조). 의사무능력자 등도 명문의 규정은 없으나 유언집행자가 될 수 없다고 본다. 다만, 미성년자가 혼인으로 성년의제된 경우에는 자격이 있다고 해석된다.

결격자가 유언집행자로 지정하되더라도 무효가 되며, 유언집행자가 취임 후에 성냔후견개시 또는 한정후견개시의 심판을 받으면 유언집행자의 지위를 상실한다.

5. 유언집행자의 임무종료

(1) 종료원인

유언집행자의 임무는 유언집행의 종료, 유언집행자의 사망, 결격사유의 발생, 그 밖에 사퇴와 해임에 의해 종료한다.

(2) 유언집행자의 사퇴와 해임

1) 사 퇴

지정 또는 선임에 의한 유언집행자는 정당한 사유가 있는 때에는 가정법원의 허가를 얻어 그 임무를 사퇴할 수 있다(가소법 제2조 라류 제42호).

2) 해 임

지정 또는 선임에 의한 유언집행자에게 그 임무를 게을리하거나 적당하지 않은 사유가 있는 때에는 가정법원은 상속인 기타 이해관계인의 청구에 의하여 유언집행자를 해임할 수 있다(제1106조, 가소법 제2조 라류 제43호).

대법원은 甲이 망 乙의 유언에 따라 유언집행자로 지정되었고, 위 유언에 따른 분배 대상 재산에는 부동산과 금융자산이 있었는데, 상속개시 이후 위 금융자산 대부분이 이미 인출되었음을 알게 된 甲이 상속인들에게 기인출된 돈의 반환을 요구하면서 아직 인출되지 않고 남아 있던 돈을 甲의 예금계좌로 이체시켜 보관한 사안에서, 단지 유언집행자의 지위에서 보관 중인 위 예금채권에 대한 상속인들의 분배요구를 거절한 사정만으로 유언집행자로서 적당하지 아니한 해임사유가 있다고 본 원심결정에는 유언집행자의 지위와 해임사유에 관한 법리 오해의 위법이 있다고 하였다(대법원 2011. 10. 27.자 2011스108 결정).

유언집행자의 임무가 종료된 경우에도 급박한 사정이 있는 때에는 새로운 유언집행자가 선임되어 유언집행사무를 처리할 수 있을 때까지 그의 임무를 계속 수행하여야 한다(제1103조 제2항, 제691조).

4장

유류분

Chapter 04

유류분

Ⅰ. 서 설

1. 유류분제도의 존재이유

(1) 유산처분의 자유와 제한

사유재산제도하에서는 원칙적으로 누구든지 자유로이 개인의 소유물을 사용·수익·처분할 수 있으며 이러한 원칙은 생전에 있어서의 자유뿐만이 아니고 사후의 처분행위인 유언에도 적용된다. 그러나 사망한 자의 유산 전체를 타인에게 유증한다든가 사회단체에 출연하는 경우 남은 가족의 생계가 위협당할 경우가 있다. 이러한 의미에서 그 가족에게 일정한 유산을 보장하여 준다는 것은 가족공동체의 생활을 위하여 필요할 뿐만 아니라 사회 정책적인 입장에서도 필요하다고 보는 것이 유류분제도이다.

현행 민법상의 상속법은 이원적 구조로서 소유자에 의한 유산처분 자유의 원칙과 법정상속·혈족상속주의 원칙을 그 기조로 삼고 있다.

(2) 유류분제도의 필요성

유언자유주의에서는 유족과는 무관한 타인이 피상속인의 전 재산을 받게 되는 경우가 있게 된다. 가령 피상속인에게 부양을 받아야만 하는 노부모가 생존하고 있음에도 불구하고 자신의 전 재산을 타인에게 유증하고 사망하는 경우에

노부모가 보호의 혜택을 받지 못하게 되므로 친족 내지 사회에 막중한 부담을 지우게 되어 사회전체의 형평을 고려해 볼 때 타당치 못한 행위로 볼 수 있다.

그러므로 피상속인의 자의적 행위에 대하여 상속인을 보호해 주도록 하는 방안이 유류분제도의 존재이유라 할 수 있다.

2. 유류분제도의 특징

유류분제도는 현행 민법상 유언의 자유가 보장되어 있기 때문에 처분의 자유와 법정상속인의 권리 또는 이해관계의 조절·타협 등을 도모하기 위하여 1977년의 민법개정 당시에 신설하게 된 것이다. 따라서 우리나라의 유류분제도는 게르만법의 영향과 함께 우리의 관습을 반영하면서 현실의 사회적 변화를 수용한 것으로 볼 수 있다. 즉 한편으로는 피상속인의 유산처분의 자유·유언의 자유를 인정하고 다른 한편 유류분을 넘어 무상처분이 행하여진 경우에 유류분권자의 반환청구에 의하여 유류분의 한도에서 유산을 확보할 수 있는 구조를 취하고 있다. 유류분권자는 상속인이어야 하고(제1112조), 유류분은 피상속인이 자유로 처분할 수 있는 재산의 비율, 즉 가양분을 한정하기 위한 비율로 되어 있지 않다. 유류분 산정의 기초로 될 재산을 기준으로 해서 계산된 비율만큼의 유류분을 넘어서 무상처분한 경우 반환청구에 의하여 그 침해한 처분의 효력을 상실하게 하여 반환받을 수 있도록 하고 있다. 반환청구의 대상은 피상속인이 처분한 권리 또는 목적물이다.

3. 유류분 제도의 근거

유류분제도는 피상속인의 재산처분의 자유·유언의 자유를 보장하면서도 피상속인의 재산처분행위로부터 유족들의 생존권을 보호하고, 상속재산형성에 대한 기여, 상속재산에 대한 기대를 보장하려는 데 그 입법취지가 있다(헌재 2010. 4. 29. 선고 2007헌바144 결정). 그러나 유류분 제도는 사실상 피상속인의 재산처분의 자유가 제한을 받는 것인 만큼 생계에 어려움이 없는 상속인에게도 유류분을 인정하여야 하는가에 대한 의문이 제기되고 있다.

Ⅱ. 유류분권과 포기

1. 유류분권

유류분권이란 상속이 개시된 경우에 일정한 범위의 상속인이 피상속인의 재산의 일정 비율을 취득할 수 있는 법률상의 권리를 말하는데, 이는 불가침적 상속권으로서 상속개시 전에 있어서는 하나의 기대권에 불과하므로 상속개시 전에는 이를 행사할 수 없다. 따라서 유류분 권리자는 상속개시 전에 자기의 유류분이 침해되는 명백한 증여나 유증이 행하여지더라도 어떠한 법률적 수단을 취할 수 없고 오직 상속이 개시된 후에야 비로소 행사할 수 있을 뿐이다. 즉, 유류분권은 상속개시 후에 반환청구권의 형태로 변하여 유류분 권리자에게 법적 이익을 보장하는 권리이다. 따라서 피상속인의 처분이 당연무효인 것은 아니며, 유류분권은 각각 반환청구권의 원천으로서 추상적·기본적 권리인 것이다.

2. 유류분권의 포기

유류분은 상속포기(제1019조)와 같이 민법에 규정을 두고 있지 않다. 현행 민법에 명문의 규정은 없지만 상속개시 전의 경우와 상속개시 후의 경우를 나누어 볼 수 있다. 전자의 경우에는 인정할 수 없다고 보는데 그 이유로는 피상속인의 생존 중에도 무제약적으로 포기가 허용된다면 피상속인이나 공동상속인 등의 압력 등으로 인하여 유류분제도 자체의 의미를 상실하게 할 우려가 있기 때문이다. 판례는 상속포기의 경우 상속개시 전에 이루어진 상속포기는 효력이 없다고 하였다(대법원 1994. 10. 14. 선고 94다8334 판결). 유류분을 상속개시 전에 인정하지 않는 것도 상속포기를 상속개시 전에 인정하지 않는 것과도 균형이 맞다. 그러나 유류분청구권을 포기하는 것이 반드시 상속을 포기할 수 있는 기간인 3월내에 만 가능한 것으로 볼 수는 없을 것이다. 상속포기 신고가 상속개시 후 일정한 기간 내에 적법하게 이루어진 경우, 포기자의 유류분반환청구권도 당연히 소멸하였다고 판결하였다(대법원 2012. 4. 16.자 2011스191,192 결정).

Ⅲ. 유류분의 범위

1. 유류분권자

유류분권을 가지는 자는 피상속인의 직계비속, 배우자, 형제자매이다(제1112조). 그리고 실제로 유류분권을 가지는 것은 상속의 순위상 상속권이 있을 때이다(제1006조). 태아도 살아서 출생하면, 직계비속으로 유류분권을 가진다. 대습상속인도 피상속자의 상속분의 범위 내에서 유류분권을 가진다(제1118조에 의한 제1001조와 제1010조의 준용).

상속결격자와 상속포기자는 상속인이 아니므로 유류분권이 없다. 그리고 결격자의 경우에는 대습자가 유류분권을 가지나, 상속포기의 경우는 대습이 인정되지 않는다. 또한 포괄적 유증을 받은 자는 상속인과 동일한 권리의무가 있지만(제1078조) 유류분권은 없다(대법원 2012. 4. 16.자 2011스191,192 결정).

2. 유류분

상속인의 유류분은 다음과 같다.

① 피상속인의 직계비속은 자기 상속분의 $\frac{1}{2}$

② 피상속인의 배우자는 자기 상속분의 $\frac{1}{2}$

③ 피상속인의 직계존속은 자기 상속분의 $\frac{1}{3}$

④ 피상속인의 형제자매는 자기 상속분의 $\frac{1}{3}$이다(제1112조).

대습상속인의 유류분은 피대습자의 유류분과 같다. 그리고 이 때 대습상속인이 수인인 경우에는 피대습자의 유류분을 그들의 법정상속분에 따라 나눈다.

3. 유류분액의 산정

(1) 산정의 기초가 되는 재산

유류분의 액을 산정하기 위해서 먼저 산정의 기초가 되는 피상속인의 재산의 가액을 확정하여야 하는데, 이에 대하여 민법 제1113조 제1항에 '유류분은 피상속인의 상속개시시에 있어서 가진 재산의 가액에 증여재산의 가액을 가산하고 채무의 전액을 공제하여 이를 산정한다'라고 규정하고 있다.

재산평가와 관련한 민법 규정은 상속분의 확정의 경우와 같지만 조건부 권리 또는 존속기간이 불확정한 권리는 가정법원이 선임한 감정인의 평가에 의해 그 가격을 정하도록 한다(제1113조 제2항).

1) 상속개시시에 가진 재산

상속개시시에 가진 재산은 상속재산 중 적극재산만을 의미한다. 유증한 재산도 상속재산에 포함된다(대법원 1996. 8. 20. 선고 96다13682 판결). 포괄적 유증의 경우 상속과 동시에 포괄적 수유자의 재산이 되지만 유류분을 산정하는데 있어서는 유증된 재산도 포함시켜야 한다. 사인증여의 경우에는 민법이 사인증여를 유증에 관한 규정에 준용한다는 점에서 유증과 같이 보는 것이 일반적이고, 상속개시시의 현존하는 재산으로 취급한다. 판례도 마찬가지이다(대법원 2001. 11. 30. 선고 2001다6947 판결). 증여의 목적물 중 미이행되어 현재 상속재산을 구성하고 있는 재산도 상속개시시에 있어서 가진 재산속에 포함되어 있다(대법원 1996. 8. 20. 선고 96다13682 판결).

그러나 분묘에 속한 1정보 이내의 금양임야와 600평 이내의 묘토인 농지, 족보와 제구의 소유권은 상속재산을 구성하지 않으므로 제외된다(제1008조의3).

2) 증여계약이 유류분제도 시행 이전 체결된 경우

대법원은 1977년 개정 민법에 의하여 도입된 유류분제도가 1979. 1. 1. 시행되기 전에 피상속인이 상속인이나 제3자에게 재산을 증여하고 그 이행을 완료하여 소유권이 수증자에게 이전된 때에는, 피상속인이 개정 민법 시행 이후에 사망하여 상속이 개시되더라도 소급하여 그 증여재산이 유류분제도에 의한 반환청구의 대상이 되지는 않지만, 그 시행 이전에 증여계약이 체결되었더라도 그 이행이 완료되지 않은 상태에서 개정 민법이 시행되고 그 이후에 상속이 개시된 경우에는 상속 당시 시행되는 개정 민법에 따라 위 증여계약의 목적이 된 재산도 유류분반환의 대상에 포함된다고 하였다(대법원 2012. 12. 13. 선고 2010다78722 판결).

(2) 증여재산

1) 상속개시 전 1년간 행하여진 증여

증여는 모든 증여가 유류분 산정에 포함되는 것이 아니다. 증여에서 유류분 산정에 포함되는 것은 우선 상속개시 전의 1년 간 행하여진 증여의 경우에는 그 가액을 산입한다(제1114조 1문). 여기서 증여는 민법상의 증여에 한하지 않고 널리 모든 무상처분을 의미한다, 예를 들어 재단법인 설립을 위한 출연, 무상의 채무면제, 무상의 인적 물적 담보제공을 가리키는 것으로 해석한다(곽윤직, 285면; 김주수·김상용, 875면; 박병호, 476면). 일상에서 조의금이나 부의금 등은 이에 포함되지 않는다.

증여와 동일한 실질을 가지는 제3자를 위한 무상의 사인처분은 유류분 산정의 기초가 되는 증여에 산입한다(김주수·김상용, 876면; 이경희, 489면). 예를 들어 피상속인이 자신의 재산을 매각한 대금을 피상속인의 사망 시 제3자에게 직접 지급하도록 약정한 경우에 제3자는 매도인의 권리를 승계하는 것이 아니고 직접 매수인에 대하여 고유의 권리를 취득한 것으로 보아 이는 증여는 아니지만 실질적으로 증여와 유사하다. 유상행위라도 그 대가가 상당하지 아니한 경우, 통설은 민법 제1114조 후문을 유추적용하여 당사자 쌍방이 유류분권리자를 해하는 것을 알고 한 경우에는 이를 증여로 본다(곽윤직, 458면; 김주수·김상용, 876면; 박병호, 477면). 1년이라는 기간은 증여계약의 이행시기가 아니고 체결시기를 기준으로 한다.

2) 당사자 쌍방이 유류분권리자에 손해를 가할 것을 알고 한 증여

당사자 쌍방이 유류분 권리자에 손해를 가할 것을 알고 증여를 한 때에는 1년 전에 한 것도 가산한다(제1114조 2문).

증여 당시 법정상속분의 2분의 1을 유류분으로 갖는 직계비속들이 공동상속인으로서 유류분권리자가 되리라고 예상할 수 있는 경우에, 제3자에 대한 증여가 유류분권리자에게 손해를 가할 것을 알고 행해진 것이라고 보기 위해서는, 당사자 쌍방이 증여 당시 증여재산의 가액이 증여하고 남은 재산의 가액을 초과한다는 점을 알았던 사정뿐만 아니라, 장래 상속개시 일에 이르기까지 피상속인의 재산이 증가하지 않으리라는 점까지 예견하고 증여를 행한 사정이 인정되어야 하고, 이러한 당사자 쌍방의 가해의 인식은 증여 당시를 기준으로 판단하여야 한다(대법원 2012. 5. 24. 선고 2010다50809 판결).

3) 증여 여부가 문제되는 재산

① 생명보험금

피상속인이 사망 시 남긴 재산을 상속재산이라고 하나 이들 중 보험금이 문제가 될 수 있다. 보험금의 보험수익자는 상속인이 될 수도 있고 상속인 중 특정인이 지정될 수도 있다. 이에 지정된 자는 그 보험금의 수익자이며, 이는 그의 고유재산이다(통설). 이 경우 증여와 유사한 무상처분으로 보아 유류분산정의 기초가 되는 재산에 산입되어야 한다.

제3자를 수익자로 지정한 경우 수익자는 보험계약자의 승계인으로서가 아니라 자기 고유의 권리로 취득하는 것이므로 보험금청구권은 상속재산이 아니고 수익자의 고유재산이다(통설). 이에 증여와 유사한 무상처분으로 보아 유류분산정의 기초가 되는 재산에 산입되어야 한다.

② 유족급여·사망퇴직금

유족급여란 근로자가 업무상의 사유로 사망한 경우 유족에게 지급되는 산업재해보상 보험급여를 말한다(산업재해보상보험법 제62조 제1항). 유족급여 및 사망퇴직금과 같은 것은 다른 법령을 통해 규율하고 있으며, 이 법은 상속법과는 다른 범위와 순위를 정하여 규율하고 있다. 예를 들어 “유족”이란 사망한 자의 배우자(사실상 혼인 관계에 있는 자를 포함)·자녀·부모·손자녀·조부모 또는 형제자매를 의미한다(산업재해보상보험법 제5조 제3호). 이러한 유족급여를 상속재산에 귀속시키지 않고 법정수급권자에게 직접 취득시키려는 것이 법의 의도이므로 수급권자의 고유재산으로 보고 있다(대법원 1996. 9. 24. 선고 95누9945 판결; 대법원 2000. 9. 26. 선고 98다50340 판결).

③ 대습상속인이 피상속인으로부터 받은 증여

피상속인이 조부는 아들이 생존하는 동안 손자에게 부동산을 증여하였고, 그 후 아들이 피상속인 보다 먼저 사망하게 되므로 손자는 대습상속인이 되었다. 일반적으로 유류분 기초재산을 산정함에 있어서 특별수익은 산정에 포함시키는데, 이 경우 손자가 대습원인이 발생하기 전에 받은 재산도 유류분의 기초재산에 포함시켜야 하는가가 문제가 되었다. 대법원은 유류분제도가 피상속인의 자유의사에 기한 자기 재산의 처분을 그의 의사에 반하여 제한하는 것인 만큼, 그 인정범위를 가능한 한 필요최소한으로 그치는 것이 피상속인의 의사를 존중한다는 의미에서 바람직하다고 하여 그 재산은 특별수익에 속하지 않는다고 판결하였다(대법원 2014. 5. 29. 선고 2012다31802 판결).

④ 공동상속인에 대한 증여

공동상속인 중에 피상속인으로부터 재산의 증여에 의하여 특별수익을 한 자가 있는 경우에는 민법 제1114조의 규정은 그 적용이 배제되고, 따라서 그 증여는 상속개시 전의 1년간에 행한 것인지 여부에 관계없이 유류분 산정을 위한 기초재산에 산입된다(대법원 1995. 6. 30. 선고 93다11715 판결; 대법원 1996. 2. 9. 95다17885 판결).

이러한 유류분제도의 입법 취지와 민법 제1008조의 내용 등에 비추어 보면, 공동상속인 중 특별수익을 받은 유류분권리자의 유류분 부족액을 산정할 때에는 유류분액에서 특별수익액과 순상속분액을 공제하여야 하고, 이때 공제할 순상속분액은 당해 유류분권리자의 특별수익을 고려한 구체적인 상속분에 기초하여 산정하여야 한다(대법원 2021. 8. 19. 선고 2017다235791 판결).

(3) 공제될 상속채무

민법 제1113조 제1항은 "유류분은 피상속인의 상속개시시에 있어서 가진 재산의 가액에 증여재산의 가액을 가산하고 채무의 전액을 공제하여 이를 산정한다"라고 규정하고 있다. 이때 공제되어야 할 채무란 상속채무, 즉 피상속인의 채무를 가리키는 것이다. 다만 유증에 의하여 상속인이 부담하게 될 채무, 피상속인이 생전에 증여를 하였으나 이행이 이루어지지 않은 그 목적물이 상속재산에 포함되어 있는 경우에는 공제대상이 아니다.

유언집행비용 등 상속재산이 부담할 비용도 여기의 채무에 속한다. 그러나 상속세, 상속재산의 관리·보존을 위한 소송비용 등 상속재산에 관한 비용은 포함되지 아니한다(대법원 2015. 5. 14. 선고 2012다21720 판결). 이에 유족급여는 유류분이나 상속분을 산정함에 있어서 전혀 고려하지 않는다.

(4) 기여분과 유류분

기여분은 유류분을 산정하는데 있어서 공제할 수 없다(대법원 2015. 10. 29.

선고 2013다60753 판결). 기여분은 유류분과 관계가 없다. 기여분은 상속재산을 분할하는데 있어서도 상속재산에서 기여분을 뺀 재산을 가지고 상속인들 사이에서 재산이 분할된다. 이에 기여분은 유류분을 산정하는데 공제대상이 되지 않는 것이 타당하다고 할 것이다.

4. 구체적인 유류분액의 산정

유류분권자의 유류분액은 유류분 산정의 기초가 되는 재산에 유류분권자의 유류분율을 곱한 것이다.

유류분=유류분 산정 기초재산×상속인의 유류분율

유류분 산정의 기초재산=적극 상속재산+증여−상속채무×유류분 비율

여기서 증여는 1년간의 증여액+1년전의 악의의 증여액+공동상속인이 받은 모든 증여액을 포함한다.

사례를 통해 상속분 및 유류분을 계산해 보자.

예를 들어 갑은 1억원의 재산을 남기고 사망하였다. 갑의 처는 갑보다 먼저 사망하였고 갑의 유족으로는 장녀 을, 차녀 병, 삼녀 정 셋만이 있다. 갑은 자신의 전 재산인 1억원을 을에게 준다고 유언을 남겼다. 한편 사업을 하는 병은 갑으로부터 갑의 사망 6개월 전에 사업자금으로 2억원을 증여받았다. 갑의 생전에 한 푼의 증여도 받지 못한 정의 유류분은 얼마인가?

1억원(상속재산)+2억원(병 6개월 전 받은 증여)×유류분비율=3억×1/3×1/2=5천 을, 병, 정 유류분은 5천만원이다.

Ⅳ. 유류분의 보전

1. 유류분의 반환청구권

유류분을 침해하는 유증 또는 증여의 결과 상속재산이 유류분에 부족한 때에는 유류분 권리자가 자기의 유류분을 보전하는 방법으로써 반환청구권을 행사할 수 있다. 즉, 유류분권은 구체적으로는 반환청구권으로 나타나며, 유류분 권리자는 유류분에 부족한 한도에서 유증 또는 증여된 재산의 반환을 청구할

수 있다(제1115조 제1항). 그러나 이 반환청구권은 유류분 권리자의 자유의사에 의하여 행사할 수 있을 뿐이고, 반드시 행사하여야 하는 것은 아니다.

2. 유류분반환청구권의 법적 성질

학설에 의하면 유류분반환청구권에 대하여 형성권설과 청구권설이 대립되고 있다. 청구권설에도 원물반환설과 가액반환설로 의견이 나뉘어진다(윤진수 599면). 형성권설(박병호, 480면; 김주수·김상용, 869면; 김용한, 434면)에 의하면 유류분청구권은 유증이나 증여가 이미 이행이 된 경우에만 행사할 수 있는 것이 아니라 이것이 이행되지 않은 경우에도 행사할 수 있기 때문에 아직 목적물이 이행되지 않은 상황에서 유류분권자가 유증이나 증여를 받은 자에게 반환을 요구하는 '청구권'을 갖는다는 것은 어색하다고 본다(김주수·김상용, 869면). 따라서 이를 형성권으로 본다면 반환청구권을 행사하면 유증 또는 증여계약은 유류분을 침해하는 한도에서 효력이 있어, 그 유증이나 증여가 이미 이행된 경우에는 반환을 청구할 수 있고, 아직 이행되지 않을 때에도 반환청구권자는 이행의 의무를 거절할 수 있다고 본다. 형성권설은 유류분권자를 청구권설보다는 더 강하게 보호한다. 예를 들어 수증자가 파산한 경우에도 유류분권자는 환취권을 행사할 수 있고, 수증자의 채권자가 수증목적물에 대하여 강제집행을 한 경우에도 제3자 이의의 소를 제기할 수 있다.

청구권설은 유증 또는 증여받은 자에 대하여 유류분이 부족한 만큼의 재산의 인도나 반환을 요구하는 순수한 채권적 청구권이라고 본다(곽윤직, 294면; 윤진수, 599면; 이경희, 628면). 청구권설은 유류분반환청구에 의하여 이미 행하여진 증여 또는 유증은 그 자체의 효력이 소멸하는 것이 아니고, 다만 이미 유증 또는 증여를 받은 자에 대한 재산의 반환청구권 또는 아직 이행하지 않은 유증이나 증여의 이행을 거절할 수 있을 뿐이라고 본다.

대법원은 유류분반환청구권을 형성권설의 입장에서 보고 있다. 유류분반환청구권의 행사는 재판상 또는 재판 외에서 상대방에 대한 의사표시의 방법으로 할 수 있고, 이 경우 그 의사표시는 침해를 받은 유증 또는 증여행위를 지정하여 이에 대한 반환청구의 의사를 표시하면 그것으로 족하고 그로 인하여 생긴 목적물의 이전등기청구권이나 인도청구권 등을 행사하는 것과는 달리 그 목적물을 구체적으로 특정하여야 하는 것은 아니라고 하였다(대법원 1995. 6. 30. 선고 93다11715 판결).

또한 유증 또는 증여된 재산이 타인에게 양도된 경우에 양수인에 대하여도 그가 악의인 때에는 그 재산의 반환을 청구할 수 있다고 판단하였으며(대법원 2002. 4. 26. 200다8878 판결), 유류분권리자가 반환의무자를 상대로 유류분반환청구권을 행사하는 경우 그의 유류분을 침해하는 증여 또는 유증은 소급적으로 효력을 상실하므로, 반환의무자는 유류분권리자의 유류분을 침해하는 범위 내에서 그와 같이 실효된 증여 또는 유증의 목적물을 사용·수익할 권리를 상실하게 되고, 유류분권리자의 목적물에 대한 사용·수익권은 상속개시의 시점에 소급하여 반환의무자에 의하여 침해당한 것이 된다(대법원 2013. 3. 14. 선고 2010다42624,42631 판결). 다른 한편 대법원은 유류분반환청구권에서 원물반환을 원칙으로 보고 있다(대법원 2005. 6. 23. 선고 2004다51887 판결).

3. 유류분반환청구권의 당사자

(1) 유류분반환청구의 청구권자

유류분반환청구권은 귀속상 일신전속권으로 볼 수 없다. 이에 유류분반환청구권은 양도성과 상속성이 인정되고, 유류분반환청구권을 양도받은 자나 유류분권리자의 상속인도 반환을 청구할 수 있다(대법원 2013. 4. 25. 선고 2012다80200 판결). 그러므로 유류분 권리자의 승계인, 즉 상속인, 포괄적 수증자, 상속분양수인, 반환청구권의 양수인도 반환청구권을 행사할 수 있다고 보아야 한다.

그런데 유류분반환청구권을 유류분권리자의 채권자가 대위행사할 수 있는가? 에 대하여 대법원은 유류분반환청구권은 그 행사 여부가 유류분권리자의 인격적 이익을 위하여 그의 자유로운 의사결정에 전적으로 맡겨진 권리로서 행사상의 일신전속성을 가진다고 보아야 하므로, 유류분권리자에게 그 권리행사의 확정적 의사가 있다고 인정되는 경우가 아니라면 채권자대위권의 목적이 될 수 없다고 하였다(대법원 2010. 5. 27. 선고 2009다93992 판결).

(2) 반환청구의 상대방

유류분의 반환청구를 받는 상대방은 증여받은 자, 유증받은 자 및 그 포괄승계인이다. 수증자나 수유자로부터 유증 또는 증여의 목적물을 양수한 자가 악의인 경우에는 유류분반환청구권의 상대방이 될 수 있다(대법원 2002. 4. 26. 선거 2000다8878 판결).

4. 유류분반환청구권의 행사

(1) 행사의 방법

유류분반환청구권은 상대방에 대한 의사표시에 의하여 행사된다. 재판에 의한 청구이든지, 항변의 형식이든지 또는 재판이외의 의사표시에 의한 행사이건 무관하다(대법원 1995. 6. 30. 선고 93다11715 판결).

구체적으로 유류분반환청구 의사가 표시되었는지를 판단하는 것은 법원의 해석의 문제이기는 하나, 판례는 이에 대한 상속인이 유증 또는 증여행위의 효력을 명확히 다투지 아니하고 수유자 또는 수증자에 대하여 재산분배나 반환을 청구하는 경우에는 유류분반환의 방법에 의할 수밖에 없으므로 비록 유류분 반환을 명시적으로 주장하지 않더라도 그 청구 속에는 유류분반환청구권을 행사하는 의사표시가 포함되어 있다고 해석함이 타당한 경우가 많다고 하였다(대법원 2012. 5. 24. 선고 2010다50809 판결).

반환청구의 의사를 표시함에 있어서 목적물의 이전등기청구권이나 인도청구권 등을 행사하는 것과는 달리 그 목적물을 구체적으로 특정하여야 하는 것은 아니다(대법원 1995. 6. 30. 선고 93다11715 판결; 대법원 2002. 4. 26. 선고 2000다8878 판결). 다만 유류분권리자가 반환의무자를 상대로 유류분반환청구권을 행사하고 이로 인하여 생긴 목적물의 이전등기의무나 인도의무 등의 이행을 소로써 구하는 경우에는 그 대상과 범위를 특정하여야 하고, 법원은 처분권주의의 원칙상 유류분권리자가 특정한 대상과 범위를 넘어서 청구를 인용할 수 없다(대법원 2013. 3. 14. 선고 2010다42624,42631 판결).

(2) 반환의 방법

우리 민법은 유류분제도를 인정하여 제1112조부터 제1118조까지 이에 관하여 규정하면서도 유류분의 반환방법에 관하여는 별도의 규정을 두고 있지 않다. 다만 제1115조 제1항이 "부족한 한도에서 그 재산의 반환을 청구할 수 있다"고 규정하고 있다.

공동상속인 1인이 수개의 재산을 유증받아 각 수유재산으로 유류분권리자에게 반환하여야 할 분담액을 반환하는 경우, 반환하여야 할 각 수유재산의 범위는 특별한 사정이 없는 한 민법 제1115조 제2항을 유추적용하여 각 수유재산의 가액에 비례하여 안분하는 방법으로 정함이 타당하다.

원물반환·가액반환: 민법은 유류분의 반환방법에 관하여 별도의 규정을 두고 있지 않다. 그러나 증여 또는 유증대상 재산 그 자체를 반환하는 것이 통상적인 반환방법이므로, 유류분권리자가 원물반환의 방법으로 유류분반환을 청구하고 그와 같은 원물반환이 가능하다면 특별한 사정이 없는 한 법원은 유류분권리자가 청구하는 방법에 따라 원물반환을 명하여야 한다. 그러나 원물반환이 불가능한 경우에는 가액 상당액을 반환할 수밖에 없다.

증여나 유증 후 그 목적물에 관하여 제3자가 저당권이나 지상권 등의 권리를 취득한 경우에는 원물반환이 불가능하거나 현저히 곤란하므로, 반환의무자가 목적물을 저당권 등의 제한이 없는 상태로 회복하여 이전해 줄 수 있다는 등의 예외적인 사정이 없는 한 유류분권리자는 반환의무자를 상대로 원물반환 대신 그 가액의 반환을 구할 수 있다(대법원 2022. 2. 10. 선고 2020다250783 판결).

원물반환이 가능하더라도 유류분권리자와 반환의무자 사이에 가액으로 이를 반환하기로 협의가 이루어지거나 유류분권리자의 가액반환청구에 대하여 반환의무자가 이를 다투지 않은 경우에는 법원은 가액반환을 명할 수 있지만, 유류분권리자의 가액반환청구에 대하여 반환의무자가 원물반환을 주장하며 가액반환에 반대하는 의사를 표시한 경우에는 반환의무자의 의사에 반하여 원물반환이 가능한 재산에 대하여 가액반환을 명할 수 없다(대법원 2014. 2. 13. 선고 2013다65963 판결; 대법원 2006. 5. 26. 선고 2005다71949 판결; 제주지방법원 2008. 4. 23. 선고 2007가단22957, 27419 판결).

유류분반환청구권의 행사로 인하여 생기는 원물반환의무 또는 가액반환의무는 이행기한의 정함이 없는 채무이므로, 반환의무자는 그 의무에 대한 이행청구를 받은 때에 비로소 지체책임을 진다.

금전채무와 같이 급부의 내용이 가분인 채무가 공동상속된 경우, 이는 상속개시와 동시에 당연히 공동상속인들에게 법정상속분에 따라 상속된 것으로 봄이 타당하므로, 법정상속분 상당의 금전채무는 유류분권리자의 유류분 부족액을 산정할 때 고려하여야 할 것이나, 공동상속인 중 1인이 자신의 법정상속분 상당의 상속채무 분담액을 초과하여 유류분권리자의 상속채무 분담액까지 변제한 경우에는 유류분권리자를 상대로 별도로 구상권을 행사하여 지급받거나 상계를 하는 등의 방법으로 만족을 얻는 것은 별론으로 하고, 그러한 사정을 유류분권리자의 유류분 부족액 산정 시 고려할 것은 아니다.

유류분권리자가 반환의무자를 상대로 유류분반환청구권을 행사하는 경우 그의 유류분을 침해하는 증여 또는 유증은 소급적으로 효력을 상실하므로, 반환의무자는 유류분권리자의 유류분을 침해하는 범위 내에서 그와 같이 실효된 증여 또는 유증의 목적물을 사용·수익할 권리를 상실하게 되고, 유류분권리자의 목적물에 대한 사용·수익권은 상속개시의 시점에 소급하여 반환의무자에 의하여 침해당한 것이 된다. 그러나 민법 제201조 제1항은 "선의의 점유자는 점유물의 과실을 취득한다"고 규정하고 있고, 점유자는 민법 제197조에 의하여 선의로 점유한 것으로 추정되므로, 반환의무자가 악의의 점유자라는 사정이 증명되지 않는 한 반환의무자는 목적물에 대하여 과실수취권이 있다고 할 것이어서 유류분권리자에게 목적물의 사용이익 중 유류분권리자에게 귀속되었어야 할 부분을 부당이득으로 반환할 의무가 없다.

다만 민법 제197조 제2항은 "선의의 점유자라도 본권에 관한 소에 패소한 때에는 그 소가 제기된 때로부터 악의의 점유자로 본다"고 규정하고 있고, 민법 제201조 제2항은 "악의의 점유자는 수취한 과실을 반환하여야 하며 소비하였거나 과실로 인하여 훼손 또는 수취하지 못한 경우에는 그 과실의 대가를 보상하여야 한다"고 규정하고 있으므로, 반환의무자가 악의의 점유자라는 점이 증명된 경우에는 악의의 점유자로 인정된 시점부터, 그렇지 않다고 하더라도 본권에 관한 소에서 종국판결에 의하여 패소로 확정된 경우에는 소가 제기된 때로부터 악의의 점유자로 의제되어 각 그때부터 유류분권리자에게 목적물의 사용이익 중 유류분권리자에게 귀속되었어야 할 부분을 부당이득으로 반환할 의무가 있다(대법원 2013. 3. 14. 선고 2010다42624,42631 판결).

5. 유류분반환청구의 순서

증여에 대하여는 유증을 반환받은 후가 아니면 이것을 청구할 수 없다(제1116조). 증여 및 유증을 받은 자가 수인인 때에는 각자가 얻은 유증가액의 비례로 반환하여야 한다(제1115조 제2항).

사인증여의 경우 유증의 규정을 준용한다(제562조). 판례도 유류분반환청구의 목적인 증여나 유증이 병존하고 있는 경우에는 유류분권리자는 먼저 유증을 받은 자를 상대로 유류분침해액의 반환을 구하여야 하고, 그 이후에도 여전히 유류분침해액이 남아 있는 경우에 한하여 증여를 받은 자에 대하여 그 부족분을 청구할 수 있는 것이며, 사인증여의 경우에는 유증의 규정이 준용될 뿐만 아니라 그 실제적 기능도 유증과 달리 볼 필요가 없으므로 유증과 같이 보아야 할 것이라고 하였다(대법원 2001. 11. 30. 선고 2001다6947 판결).

6. 유류분반환청구권 행사의 효과

(1) 유증 증여계약의 효력

유류분 권리자가 반환의무자를 상대로 유류분반환청구권을 행사하는 경우 그의 유류분을 침해하는 증여 또는 유증은 소급적으로 효력을 상실한다(대법원 2013. 3. 14. 선고 2010다42624,42631 판결).

목적물의 소유권은 유류분반환청구권을 행사한 상속인에게 귀속한다(형성권설). 이에 유류분권리자는 소유권에 기하여 수증자 또는 수유자에 대하여 목적물의 인도나 소유권이전등기의 이행을 구할 수 있고, 수증자 등의 명의의 소유권이전등기의 말소를 구할 수 있다. 다만 제3자가 선의이면 수증자 또는 수유자에 대해 그 가액의 반환을 구할 수 있을 뿐이다. 아직 이행이 되지 않은 증여나 유증이 있는 경우 유류분반환청구권을 행사한 상속인은 자신의 유류분의 범위 내에서 소유권에 기하여 그 이행을 거절할 수 있는 이행거절권을 취득하게 된다.

유류분반환청구권의 행사에 의하여 반환하여야 할 유증 또는 증여의 목적이 된 재산이 타인에게 양도된 경우 그 양수인이 양도 당시 유류분권리자를 해함을 안 때에는 양수인에 대하여도 그 재산의 반환을 청구할 수 있다고 하였다

(대법원 2002. 4. 26. 선고 2000다8878 판결; 대법원 2015. 11. 12. 선고 2010다104768 판결).

(2) 공동상속인들 사이의 유류분반환청구

수인의 공동상속인이 유류분권리자의 유류분 부족액을 각자의 수유재산으로 반환할 때 분담하여야 할 액은 각자 증여 또는 유증을 받은 재산 등의 가액이 자기 고유의 유류분액을 초과하는 가액의 비율에 따라 안분하여 정하되, 그중 어느 공동상속인의 수유재산의 가액이 그의 분담액에 미치지 못하여 분담액 부족분이 발생하더라도 이를 그의 수증재산으로 반환할 것이 아니라, 자신의 수유재산의 가액이 자신의 분담액을 초과하는 다른 공동상속인들이 위 분담액 부족분을 위 비율에 따라 다시 안분하여 그들의 수유재산으로 반환하여야 한다(대법원 2013. 3. 14. 선고 2010다42624,42631 판결; 대법원 2014. 8. 26. 선고 2012다77594 판결; 대법원 2006. 11. 10. 선고 2006다46346 판결; 대법원 1995. 6. 30. 선고 93다11715 판결).

공동상속인이 다른 공동상속인에게 무상으로 자신의 상속분을 양도하는 것은 특별한 사정이 없는 한 유류분에 관한 민법 제1008조의 증여에 해당하므로, 그 상속분은 양도인의 사망으로 인한 상속에서 유류분 산정을 위한 기초재산에 포함된다(대법원 2021. 8. 19. 선고 2017다230338 판결).

(3) 공동상속인들 사이의 유류분반환청구 — 유류분반환과 기여분

기여분이 존재하더라도 유류분을 산정할 경우에는 그것을 공제하지 않는다.

기여분은 유증의 가액을 공제한 액의 범위 내에서만 인정된다(제100조의2). 이에 피상속인이 전 재산을 유증하였다면 기여분은 인정되지 못하고, 유증을 제외한 나머지의 범위 내에서 기여분이 인정된다.

기여분과 유류분은 아무런 관계가 없다. 이에 판례는 유류분반환청구소송에서 기여분을 주장할 수 없음은 물론이거니와, 설령 공동상속인의 협의 또는 가정법원의 심판으로 기여분이 결정되었다고 하더라도 유류분을 산정함에 있어 기여분을 공제할 수 없고, 기여분으로 유류분에 부족이 생겼다고 하여 기여분에 대하여 반환을 청구할 수도 없다(대법원 2015. 10. 29. 선고 2013다60753 판결; 대법원 2011. 12. 8. 선고 2010다66644 판결).

7. 유류분 부족액의 산정

유류분의 부족액은 유류분액에서 상속인의 특별수익액과 순상속분액을 공제한 액수이다. 그리고 순상속분액은 상속받은 적극재산액에서 분담한 상속채무를 공제한 금액이다. 공동상속인 중 특별수익을 받은 유류분권리자의 유류분 부족액을 산정할 때에는 유류분액에서 특별수익액과 순상속분액을 공제하여야 하고, 이때 순상속액은 유류분권리자가 상속에 의하여 받은 재산액에서 상속채무분담액을 공제한 금액이다. 순상속분액은 당해 유류분권리자의 특별수익을 고려한 구체적인 상속분에 기초하여 산정하여야 한다(대법원 2021. 8. 19. 선고 2017다235791 판결).

유언자가 자신의 재산 전부 또는 전 재산의 비율적 일부가 아니라 일부 재산을 특정하여 유증한 특정유증의 경우에는, 유증 목적인 재산은 일단 상속재산으로서 상속인에게 귀속되고 유증을 받은 자는 유증의무자에 대하여 유증을 이행할 것을 청구할 수 있는 채권을 취득하게 된다. 유언자가 임차권 또는 근저당권이 설정된 목적물을 특정유증하면서 유증을 받은 자가 그 임대차보증금반환채무 또는 피담보채무를 인수할 것을 부담으로 정한 경우에도 상속인이 상속개시 시에 유증 목적물과 그에 관한 임대차보증금반환채무 또는 피담보채무를 상속하므로 이를 전제로 유류분 산정의 기초가 되는 재산액을 확정하여 유류분액을 산정하여야 한다. 이 경우 상속인은 유증을 이행할 의무를 부담함과 동시에 유증을 받은 자에게 유증 목적물에 관한 임대차보증금반환채무 등을 인수할 것을 요구할 수 있는 이익 또한 얻었다고 할 수 있으므로, 결국 그 특정유증으로 인해 유류분권리자가 얻은 순상속분액은 없다고 보아 유류분 부족액을 산정하여야 한다(대법원 2022. 1. 27. 선고 2017다265884 판결).

유류분 부족액을 계산하는 식은 다음과 같다.

유류분의 부족액＝A(유류분 산정의 기초가 되는 재산액)×B(그 상속인의 유류분비율)－C(그 상속인의 특별수익액)－D(그 상속인의 순상속액)

A＝적극적 상속재산＋산입될 증여－상속채무액

B＝법정상속분의 1/2 또는 1/3

C＝당해 유류분권리자의 수증액＋수유액

D=당해 유류분권리자의 구체적 상속분-(소극재산×상속분)

갑은 자녀을, 병을 남기고 사망하였는데, 사망 당시 갑의 유산으로는 자신 소유의 X부동산(갑 사망 당시 1억, 현재 1억)과 예금채권 2억원과 대출금채무 2억원이 있었다. 그런데 갑은 사망 5년 전에 을에게 당시 시가 5억원의 부동산(갑 사망 당시 7억원, 현재 9억원)을 증여하였다. 그리고 사망 3년 전에 이미 재산이 전부 처분되어 자신의 몫이 없다고 병이 불평하였음에도 불구하고 이러한 사실을 아는 정에게 현금 2억원을 증여하여 그해에 사회복지법인 무에 익명으로 3억원을 기부하였다. 그리고 사망 6개월 전에는 오랜 친구 기에 대하여 가지고 있던 채권 2억원에 대하여 이를 면제한다는 의사표시를 하였다. 그리고 유언서에는 사회복지법인 무에게 X부동산을 기부하라는 유언을 남겼다. 병이 각 유류분반환의무자별로 행사할 수 있는 유류분액이 얼마인지 설명하라(금전의 경우 물가변동률은 고려하지 않음).

병의 유류분 부족액에 대한 산정

적극 상속재산 3억원(X 부동산 1억원+예금채권 2억원)+증여재산 7억원(을에게 갑 사망 당시)+2억원(정에게 침해를 알고 한 증여)+2억원(사망 6개월 전 오랜 친구에게 채권 면제)-2억원(상속채무)×유류분비율1/4=14억원-2억원×1/4=3억원

병의 순상속액

병의 순상속액은 유류분반환청구권자의 적극재산액에서 유류분반환청구권자의 상속채무액을 공제하여 계산하는데, 당해 유류분권자의 특별수익을 고려한 구체적인 상속분에 기초하여 산정하여야 한다(대법원 2021. 8. 19. 선고 2017다235791 판결). 병의 순상속액을 계산하여 보면 3억원(적극 상속재산액)+7억원(을의 특별수익)×1/2(법정상속분)=10억×1/2=5억원은 을의 특별수익 7억원보다 적기 때문에 상속개시시 남은 X부동산에 대해 을은 상속을 받을 수 없고 병이 단독상속한다(적극상속재산액 3억원). 이 때 상속채무액의 경우 대출금채무 2억원은 법정상속분에 따라 을, 병에게 각각 1억원씩 분할되어야 하고, 또한 무법인에 대한 X부동산을 단독상속한 병이 부담하여야 하므로 이에 3억원-1억(상속채무액 2억×1/2)-1억원(×부동산 유증)=1억원이 된다. 이것이 병의 순상속액

이 된다. 그렇다면 결과적으로 병의 유류분 부족액은 병의 유류분은 3억원이고 상속으로 얻은 순상속액은 1억원이므로 유류분침해액은 2억원이 된다.

관련판례 4.1 유류분반환청구

1. 사실관계

갑(원고)은 소외인 G의 혼인외의 출생자로서 소외인이 1995. 12. 17. 사망한 후 인지청구의 소를 제기하여 승소확정판결을 받아 공동상속인의 지위를 취득하였다.

망 소외인 G는 생전에 A(피고 1)에게 자신이 운영하던 제1 주식회사의 보통주 대부분과 현금을 증여하고 나머지 피고들에게 위 주식 등을 증여한 외에 많은 재산을 측근들에게 증여하였고 사망하였다.

갑은 A외 9인(공동피고 10명)을 상대로 자신의 유류분에 해당하는 주식 및 현금의 반환을 청구하였다.

2. 원심판결요지

원심은 주식을 보유하고 있는 경우에는 주식을 반환하여야 하지만, 주식을 더 이상 보유하고 있지 못한 경우에는 상속개시시의 가액을 반환하여야 한다고 판시하였으나(서울고법 2004. 8. 24. 선고 2003나50759 판결), 갑은 이에 불복하여 상고하였다.

3. 대법원판결요지(대법원 2005. 6. 23. 선고 2004다51887 판결)

우리 민법은 유류분제도를 인정하여 제1112조부터 제1118조까지 이에 관하여 규정하면서도 유류분의 반환방법에 관하여 별도의 규정을 두지 않고 있는바, 다만 제1115조 제1항이 '부족한 한도에서 그 재산의 반환을 청구할 수 있다'고 규정한 점 등에 비추어 반환의무자는 통상적으로 증여 또는 유증대상 재산 그 자체를 반환하면 될 것이나 위 원물반환이 불가능한 경우에는 그 가액 상당액을 반환할 수밖에 없다.

유류분반환범위는 상속개시 당시 피상속인의 순재산과 문제된 증여재산을 합한 재산을 평가하여 그 재산액에 유류분청구권자의 유류분비율을 곱하여 얻은 유류분액을 기준으로 하는 것인바, 이와 같이 유류분액을 산정함에 있어 반환의무자가 증여받은 재산의 시가는 상속개시 당시를 기준으로 산정하여야 하고, 당해 반환의무자에 대하여 반환하여야 할 재산의 범위를 확정한 다음 그 원물반환이 불가능하여 가액반환을 명하는 경우에는 그 가액은 사실심 변론종결시를 기준으로 산정하여야 한다.

유류분으로 반환하여야 할 대상이 주식인 경우, 반환의무자가 피상속인으로부터 증여받은 주권 그 자체를 보유하고 있지 않다고 하더라도 그 대체물인 주식을 제3자로부터 취득하여 반환할 수 없다는 등의 특별한 사정이 없는 한 원물반환의무의 이행이 불가능한 것은 아니다. 주식병합의 효력이 발생하면 회사는 신주권을 발행하고(상법 제442조 제1항), 주주는 병합된 만큼 감소된 수의 신주권을 교부받게 되는바, 이에 따라 교환된 주권은 병합 전의 주식을 여전히 표창하면서 그와 동일성을 유지한다.

[관련조문]
민법 제1113조(유류분의 산정), 제1114조(산입될 증여), 제1115조(유류분의 보전)

8. 유류분반환청구권의 소멸

(1) 단기소멸시효

반환청구권은 유류분권자가 상속의 개시와 반환하여야 할 증여 또는 유증을 한 사실을 안 때로부터 1년 내에 하지 않으면 시효에 의하여 소멸하며 상속이 개시된 때로부터 10년을 경과한 때에도 소멸하도록 되어 있다(제1117조)(대법원 1993. 4. 13. 선고 92다3595 판결).

유류분반환청구관계를 될 수 있는 대로 짧은 기간 내에 해결함으로써 법률관계를 안정시키기 위하여 일반의 경우보다 짧은 기간의 경과로 소멸하게 한 것이다. 1년과 10년의 기간에 관하여도 형성권설은 1년은 시효기간이나 10년은 제척기간으로 보는 견해가 있으나(김주수·김상용, 903면) 청구권설은 양자를 모두 시효기간으로 본다(곽윤직, 473면). 판례는 '상속개시한 때로부터 10년'도 소멸시효기간 이라고 하였다(대법원 1993. 4. 13. 선고 92다3595 판결).

민법 제1117조의 유류분반환청구권은 상속이 개시한 때부터 10년이 지나면 시효에 의하여 소멸하고, 이러한 법리는 상속재산의 증여에 따른 소유권이전등기가 이루어지지 아니한 경우에도 달리 그 소멸시효 완성의 항변이 신의성실의 원칙에 반한다고 하는 등의 특별한 사정이 존재하지 아니하는 이상 달리 볼 것이 아니다(대법원 2008. 7. 10. 선고 2007다9719 판결).

(2) 단기소멸시효의 기산점

반환청구권은 1년의 소멸시효에 걸린다. 시효의 기산점은 상속의 개시와 증여 또는 유증을 한 사실을 알았을 뿐 아니라 그 증여 또는 유증이 유류분을 침해하는 것임을 실제로 인식한 때라고 보는 것이 타당하다(대법원 2001. 9. 14. 선고 2000다66430, 66447 판결; 대법원 2006. 11. 10. 선고 2006다46346 판결).

해외에 거주하다가 피상속인의 사망사실을 뒤늦게 알게 된 상속인이 유증

사실 등을 제대로 알 수 없는 상태에서 다른 공동상속인이 교부한 피상속인의 자필유언증서 사본을 보았다는 사정만으로는 자기의 유류분을 침해하는 유증이 있었음을 알았다고 볼 수 없고, 그 후 유언의 검인을 받으면서 자필유언증서의 원본을 확인한 시점에 그러한 유증이 있었음을 알았다고 본다. 해외에 거주하다가 피상속인의 사망사실을 뒤늦게 알게 된 상속인이 유증사실 등을 제대로 알 수 없는 상태에서 다른 공동상속인이 교부한 피상속인의 자필유언증서 사본을 보았다는 사정만으로는 자기의 유류분을 침해하는 유증이 있었음을 알았다고 볼 수 없고, 그 후 유언의 검인을 받으면서 자필유언증서의 원본을 확인한 시점에 그러한 유증이 있었음을 알았다고 본다(대법원 2006. 11. 10. 선고 2006다46346 판결). 그리고 유언무효의 소나 증여무효의 소가 계속중인 동안에는 시효기간은 진행되지 않는다. 악의의 양수인에 대한 경우에는 유류분권자가 반환할 증여를 안 때로 보아야 한다.

(3) 소멸시효의 중단

유류분반환청구권의 행사는 재판상 또는 재판 외에서 상대방에 대한 의사표시의 방법으로 할 수 있고, 이 경우 그 의사표시는 침해를 받은 유증 또는 증여행위를 지정하여 이에 대한 반환청구의 의사를 표시하면 그것으로 족하고 그로 인하여 생긴 목적물의 이전등기청구권이나 인도청구권 등을 행사하는 것과는 달리 그 목적물을 구체적으로 특정하여야 하는 것은 아니며, 민법 제1117조 소정의 소멸시효의 진행도 위 의사표시로 중단된다(대법원 1995. 6. 30. 선고 93다11715 판결).

시효제도의 존재이유에 비추어 보아 부동산 매수인이 그 목적물을 인도받아서 이를 사용·수익하고 있는 경우에는 그 매수인을 권리 위에 잠자는 것으로 볼 수도 없고 또 매도인 명의로 등기가 남아 있는 상태와 매수인이 인도받아 이를 사용·수익하고 있는 상태를 비교하면 매도인 명의로 잔존하고 있는 등기를 보호하기 보다는 매수인의 사용·수익상태를 더욱 보호하여야 할 것이므로 그 매수인의 등기청구권은 다른 채권과는 달리 소멸시효에 걸리지 않는다고 해석함이 타당하다(다수의견).

참고문헌

김주수, 친족상속법, 법문사, 1995.

김주수·김상용, 친족상속법, 법문사, 2022.

고정명, 한국가족법(친족상속법), 교문사, 1995.

박병호, 가족법, 한국방송통신대학교 출판부, 1994.

곽윤직, 상속법, 박영사, 2004.

김용한, 친족상속법, 박영사, 2004.

한봉희, 가족법, 푸른세상, 2007.

이경희, 가족법, 법원사, 2017.

송덕수, 친족상속법, 박영사, 2016, 2020.

배경숙 최금숙, 친족상속법강의, 제일법규, 2006.

조승현, 친족·상속, 신조사, 2012.

박동섭, 친족상속법, 박영사, 2009.

윤진수, 친족상속법강의, 박영사, 2016, 2022.

이화숙, 개정가족법해설 및 평가, 세창출판사, 2005.

이희배, 주석 가족법판례연구, 삼지원, 2007.

신영호, 가족법강의, 세창출판사, 2013.

권대우·문홍안·이은정·이화숙·전경근·최금숙·최행식·홍춘의, 로스쿨 가족법, 2010.

찾아보기

[저자 약력]

조 은 희(趙恩嬉), 서울출생

독일 베를린 훔볼트 대학교 법학박사
한국법제연구원 연구원
한국여성개발원 연구위원(현 여성정책연구원)
(현) 제주대학교 법학전문대학원 교수
제주대 법과정책연구원장
변호사시험출제위원

논문
혼인외 자녀의 출생등록제도의 문제점과 개선방안, 법학논총, 국민대학교 법학연구소, 2022.
재산분할청구권의 포기약정에 대한 검토, 법과정책, 제주대법과정책연구원, 2021.
독일과 프랑스의 선택-잉여공동제 협약과 그 시사점, 법과정책, 제주대법과정책연구원, 2021.
수의사의 동물 의료과실에 대한 법적 책임, 동물법연구, 한국동물법학회, 2020.
법제도에서 다양한 가족의 수용을 위한 개선, 법과정책, 제주대법과정책연구원, 2020.
독일의 별거제도와 시사점, 국제법무, 제주대법과정책연구원, 2019.
가사소송법 개정안의 절차보조인에 대한 내용의 검토-절차보조인의 선임 및 역할의 수행과정을 중심으로-, 홍익법학, 홍익법학연구소, 2018.
미성년 미혼모와 그 자에 대한 권리보호-미성년 미혼모의 성년의제와 그 자에 대한 친권대행 문제를 중심으로-, 법과정책, 제주대법과정책연구원, 2018.
민법상 자녀복리가 위험한 경우 가정법원의 역할-독일민법 제1666조가 주는 시사점을 중심으로-국제법무, 제주대법과정책연구원, 2018 외 다수

친족상속법

초판발행 2023년 1월 20일

지은이 조은희
펴낸이 김중용

편 집 심성보·김인숙

펴낸곳 도서출판 정독

경기도 고양시 일산서구 하이파크로 113, 102-204
등록 제406-2014-000093호
전 화 031)924-7203 팩 스 02)718-8554
홈페이지 www.jeongdok.co.kr 이메일 admin@jeongdok.co.kr
ISBN 979-11-6858-115-9 93360

정 가 28,000원